文革史料叢刊第一輯

第四冊：反黨篡軍野心家罪惡史選編

李正中　輯編

只有不漠視、不迴避這段歷史，中國才有希望，中華民族才有希望！忘記歷史意味著背叛！

——摘自「文革史料叢刊·前言」

蘭臺出版社

巴金先生说在文革

受尽火与血磨炼

的人是不会沉默的

八十又五叟 李正中

著名中國古瓷與歷史學家、教育家。
李正中　簡介

祖籍山東省諸城市，民國十九年（1930）出生於吉林省長春市。
北平中國大學史學系肄業，畢業於華北大學（今中國人民大學）。
歷任：天津教師進修學院教務處長兼歷史系主任（今天津師範大學）。
　　　天津大學冶金分校教務處長兼圖書館長、教授。
　　　天津社會科學院中國文化研究中心主任、研究員。
現任：天津理工大學經濟與文化研究所所長、特聘教授。
　　　天津文史研究館館員。
　　　天津市漢語言文學培訓測試中心專家學術委員會主任。
　　　香港世界華文文學家協會首席顧問。
　　　（天津理工大學經濟與文化研究所供稿）
為加強海內外學術交流，應邀赴日本、韓國、香港、臺灣進行講學，
其作品入圍德國法蘭克福國際書展和美國ABA國際書展。

前言：忘記歷史意味著背叛

文學巨匠巴金說：

應該把那一切醜惡的、陰暗的、殘酷的、可怕的、血淋淋的東西集中起來，展覽出來，毫不掩飾，讓大家看得清清楚楚，牢牢記住。不能允許再發生那樣的事。不再把我們當牛，首先我們要相信自己不是牛，是人，是一個能夠用自己腦子思考的人！

那些魔法都是從文字遊戲開始的。我們好好地想一想、看一看，那些變化，那些過程，那些謊言，那些騙局，那些血淋淋的慘劇，那些傷心斷腸的悲劇，那些勾心鬥角的醜劇，那些殘酷無情的鬥爭……為了那一切的文字遊戲！……為了那可怕的十年，我們也應該對中華民族子孫後代有一個交代。

要大家牢記那十年中間自己的和別人的一言一行，並不是讓人忘記過去的恩仇。這只是提醒我們要記住自己的責任，對那個給幾代人帶來大災難的「文革」應該負的責任，無論是受害者，或者害人者，無論是上一輩或是下一代，不管有沒有為「文革」舉過手點過頭，無論是造反派、走資派，或者逍遙派，無論是鳳或者是牛馬，讓大家都到這裡來照照鏡子，看看自己為「文革」做過什麼，或者為反對「文革」做過什麼。不這樣，我們怎麼償還對子孫後代欠下的那一筆債，那筆非還不可的債啊！

（摘自巴金《隨想錄》第五冊《無題集•紀念》）

我高舉雙手讚賞、支持前輩巴老的呼籲。這不是一個人的呼籲，而是一個民族對其歷史的反思。一個忘記自己悲慘歷史和命運的民族，就是一個沒有靈魂的民族，沒有希望的民族，沒有前途的民族。中華民族要真正重新崛起於世界之林，實現中華夢，首先必須根除這種漠視和回避自己民族災難的病根，因為那不意味著它的強大，而恰恰意味著軟弱和自欺。這就是我不計後果，一定要搜集、編輯和出版這部書的原因。我想，待巴老呼籲的「文革紀念館」真正建立起來的那一天，我們才可以無愧地向全世界宣告：中華民族真正走上了復興之路……。

當本書即將付梓時刻，使我想到蘭臺出版社出版該書的風險，使我內心感動、感激和感謝！同時也向高雅婷責任編輯對殘缺不全的文革報紙給以精心整理、校對，付出辛勤的勞累致以衷心得感謝！

感謝忘年交、學友南開大學博導張培鋒教授為拙書寫「序言」，這是一篇學者的呼喚、是正義的伸張，作為一個早以欲哭無淚的老者，為之動容，不覺潸然淚下：「一夜思量千年事，人生知己有一人」足矣！

李正中於古月齋

2014年6月1日文革48周年紀念

序言：中國歷史界的大幸，也是國家、民族之大幸

張培鋒

李正中先生積三十年之功，編集整理的《文革史料叢刊》即將出版，囑我為序。我生於1963年，在文革後期（1971-1976），我還在讀小學，那時，對世事懵懵懂懂，對於「文革」並不瞭解多少，因此我也並非為此書寫序的合適人選。但李先生堅持讓我寫序，我就從與先生交往以及對他的瞭解談起吧。

看到李先生所作「前言」中引述巴金老人的那段話，我頓時回想起當年我們一起購買巴老那套《隨想錄》時的情景。1985年我大學畢業後，分配到天津大學冶金分校文史教研室擔任教學工作，李正中先生當時是教務處長兼教研室主任，我在他的直接領導下工作。記得是工作後的第三年即1987年，天津舉辦過一次大型的圖書展銷會（當時這樣的展銷會很少），李正中先生帶領我們教研室的全體老師前往購書。在書展上，李正中先生一眼看到剛剛出版的《隨想錄》一書，他立刻買了一套，並向我們鄭重推薦：「好好讀一讀巴老這套書，這是對「文革」的控訴和懺悔。」我於是便也買了一套，並認真讀了其中大部分文章。說實話，巴老這套書確實是我對「文革」認識的一次啟蒙，這才對自己剛剛度過的那一個時代有了比較深切的瞭解，所以這件事我一直記憶猶新。我記得在那之後，李正中先生在教研室的活動中，不斷提到他特別讚賞巴金老人提出的建立「文革紀念館」的倡議，並說，如果這個紀念館真的能夠建立，他願意捐出一批文物。他說：「如果不徹底否定「文革」，中國就沒有希望！」我這才知道，從那時起，他就留意收集有關「文革」的文獻。算起來，到現在又三十年過去了，李先生對於「文革」那段歷史「鍾情」不改，現在終於將其裒輯付梓，我想，這是中國歷史界的大幸，也是國家、民族之大幸！

前兩年，我有幸讀到李正中先生的回憶錄，對他在「文革」中的遭遇有了更為真切的瞭解。「文革」不僅僅是中國知識分子的受難史，更是整個民族、人民的災難史。正如李先生在「前言」中所說，忘記這段歷史就意味著背叛。李先生是歷史學家，他的話絕非僅僅出於個人感受，而是站在歷史的高度，表現出一個中國知識分子的真正良心。

就我個人而言，雖然「文革」對我這一代人的波及遠遠不及李先生那一代人，但自從我對「文革」有了新的認識後，對那段歷史也有所反思。結合我個人現在從事的中國傳統文化教學與研究來看，我覺得「文革」最大的災難在於：它對中華優秀傳統文化做出了一次「史無前例」的摧毀（當時稱之為「破四舊，立新風」，當時究竟是如何做的，我想李先生這套書中一定有非常真實的史料證明），從根本上造成人心

的扭曲和敗壞，並由此敗壞了全社會的道德和風氣。「文革」中那層出不窮的事例，無不是對善良人性的摧殘，對人性中那些最邪惡部分的激發。而歷史與現在、與未來是緊緊聯繫在一起的，當代中國社會種種社會問題、人心的問題，其實都可以從「文革」那裡找到根源。比如中國大陸出現的大量的假冒偽劣、坑蒙拐騙、貪汙腐化等現象，很多人責怪說這是市場經濟造成的，但我認為，其根源並不在當下，而可以追溯到四十年前的那場「革命」。而時下一些所謂「左派」們，或別有用心，或昧了良心，仍然在用「文革」那套思維方式，不斷地掩飾和粉飾那個時代，甚至將其稱為中國歷史上最文明、最理想的時代。我現在在高校教學中接觸到的那些八十年代、九十年代後出生的年輕人，他們對於「文革」或者絲毫不瞭解，或者瞭解的是一些經過掩飾和粉飾的假歷史，因而他們對於那個時代的總體認識是模糊甚至是錯誤的。我想，這正是從巴金老人到李正中先生，不斷呼籲不要忘記「文革」那段歷史的深刻含義所在。不要忘記「文革」，既是對歷史負責，更是對未來負責啊！

記得我在上小學的時候，整天不上課，拿著毛筆——我現在感到奇怪，其實就連毛筆不也是我們老祖宗的發明創造嗎？「文革」怎麼就沒把它「革」掉呢？——寫「大字報」，批判「孔老二」，其實不過是從報紙上照抄一些段落而已，我的《論語》啟蒙竟然是在那樣一種可笑的背景下完成的。但是，僅僅過去三十多年，孔子仍然是我們全民族共尊的至聖先師，「文革」中那些「風流人物」們今朝又何在呢？所以我認為，歷史是最公正、最無情的，是不容歪曲，也無法掩飾的，試圖對歷史進行歪曲和掩飾其實是最愚蠢的事。李正中先生將這些「文革」時期的真實史料拿出來，讓那些並沒有經歷過那個時代的人們真正認識和體會一下那場「革命」的真實過程，看一看那所謂「革命」、「理想」造成了怎樣嚴重的後果，這就是最好的歷史、最真實的歷史，這也就是巴老所說的「文革紀念館」的一個重要組成部分啊！我非常讚成李正中先生在「前言」中所說的，只有不漠視、不回避這段歷史，中國才有希望，中華民族才有希望！

是為序。

中華民族最黑暗的年代「文革」48周年紀念於天津聆鍾室

〔注〕張培鋒：現任南開大學文學院教授博士班導師

古月齋叢書3　文革史料叢刊　第一輯

第四冊：反黨篡軍野心家罪惡史選編

反黨篡軍野心家羅瑞卿罪惡史

反黨篡軍野心家賀龍罪惡史（二種）

憤怒聲討大軍閥大野心家朱德（大字報選編）

打倒李井泉（二種）

李井泉鬼魂東行記

第五冊：文藝戰線上兩條路線鬥爭大事紀

高舉毛澤東思想偉大紅旗

反革命修正主義分子胡喬木罪惡史

胡喬木的《三十年》必須批判

文藝戰線上兩條路線鬥爭大事紀1949~1967

江青同志關於文藝工作的指示彙編

十七年來出版工作兩條路線鬥爭大事紀1948~1966

三反分子侯外廬材料選編

《高教六十條》的出籠

第六冊：文革紅衛兵報紙選編

挺進報（四期）

文藝紅旗報

魯迅（二期）

紅太工（七期）

革命造反（六期）

「文化大革命」資料著作目錄

史料照片

第四冊　目錄

工农兵大批判丛书之六

反党篡軍野心家
罗瑞卿罪恶史

首都《史学革命》编辑部主编

一九六八・一・北京

最高指示

混进党里、政府里、军队里和各种文化界的资产阶级代表人物，是一批反革命的修正主义分子，一旦时机成熟，他们就会要夺取政权，由无产阶级专政变为资产阶级专政。这些人物，有些已被我们识破了，有些则还没有被识破，有些正在受到我们的信用，被培养为我们的接班人，例如赫鲁晓夫那样的人物，他们现正睡在我们的身旁，各级党委必须充分注意这一点。

目　　录

混入革命队伍的阶级异己分子

反革命修正主义分子罗瑞卿，一九〇六年生于四川南充罗家湾一个地主家庭。其祖父是个大地主，有地二百五十亩。因罗狗父揮霍无度，地主家庭漸趋沒落。罗瑞卿从小就受着地主家庭的熏陶，养就了一套投机鑽营、往上爬的本領。一九六〇年，罗瑞卿当了总参謀长以后，念念不忘狗父母的栽培之恩，特地带了老婆孩子到他狗父母坟前恭恭敬敬地鞠躬。罗瑞卿眞不愧为地主阶級的孝子賢孙。

十九岁的时候，罗瑞卿在南充张瀾办的职业中学上农专科，結識了三反分子任白戈（旧重庆市委第一书记）。他在校成天打球、賭博，对当时学生运动毫不过問。后来得知任白戈在重庆混上了国民党干事之职，便怀着投机当官的心理，于一九二六年跑到了重庆，由任白戈介紹，鑽入黄埔武汉分校。同年，混入社会主义青年团。一九二七年罗賊又混入共产党內。

罗瑞卿一貫趾高气揚地标榜自己有着四十年光荣革命历史。标榜自己的名字就是"好官"的意思。其实，从他混入革命的第一天起，他就是一个假革命、反革命。他根本沒有为革命干过一件好事。

蔣介石国民党发动四·一二反革命政变，大肆屠杀共产党。罗瑞卿怕得要命，托病住院不敢出来，后来在南京被捕，两年后忽然鑽入苏区。他在被捕后干了什么？怎样鑽进苏区的？罗賊从未交待。在这段时間內罗賊脫了党，很有叛党嫌疑。但到苏区后，他又重新混入党內，同年参加紅軍。

第二次国內革命战爭时期，罗賊在中央苏区曾在团师两級工作，当过师政委，忠实地执行了王明的"左"倾机会主义路綫。从一九三三年到一九三五年，罗賊任第一軍团保卫部部长，搞苏联"格柏烏"那一套，"单綫联系，垂直領导"，把保卫工作置于党委領导之上，不通过党委就擅自捕人杀人。长征后期，一、三軍团合併成立陝甘支队，罗任政治部主任，在一、三軍团的关系上和对待四方面軍的干部問題上，大搞宗派主义，破坏团結。一九三七年，罗賊任抗大教育长，专横跋扈搞独裁。他破坏紅軍的政治工作传統，妄图把政治部置于教育长领导之下，以达到他控制、削弱抗大的政治工作，推銷其黑貨的目的。此阴謀遭到政治部主任莫文驊同志的抵制而未得逞。大量事实証明，罗瑞卿是个地地道道的机会主义者，是混入革命队伍的阶級异己分子。

无耻吹捧蔣介石　狂热宣揚投降主义

一九三七年七月，日本帝国主义对中国发动了大規模的侵略战爭。中华民族面临着危急存亡的关头，全国人民一致要求抗日，在中国共产党的努力下，与国民党建立了抗日民族統一战綫，奋起对日本帝国主义的反抗斗爭。从此，开始了全国性的、艰苦卓絕的抗日战爭。

抗日民族統一战綫虽然建立，但是，国民党蔣介石頑固推行消极抗战，积极反共的路綫。要走投降日本帝国主义，导致中国的灭亡的道路。只有毛主席、中国共产党代表广大人民根本利益，实行全面抗战路綫。

国內两条路綫的尖銳斗爭也要反映到中国共产党里来。

以王明、刘少奇为代表的右傾机会主义者，适应帝国主义和蔣介石的需要，提出一整套投降主义的路綫，他們把蔣介石奉为“最高領袖”“民族英雄”，高叫要“一切經过統一战綫，一切服从統一战綫”，要求党領导的八路軍和新四軍完全統一于国民党軍队，实行“統一指揮，統一編制、統一武装、統一纪律、統一作战計划、統一作战行动”。把領导权拱手讓給国民党蔣介石。

毛主席坚决反对这种投降主义路綫，严正指出，必須实行“独立自主”的原則，**“我们和国民党及其他任何派别的统一战线，是在实行一定纲领（**編者注：即抗日救国十大綱領**）这个基础上面的统一战线。离开了这个基础，就没有任何的统一战线，这样的合作就变成无原则的行动，就是投降主义的表现了。”**并指出，**“阶级投降主义实际上是民族投降主义的后备军，是援助右翼营垒而使战争失败的最恶劣的倾向”。**

罗瑞卿是頑固执行王明、刘少奇的投降主义路綫的。一九三八年十一月抛出十余万言的大毒草《抗日軍队中的政治工作》就是鉄証。

在《抗日軍队中的政治工作》一书中，罗瑞卿无耻地吹捧人民公敌蔣介石是抗日战爭的“最高統帅”，說什么“正如最高統帅蔣委員长在全国国民书中所昭示：'我之抗战，唯求我三民主义之实現与国民革命之完成'"。罗瑞卿对蔣介石卑躬屈膝，是一个十足的狗奴才。

毛主席說："**中国大地主大资产阶级的政治代表蔣介石**"，"**是一个极端残忍和极端阴险的傢伙**"。"**蔣介石政府不是别的，仅仅是一个卖国內战独裁的政府。**"

毛主席还一再强调："**反对日本帝国主义侵略的战争而不带群众性，是决然不能胜利的**"。

然而，罗瑞卿竟明目张胆地将蔣介石說的"对日抗战，乃三民主义与强权暴力帝国主义之战爭……"奉为对"目前抗日民族革命战爭性質"的"更具体的指示"，用"抗日軍队中的政治工作"要求"全国每一个将士都必須眞正的深切地認識与了解"。事实上是广大的人民群众依然如过去一样，被国民党政府限制着不許起来抗日，抗日的阻力就是蔣介石。但是，披着共产党外衣的罗瑞卿却要用蔣介石的騙人鬼話来麻痺中国人民，这就更富有欺騙性！

从一九三五年起，毛主席发表了«論反对日本帝国主义的策略»«中国共产党在抗日时期的任务»«上海太原失陷以后抗日战爭的形势和任务»等一系列重要文章，全面地論述了抗日战爭的形势、任务和战略战术，尖銳地批判了各种錯誤傾向，深刻地揭露了蔣介石假抗日眞投降、眞反共的面目。毛主席的重要指示，从政治思想上武装了全国抗日軍民，毛主席是領导抗日战爭的最高統帅。

全世界人民所关心的抗日战爭进行即将一年之际，对于身受日寇蹂躪、为着自己民族的生存而奋斗的每一个中国人无日不在渴望战爭的胜利。但是，人們对于战爭要打多久？战爭能否胜利以及怎样取得最后胜利等等問題不清楚，国民党蔣介石和党內机会主义者散布了"亡国論"、"速胜論"等等錯誤論调。在这种情况下，毛主席为給人們指明革命形势的总趋势和前途，以战胜万恶的日本帝国主义，在一九三八年五月，发表了光輝的具有伟大战略意义的«論持久战»。同年十月，中共中央召开了六屆六中全会，批判了王明、刘少奇之流的右傾机会主义路綫的錯誤。

就在这之后，窃踞我党我軍政治教育大权的罗瑞卿还对抗毛主席的

«論持久战»的战略思想，仍然頑固推行右傾机会主义路綫。

別有用心的罗瑞卿大叫："中国国民党"是"抗战中的領导力量"，这"先进的政党"是"全国人民的先鋒队，是我們民族中最优秀的分子所組織而成的"。"我們必須在全国范围內广泛的宣传与解释蔣委員长'持久抗战'、'全面抗战'、'爭取主动'的坚强方針及其'战爭既起，唯有拼全民族之生命，牺牲到底，再无中途妥协停頓之理'的正确指示。必須全国上下誠心誠意的拥护蔣委員长，拥护国民政府，克服任何反蔣反中央政府的活动，我們尤应巩固一切抗日軍队的統一与团結，克服任何的派系观念与分裂傾向"。这里，罗瑞卿将蔣介石的反动論調当成"正确指示"，完全取消中国共产党对抗日战爭的領导权，而把这个領导权拱手送給国民党蔣介石，完全抹煞了統一战綫中的阶級斗爭，顚倒黑白地把一切罪名加給中国共产党。

什么"应当充分地具体地解释'抗日高于一切'，'一切服从抗日'"是"最重要的抗日民族統一战綫的原則"呀，什么"我們自己民族的內部不分党派、不分阶层、不分职业、不分男女老幼、最紧密的团結起来"呀，什么"应当保証部队每个組成人員对于三民主义及国民党抗战建国綱領的遵守"呀，这一切，統統是对蔣介石的妥协投降，是地地道道的、典型的投降主义路綫。

毛主席說：**"在抗日战争中，一切必须服从抗日的利益，这是确定的原则。……但是阶级和阶级斗争的存在是一个事实；有些人否认这种事实，否认阶级斗争的存在，这是错误的。企图否认阶级斗争存在的理论是完全错误的理论"**。

在抗日軍队的領导权問題上，罗高叫首先要"賢明政府，最高統帅"予以考虑。（这个"賢明政府，最高統帅"就是国民党政府，就是人民公敌蔣介石。）罗瑞卿跪倒在蔣介石面前的肉麻劲，令人作呕。

罗瑞卿要求第八路軍在"領导抗战的国民政府及最高統帅蔣委員长的指揮之下。"强調"保証部队中每个組成人員，对于三民主义及国民党抗战建国綱領的遵守，以及保証部队絕对听从政府及最高統帅的指揮"。限制"政治委員""自应站在維护政府法律""維护最高統帅軍事命令尊严的立場上，而实行监督的責任"。还无恥地把"国民政府軍事委員会”和“軍事委員会政治部”奉为“最高軍事領导机关”。在这之下的战区、集团軍、路軍，以及师、旅、团、营、連各級，“設立政治机关的組織”。主张政治机关“有它自己集中的垂直的組織系統。”“政治委員的調动与任免”权，最后归于“軍事委員会及总政治部”。还专門把“政治委員”捧为“国家政权及領导政党在軍队中的双重代表”。这样，就使得中国共产党和共产党所領导的八路軍完完全全地控制在国民党蔣介石的手下。罗瑞卿企图完全抹煞共产党和国民党的阶級性，以适应蔣介石国民党消灭共产党的目的。

罗大講什么“动員人民自覚的拥护政府，拥护軍队”进而“援助軍队作战”“直接加入軍队”。这一切，就清清楚楚地說明，罗瑞卿根本不要共产党領导下的人民軍队，而要把人民的武装，即人民的一切，都交給蔣介石。

林彪同志說：“国民党的軍队是靠金錢，靠强制，靠升官，我們人民軍队是靠人的觉悟、靠勇敢、靠政治掛帅。”“按照毛泽东同志的人民軍队的建軍思想，我們的軍队是在中国共产党的絕对領导之下的軍队。它无比忠誠地执行党的馬克思列宁主义的路綫和政策。它有高度自觉的纪律，有压倒一切敌人，不怕任何困难的英雄气概”。

可是，罗瑞卿念念不忘对蔣介石献媚取宠，在抗日軍队中，罗瑞卿主张用“蔣介石的伟大及其生平”和“智、仁、勇”、“忠孝、仁爱”作为政治教育的基本內容，实行国民党軍队的反动政治教育。妄图把人民的武装变成蔣介石的御用工具。

罗瑞卿从“一切应当服从于战爭的利益”的謬論出发，提出政治“应当服从于軍事”，“軍事教育只需要政治工作之配合与保証”，“使全軍都有学习軍事的最高热忱”，以为“政治工作的本身，亦就是軍事技术上一个重要的內容。”公开提出政治、軍事幷重、政治落实于軍事的反动观点。

罗瑞卿認为“政治工作的威力，就是要保証自己的部队是能忍受，而且一定要忍受到最后”。强調“在战斗的最残酷、最危急、最难忍受的情况下，政治工作人員应当特别显示自己忍他人之不能忍的一种大无畏精神”，这是“爭取自己在部队中的威信”的最好“时机”。还宣揚在战場上要“鼓动”負伤人員“忍受一时的痛苦”，使其他人“不会感受战斗尙有什么可怕”，“就是最落后、最怯懦的分子，在这种影响下，亦会被激盪起来”。吹嘘“政治工作是不能离开一定限度的物質基础的”。說什么“优待伤員，褒奖死者”的工作做好，可“使战士們更加勇敢和坚决，使他們不致有伤后、死后的顧虑！否則既是对战士們的精神上，給以一个很大的打击！”这些反动观点抹煞了八路軍、新四軍的高度的阶級覚悟，大搞物質刺激，极力鼓吹精神刺激，散布战爭恐怖和感情冲动論，丑化人民群众和人民的軍队，把国民党軍队的一套完完全全地灌輸給八路軍、新四軍。

总之，这株大毒草最充分地暴露了罗瑞卿的出卖革命的叛徒咀脸。按着他那一套做去，势必亡党亡国。

一九三八年十二月，蔣介石完全暴露出他的眞反共、假抗日的反革命面目，与日本帝国主义紧相配合，加紧反共活动。自一九三九年到一九四三年三月，接連发动三次反共高潮。

这时，罗瑞卿不迎头痛击蔣介石的猖狂进攻，不执行毛主席提出的“战略持久战，战术速决战，敌后游击战为主，运动战为輔”的正确方針，而积极参与彭德怀、邓小平、賀老、陆定一发动的“百团大战”，暴露了我軍的目标和革命根据地，敌人用更大力量向我軍进攻，使华北根据地和我軍的发展受到严重損失。他們这样做，正好适应了蔣介石消灭共产党的需要，因而得到蔣介石的欣賞，大叫再来一个。

从一九三八年十月到一九四三年，日本帝国主义集中主要注意力对准了我党領导的抗日根据地。在这种情况下，为抗击日寇的残酷进攻，以取得抗日的最后胜利，必須按照毛主席所指出的，**“巩固和扩大抗日根据地”“放手发动群众、坚持武装斗争”**。

这时，罗瑞卿对抗毛主席，又伙同彭德怀、邓小平在太行山高干会議上，提出“民主建政”是敌后根据地的中心环节。会上，罗瑞卿还大发雷霆地罵：“冀南农村基本群众占优势”的說法“是教条，是左傾空談主义”。反对发展抗日武装力量。三反分子彭德怀为他拍手叫好，大喊：“我完全同意罗瑞卿同志的意見。”

解放战爭时期的罪恶勾当

抗战結束后，蔣介石玩弄假和談眞內战的阴謀，准备夺取人民的抗战胜利果实。毛主席戳穿了他們假和談的阴謀，提出了**“针锋相对，寸土必争”**的方針。而刘少奇却在重庆談判以后，于一九四六年二月，抛出了《时局問題报告》这株大毒草，宣布現在进入“和平民主新阶段”。胡說：“中国革命的主要斗爭形式，目前已由武裝斗爭变为非武裝斗爭的、群众的与議会的斗爭，国內問題由政治方面来解决”。企图把人民武裝交給国民党蔣介石。三、四月間，中央华北局开会，罗瑞卿积极参与刘少奇、刘瀾涛之流的大量裁軍的阴謀活动，讓华北十几万軍队复員了，严重損害了解放区的巩固和发展。

一九四六年六月，蔣介石在美帝国主义支持下，公然撕毁了政协决議，发动了全国規模的反革命战爭。

面对着蔣介石的疯狂进攻，毛主席滿怀信心地領导全国人民奋起还击，并指出：**“我党我军正准备一切，粉碎蒋介石的进攻”，“我们是能够战胜蒋介石的。全党对此应当有充分的信心”**。

这时，窃踞晋察冀野战軍付政委之职的罗瑞卿，被貌似强大的美式装备的蔣匪軍吓破了狗胆，一味强調敌人强大，要小心謹愼，不要“冒险”，破坏毛主席的战略部置。晋察冀野战軍成立后的第一仗是打集宁，由罗瑞卿和付司令肖克带队。軍委指示集宁一仗很重要，要打好。原决定早晨三点起身，六点打响。但是罗、肖怕打硬仗，始終按兵不动，一直到五点还沒起身。野战軍司令兼政委聶荣臻同志赶到严肃批評后，才慢慢吞吞地起来，致使集宁和呼和浩特的敌人会合而錯过了战机。

一九四六年冬，正当我軍奋起反击国民党进攻时，傅作义写了一篇《給毛主席上訴》，恶毒攻击毛主席，罗瑞卿看了却連声叫好：“傅作义很有魂力、很有才干，《上訴》写得不錯”。

一九四七年一月，傅作义軍队四个团从保定到了姚村，准备向我軍进攻。聶总坚决要在保定敌人增援部队赶到之前把敌人消灭掉。因为当时我們的晋察冀野战軍在附近有足够的兵力。但是，罗瑞卿却蓄意破坏这一計划，說傅作义在保定有很多人，不好打，故意和聶总爭吵很久，耽誤了战机，以致等到下命令打时，敌人已聚集在一起。而我軍却准备不足，后继部队沒来得及跟上，伤亡很大，使我軍遭到了本来可以避免的損失。到解放后編写华北战史时，他极力破坏，生怕暴露他的反革命的本質。

一九四八年春，我党中央从平山搬到石家庄附近，傅作义調了四百輛汽車，准备用炸葯炸石家庄，想偷袭我党中央，作垂死掙扎，以挽救他必定失敗的命运。我軍战士們对蔣匪根透了，决心誓死保卫党中央，誓死保卫毛主席。而罗瑞卿却丧心病狂地吹捧傅作义，說：“他是很了不起的人物，如果这次偷袭成功，他在蔣介石那里就不得了囉！”。

不管蔣介石怎样疯狂进攻，不管刘少奇、罗瑞卿之流如何的搗乱破坏，历史車輪的前进是任何力量也阻挡不住的。富有光荣革命传統的中国人民在毛主席和共产党領导下，仅仅用三年的时間，解放战爭就取得了夺取全国的胜利。一九四九年十月一日，伟大的中华人民共和国向全世界宣告成立了。从此，中国革命的发展又轉入一个更新的历史时期。

窃踞公安部长职位　拼凑篡军反党集团

一九四九年中华人民共和国成立以后，摆在中国人民面前的最根本的問題是：中国要向那里去？向資本主义，还是向社会主义？对这个問題，无产阶級司令部和資产阶級司令部有着两种截然不同的答案，以毛主席为首的无产阶級司令部毫不含糊的回答：**“只有社会主义能够救中国。”**以刘邓为代表的資产阶級司令部則要把中国拖向資本主义社会去。方向相反，对待无产阶級专政的态度也完全不同。毛主席指出：**“工人阶级领导的人民共和国的国家政权，在人民民主革命胜利以后，不是可以削弱，而是必须强化。”**刘少奇之流則千方百計削弱无产阶級专政，把无产阶級专政变为資产阶級专政。为此，刘贼极力要在作为无产阶級专政重要机构——公安部安插亲信，一向紧跟王明、彭德怀、刘贼之流跑的罗瑞卿自然就成了刘贼眼中最合适的候选人了，于是，公安部刚建立，便调罗当部长。

野心勃勃的罗贼并沒有馬上領会黑主子的意图，觉得从軍队轉到地方，权力小了，不太愿意，便在向主子刘贼汇报时提出：公安部和社会部的关系，公安部究竟是政府的还是党的？刘贼回答："公安部是第一个重要部，是社会部，又是公安部，是政府的，又是党的。"經主子一点，罗贼全明白了，馬上欣然上任，着手把公安部搞成一个篡軍反党的独立王国。

罗贼凭着他多年的反革命經驗，仿照主子的办法，首先搜罗了大批反党分子安插到公安部各要害部門。他先后将大叛徒、三反分子徐子荣由办公厅主任，提拔为付部长、常务副部长、中央候补委員，三反分子凌云、高饒党羽汪金祥为付部长，罗在抗大时培植的得意門生、三反分子王赤軍为公安部政治部主任，又将正在被群众揪斗的三反分子宋烈从武汉調到部內当民警局长，并很快提拔为公安部队付政委兼党委第一付书记，三反分子席同光为办公厅主任，还有三反分子王仲方等也分居要职，掌握大权。

其次，罗贼又多方物色反革命、特务为他效劳。有一回，罗的爪牙×局局长×××去青海××农場物色到一个反革命分子郝登閣，罗喜出望外，推崇郝登閣是"西北地区的米邱林"，立即提拔他为劳改局付局长。郝犯在罗的慫恿包庇下，干尽了坏事，后来終于畏罪自杀。罗还以炮制"敌情"为名，擅自留用蔣匪特务匪保密局第四处华中股长黎明、血债累累的太湖反共救国軍司令金家讓等，这一行为在遭到反对后，罗仍继續留用，并指使上海市公安局以后用这样的反革命分子，"必須严守秘密，不要讓外地知道。"

再次，罗贼又于一九五〇年伙同三反分子彭眞、李維汉等，請資产阶級民主人士邵××等来公安部参加全国性的治安工作会議，讓他們上台放毒，共同参加专政，掌握刀把子。

就这样，迅速形成了一个由反党分子、大叛徒、特务、反革命、資产阶級分子共同組成的罗氏反党集团，从此，罗贼在主子的支持慫恿下，更加疯狂地进行有計划有組織的反党反社会主义的反革命活动。

千方百计抓兵权　要当"半个陆军总司令"

"一切军阀，都爱兵如命，他们都看重了'有军则有权'的原则。"篡軍反党野心家罗瑞卿也和他的祖师爷一样，极端看重这个"原洌"，力图要建立一支由他直接控制的公安部队。一九四九年十一月，罗贼就背着党中央、毛主席和軍委，擅自决定将軍队系統的警卫北京的×个师和×个团，改为公安部直属的人民公安中央纵队，归公安部建制。这一阴謀很快被主席和軍委所揭穿，罗賊在受到严厉批評后，被迫写了不到三百字的检討給毛主席，推說这是"手續不周"的間題。

第一次阴謀虽然破产，罗賊并不死心，一九五〇年五月，罗賊又进一步提出建立二十多个师的公安部队的方案，沒有过三个月，又抄袭苏联經驗，提出了建立边防公安武装三万余人的計划。

对于建立公安部队，毛主席历来是不贊成的，主席曾明确指出：**"单独搞公安部队，搞两套，是从苏联搬来的。从来我就不赞成。一九五〇年从莫斯科回来，罗瑞卿要多拨几个师，我对他说，这个办法我不赞成，他总想多搞。"**但罗賊竟狗胆包天，拒不传达、执行主席这一重要指示，反而造謠說主席贊成搞公安部队，并在一九五一年，将正规公安部队和边防公安武装、地方公安武装統一整編为××万人的公安部队，从陆軍中分出来，罗自任公安部队司令員、政委兼党委书记。在完成这一套阴謀以后，罗賊再也抑制不住内心的兴奋，得意洋洋地自称是"半个陆軍总司令"了。

关于我軍的領导指揮体制，毛主席的一貫思想是，全軍在中央軍委的統一領导指揮下，实行各級軍区分級管理的原则。罗賊为了将公安部队变成他篡軍反党的得心应手的工具，把这一原则視为最大的障碍，狂热鼓吹"統一垂直"的領导。

一九五〇年三月，在罗賊提出的"关于建設人民公安部队方案的几个要点"中，深表遺憾地說："目前公安部队尙难建立单一的垂直領导指揮系統"，他盼望条件成熟，实行单一垂直領导的急切心情可以不言而知。一九五一年上半年，他迫不及待地提出了一个"从近到远，从局部到全部，以达逐漸統一領导全国公安部队，接替全国內防任务”的計划。一九五一年六月，他在全国边防工作会議总結講話中說：“根据边防的特殊情况，边防的各級組織机构应当力求統一，且很需要在指揮系統上垂直集中”。十一月，他在向軍委、主席的报告中更加露骨地說：“今后公安部队必須統一領导和指揮，統一訓練、管理和編制。”說什么“总的方針是将內防任务与边防任务密切結合，将現有之正規公安部队、边防公安部队及地方公安部队統一起来，由軍委公安司令部及各級公安司令部統一領导和指揮。”罗賊如此卖力鼓吹“統一”、“集中”、“垂直”的領导，用心十分明显，他的所謂“統一”，决不是統一在毛泽东思想紅旗下，而是統一在刘少奇、罗瑞卿之流的反党黑旗下，所謂“集中”决不是“集中”到毛主席和中央軍委的手里，而是“集中”到罗瑞卿这个篡軍反党野心家的手里。我們伟大的領袖毛主席和中央軍委及时識破了罗賊的大阴謀，一九五二年八月，中央和軍委作出了“关于各級公安部队与各級軍区、分区关系的补充决定”，規定除××外，各級公安部队和大軍区公安部司令部，“均应在同級軍区、分区的統一領导下进行工作”，干部由軍区調配任免，供給由軍区負責。軍委还几次明确規定，全国公安部队必須在中央軍委統一領导下，由軍委公安部队領导机关和各軍区实行双重領导。这就給了罗賊当头一棒，使他的阴謀破了产。

这一棒，把罗賊这个“半个陆軍总司令”的神气打了个精光。他看到权抓不到手，干脆放任不管，消极对抗中央和軍委的决定。从一九五二年到五七年，公安部队党委开了几百次会，身为党委书记的罗賊竟只参加了几次，其中一九五二年、五五年、五七年这三年，連一次会也沒有参加。但是罗賊抓权的野心不死，一九五五年以后又策划把公安部队改成武裝警察。这一阴謀得到了刘邓的积极支持，一九五六年六月，刘、邓、彭眞、安子文等反革命修正主义分子开了一次黑会，大談“民警編制独立”，罗賊提議民警要从軍队中“分出来”，刘賊贊許說：“这是个办法。”安子文献計說：“警察不能减”。彭眞說：“我早就設想民警不能减。”会后，罗賊立即按計行事，到五八年底，把这支部队由軍队分批改成了武裝警察，重新把兵权抓到了他的手里。

六、大肆鼓吹"垂直领导""侦察第一"猖狂反对毛主席的肃反路线

毛主席教导我們："**中国共产党是全中国人民的领导核心。没有这样一个核心，社会主义事业就不能胜利**"。担負着保卫社会主义事业的公安机关，尤其需要加强党的絕对領导。罗贼为了把公安部变成复辟資本主义的基地，千方百計地反对党委領导，要求实行"垂直領导"，"行政領导"。

一九五〇年三月，罗贼在黑主子刘少奇的指使下，公然反对党委領导的原则，要求搞"垂直領导"，与苏联专家一唱一和，专家說："整个公安部門的中心应該放在加强集中統一的垂直領导关系問題上。"罗立即向中央打报告，要求照办，并說："第二次国內战爭时期，紅軍有单独的保卫系統。那时候是早了一些，今天条件比較成熟，应开始考虑这一問題。"接着又伙同李維汉删去了第一次全国經济保卫会議关于公安工作党委領导的提法，改为"行政領导"一类的字眼，罗贼这一反党阴謀，当即受到毛主席的严厉批評。毛主席在批語中指出："**凡将党的领导删去而改为笼统字眼或改为单线行政领导的地方，原稿是对的，删改是不对的，均应恢复原稿。**"一九五〇年九月，毛主席又强調指出："**保卫工作必须特别强调党的领导作用并在实际上受党委直接领导，否则是危险的。**"在毛主席批評罗贼以后，罗虽然不敢再提整个公安部門的垂直領导，但还要在业务工作上做点文章，一九五三年四月，罗說："业务部門分工更加专业化，有的还要实行垂直領导。"眞是贼心不死。一九五六年罗贼将专区、县公安部队改編为武装警察后，公然违抗主席关于加强党委制和支部建在連上的指示，擅自取消了专区大队党委和县队党支部，取消了政治指导員，实行一长制。这些罪恶的勾当，引起了广大指战員强烈抵制和反对，罗贼及其死党便掄起大棒，打击革命左派，給他們扣上"鬧独立王国"，"不听公安机关的話"等等罪名。河北唐山专区有个县队指导員，一再要求县队单独成立党支部，竟被打成"反党分子"，开除了党籍。罗贼就是用这种法西斯恐怖手段，打击

左派，以达到他取消党的领导的罪恶目的。一九五九年李天焕同志主持召开了第一次民警工作会議，坚决捍卫毛主席的建軍原則，在向中央的报告中，提出专区支（大）队要建立党委、县（中）队要单独成立党支部。中央批轉了这个报告，专县陆續恢复了党委制，罗賊阴謀再次挫敗。

罗賊在反对党委領导的同时，一刻也沒有忘记在鎮反肃反工作中推行修正主义路綫，大肆鼓吹“偵察第一”，反对毛主席的党委領导下的群众肃反路綫。

解放初期，我国存在着大量的土匪、恶霸、特务、反动党团骨干和反动会道門头子，这五个方面反革命残余势力的破坏活动十分猖獗。毛主席、党中央反复指出：必須发动群众，严厉鎮压一切反革命的破坏活动，才能巩固人民民主专政。全国人民响应毛主席的号召，展开了轟轟烈烈的鎮压反革命运动，罗賊却极力把鎮反运动引向邪路去，企图保存反革命残余势力。他在一九五〇年召开的几次全国性的业务会議上，有意把帝国主义特务間諜說成是对敌斗爭的主要对象，把秘密的偵察工作当成战胜敌人的主要手段。并强調說，不这样做，“就会犯严重的政治錯誤，并要受到历史的惩罰。”

針对罗賊这种錯誤做法，毛主席在一九五一年五月十五日所写的《第三次全国公安会議决議》中，严正指出：“**目前在全国进行的鎮压反革命的运动是一場伟大的激烈的和复杂的斗爭。全国各地已经实行的有效的工作路线是党委领导，全党动员，群众动员……打破关门主义和神秘主义……凡是完全遵照这个路线去做的，就是完全正确的。凡是没有遵照这个路线去做的，就是错误的。凡是大体上遵照了这个路线，但没有完全遵照这个路线去做的，就是大体上正确但不完全正确的。我们认为这个工作路线是继续深入鎮压反革命工作和取得完满胜利的保证。在今后鎮反工作中必须完全遵守这个工作路线。**”

对于主席制定的唯一正确的肃反工作路綫，罗賊虽不敢再明目张胆地否定，却另外散布一套例外論来进行“修正”，他在第四次全国公安会議上說：“偵察工作如何与群众运动相結合的問題，伊凡洛夫說的对，隐蔽敌人不能依靠群众运动来解决，是正确的。”“过三、五年后，反革命分子搞得差不多了，可能就不要今天的群众运动了。”

大鎭反結束后，一九五三年我国开始了社会主义革命和社会主义建設，城乡阶級斗爭十分尖銳复杂。罗贼以为貫彻他这套反动路綫的机会到了，于是跳出来，不断宣传鎭反彻底了，公安工作应当轉向以秘密偵察工作为主了。他在五三年九月給中央写了个《东北考察报告》，胡說：“經过鎭反运动，百分之七十以上的反革命分子和他們的家属，已經消除了对人民政府的对抗和不滿。”“同我們作斗爭的敌人，主要的已不再是五个方面較为暴露的反革命，而是隐蔽下来，伪装起来和被敌人不断派遣进来的間諜和特务。”又說：“公安工作的关鍵，就是要有一套严密的偵察工作”。对于罗贼的这些反动观点，中央政治局在討論公安工作的一次会議上，明确指出：专門工作必須与組織和发动群众进行防奸、反特的斗爭相結合。而罗瑞卿仍顽固坚持其反动观点，在一九五四年五月召开的第六次全国公安工作会議，他更提高嗓門，大叫要“加强隐蔽斗爭”，“以偵察工作为主要手段的工作方針，是我們在整个过渡时期的基本的工作綱領。”

罗贼“偵察第一”的路綫，表面上看似乎也在搞阶級斗爭，实际上是在反对阶級斗爭，取消阶級斗爭。帝国主义的特务間諜在极力破坏我国社会主义革命和建設，必須坚决鎭压，但是他們同国内整个反动阶級的残余势力相比較，毕竟是少数，而且外部的特务間諜也要通过国内的敌人配合才能得逞，我們同这些特务間諜斗爭同样必須依靠群众。罗瑞卿要人們把主要目标只集中到特务間諜上，目的就是要破坏对整个反动阶級残余势力的斗爭，他的“偵察第一”的方針就是要取消鎭反工作中的群众路綫。对于罗贼这套阴謀，毛主席是洞察入微的。一九五五年三月，毛主席在党的全国代表会議上指出：**“国内反革命残余势力的活动还很猖獗，我们必须有计划地、有分析地、实事求是地再给他们几个打击，使暗藏的反革命力量更大地削弱下来，借以保证我国的社会主义建设事业的安全。”**不久，中央就发动了内部肃反运动和社会鎭反运动。

一九五五年十二月，正当运动处在最紧张的阶段，罗贼又在第七次全国公安工作会議上大放厥詞，胡說：“各級公安机关的領导人和各个偵察部門，必須切实地掌握专案的偵察工作，一定要有专案的数字和破案的数字。不掌握专案，拿不出数字，搞不出战果和象样的經驗，就是沒有过关，就应該受到批評和指責。”妄想把秘密偵察工作摆在压倒群众工作的位置上。由于毛主席、党中央亲自領导和直接指揮肃反工作，坚决放手发动群众，使运动取得伟大的成績，罗贼的阴謀才未得逞。

高饶反党联盟的干将

毛主席說：“罗在高饶问题上实际上是陷进去了”。

在中华人民共和国成立以后，随着国民經济的恢复和发展，随着抗美援朝战爭取得伟大的胜利，社会主义事业不断的进展，国內外阶級敌人更加百倍疯狂地进行顚复和破坏活动，党內的資产阶級代表人物也紧相配合，向党、向社会主义发起猖狂的进攻，无产阶級司令部和資产阶級司令部展开了建国以来第一場大搏斗，这場斗爭以資产阶級司令部的失敗而告終。高饒反党集团被揪出来了，漏网之魚彭德怀是这个集团的实际盟主，罗瑞卿則是一名主要的干将。

高崗是一貫反党反毛主席的大野心家、阴謀家。早在解放前，他就自封为“边区人民領袖”，“中国的斯大林”，阴謀篡党篡政。在調任东北局书记后，立即把亲信党羽安插到各重要崗位，以张聞天任辽宁省委书记，賀晋年为东北軍区付司令，宋平为工会付主席，后升劳动部付部长，又把张秀山提为中央委員候选人，全部控制东北的党、政、軍大权。在《东北日报》上，在广播中，天天宣传“高主席”的“德政”，刋載“高主席”的复信、批語，政府机关大掛“高主席”的狗象，遊行时还要高呼“高主席万岁”，把东北变成他的反党独立王国。一九五三年，党中央召开財經会議，制定和宣布党在过渡时期的总路綫。这时，刚調中央工作的高崗，便和窃踞中央組織部长的饒漱石以及掌握軍权的彭德怀、罗瑞卿合謀，准备夺取党和国家的最高权力。就在財經会議召开期間，高与党徒习仲勛、譚震林、陈正人、陈丕显、向明（曾任刘少奇秘书，被刘吹嘘为“吃苦在前，享乐在后的好干部”）之流，天天在家密謀，并召开了一次所謂“上海会議”，煽动各大区头头反中央、反毛主席的情緒。經过紧张的密謀与策划，終于在財經会議后期，高饒授意譚震林等联名写信給毛主席，要主席下台“休息”。中央政治局开会时，高崗公然提出自己要当付主席，要“輪流坐庄”。在得悉一九五四年将开党的八届代表大会时，高立即封了許多“八大代表”和政治局委員、中央委員、中央候补委員的候选人，企图夺取选票，改組政治局。为此，高崗与罗瑞卿密謀，于一九五三年十月南下活动。当高崗乘車准备出发时，罗又匆匆赶到車站，与高崗在車中密談，并无耻造謠說主席病重，鼓励高南下活动后待机回京夺取政权，直到車子开动，罗才匆忙回去。罗出了主意，高立即按計行事。事后跟他的秘书梅×和赵××还講起：“罗瑞卿来說主席病很重，我本不准备南下了，罗說可以走，到济南、广州，他可以随时給我联系，有問題可以随时返京”。当时，高奔走于南京、上海、杭州、广州、武汉、济南等地，并随时与罗互通电話。

正当高、饒、罗之流神气十足，准备夺权时，一九五四年二月，党中央和毛主席及时召开了七屆四中全会，彻底粉碎高饒之流的猖狂进攻，把他們揪了出来。接着又召开了党的全国代表会議，作出了“关于高崗、饒漱石反党联盟的决議”，宣布开除高、饒党籍，撤消其党內外一切职务。

高、饒問題的揭出，对罗瑞卿来說，无疑是一个毁灭性的打击，为了蒙混过关，慌忙向毛主席写了个检討，推說是“上当”，在刘邓的包庇下，他与彭德怀同时漏网，还骗取了大員的身分，带着黑爪牙王仲方到沈阳去开高干会，搞高崗問題。为了积蓄反党力量，罗利用职权，包庇高、饒反党联盟的要員汪金祥过关，說：“汪金祥的問題沒什么，应当保护”。过后，竟把汪拉到公安部任付部长，企图东山再起。

大搞“十无运动”“安全运动”阴谋取消无产阶级专政

一九五八年，在我国經济战綫、政治战綫和思想战綫上的社会主义革命取得伟大胜利之后，党中央、毛主席又提出了“**鼓足干劲、力争上游，多快好省地建设社会主义**”的总路綫。在总路綫的光輝照耀下，出現了大跃进和农村人民公社。

国內外一切反动派和他們在党內的代理人刘、邓、彭、罗之流极力攻击三面紅旗，破坏我国社会主义事业。这些混蛋以极“左”面目出現，到处訂高指标、刮五风，給三面紅旗抹黑，到国民經济遇到暫时困难时，便大叫“大跃进搞糟了”、“三面紅旗漆黑一团”，明目张胆地复辟資本主义。

罗瑞卿和他的主子一样，玩弄了一套打着“紅旗”反紅旗的手法，借口公安工作也要大跃进，大搞“十无运动”，宣称要在极短时間內，把我国变成无反革命、无盜窃、无流氓阿飞、无火灾、无車祸……的“十无世界”，象“水晶石玻璃板”一样，以此为由，取消阶級斗爭，取消无产阶級专政机构。

一九五八年二月，彭眞跳出来为“十无”制造輿論，鼓吹：“要把北京市搞的象水晶石、玻璃板一样，沒有不劳动的人，沒有靠剝削生活的人，流氓小偷打扫干淨，当然反革命也不能有。”而后，罗在二月二十五日，背着党中央、毛主席，擅自决定通报貴州省公安厅开展“十无运动”的报告。并在上面批示：“我們非常高兴地讀过了貴州省公安厅写来的报告，現将該厅报告轉发給你們閱讀，并盼所有省、市、自治区公安厅、局能够写給我們这样一份报告。专署一級写給你們的报告中，也希望选几份写得好的寄給我們。”这时，罗瑞卿的腿突然勤快起来，一年之內，从东北到两广，从上海到貴州，几乎跑遍全国，到处开大会，作报告，号召展开“十无”竞賽。

三月二十四日，他在上海派出所长以上干部大会上講：“你們提出要把上海百分之七十的单位变成‘七无’，这是一件很大的好事。将来由百分之七十，一变，变到百分之八十，再一变，变到百分之九十，将来再由百分之九十变成百分之九十二，百分之九十三，百分之九十四，百分之九十五，剩下来只有百分之五了……应該提单位与单位之間，工厂与工厂之間、街道与街道之間……互相进行挑战，提百分之七十单位做到‘七无’是可以的。”

四月二十日，又到两广去，声嘶力竭地叫喊：“劲头是可鼓不可泄……‘一百无’搞到‘八十无’也好。一个合作社、机关、企业、学校是可以办到的，提这个沒有危险，而且現在已經有。”

为了实現所謂“十无”，罗想出了不少邪門歪道，处处和主席指示相对抗。

主席指示：**“今后社会上的鎮反，要少捉少杀。”**罗贼却鼓吹“大捕大捉”。二月二十六日，罗在公安部全体工作人員大会上講：“比如捉反革命，沒有那么多不能乱捉，但按平常状态說，如果北京有五十个反革命，你捉二十个好还是五十个都捉光好，还是只捉二个甚至一个都不捉，这里就有多的問題。”“北京現在还有很多不干淨的东西，有反革命，有刑事犯罪分子，要打扫干淨，是三年扫干淨，五年扫干淨，十年扫干淨，还是一年扫干淨，这里就发生‘快’的問題。”在他这种又多又快的捉人方針指导下，只在一九五八年，就捉了×××人，是大鎮反以来捕人最多的一年，捕了一些可捕可不捕和不該捕的人，扩大了打击面，严重混淆两类不同性質的矛盾。

一九五八年四月，毛主席指示：**“过渡时期阶级斗爭的形势，必须看到还有百分之五的细菌，中间派也可能变坏，阶级斗爭是长期的，反复的。”**沒有过几天，罗到汉口，又继續散布“十无”謬論，說什么几年之內就可以消灭阶級斗爭。为了給“十无”謬論辯护，竟把苏修东西搬来作証，鼓吹赫魯晓夫的“三无世界”，說什么苏联內部已經沒有阶級了，那里的犯罪問題主要是外部原因了。这就是說中国只要搞了“十无运动”，阶級斗爭也就沒有了，就能实現比赫秃“三无世界”还多“七无”的“十无世界”了。

毛主席指示：**我们在肃反工作中的路线是“实行党委领导下的群众路线。”**罗瑞卿却狂妄地說：“应該改成党委領导、群众路綫与生产劳动相結合。”与黑爪牙王仲方一起炮制了《公安工作九年总結》，宣传他这套反动的公安理論。

在搞了几个月的“十无运动”后，罗立即大摆十无成績，人为地捏造了許多“十无地区”。五八年六月，他給党中央、毛主席写了个《关于公安工作跃进情况的考察报告》，胡謅什么“各省市都已涌現出来一批无反革命破坏、无盜窃、无火灾的安全乡社和安全单位。”又命令《公安建設》大量刊登各地“几无”报告，宣传十无运动成績，他在北京市公安局的一份报告上批道："所有省、市送来的規划、报告，特别是党委批准的，一律登，过去未登的一律刋登。"

在大搞"十无"，制造了阶級斗爭熄灭的假象之后，罗瑞卿紧接着遵照黑主子刘少奇"有事办政法、无事办生产"的指示，要进一步削弱和取消无产阶級专政，于是又搞了一种新的鬼名堂——以搞社会治安和生产为主要任务的"安全运动"。一九五八年十月，罗搞了个《关于当前政法工作若干問題决議（草案）》，宣传刘少奇的黑指示，《决議》写道："政法工作与生产劳动相結合、政法工作人員有事办政法，无事办生产，这是政法工作在新形势下貫彻党委領导和群众路綫的关鍵。"并把"安全运动"列为一九五九年公安战綫上最主要的任务，还不知羞耻地吹嘘"安全运动""是公安工作上的又一次革命。"

为了推銷他这套黑貨，罗四出游說，一九五八年十一月，他在华北政法会議上大講："现在基层政权在开始消亡，专政的工具也是如此。""现在反革命更少了，我們的基层政权主要的不是搞阶級斗爭，而是搞經济建設、文化建設，就这个意义上講，它是在开始消亡。"他在上海市政法系統派出所所长以上干部会上更赤裸裸地說："我的意見，城市全取消派出所，农村全取消公安特派員，少設那么多卡子。"罗还到山西政法机关处长以上干部会上說："公安部今后开会，首先要看生产指标完成的怎样。"妄图把无产阶級专政机关变为一个生产机构，为阶級敌人的反扑提供方便条件。

罗贼这样狂热宣传阶級斗爭熄灭論，削弱和取消无产阶級专政，本身就是阶級斗爭的反映，是代表地富反坏右資产阶級向党进攻。

一九五九年八月，党中央召开八届八中全会，粉碎了彭德怀、黄克誠、张聞天、周小舟反党集团的猖狂进攻。毛主席指出：**"廬山出现的这一場斗爭，是一場阶级斗爭，是过去十年社会主义革命过程中资产阶级与无产阶级两大对抗阶级的生死斗爭的继续。在中国，在我党，这一类斗爭，看来还得斗下去，至少还要斗二十年，可能要斗半个世纪，总之要到阶级完全灭亡，斗爭才会止息。"**这是对罗贼鼓吹的阶級斗爭熄灭論的一个毁灭性的打击。

会后，罗贼心不死，又继續散布"十无"謬論，并煽动上海×院学員反毛主席，說什么：“你們对誰的話都可以怀疑，对毛主席的話也可以怀疑。”六〇年調离公安部时，还指示其党羽“要保留安全运动这个形式，以安全运动为綱，带动各項工作。”

紧跟刘邓搞复辟　合伙经营“四家店”

一九六〇年以后，由于严重自然灾害，以及苏修的破坏、刘賊的搗乱，造成我国国民經济的暫时困难。这时，两个司令部的斗爭更激烈了。以毛主席为代表的无产阶級司令部，继續高举三面紅旗，迎着大风大浪前进。而以刘邓为代表的資产阶級司令部則乘机大刮翻案风，鼓吹“三降一灭”、“三自一包”，企图砍掉三面紅旗，复辟資本主义。

在刘邓的整个反革命复辟的計划中，抓軍权是极为重要的一个組成部分。一九五九年彭、黄下台后，他們需要寻找一个更善于打着“紅旗”反紅旗的而又死心塌地反革命到底的人項替上去，罗瑞卿正是这样一个老奸巨猾的反革命修正主义分子，于是，經彭眞推荐，罗賊就被調任为总参謀长。罗賊非常高兴地接受了这一指示，他深知这是其主子对他最大的信任，只要反革命政变一实現，他就能飞黄騰达。回到公安部，他得意忘形地对爪牙們說：“彭眞劝我去，彭眞还說你不去掌握軍权，誰去？任务虽重，但有好处。可以多接近书记处，多接近邓小平，多取得他們的指示。”

罗瑞卿成为刘邓黑司令部里的大紅人以后，对刘邓眞是不胜感恩，吹捧也分外卖力，說什么刘少奇“在我党斗爭历史上，在全部主要关节上，都是正确的。”“对于党的事业和人民革命的事业是无限忠誠的。”把刘少奇的話，奉为圣經，处处以命令的口气說：“这是刘主席講的，一定要执行。”对邓小平也是令人作呕地吹捧，一口一个“我們的邓总书记”。

在刘邓大反三面紅旗时，罗賊紧紧跟上。刘賊說总路綫有“盲目性”，要允許别人怀疑，罗賊就立即攻击总路綫“主观主义”，散布：“少奇同志講，有人对总路綫有怀疑，只要他遵守纪律，也是容許他保留意見的。”刘賊污蔑大跃进是“一轟而起”，造成“比例失調”，罗賊大罵大跃进是“发高烧”，敢想敢干是“乱想乱干”，“改得連电灯泡也沒有了。”刘贼汚蔑三面紅旗“漆黑一团”，罗賊就說是“一事无成。”

刘少奇极力为彭德怀翻案，說什么彭贼“信中所說到的一些具体事情，不少还是符合事实的。”罗贼也到处說：“彭德怀主持軍委工作，只有一个时期，就是这个时期，也不是什么都錯了。”甚至借着别人的話說：“彭德怀也是好同志，彭老总可是进步，現在可听毛主席的話，完全拥护毛主席，是百分之百的馬克思主义者。”

罗贼在紧紧投靠刘邓的同时，在反革命的共同目标下，与大党閥彭眞、大学閥陆定一、大特务楊尙昆結成反党阴謀集团——“四家店”。他們互相吹捧，私自封官許願，扶植亲信，拉一批、打一批，阴謀篡党、篡軍、篡政。

罗贼和彭眞的勾結由来已久，早在延安党校时就互相勾結起来了。解放后，彭眞、罗贼分任中央政法小組正付組长，控制专政机关，推行修正主义路綫。罗任总参謀长后，与彭眞关系更加密切，共同策划全軍大比武，密謀反革命政变。

罗贼和楊尙昆勾結也很早，一九五六年，罗与楊就合伙大搞叛国活动，罗在办公室安装了一台高頻率电話直通莫斯科，电話是保密的，通过楊尙昆管內接的，罗就通过这条“热綫”，与苏修联系。同年，有人揭发楊尙昆亲人有現行反革命活动，罗贼即将检举材料轉給楊尙昆，使此事不了了之。一九五八、五九年，罗还专門指使其爪牙狄飞为楊尙昆提供窃听器等几十种新器材。

罗贼与陆定一关系也很神秘。他布置下面学文件，都請陆定一开单子。政治学院六四年整风，陆与此无关，罗却把整风材料都拿給陆定一。还請陆在軍队文艺工作中推銷刘少奇的黑貨。陆的老婆严慰冰长期搞反革命活动，謾罵毛主席和林付統帅，甚至写恐吓信，罗却为之提供毛主席、林付主席所到的地址，在严的案件发生后，罗又拼命包庇，长期不向林付主席报告。

一九六二年，刘、邓把罗、陆拉入书记处，从此彭、陆、罗、楊反党集团四大巨头都挤进了书记处。他們策划于密室之中，分工合作，紧相配合，彭眞抓党权，罗贼抓軍权，陆定一控制中宣部、高教部，抓政治、思想战綫，楊尚昆控制了中央机要系統、警卫系統，抓情报。他們結党营私、招降納叛，准备政变。

在軍內，罗瑞卿与大軍閥大野心家賀龙結成死党，把黑手伸向各个軍种，排斥异己，搜罗党羽。在总政、总参，罗贼勾結了三反分子张宗逊、张爱萍、王尚荣、雷英夫、刘志坚、梁必业等，大反林彪同志。在总后勤部，收买了以李聚奎为首的一小撮三反分子，残酷打击邱会作等同志。在海軍，扶植苏振华，打击李作鹏、王宏坤、张秀川同志。在空軍，网罗刘震、成鈞等混蛋，打击吳法宪等同志。在第二炮兵，安插了心腹宋烈，排挤李天焕同志。还有防化兵的张迺更、工程兵的譚友林、通訊兵的陈鶴桥等都是他搜罗的爪牙。

他們企图在軍內組成黑司令部，上下串通，对林付主席和其他軍委常委实行封鎖，在全軍推行资产阶級軍事路綫，大搞篡軍反党活动。

贩卖刘氏黑修养　破坏学雷锋运动

一九六三年，毛主席发出了"向雷锋同志学习"的伟大号召，全国人民立刻掀起了波瀾壮闊的学习雷鋒的群众运动，这是个意义深远的大搞人的思想革命化的运动，是培养无产阶級革命接班人的运动。这个运动对于企图腐蚀青年、复辟資本主义的刘、邓、罗之流无疑是一个毁灭性的打击，因而当雷鋒这个无产阶級英雄人物一出現，刘、邓、罗之流就疯狂反对，百般歪曲詆毁雷鋒的光輝形象，妄图把学雷鋒运动拉向右轉，納入黑修养的軌道。

早在一九六〇年，雷鋒同志在"两忆三查"运动中就是一个光輝典范，总政革命同志提出搜集材料，編写雷鋒成长道路的长篇小說，以激发广大指战員的阶級觉悟。而罗瑞卿却指使其黑爪牙总政宣传处长錢××加以压制，使总政革命同志的計划无法实現。

一九六二年八月十五日，雷鋒同志因公殉职。一九六三年二月，在主席、总理指示后，各报开始报导雷鋒事跡。二月七日，人民日报发表《雷鋒日记摘抄》，以及《伟大的普通一兵》的評論。当夜，旧中宣部付部长姚溱看到《人民日报》，大发雷霆說："雷鋒这个小兵，能写出这样的日记来嗎？是不是有人加了工的？”并以調查事实为名，連夜下令北京各报不得轉載。罗瑞卿同旧中宣部緊密結合，馬上派出黑爪牙錢××負責雷鋒宣传的全面“把口”，責令解放軍文艺社按××打印稿为主，編选《雷鋒日记》，限制全面介紹雷鋒事跡，并以“不眞实”为借口，停止了雷鋒两忆三查部分的宣传，把許多雷鋒童年斗地主、放哨等阶級斗爭故事統統卡住，不許見报，几十万册《雷鋒的故事》也被扣上“不眞实”的大帽子而被銷毁。

三月五日，各报发表毛主席的題詞“**向雷锋同志学习**”，三月六日，《解放軍报》发表林付主席題詞“学习雷鋒同志的榜样，做毛主席的好战士。”

刘、邓一看学雷鋒运动已势在必行，无法阻挡，便急忙拋出两个黑題詞：“学习雷鋒同志平凡而伟大的共产主义精神”，“誰願意当一个眞正的共产主义者，就应当向雷鋒同志的品德和风格学习”。妄想使人們离开学毛主席著作、做毛主席好战士的伟大目标，而去“平凡”中猎取“伟大”，去修养式地学习什么“品德”和“风格”。

刘、邓在軍內的代表人物罗瑞卿也不甘落后，馬上炮制了一株大毒草《学习雷鋒——写給中国青年》，在学习雷鋒的幌子下，販卖刘、邓的黑貨，以破坏学雷鋒运动。雷鋒同志是在三大革命斗爭中鍛炼成长起来的，而罗瑞卿却对着刘少奇黑題詞的口徑，說不需要投入三大革命斗爭，“在日常的工作和平凡的劳动中也同样可以出現雷鋒这样的英雄”，大肆販卖“吃小亏占大便宜”的黑貨。雷鋒是一个敢革命敢造反的无产阶級的英雄，而罗賊却把他描繪成奴隶主义的典型，說什么：“对組織分配的任何工作，不論事情大小，条件好坏，合不合口味，是不是熟悉，他都全心全意去做，并且力求做得好上加好。”雷鋒之所以伟大，在于他掌握了毛泽东思想，无限忠于毛主席，而罗瑞卿把他归功于刘氏黑修养的那套破烂貨。

为了歪曲雷鋒的光辉形象，罗瑞卿还与黑爪牙錢××对《雷鋒日记》进行了无耻地砍削，把日记中林彪同志的語录全部删除，把論述阶級分析、无产阶級专政的好文章統統砍掉，把雷鋒与反对大跃进的富农斗爭的內容也一笔抹掉，还篡改了日记中两忆三查的部分。經过这样大刀闊斧的砍削，罗贼还嫌不够，又把大毒草《学习雷鋒——写給中国青年》附在日记的前面作为代序，还加了个“修养”式的后记附在后面，这才感到滿意。他就用这样一本《雷鋒日记》当作原本来进行宣传，用挖心战术破坏学雷鋒运动。

“**蚍蜉撼树谈何易**”，革命的浪潮是什么力量也阻挡不住的，雷鋒同志的光輝形象永远活在革命人民心中，雷鋒式的战士欧阳海、王杰…在不断地涌現出来。

顽固推行资产阶级军事路线
大搞全军比武　冲击政治

林付主席主持軍委以来，坚决貫彻毛主席的无产阶級軍事路綫，彻底批判和清算了彭德怀的資产阶級軍事路綫。一九六〇年，林付主席提出了坚持四个第一、大兴三八作风、发揚三大民主、开展四好連队等正确的建軍方針、措施。并主持召开了軍委扩大会議，制定了《关于加强軍队政治思想工作的决議》。在毛主席的无产阶級軍事路綫的指引下，在林付主席的率領下，我軍高举毛泽东思想伟大紅旗，在非常无产阶級化非常革命化的大道上飞跃前进，共产主义战士雷鋒、欧阳海、王杰等英雄人物象雨后春筍般涌現。我軍各方面的建設，进入了一个嶄新的历史阶段。

无产阶級軍事路綫的胜利，必将彻底埋葬資产阶級軍事路綫，对此，大野心家賀龙、罗瑞卿之流是很不甘心的，他們又撿起彭德怀的破烂貨，顽固推行資产阶級軍事路綫，反对无产阶級軍事路綫。

在軍队建設問題上，罗贼反对毛主席“**党指揮枪**”的指示，妄图以枪指揮党，大搞独立王国；反对“**民主集中制**”的原則，个人独断，大搞一言堂；反对毛主席“**人民战爭**”的思想，不执行毛主席关于建立地方武装的指示，反对主席关于民兵工作的指示。而最突出的是更疯狂地反对毛主席“政治建軍”的原則，以大比武冲击政治。

一九六四年一月，罗瑞卿在賀龙的支持下，背着中央軍委、背着林付主席，擅自决定在全軍掀起一个大比武运动，企图用提倡軍事第一、技术第一，否定林付主席提出的“四个第一”和軍委决定的一九六四年的全軍工作方針。从一月到十月，罗瑞卿先后十三次到各地督战。三反分子賀龙、彭眞也亲自出馬，擂鼓助威，賀龙兴高彩烈地說：“軍队的比武很好，过硬功夫很好。”并命令体委也搞大比武，“在三个月內見效。”罗瑞卿得意地对彭、賀說：“我們軍事上就是过得硬。就是突出政治……”說完哈哈大笑，并下令民兵、公安部队都搞大比武，全面推行他的資产阶級軍事路綫。

在大比武中，罗瑞卿极力否定毛主席的“**政治统帅军事**”的原則，鼓吹技术掛帅，到处拔尖子，树样板，把郭兴福教学法树为黑样板，亲自题詞，到处推銷，多次召开推广郭兴福教学法的現場会，狂热宣揚“搞好軍事訓練乃是最重要最具体的战备”，“沒有抽象的政治，練好本領、保卫祖国，就是最大的政治。”“艺高人胆大”“就能以一当十，十当百，遇到什么样的敌人都能战胜它。”无耻地把郭兴福教学法与学毛主席著作并列为“具有战略意义的两件大事情。这两件大事是分不开的，郭兴福教学法就是高举毛泽东思想伟大紅旗的結果。”在守島部队軍事訓練会上，罗更赤裸裸販卖“軍事好，政治自然会好，軍事不好，政治也不会好，”的单純的軍事观点。在另一会上又說：“軍事技术是最过硬最厉害的东西”，“我們有飞机大砲，再加上打得准，开得动，就是軍队的战斗力，就能打胜仗。”甚至要部队学习武术队的动作、馬戏团的杂技，什么“爬墻上房”、“飞簷走壁”、“踩鋼絲”、“爬冰坡”，統統搬了出来，要部队練习，說什么“杂技演員为什么胆大，就是因为有武艺，艺高人胆大。”妄图使伟大的人民解放軍变成一支沒有毛泽东思想的，沒有无产阶級政治的杂技队。

在大比武中，罗瑞卿疯狂反对毛主席关于培养无产阶級接班人的指示，指使其黑爪牙，大力提拔重技术、輕政治的干部，大批撤換思想品質好的工农干部，大搞封官許願、物質刺激。他参观北京部队时，对一个“尖子”班的战士們說：“你們好好干吧，我看将来你們，不仅可以出几个将軍，还可能出个把元帅。”他鼓励战士們“努力争取”“当营长、当团长、当师长”，企图从思想上解除革命軍队的武装。

罗瑞卿、賀龙刮起的比武歪风，严重冲击了政治，冲击了毛著学习，党团活动、四好評比和經常性的政治教育都被冲掉了，四好連队大幅度下降，錦标主义傾向大为发展。

林彪同志对于賀、罗之流推行的資产阶級軍事路綫作了不調和的斗爭。一九六四年底，林彪同志根据毛主席的一貫建軍思想、我軍建設的經驗和当时部队反映的大量材料，作了关于突出政治的指示，严肃批評了大比武的錯誤。林彪同志指出："大比武冲击了政治，有的部队只抓軍事技术，不抓政治思想；甚至弄虛作假，搞錦标主义和形式主义。这样下去，必然会把政治工作冲垮，和其他一些东西冲垮，也会把軍事訓練本身冲垮，要敲警鐘，如果听其自流，不加糾正，那就不得了。"并明确規定："明年的工作要突出政治，大力加强政治思想工作，大抓毛主席著作学习，在全軍掀起一个更大、更广泛的学习毛主席著作的高潮，把毛主席著作当作最根本的必修課。要赶快采取措施，使軍政工作比例正常化，恢复一九六二、六三年的正常訓練情况，糾正最近一个时期出現的失調情况。"

对于林彪同志这一正确指示，罗賊恨得要死，怕得要命，立即伙同三反分子刘志坚偷偷地篡改林彪同志指示的原稿，十天之内篡改了八次，砍掉了不少重要內容，塞进了許多私貨。林彪同志說："全軍大比武冲击了政治，要赶快煞住这股风。"罗賊却說："一九六四年的軍事訓練工作，是建国以来最好的一年，大比武成績是主要的，气可鼓、不可泄。"林彪同志說："軍事訓練、生产等可占用一定的时間，但不应冲击政治，相反，政治可冲击其他。"罗賊却說："也不能乱冲一气。"林彪同志說："要把軍事訓練压縮一下，要突出政治"，罗瑞卿却說："不要一下偏到这边，一下又偏到那边。"

罗瑞卿篡改林彪同志指示的阴謀被毛主席揭穿了，毛主席指示：**"要恢复林彪同志突出政治的原稿。"**大比武冲击政治的現象被迅速扭轉过来了。

反动成性的罗賊不甘于自己的失败，便采取折衷主义即机会主义的手法，打着"紅旗"反紅旗。他到广州、南宁、昆明等地大量散布折衷主义謬論，反对突出政治。他常常是小声說了一句"突出政治"之后，唯恐别人把“突出政治”听了进去，于是，紧接着就在“但是”后面做文章，高声大喊要突出軍事。他說：“政治搞不好，别的就搞不好；但是，如果单純把政治搞好，别的都不好，垮下来，这种政治恐怕不能算政治，是空政治，那里有这种政治！”“政治搞不好，打起仗来向后跑，但是，軍事沒有一点硬功夫，打起仗来，人家扑过来，你說不向后跑？”“政治搞好了，其他工作就有了保証；但是政治掛帅做出了成績，并不等于别的工作也做好了。”“要抓紧掛帅的东西……但是，在工作安排上那些先做那些后做，要看具体情況。”“政治是主要的；但是，如果打不准，开不动，那也不行。”等等。

罗瑞卿再狡猾，也逃不过毛主席的最銳利的目光。一九六五年十二月二日，毛主席专門写了批判折衷主义的文章。痛斥罗贼之流的謬論。毛主席指出：“**马克思主义认为政治与军事、政治与经济、政治与业务、政治与技术的关系，政治总是第一，政治总是统帅，政治总是头，政治总是率领军事、率领经济、率领业务、率领技术的。**”所謂旣突出政治，也突出业务的观点“**只不过是以全面的面目出现，它卖的完完全全是折衷主义的貨色。**”“**折衷主义实际上就是修正主义。**”毛主席提醒大家，对“**那些不相信突出政治，对突出政治表示阳奉阴违，而自己另外散布一套折衷主义（即机会主义）的人们，大家应当有所警惕。**”

伸进海军的一只黑手

反革命修正主义分子罗瑞卿，利用他窃取的权位，把黑手伸向各个軍种，到处推行他的反动的資产阶級軍事路綫，勾結大大小小的走資派，刮起一股股围攻左派的妖风，妄图实現篡軍反党的阴謀。他在海軍的活动就是一个典型。

人民海軍是在最高統帅毛主席的亲切关怀和直接領导下建立和发展起来的。可是，刘少奇、邓小平、彭德怀、賀龙，为了控制海軍，把海軍变成他們篡軍反党的罪恶工具，他們背着毛主席、林副主席，早在一九五四年，就把反革命修正主义分子苏振华从貴州調来，安插在海軍，窃取了海軍政治委員、海軍党委第二书记职务，一手把持了海軍的領导权。后来，又讓苏振华窃据了中共中央候补委員、軍委副秘书长的高位。

罗瑞卿和苏振华早在抗日战爭的初期，在抗大工作时就互相勾結起来了。在罗瑞卿任总参謀长后，就勾結得更紧了。他們在海軍积极推行資产阶級軍事路綫，頑固地反对毛主席关于“一定要建立强大的海军”的指示，妄图把海軍变成“单一軍种”“运輸船队”。反对林副主席关于突出政治和四个第一的指示，鼓吹赫魯晓夫的“唯尖端武器論”，在海軍大搞“軍事第一”，“技术第一”。从而把海軍建設引上了錯誤的道路，使海軍建設遭受到严重的损失。

針对这种情况，林副主席在一九六二年四月召开的編制装备会議上，对海軍的問題作了三条指示，批評海軍“把四个第一变成四个第二”，“大路不走，走小路”，“有現成葯方不用另开葯方”，“懶婆娘管家，管的乱七八槽”。林副主席还派了楊成武同志为首的軍委检查团（楊成武为組长、王宏坤，李作鹏为組員），检查了海軍的政治工作，深刻地揭露了海軍存在的严重問題。为了加强海軍領导，端正海軍建設方向，毛主席和林副主席决定特派李作鹏和张秀川两同志到海軍，分别担任常务副司令和政治部主任。李作鹏、张秀川两同志到海軍后，就与海軍第二政委王宏坤同志結合在一起，形成了海軍党委常委中的左派領导力量。

一九六三年一月，李、王、张主持召开海軍党委扩大会議，全面地检查海軍工作，批判单純軍事观点和四个第一沒有摆第一的錯誤，端正海軍建設方向。会上經过斗爭，作出了貫彻林付主席三条指示的决議。这是一次具有历史意义的会議。

这时，大阴謀家、野心家罗瑞卿亲自出馬，到会大反林副主席的三条指示。胡說什么“包括海軍党委在內，无論哪一方面都做了很大努力，做了大量工作，許多工作是有成績的。这样才公平嘛，不然眞要搞成灰溜溜的了！”以此誣蔑林副主席否定海軍成績。他嚣张已极地說：“如果要否定也是否定不了的。”并且攻击林副主席的正确批評是“搞过火斗爭”，說“帽子是容易戴的，但戴的不合适，就无助于問題的解决，而且要伤人。”还叫嚷“要准备听些閑話，听些不大符合实际的批評……公道自在人心，同志們是会講出公道話的”。公开煽动海軍干部起来反对林副主席。

罗瑞卿在会議上，还故意掩盖两个阶級、两条路綫斗爭的实質，公然反对林副主席关于海軍問題的錯誤性質的指示，别有用心地胡說什么“海軍当前的主要矛盾是正确同錯誤的矛盾”，“不是阶級矛盾”，“海軍的錯誤还是一般性質的，工作上的錯誤。”“是工作作风上的‘空、偏、驕、浅、慢’”，大肆宣揚“軍事訓練是我軍平时經常性的中心任务”，“一九六二年如此，一九六三年也是如此，以后如果不打仗，在一个很长时期內，恐怕都要这样办”，“有人怕被批評为单純軍事观点，或单純技术观点，現在連抓訓練，抓技术也不敢提了，这是不对的”。公开反对毛主席和林副主席关于政治建軍的指示。

海軍党委扩大会議之后，各級党委都根据林付主席的三条指示，相继开会检査本单位的工作，端正方向。这时，罗瑞卿唯恐林副主席的指示在部队中落实，于是他又把黑手直接伸向軍委检査团曾經检査过工作的东海艦队。

罗瑞卿在东海艦队干部会上两次放毒。胡說什么“这二、三年，你們工作成績是主要的”，“我这次坐了几艘艦艇，看到艦上的工作是不錯的”，“不要层层检査了”。并恶毒攻击林副主席对海軍批評是“不問靑紅皂白照样一棍子打下去”，不能“城門失火，殃及池魚”，“一人有錯，万人遭殃”。

而罗瑞卿的忠实走狗苏振华，为了煽动海軍干部对林副主席不滿，竟背着軍委和海軍党委把罗瑞卿攻击林总的恶毒講話，印发給海軍师以上单位。他还气焰嚣张地給反对林副主席三条指示的人打气，說：“还要看三年”。

李、王、张革命同志为了貫彻林付主席三条指示，坚决抵制罗瑞卿和苏振华的百般阻扰，經过反复斗爭，采取了一系列革命措施，糾正了海軍中所存在的严重問題。

由于李、王、张坚决执行了无产阶級軍事路綫，使罗瑞卿把海軍变为其篡軍反党基地的阴謀不能得逞。为此，罗曾咬牙切齿地說，“一提起海軍的事情我就有气”，大罵李、王、张“簡直超过了国民党”。为了把李、王、张整下去，罗使出了分化瓦解，挑拨离間的卑鄙手段。他十分阴险地对李說，为了“团結”苏振华“要不惜牺牲一切”，还問：“你明白我的意思嗎？”企图誘騙李放棄对苏斗爭，牺牲王、张两同志，李識破了他的阴謀，根本不听这套鬼話。于是在一九六五年夏，罗乘着李不在北京的机会，勾結苏振华，挟持党委作出决議，将王推上第一綫，把李降为二綫，妄图挑起李、王的矛盾。李、王沒有上当，向罗提出質問，罗开始抵賴說不知道，当拿出他亲自批的报告后，罗只得承認“犯了个大錯誤”，但隔了两天，又对李、张造謠說，这事已“报告了林总，林总同意了的，我不能不批。”林副主席知道以后，严肃指出罗瑞卿“是彻头彻尾的扯謊。”

一九六五年十月，海軍召开党委三屆二次全会。对以苏振华为代表的修正主义軍事路綫展开了严肃的批判斗爭，对此，罗瑞卿大为不滿，气势汹汹地找李、王、张，責备他們“方法不好”，“效果不好”，“搞急了”，要李、王、张“委屈求全”“忍辱負重”，甚至要李、王、张无条件地服从苏振华，說“苏振华就是錯了也要执行”。当場，李作鵬同志給予严正駁斥：“苏振华反毛主席反軍委，我們也要跟着执行嗎？”問得罗哑口无言，只好同意在全会上揭苏的盖子。

苏振华在罗的包庇下，抵制全会批判，拒不公开检查，到会同志大为激憤，报名要求在会上揭发批判的有几十人之多。罗一看大事不好，急忙找李、王、张談話，气冲冲地指責李：“把这么多人陷在这里干什么！都是你李作鵬要揭开的！”李、王、张忍无可忍，当即把几年来罗瑞卿勾結苏振华反对突出政治、反对林付主席的問題端了出来，質問罗瑞卿。罗瑞卿理屈詞穷、作賊心虛，当晚給李作鵬同志打电話，說：“今天談的問題，和誰也不要說了，以后还可說清。”为保护苏过关，罗一面叫苏把态度放軟一些，一面对李說：“他愿检討你們就应欢迎，再不要糾纏了。”

在李、王、张向林副主席揭发了罗在海軍內的阴謀活动后，邓小平、賀龙、罗瑞卿对李、王、张恨之入骨，曾在上海开会密謀整掉高举毛泽东思想伟大紅旗的李、王、张三同志。后来，罗賊被揪出来了，这一阴謀才未能得逞。

政治学院乌云翻滚　革命左派横遭迫害

罗瑞卿为了实現他篡軍反党的罪恶目的，不但把黑手伸向各个軍种，而且也伸入到各高等軍事院校，特别是培养高級干部的重要基地——中国人民解放軍政治学院，以便迅速造就一批修正主义接班人，为篡軍反党作組織上的准备。

政治学院是一九五三年毛主席亲自批准成立的，政治学院的无产阶級革命派同志，高举毛泽东思想伟大紅旗，突出无产阶級政治，为我軍培訓了許多优秀干部。为此，三反分子彭德怀恨得要死，曾伙同譚政、梁必业等反革命修正主义分子，派出工作組大整革命左派，阴謀搞掉莫文驊。由于学院革命派同志的坚决斗爭，他們的阴謀才未得逞。

一九六〇年以后，政治学院又坚决执行林彪同志关于学习毛泽东思想的指示，成为全国、全軍最早“通讀”毛选四卷，并以毛选作为基本教材的一个学院。可是，罗瑞卿却借口学习馬、恩、列、斯的书而反对学习毛主席著作，另办一个高干訓練班，找陆定一开了三十多种书作为必修課。莫文驊同志坚决反对，不予开办，罗只好把訓練班移到了他所控制的高等軍事学院。

一九六三年，罗荣桓同志逝世后，莫文驊接任院长职务。六三年十二月，毛主席給政治学院很高評价，讓林彪同志派地方干部“到莫文驊管的政治学院当学生。”主席的英明指示給政治学院的革命派以极大的鼓舞，对罗瑞卿却是当头一棒。罗贼更加怀恨在心，終于在一九六四年，借軍事院校整风之机，对莫文驊进行残酷政治迫害。

一九六四年七月二日，罗贼派×××带着工作组杀气騰騰地进入了政治学院。九月十八日，工作組的后台老板罗瑞卿、賀龙也大搖大摆地进入政治学院，煽阴风、点鬼火，九月二十二日作了全院“整风”动員，第二天，还沒讓莫文驊作检討，賀龙就給工作組下黑指示：“莫文驊检討不好就考虑誰掛帅的問題”，准备馬上夺权。九月二十六日，×××毫不隐晦地宣称：“我們这次整风是根据賀帅、徐帅、罗总长的指示，后来张副总长（张宗逊）、徐副主任（徐立淸）亲自布置，現在看方向是正确的。”在整风期間，賀、罗給工作組下了二十次黑指示，还专門把整风簡报发給邓小平、彭眞、林枫、吳冷西等根本与政治学院无关的反革命修正主义分子看。他們要审查莫文驊同志的“紅七軍簡史”和历史的講稿，要調查他的“宗派”活动，他們为把莫文驊同志整垮，竟組織专門人員翻閱、审查了几百万字的材料。

林副主席对政治学院整风十分关心，先后五次作了指示。林副主席明确指出：“政治学院成立以来，工作是有成績的，讀毛著最早的。莫文驊同志这样办了是好的。”这些指示都被工作組封鎖、扣押或拒不执行。他們把政治学院說得一无是处，打成全軍院校四个坏典型之一。妄图搞臭政治学院，整掉莫文驊。林付主席一針見血地揭穿他們的罪恶阴謀，說：“四个坏典型不要点政治学院的名”，“从現有的材料看，莫文驊不是反毛泽东思想”，“要用他”。可是，罗瑞卿公开与林副主席对抗，大叫“莫有反党性質的錯誤”，“新老賬一齐算”，“現在停职反省”。学院自創办以来，在林副主席的領导下，方針是明确的，方向是对头的；通讀毛著是全国、全軍最早的；教学改革实行最早；政治学院沒有請过苏联专家，也沒有請楊献珍、翦伯贊等三反分子、反动学术权威作报告；同时，还和高饒、彭眞、譚政反党集团作过斗爭。这是政治学院的主流方面，本質方面。因此，毛主席对政治学院的評价是很高的。但是，工作組却把这些視为眼中釘、肉中刺，誣为莫文驊的“五张王牌”，十月十四日，賀龙就恶狠狠地下令：“要把他(莫)五张王牌剝掉”！

賀罗工作組經过一系列幕后活动，把莫文驊“反党”的材料东拚西凑地整出来了。一九四五年莫文驊同志在延安整理的“紅七軍簡史”，揭露了邓小平遇敌临陣逃跑的可恥行为。却被×××等人說成是“从反邓总书记的性質看，是反党性質的錯誤。”莫文驊同志在談到有关賀龙的回忆录时曾說：“那时他（賀龙）知道个啥？关于錯誤路綫問題，除了毛主席明白之外别人怎么能知道呢”。又如，一九六四年八月，莫文驊同志在审閱一个党史教員講稿时說：“彭眞在东北时期，搞得乱七八糟，可以說是路綫性的錯誤。不是林总出来糾正，东北站不住脚”。就这些話，明明体現了莫文驊同志坚定地站在无产阶級革命立場上与反革命分子的斗爭，却被×××扣上了“損害中央領导同志威信”的罪名。一九六四年十一月二十四日，在討論莫文驊同志錯誤性質的会議上，工作組內部就沒有通过这些罪状。于是，一九六五年二月十九日，罗瑞卿又亲自主持召开討論莫的性質的軍委办公室会議。会上，×××根据罗賀的旨意說：“莫文驊同志对中央許多同志缺乏阶級感情，对刘主席、賀龙、彭眞、特别是对总书记邓小平造謠誹謗。”然后，罗瑞卿亲自把莫文驊同志打成反党分子，并宣布撤消莫政治学院院长兼党委书记的職务。×还造謠說：“請示了林副主席，由林副主席下的决心”。他們就用这种欺上压下的卑劣手段把莫文驊同志打了下去。罗瑞卿趁机篡夺了政治学院的領导权。

罗瑞卿之流控制政治学院后，烏云翻滾，大小走資派和牛鬼蛇神紛紛登台表演，更加疯狂地反对学毛著，砍掉“通讀”毛选，把刘氏黑修养捧上天，作为要学通的必修課。罗瑞卿、梁必业亲自登台大肆放毒，攻击、詆毁毛泽东思想。排挤、打击好的教員、干部。他們对抗毛主席指示，停收地方学員，开設“新疆班”，专为賀龙培訓篡軍反党骨干分子。

被顚倒的历史必須重新顚倒过来。一九六六年，毛主席在八屆十一中全会上亲自給莫文驊同志平了反，而且恢复原职，政治学院又重新回到了无产阶級的手中。他們这一批反革命修正主义分子反党的丑剧彻底完蛋了。

狗胆包天　竟要夺林付统帅的兵权

大野心家、阴謀家罗瑞卿，为了实現他篡軍反党的罪恶阴謀，首先把矛头指向毛主席最亲密的战友林彪同志。林彪同志是党中央付主席、中央軍委付主席、第一付总理兼国防部长。林彪同志一貫高举毛泽东思想伟大紅旗，最坚决地貫彻和捍卫了毛泽东思想，与国内外修正主义、资产阶級軍事路綫及罗瑞卿之流的阴謀活动作了坚决的斗爭，林彪同志在軍內和国內外都享有很高的威望。因此，林彪同志就被罗瑞卿視为篡軍反党阴謀的最大障碍。

罗贼从当总参謀长以后，就对林彪同志采取严密封鎖政策，不通气，不汇报，极力阻止林彪同志过問国防大事，虽經林彪同志多次批評，罗贼仍然坚持封鎖政策。

一九六四年，罗贼在大搞全軍比武之际，进行大規模抓权活动，在下面煽动各軍种和高等軍事院校的黑爪牙围攻左派，夺取領导权；在上面，他直接向党伸手，要篡夺林付統帅的兵权。他以为这样一搞，全軍的大权从上到下即可被他控制，篡軍反党的美梦即可实現。

九月中旬，罗贼大肆造謠，为夺权制造輿論。他对×××造謠說：林总講他身体不好，今后軍委的工作，軍队方面的事情，要罗独立主持，要大胆处理問題，不需要經常向林总請示，也不要到处去請示。又說：林彪还要罗現在就要多抽出时間去把全国地形、战場都看一看，一旦发生战爭，就要靠罗瑞卿指揮了。

造謠之后，立即伸手夺权。国庆后，第三届全国人民代表大会准备召开了，罗以为时机已到，跑到林彪同志处，在談到干部問題时，借題发揮，指桑罵槐地嚷："病号么，就是养病，还管什么事！病号，讓賢，不要干扰！"他走出房門外，在走廊里还狂叫："不要挡路"。

为了夺林彪同志的权，罗竟揑造主席的話攻击林彪同志，十二月，罗贼在修改他在人代会上的发言稿时，当着許多人的面，造謠說："主席講四个第一中人的因素第一这句話缺乏阶級分析，人有好人坏人，有这个阶級的人有那个阶級的人"。其实毛主席根本沒有說过这話，主席对四个第一評价极高，一九六三年十二月十六日，主席写給林彪等同志的信中說："**解放军的思想政治工作和军事工作，经林彪同志提出四个第一、三八作风之后，比较过去有了一个很大的发展，更具体化了，更理论化了，因而更便于工业部门采用和学习了。**"罗贼造謠目的是想挑拨主席和林彪同志的关系。

一九六五年一月，第三届全国人民代表大会第一次会議上，林彪同志被任命为第一付总理兼国防部长，这对罗贼夺权阴謀是个沉重的打击，罗贼悶悶不乐地对×××說："沒有想到这个人又东山再起了。"

罗贼看到公然逼林彪同志"讓賢"不行了，便又改变手法，一方面假惺惺地对×××說："我这次認定了，跟定了，今后弹打不飞，捧打不走，我罗瑞卿死了烧成骨灰，都忠实于林彪同志。"并特地要×××把这話报告林彪同志，以騙取林彪同志的信任。另一方面，又指使×××找叶群同志談話，要叶群劝林彪同志把权讓給罗。六五年二月中旬的一天，×××在罗的指使下，向叶群同志講了四条意見：第一、一个人早晚要出政治午台，不以个人意志为轉移，不出也要出，林总将来也要出政治舞台的；第二，要好好保护林总身体，这一点要靠你們了；第三，今后林总再不要多管軍队的事情了，由他們去管好了，軍队什么都有了，主要是落实問題，不要再去管了；第四，一切給罗去管，对他多尊重，要放手讓他去管。×××还对叶群同志說："罗总长說，只要你办好了这件事，罗总长是决不会亏待你的。"叶群同志当即回答："这样大的問題，你和我講是不合适的，你要說，請你直接和林彪同志說好了。"

二月十九日，×××到林彪同志处，又說了上述四条意見。林彪同志严肃批評了×××，并向他指出一九六一年以来罗的思想情況、恶劣傾向及近年来对罗进行批評的經过。听了林彪同志講話，×××才醒悟了，表示受了罗瑞卿的騙，錯了。

二月二十二日，罗賊到上海，先找×××談了半天，知道事情不成，第二天上午，赶紧去見林彪同志，表示他更相信林彪同志的領导，更拥护林彪同志的領导和"跟定了"林彪同志。林彪同志表示："应該是跟毛主席、党中央，我一貫拥护毛主席、党中央，对自己有信心。我万一犯了錯誤，你可以走开，不但是你，就連我的妻子儿女也一样要他們走开，因为多一个革命的总比少一个革命的好。如果我們沒有工作关系，一百年不来也沒有关系。你是总参謀长，我既然担任国防部长，一点情況不了解怎么办？耽誤了工作我要負責的。"并批評他不应該和×××談那些不該談的話，要他改正以前的錯誤想法，好好工作。然而反动透頂的罗賊，当面說得好听，背后依然搗鬼，当天下午坐飞机到广州，馬上又跟三反分子陶鑄大造林彪同志的謠言了。

逼林彪同志讓位这一招不行，罗賊便抬出黑主子刘邓来，与林彪同志对抗。六五年二月，罗在各院領导同志座談会上，劲头十足地說："刘主席怎么不支持国防？党中央的付主席，战时是三軍統帅"。四月，林彪同志对干部工作作了明确指示：軍队×級以上干部和总部各部部长的任免，要先請示軍委常委各同志，然后上报党中央审批。五月，全軍中将以上定級，罗賊随意为三反分子肖向荣等人提級，根本不通过林彪同志和中央軍委常委，私自盜用軍委名义，直接上报书记处，邓小平“大笔”一揮，立即批准。林彪同志批評了罗，罗仗着有黑主子撐腰，拒不認错，反而气势汹汹地說：“这不是原則問題，用不着一个个請示。”

五月，軍委××会議期間，罗的篡权活动发展到一个新的頂峯，其中有两件事最突出。一件是罗利用中央常委接見参加这次会議人員的机会，对林彪同志搞突然袭击。接見前，罗就暗中布置各小組选出代表和他一块向常委提意見。接見时，罗带头提出要求大量增加部队定額，合併軍区及取消兵种，把各个兵种作为总参謀部的业务部門的意見。他說完后，就要求各軍区同志发言，妄图造成一种声势，逼常委表态。本来，罗这些意見，林彪同志多年来是不贊成的，并向毛主席作了汇报，主席完全同意林彪同志的意見。現在罗有意出难題，用心是十分险恶的。如果中央常委同意罗的意見，他就在各軍区同志面前，显示他的威风，又达到了攻击林彪同志的目的。如果中央常委不同意他的意見、他就可以挑起各軍区对党中央和林彪同志的不滿。另一件事是：罗瑞卿要用个人名义在軍委××会議上作結論。林付主席知道后，非常严肃地說：“××問題任何一个人都沒有資格作結論，只有最高統帅毛主席才能作結論”。

当天晚上，林付主席口述了一个指示，由他的秘书传給軍委××会議搞秘书工作的××和楊成武同志，也传給了罗瑞卿，并要把他的指示向参加会議的全体同志宣布，准备把罗賊反党活动的盖子揭开。

这下子，把囂张一时的罗瑞卿吓坏了，深更半夜就跑到林付主席那儿作了一番“检討”，保証再不犯了。林付主席再一次給他悔过的机会，打电話給楊成武同志，收回指示，看一看，他能否悬崖勒馬。

疯狗吠日　难逃人民的法网

毛主席說：“阶级敌人是一定要寻找机会表现他们自己的。他们对

于亡国、共产是不甘心的。不管共产党怎样事先警告，把根本战略方针公开告诉自己的敌人，敌人还要进攻的。”罗瑞卿就是这样一个頑固不化的反动傢伙。他在刘邓的支持下，根本不顧林付主席的严肃批評和警告，反而变本加厉地进行篡軍反党活动，更加疯狂地攻击我們伟大的領袖毛主席，百般詆毁战无不胜的毛泽东思想。請看罗贼从一九六五年六月到十一月間的三反罪行：

1.六月二十九日，罗贼在討論再版《毛主席語录》前言时，总政在前言中写道：“毛泽东思想是当代最高最活的馬克思列宁主义。”罗說：“不能这样講。最高难道还有次高的嗎？难道不能再高了？最活难道还有次活的嗎？內部講还可以，对外講不行。”这样，他硬把上面一句去掉了。在討論中，罗还放肆地說：“毛泽东思想是当代馬列主义的頂峯这句話也不能这样提，对外国影响不好。”

2.六月，罗在××会上，污蔑学毛主席著作是“形式主义”，說什么：“我們不要搞形式主义，不要强迫命令。要群众自愿。……××部××厂，搞形式主义，用行政命令規定“人手一册”，每人买一本，不管愿意不愿意，就是强迫买。支部作了决定，許多老工人非常反感。”

3.七月，罗贼擅自将《解放軍报》社論中所写的“毛泽东思想是当代最高最活的馬克思列宁主义。”等話删去。

4.七月，罗在××会上又恶毒攻击毛著学习，胡說：“我講是学毛著，这也可能出現形式。最好不要出形式主义、粗糙。但你說一点都沒有粗糙、形式？沒有一点强迫？有一点也不要怕。”

5.七月，罗在一次討論会上明目张胆攻击毛主席一分为二的思想，說什么：“听說广州有人主张一分为二，这不是各打五十大板？不是主张二元論嗎？”

6.八月，罗贼和彭眞、楊尙昆、薄一波在听取团中央书记处汇报社敎运动中青年工作的会上，一唱一和，大肆放毒，极力反对青年活学活用毛主席著作，歪曲党的“重在表現”的政策，推銷“全民团”的黑貨。

7.十月，罗在××会上叫喊：“不单独給民兵布置学习毛著任务。”

8.十月二十二日，在軍委办公会議第九次扩大会議上，罗在談到

《解放軍报》办得不錯时，別有用心地說："毛主席不喜欢看《人民日报》，蔣介石也从来不看《中央日报》？"把毛主席和蔣介石相提并論，这是对毛主席的恶毒誹謗。

9.十一月二十五日，总参党委扩大会議批判肖向荣不准向外国介紹和宣传毛泽东思想的罪行时，罗要秘书打电話給主持会議的王新亭同志，造謠說："林付主席講'讀毛主席的书，听毛主席的話，照毛主席的指示办事，做毛主席的好战士。'这四句話是对我們自己講的，对外国人講要'策略'。"为肖的反革命論調撐腰。

10.十一月，罗公然反对毛主席关于"凡是有群众的地方都有先进、中間、落后三种状态"的理論，胡說："我們部队不要提先进、后进，不要提后进战士。""后进战士这种概念可以取消。"

11.十一月，林彪同志提出突出政治五項原則后，罗賊馬上表示反对，对林彪同志說："把毛主席的书当作我們全軍各項工作的最高指示，不符合我們国家的体制。"軍委决定把五項原則作为一九六六年全軍工作方針，罗却大罵五項原則是"瞎說一通，"說什么"不解决方法問題再好的方針也要落空。"

在大造反革命輿論的同时，罗瑞卿又与賀龙、彭眞、陆定一、楊尙昆等人密謀发动反革命政变，到处視察战場，选定基地，配好班子，只待时机一到，就要用枪杆子改变我們国家的顏色。

敌人越疯狂，他們的反革命面貌也就暴露得越清楚，他們死亡的日子也就越快的来临。林付主席早已看透了罗賊已不可救葯，同时又发现了楊尙昆的反革命的阴謀，这时林付主席决定向主席报告，处理罗瑞卿的問題，經党中央、毛主席批准，召开上海会議，揭罗賊的盖子。

毛主席对罗瑞卿的問題早有察觉．毛主席几次在談到罗的問題时說过："罗的思想同我们有距离，林彪同志带了几十年的兵，难道还不懂得什么是军事，什么是政治？军事训练几个月的兵就可以打仗，过去打的都是政治仗，要恢复林彪同志突出政治的原稿。罗把林彪同志实际上当作敌人对待，罗当总长以来，从未单独向我請示报告过工作，罗不尊重各位元帅，他又犯了彭德怀的错误，罗在高饶问题上实际上是陷进去了。罗个人独断，罗是野心家，凡是要搞阴谋的人，他总是搞几个人在一起。”一九六五年十二月二日，毛主席专写了反对折衷主义的文章，揭穿了罗瑞卿的伪装，为会議提供了强有力的理論武器。

一切准备就緒，一九六五年十二月八日至十五日，党中央召开上海会議，揭发了罗瑞卿反党反社会主义反毛泽东思想的大量反动言行，对他进行了背靠背的斗爭。

罗瑞卿問題的揭出，急坏了黑主子刘、邓，他們千方百計地为他粉飾、掩盖，妄想保护他过关。邓小平在上海会議的第一次会議上就講了一段不三不四的話：“請軍队与地方的負責同志来，不是来作一个决議，而是审查材料够不够，对不对的，有出入的都可以提。”妄想以核实个別事实的框框来限制对罗賊的深入揭发、批判。在小組会上，邓小平极力为罗开脫：“关于罗伸手的問題，林彪同志說有，罗說沒有，×××已死，死无对証。”企图以“死无对証”来否定毛主席和林付主席及其他同志提出的鉄証。

罗瑞卿問題的揭出，也打破了刘邓彭罗陆楊反革命政变的美梦。邓小平老婆急得与罗的老婆抱头大哭，楊尙昆則龟縮在家，惶惶不安，对儿子說：“軍队在整罗，整得很凶，你不要去找罗，不要給罗写信。”罗的爪牙徐子荣更是惊恐万状，会后就匆忙赶到重庆，把会議情况洩露給宋烈，密謀对策。“四家店”大掌柜彭眞还想負隅顽抗，他連連为徐子荣打气，要徐“第一要忍、第二要等”，准备待机反扑。

罗賊跳楼顽抗　彭眞死命包庇

在传达上海会議精神以后，在軍队政治工作会議上，在党和軍队的高級干部中又揭发了罗瑞卿的大量三反言行。在此期間，党中央指定周总理对他进行多次耐心的教育和帮助，罗瑞卿不但沒有老老实实检查，反而仗着刘邓的权势，表示自己受了委屈，百般为自己辯护。彭眞到处散布“罗瑞卿問題的性質，党中央还沒有作結論。”以此抵消上海会議的影响。

“凡是反动的东西，你不打，他就不倒。”为了彻底清算反革命修正主义分子罗瑞卿的罪行，一九六六年三月四日至四月八日，党中央召开了工作小組会議，对罗瑞卿进行了面对面的斗爭。

会上两个司令部展开了激烈的搏斗。窃踞工作小組組长的邓小平和付組长彭眞极力包庇罗瑞卿。会議一开始，邓小平就当着罗的面說：“罗总觉得寃枉，有委屈，罗有什么意見都可以提，不同意就不同意，我們党从来不强迫人承認錯誤。”实际上他是告訴罗不要承認錯誤，我支持你。过了两天，邓借故到西北去了，留下彭眞継續搗乱。在会議中，彭眞提出种种清規戒律，限制对罗瑞卿的深入批判，并特别規定：“只講罗的問題，不要牵連別人，特别不要牵連高級干部，高級領导。”生怕追根追到刘邓和他自己头上。还規定：“发言稿要經过工作小組审查”，实际上就是要經过邓、彭审查。彭眞在搗乱了一陣之后，看到难于奏效，也跑到成都去活动了。

会上，許多同志对罗賊作了坚决的斗爭和无情的揭发，三月十二日，罗賊被迫抛出了一分假检討，扣了几頂空帽子，但在根本問題上則百般抵賴、狡辯，并埋下了几十处釘子和伏笔，准备日后翻案。他的假检討，引起到会同志的极大憤慨，当場受到了許多同志的批駁。之后，他又要了个花招，以来不及写检討为借口，要求先散会，大家回去工作，待他准备好之后再来开会。他这套花招又沒有得逞，竟然以跳楼自杀（未逐）向党要挾，走上了自絕于党自絕于人民的道路。

罗在跳楼前，留下了两封不署名的“遺书”，这是两支向党猖狂进攻的毒箭，他不仅連前几天承認的一点点錯誤通通推翻，而且反誣我們伟大的党是不講道理的，是“捏造”、“乱說”，是把他“向最坏最坏的地位上推”，使他“有口难辯”，“沒有任何出路”，把可恥的叛党行径推到到会同志身上，說自己是“被迫”的。說什么“党是会允許革命的”，实际上是影射和誣蔑党不允許他革命。党中央、毛主席和林付主席对他是那么仁至义尽，希望他悔过自新，重新做人，他却倒打一耙，把党和同志們視为仇敌，用心险恶已极。

在罗賊跳楼以后，会議又轉为背靠背的斗爭。会議后期，工作小組根据大家揭发的材料，草拟了向毛主席、中央的报告，这时彭眞又从外地赶来，他看了报告稿子以后，大为不滿，从四月三日到六日，先后五次分别找楊成武和起草小組同志进行布置和質問。一場围繞着如何写《报告》的斗爭激烈地展开了。

《报告》指出：罗瑞卿作了帝国主义、现代修正主义和各国反动派的应声虫，充当了地富反坏右的代理人。这句話触动了彭眞的痛处，他暴跳如雷地說：“罗的錯誤是資产阶級性質，不要把問題講过头了”。公然反对写出罗的錯誤的实質。

《报告》中揭发了罗和楊尙昆、楊獻珍、肖向荣、梁必业等人极不正常的关系。彭眞很害怕会因此把他們整个反革命集团統統挖出，借口“他們的关系还要进一步查对，不要打草惊蛇”。不准写上他們的黑关系。

《报告》中写上了罗賊对四个第一的造謠、誣蔑，彭眞反对这样写，当林彪同志和工作小組同志坚持写上时，彭又极力为罗辯解，說罗的話不算造謠。

《报告》写到：罗瑞卿反对主席的文艺方針……主席批評文艺界“**十五年来，基本上（不是一切人）不执行党的政策，做官当老爷，不去接近工农兵，不去反映社会主义的革命和建设。最近几年，竟然跌到了修正主义的边缘。**”罗瑞卿却認为部队的文艺方向問題已經解决了，应該突出艺术标准。对这个問題彭眞却說，軍队的文艺工作比較好，受田汉、夏衍的影响少，一定要講軍队文艺工作的成績。这实际上是說：毛主席的指示不适合軍队的情况，軍队文艺方向問題已經解决了。这不仅为罗开脫，而且把林彪同志推到反对主席文艺方針、反对左派文艺工作者的地位，这是一个很大的阴謀。林彪同志及时識破了这个阴謀，坚决反对写上軍队文艺工作的成績。

此外，彭眞还要把罗恶毒攻击主席的具体事例删去，把罗向地方伸手的問題也全部去掉。在这些目的不能达到时，彭眞又以要写一段林彪同志对罗进行过耐心教育为名恶毒攻击林彪同志，狂叫：“不写上这一段，就会使人感到林彪同志整人很厉害，一棍子打死，使高級干部看了也怕”。还大罵会議对罗的揭发批判过火了，說什么：“我們决不使人感到过头了，有一条是一条，是三分不講七分，是七分不講十分。”还針对会上大家对罗的憤慨，說現在憤慨的人将来冷靜下来后是会失悔的，人在火头上的时候，和冷下来的时候不一样，冷下来时，人們还会想到的，很难說。

彭眞这些阴謀，遭到了林彪同志和到会同志的堅决反对。林彪同志尖銳地提出，一定要保持党的原則和严肃性，这个报告一定要把罗的錯誤如实表达出来，一定要把到会同志的憤慨表达出来。当楊成武同志向彭眞传达了林彪同志的指示后，彭賊竟气势汹汹的追問：是誰向林彪同志反映的？这些意見到底是不是林彪同志的？修改稿是什么人执笔的？

經过激烈复杂的斗爭，最后，工作小組向主席、中央的报告，还是按林彪同志和大家的意見，写了出来。报告列举了罗賊的五大罪状：

一、敌視和反对毛泽东思想，誹謗和攻击毛泽东思想。

二、推行資产阶級軍事路綫，反对毛主席軍事路綫，擅自决定三軍大比武，反对突出政治。

三、目无組織纪律，个人专断，搞独立王国，破坏党的民主集中制。

四、品質恶劣，投机取巧，坚持剝削阶級立場，資产阶級个人主义登峯造极。

五、公开向党伸手，逼迫林彪同志"讓賢"，讓权，进行篡軍反党的阴謀活动。

四月八日会議結束时，邓小平赶回来了，他对罗的跳楼自杀十分婉惜地說："为什么自杀呢？如果你罗瑞卿認为你是正确的，为什么不坚持呢？还有揭发的事情，你不同意可以保留嘛！彭德怀实际上已經作了結論，他写了几万言书，企图翻案，現在还分配工作。""允許保留，党中央有这样一条，你罗瑞卿为什么要自杀呢？"彭眞对工作小組的《报告》十分不滿，恨恨地說："事实出入总是会有的"，"罗如果能推翻那一条，我們就取消那一条。我們党是有这个原則的。虽然他自杀，如果他說那一条他确实沒有，举出事实証据来，我們还可以取消那一条"。作賊心虛，千方百計进行包庇。

奋起千钧捧　痛打落水狗

一九六六年四月十六日，毛主席召开中央政治局常委会議揭发批判彭眞的問題，彭眞这个阴险毒辣、狡猾的反革命两面派被我們伟大領袖毛主席亲自揪出来了。五月四日，党中央召开政治局扩大会議，全面揭开彭眞、罗瑞卿、陆定一、楊尙昆反革命修正主义集团的盖子，彻底粉碎了他們篡軍反党的罪恶阴謀。

五月十六日，毛主席亲自主持制定了伟大的历史文件——中共中央一九六六年五月十六日《通知》。提出了无产阶級文化大革命的理論、路綫、方針和政策，吹响了文化大革命的号角，从此，一小撮党內走資本主义道路的当权派完全陷入人民战爭的汪洋大海之中，变成一堆不齿于人类的臭狗屎。

同日，中共中央批轉了中央工作小組《关于罗瑞卿錯誤問題的报告》，指出："罗瑞卿的錯誤是用資产阶級軍事路綫反对无产阶級軍事路綫的錯誤，是用修正主义反对馬克思列宁主义、毛泽东思想的錯誤，是反对党中央、反对毛主席、反对林彪同志的錯誤，是資产阶級个人野心家篡軍反党的錯誤。"并决定停止罗瑞卿的党中央书记处书记、国务院付总理的职务。

五月十八日，林彪同志在中央政治局扩大会議上講話，深刻批判了彭罗陆楊反革命修正主义集团。林彪同志指出："四个人的問題，是有联系的，有共同点。主要是彭眞，其次是罗瑞卿、陆定一、楊尙昆。他們几个人問題的揭发、解决，是全党的大事，是保証革命继續发展的大事，是巩固无产阶級专政的大事，是防止資本主义复辟的大事，是防止修正主义篡夺領导的大事，是防止反革命政变，防止顚复的大事。这是使中国前进的重大措施，是毛主席英明果断的决策"。"罗瑞卿是掌握軍权的。彭眞在中央书记处抓去了好多权。罗瑞卿的手长，彭眞的手更长。文化战綫、思想战綫的一个指揮官是陆定一。搞机要、情报、联絡的是楊尙昆。搞政变，有两个东西必須搞。一个是宣传机关，报紙、广播电台、文学、电影、出版，这些是做思想工作的。資产阶級搞顚复活动，也是思想領先，先把人們的思想搞乱。另一个是搞軍队，抓枪杆子，文武相配合，抓輿論，又抓枪杆子，他們就能搞反革命政变。"

"野心家，大有人在。他們是資产阶級的代表，想推翻我們无产阶級政权。不能讓他們得逞。有一批王八蛋，他們想冒险，他們伺机而动。

工农兵大批判丛书之九

反党篡軍野心家
贺龙罪恶史

首都《史学革命》编辑部

一九六八·二·北京

最 高 指 示

混进党里、政府里、军队里和各种文化界里的资产阶级代表人物，是一批反革命修正主义分子，一旦时机成熟，他们就会要夺取政权，由无产阶级专政变为资产阶级专政。

目　录

土匪出身的大军阀

一八九四年，大土匪、大军阀、大野心家贺龙出生在湖南省桑植县洪家关的一个土匪世家。他狗父贺士道是个老土匪，当地的一首民谣说：“洪家关有个贺士道，贺士道坐的四人轿，大烟土、成担挑，护兵背着‘连珠炮’，鸡吓飞来狗吓跑。”一九二一年时贺龙想投靠旧军阀湖南澧州镇守使王子彬，把他狗父送去做人质。贺士道带着许多鸦片去做这笔政治交易，走到三十澧沟时，遭贺英和谷虎拦路打劫而当场丧命。

这贺英便是贺龙的大姐，号称“高太太”，谷虎是她的丈夫，湘西土著军阀陈渠珍委任的“湘西边防军右翼支队司令”，这是一对大土匪，也都是封建帮会哥老会的头目——“龙头大哥”、“凤头大姐”。

贺龙从小就生活在贺英、谷虎家里，十几岁便加入哥老会当老么，在谷虎手下闯江湖。他当过马贩子，伙同一批流氓恶棍，流窜于湘、鄂、川、黔边境，敲诈勒索，奸淫掳掠。所谓贩马，经常是能偷则偷，能盗则盗，把人家的马匹裹挟而去。贺龙在这段流氓生活里学到了全套的烧杀抢掠、坑崩拐骗的本事，不久，也成了哥老会的头目——龙头大哥。

贺龙，原来叫贺文常，又叫贺云卿，他一心想当皇帝，自命“真龙天子”，所以改名贺龙。马贩子的生涯越来越不能满足他的野心，他想“拉杆子”，当土匪，从军阀混战中给自己找条出路。一九一六年一天的深夜里，他纠集了二十几个人，带上两把菜刀以及火钳、铁铲之类，点上火把，冲进芭茅溪盐局，杀了伪排长，夺得税警的十二支步枪，一支九子毛瑟。事后，他把这二十几个人编为一个“独立营”，自封营长，干起杀人越货的土匪勾当来。这就是贺龙经常吹嘘的所谓“两把菜刀起家”、“两把菜刀闹革命”的真相。

贺龙起家当土匪后，在鼻子底下抹上黑胡须，号称“黑胡子”，发誓要“一睁眼红半边天，一闭眼黑半边天”，一付十足的混世魔王的凶相。后来，他伙同拜把兄弟吴××在桃源县热水坑抢劫了一批枪支，发展成大县保安团，更加横行霸道，湘西一带的群众称他为“活无常”，诅咒他

“活不常”。

贺龙玩弄他的江湖权术，和其他土匪尔虞我诈，勾心斗角，今天拜把盟誓，明天翻脸厮杀，耍尽手腕，发展队伍，逐渐成了一个横行于湘鄂川边境的有名的“烂王”(土匪头子)。同县的陈图南(留日士官生)趁势与他勾结，介绍他参加同盟会，给贺龙披上了政治外衣，陈图南自己做了他的狗头军师。此后，贺龙的队伍越拉越大，作恶也越来越凶。

在军阀混战时期，贺龙进行了更大的政治投机，“有奶就是娘”，一心一意向上攀。他当过湖南军阀谭延闿的督军署咨议；与前清翰林傅英合伙干过三个月；同反动军阀何键拜过把兄弟；还给大军阀赵恒惕、叶开鑫、吴佩孚等发过投靠电报。一九一九年时，他瓦解、镇压了一支几万人的叫做“神军”的农民起义军，双手沾满了农民造反者的鲜血。他趁王子彬被杀之机，占据了澧州镇守使的“宝座”，这时派人杀了谷虎。一九二三年，贺龙又以湘军援川为名，开进四川，招降纳叛，扩充实力，当上了混成旅旅长，九军一师师长。一九二六年就任第八军第六师师长兼湘西镇守使。第二年四月在鄂城就任十五师师长，不久便当上了军长。就这样，贺龙脱下土匪袍子，披上了军阀将军的狗皮，由山大王摇身一变成了大军阀。

南昌起义的投机商

一九二七年，轰轰烈烈的大革命由于蒋介石的叛变和陈独秀右倾投降主义的出卖而失败了。成千成万优秀的共产党员和革命的工农群众在蒋贼血腥的大屠杀里倒在血泊中。“**但是，中国共产党和中国人民并没有被吓倒，被征服，被杀绝。他们从地下爬起来，揩干净身上的血迹，掩埋好同伴的尸首，他们又继续战斗了。**”历史正如毛主席接着记载的：“**他们高举起革命的大旗，举行了武装的抵抗**”，这“**武装的抵抗**”的代表便是毛主席亲自领导的秋收起义及其后的井冈山斗争，她展示了中国革命也是世界各国人民革命必须走的，唯一正确的道路——以农村包围城市，武装夺取政权的道路。

一九二七年八月一日爆发了著名的南昌起义。“八一”南昌起义，在我们党和人民军队的历史上有很重要的地位，这是因为这次起义是在国民党完全叛变革命之后，是在以毛主席为代表的正确路线战胜陈独秀右倾机会主义路线的条件下，在毛泽东思想引导下，在毛主席的《湖南农民运动考察报告》的理论基础上，打响了秋收起义的第一枪，为井冈山的斗爭揭开了序幕。这次起义是在党领导下进行的，眞正起作用的是周恩来、林彪、刘伯承及聂荣臻同志。

大土匪、大军阀、大野心家贺龙贪天之功，把“八一”南昌起义的功劳独揽下来，说什么：“南昌起义时，××是个师长，××是个团长，××是个连长，我那时就是军长。”妄想用南昌起义这块金牌子给自己充资本，而恣意篡改历史，制造反革命輿论，但历史却无情地揭露了这个欺世盗名的小丑。

南昌起义时的贺龙连一个共产党员都不是，那时他是一个国民党军阀。一九二六年冬天，贺龙在贵州军阀袁祖铭部下彭汉章的一个军任师长，袁祖铭被军阀唐生智杀掉后，彭汉章军的另一师长袁其昌投靠了蒋介石，贺龙也一心想跟去拥蒋打冯玉祥，无奈蒋介石看不上他，这时冯玉祥一拉，贺龙变成拥护冯玉祥打蒋介石。当时唐生智曾打算解散贺龙的队伍，但由于唐生智和蒋介石发生狗咬狗之爭，唐才把贺部暂时保留下来，由张发奎领导。宁汉之爭时，唐生智和张发奎商定分为江左军和江右军，从汉口两路向南京进军，贺龙跟着张发奎到了南昌。张发奎是贺龙的新上司，对贺极不信任，唐生智又旧话重提要解散贺龙的土匪部队，而贺自己在川、黔、湘、鄂等地连战连败，气象日下，想投靠蒋介石也沒门儿，正走投无路混不下去，面临解散垮台的危机。

一九二七年七月，南昌起义前夕，党中央派周恩来同志多次向贺龙做工作，给他交代党的政策，讲明形势，指出前途。贺龙这时并不眞心革命，但是看着大势所趋，人心所向，为摆脱自己的困境，抱着投机的目的过来了。伟大的革命导师列宁说过：**“在革命已经爆发、闹得热火朝天的时候，什么人都来参加革命，有的是由于单纯的狂热，有的是为了赶时髦，有的甚至是为了贪图祿位……。”**在革命洪流滚滚涌进时，不免泥沙俱下，贺龙就是这样被卷进南昌起义队伍中来的。

贺龙不仅是这次起义的投机分子，而且是这次起义的叛徒。八月五日，当贺龙知道汪精卫要派军队镇压起义时，吓得屁滚尿流，慌忙致电汪说：“此次事变，全然出于误会，敢请宽其既往，以备效力于将来”云云。汪精卫不买他的帐，贺龙才不得不继续做共产党的同路人。

在整个南昌起义的过程里，始终贯穿着两条路线的斗爭，起义发动后，这个斗爭集中在“上山”还是“下海”。林彪等同志坚决主张“上山”，自力更生，发动群众，在湘、鄂、赣边区建立革命根据地，上井冈山同毛主席会师。但是贺龙却同老机会主义者张国焘、李立三结成死党，不顾林彪同志的反对，执行“下海”的错误路线，他们分兵南下，径奔广东，想先打广州，后打汕头，占领大城市，依靠苏联外援。这是一条完全违背毛泽东思想的错误路线。在南下时，由于严重脱离群众，孤军作战，一路遭到大股敌军围追堵截，又不做政治工作，因此军心不稳，行军中部队就损失了三分之一以上。

十月初，南下红军在广东省的揭阳等地同薛岳的部队打了一仗，叶挺同志率领第九军坚持奋战，贺龙贪生怕死，溜之乎也，跑到汕头，和张国焘、李立三一伙决定退到海陆丰。十月三日早晨，贺龙的残部和叶挺的部队开始向海陆丰撤退，途经葵潭抵流沙，在开会时遭敌军陈济棠部突然袭击，叶挺部队同敌军浴血奋战，冲出重重包围，抵海陆丰并建立了革命根据地。而贺龙残部因是没经过改造的旧军队，斗志涣散，遇到狙击就溃不成军，最后全垮了，五个团全部丧失。贺龙见势不妙，保住狗命要紧，连忙化装，只身躲到潮安的西山上，十月上旬，他和其他八、九个人一起从神泉港逃往香港。自吹为南昌起义“总指挥”的贺龙就这样跑了，而留下来的革命战士在林彪等同志率领下，在极端艰难困苦的条件下坚持战斗，一九二八年四月，林彪同志毅然率领部队走上全国人民仰望的红色根据地井冈山，来到我们伟大领袖毛主席身边，后来成立了二十八团。林彪同志亲自率领的这个团，成为毛主席的主力部队，为井冈山的斗爭建立了无数不朽的功勋。从南昌起义过来的这样两支队伍：林彪同志率领的革命队伍和贺龙带的兵，前者执行毛主席的革命路线，坚持斗爭，而兴旺起来，后者执行资产阶级反动军事路线，终于溃散丧失，这样两个完全不同的前途告诉我们，“大海航行靠舵手，干革命靠毛泽东思想”，这是无比正确的眞理。贺龙这个军阀野心家从他投机革命的第一天起，逆这个眞理而行，结果碰得头破血流。他大反毛主席的革命路线给革命事业带来巨大的损失。

破坏洪湖根据地的罪魁祸首

一九二七年底，贺龙从香港到上海，党中央派他到苏联学习，贺龙硬要回家拉队伍，匪性十足地赌咒发誓："胜则成王，败则为寇。"

一九二八年初，贺龙到了武汉，当时湖北省委正在组织武汉三镇"年关暴动"，贺龙又趁机捞了个"总指挥"的头衔。因事前走漏了消息，起义沒有成功，贺龙逃往洪湖。四十年来，贺龙以洪湖革命根据地的创始人自居，亲自下令炮制喧嚣一时的大毒草电影《洪湖赤卫队》，为自己树了一块大黑碑。其实，贺龙是破坏洪湖根据地的罪魁祸首。

早在一九二五年，毛主席参加的中国共产党全国第四次代表大会，号召工农被压迫阶级起来坚决反对国际帝国主义和封建军阀的统治，从此掀起了全国反帝反封建的第一次大高潮。在这个高潮中，以董必武同志为首的湖北省委派出邓赤中，刘绍南等同志来到洪湖地区，串连长工和革命青年，组织农民协会和青年学会，发展了党的组织，提出"农民当家作主！打倒地主、湖霸！打倒贪官污吏！打倒土豪劣绅！"等革命口号。从这时起，洪湖地区的革命斗争在党的领导下，在毛泽东思想的指引下，蓬蓬勃勃地开展起来了。

一九二七年三月，毛主席发表了光辉著作《湖南农民运动考察报告》，极大地鼓舞了革命人民。洪湖地区推选邓赤中、刘绍南等同志为代表，参加了毛主席亲自指导的湖北省第一次农民代表大会，聆听毛主席的教诲。洪湖地区的革命运动就此迅速推向高潮，当时的农民协会会员有七十三万多人，党员八百多人，农民的自卫武装把封建地主打得落花流水。

一九二七年四月十二日，蒋介石公开叛变革命，右倾机会主义分子陈独秀竟在蒋介石血腥屠刀下，命令把洪湖地区的革命武装交给蒋介石的十八军。在这革命的紧急关头，毛主席高举武装斗争的大旗，亲自发动了秋收起义。邓赤中等受过毛主席亲自教导的干部紧跟毛主席，于一九二七年中秋节，在洪湖地区也燃起了秋收起义的烽火。随着革命武装的壮大，沔阳等地第一次建立了红色政权——苏维埃政府，还召开了县党代表大会。秋收起义的星星之火，正在洪湖革命根据地逐渐发展成燎原之势。直到这时，贺龙还根本沒有到过洪湖。

十二月党中央为了加强洪湖等地区的工作，派周逸群同志前去组织湘鄂边前敌委员会，周逸群同志任书记，贺龙和他同往。

一九二八年春，两手空空的贺龙来到洪湖地区，他在沔阳收了自己的土匪旧部贺××，又篡夺了整个鄂中、鄂西的领导权，把鄂中、鄂西特委刘绍南、邓赤中等同志领导的各县革命武装集中起来，他一不发动群众，二不建设根据地，打起四十九路工农革命军的旗号，竭力贯彻大叛徒瞿秋白所执行的"左"倾盲动主义路线，带着部队东流西窜，离开根据地去打城市。在进攻监利县城时，敌人早有准备，我军整个部队都被冲散，贺龙甩下部队不管，溜回老家桑植，一千多人的队伍就这样垮了。反动势力乘机来了个疯狂的反攻倒算，一次放火烧毁周家湾二百七十多户民房，河南的党员几乎全部被捕，邓赤中、刘绍南等负责同志壮烈牺牲，原来建立的根据地也丧失了。这就是贺龙第一次在洪湖执行机会主义路线的恶果。

一九二八年三月，贺龙带着六个人回到湘西老家，又搞起当年闯江湖那一套，招兵买马，呼朋引类，扩大队伍，乌龟王八统统搜罗进来。贺龙的外甥、土匪廖汉生就是这时拉进来的。贺英想以贺龙作靠山，也给了他一些人马。贺龙又到湖北恩施县，自称"王胡子"，以袍哥身份，请客送礼，向当地哥老会要了三十多支枪。

桑植县八个乡，每乡实力派都有枪，号称"八大诸侯"，贺龙以其惯匪口吻，宣扬"大丈夫在世当做一番惊天动地的事业"，对他们说降。

贺龙还到处搜罗封建迷信团体"神兵"，组织了一个"神兵营"，用红布裹头，每当出师打仗之前，买来大量谷酒，宰杀一些雄鸡，将鸡血倒入酒中，上阵时喝鸡血酒，又画符，又念咒，贺龙还叫他们打着特制的军旗，这军旗用红、黄、蓝、白、黑各色布块拼成，当中绣上一个"龙"字，使"神兵营"完全成了封建地主野心家贺龙的"贺家兵"。

靠这些手法，贺龙拉起了号称三千人的队伍，其中大部分原是土匪、流氓、地主武装。贺龙领着这群乌合之众，流窜湘西一带，挂着共产党的招牌，干土匪勾当。这支沒有党的组织，沒有根据地，沒有工农群众支持的军阀队伍，连贺龙自己也不得不承认，"就象抓在手里的一把豆子，手一松一下都散了。"它在三月下旬拉起来，四月初就被国民党四十三军的一个旅打散了。

贺龙的所作所为，遭到坚持毛主席革命路线的周逸群同志的坚决反对，贺龙大为不满，极力排斥。一九二八年夏，周逸群同志重新到沙市、宜昌一带组织鄂西特委。在周逸群和段德昌等同志领导下，洪湖地区迅速出现红色割据，革命斗争逐步恢复发展起来。

周逸群同志走后，贺龙的流寇主义越来越严重，带着剩下的一千多人的队伍，不联系群众，不建立根据地，东流西荡，攻打城镇，以正规战、阵地战与敌人硬拚，八月在石门，九月在泥沙，连连被敌军包围袭击，参谋长黄鳌等牺牲，部队损失很大。加上队伍严重不纯，经常有人叛变投敌，因此到二八年底回到鹤峰时，只剩下九十一人、七十三支枪，只好在大山里隐蔽起来了。贺龙却自欺欺人地说："这仅是从军事意义上讲的，在政治上却是很大的胜利。"眞是打肿脸充胖子。群众对周逸群、段德昌和贺龙带的两支队伍有明显不同的评价，至今人们还说，两股队伍完全不同，洪湖是农民武装，湘西有土匪。两股部队在政治上有天壤之别。

一九二九年初，贺龙得到贺英资助，又收编了土著武装谷志龙部与覃甫臣部，和一些封建武装"神兵"，在打开鹤峰城后，成立了红四军，贺龙任军长，政委假借恽代英同志的名字。这时鄂西特委和常德特委与贺龙取得了联系，周逸群同志写信给贺龙，传达了党的六大决议和中央关于建立红军，建立农村根据地，分配土地，建立党组织，发展党员等重要指示。贺龙仍然不顾中央指示，继续实行流寇主义到处攻打城镇，靠招兵买马、招降纳叛的办法扩大队伍。比如鹤峰邬头关，有一枝自称"神兵"的红枪会，贺龙用高官厚禄收买了这支"神兵"的大队长陈××，胡说什么："你们信菩萨是为了百姓，我们共产党也是为百姓，咱们合伙干。"这支"神兵"归贺龙以后，打起仗来依然头捆红布，身系绳索，先吃朱砂，左手摆符握鞭，右手提刀携枪，一拥而上。毛主席在一九二九年十二月古田会议决议《关于纠正党内的错误思想》中指出流寇思想表现在："**一，不愿意做艰苦工作建立根据地，建立人民群众的政权，并由此去扩大政治影响，而只想用流动游击的方法，去扩大政治影响。二，扩大红军，不走由扩大地方赤卫队、地方红军到扩大主力红军的路线，而要走'招兵买马''招降纳叛'的路线。三，不耐烦和群众在一块作艰苦的斗争，只希望跑到大城市去大吃大喝。**"这些批判都切中贺龙的要害。贺龙后来自吹自擂："老子是打游击的老祖宗"，剥开这句反党黑话包藏的祸心，我们看到贺龙和彭德怀一样，是流寇主义的黑司令。

一九三〇年夏，贺龙第二次来到洪湖。这时的洪湖苏区（洞庭、汉水之间包括江陵、石首、监利、沔阳、潜江、华容、南县、公安等县的广大地区）正是一片大好的革命形势。在以周逸群同志为首的鄂西特委领导下，段德昌、段玉林等同志率领的几支游击队坚持了多年的斗争，在一九二八年底就在洪湖地区发展小块割据，一九二九年夏秋时根据地公开建立苏维埃，并由点连片发展起来。一九三〇年春在监利成立了红六军，短短几个月，红六军发展到一万余人，在长沙、汉水之间除了沙市、监利个别城市之外的广大区域建立了湘鄂西苏维埃(周逸群同志为主席)，接着又向洞庭湖、澧水一带迅速发展，一九三〇年上半年时，洪湖苏区正在突飞猛进中。

正在这时贺龙又来了，他带的红四军和周逸群、段德昌等同志领导的红六军在公安县会师，成立了红二军团，周逸群同志任政委兼前敌委员会书记，贺龙任总指挥，段德昌同志这时担任红六军付军长，红六军政委是柳直荀烈士。

这时贺龙又发展到立三路线，不祥的乌云遮向洪湖的上空。

一九三〇年六月十一日，由李立三统治的党中央政治局通过了《新的革命高潮与一省或几省的首先胜利》的决议，标志“左”极机会主义路线第二次统治了党中央。毛主席指出：**“在一九三〇年的立三路线时期，李立三同志不懂得中国内战的持久性，因此看不出中国内战发展中‘围剿’又‘围剿’、打破又打破的这种长期反复的规律……因此在红军还幼小的时代就命令红军去打武汉，命令全国举行武装起义，企图使全国革命迅速胜利。这就犯了‘左’倾机会主义的错误。”**当时，贺龙窃踞红二军团总指挥职位，伙同当时的党中央代表邓中夏，积极支持和忠实执行了这条立三路线。

一九三〇年七月，鄂西特委计划巩固发展洪湖根据地，开辟襄北，与鄂北旧兴巴及湘鄂边联结起来。这个正确的计划遭到贺龙和刚来到的邓中夏的反对。

邓中夏在当年七月到了洪湖，他作为立三路线的代表责令湘鄂西的党停止“巩固湘鄂西，扩大鄂西北根据地”的正确发展路线，而提出集中一切武装力量进攻长沙，夺取武汉，以完成“饮马长江、会师武汉”，“一省或数省首先胜利”的冒险计划。这时窃踞红三军团军团长和红一方面军付司令员职位的彭德怀写信给贺龙，要他率领红二方面军配合攻打长沙。就在这进攻长沙的问题上发生了一场激烈的斗争。以湘鄂西特委书记兼红二方面军政委周逸群同志为首的许多同志认为：在主观力量上还不够强大、客观条件还不具备的时候，红二军团脱离根据地，千里进攻长沙是冒险的远征，因而不执行立三路线的中央命令，不同意向长沙进军。但是，“左”倾机会主义的中央代表勾结贺龙，改组了红二军团的领导，由贺龙任总指挥，邓中夏任政委，他们将红二军团连同地方武装全都拉出洪湖根据地，去配合彭德怀攻打长沙。就这样，一个展示了洪湖根据地大发展前途的正确计划被断送了，红二军团被机会主义路线拉上了绝路。

周逸群等坚持正确路线的同志受到排斥打击，贺龙一伙撤了周逸群同志担任的军团政委和前敌委员会书记职务，把他排挤出军队，让他去做鄂西特委代理书记。一九三〇年九月，邓中夏给中央的报告说：“现人员大有更动，在监利集城的前委会议上决定周逸群同志调去办工作”，“由云卿提议中央（执行立三路线的长江局）来的孙德清任总指挥部参谋长，段德昌任职不到数日又不好变动，大家认为此种分配甚为适宜，特申请中央批准。”就这样他们不仅排挤了周逸群同志，而且酝酿着一个打击段德昌同志的阴谋。在邓中夏的这个报告里贺龙受到推崇，邓说：“云卿本人政治上确无问题，共部下也大部入党，党的观念虽弱，但均忠实勇敢。”贺龙这时深受立三路线的宠信。

九月，贺龙一路进攻城市，想配合攻打长沙，这时我们伟大的领袖毛主席及时地纠正了立三路线的错误，把攻打长沙的一、三军团带向赣江方面去了，贺龙因此沒赶上攻打长沙，他在进攻沙市、澧县等城市时一再不克，转战途中又被国民党军阀何键的二十几个团打得立不住脚，十二月，他把部队集中在杨林市一带，被敌包围，又有改编的土匪苟司令叛变，部队付出重大代价才突围出来，贺龙逃跑到湘鄂边一带。这一次执行立三路线的冒险行动，使红二军团蒙受重大损失，由三万多人锐减到一万多人。

当时周逸群同志曾给贺龙写信，要求红二军团回到洪湖根据地，以防敌人乘虚而入。在松滋县杨林市会议上，段德昌同志也再一次指责“左”倾机会主义不恰当地夸大革命主观力量而看小了反革命力量的盲动主义和脱离人民群众、远离根据地、到处流动的逃跑主义，坚决要求将红二军团带回洪湖苏区巩固发展根据地。这些正确意见都遭到贺龙、邓中夏机会主义者的仇视，他们反而撤消了段德昌同志的红六军付军长职务，在杨林市失败后，把大批伤员扔给他，改命他当湘鄂西赤卫队司令。段德昌同志毅然率领伤员星夜兼程回到正在遭受敌人大规模“围剿”的洪湖，而贺龙却远离正在浴血苦战的洪湖人民，逃往鄂西北一个沒有群众的大山里。当时老百姓有两句歌谣:“中夏要逃跑，贺龙当向导。”段德昌同志痛心地说:“我的建议他们不听，这样搞起来要吃大亏的。”周逸群同志在给中央报告中也尖锐地揭露了贺龙逃跑主义的丑象，他说:“二军团据我们所得材料和报上刊登他们的实力还有一万人，但徐源泉(国民党二军)派出二团人就把他们吓退了。二军团现在的情绪和政治领导问题，很显然他们是由冒险主义的立三路线走到退守山地(逃跑主义)”，这是背离毛主席革命路线的结果，是立三路线的可耻破产。

更严重的后果是贺龙执行立三路线的盲动主义和不要根据地的逃跑主义的结果，给洪湖根据地带来了深重的灾难。一九三一年一月国民党反动派乘红二军团远离洪湖根据地之机，集中了国民党白匪军和川军三万多兵力向洪湖根据地发动了大规模的“围剿”，由于贺龙将洪湖的游击队赤卫队及其武器全部拉走，手无寸铁的洪湖人民陷入了一片白色恐怖的血海之中，数百里的苏区无一处不被摧残，粮食牲畜被抢劫一空，几十里路上的民房被烧个精光，党的组织均被破坏，八千多革命干部和革命群众惨遭杀害。贺龙的机会主义又一次对洪湖人民犯下了不可饶恕的罪行。湘鄂西特委在一九三一年二月十六日写信给邓中夏，严厉地谴责贺、邓一伙机会主义的叛徒行为，说:“我们认为湘鄂西的党现在遭到了这样严重的打击和困难完全要你负责，你们实行逃跑主义，不要群众，不要苏区根据地，违背国际和中央的路线，疯狂似地乱跑，把中国革命向后抛置，我们写给你们的信不下数十余封均置之不理，不知是何用意，特向你们提出严重警告。”这封义正辞严的信，表达了洪湖根据地人民对贺龙的悲愤的控诉。

三百万洪湖人民是不可侮的，在艰苦卓绝的斗争中同党血肉相连的洪湖人民，下定决心不怕牺牲，发扬了同敌人血战到底的英雄气概，以井冈山人为榜样，在周逸群同志为首的湘鄂西特委的坚强领导下，重新武装起来，同白匪军展开了不屈不挠的斗争。被贺龙排挤回来的段德昌同志立即投入战斗，他重新组织了队伍，成立一支新六军，和群众一起保卫苏维埃政权。他们组织挺进队夜袭敌人，几次收复华容县。并以土枪土炮封锁长江敌人的交通，夺取敌人大批武器，武装自己，逐渐变被动为主动，变退却为进攻，游击队又发展到两万多人，控制了八、九个县，粉碎敌人三次大规模“围剿”，终于在一九三一年五月最后把国民党徐源泉部队赶出苏区，千里洪湖的上空又高高飘扬起苏维埃政权的大旗。

革命的道路是不平坦的，一九三一年一月党的六届四中全会以后，以王明、博古为首的第三次“左”倾机会主义开始统治全党，毛主席指出这次“左”倾机会主义给了中国革命以很大的损失，这条“左”倾机会主义路线也使洪湖人民付出了新的更为惨痛的牺牲。

一九三一年三月，王明路线的中央代表夏曦来到洪湖取代了立三路线的中央代表。老机会主义分子夏曦在否定立三路线的同时，全盘否定了以周逸群同志为首的湘鄂西特委工作，他竟大骂洪湖苏区“沒有眞正的苏维埃”，“沒有眞正的布尔什维克党”，他不但解散了基层党团组织，而且在“反右倾”的借口下，首先排挤了周逸群同志的正确领导，又一次剝夺了他在党内和军内的领导权。周逸群同志被迫只带领十多个同志去洞庭湖开展游击战争，不幸遭敌伏击，壮烈牺牲。夏曦还以搞军事冒险行动为罪名，给在反“围剿”斗爭中战功卓著的段德昌同志以警告处分。洪湖根据地面临新的危机。

一九三一年六月，根据党的指示，段德昌同志率领红九师（原新六军）打下潜江县，把贺龙带的残部接回洪湖，二支部队合并，建立了红三军。两次执行错误路线而损兵折将的贺龙第三次来到洪湖。夏曦同贺龙两人穿一条裤子，他们的勾结使第三次“左”倾路线在洪湖根据地的统治有了基础。

一九三二年一月，湘鄂西召开了党的第四次代表大会，在这次党代会上展开了两条路线异常尖锐的斗爭。以万涛、段德昌同志为首反对夏曦机会主义的同志得到大会一百二十七名代表中绝大多数同志的支持。被“左”倾机会主义路线统治的党中央急忙又派关××来到洪湖他肯定了夏曦执行的路线正确，把万涛等同志对夏曦的斗爭定为“对中央分局进行反党的派别活动”。夏曦趁势将坚持正确路线的同志打成“党内右倾机会主义者”、“阶级敌人”、“反党分子”，颠倒是非，混淆黑白，对他们进行残酷的围攻和迫害。这一伙机会主义分子全面地攫取了湘鄂西党的领导权，夏曦当书记，关××任政委，贺龙当军长。老牌机会主义分子贺龙赤膊上阵，在党代会上慷慨激昂地批判万涛“反党”，肯定“左”倾路线，因而受到赞赏，又当上了湘鄂西中央分局委员、军委主席团委员，任红三军总指挥。

从此"左"倾机会主义路线完全统治了湘鄂西，在由贺、夏、关军委主席团签发的"改选三军的训令"这一文件上写着："我们要与鄂、豫、皖打成一片，造成威胁武汉的局面，在这样一个局面下，我们将开始实现一省或数省的首先胜利。"还说要"准备攻打大城市"，并提出"要在三军里进行清洗和肃反"，策划了一个打击坚持反对"左"倾路线的革命同志的大阴谋。

这时，国民党反动派正在策划第四次"围剿"。贺龙竟不顾大敌压境下洪湖根据地的安危，积极推行第三次"左"倾机会主义的冒险计划，他要红军从襄北沿汉宜公路东进，夺取应城、云梦、孝感，逼近武汉和平汉铁路。他带着队伍进攻钱家场时，被敌人击退。敌人进攻时，他又采取军事保守主义，完全放弃正确的游击战、运动战的原则，命令红军"加紧修筑工事，加紧守备工作"，提出"不使苏区一寸土地被敌蹂躏"的口号。五月，敌人再次进攻襄北根据地，贺龙完全实行了王明"御敌于国门之外"的错误方针，打阵地战，使红军日趋被动。六月，蒋介石发动了对井冈山、大别山、洪湖三大革命根据地的第四次"围剿"。毛主席对反"围剿"曾有电报指示，贺龙拒不执行，结果襄北地区被敌占领。后来有人问起电报一事，贺龙却把责任推给夏曦，说什么："一九三二年十月底，在豫西，夏曦才告诉我有这么一份电报。"

敌人占领襄北后继续向襄南洪湖地区进犯，贺龙和夏曦仍然坚持"两个拳头打人"的错误方针，命令红军强攻荆州、沙市，攻不下来，陷于被动。贺龙又命令红三军以五个团的兵力出击襄北，大部分兵力平分在襄南各处把守，结果敌人从四面八方冲入苏区腹地，主力红军、地方武装和党政机关遭受严重损失，这一失败使贺龙悲观失望，他竟置洪湖人民死活不顾，取道豫西南、陕西、四川边境向鄂北鹤峰、巴东一带逃跑。一九三二年十月，蒙受国民党反动派血洗摧残的洪湖苏区全部丧失的消息传到红三军里，与洪湖人民血肉相连的红军战士无不忍泪含悲，摩拳擦掌，要求打回洪湖去，然而贺龙一伙机会主义分子头也不回地继续实行逃跑主义，一跑就是七千里。年底跑到湘鄂边时，红三军由三万人只剩下了三千人，贺龙顽固推行第三次"左"倾路线的结果，洪湖根据地丧失，红三军也几乎被他断送。人民公敌蒋介石这时看中了贺龙，他派两个特务带着他的亲笔信来找贺龙，要贺龙换个旗号，发个通电，原部队仍归贺龙指挥，这实际上是要贺龙投降。贺龙竟对这两个家伙以上宾相待，让他们住了一个多月，最后在广大战士强烈要求下，才把这两个家伙枪毙了。

洪湖根据地反"围剿"失败的另一严重后果是使敌人能够在一九三三年二月后集中五十万兵力向中央苏区毛主席所在的地方发动大规模的"围剿"。但在中央苏区，由于毛主席的战略方针在红军中有深刻的影响，威力无比的毛泽东思想抵制了机会主义路线，那里采取声东击西，集中兵力在运动中歼灭敌人的方针，一举消灭敌人三个师，在三月间就取得了第四次反"围剿"的伟大胜利。

屠杀革命干部的刽子手

贺龙在洪湖根据地和红二军团的另一重大罪恶是他在王明路线时期以肃反为名，大批屠杀革命干部的血腥罪行。

贺龙这个土匪出身的大军阀、大野心家，为了反对毛主席的革命路线，为了给机会主义路线扫清道路，为了篡夺洪湖革命根据地和红二军团（红三军）的领导权，一手制造了一系列骇人听闻的政治迫害案，使数以千计的党的优秀儿女，人民军队的坚强战士冤死在这个大土匪的屠刀下。

一九三二年一月，贺龙、夏曦一伙机会主义分子在湘鄂西的第四次党代会上全面篡夺了领导权，标志第三次"左"倾机会主义路线统治了洪湖根据地。就在这个会上，贺龙一伙制订了"进行清洗和肃反"的纲领。会后不久，洪湖肃反大逮捕就开始了。贺龙利用大权在握，对于坚持不同意见的同志进行残酷斗争，无情打击，大搞肃反扩大化，把第三次"左"倾路线组织上的宗派主义的恶劣作法全部搬到洪湖根据地和红三军里。

机会主义分子的冒险盲动失败后被反革命吓破了胆，他们怀疑一切，甚至认为党、团、苏维埃和红军里没有好人了。夏曦在湘鄂西只承认三个半党员，这就是夏、贺，关和党中央交通员卢冬生同志。在当时被机会主义分子所把持的省委给中央的肃反报告中说："执委中除夏、贺及一个×××外，其余都是反革命。"他们从一概怀疑走向一概打倒、一概杀光的反动政策，以"改组派"、"第三党"、"AB团分子"、"托派"、"秋白主义者"等等罪名，以第四次党代会斗争为起点，对所有怀疑和反对错误路线的同志进行屠杀，从中央分局、省委到乡苏维埃主席，从军师团到营连干部大批优秀同志被杀害，造成党內极为痛心的损失，极大地摧残了洪湖地区的党组织。

在肃反扩大化中被杀害的干部主要有三种：洪湖根据地初创时期的领导干部全部杀光，洪湖土生土长的干部大部分杀光，留苏回来的知识分子干部五十多被杀剩两、三个。总之，对贺龙不满的，敢于坚持正确意见的，贺龙认为不好领导的，都成了眼中钉、肉中刺，一律加以杀害。这些同志被戴上"改组派"、"反革命"的帽子后，受尽毒刑拷打，昼夜审讯，成批屠杀，革命烈士的鲜血染红了洪湖水。

贺龙不仅迫害干部，也迫害战士，但是战士人数过多，沒有办法统统杀掉，被扣了"改组派"帽子的战士，就遣散回家，这是贺龙的一条毒计，因为在那蒋介石白色恐怖的时代，战士一离开队伍就有被敌人杀害的危险，贺贼以此借刀杀人！当时被遣散的战士过着非人的生活，据蔡×回忆当时的惨状说："很多下级干部和战士被怀疑为'改组派'，被开除了，无路可走，只好尾随队伍后面，用绳子捆住手腕，给部队抬东西，有的人捆了半年，绳子勒进肉里去了，夏天生了蛆，到释放时绳子也解不开了！"

贺龙就这样在逃跑向湘鄂边的七千里路途中也沒有停止"肃反"，他一路走，一路杀，在长途跋涉中经过四次肃反，连以上干部被杀了百分之九十以上！许多人回忆："当时杀的人大小是个干部"，"军內杀的多数是师级干部，然后是团级……"，"上边认为是就捕，捕了以后这个人就算完，人就沒了"，"杀不过来就用铁丝穿起来活埋"，"当时的审讯是逼供信，是不容分辩的"，"是夏、贺、关的命令由保卫组杀人不眨眼的姜士高执行……"。眞是令人发指的法西斯暴行！

无数革命干部和革命战士在贺龙"肃反"的迫害下表现了崇高的革命气节。如石首县县委书记被指控为"改组派"，他对县委的同志说："叫我上去也是死，死得不明不白，还不如和敌人拚死好！"最后他同县委全体同志和敌人战斗时，一同壮烈牺牲，为革命流尽了最后一滴血。又如一些被迫害的战士，贺龙竟逼他们手持空枪与敌人打硬仗。这些战士怀着对党对人民的耿耿忠心，英勇地和敌人搏斗，付出极大牺牲，消灭了敌人。革命先烈用忠魂在他们红色的历史上谱下了可歌可泣的篇章。烈士的鲜血，烈士的牺牲，是对反革命刽子手贺龙的强烈控诉。

贺龙在“肃反”中杀害了许多党的重要的优秀的干部。

湘鄂西特委委员、红九师政委万涛同志被杀的“罪状”是：“在反党活动中企图把机会主义加之中央分局的领导”，说“省委代理书记是对机会主义的调和”，说“贺龙同志不能领导三军”，“到处鼓动宣传企图实现他们完全把持党的红军，消灭苏区和红军的阴谋”。

省委组织部长扬成材同志被杀的“罪状”是：“这个人工作积极还有威信，可是……在反中央分局的斗争中，他采取的是圆滑手段，在四代会上他沒有积极站出来反对机会主义。”

这都是些莫须有的罪名，相反，这些“罪状”正说明了他们都是些富有革命造反精神，敢于抵制和反对错误路线的好同志。

在最后两批肃反中，红三军参谋长，大革命时期的老党员孙维清同志，毛主席的好学生、湖南省委委员、中央军委及长江局特派员、红三军政治部主任柳直荀烈士，以及包括九师政委宋盘铭同志、九师参谋长王炳南同志在內的七、八、九三个师、团的军政领导同志均遭杀害，特别是贺龙的警卫员亲手杀害了段德昌同志。

段德昌同志早年和林彪同志一起在黄埔军校学习，一九二五年入党，在洪湖工作多年，坚决执行毛主席的革命路线，为保卫和发展洪湖根据地屡建战功，很有威望。他和贺龙执行的机会主义路线进行了长期的不调和的斗争。直到一九三三年到湘鄂边境后，在毛坝会议上，段德昌同志还再次提出回到洪湖发展革命根据地、坚持长期革命斗争的建议。段德昌同志念念不忘毛主席关于建立革命根据地的教导、念念不忘水深火热中的洪湖人民的赤胆忠心，遭到贺龙极端的仇视。一次行军途中，段德昌同志召集干部打开地图研究了一下行军路线，这竟被贺龙诬为企图逃回洪湖，扣上“反对湘、鄂、川、黔、滇边区中央分局领导”的罪名，带上“改组派”帽子，便将他杀害在桑植。段德昌烈士的警卫员萧××同志回忆：“当时的公审大会是在金果坪一个地主家的大堂里……，贺、关、夏都到会了，共一百多人参加。段德昌同志在公审大会上大义凜然，他至死坚持斗争，并对大家说：要杀死我沒有什么，我要求把我在湘鄂西按党中央建党、建军、建立苏区中犯了那些政治上、军事上的路线错误上报中央审查；要求同志爱护武裝、枪枝，节约弹药，这都是洪湖闹革命的烈士们用鲜血换来的，同志们要跟着中央革命到底，消灭蒋介石，解放全中国。”在公审会上他还讲述了洪湖斗争艰苦岁月的光荣历史。临刑时还高呼:"中国共产党万岁!""苏维埃万岁!""反对夏曦的逃跑主义!"等革命口号。战士们无不为之而失声痛哭。贺龙们作贼心虚,当时还把段的部下监视了三天。毛主席的好学生,党的优秀干部、工农兵政府授予金质奖章的共和国英雄、红九师师长段德昌烈士就是这样壮烈地牺牲在贺龙的屠刀下的!

贺龙这样倒行逆施,实行法西斯专政的结果,使早已被机会主义路线引上绝路的红二军团(即红三军)受到更大的摧残。不仅如此,贺龙竟在一九三三年时解散了军队里的党组织,取消了政治机关。他还借口部队"十分疲劳,极需休整",企图与反动军阀陈渠珍谈判求和,这是使革命军队蜕化演变的大阴谋,由于广大革命战士的强烈反对,贺龙的阴谋才未得逞。

一九三四年十月,红二军团和任弼时同志率领的红六军团在贵州会师,任弼时同志把毛泽东思想的阳光带到红二军团,使这支几乎被贺龙拖垮的部队绝路逢生,出现了转机。

会师时红二军团只剩下三千人,已全部换上便衣打游击了,部队的党团组织和政治工作早已被破坏殆尽,整个军团的党团员这时还不到十分之一,连队里没有支部,大部分指导员被杀掉了,军事干部多数不是党团员。任弼时同志按毛主席"支部建在连上"的原则,首先整顿了红二军团的党组织,任弼时同志给中央的报告里提到"以原六军团政治部为二军团政治部,六军团另行成立。"并决定派出一批同志去二军团帮助建立政治工作,恢复党的各级组织。当时还成立了以任弼时同志为首的二、六军团总指挥部,撤销夏曦中央分局书记,亲自领导开辟了湘鄂川黔根据地。

任弼时同志在一九三五年一月二十七日红二军团党的积极分子大会上所做的报告中系统地批判了贺龙、夏曦的机会主义,并开始清算肃反扩大化的严重错误。

这时贺龙狡猾地派人写了假检讨,还装腔作势地大骂:"这一切完全是夏曦搞的鬼!"胡说:"肃反杀人是夏曦干的","我当时不是肃反委员会的"。还不知羞耻地宣扬:"三次左倾我是抵制了的","我是老革命,除了我对党的忠诚,看到我的其他方面都是错误的"。直到党的"七大"前夕,贺龙怕罪行被揭露,又大施拉拢、威逼、利诱的伎俩,并放出狐群狗党四处活动。贺龙对肃反中曾被三抓三放的樊××说:"七大你把情况讲讲，我给你伸冤。”暗示樊把罪责推到死鬼夏曦身上。不料樊说：“老总，当时你要是多说几句话，可能好一些，不至于杀那么多人！”这几句话触到了贺龙的痛处，他大怒说：“你晓得个××，我自己还不保险呢！”

早在党的六届七中全会上就宣布：“**一切经过调查确系因错误处理而被诬害的同志应该得到昭雪，恢复党籍，并受到同志的纪念。**”然而在贺龙的威胁压制下，被杀害的数千名同志至今没有得到平反。

但是事实是无情的。对革命同志的每一份罪恶的判决书都有贺龙的签字。一位武汉部队的同志揭发：“打死段德昌同志起决定作用的一票是贺龙！”如今，人证物证俱在，白纸黑字，铁案如山，贺龙这个刽子手是推不脱赖不掉的。

周总理指出：“贺龙的要害在历史上！”翻开洪湖和红二军团的历史，撕去蒙住历史真相的伪装，贺龙在湘鄂西的罪恶统治，他在洪湖根据地三次推行“左”倾机会主义路线，以及扩大肃反、杀害革命烈士的累累罪恶，历历在数，今天是新帐老帐一齐算，为洪湖三百万人民，为红军数千英烈，向这个大土匪、大军阀、大野心家贺龙讨还血债的时候了！

蒋介石的叭儿狗

贺龙在湘鄂川黔根据地的时候，具有伟大历史意义的遵义会议召开了，确立了毛主席在全党的领导地位。一九三五年初蒋介石匪军对湘鄂川黔根据地实行南北大“围剿”时，二月一日，毛主席党中央一再电示要“集中红军主力，选择敌人的弱点，不失时机地在运动中各个击破之。总的方针是决战防御，而不是单纯防御，是运动战，而不是阵地战。”贺龙竟拒不执行，仍摆开队伍正面迎击敌人，结果溪口等战失利，部队削减过半。四月五日，毛主席党中央再次电示：“目前，你们那里胜利的可能还是存在的，仍应尽力在原地区争取胜利。”但贺龙继续执行错误路线，而接连丢失了桑植、永顺等根据地。八月，蒋介石匪军再次发动“围剿”，贺龙拉着队伍东奔西跑，连连打败仗，而不得不于这年十一月时离开湘鄂川黔根据地开始长征。长征途中，贺龙步张国焘后尘，一路投奔这个反党分裂分子而去，由于任弼时等同志坚持毛主席的革命路线，同他们进行了坚决的斗争，广大革命战士“抬头望见北斗星，心中想念毛泽东”，他们抵制了张国焘的逃跑主义路线，粉碎了他分裂党分裂红军的罪恶阴谋，终于在一九三六年十月到达会宁，和一年前胜利完成长征的中央红军会师。这时抗日救亡运动的烈火已经如火如荼地燃烧起来了。

一九三七年九月，八路军东渡黄河以后，毛主席对全军作了统一的战略部署，命令一二〇师开赴晋西北，贺龙匪性大发作，公开发牢骚，说什么：“给我的地方太坏，山多地少，人瘦地薄，鬼都不下蛋，全是山头，没法指挥，受了限制。”对党中央、毛主席极为不满，大闹山头主义。这和彭德怀在受命入朝作战后讲：“我命苦，在西北钻山沟，到朝鲜还是钻山沟”的反话如出一辙，这表明他俩是一丘之貉，都是灵魂腐朽的个人野心家。贺龙就是带着这种颓丧的情绪卷进斗争的。

在伟大的八年抗战这个新的历史时期里，贺龙这个老机会主义分子从过去的假“左”转向极右，他继续追随王明、刘少奇，做了蒋介石的哈巴狗，成为党内阶级投降主义者中的一个典型。

毛主席早在一九三七年五月，抗日战争全面爆发前夕，就英明地指出：使无产阶级跟随资产阶级呢，还是使资产阶级跟随无产阶级呢？这个中国革命领导责任的问题，乃是革命成败的关键。”毛主席极深刻地总结了革命的历史经验：“一九二四年至一九二七年的经验，表明了当资产阶级追随着无产阶级的政治领导的时候，革命是如何地前进了；及至无产阶级（由共产党负责）在政治上变成了资产阶级的尾巴的时候，革命又是如何地遭到了失败。”毛主席接着说：“这种历史不应当重复了。依现时的情况说来，离开了无产阶级及其政党的政治领导，抗日民族统一战线就不能建立，和平民主抗战的目的就不能实现，祖国就不能保卫，统一的民主共和国就不能成功。”毛主席就是这样深刻地阐述了“无产阶级及其政党的政治领导责任”，他还具体指示了无产阶级经过共产党领导全国各革命阶级的办法。毛主席是当代无产阶级最伟大的天才，他总是在历史转变关头的重要时刻，牢牢把握住历史前进的杠杆——无产阶级革命政党共产党的领导。在抗日战争的历史阶段即将到来的时候，毛主席就那样及时，那样明确，那样深刻，那样具体地阐述了“领导我们事业的核心力量是中国共产党”这样一条颠扑不灭的伟大真理。这真理的声音化作光芒万丈的灯塔，照亮了中国人民抗日战争胜利的道路。

正是这个抗日战争的领导权问题，成为当时划分马克思主义者和机会主义者的分水岭。贺龙也正是在这个问题上大肆反对毛泽东思想，成为毛主席强调的必须反对的那种党内阶级对阶级的投降主义的典型人物。

蒋介石被迫抗日后，为了装点门面，一九三八年初在洛阳召开了所谓高级军事会议。彭德怀和贺龙参加了这次会议，蒋贼稍加笼络，他们便受宠若惊，在会上会下极力吹捧蒋介石，宣扬王明的“一切通过统一战线”的右倾投降主义口号。会后，彭德怀在我军干部会上高喊：“蒋××万岁！”贺龙则在晋西北高喊：“我们要拥护蒋××！”这年三、四月间，在岚山县由一二〇师召开的群众大会上，贺龙以师长身分，当着国民党上校联络参谋的面狂叫：“蒋××是唯一的领袖！”摇着叭儿狗的尾巴，模仿当时顽固派狂叫“一个领袖”（即蒋该死）的反共调子，和大叛徒彭真一起大拍人民公敌蒋介石的马屁，真是反动透顶！上述国民党的联络参谋叫陈宏模，是蒋介石派来的特务，长驻在一二〇师，刺探我军情报，瓦解我军军心。贺龙对陈却十分器重，和他打得火热，陈宏模在回国民党统治区时，特意叫其狗婆娘绣有一条龙的被面送给贺龙，进行拉拢，贺龙喜笑颜开，作为珍贵的礼品收下，一直用到解放战争时期，由此可见贺龙是什么货色了！

一九三八年临汾会议上，彭德怀以“不要挖阎锡山的墙角”为名，下令一二〇师不要发展队伍，贺龙顽固执行彭德怀的这个黑指示，严重破坏了我军的发展计划。贺龙甚至还帮助反共老手阎锡山收容散兵，扩大兵员。结果是为虎添翼，怂恿蒋介石阎锡山在第二年十二月发动了反革命的晋西事变，杀害了党领导的抗日决死队三纵队五个团的全部共产党员、政治干部，掀起了第一次反共高潮。

一九三八年十月，党中央在延安召开了扩大的六届六中全会，会上毛主席作了《中国共产党在民族战争中的地位》的政治报告，还作了《统一战线中的独立自主问题》和《战争和战略问题》的结论，一再强调了我们党领导抗日战争的重大历史责任，着重地批判了王明“一切经过统一战线”的右倾投降主义口号，这次会议批准了以毛主席为首的党中央政治局的路线。贺龙对这次会议的决定恨之入骨，当他从延安返回晋西北传达全会精神时，竟别有用心地煽动说：“毛主席的指示在延安还有人反对。”他在后来的几年中仍顽固坚持右倾投降主义路线，对毛主席的指示阳奉阴违；甚至公然对抗。

一九三九年六月，贺龙写了一篇《一二〇师抗战二年来的总结》登在八路军《军政杂志》上，仍然狂叫“统一战线高于一切，一切通过统一战线”，鼓吹与蒋介石国民党“精诚团结”、“通力合作，共赴国难”。一九四〇年二月，贺龙又在《解放日报》上发表《晋西北之今昔》，说什么：“我们……完全是站在抗日民族统一的立场。……不管少数投降分子、顽固分子怎样来限制我们、破坏我们，和我们摩擦，不管这些人的破坏团结、破坏抗战活动是怎样不断地花样翻新地进行着，我们始终抱定了互相尊重、互相帮助、互相发展的原则，以诚恳、坦白、亲密的态度，与友党、友军、政权、群众建立了良好的关系。”一付对蒋介石奴颜卑膝的投降主义嘴脸暴露得淋漓尽致！

贺龙不仅这样说了，也这样做了。一九四〇年八月至十二月的“百团大战”就是彭德怀、邓小平一伙背着毛主席擅自发动的冒险行动，这是他们机会主义路线表现在军事上的一个典型，在他们策划进行这次长达三个半月的大战役中，贯彻了一条投降蒋介石的黑线，它完全违背毛主席制定的抗日游击战的原则，严重干扰了毛主席的战略部署，它是一次大量牺牲我军有生力量来“保卫”蒋介石的错误战役。在“百团大战”中，贺龙紧紧跟上，使出了吃奶力气来为蒋介石卖命，他带的一二〇师除了三五九旅的一个团以外全部被驱上了战场。彭德怀、贺龙这样做，使蒋贼十分得意，他连连电函彭德怀、贺龙，给与“嘉奖”。蒋贼给贺龙的电报说：“云青师长勋鉴：……兄年来杀敌奋勇，嘉慰殊深！迩来迭据情报及根据敌情判断，敌人企图‘扫荡’我游击部队，以巩固华北，实其当前重要战略之一。冀中密迩平津，自更首当其冲，虽近数月来敌人此种幻梦已被打破，然必继续图逞，绝无疑义，深盼兄淬励军心，发扬敌忾，与在冀中同胞协同动作，以机动的精神，予敌人以严重之打击，是所厚望……”蒋贼叫好了，他妄想继续唆使贺龙等人把更多的人民子弟兵驱上战场和日寇硬拚，以达到他在十年内战中未能消灭共产党和红军的阴险目的。

“百团大战”是这样的一场被敌人所拥护的战役，但是贺龙在接到蒋介石亲函嘉奖后，叭儿狗的尾巴翘到天上去了。他在这年九月八日写的《百团大战的一个侧面——晋西北》一文中天花乱坠地胡吹：“八路军新军百团大战的突然发起与节节胜利，有如一阵暴烈的霹雳，轰动了整个华北战场，以至于全中国全世界。这一空前的壮举更加显示了我军无比的威力，并且在中华民族解放斗争的历史上，将永远放着灿烂的光辉。”他在同月写的《一二〇师抗战三周年》一文中说：“三年来，我们一二〇师在朱、彭总司令直接指挥下，转战华北”，“蒙最高统帅蒋委员长的嘉许”。贺龙以此为荣，沾沾自喜，和彭德怀一样，活现了一付狗奴才相。

甚至在国民党反动派一次又一次地制造大量屠杀共产党和八路军干部的血案的时候，贺龙仍顽固地坚持对蒋介石的投降主义。毛主席当时发出了“团结一切抗日力量，反对反共顽固派”的号召，指出：“对于那些敢于闹平江惨案、确山惨案的人，对于那些敢于破坏边区的人，对于那些敢于攻打进步军队、进步团体、进步人员的人，我们是决不能容忍的，是必定要还击的，是决不能让步的。……对于这些人，如果不加以惩罚，我们就是犯错误，就是纵容汉奸国贼，就是不忠实于民族抗战，就是不忠实于祖国，就是纵容坏蛋来破裂统一战线，就是违背了党的政策。”贺龙偏偏反其道行之。反党黑书《记贺龙》里贺龙有一段自白：“在阳曲（按：在国民党统治区），我们一个新兵连队遭到袭击（按：遭到国民党的袭击），打崩了，连长被打死了，大家举出一个头目来收容，收容了七、八十个人。但是，那里的县长把这些人改编了，头目也打死了，还把尸首抛到河里！你说该怎么办？我们仅仅拍了一个电报，查我们的人是不是有不对的地方，头目是不是同他们里面的人有私仇？就这样！至于队伍呢？只要士兵愿意，就由他们改编好了！”贺龙对蒋介石国民党的卑躬屈膝完全发展到了不惜牺牲同志，向敌人交出武装这样赤裸裸的叛卖行为了！

解放前后的种种罪恶

一九四五年八月，中国人民在伟大领袖毛主席和伟大的中国共产党领导下，经过八年艰苦斗争，终于取得了伟大的抗日战争的胜利。这是在毛主席革命路线指引下获得的具有极重大历史意义的胜利。这不仅是从日寇铁蹄下挽救祖国于危亡的民族解放战争的伟大胜利，而且为推翻三座大山实现阶级的解放，为夺取全国民主革命胜利积蓄了伟大的力量。在这重要的历史转变关头，毛主席以无产阶级革命家最伟大的天才领导全党和全国人民和美帝国主义、蒋介石反动派进行了针锋相对的斗争，不断革命，胜利前进。而刘少奇这一伙革命队伍里的叛徒、蠹虫极力散布“和平民主新阶段”和革命胜利“太快了”的谬论，妄图阻止历史车轮前进。贺龙在这全国解放的前后也对革命事业犯下了种种罪恶。

一九四六年，贺龙和李井泉窃踞晋绥解放区的领导职务，整党时为了达到抬高个人领导威信的目的，继续运用他在洪湖肃反时的恶劣手段，先后搞了几次整干事件，大整了做民兵工作和商业工作的干部。更突出的是在土地改革工作中，他紧跟刘少奇，反对毛主席提出的土地改革的总路线：“**依靠贫农，团结中农，有步骤地、有分别地消灭封建剥削制度，发展农业生产**。”不折不扣地推行了一条形“左”实右的反动路线。

一九四六年五月，中央发布“五四指示”，决定实行没收地主土地分配给农民的土地政策，而刘少奇极力在土地改革运动中推行形“左”实右的反动路线。刘少奇这时在晋察冀中央局会议上发号施令：“要派出工作组，组织贫农团，超越党支部，进行‘搬石头’，踢开区村干部。”刘少奇在给贺龙的一封信里直接提出：“土地问题的普遍解决，必须而且主要的是要依靠群众的自发运动。”黑主子下令，奴才紧跟，贺龙大派工作团，踢开基层干部，大搞“搬石头”，“解散旧机构”，他亲自发表所谓《告农民书》，荒谬地提出“群众要怎么办就怎么办”，真可谓是“心有灵犀一点通”！

在“群众要怎么办就怎么办”的旗号下，地痞流氓、牛鬼蛇神纷纷出动，乘机大搞阶级报复，把许多党的优秀干部打成地主、富农，进行残酷斗争。当时真正的贫下中农却没有说话的权利，谁要为革命干部说一句话，就要被打成“狗腿子”，遭受迫害。白色恐怖笼罩了整个晋西北地区。在这条刘少奇形“左”实右的反动路线统治下，许多忠于党、忠于人民、忠于革命事业、出身贫苦的好干部蒙受冤屈，甚至丧失了生命。仅据兴县初步统计，当时被打死的党员干部四十六名，被打伤的则不计其数，有的还被打成终身残疾。至今，当地的贫下中农一提起贺贼当年搞的“搬石头”，无不深恶痛绝！

在“群众要怎么办就怎么办”的旗号下，贺龙包庇坏分子，迫害贫下中农。兴县（当时的晋绥军区所在地）木栏冈是贺龙土改的第一个试点。这村有姓张的两兄弟，都是劳动人民，弟弟还是个残废军人。同村有个二流子偷了政治部的棉花，被张氏兄弟揭发了，从此结下了冤仇。土改工作团一进村，二流子成了积极分子，当了代表、干部，他纠结同伙，依仗权势，硬把张氏两兄弟划为恶霸富农，打了个半死，然后枪毙了。这件事震动了蔚汾河两岸，激起了广大贫下中农的愤怒，当地十七个村，有十四个村的群众出来为张氏鸣不平，说："张氏兄弟不是恶霸富农，是劳动人民，打死他们是报复！"并要求惩办凶手。广大群众说话了，这时贺龙撕下了他的"群众要怎么办就怎么办"的遮羞布，派李井泉亲自出马，向群众大施压力。李井泉说："贺龙讲的，打死这个恶霸富农完全正确。"把群众压了下去，这件事大灭贫下中农的威风，大长阶级敌人的志气。在贺龙吹起的这股黑风下，一时晋绥地区出现严重违反党的政策的乱打乱杀、使用肉刑的歪风。

当时毛主席再三强调了"**在农村土地改革运动中，务须团结赞成土地改革的百分之九十以上的群众，孤立反对土地改革的少数封建反动分子**"。一九四七年十二月毛主席在党中央会议上作的《目前形势和我们的任务》的报告中，进一步明确指示："**地主富农在乡村人口中所占的比例……大约只占百分之八左右(以户为单位计算)，……因此，我们的土地改革所反对的对象，人数甚少，而乡村中能够参加和应当参加土地改革统一战线的人数(户数)，则有大约百分之九十以上这样多。**"毛主席接着特别强调了"**必须坚决地团结中农，不要损害中农的利益**"，"**在划分阶级成分时，必须注意不要把本来是中农成分的人，错误地划到富农圈子里去。**"毛主席三令五申这样一个打击一小撮阶级敌人的方针，是正确贯彻土地改革总路线和阶级路线的重要原则，贺龙又反其道而行之。

贺龙在晋西北搞土改时，提出按墓誌铭查三代。不管本人有无剥削，只要其父亲或祖父有过剥削，就要定剥削阶级成分。当时兴县蔡家崖行政村(缺岔儿上自然村)，土改时 552 户，划为地主、富农的 124 户，占总户数的 22.5%，错划了 50 户以上。离蔡家崖两里路的北坡，土改时 22 户，划为地主富农的达 18 户，占 82%，错划了 14 户。正因为贺龙乱划阶级成分，恰好帮了阶级敌人的忙，孤立了贫下中农，致使土改运动无法开展，充分表现出形"左"实右路线的反动性。

在晋绥土改中，贺龙对待工商业的政策，也犯了一系列"左"的错误。

毛主席说：“**土地改革的对象，只是和必须是地主阶级和旧式富农的封建剥削制度，不能侵犯民族资产阶级，也不要侵犯地主富农所经营的工商业，**……”贺龙却说：“晋绥的贸易局不允许私人工商业存在”，“现在应该把市场上的工商业一律没收”。在贺龙的错误指示下达后，晋绥到处打击工商业，对市场上的工商业采取没收政策，以致使晋绥地区的工商业处于瘫痪状态。

由于贺龙全面地推行了刘少奇形“左”实右的反动路线，晋绥地区工农业生产大大减产，甚至造成晋绥人民经济生活的严重恐慌，一场轰轰烈烈反封建的土地改革运动，被贺龙引上了斜路，频于夭折的局面。

我们伟大的领袖毛主席当时在指挥全国军民进行打败蒋匪百万兵的解放战争的同时，也无比英明地抓紧同党内刘少奇等一小撮机会主义错误的斗争，毛主席在中央十二月会议上作了《目前形势和我们的任务》报告，这是在整个打倒蒋介石反动统治集团、建立新民主主义中国的时期内，在政治、军事，经济各方面带纲领性的文件。毛主席这个报告及此后一系列的指示中深刻地批评了种种机会主义的错误，这些伟大的指示指导了全党和全国人民的斗争，也指引了晋绥广大党员和革命人民战胜贺龙、李井泉的错误，推动了革命事业向前发展。一九四八年二月十一日，毛主席在给党内的指示《纠正土地改革宣传中的“左”倾错误》中直接批判了“群众要怎样办就怎样办”的错误口号，毛主席说：在许多地区“**错误地强调所谓‘群众要怎样办就怎样办’，迁就群众中的错误意见。甚至对于并非群众的、而只是少数人的错误意见，也无批判地接受。否定了党的领导作用，助长了尾巴主义。**”一九四八年四月，毛主席在从陕甘宁边区去河北平山县西柏坡的途中经过晋绥，在那里多次向干部讲话，毛主席亲切地鼓励了晋绥广大军民和革命干部，在讲话中也一针见血地指出了贺龙李井泉之流的错误，指出他们“错误地扩大了打击面”，“打击了工商业”，还犯了“乱杀”和“使用肉刑”的错误，并再次批判了“群众要怎样办就怎样办”的错误口号。毛主席来到晋绥边区并亲自给晋绥干部讲话，成为鼓舞晋绥人民革命的巨大动力，他们批判并克服了贺龙所执行的错误方针。刘少奇形“左”实右的反动路线破产后，革命事业走上健康的轨道，蓬勃向前，整党和土改工作都取得了伟大胜利。

这时贺龙竟又蓄谋破坏伟大的整军运动。在整党同时，人民解放军开展了新式整军运动，以诉苦和三查的方法对指战员进行阶级教育，这是一个突出无产阶级政治，从政治上建军的一次意义深远的革命群众运动，毛主席高度评价这个运动说：**“人民解放军用诉苦和三查方法进行了新式整军运动，将使自己无敌于天下”**。这时贺龙却心怀叵测地夸耀当年打起旗号，发委任状，招兵买马，凡是能组织起百八十人的就让当司令的办法，鼓吹：“一支军队，就是这样吹起来的！”贺龙不宣传毛主席的建军思想，恰恰在整军运动的时候宣扬军队只用委任状招兵买马就可以吹起来，宣传他自己的土匪生涯，用封建地主军阀的反革命建军经验来对抗毛主席的建军路线，这是对当时全军轰轰烈烈开展的整军运动的最阴险最恶毒的否定和破坏，而在这解放战争已进入大决战的胜利时刻，贺龙提倡自己当年纠集地主、土匪武装的丑史，妄想以他土匪军阀野心家的面貌来改造我们的人民军队，其用心何其毒也！

全国解放后，贺龙当西南军区司令，和当时在西南局任第一书记兼西南军区政委的邓小平结成死党，培植亲信，后来一手保起李井泉为西南局第一书记，一心把大西南经营为自己的独立王国。

一九五〇年，他在西南动员剿匪大会上，根本不提毛主席的战略战术思想，狂妄地叫喊：“老子是打游击的老祖宗。”仿效慈禧太后的臭德行，妄想别人把自己当老祖宗来顶礼膜拜。

贺龙这时极端骄奢淫逸，过着不折不扣的反革命生活，家里安着电冰箱，用八个电扇，还有钢琴、弹子台，架红木床，铺地毯。后来李井泉为他在成都附近一山清水秀地势险峻的地方建造了一所地下皇宫才算满足了贺龙的一桩宿愿，那皇宫建在数丈深的山洞内，楼台殿阁，雕梁画栋，奇花异草，甚至在洞内布满了闪闪发光的星星和月亮，过起人间“天堂”的生活。贺龙满心欢喜，得意忘形地说：“住在这里，外面扔原子弹也不怕了……”

贺龙跳舞成性，他让文工团、体育队等单位专门组织女舞伴，涂脂抹粉，盛妆打扮，用小汽车接来为他开舞会。他还跑到当年蒋介石的魔窟里举办家庭舞会。甚至他率领赴朝慰问团到朝鲜去时，一个月中竟在硝烟弥漫的战场防空洞里举办了三十一场舞会！这是贺龙妄图在人民军队里吹起的一股和平演变的黑风。

我们伟大领袖毛主席在全国解放的前夕，就谆谆教导全党：**“中国的革命是伟大的，但革命以后的路程更长，工作更伟大，更艰苦。这一**

点现在就必须向党内讲明白。务必使同志们继续地保持谦虚、谨慎、不骄、不躁的作风，务必使同志们继续地保持艰苦奋斗的作风。”毛主席语重心长地及时地告诫全党：资产阶级的“糖衣炮弹”将成为无产阶级的主要危险。贺龙这个钻进党内的反革命修正主义分子就是一个地主资产阶级的代理人，他是操起糖弹来攻击我们伟大的人民军队、腐蚀共产党员的黑炮手。

贺龙在西南经营独立王国，当土皇帝正得意时，中央鉴于高饶反党集团事件的教训，下令撤消大区建制。这个英明的决定打破了贺龙的酣梦，他歇斯底里大发作，叫嚷：“为什么中央要撤消大区？这是毛主席和党中央怕我们造反。”一言泄出了天机，暴露了他反党篡权的狼子野心。贺龙还愤愤地说：“杯酒失兵权，一声调进京。”他用历史上赵匡胤的故事，恶毒地咒骂毛主席，真是反骨毕露。

正在这贺贼为大区被撤消而暴跳如雷的时候，刘邓黑司令部选中他当国家体委主任，邓小平亲自出马作了安排，把贺龙调进中央，在体育系统安上了一个黑帅。贺龙对黑司令部的旨意心领神会，他抱着把体育界经营成一块复辟资本主义的样板田的罪恶目的，走马进京上任了。

体育界推行修正主义路线的罪魁祸首

贺龙自一九五三年经邓小平推荐当了国家体委主任后，十余年来独霸体育界的领导权，明目张胆地对抗毛主席的重要指示，在体育工作中，疯狂推行修正主义路线，力图把体育界办成刘邓黑司令部复辟资本主义的黑试验田，昭昭罪恶，罄竹难书！

体育同一切文化艺术、上层建筑一样，“**是属于一定的阶级，属于一定的政治路线的**”，体育究竟为谁服务的问题，是一个根本的问题，是无产阶级和资产阶级两条路线斗争的焦点。毛主席一九四二年发表的《在延安文艺座谈会上的讲话》，在全世界无产阶级文艺运动的历史上，第一次最明确、最完整、最彻底地解决了无产阶级文艺工作的根本方向和道路的问题，这就已经给我国的体育工作指明了根本方向和道路。一九五二年，毛主席又明确指示：“**发展体育运动，增强人民体质，为国防、生产服务。**”后来毛主席又指出：“**体育是关系六亿人民健康的大事。**”毛主席的这一系列指示，提出了社会主义体育运动的根本方针，为我国体育事业的发展开辟了广阔的道路。

贺龙打着“红旗”反红旗地说:“开展群众性体育活动是我国体育运动的基本方针,不能动摇,但要根据具体情况在工作中有所侧重。”实际上,贺龙对工农兵体育活动不闻不问,冷若冰霜,在国家体委里,主管群众体育的只有一个人数不多的司和一个“不务正业”的司长。贺龙公开提出:“国家体委只管运动队,群众体育,国防体育都让省市委管。”“体育的重点是抓专业队。”在国家体委里,主管“提高”的司达五个之多,每司正副司长各有两三个。贺龙还规定机构庞大、设备齐全的北京体育科学院只“为运动技术的提高”和“运动员身体健康服务”。许多省市体委的工作,也被贺龙引上了斜路,出现“体委抓运动系(省运动队)、运动系抓男兰,男兰抓××(男兰主力队员),××抓投兰”的情况,有的甚至公开宣称:“我们是靠运动员吃饭的,因此省体委的一切工作都是为运动员服务的。”对于国防体育,贺龙也是抗拒毛主席的指示,抗拒党中央关于“国防体育要认真抓,用很大的力量抓”的指示,他供认:“国防体育这几年我都是推。”他叫嚣:“国防体育不能大搞”,“农村不搞”,扬言要解散摩托、无线电等俱乐部。

高举毛泽东思想伟大红旗,突出无产阶级政治,是一切工作的灵魂,贺龙为了把体育界办成复辟资本主义的黑试验田,使尽了刘邓黑司令部干将们的全部鬼蜮技俩,处心积虑地反对活学活用毛主席著作,反对突出无产阶级政治。

贺龙不但自己从不学习毛主席著作,还横蛮地阻止别人学。一次他对办公室的同志说:“你们什么也别学了,你们只要会打算盘,把我家管好就行了。”一九六四年贺龙看到介绍北京射击场学习毛著的报导后竟恶毒地讽刺说:“北京射击场毛选学得不错,卫生也搞得好,就是运动员比赛不出成绩。”贺龙长期以来借口反对“教条主义”,挥舞“庸俗化”、“简单化”的大捧,扼杀学习毛主席著作的群众运动。一九六四年,贺龙到北京体院,锺××向他谈起学习毛主席著作时,他竟恶狠狠地说:“你们学个×!”真是赤膊上阵,猖狂到了极点!

对毛主席关于“突出政治”的指示阳奉阴违,宣扬“政治落实到业务上”的修正主义谬论,散布一套折衷主义,这是罗瑞卿,也是贺龙这些反革命修正主义分子反对毛泽东思想,反对突出无产阶级政治的惯用手法。

贺龙一再说什么:"要把政治工作落实到训练中去","如果政治思想好,不落实于业务和技术,那是空的,那就是空头政治。""把政治思想工作做话,是为了训练,为了出成绩。"胡说"沒有成绩,沒有冠军,算什么政治,那是蒋×××的政治。"贺龙还鼓吹:"毛泽东思想要用在球和球拍子上,用在手和腿上。"公开贩卖"滑冰就是政治","打球就是革命"的修正主义黑货,引诱人们完全脱离政治,只钻技术、业务。他还说:"红是为了专,光红不专沒有说服力。"在他看来,有"说服力"的只有技术、成绩。贺龙不相信突出政治,反对突出政治,千方百计用业务来挤掉政治,压倒政治,直到公开地赤裸裸地叫嚷:"学毛选不出成绩,顶个×!"

贺龙为了反对突出政治,还极力压缩政治工作机构。毛主席号召全国学习解放军,指示要普遍设立政治部。贺龙却说:"政治部不要搞大了,不要成为第二个国家体委",并限制掌管全国体育系统政治工作的机构编制,顶多不超过十个人!甚至荒谬地主张"政治工作不得有倾向性。"妄想使政治工作丧失其原则性、战斗性,变成阶级调和的工具。

贺龙反对突出无产阶级政治,大搞物质刺激,实行资产阶级技术挂帅,把体育界搞得乌烟瘴气。

贺龙经常搬出中国赫鲁晓夫刘少奇的黑《修养》,用来抵制毛著学习,腐蚀革命人民。一九六三年,贺龙在新运会立功人员评功授奖大会上把黑《修养》定作运动员必读著作,说:"要下命令买,下命令读,搞考试,写心得。"贺龙曾多次训斥他的女儿:"你这小党员应好好学习刘主席著作,不学怎么成呢?""你在宣传部门工作,不能犯错误太多,你就是政治嗅觉不灵,干不了什么大事,一定要向《论共产党员的修养》请教。"对比起贺龙猖狂反对学习毛著的凶恶行径,却这样推崇黑《修养》,他反对无产阶级专政的狼子野心是昭然若揭的了。

在实际工作中,贺龙等一伙也处处贯彻黑《修养》那一套,拚命用"吃点小亏占大便宜"的腐朽哲学毒害年青的一代,同无产阶级争夺接班人。他们经常对运动员说的就是什么要珍惜自己"昙花一现"的运动寿命,干出一番"惊天动地"的"大事业"来,要乒乓球运动员:"你们什么也不要管,只管打球,有了成绩就行。"

贺龙为了培养资产阶级接班人,极力压制运动员的革命要求,阻止运动员走和工农兵相结合的道路。一九六五年,羽毛球队从丹麦比赛回国后，要求下去四清，贺龙却说："先集中训练，要训练好，准备明年三、四月请丹麦队来我国，打败了丹麦队，再到英国去打，明年比赛完了，再去四清和下连当兵。"贺龙还胡说："比赛是国家的事，四清是个人的事。"在贺龙的阻挠、破坏下，运动员严重脱离工农兵群众，许多"尖子"运动员和运动队，七、八年来沒有下过一次连队，下乡劳动的时间总共不到一个月。毛主席教导我们："**看一个青年是不是革命的，拿什么做标准呢？拿什么去辨别他呢？只有一个标准，这就是看他愿意不愿意，并且实行不实行和广大的工农群众结合在一块。**"贺龙千方百计阻挠运动员到工农群众中去，就是企图堵塞青年革命化的根本道路，用心十分险恶。

贺龙提倡锦标主义，大搞物质刺激，用资产阶级的名利地位来引诱青年运动员，他使用"糖衣炮弹"的手段是十分狡猾，十分毒辣的。

毛主席早在一九五三年就指示：要反对锦标主义。贺龙竟狂叫："有人说我们闹锦标主义，不管他，我就是要锦标啊！""不要什么都叫锦标主义。"并且对他的下级说："锦标主义不要反了，我就是锦标主义，反锦标主义就是反我。"公然宣称："别的我都不感兴趣，就是要出世界纪录！""创造世界纪录是最重要的政治任务。"于是夺锦标，创世界纪录成了压倒一切的任务，在贺龙的这种资产阶级政治的指导下，从国家体委到地方体委，绝大部分人力、物力都用在抓专业运动队上，为夺锦标、创纪录忙忙碌碌，形成赢球举杯欢宴、皆大欢喜，输球愁眉不展、低头嘘叹的状态，弄得一些运动员的精神面貌极不正常。这种锦标主义使体育界邪气上升，资产阶级作风泛滥成灾，为了锦标而弄虚作假，尔虞我诈，以至在球场上骂人打架，资本主义社会的腐朽习气全搬上来了。有的球队为了争名次，甚至把劳改犯、越狱逃跑的流氓分子都拉来当运动员，参加全国比赛。贺龙还利用权势，担保一些不符合出国条件的人出国比赛，他对这些人说："我们相信你们，你们要不回来，可以，但不要不辞而别。可以先打个招呼，我们要开欢送会。"贺龙就是这样为了在国际比赛中争名次，夺锦标，不顾一切地乱来，以致体育界接连出现叛国投敌的严重事件，造成恶劣的政治影响。

对于能为贺龙夺到锦标的"尖子"运动员，贺龙更是用优厚的物质待遇来促使他们"和平演变"。贺龙把"有钱能使鬼推磨"、"重赏之下必有勇夫"奉为信条，说："运动员把人生仅有的青春放在运动场上，因此，对他们的工资要高些，要照顾"，不然，"谁愿当运动员"。贺龙指使体委制订了一套运动技术补贴办法，规定得一项世界冠军，每月补助二十五元；世界水平的运动员和全国纪录的运动员，每月补助十五元……在这种物质刺激下，资产阶级思想公开泛滥。有一个运动员比赛失败后丧气地说："我把二十五元丢掉了！"有的运动员说："要提高我的成绩好办，踢球的时候把五元一张的人民币绑在腿上。"一九六五年在革命群众的强烈要求下，取消了技术补贴，有一些运动员还十分惋惜，感到沒有"奔头"，足见流毒之深！

运动员只要有了成绩，得了冠军，贺龙就待若上宾，接见、登报、请客、发奖、提级，忙得不亦乐乎。乒乓球队在一九六一至一九六二年就曾连续到香山、颐和园、青岛、北戴河休养度假，还以巡回表演为名，分三路到中南、华东、东北游山玩水，住高级旅馆，三天一小宴，五天一大宴，大肆挥霍人民的血汗。这时贺龙还不顾国家经济暂时困难，指使体委花了二百八十多万元建造了一座高标准的运动员宿舍楼。

贺龙不仅在经济上大搞物质刺激，而且在政治上不顾群众意见，大量地将"尖子"运动员拉入党内，在组织发展工作中甚至出现拉伕现象，有人连入党申请书还沒写完，志愿书就送上门来了；有人认为条件不成熟，要求晚发展，贺龙等人以"有缺点可以在党内改造"为理由，拽入党内，运动系在一九六五年一年内就成倍地发展了党员，造成党员队伍严重不纯。在贺龙的这条发展路线下，一些流氓坏蛋、牛鬼蛇神被请入党内，一些资产阶级思想严重，走白专道路的"尖子"也纷纷入党。

贺龙为了保证他修正主义体育路线能够贯彻下去，在组织上推行了一条招降纳叛的路线。

傅其芳是个资产阶级反动"权威"，大流氓，这样的人也被贺龙千方百计拉入党内，理由是傅"二十六届、二十七届、二十八届都立了功"。贺龙气势汹汹地说："有人说他历史复杂，我×××二十九岁就当国民党军长，他有我复杂！""改造了几年还不行，难道还要人家把脑袋打开给你们刷吗？你们不敢做介绍人，我做介绍人，荣高棠也算一个！"傅其芳就是这样大摇大摆地进入党内。他窃踞了国家乒乓球队教练的重要职务，多次率队出国比赛，近年来，他利用出国的机会搞投机倒把，牟取暴利五千元之多！

荣高棠，一九二六年参加国民党，一九三三年混入共产党，同年八月被捕，在狱中自首叛变，贺龙对这个叛徒的历史是清楚的，却让他担任了国家体委第二书记、副主任，掌握体委实权。贺龙公开扬言:“我的接班人是荣高棠。”还亲自找周总理，要让荣接替自己当体委主任，遭总理反对，才未得逞。直到文化大革命中贺龙还死保这个叛徒。

史××，原登山队队长，道德败坏，流氓成性，登山时知危而逃，被揭露后，民愤极大，一致要求开除他的党籍。贺龙极力包庇，反而将他提拔为田径处副处长。

这样的例子不胜枚举，贺龙同这些叛徒、流氓、反动“权威”勾结在一起，还觉得力量不足，又求助于封建主义、资本主义和修正主义，搜罗古今中外的一切杂货破烂来经营黑试验田。

贺龙在体育界大搞封建复古主义，他对待我国的历史遗产，不是按照毛主席指示的“**剔除其封建性的糟粕，吸收其民主性的精华**”的原则去进行改革，而是毫无批判地兼收并蓄，全盘继承。他对旧武术崇拜得五体投地，解放初期他就起用反动军阀张轸做民族形式体育委员会主任，怂恿张轸大肆贩卖“国术救国”的黑货。贺龙吹嘘自己说:“我们家搞武术，十八般武艺都有，四十八个人打了一千里……。”他经常津津有味地讲飞簷走壁、铁砂掌一类鬼话，曾多次指示到武当山、少林寺去寻找各种武术流派的“正宗”，找所谓有眞功夫的老家伙，把他们供养起来。一九六〇年贺龙在体育工作会议上，大发武术是“神仙传艺”的怪论，说:“武术迄今还未找到少林派、武当派”，会后荣高棠就奉命到少林寺“深山问道”。同年，国家体委还请了老戏霸盖叫天做报告，大讲“一生二，二生三，三生万物，万物归一”的反动谬论，《体育报》还对此大肆宣扬。

一九六三年在贺龙的煽动下，掀起了一股反对武术改革的妖风，那些封建门派的首领大叫什么“武术改革丢掉了精华”啦，“要承认一切封建门派为合法”啦，猖狂一时。在贺龙的纵容下，那些“太极拳权威”可以出版宣传封建迷信的书籍，而批判这些书籍的文章却受到百般刁难和扣压。

贺龙不仅复古，而且崇洋。他不惜用重金聘请资本主义国家的职业球队，如一九六四年巴西足球队来我国，聘金竟高达两万美元，由他们在我国体育界散布资产阶级影响。一九六四年，日本排球教练大松率女排来我国访问，贺龙对大松那种充满军国主义、武士道精神的训练方法赞赏备至，下令:“一定要把大松的一套全部学过来，不学大松是右倾。可能有人反对，你们要顶住。”贺龙看到日本乒乓球女队队员松崎对我国青少年运动员的讲话也赞不绝口，当即把体委党委委员和乒乓球队领队、教练叫到他家，吹捧松崎的教练方法，号召全国学松崎，简直把洋人捧上了天。

最令人不能容忍的是贺龙利用他窃踞的体育工作的领导地位，在国际体育活动中丧权辱国地向帝国主义、修正主义卑躬屈膝，推行刘少奇“三降一灭”外交路线。

叛卖祖国的政治小丑

在文化大革命中，康生同志愤怒揭发说：“有些人在国内神气得很，耀武扬威；在国外帝国主义、修正主义面前一句话也不敢讲，卑躬屈膝。”康生同志斥责的就是贺龙！一九六四年十一月，周总理率领党政代表团去苏联，贺龙任副团长。那时赫鲁晓夫刚下台不久，代表团肩负着毛主席和党中央所交给的重任，去和苏修进行一场严重的政治斗争。但是在整个会谈期间，贺龙竟冷眼旁观，一言不发，尤其严重的是在庆祝十月革命节的会上，苏修的元帅当面恶毒攻击我们的伟大领袖和光荣、伟大、正确的中国共产党时，贺龙竟听之任之，连屁也不敢放一个，是我们敬爱的周总理和康生同志拍案而起，坚决回击了苏修混蛋的挑衅，为保卫毛主席和党中央，为维护社会主义祖国的尊严作出了重大的贡献，在这场严肃的国际政治斗争中，贺龙充当了一个小丑的可耻角色。贺龙在帝修反面前总是这样卑躬屈膝、奴颜十足，这决不是偶然的。早就蓄谋实行反革命政变的封建地主野心家贺龙，在一九五四年就丧心病狂地叫嚣：“苏联赫鲁晓夫上台了，我们把毛主席弄垮了也能上台”，他这个反动透顶的家伙怀着这样的狼子野心，自然对赫鲁晓夫的下台是感到如丧考妣，而对克里姆林宫的新贵们，则指望他们实行没有赫鲁晓夫的赫鲁晓夫主义，帮助自己和中国的赫鲁晓夫在中国实行赫鲁晓夫式的政变，这样，贺龙当然不会在苏修混蛋们面前吭半个不字，恰恰相反，贺龙对赫鲁晓夫及其继承者们一直是明来暗往，百般勾结的。他利用主管体育工作的职权，在国际体育活动中鼓吹：“体育吆，就是为了互相团结、友好。”在所谓“团结，友好”的幌子下，忠实贯彻中国赫鲁晓夫刘少奇的“三降一灭”的反革命路线，做尽了出卖祖国、背叛世界人民革命事业的坏事。

一九五七年七月，贺龙率体育代表团参观苏联体育节。国际奥运会主席、美帝国主义分子布伦戴奇也被苏修请去作为上宾相待。对于布伦戴奇这样一个国际体育界反华的头子，理应进行针锋相对的斗争，可是贺龙这个中华民族的败类竟低三下四地与布伦戴奇握手言欢，相邀在一个桌上吃饭，并表示欢迎他访问中国。

国际奥运会是帝、修、反用来搞政治交易的反动国际体育组织。十几年来，贺龙一直沒有停止跟它的勾搭。

为了推行"两个中国"的阴谋，帝、修在有蒋匪参加的情况下，劝诱我国加入奥运会等国际体育组织，企图造成"两个中国"的既成事实。在国际组织中"有蒋无我，有我无蒋"是中央的既定方针，早在一九五一年十二月周总理就明确指示：必须在证明蒋匪已不参加或被开除、或被拒绝之后，方可与奥运会等组织发生正式关系。但是，贺龙及其走狗荣高棠等人竟明目张胆地把中央"先驱后进"的正确方针篡改为"边驱边进"的方针，说什么先要"站稳阵地"，然后"待机驱蒋"，致使在许多国际体育组织中长期出现"我蒋并存"的局面。一九五五年三月，在贺龙的同意下，体委党组向中央写了一个彻头彻尾投降主义的为美帝制造"两个中国"阴谋鸣锣开道的请示报告。报告中公然主张可以同蒋帮并存在一个国际组织里，胡说什么如果退出有蒋帮在内的国际组织，就"减少了进行国际统一战线的阵地和减少了利用合法讲台向蒋匪斗争的机会"。这个报告主张在世界比赛中只要不同蒋帮打交手仗，其余什么都可以。这个卖国投降的请示报告立即得到了刘少奇、邓小平、张闻天等人的赏识，他们根本不请示毛主席，并且背着主管外事工作的周总理，盗窃中央名义批准了这个黑报告。同年四月，周总理发觉了这个出卖祖国的黑货，立即指示：决不能容许在国际组织中出现任何"两个中国"的局面。但是贺龙一伙仍热衷于同国际奥运会勾搭，一九五五年荣高棠参加巴黎国际奥委会会议，苏修代表四次阻止我就"两个中国"问题发言，荣高棠唯唯称是，和蒋帮"代表"王正廷坐在一起开了六天会，回国后受到周总理严厉批评。在一九五五年的体育工作会议上，贺龙擅自决定参加一九五六年的奥运会，在中央的一再指示下，一九五六年我国宣布退出第十六届奥运会，并于一九五八年正式声明断绝同奥运会的任何关系。贺龙仍贼心不死，对奥运会恋恋不舍。直到一九六四年贺龙接见波兰男兰时还予祝波兰队在奥运会上取得冠军。在接见朝鲜射击队时更露骨地说:“祝你们在奥运会上取得好成绩。……你们打赢了,我们脸上也有光彩。”当时正值新兴力量运动会同奥运会间激烈斗争之时,贺龙对帝国主义控制奥运会的反动本质不加丝毫揭露,反而鼓励别人去为美帝所控制的奥运会卖力气,简直是干的刘少奇鼓吹的“红色买办”勾当!

对苏修叛徒集团,贺龙也是这付嘴脸。早在一九五八年,贺龙就提出中苏共同攀登珠穆朗玛峰的计划。一九五九年印度反动派掀起反华浪潮,苏修出于政治上的需要,单方面撕毁了协议。九月九日苏修就中印边界问题发表声明公开支持印度反动派。赫鲁晓夫公然在我国国庆十周年宴会上攻击我党、攻击毛主席。在这种情况下,贺龙这个混蛋竟指示把中国境内最后一座海拔八千米以上的高峰——西下邦马峰留给苏修,并奴颜卑膝地说:“给他们留一条后路,假如我们都爬完了,会伤他们的感情,以后关系不好办。”

党中央早就明确指示:反美统一战线中不能包括苏修叛徒集团。刘少奇却胡说:“修正主义算不算新兴力量还是问题。”于是,贺龙在我国参加新运会代表队选拔赛开幕式上就跟着叫嚷:“就是修正主义国家参加新运会也要团结他,广泛交朋友。”一九六五年,贺龙对出席开罗新运会主席团会议的我国代表团下达黑指示说:“对苏联修正主义在有的情况下可以暴露一下,但不要逼得太紧,不要在会上解决问题,要在会外。”唯恐惹了自己的洋主子,真是一付奴才相!

贺龙对帝、修、反是这样和,这样亲,他对亚非拉人民又是另一个态度。亚非拉地区是当代世界革命的焦点。伟大领袖毛主席教导我们:**“中国人民把亚洲、非洲、拉丁美洲人民的反帝国主义斗争的胜利看作自己的胜利,并对他们的一切反对帝国主义,反对殖民主义的斗争给以热烈的同情和支持。”**我们必须不折不扣地执行最高指示,积极支持亚非拉人民的反帝斗争。但贺龙却是对敌慈悲对友刁,在国际体育活动中一直采取面向欧美苏修的方针,对亚非拉人民十分冷淡。从一九四九年到一九五九年十年内,与亚非拉的体育往来只占同期国际体育来往的10.6%,建国十八年竟只派过七个体育队去非洲,而从一九六〇年至一九六五年苏修公开猖狂反华期间却同苏修来往六十次之多!

越南人民处于反美斗争的最前线,为全世界人民树立了进行反美武装斗爭的光辉榜样，贺龙却对英雄的越南人民十分仇恨。第二届新运会在中国召开的决议作出以后，越南队希望早些来中国训练，当体委负责人向贺龙汇报时，贺龙竟气势汹汹地说："你帮他们训练，他们提高了，还不是为了打败你，你们就那么愿意干呀！"一口加以回绝。

新兴力量运动会是为了反对美帝对国际体育事业的垄断而举办的，是建立国际反美统一战线的一个重要方面，贺龙对新运会是什么态度呢？一九六三年十一月，贺龙到印尼出席第一届新运会，他在新运会不宣传毛泽东思想，不宣传反帝反修，而是仿效刘少奇的臭榜样，饱食终日，游山逛水，同资产阶级政客在一起厮混。一九六四年阿联希望在筹办第二届新运会时得到各国的援助，周总理指示："阿联如果钱有困难，可以借些钱。"但贺龙却说："我们不要太急。要推动印尼去搞，我们配合。"联系到一九五九年瑞典足球队来我国时，在贺龙"多给钱"思想的指导下，单是发零用钱每人一次就发了一百多元的做法，贺龙对两者的不同态度是多么鲜明啊！

在国际体育活动中，贺龙的一个严重罪行是放弃领导权。一九六五年，在新运会联合会第二次理事会上，贺龙大捧苏加诺，号召"以苏加诺总统所倡导的'永远前进、决不后退'的精神，反对敌人的破坏。"他还说过："对新运会不要太积极，让马拉迪出面吆！"并且多次指责我国对新运会的事管得太多了。要我们把新运会的领导权，把反美统一战线的领导权拱手让给资产阶级。

无数历史事实证明，革命人民的一切斗爭只要离开了毛泽东思想的轨道就必然要遭到失败，贺龙这个帝、修、反面前的小丑，在国际体育活动中大反毛泽东思想，在刘少奇"三降一灭"的外交路线指导下，实行了一条投降主义和卖国主义的罪恶路线，给祖国的尊严，给世界人民特别是亚非拉人民的革命斗爭带来极大损失，这是我国人民和世界革命人民绝对不能饶恕的。

庇护反党集团的大黑伞

彭德怀是个反党篡军野心家，是个两次组织反党集团向党进攻的阴谋家，是个赤膊上阵大反毛主席的罪恶滔天的反革命修正主义分子。贺龙在十年内战时期就与彭德怀勾结，对抗毛主席的革命路线，接受彭德怀的错误命令攻打长沙；在抗日战争时期又背着毛主席发动错误的“百团大战”，一同受到蒋贼嘉奖。解放后，他们的勾结更为密切，贺龙曾积极向彭德怀建议学习苏联的军衔制，为破坏我军的革命传统出谋划策，贺龙还煞有介事地说：“军委工作在彭德怀同志的领导下，成绩是显著的。”对反党野心家胡吹乱捧。

一九五九年庐山会议彭、黄反党集团被揪出来以后，贺龙百般包庇彭德怀，居然讲彭德怀“沒什么问题。”中央成立了调查彭、黄反党集团的专案组，贺龙任组长，他为了保护彭、黄过关，根本不认眞抓专案组工作，不召开专案组会议，故意拖延时间，不做工作，反而说什么：“大家不要着急，慢慢来。”一直到文化大革命开始仍无结果，只搞了不关痛痒的问题，八届十一中全会上要他们报告工作，才匆匆写了个不象样的报告送上去。一九六四年时中央责成贺龙写批判彭德怀的发言稿，贺龙竟敢对抗中央，只写批判黄克诚部分，受到周总理严厉批评，才不得不写了一点儿对彭德怀的批判。同年，在刘邓授意下，贺龙伙同安子文等人又把彭德怀送往××，委以重任。

对彭、黄的喽啰，贺龙也百般包庇。高等军事学院政委李××、副院长解×是彭、黄反党集团漏网分子，一九六四年高等军事学院的革命同志揭发了李、解的眞面目，贺龙却一手遮天地说：“彭、黄分子就那么几个，根本沒有李××，我是专案组长，不比你们知道！”把李、解保护了下来，使他们继续盘踞在高等军事院校。

杨尙昆是反革命政变集团的情报官，是在毛主席身边安装窃听器的大特务。杨尙昆的妹妹杨白林是贺龙的外甥廖汉生的老婆。当杨尙昆这个狗特务被揪出来之后，周总理指示杨白林写揭发杨尙昆的材料，杨白林写好后竟先交贺龙审阅，贺嫌她写得“太重了”，一连修改几遍才交给周总理，贺龙就是这样设法为狗特务减轻罪责的。

罗瑞卿也是个反党篡军野心家，贺龙与罗的关系极深。林彪同志指出：“贺龙搞大比武是个大阴谋，罗的后台就是贺龙。”一九六四年一月，罗瑞卿在贺龙的支持下，背着军委、背着林副主席，擅自决定在全军掀起一个大比武的运动，企图用提倡军事第一、技术第一来否定林副主席提出的“四个第一”和军委决定的一九六四年的全军工作方针。贺龙对大比武特别热心，七次亲自出马，上阵督战，并宣传：“军队的比武很好，过硬功夫很好。”并命令体委也搞大比武，“在三个月內见效。”罗瑞卿有贺龙为后台，得意忘形地说："我们军事上就是过得硬，也就是突出政治……"说完哈哈大笑。

贺龙与罗瑞卿勾结，多年来上报军委的文件从不送林副主席审阅，也不请示汇报，对林副主席封锁消息，这时却一反常态，给林副主席送了一次杨村大比武的报告，扬言要在全军推广，妄想从中捞取政治资本。林副主席沒有批，贺龙甚为不满。

贺龙、罗瑞卿刮起的大比武黑风严重冲击了政治，冲击了毛著学习、党团活动、四好评比和经常性的政治教育，四好连队大幅度下降，锦标主义倾向大为发展。林彪同志对贺龙、罗瑞卿这样猖狂推行资产阶级军事路线的作法进行了坚决的斗爭。林彪同志指出：突出政治，一通百通，冲击政治，一冲百空。指示：全军大比武冲击了政治，要赶快煞住这股风。并派叶群同志到连队蹲点，调查大比武冲击政治的情况。贺龙竟也派张××去"蹲点"，说："大比武沒有冲击政治"，借以对抗林副主席，保护罗瑞卿和自己。

贺龙还伙同罗瑞卿一起破坏我国的国防科研和国防工业。在前几年的一次国防工委会议上，贺龙以经济困难，材料不足，技术力量差为借口，大叫："要军工让路，要退够"。说我们"尖端上不去，常规武器也拿不出来"，"目前只有那么高，有的就是搞不出来。"罗瑞卿紧紧跟上，大叫："对××尖端产品的试制任务"，"能安排则安排，不能安排则坚决不安排"，"硬安排影响其它任务你们负责"。在这一片叫嚷中，刮起了一股下马风，大砍大杀风，使我国的国防科研和国防工业上受到了极大的干扰。毛主席识破了他们的阴谋，坚决制止了这股歪风。全国军民终于在毛主席林副主席的英明领导下，排除万难，实现了毛主席的伟大预言，成功地制造了氢弹，将我国的国防力量提高到了新水平。

一九六五年十二月，总参的同志怀疑反革命分子肖向荣的后台是罗瑞卿，而贺龙却为罗瑞卿打保票说："不要怀疑，罗瑞卿是紧跟林副主席，紧跟毛主席的。"一九六六年三月，中央召开揭发批判罗瑞卿的上海会议，贺龙的狐狸尾巴是藏不住的，罗瑞卿被揪出来后不久，贺龙也被林副主席点了名，这个黑后台也跟着垮下来，终于到了清算贺龙和被他包庇的这些反党分子的罪行的时候了！

灵魂丑恶　生活糜烂的大野心家

贺龙是个大野心家，他一直梦想着当"眞龙天子"，做皇帝。他在成都修了"绝对保密"的"地下宫殿"，关起门来过皇帝瘾。他对封建帝王生活特别感兴趣，平日爱看《大登殿》、《游龙戏凤》等下流的旧戏。一九六〇年贺龙专程到长春去参观了伪满皇帝的皇宫，并把溥仪的小老婆李××接到省招待所，让她介绍宫廷生活，诸如见溥仪时怎样行三跪九叩之礼，怎样进餐之类。李××见这位与众不同的大人物爱听这些无聊的事，就大肆喧染，连说带做，丑态百出，竟把贺龙弄得如醉如痴，眉开眼笑，晚上贺龙设宴把她招待了一番。过后，贺龙还恬不知耻地对人说："我贺某能与娘娘同席，也算作'眞命天子'了！"眞是死不要脸！联系到他自命为"龙"，多年使用国民党特务陈宏模送给他的绣着龙的被子，一九四四年在延安柳树店作五十大寿时他硬要中国医科大学女学生为他在被面上绣龙等丑恶行径，贺龙这个大野心家一心想做皇帝的狗性眞是昭然若揭！

大野心家贺龙幻想长生不老，叫医生给他打"奴夫卡因"（所谓返老还童药），还经常吃贵重的补药，如多种维生素、蜂皇浆、鹿茸精、人参、熊掌。有时照镜子发现头上多了几根白头发也大惊小怪，闹得鸡犬不宁。不知这个大土匪从哪里得来一个"秘方"，说取十七、八岁未婚男女的骨髓制成"抗老血清"，注射后可以"延年益寿"。其亲信苏振华得知后，竟利用职权，强迫、欺骗许多海军战士，在他们身上敲骨吸髓，为贺龙制造所谓"长生不老"药，极大摧残了被抽骨髓的战士的身体。贺龙竟下这样毒手，干出如此残酷的事，眞是一个活生生的吸血鬼，无异于旧社会的皇帝、地主、资本家！

贺龙极其讲究吃喝，恣意挥霍人民的血汗。在我国三年暂时经济困难的时候，全国人民在毛主席领导下，自力更生、艰苦奋斗，贺龙却每天美酒佳肴，山珍海味，这样他还嫌不满足，竟异想天开要吃天鹅肉！一天，贺的爪牙探得国家射击队猎得天鹅一只，急忙向贺龙报告，贺即亲自打电话命令射击队员送天鹅去，哪知射击队的小伙子们不懂巴结逢迎之道，早已将天鹅送入腹中。贺龙勃然大怒，当即把射击队员斥骂一顿。射击队无奈，只得出动数辆摩托车，到几百里外等候了五、六个小时，幸而又猎得一只天鹅才交了差。

一九六五年贺龙到新疆大搞反党活动，有一天他忽然想吃活鱼，当时新疆已是冰天雪地的季节，哪里去找活鱼呢？众爪牙为了满足黑主子的食欲，即令阿克苏的劳动人民跳到刺骨的冰湖里去抓鱼，一共抓到十四条，马上派飞机运到乌鲁木齐，途中唯恐活鱼死去，还别出心裁给鱼输送氧气。这十四条活鱼竟花了国家一千零四元！

这类事在贺龙眞是不胜枚举。有一天他专门杀了二十多条小狗，配上各种佐料，请了六、七名厨师，邀来一些酒肉朋友，举行了一次"狗肉宴会"。贺龙一年要过两次生日，阳历办西餐，阴历办中餐，指定北京饭店特制一、二十元的大寿糕，大摆筵席，奢华无比。平时吃饭也十分讲究，单说蔬菜，在淡季时节暖房里二、三十种新鲜蔬菜还不能满足他的要求，竟到农业科学研究单位的实验室找一寸多长的菜苗来炒了吃。他吃东西，热一点不行，冷一点不行，稍不如意就把碗一摔，大发雷霆，显出土匪、恶霸的原形。

穷极无聊的贺龙还喜欢养狗弄猴。早在抗日战争的艰苦岁月里，他就喂大洋狗专门给他拣网球，每当贺龙把球打飞了，洋狗就给他拣回来，当时生活条件艰苦，战士有时要吃黑豆，而他的大洋狗保证有鲜肉吃，狗病了还要给打针。解放后，他养的狗和猴还常与他一起坐飞机，眞是"一人得道，鸡犬升天"。一九六四年贺龙托人从海南岛买来一只猴子，从广州用飞机运到北京，唯恐这只猴子在飞机上饿了，特意给牠买了十斤香蕉。猴子运到北京后，贺龙还派专人到机场迎接。贺龙和他老婆对猴子关怀备至，经常用小站米饭、香蕉桔子喂牠，病了打针吃药不说还要住医院，而他家服务人员的孩子病了想去医院贺龙都不准假，贺龙与西方世界的大资本家有什么两样！

贺龙这个老舞迷还是个大流氓，年轻时生活十分放荡，前后换过九个老婆，投机革命以后本性不改，抗日时期经常对女人品头评足，他主管体委工作后，正经事不干，却常向青年运动员讲述他过去荒淫无耻的土匪生涯，大肆放毒。

贺龙的穷奢极欲的资产阶级生活方式表明他是一个灵魂腐朽透顶的反革命修正主义分子，他一心在中国复辟资本主义，成为最大的一小撮走资本主义道路当权派中的一员，这是有其深刻的思想根源的。

招摇撞骗　为反党篡军制造舆论

毛主席说:“利用小说进行反党活动,是一大发明。凡是要推翻一个政权,总要先造成舆论,总要先做意识形态方面的工作。革命的阶级是这样,反革命的阶级也是这样。”反党篡军野心家贺龙,长期以来,他为了实现“真龙天子”的反革命幻想,亲自出马,滥用职权,唆使他的死党、爪牙、御用文人,通过报纸、小说、电影、戏剧、回忆录、纪念馆等形式,伪造历史,颠倒黑白,对自己进行最无耻的吹捧,大造反革命舆论。

《湘鄂西初期的革命斗争》,贺龙亲自编写,一九五八年出笼。贺龙吹嘘自己“当时只有两支手枪”,“后来发展成一大块根据地”。他还公然说:“由于经过一个时期的摸索,到这时(指一九二九年五月)单纯军事观点才能纠正,建立根据地的一套做法,才开始懂一些,而湘鄂边区革命根据地也初具规模了。”又说:“新的建军路线——官兵一致,军民一致的原则已经开始执行。”贺龙在这里美化了自己实行流寇主义的丑史且不说,他这寥寥几句话还包藏着极大的祸心。我们伟大领袖毛主席起草的《中国共产党红四军第九次代表大会决议案》(即古田会议决议,《关于纠正党内的错误思想》是其中一部分)第一次最全面、最正确、最彻底地解决了我党我军建设方面的方向问题、路线问题,从根本上划清了无产阶级军队与资产阶级军队的界线,奠定了政治工作的基础,是使我军完全建立在马克思列宁主义、毛泽东思想基础上,是照耀我党我军前进的灯塔。在此之前,除毛主席领导的红军,在其他各红色区域都沒有解决建党建军的方向路线问题。毛主席的这篇光辉文献是在一九二九年十二月发表的,而贺龙竟然说在这之前半年他已“纠正”了单纯军事观点,有“建立根据地的一套做法”,“开始执行”“新的建军路线”,贺龙为了抬高自己,贬低伟大领袖毛主席的领导和光焰无际的毛泽东思想的作用,竟不择手段到如此地步,狼子野心,阴险之极!特别令人气愤的是在编选革命宝书《毛泽东选集》第四卷时,贺龙曾经千方百计地要把自己这样捏造的“功劳”塞进去,妄图捞取政治资本,因为遭到林副主席的抵制,他的阴谋才沒有得逞。

《红二方面军战史》,贺龙的死党许光达负责编写,吹捧贺龙“熟悉各方面情况,并且有很大的社会声势和号召力。”吹捧在女土匪“贺英的指示下……整顿了队伍"，这在"红六军建军史上可以说是一个转折点"。这篇是对贺龙和贺英的赞颂，许光达在审稿时的三次讲话中强调要在湘鄂西突出贺龙，说什么："强调贺龙的影响、作用"也就是"强调党的影响、作用。"战史脱稿后，许光达的秘书看后提出三十个问题，中心意思是毛泽东思想不突出。许光达竟恶毒地说："那时还不知道毛泽东，怎么突出毛泽东思想？要眞实地写历史！"一语道破编战史只是为贺龙造舆论的罪恶目的。

在一大批颂扬贺龙的小说散文中这类反党的黑话俯拾即是。御用文人沙汀写的«记贺龙»里恶毒地攻击毛主席，阴险地说："你当毛主席当眞是能掐会算的孔明？"而在«朝阳花»里却假借群众之口说："听说贺龙白天是个人，夜里是条龙。怪不得落雨的时候，贺龙的军队就来了。"贺龙的死党贺炳炎之流在«回忆洪湖斗争的几个小故事»中更胡说八道："贺龙是一条活龙，国民党军队围住了他，他会呼风唤雨，变成一条龙，溜出去了。"这些反党小说的作者，把贺龙吹捧为红军的"缔造者"，领导红二方面军长征胜利的"旗帜"，劳苦人民的"救星"，妄想要人们象"朝阳花对待太阳一样"跟着贺龙搞反革命复辟。

公然唱出"决心跟着贺龙走"的黑歌剧«洪湖赤卫队»，是明目张胆为贺龙一家树碑立传的大毒草，贺龙一见这个为立三路线翻案，将自己的失败颂为胜利的反毛泽东思想的黑歌剧，喜出望外，马上慷国家之慨，在北京饭店摆宴庆功，在田汉、曹禺、老舍等一群反动"权威""名流"的肉麻捧场声中，按捺不住内心的得意，一再为"演出成功"干杯！再三叮嘱"一定要拍一个彩色故事片"。并责令其爪牙廖汉生及红二军团战史编委会为«洪湖赤卫队»召开座谈会，"协助"修改。于是在王任重和旧中宣部、旧文化部一小撮黑线人物的精心炮制下，在一九六一年«洪湖赤卫队»被搬上银幕，这部"彩色"反动影片从国内放到国外，喧嚣一时，为贺龙树起了一块大黑碑。野心勃勃的贺龙竟在工人体育场一次万人大会上点唱插曲«洪湖水哟长又长»，他摇头晃脑、得意忘形地在众目睽睽下独自欣赏"贺龙领导闹革命，红旗飘扬打胜仗"的绵绵歌声，在中国创造了其它反党篡军野心家还不敢妄取的厚颜无耻记录。

贺龙为自己树碑立传的手法极多。早在一九三三年他任陕甘宁联防军司令员时，就在部队中大搞"贺龙投弹手"运动，达到"贺龙投弹手"标准的给予物质奖励，为了扩大他个人的影响，竟在延安飞机场举行

“锦标赛”，把当时在延安的外国朋友也请去参观，并在联防军的报纸上大登特登“做一个光荣的‘贺龙投弹手’的荣誉和骄傲”的文章。一九四六年，他任晋绥军区司令员时，还搞了个“贺龙中学”，在青年学生中树立个人威信。解放后，贺龙在他家乡桑植洪家关还修了一座“贺龙桥”，而这时他更热衷于给自己办纪念馆。就在他老家修“贺龙桥”的地方，他建了一座富丽堂皇的小楼，美其名曰：“贺龙早年从事革命的司令部”，供人参观。还在那里策划修一个吹捧贺龙的“纪念馆”。

八一南昌起义纪念馆就是一个旧中宣部、旧文化部、江西省市委内一小撮党内走资派勾结起来吹捧贺龙的黑纪念馆。贺龙看了北京军事博物馆，嫌表现自己的东西不多，曾气势凶凶地向工作人员提出质问。随后，他就打八一南昌起义纪念馆的主意。一九五九年一月贺龙跑到南昌，竟在一天之中两次跑到他的指挥部旧址去参观，在那里恋恋不舍，连中午饭都顾不得吃，对恢复他的指挥部旧址非常满意，把他当时得意忘形的丑态拍成照片放在馆中陈列，他还狂妄地对工作人员说：“八一起义在政治上我依靠党，在军事上党依靠我。”南昌起义的总指挥部旧址原来在江西大旅社（周总理当时的住处），贺龙对此十分不满，说：“作为总指挥部吆，应该在我那儿，我是总指挥吆。”贺龙在南昌起义时连党员都不是，却硬把自己的作用凌驾于党之上，胡说党依靠他，在这个纪念馆里贺龙的一系列阴谋活动再次暴露了他反党篡军野心家的丑恶嘴脸。

贺龙在为自己制造反革命舆论的活动中，特别伸长了手抓报纸，抓得最紧的是《体育报》。从一九六三年六月到一九六六年九月，他对《体育报》下的黑指示，有据可查的就有五十三次之多，在贺龙的一手操纵下，《体育报》很少宣传毛主席对体育的关怀，在一九六一年至一九六二年间，沒有发表过一篇活学活用毛主席著作的文章，沒有发表过一条学习毛主席的消息。相反却在《体育报》上极力宣传他自己，仅于一九六四年至一九六五年两年的统计，对贺龙的报导竟达一百次之多，而且大都安排在头版头条十分显著的位置，用大字标题、黑体字登出来，甚至狗胆包天用大字套红来刊登他的臭指示！彭真、陆定一控制的《新闻业务》也配合着大肆吹捧贺龙，从一九六三年至一九六四年，曾先后五次在头版刊登了贺龙对《体育报》的指示、谈话和吹捧贺龙的文章，贺龙在新闻界顿时臭名大振，身价百倍，一下子竟成了办报的“权威”。

这一切还远不能满足贺龙的野心，这个老谋深算的野心家早在一九五一年就将他的狐群狗党和沒有改造好的资产阶级知识分子成立了一个“秀才班子”，一九六五年又策划建立“理论班子”，为其在体育界全面系统地推行修正主义路线大造舆论，贺龙还对体委党组说什么“给《红旗》写文章要抓紧，有计划的一期一篇，占上地面。”妄图占据我党中央的理论刊物，来为他反党篡军篡政作舆论准备。

尤其令人愤慨的是贺龙盗窃、篡改最高指示，不择手段地为自己大捞政治资本的政治骗子行径。徐寅生同志对中国女子乒乓球队的讲话是江青同志发现后送毛主席批示的，贺龙却贪天之功据为己有，飘飘然起来，他与旧中宣部黑帮串通一气，封锁最高指示，他们把毛主席的批示只在内部传达，仅抛出一个贬低、篡改后炮制成的《人民日报》编者按，而大大突出贺龙的“批语”，用黑体字刊登出来，企图在全国人民心目中造成假象，似乎在贺龙领导下的体育队伍里人才辈出，是他那样高瞻远瞩，大声疾呼全国人民向小将学习、应战，撒下了弥天大谎！文章发表后贺龙还恬不知耻地说：“去年我批了徐寅生的讲话，都谈了，就是沒有提到形而上学的问题。”贺龙竟敢把他自己的“批语”和毛主席的指示等同起来，眞是狂妄到了极点，无耻到了极点！这个野心家为自己制造反革命舆论的手段眞是无所不用其极！

垂死挣扎　疯狂破坏文化大革命

在史无前例的无产阶级文化大革命中，贺龙为了挽救自己和刘、邓黑司令部复灭的命运，极端疯狂地伸出黑手，在军内大搞反革命夺权。

在海军，他在刘少奇的直接支持下，公然抗拒林副主席的指示，支持海军最大的走资派苏振华，残酷迫害李（作鹏）、王（宏坤）、张（秀川）为首的革命派，进行反革命夺权；

在总参谋部，他支持反党分子王尙荣、雷英夫，炮打无产阶级司令部，阴谋夺权；

在空军，他支持刘震、何廷一、成钧，夺了空军司令员吳法宪的权，阴谋变天；

在装甲兵，他支持反党分子许光达，阴谋夺权；

在北京军区，他支持廖汉生，镇压北京军区的无产阶级文化大革命，打击革命同志，大力推行资产阶级反动路线；

贺龙的黑手还通过李井泉伸向四川，还伸向了新疆，……。

贺龙的反党篡军活动完全适应了刘、邓黑司令部垂死挣扎的需要，表现了极端的疯狂性，但是全军广大革命同志以三军无产阶级革命派为核心，在毛主席、林副主席、中央文革小组的直接领导下，采取断然措施，一次又一次地斩断了贺龙的黑手，一个又一个地粉碎了贺龙操纵的各军种、各军区内一小撮反党分子的篡军活动，阶级敌人企图使我们举世无双的伟大人民军队变成他们复辟资本主义工具的痴心妄想变成泡影，而随着彭德怀、罗瑞卿、贺龙这一小撮反党篡军野心家一个个的垮台，我们的军队更加纯洁，更加坚强，更加伟大，更无愧是无产阶级专政的强大支柱，社会主义祖国的坚固长城。

正如林副主席深刻地指出的，贺龙的手伸得很长，不但军队到处伸手，而且地方也到处伸手。贺龙他一面巧妆打扮自己妄图蒙混过关，一面向地方也大伸黑手，妄图扑灭文化革命的熊熊烈火。

一九六六年初，贺龙凭着他的反革命嗅觉预感到一场伟大的革命风暴即将来临，慌忙让自己的臭婆娘薛明伪造事实，总结所谓贺龙办公室人员学习毛主席著作的"经验"，把自己打扮成活学活用毛主席著作的英雄人物。后来又开动宣传机器，擅自抢先把庄家富一九六〇年活学活用毛主席著作的文章交《光明日报》发表，企图以此吹嘘自己和体委是一贯高举毛泽东思想伟大红旗的。

文化革命轰轰烈烈展开后，贺龙马上通过他的爪牙大造舆论，蛊惑人心，说什么："贺龙是毛主席的亲密战友，国家体委是革命的。"他还亲自出马说什么："我们不是红帮，也不是黑帮"，"文化革命还是党委领导，那些人想夺权，不行！我们不是黑帮，没有罢我们的官。"一面这样威胁革命群众，一面又假惺惺地说："别人说我们是红旗单位，我们自己不要这样说。"贺龙这时三令五申要把《体育报》办好，不要出乱子，不要犯错误。他对体育报说："应动员和组织更多运动员写稿，倪志钦、钱澄海……都能写吆，要写长一点有分量的文章。"妄想利用这些著名运动员来制造假象，欺骗群众，保护自己。荣高棠对这一切心领神会，说："《体育报》不能停，停了人家就会怀疑贺总有问题。"真是做贼心虚！

贺龙还下黑指示："要好好宣传乒乓球班"。在接见参加国际邀请赛的运动员时，他赤裸裸地说："可不能输啊！这是发言权！"贺龙要的究竟是什么发言权呢？说穿了，就是要压制群众，破坏文化大革命的发言权。

贺龙还利用职权，让荣高棠参加批判罗瑞卿的会议和中央政治局批判彭陆罗杨的扩大会议。荣高棠在会上把贺龙吹捧成与彭陆罗杨斗争的英雄，把国家体委打扮成旧中宣部阎王殿的受害者和反对旧中宣部的先锋。贺龙一伙上窜下跳，这时真是忙得不亦乐乎。

文化大革命一开始，刘邓资产阶级司令部就急忙抛出一条资产阶级反动路线，与毛主席的革命路线相对抗，妄图扑灭无产阶级文化大革命的烈火，保护大小牛鬼蛇神过关。贺龙马上拣起刘邓的这条反动路线，充当黑司令部的急先锋。

一九六六年六月初，贺龙指示荣高棠在体院和体育系统布置排左、中、右，大整群众的黑材料，“引蛇出洞”。摆开了围剿革命造反派的阵势。

六月上旬，体育系统的文化革命日益深入发展，形势一片大好，贺龙心怀鬼胎，坐立不安，慌忙要荣高棠派出大量工作组，镇压革命群众运动。荣高棠还恶毒地提出“党内外一起发动，上下左右一起打”的反动口号，顽固推行刘邓“打击一大片，保护一小撮”的资产阶级反动路线。

但是，用毛泽东思想武装起来的革命群众终于看穿了工作组推行资产阶级反动路线的真面目，他们冲破重重阻力，纷纷起来反对工作组，当时体院的广大革命师生员工斗争最为坚决，这本是百分之百的革命行动，好得很！贺龙却恨得要命，怕得要死，拚命给工作组打气，狂叫：“要坚持到底，要顶得住！”他还拿出他儿子贺××以清华大学某系文革名义发的十条通令，歇斯底里地大发作：“谁要动工作组一根毫毛，就砸碎他的脑袋。”他还指示：“把材料收集整理起来，……这些东西是拿人民币要不来的，分类整理，别丢了。”并说：“不趁此清理一下不行，暴露思想，好坏分清，清洗坏的，提拔好的，……人人洗澡，互相搓背。”公开鼓励工作组大整群众黑材料，打击革命派。他还十分恶毒地对荣高棠说：“实在不行了，就换一些穿军衣的人去。”妄图利用中国人民解放军在群众中的崇高威信，来达到自己镇压文化大革命的卑鄙目的，并以此挑拨军民之间的鱼水关系。就这样，工作组在贺龙一手操纵下“排干扰”、“抓游鱼”，疯狂镇压革命造反派。在体育学院把20%的群众打成

“反革命”、“右派分子”，在国家体委，有的单位50%的群众被点名上了大字报。长资产阶级的威风，灭无产阶级的志气，又何其毒也！

但是，哪里有压迫，哪里就有反抗，正如毛主席指出的：**“他们对于革命人民所作的种种迫害，归根结底，只能促进人民的更广泛更剧烈的革命。”**体育系统的革命造反派牢记毛主席“**造反有理**”的教导，下定决心，不怕牺牲，排除万难，坚决斗争！

七月下旬，我们伟大的领袖毛主席回到北京，亲自下令撤销工作组，给了刘邓资产阶级黑司令部以致命的打击，文化革命的烈火又熊熊地燃烧起来了！

工作组撤走之后，贺龙并没有死心，他指使荣高棠积极炮制御用革委会，把亲信插在各个要害部门，继续顽固地推行资产阶级反动路线，镇压无产阶级文化大革命运动，挑动群众斗群众，干尽了坏事。

一九六六年八月，我党召开了八届十一中全会，毛主席亲自主持制订了《十六条》，并写了《炮打司令部》的大字报，把刘少奇、邓小平揪了出来，使他们陷入人民战争的烈火之中。贺龙妄想逃脱，耍阴谋，放暗箭，负隅顽抗，垂死挣扎。

此时，全国体育界的革命群众揪出了一批走资派，反革命修正主义分子荣高棠即将落网，贺龙迫不及待地于九月十三日指示荣高棠“抓革命促生产，抓训练，需要雷厉风行，快抓！”荣高棠立即起草了所谓“四点建议”。贺龙批示：“同意，报中宣部陶铸同志即可。”就这样，经陶铸和贺龙批发，“四点建议”发至全国，促使各地体育界走资派以促生产为名，镇压革命造反派。

贺龙还极力破坏革命的大串连。八月二十日，清华等高等院校红卫兵小将到国家体委点革命之火，贺龙恨之入骨，焦急万分，连忙指示：“今后若有造反派来，应给他们以冷落的待遇，挡将回去。若来的是保荣（高棠）的，就报告给我。”并说：“上海体委不让看大字报，顶得好，体委也要顶，是业务机关都不让看。”九月底，在党委扩大会上，又进一步挥舞着“不搞内外串连”、“不搞固定组织”、“不搞统一行动”、“不搞里应外合”，四条反革命大棒，扼杀无产阶级大民主，妄图把文化大革命彻底打下去。

革命怒涛毕竟不可阻挡，革命烈火终于烧到了国家体委贺龙老巢，荣高棠垮台在即，唇亡齿寒，贺龙为保自己死命保荣高棠，算尽机关，使出了他全套的反革命权术。

在贺、荣策划下，提出了“党委互相搓背，解决团结问题”。把体委的阶级斗争轻描淡写地说成是国防体育与一般体育不团结的问题。大肆宣扬什么：“国防体育不团结，是李×的问题”，“国防体育在整一般体育”。阴谋把严肃的反复辟斗争引上宗派斗争的邪路。贺龙还指示荣高棠：“集中力量贴大字报，贴在显眼的地方。”“关于解除他（李×）文化革命领导权的问题，要通知他，给他讲清楚，要说狠一点，不要马马虎虎的刺一下，不刺痛不行。”李×检查后，他又说：“李×检查是假的，不好好检讨过不了关。”同时，他当着李×的面说：“我们对你心里有数”，“要一分为二”，等等。另一方面贺龙却煽动下边广大群众大整李×。

革命群众识破了贺龙的阴谋，火烧荣高棠。贺龙这个老奸巨滑的家伙，深怕暴露了马脚，急忙打退堂鼓，对荣高棠说：“李×的问题值得考虑……，你们搞的材料都是上纲的，将来可怎么下台？这是件大事，不是小事啊！”还胡说什么：“批判李×站得不高，不能跟群众走，群众时左时右，我们跟着热了就不好了。”企图把罪责推到群众身上，“金蝉脱壳”，逃之夭夭。

在这期间贺龙还召开了所谓党委扩大会议，专门给贺龙、荣高棠评功摆好，大唱颂歌。说贺龙是“毛主席的亲密战友。”荣高棠是“无产阶级司令官”，“越看越红”等等，不一而足。诬蔑革命领导干部和革命群众炮打无产阶级司令部，错打无产阶级司令官，对革命干部进行了围攻，嚣张一时，不可一世，会上充满了白色恐怖的气氛。

贺龙对敢于起来造他们反的革命派恨之入骨，必欲置之死地而后快，而极力蒙蔽群众，妄图扶持一支保守势力。为了包庇荣高棠，保护自己过关，他极力煽动群众的对立情绪，挑动群众斗群众。

早在六六年八月份，贺龙就替反革命修正主义分子荣高棠定调子，说什么：“荣高棠轰到最后也不是黑帮、黑线”，“荣高棠不过是说了一些错话”，“体委受中宣部领导，那能不受影响”，拚命为荣高棠减轻罪责。

八月中旬，清华大学贴出了一张革命大字报，揭发了荣高棠与蒋南翔的黑关系。荣高棠慌了手脚，向贺龙求救。贺龙故作镇静，安慰荣高棠：“就是这些问题么，怕什么。”并要荣高棠到群众中去，说什么：“进去才能摸情况。”打着“红旗”反红旗，到群众中去是假，混水摸鱼，窥测方向，准备对策，以求一逞是真。

文化革命的高潮时期，荣高棠惶惶然如丧家之犬，为了逃避群众的审判，带着两箱整群众的黑材料，天天躲在贺龙家里。贺龙拚命给他打气，要他坚守岗位，说：“我是保你的，挺起胸膛来干，不要软绵绵的。”“要敢于领导，不敢于领导就要垮台了！”甚至盗用我们伟大领袖毛主席的名义为荣高棠撑腰，说：“主席也知道你的事了，说还是要保护。”眞是混账透顶，罪该万死！

六六年，林副主席国庆节讲话和《红旗》十三期社论吹响了批判资产阶级反动路线的号角，贺龙见势不妙。改变策略，指示荣高棠：“你要争取检讨，有机会争取早点最好。早点检讨，可以挽救一部分干部。”“检讨提高些好过关，搞错了将来可以平反。”妄图保存实力，以便东山再起。并公开扬言：“荣高棠认眞检查十几分钟就够了！”为保荣高棠制造舆论。

毛主席在批判反革命分子胡风时写道：“**当他向党进攻失败以后，他就赶紧指挥他的党羽布置退却，‘在忍受中求得重生’准备好每人一套假检讨，以便潜伏下来，伺机再起。**”贺龙正是这样！

贺龙为了包庇荣高棠，还胆敢对抗中央，在六六年十月中央工作会议上，与荣高棠拼凑了一个发言稿，开脱自己，“实质上自觉不自觉地站在错误路线方面”。十一月三日周总理明确指出体委执行了资产阶级反动路线，而贺龙却继续负隅顽抗。

贺龙与陶铸、周荣鑫之流勾结，狼狈为奸，把群众揭发材料转给他和荣高棠，变成进一步镇压革命派的黑材料。革命造反派冲破重重阻力，终于将材料亲手交给了我们敬爱的周总理和江青同志。贺龙在天安门上看到这些材料，竟吓得当场昏倒，充分暴露了作贼心虚的纸老虎原形。

贺龙黔驴技穷，使出了最后一招，也是最笨拙的一招。十一月二日，在贺龙、荣高棠之流的蒙蔽、控制下，利用去柬埔寨参加亚新会的机会，公开召开了一个所谓“出国誓师”大会。在这个大会上，喊出了“荣高棠不出国，我们也不出国”的反动口号，企图以此来要挟中央，要挟人民。贺龙兴高采烈地、自始至终参加了这个大会，并为荣高棠“慷慨激昂”的发言大鼓其掌。十一月三日，又发起了所谓要荣高棠出国的请愿，这是贺龙反革命面目的大暴露，是贺龙狗急跳墙的垂死挣扎，它受到周总理的严厉批评。周总理接见了运动员，作了细致的思想工作，并当场宣布:"荣高棠不能出国。"贺龙一听，作贼心虚，当场撒谎，"我受骗了,誓师会我不知道，去了一看才知道糟了，故坐了一会儿就走了。"眞是死不要脸,无耻之极!

但是魔高一尺,道高一丈,用战无不胜的毛泽东思想武装起来的革命派,终于揪出了三反分子、大叛徒荣高棠，这是毛泽东思想的伟大胜利!周总理在斗争大会上指出:"荣高棠是修正主义分子","是彭眞的徒弟"。贺龙吓谎了手脚,竟说什么:"这些事情我绝大多数不知道，荣高棠是看不起我这个大老粗的。"却又说:"荣高棠犯了严重错误。"后来听说要印发他的发言稿,觉得不妙,慌忙派人修改稿子,加上"荣高棠是彻头彻尾的修正主义分子","要坚决把他斗倒、斗臭"。眞是欲盖弥彰,充分暴露了他的反动本质。

贺龙的黑手还伸进了清华、北航等高等院校，他勾结王光美、王任重、李井泉之流,通过他们的子弟左右清华、北航的运动,顽固地推行资产阶级反动路线,死保刘少奇,破坏高校文化大革命。

文化大革命的熊熊烈火，吓得蒋南翔手足无措，走投无路。这时,那位远离高教界的贺龙"元帅"却给蒋南翔抛出了救命稻草。他让荣高棠两次打电话给蒋南翔,要蒋故作"高姿态",假检讨,欺骗群众,蒙混过关。贺龙则亲自出马，在中央批判陆定一的会议上，吹捧蒋南翔是"左派",说什么:"陆定一压制左派蒋南翔",还点名要蒋来批判陆定一。后来又指使他的儿子贺××给蒋南翔贴大字报，要蒋高姿态。刘氏工作组一进清华,贺××自然大得其赏识,当上了清华文革主要负责人。成为王光美推行刘邓资产阶级反动路线、残酷镇压清华文化大革命的得力打手。

贺龙为了保刘少奇，推行刘邓路线眞是煞费苦心，儿子在前台跳，老子在后台指挥，贺××的许多大字报都是贺龙指使自己老婆秘书修改、甚至起草的。

六六年六月十九日王光美去清华看大字报，在这样小事上贺龙都要卖卖力气。他挖空心思地想出了:先由贺办派一辆军用中吉普,把王光美连人带自行车运到清华附近，而后王光美再骑车进清华，以示其"艰苦朴素",好笼络人心。

毛主席决定撤销工作组后,贺龙担心儿子贺××会垮台,赶快找来王任重、李井泉密谈,王任重一口答应:"小龙的事我当顾问。"并商定,由薛明去找周总理反映情况:(1)王光美在工作组问题上有情绪、是不对的;(2)希望总理在处理王光美问题时,注意到团结。企图包庇刘少奇和王光美。

后来贺××果然在王任重的支使下,残酷镇压清华无产阶级革命派,一手制造了"八·二四"死保刘少奇,围剿革命大字报的白色恐怖事件。对这些反革命行动,贺龙大加赞赏。他还对荣高棠说:"你们还不如我孩子的本事大哩!他能领导几千人进行文化大革命!"

八届十一中全会期间,广大革命群众奋起批判刘邓反动路线。这时,贺××,刘×,李××等人在贺家多次召开秘密会议,贺龙、李井泉等都亲自参加,出谋划策,对抗毛主席的革命路线。在贺家备有手摇油印机、打字机、摩托车及大批活动经费,供他们使用。就连贺龙的小汽车一度也成了刘×、贺××的专车。贺龙为了保刘少奇眞是不惜工本,费尽心机。

这些人在贺龙的支使下,反革命气焰十分嚣张,他们在贺龙这个贼窝里,干了许多反中央文革的罪恶勾当。臭名昭著的"八一纵队"、"霹雳兵团"、"梅花"、"四野"等反革命组织泡制的《四问、四致中央文革》等大毒草,就是在贺龙家里出笼的。

六六年十二月十六日,贺龙竟敢指使"四野"广播反中央文革的反动传单《一论向新的资产阶级反动路线开火》,眞是狂妄之极!

贺龙这时跳出来死保刘少奇,他竟恶毒地对贺××说:"刘少奇的检查是被迫的,毛主席的路线是错误的。"还说:"谁反对刘少奇,谁就是反革命!"眞是疯狂到了极点!充分暴露了他一贯站在刘邓反动路线一边,猖狂反对毛主席、反对毛主席的革命路线的狼子野心。在贺龙的煽动下,贺××竟狗胆包天,回到学校后狂妄地叫喊:"谁反对刘少奇就是他妈的反革命。"在贺龙的怂恿下,贺××,李××等混蛋疯狂到了极点,贴出《炮轰×××老人家》的大字报,恶毒地,丧心病狂地攻击我们伟大导师,伟大领袖,伟大统帅,伟大舵手毛主席。是可忍,孰不可忍!在这个特大毒草出笼后,社会上就掀起一股反对林副主席,反对中央文革的黑风。这是刘邓资产阶级反动路线垂死挣扎。广大无产阶级革命派,在中央文革的正确领导下,奋起反击十二月逆流,迎头痛击资产阶级反动路线的新反扑!发出用鲜血和生命保卫毛主席,用鲜血和生命保卫林副主席,用鲜血和生命保卫中央文革的钢铁誓言,给这些反革命小丑以致命的打击！取得了伟大的胜利！

贺龙，五十年来，一贯反对我们伟大的领袖毛主席和林副主席，反对光焰无际的毛泽东思想，反对毛主席的革命路线，积极追随李立三、王明、刘少奇的资产阶级反动路线，招降纳叛，结党营私，大树个人权威，干尽了坏事，真是"罄南山之竹，书罪无穷，决东海之波，流恶难尽"。在这次无产阶级文化大革命中，贺龙为了死保刘少奇，邓小平，死保自己，耍阴谋，放暗箭，疯狂地对抗中央文革，反对毛主席，反对毛泽东思想，反对毛主席的革命路线，他使尽一切反革命伎俩，但是："机关算尽太聪明，反误了卿卿性命。"贺龙这个反党篡军的大野心家，大土匪，大军阀终于在无产阶级文化大革命中被揪出来了！

一九六七年一月，无产阶级革命派响应林副主席、周总理、江青同志的号召，揪出了贺龙，并抄了他的老巢。反革命修正主义分子贺龙，这块不齿于人类的狗屎堆，这在文化大革命中煽阴风、点鬼火的大黑手终于随着刘邓黑司令部的垮台，被扔进了历史的垃圾堆！这是毛泽东思想的伟大胜利，这是毛主席革命路线的伟大胜利！我们一定要牢记毛主席的教导："**宜将剩勇追穷寇，不可沽名学霸王**。"高举革命的大旗，将贺龙斗倒！斗臭！打翻在地，再踏上千万只脚！叫他永世不得翻身！

后　记

广大工农兵群众是无产阶级文化大革命的主力军，无产阶级文化大革命开创了工农兵做文化的主人的伟大时代。过去，千千万万个用毛泽东思想武装起来的工农兵群众紧握枪杆子，打下了江山；今天，他们又拿起笔杆子，要打出一个用毛泽东思想占领一切思想文化阵地的红彤彤的天下。在这史无前例的无产阶级文化大革命中，亿万工农兵拿起笔杆子投入革命大批判战斗之日，也就是刘邓资产阶级司令部复灭于人民战争的汪洋大海之时。

为了迎接革命的大联合、大批判的新高潮，为了彻底摧毁刘、邓资产阶级司令部，为了向工农兵学习，首都《史学革命》编辑部按首都工代会的要求，组织了一些大专院校和其他有关单位的无产阶级革命派编写了一套刘、邓、陶、彭、陆、罗、杨、彭(德怀)、贺(龙)、薄(一波)、胡(乔木)的反革命罪恶史和三反言行材料,供给工农兵大批判使用。本册由新北大井冈山兵团同志负责编写。曾参考了湖南省会无产阶级革命派大批判编辑小组编写的《大土匪大军阀大野心家贺龙罪恶史》。内容请批评指正。

本编辑部地址: 北京师范大学小红楼三幢

电话: 66,8451 转235

大土匪 大军阀 大野心家

贺龙的罪恶史

湖南省会无产阶级革命派大批判编辑小组编

湖南人民出版社《红色出版兵》出版

最 高 指 示

混进党里、政府里、军队里和各种文化界的资产阶级代表人物，是一批反革命的修正主义分子，一旦时机成熟，他们就会要夺取政权，由无产阶级专政变为资产阶级专政。这些人物，有些已被我们识破了，有些则还没有被识破，有些正在受到我们信用，被培养为我们的接班人，例如赫鲁晓夫那样的人物，他们现正睡在我们的身旁，各级党委必须充分注意这一点。

编辑说明

《大土匪、大军阀、大野心家贺龙的罪恶史》这本小册子，是根据全国各地广大革命造反派揭露的材料综合编成的。在编辑过程中，湖南省体委革命造反司令部提供了不少资料，并派人参与了工作。这本小册子，比较全面地、系统地、扼要地揭露了贺龙的罪行，可供无产阶级革命派的战友们和广大革命群众批判参考用。

湖南省会无产阶级革命派大批判编辑小组

一九六七年十二月十八日

目　录

大土匪　大军阀　大野心家

賀龙的罪恶史

一、大土匪、大军阀出身

一八九四年，大土匪、大军阀、大野心家贺龙出生于湖南省桑植县洪家关一个土匪世家里。贺龙的父亲叫贺士道。贺士道是个什么样的人呢？当时当地有一首民谣说道："洪家关有个贺士道，贺士道坐的四人轿，大烟土、成担挑，护兵背着'连珠炮'，鸡吓飞来狗吓跑，……。"短短这么几句，就描绘出了贺士道这个老土匪的概貌。

贺龙的大姐贺英，是个土匪婆、大烟鬼。她出嫁以前，就参加封建帮会活动，是一个有名的女流氓。她的丈夫谷虎是湘西土著军阀陈渠珍委任的"湘西边防军右翼支队司令"，一个杀人不眨眼的大土匪头子，哥老会的头目——龙头大哥。贺英嫁给谷虎之后，很快就成为哥老会的女头目——凤头大姐。谷虎死后，贺英继承了他的"家业"，当了支队司令，勾结流氓地痞、土匪恶棍，干尽了放火打劫，谋财害命的罪恶勾当。一九六三年前后，贺龙的黑爪牙廖汉生等，抛出《忆贺英》、《记贺龙一家》等黑书，把贺英打扮为"民族英雄"、"杰出的女性"……等，都是完全骗人的鬼话。廖汉生在《忆贺英》这本黑书里，说"贺士道与幼子贺文掌出外谋生，遇匪以后，一个被砍死，一个被蒸死。"这更是欺人之谈。事实眞象是这样的：一九二一年间，贺龙正依附旧军阀，任混成旅长。他为了扩充势力，要求当时的旧军阀湖南澧州镇守使王子彬收编他的队伍。王子彬深知贺龙这个土匪，言而无信，口蜜腹剑，反复无常。先与人交朋友合作一阵，然后乘其不备，来一场火併，把对手杀掉或挤走，把人、财、枪据为己有。为了防止贺匪这一手，王子彬提出可以收编贺龙的队伍，但要求贺家交出亲人来作抵押品。贺龙为了贪财占势，答应让其父贺士道去当抵押品。还让贺士道带去许多大烟土，作为晋见之礼，以骗得王子彬深信不疑。这笔政治交易被贺英和谷虎知道以后，这两个魔王分外眼红，商议决定在从桑植到澧州中途的一个险要地带——三十潭沟拦路打劫，夺得贺家父子与财物作为条件，再逼贺龙交出一些枪枝、人员，借以扩充自己的势力。结果，贺士道当场被打死，贺文掌被俘后也弄死了。这一来，贺龙这笔政治交易就沒搞成。不久，王子彬在军阀混战中被旁人杀了，贺龙打着为王子彬复仇的旗号，乘势夺下了澧州镇守使的"宝座"，并派人杀了谷虎。

贺龙原名贺文常，也叫贺云卿，从小就是一个游手好闲，偷摸拐骗的小流氓。十来岁就参加哥老会当老么，在谷虎手下混江湖。当过马贩子。这种马贩子是由一批流氓恶棍纠集而成的。他们象一群"蝗虫"一样，经常流窜于湘、鄂、川、黔各地，借故敲诈勒索，把一些群众的马匹裹挟而去，据为己有，所到村镇，无不奸淫妇女。贺龙曾经回顾这段流氓生活时，还恬不知耻地对人说："每到一地都有现成的姘头。"

北洋军阀统治时期，贺龙对马贩子生涯过厌了，想拉武装干土匪。一九一六年，有一次，他打听到芭茅溪盐局有枪，就纠集了二十几个人，先派人扮作卖花生的小贩，去盐局察看门径，窥探盐丁架枪的地方。然后，在一个深夜里贺匪带了三把菜刀，以及火钳、铁铲之类，点上火把，破门而入，杀了盐局的伪排长，夺了十二支步枪，一支九子毛瑟。事后，贺龙就把这二十几个人编成一个"独立营"，自封为营长，他经常穿一身短打窄管马裤，青布大盘头，还在鼻子底下抹上黑胡须，外号"黑胡子"，干起东联西杀，朝降暮叛的政治土匪来。这就是贺龙经常吹嘘的所谓"三把菜刀起家"，"一把菜刀闹革命"的眞象。

贺龙当土匪时，是有名的“烂王”（土匪头子）之一，在湘、鄂、川、黔边境设了许多“边棚”（即小型股匪），抢劫钱财，贩卖烟土，无恶不作。群众称之为“活无常”或“活不长”。同时，贺龙还与当地其他“烂王”尔虞我诈，勾心斗角，今天称兄道弟，情同骨肉，明天又反脸不认人，互相厮杀。眞是一天几副面孔，反复无常。

贺龙依附军阀，当上了澧州镇守使以后，更是作威作福，不可一世。一九一九年，有一支叫“神军”的农民起义队伍，声势浩大。结果，被贺龙镇压了，贺龙是镇压农民起义的刽子手！

贺龙在军阀时期，和湖南反动军阀何键拜过把兄弟，也同反动军阀赵恒惕、吳佩孚等拉过关系。总之，他有奶就认娘，一心一意往上爬。他对部下也惯用特务手法掌握控制。他自己曾经吹嘘他的部队中的班长，都是他伸到下面的爪牙。贺龙通过这些人的监视、告密，控制各级干部的一举一动，各连、营、团长，一律无权调动任何一个经他委派的班长。

从以上这些事实可以看出，早期的贺龙，就已经是一个流氓、土匪、军阀三位一体的“南霸天”式的人物了！

二、撕破贺龙参加南昌起义的画皮

毛主席教导我们：“**凡是要推翻一个政权，总要先造成舆论，总要先做意识形态方面的工作。革命的阶级是这样，反革命的阶级也是这样。**”大土匪、大军阀、大野心家贺龙，为了实现其反党篡军的罪恶阴谋，制造反革命舆论，肆意篡改历史，招摇撞骗，颠倒黑白，混淆是非。贺龙经常向人吹嘘说：“南昌起义时，××是个师长，××是个团长，××是个连长，我那时就是军长。”言下之意，就是他在南昌起义中起过“伟大”的作用。历史当眞如此吗？否！让我们来撕破贺龙参加南昌起义的画皮，还他大野心家、大投机分子的本来面目。

第一次国内革命战争时期，在毛主席的正确路线指导下，农民运动风起云涌。一九二七年三月，毛主席发表了伟大著作《湖南农民运动考察报告》，指出："**很短的时间内，将有几万万农民从中国中部、南部和北部各省起来，其势如暴风骤雨，迅猛异常，无论什么大的力量都将压抑不住。他们将冲决一切束缚他们的罗网，朝着解放的路上迅跑。一切帝国主义、军阀、贪官污吏、土豪劣绅，都将被他们葬入坟墓。**"由于农民运动和工人运动的兴起，国共合作进行的北伐战争节节取得胜利。正在这个关键时刻，中国大地主、大资产阶级的代表蒋介石公开叛变了，并在全国实行白色恐怖，残酷地、野蛮地镇压共产党人和革命群众。但是，正如毛主席指出的："**中国共产党和中国人民并没有被吓倒，被征服，被杀绝。他们从地下爬起来，揩干净身上的血迹，掩埋好同伴的尸首，他们又继续战斗了。**"他们认识到武装斗争的重大意义，决定以武装的革命来反对武装的反革命。于是，一九二七年八月一日，在南昌举行了中国共产党领导的武装起义。南昌起义，是在国民党完全背叛革命之后，在以毛主席为代表的正确路线战胜陈独秀右倾机会主义路线的条件下，打响了反对国民党反动派的第一枪。

贺龙当时连共产党员都不是，他又是怎样参加南昌起义的呢？这里让我们把他的来龙去脉说清楚：一九二六年冬天，贺龙在贵州军阀袁祖铭部下彭汉章的一个军任师长。不久，袁祖铭被军阀唐生智杀掉，剩下彭汉章的三个师，贺龙同另外两个师长袁共昌和×××等关系密切。后来，袁共昌投靠了蒋介石，贺龙也一心想投靠蒋，并拥护蒋打冯玉祥，但蒋介石看不起贺龙。不久，贺龙反被冯玉祥拉了过去，又拥护冯玉祥打蒋介石。同年底，军阀唐生智打算解散贺龙的队伍，但到一九二七年一月，发生了扶唐反蒋运动，唐根据需要才把贺的部队暂时保留下来，编在第四军，受粤系军阀张发奎领导。"四·一二"蒋介石大叛变以后，蒋介石和汪精卫都在为争取自己成为国民党的正统而进行着狗咬狗的斗争，在汉口的军阀唐生智和张发奎商量决定分江左军和江右军两路向南京进军攻打蒋介石，其江右军张发奎经南昌，在南昌集中，贺贼也跟随到了南昌。

张发奎是贺龙的新上司，对贺极不信任，唐生智又旧话重提要解散贺龙的土匪部队，加之贺在川、黔、湘、鄂等地连续打败仗，实在呆不下去了，想投靠蒋介石，蒋又瞧不起他。在这走投无路、面临解散的局面下，当时党中央派×××给贺龙作了许多工作，贺贼想捞点政治资本，于是投机革命，参加了南昌起义。

从以上事实可以看出，贺龙参加南昌起义根本不是从革命立场出发，而是为了保存自己的实力，混进革命队伍来搞投机，他是一个地地道道的大投机分子！

南昌起义的整个历史时期，始终贯穿着不可调和的两条路线斗争。起义以后，"上山"和"下海"就是两条路线尖锐斗争的反映。林彪同志极力主张"上山"，自力更生，发动群众，进一步在湘、鄂、赣边区建立革命根据地，然后上井冈山同毛主席会师。但是，贺龙却同老机会主义者张国焘、李立三结成死党，反对林彪同志的正确意见，执行"下海"的错误路线，一心妄想攻打大城市。他们决定南下，攻打广州，计划取得汕头、海口，然后搞第二次北伐战争。他们开始采取军事冒险主义，后来又采取逃跑主义，自始至终坚持一条反动的资产阶级军事路线。

南昌起义后，张国焘、李立三和贺龙之流极力反对毛主席的**"红军是一个执行革命的政治任务的武装集团。""要负担宣传群众、组织群众、武装群众、帮助群众建立革命政权以至于建立共产党的组织等项重大的任务。"**的正确方针，反对毛主席当时提出的**"创立农村革命根据地"**的正确指示，错误地南下，一路不做群众工作，不搞政治宣传，因此军心动摇，逃亡极多，仅行军中就损失三分之一以上。

十月初，南下红军在广东省的汤坑、揭阳等地遇到薛岳的部队打了一仗，叶挺同志率领第九军坚持奋战，而贺贼却贪生怕死，溜之大吉，跑到汕头遇到了第三国际派来的代表和大叛徒瞿秋白派来的党代表张××，他们伙同李立三、张国焘一起密谋，决定当晚退到海陆丰，又执行一条逃跑主义路线。

十月三日早晨，贺龙的残部和叶挺的部队开始向海陆丰撤退，途经葵潭抵流沙，在开会时遇敌军陈济棠部突然袭击，叶挺部队同敌军浴血奋战，冲出重重包围，抵海陆丰并建立了革命根据地。而由湘西土匪和旧军人组成的贺龙残部，则斗志涣散，遇到狙击，就溃不成军，象一盘散沙一样四处逃窜，五个团的兵力全部被歼灭。贺龙见势不妙，乔装打扮，只身逃得一条狗命，钻到潮安的西山上。在三河坝作战的林彪同志的第九军和潮州作战的周逸群部队一部分，在一九二七年年底，北上井冈山和毛主席胜利会师了。

在“左”右倾机会主义者操纵下，南昌起义终于失败了。十月上旬，贺贼和其他八、九个人一道从神泉港逃往香港。

一九六二年，贺龙还伙同罗瑞卿一起从广州越秀宾馆出发坐轿车特地到汤坑去游览，并在潮安西山上吃烤小猪以纪念他三十多年前的惨败，真是可耻又可耻！

大土匪贺龙妄图篡改历史，往自己狗脸上贴金，这只是充分地暴露了他的狼子野心。历史不容篡改，事实胜于雄辩，贺龙根本不是什么“老革命”，而是一个地地道道的投机分子，十足的反革命，彻头彻尾的大土匪、大军阀、大野心家。

三、破坏洪湖革命根据地的罪魁祸首

篡改历史，贪天之功据为己有，为反党篡军制造反革命舆论，是一切反革命修正主义分子的惯用伎俩。赫鲁晓夫如此，刘少奇如此，彭德怀如此，贺龙也是如此。曾经鼓噪一时的大毒草电影《洪湖赤卫队》，就是篡改历史为贺龙树碑立传的活标本。

洪湖革命根据地是谁创立的呢？不是贺龙！早在一九二五年，毛主席参加的中国共产党全国第四次代表大会，确定了要领导开展全国性的人民革命运动的方针，从此掀起了全国反帝反封建的第一次大革命高潮。

在这个高潮中，以董必武同志为首的湖北省委派出邓赤中、刘绍南等同志来到洪湖地区，串连长工和革命青年，组织农民协会和青年学会，发展了党的组织，提出“农民当家作主！打倒地主、湖霸！打倒贪官污吏！打倒土豪劣绅！”等革命口号。从这个时候起，洪湖地区的革命斗争在党的领导下，在毛泽东思想的指引下，蓬蓬勃勃地开展起来了。

一九二七年春天，毛主席发表了光辉著作《湖南农民运动考察报告》，极大地鼓舞了革命人民。洪湖地区的代表邓赤中、刘绍南等同志参加了毛主席亲自指导的湖北省第一次农民代表大会，听到了毛主席的教诲，使洪湖地区的革命运动迅速推向高潮，当时的农民协会会员有七十三万多人，党员八百多人，农民有自卫武装，封建地主被打得落花流水。

一九二七年四月十二日，蒋介石公开叛变革命，右倾机会主义分子陈独秀下令把洪湖地区的革命武装交给蒋介石的十八军。在这革命的紧急关头，毛主席及时地拨正了航向，提出了**农村包围城市**的光辉理论，并亲自发动了秋收起义。邓赤中等受过毛主席亲自教导的干部紧跟着毛主席，于一九二七年中秋节首先燃起了洪湖地区秋收起义的烽火。“**枪杆子里面出政权**。”随着革命武装的壮大，沔阳等地第一次公开建立了苏维埃政府，沔阳还召开了全县党代表大会。这就是洪湖地区第一次出现的红色政权。一九二八年春天以前，贺龙根本没有到过洪湖，他自我吹嘘是洪湖革命根据地的创始人，真是死不要脸！

一九二八年春天以后，贺龙曾经三次来到洪湖，由于他疯狂地反对毛主席发展革命根据地、发展革命武装、以农村包围城市的伟大战略思想，顽固地推行李立三、王明的机会主义路线，三次都给洪湖革命根据地造成了惨重的损失。

一九二七年南昌起义失败以后，贺龙逃到了香港，后来转到上海。当时，贺龙一方面留恋家乡，一方面想再带队伍，称王称霸，他只身往湘西溜。一九二八年春天，两手空空的贺龙来到洪湖地区，他仗着"职位高"、"名声大"，篡夺了整个鄂中、鄂西的领导权，下令把各县的武装集中起来，离开根据地去打大城市。在进攻监利县城时，敌人早有准备，我军整个部队都被敌人冲散，伤亡惨重。贺龙甩下被冲垮的部队不管，自己却溜回老家桑植去了。随后，反动势力来了个疯狂的反攻倒算，一次放火烧毁周家湾二百七十多户民房，沔南的党员几乎全部被逮捕，大部分负责同志壮烈牺牲。这就是贺龙第一次在洪湖执行机会主义路线的恶果。

一九二八年五月，执行毛主席革命路线的周逸群同志重新组织了鄂西特委，洪湖的革命斗争又逐步恢复起来了。一九二九年三月，党派段德昌同志来到洪湖，帮助周逸群同志发展革命武装。到一九三〇年，洪湖已拥有强大的革命武装，成立了红六军，革命形势突飞猛进地发展。五月，贺龙带着从家乡收集的土匪兵第二次来到洪湖与红六军会师，成立红二军团。这时，贺龙仍是顽固执行"立三路线"，又提出集中根据地的武装去攻打大城市，遭到了周逸群、段德昌同志的反对。贺龙把周逸群同志排挤出军队，强行攻打长沙。段德昌同志坚决执行毛主席的路线，坚持回洪湖根据地，结果被贺龙撤销军长职务，并把大批伤员扔给他，段德昌同志毅然率领伤病员回到洪湖。而攻打长沙城的贺龙却遭到了惨败，红六军损失三分之二，贺龙带着残部又逃回他的老家桑植去了。洪湖地区由于武装单薄，又陷落在敌人的屠刀之下，几十里路上的民房被烧得个精光，八千多革命干部和革命群众惨遭杀害。贺龙又一次对洪湖人民犯下了滔天的罪行。

在极端困难的环境中，段德昌同志与伤病员一起以豪迈的革命的乐观主义精神坚持斗争，坚持贯彻毛主席的革命路线，充分发动群众，仅几个月时间，游击队发展到两万多人，有八、九个县的地区控制在游击队手里。一九三一年十月，两次执行错误路线而损兵折将的贺龙第三次来到洪湖，与段德昌同志的部队合并，建立了红三军。贺龙一来，又顽固地执行机会主义路线，提出要攻打大城市。对一贯坚持毛主席革命路线的段德昌同志扣上了“逃跑主义”的帽子，进行压制。一九三二年四月，贺龙在瓦庙集战役中，弹药消耗一空，伤病员激增上万人。贺龙又由盲动主义变为逃跑主义，他经河南、陕西、四川逃回老巢桑植，红军由二万五千多人锐减到一万多人。最令人不能容忍的是，在撤退时，贺龙为了保全狗命，竟命令党政机关、医院、赤卫队、红军家属和广大革命群众不准随军撤退，甚至惨无人道地用机枪扫射随军的革命群众，是可忍，孰不可忍！

一九三三年，部队到达湘、鄂边境。在毛坝会议上，一贯坚持毛主席革命路线的段德昌同志，再一次提出回到洪湖发展革命根据地、坚持长期革命斗争的建议。贺贼为了继续执行机会主义路线，竟然使出毒辣的陷害手段，给段德昌等一直在洪湖坚持斗争的干部扣上“反革命”的帽子，统统杀害了！先后遭贺贼杀害的还有柳直荀、彭子玉、戴补天等数千名党的优秀干部和洪湖人民的好儿女，这笔血债必须彻底清算！

洪湖革命根据地的整个历史再一次雄辩地证明，紧跟毛主席，坚持按毛主席的指示办事，革命就能胜利，如果脱离毛泽东思想的指导，革命就会遭到惨败。历史无情地宣判了机会主义路线的彻底破产，用铁一般的事实证明毛主席的革命路线是唯一正确的路线。

贺龙三次到洪湖，三次执行的都是机会主义路线，三次都给革命带来了惨重的损失。可是，长期以来，贺龙却篡改历史，放肆吹嘘自己。他的黑爪牙竟编成大毒草歌剧《洪湖赤卫队》，后来又拍成电影，为贺贼树碑立传。贺龙第一次看大毒草电影《洪湖赤卫队》时，十分怀念他的土匪姐姐贺英，还流了狗眼泪。并通过电影界的反革命修正主义分子，要来一部拷贝放在自己家里，随时可以放映，以宣扬贺家的“英雄史”。在舞会上，贺龙也经常点放《洪湖赤卫队》里的歌曲，念念不忘这部大毒草。随着《洪湖赤卫队》的出笼，贺龙的狐群狗党也纷纷活动，什么《忆贺英》、《记贺龙的一家》、《朝阳花》等吹捧贺龙的大毒草也先后上市，闹得乌烟瘴气。

洪湖革命根据地的历史决不容许贺贼篡改，被颠倒的历史一定要颠倒过来！

四、贺龙是个杀人不眨眼的魔王

贺龙不仅是阴谋反党篡军的政治野心家，而且是一个杀人不眨眼的魔王。仅他在洪湖地区搞的所谓肃反，就有数千名党的优秀儿女死在他的屠刀之下，是一桩骇人听闻的政治迫害案件！

一九三三年三月到一九三四年五月，在贺龙操纵下，洪湖地区搞了三次肃反。当时肃反，贺龙抓的是些什么人呢？主要是五种人：一是与贺龙意见不同的，二是贺龙认为不大好领导的，三是对贺龙流寇主义不满的，四是私下议论贺龙的，五是连自己也不知道为什么被抓起来的。对这些人贺贼一律扣上"改组派"（所谓改组派就是共产党内部有一批人反对共产党）的帽子，用尽了毒刑拷打，昼夜审讯，关的关，杀的杀，残酷已极！后来要杀的人太多了，杀不过来，就用绳子捆起来往洪湖里推，当时的洪湖水中漂满了革命烈士的尸体，革命烈士的鲜血染红了洪湖水！

以上所说的是贺龙屠杀干部的情况，他对战士也同样进行迫害，但是战士人数过多，沒有办法统统杀掉。被扣了"改组派"帽子的战士，每人发点遣散费，遣散回家，这是贺龙的一条毒计。被遣散的战士一离开队伍就有被敌人杀害的危险，贺贼以此借刀杀人！当时被遣散的战士过着非人的生活，据蔡×回忆当时的惨状说："很多下级干部和战士被怀疑为'改组派'，被开除了，无路可走，只好尾随队伍后面。用绳子捆住手腕，给部队抬东西，有的人捆了半年，绳子勒进肉里去了，夏天生了蛆，到释放时绳子也解不开了！"

贺龙为什么要借肃反为名，惨杀这么多人呢？原因很简单，是为了反对毛主席的革命路线，排除异己，以便顺利地推行机会主义路线，达到篡夺洪湖革命根据地创始人的称号的可耻目的。所以，贺龙第一个就把段德昌同志打成反革命而杀害了！

段德昌同志早年在黄埔军官学校学习，一九二五年入党，一九二八年开始在洪湖地区工作，很有威望。他生前坚决贯彻执行毛主席的革命路线，对贺贼执行的机会主义路线作了不调和的斗争。为此，贺贼对段德昌同志怀恨在心，趁肃反把段抓起来，扣上的罪名是“反对湘、鄂、川、黔、滇边区中央分局领导”。段反驳他说：“我不反对中央分局，我反对的是你们的机会主义和逃跑主义。”由于段在群众中威信很高，贺龙、夏曦恐怕留下“祸根”，一九三三年在湖南省桑植县金果坪，党的好儿子、人民的好干部段德昌同志惨遭屠杀！当时还把段的部下监视了三天，战士们无不为段德昌烈士而痛哭流泪。临刑时段还高呼：“中国共产党万岁！”“苏维埃万岁！”“反对夏曦的逃跑主义！”等革命口号。

一九四九年党的七届二中全会上，党和毛主席彻底为段德昌烈士平了反，中央人民政府给段德昌同志的家属发了烈士证。但是，由于贺龙及其党羽在党内最大的走资派支持下，大造舆论，颠倒黑白，所以直到今天，段德昌烈士的名字和他为革命所建立的功勋，仍然很少有人知道。一九六二年，当段德昌烈士的遗体移到满山红烈士陵园时，在一小撮走资派的别有用心的安排下，竟把土匪婆贺英的狗坟与段烈士的陵墓并列，更是混蛋透顶！

贺龙这个大土匪，在洪湖肃反中犯下了这样滔天的罪行，可是他一直耍尽阴谋鬼计，推卸责任。一九三五年党中央追查洪湖肃反问题时，贺把全部罪责都推到死鬼夏曦（当时的特委书记）的身上，还表白说：“我当时不是肃反委员会的。”党的“七大”前夕，贺龙怕罪行被揭露，又大施拉拢、威逼、利诱的伎俩，并放出狐群狗党四处活动。贺龙对肃反中曾被三抓三放的樊××说：“七大你把情况讲讲，我给你伸冤。”暗示樊××把罪责推到死鬼夏曦身上，好为自己开脱。樊说：“老总，当时你要是多说几句话，可能好一些，不至于杀那么多人！”这几句话触到了贺的痛处，他大怒说：“你晓得个××，我自己还不保险呢？”推得多么干净，说得多么漂亮！但全是鬼话，现在人证物证俱在，贺龙是当时肃反委员会成员之一，正如中国人民解放军武汉部队一位同志揭发说：“打死段德昌同志起决定作用的一票是贺龙。”并且，肃反时向上面打报告的文件上，都是签署的贺龙、夏曦的狗名，铁的事实，想抵赖是不行的！血债一定要用血来还！

五、抗日战争时期，贺匪罪行累累

一九三七年七月七日芦沟桥事变，是日本帝国主义大举进攻中国本部的开始，中华民族已处于生死存亡的关头，全国风起云涌的抗日救亡运动，在伟大领袖毛主席的领导下进入了一个新的阶段。毛主席高瞻远瞩，发表了许多光辉著作，对整个抗日战争时期党的方针、政策作了系统的精辟的阐述，是指引中国抗日战争走向胜利的伟大明灯。可是，大土匪、大军阀贺龙却一直反对毛主席的革命路线，顽固地贯彻王明的投降主义路线。

关于抗日民族统一战线的政策问题，毛主席明确指出说：**“总之，我们一定不要破裂统一战线，但又决不可自己束缚自己的手脚，因此不应提出‘一切经过统一战线’的口号。‘一切服从统一战线’，如果解释为‘一切服从’蒋介石和阎锡山，那也是错误的。我们的方针是统一战线中的独立自主，既统一，又独立。”**一九三八年西安事变后，人民公敌蒋该死被迫抗日，为了装璜门面，在洛阳召开了所谓高级军事会议，彭德怀和贺龙参加了这次会议。他们受宠若惊，无论在会上会下，都极力吹捧蒋该死，主张“一切通过统一战线，统一战线高于一切。”会后，贺龙回到晋西北，仍是大肆吹捧蒋该死，他高喊：“×××是唯一的领袖！”这年三、四月间，在岚山县由一二〇师（当时贺龙任师长）召开的群众大会上，当时还有国民党的上校联络参谋参加，贺龙又在会上高喊：“我们要拥护×××！”大拍人民公敌蒋该死的马屁。上述国民党的联络参谋叫做陈宏模，是蒋该死派来的特务，长驻在一二〇师，专门收集我军情报和瓦解我军军心。贺龙对陈却十分器重，和他打得火热。陈宏模在回国民党地区时，还叫其狗老婆绣有一条龙的被面送给贺龙，而贺龙对此特别感兴趣，一直作为珍贵的礼品保存，到解放战争时期还在使用，由此可见贺龙是什么货色了！

一九三九年六月，贺龙写了一篇《一二〇师抗战二年来的总结》登在军政杂志上，仍在狂叫："统一战线高于一切，一切通过统一战线"，并要与国民党"精诚团结"，"通力合作，共赴国难。"更是混蛋透顶！

贺龙对蒋该死如此吹捧，而对我们心中最红最红的红太阳毛主席却怀着刻骨的仇恨。一九三七年九月，八路军东渡黄河以后，毛主席为了避免我军陷入被动地位，命令一二〇师开赴晋西北地区。贺龙却匪性大发作，他经常公开发牢骚说："给我的地方太坏，山多地少，人瘦地薄，鬼都不下蛋，全是山头，沒法指挥，受了限制。"对党中央、毛主席极为不满，大闹山头主义。但是，广大战士对毛主席怀着无限尊敬、无限热爱。贺龙却恶狠狠地对战士们说："你们以为毛主席眞是能掐会算的孔明？"贺龙公开辱骂毛主席，眞是罪该万死！

一九三八年春天，在晋西北战场上，日寇向我根据地疯狂扫荡，侵占了七个县的地区。我根据地的军民奋起抗击敌人，发起反攻，收复了日寇侵占下的岢岚县，并决心一鼓作气收复其余六个县，而日寇不甘心失败，集中了几路兵力，妄图以优势兵力再一次占领岢岚，眼看一场激烈的战斗就要开始了，在这个紧急关头，作为指挥员的贺龙，不是全力以赴，指挥战斗，夺取胜利，而是匪性大发作，和副指挥××闹纠纷，甚至要临阵脱逃。经在场的×××、×××等同志左说右劝，才勉强留下。当时，英明的统帅毛主席从始至终对这次战役十分关注，亲自打电报指示部署。在毛主席的亲自指挥下，在广大军民的努力下，终于收复了为日寇占领的其余六个县，取得了这次战役的伟大胜利，这应归功于伟大统帅的英明指示，归功于伟大的毛泽东思想，归功于广大的军民群众。而贺龙却死不要脸，把功劳完全记在自己的账上。

一九四〇年八月，贺龙违背毛主席的“**基本是游击战，但也不放弃运动战**”的战略方针，积极追随彭德怀，支持彭贼发动的“百团大战”。一二〇师除三五九旅的一个团外，全部参加了“百团大战”，保卫了蒋该死，暴露了我军主力，打乱了毛主席的战略部署。蒋介石对“百团大战”很欣赏，大叫再来一个。蒋贼还亲函贺龙致嘉奖慰勉。贺龙又一次受宠若惊，感激不已！在他写的《一二〇师抗战三周年》一文中说：“三年来我们一二〇师，……取得胜利，蒙最高统帅×委员长的嘉许。”贺龙竟肉麻地吹捧蒋该死为最高统帅，无遗地暴露了一副奴才嘴脸！

抗日战争进入相持阶段，日本帝国主义对蒋该死的诱降活动加紧了，蒋该死也积极制造了“平江惨案”、“确山惨案”等一系列的反共活动。毛主席严正指出：“**对于那些丧尽天良的坏蛋，对于那些敢于向八路军新四军阵地后面打枪的人，对于那些敢于闹平江惨案、确山惨案的人，对于那些敢于破坏边区的人，对于那些敢于攻打进步军队、进步团体、进步人员的人，我们是决不能容忍的，是必定要还击的，是决不能让步的。**”贺龙是怎样对待这个原则的呢？请大家看看黑书《记贺龙》里贺龙的一段自白吧：“在阳曲（按：在国民党统治区），我们一个新兵连队遭到袭击（按：遭到国民党的袭击），打崩了，连长被打死了，大家举出一个头目来收容，收容了七、八十人。但是，那里的县长（按：国民党的县长）把这些人改编了，头目也打死了，还把尸首抛到河里！你说该怎么办？我们仅仅拍了一个电报，查我们自己的人是不是有不对的地方，头目是不是同他们里面的人有私仇？就这样！至于队伍呢？只要士兵愿意，就由他们改编好了！”看了贺龙的这段自白，不难看出他对蒋该死卑躬屈膝到了何等程度！

一九四二——一九四三年，日本鬼子对我根据地实行“三光政策"，国民党对我边区实行经济封锁。当时根据地的经济情况比较困难，毛主席号召军民**"自己动手，丰衣足食。"**开展大生产运动。贺龙这个大土匪却在晋西北大种鸦片烟。

抗日战争时期，全国各地的革命青年都纷纷奔赴革命圣地——延安，而贺龙偏偏在这个时候，把自己的女儿贺捷生送到国民党统治区去，交给他当军阀时期的老部下、拜把兄弟、国民党的旅长秦光运、团长瞿玉屏那里寄养。在贺龙的狗眼睛里，国民党统治区比解放区保险，封建的拜把兄弟比共产党还可靠，这就充分暴露了他的反动本质。

六、在土地改革中，推行形"左"实右的反动路线

毛主席说："**封建主义是帝国主义和官僚资本主义的同盟者及其统治的基础。因此，土地制度的改革，是中国新民主主义革命的主要内容。**"抗日战争胜利以后，解放区的广大劳动群众，在伟大领袖毛主席的领导下，开展了翻天覆地的土地改革运动。毛主席亲手制定的土地改革总路线是"**依靠贫农，团结中农，有步骤地、有分别地消灭封建剥削制度，发展农业生产。**"在土改中，贺龙却紧跟刘少奇，反对毛主席的土改路线，又一次犯下了滔天的罪行！

土改刚开始，刘少奇四处招摇撞骗，发号施令，胡说什么"有些地方还是不纯洁的问题，是地主党、富农党……。""要派工作组，进行搬石头，踢开区村支部。"刘少奇还给贺龙写过一封黑信，暗授机宜说："土地问题的普遍解决，必须而且主要的是要依靠群众的自发运动。"主子一声令下，奴才紧紧跟上，贺龙竟荒谬地提出"群众要怎么办，就怎么办！"

毛主席指出："**土地改革所依靠的基本力量，只能和必须是贫农。这个贫农阶层，和雇农在一起，占了中国农村人口的百分之七十左右。**"可是，贺龙却大派工作团，踢开基层干部，大搞什么"搬石头"、"揭开村盖子"、"解散旧机构，听候审查"。在"群众

要怎么办，就怎么办”的旗号下，地痞、流氓、坏分子乘机大搞阶级报复，把许多党的优秀干部打成地主、富农，进行残酷的斗争。人妖颠倒，是非混淆，正义得不到申张，真正的贫下中农没有说话的权利。谁要为干部说一句话，就要被打成“狗腿子”，遭受迫害，白色恐怖笼罩了整个晋西北地区。在这条形“左”实右的反动路线统治下，多少忠于党、忠于人民、忠于革命事业出身贫苦的干部遭受冤屈，甚至丧失了生命。仅据兴县初步统计，当时被打死的党员干部四十六名，被打伤的则不计其数，有的还被打成终身残疾。至今，当地的贫下中农一提起贺贼当年搞的“搬石头”，无不深恶痛绝！

“群众要怎么办，就怎么办。”好一副冠冕堂皇的姿态，其实同刘少奇胡说的“地主党、富农党”。“农会是中心组织，要由农会篡党篡政”是一个意思。兴县（当时的晋绥军区所在地）木栏岡是贺贼土改的第一个试点。这个村有姓张的两兄弟，都是劳动人民，弟弟还是残废军人。同村有个二流子偷了政治部的棉花，被姓张的兄弟揭发了。从此结下了冤仇，土改工作团一进村，二流子成了积极分子，随之又当代表、干部，青云直上。并纠结同伙依仗权势硬把张姓两兄弟划为恶霸富农，打了个半死，然后给枪毙了。这件事震动了蔚汾河两岸，激起了广大贫下中农的愤怒，十七个村有十四村的群众出来为张氏兄弟鸣不平，说：“张氏兄弟不是恶霸富农，是劳动人民，打死他们是报复！”并要求惩办凶手。广大群众说话了，不是“群众要怎么办，就怎么办”吗？贺龙该按群众的意见惩办凶手了吧？不然，他派李井泉亲自出马，向群众大施压力，说什么“贺龙讲的，打死这个恶霸富农完全正确。”把群众压了下去，大灭贫下中农的威风，大长地痞、流氓的志气，真是何其毒也！贺龙的所谓“群众”是些什么人，不是一清二楚了吗？

早在一九三三年，毛主席就发表了光辉著作《怎样分析农村阶级》，对划分农村阶级成分作了十分准确的说明，可是贺龙在晋西北搞土改时，却提出按墓志铭查三代。照这种搞法，不管本人有无剝削，只要其祖父或父亲有过剝削，就要按剝削阶级定儿子或孙子的成分。当时兴县蔡家崖行政村（缺岔儿上自然村），土改时552户，划为地主、富农的124户，占总户数的22.5%，纠正后连岔儿上也算上共579户，划为地主富农的只71户，占总户数的12.3%。还有更严重的，离蔡家崖两里路的北坡，土改时22户，划为地主富农的达18户，占82%，纠正后，地主富农只有 4 户，错划了14户。正因为贺龙乱划阶级成分，恰好帮了阶级敌人的忙，孤立了贫下中农，致使土改运动无法开展！

毛主席说："**土地改革的对象，只是和必须是地主阶级和旧式富农的封建剥削制度，不能侵犯民族资产阶级，也不要侵犯地主富农所经营的工商业，……**。"在晋绥土改中，在对待工商业的问题上，贺龙胡说什么"晋绥的贸易局不允许私人工商业存在，""这些私人工商业的资本是从地主富农的资本中转移过来的"，"我们应该依靠将来发展起来的合作社商业，现在应该把市场上的工商业一律没收。"在这一系列的错误指示下达后，晋绥到处打击工商业，对市场上的工商业采取没收政策，以致使晋绥地区的工商业处于瘫痪状态，工农业生产大大减产，给解放区的建设和人民群众的生活带来了恶劣的后果。由于推行形"左"实右的反动路线，一场轰轰烈烈反封建的土地改革运动，被贺贼搞得一塌糊涂，频于夭折的局面。在这个关键时刻，我们伟大的领袖毛主席亲自检查了晋绥边区的土改运动，总结了各解放区土改的经验，纠正了各种错误倾向，并发表了光辉著作《在晋绥干部会议上的讲话》，什么"群众要怎么办，就怎么办。"什么"地主党，富农党"，"搬石头"，"揭村盖子"，……等等反动言论，都遭到彻底的驳斥，刘少奇、贺龙搞的形"左"实右的反动的土改路线也宣告彻底的破产。中国革命的航船，在伟大舵手毛主席的掌握下，又一次冲垮了刘、贺之流掀起的黑风恶浪，迎着中国革命胜利的朝阳，奋勇前进了！但是，贺贼阴谋破坏土改运动这笔账，一定要彻底的清算！

七、贺龙是刘少奇的黑伙计

俗话说："物以类聚，人以群分。"多年来，大土匪、大军阀、大野心家贺龙和党内最大的走资派刘少奇一直是臭味相投，一呼一应，干了许多罪恶的勾当，这里我们只略举几个例子来谈一谈。

一九四五年八月，我们伟大领袖毛主席就明确指出："**从整个形势看来，抗日战争的阶段过去了，新的情况和任务是国内斗争。**""**目前这个斗争表现为蒋介石要篡夺抗战胜利果实和我们反对他的篡夺的斗争。这个时期如果有机会主义的话，那就是不力争，自愿地把人民应得的果实送给蒋介石。**"而党内最大的走资派刘少奇，在这个中国两种命运、两种前途决战的关键时刻，疯狂地反对毛主席的革命路线，为了适应美帝国主义及其走狗蒋介石的需要，推行一条彻头彻尾的投降主义路线。一九四六年二月一日，刘少奇作的所谓《和平民主新阶段》的报告，就是叛卖无产阶级革命向美、蒋反动派屈膝投降的反革命修正主义纲领，极力鼓吹"议会道路"，反对武装斗争，企图把革命的武装拱手让给阶级敌人。当时，贺龙、李井泉之流积极推行这条投降主义路线，在晋绥地区传达《和平民主新阶段》之后，造成思想上的混乱，严重影响了部队的斗争意志，许多忠于革命事业的指战员被赶出部队，去回家种地，有的在回家的路上就被国民党军队和地主武装杀害了；有的虽回到家中，不是遭惨杀，就是被逮捕，给人民解放事业造成了重大的损失。

一九四六年，晋绥地区开展土改运动。我们伟大领袖毛主席英明指出："**依靠贫农，团结中农，有步骤地、有分别地消灭封建剥削制度，发展农业生产，这就是中国共产党在新民主主义的革命时期，在土地改革工作中的总路线和总政策。**"而党内最大的走资派刘少奇却反对毛主席的革命路线，提出一条形"左"实右的反动路线。贺龙又紧跟刘少奇，亲自发表所谓《告农民书》，笼统地提出“群众要怎么办，就怎么办”的口号，从而产生了乱打乱杀的现象，一些坏分子和反革命分子乘机出笼，纷纷搞反攻倒算，把一些革命的基层干部打死打伤。在划阶级成分上不按政策，搞什么“查三代”，把贫雇农也查成了地主，弄得阶级阵线非常混乱，造成农民恐慌和对党的政策的怀疑，严重影响土改运动的正常进行。

一九五四年党的七届四中全会上，在毛主席领导下，把高岗、饶漱石反党集团揭露出来，这是毛泽东思想的伟大胜利。可是，党内最大的走资派刘少奇却如丧考妣，在刘、邓黑司令部的策划下，一本为高岗招魂翻案的反党小说《刘志丹》出笼了。贺龙也随着跳了出来，他特许柯仲平以写《刘志丹》长诗为名，住在北京颐和园，篡改历史，颠倒黑白，制造毒草。刘少奇闻讯后，还特别接见了柯仲平，鼓励他“好好写”。由此可见，刘少奇、贺龙、高岗是一丘之貉！

贺龙一直对党内最大的走资派刘少奇大加吹捧，特别对刘少奇的黑《修养》视为珍宝。他看到别人学习毛主席著作，却不满地说：“你这个小党员要好好学习刘主席的著作，不学怎么行！……特别是《论共产党员的修养》，要好好看，研究研究。”一九六四年，党内最大的走资派刘少奇胡说：“开调查会的方式过时了，要蹲点。”这是恶毒地诬蔑毛主席和毛泽东思想。贺龙却闻风而动，在他控制下的《体育报》，马上发表了一篇关于干部蹲点的社论，把蹲点强调到绝对化，无视毛主席关于调查研究的指示。这是一篇大毒草，他却指示印发给全国体育界学习。

一九六六年，毛主席亲手发动了无产阶级文化大革命运动，刘少奇却搞了一条资产阶级反动路线，把轰轰烈烈的无产阶级文化革命运动打了下去。贺龙也大打出手。他利用主持军委常委工作的机会，纠合狐群狗党，反对林副主席，企图篡夺军权。同时，大造反革命舆论，胡说什么“我们不是红帮，也不是黑帮”，

“体委是革命的。”以此来保护体育界的反革命修正主义分子荣高棠。另一方面，大派工作组，还通过其儿子贺鹏飞，上窜下跳，镇压革命造反派，长资产阶级志气，灭无产阶级威风，何其毒也！

从以上的几个事实来看，贺龙是刘、邓黑司令部的黑伙计。在我国革命的各个历史时期，他都是紧跟刘少奇，反对毛主席、反对毛泽东思想。

八、招摇撞骗，为反党篡军制造舆论

贺龙为了实现反党篡军篡政的野心，千方百计制造舆论，突出自己，树立个人威信。他总是隐瞒自己的丑恶面目，多方面篡改历史，为自己擦脂抹粉，欺骗群众。他在《湘鄂西初期的革命斗争》一文中，一面贬低毛主席领导的具有伟大历史意义的秋收起义，只把它说成是一个“英勇的行动”；另一方面却吹嘘自己“当时只有两支手枪”“后来发展成一大块根据地”。他还公然说什么“由于经过一个时期的摸索，到这时（指一九二九年五月）单纯军事观点才能纠正，建立根据地的一套做法，才开始懂一些，而湘鄂边区革命根据地也初具规模了。”“新的建军路线——官兵一致，军民一致的原则已经开始执行。”简直把自己吹嘘成了正确路线的代表，眞是恬不知耻！大家都知道，毛主席著名的《关于纠正党內错误思想》是在一九二九年十二月写出的，它第一次最正确、最全面、最完整地解决了建党建军的路线和方向问题。在此以前，除了毛主席领导的红军，其他各个红色区域，都沒有解决建党建军的路线问题，而贺龙为了抬高他自己，贬低光焰无际的毛泽东思想，竟然说古田会议半年之前，他就“摸索”了“一套做法”，纠正过单纯军事观点，这完全是一套骗人的鬼话。特别令人气愤的是在编选《毛泽东选集》第四卷时，贺龙曾经千方百计地要把自己捏造的“功劳”塞进去，妄图捞取政治资本，因为遭到林副主席的抵制，他的阴谋才沒有得逞。

贺龙这个大野心家，为了实现反党篡军篡政的野心，很懂得抓笔杆子的重要。早在一九三九年，他的御用文人，反党分子沙汀就写了《记贺龙》，书中只字不提党和毛主席的伟大功勋，却把贺龙吹捧成党和红军的化身。这本书不仅在抗战时期发表了，到了一九五八年又再版发行，流毒很广。《新体育》杂志发表的《战斗回忆录》也是为贺龙树碑立传的一株大毒草。在这篇回忆录中，把这条“祸龙”乔装打扮成“中国体育的倡导者”，是“有深谋远虑的政治家、军事家”，是“与群众亲密无间的领导人”。书里说：“一向积极锻炼身体，一向关心八路军的体育，亲手培养战斗队的贺龙元帅，现在正率领体育工作者和运动员们……阔步前进。”文章把贺龙吹得天花乱坠，因此贺龙大为欣赏，还企图把战斗队的生活拍成电影，以扩大他个人影响。

我们伟大领袖毛主席指出：“**利用小说进行反党活动，是一大发明。**”一九六一年出笼的长篇小说《朝阳花》就是一部假借描写红二方面军长征的故事，替贺龙涂脂抹粉，为他反党篡军制造反革命舆论的大毒草。书中假借群众之口，大发怪论，胡说什么“听说贺龙白天是个人，夜里是条龙。怪不得落雨的时候，贺龙的军队就来了。”这番荒唐已极的鬼话充分暴露了贺龙梦想窃国称帝的野心。贺龙曾摆出一副大土匪的架式瞎吹说：“我要一睁眼红半边天，一闭眼黑半边天。”于是这条“龙”手下的一班吹牛拍马的虾兵蟹将，就根据他的意图，编造出种种“龙”的神话，把他吹成“真龙下凡”的“真命天子”，以造谣惑众。贺龙的死党贺炳炎之流，更在《回忆洪湖斗争中的几个小故事》一文中，故意编造说：“贺龙是一条活龙，国民党军队围住了他，他会呼风唤雨，变成一条龙，溜出去了。”真是吹得神乎其神，连窃国大盗袁世凯的“龙”话也要甘拜下风。这一切，都说明就是大野心家贺龙在大散妖风恶雾，疯狂反对伟大领袖毛主席。这条“祸龙”，确实也是一条大毒蛇。我们一定要遵照伟大领袖毛主席的教导：“**决不怜惜蛇一样的恶人**”，腰斩“祸龙”，打死毒蛇！

贺龙还大抓《体育报》。《体育报》是国内外发行的报刊，但在贺龙的一手操纵下，却很少宣传毛主席对体育的关怀，很少宣传毛泽东思想。一九六一年至一九六二年间，沒有发表过一篇活学活用毛主席著作的文章，沒有发表过一条学习毛主席著作的消息。相反却在《体育报》上极力宣传他自己。仅于一九六四年至一九六五年两年的统计，在二百四十期体育报中，宣扬贺龙的就有一百次之多，并且大都安排在头版头条十分显著的位置，用大字标题、黑体字，十分突出。更可恨的是贺龙竟破例用大字套红刊登他的臭指示，是可忍，孰不可忍！

贺龙抓《体育报》后，被彭、陆等控制的《新闻业务》也为他大肆吹捧，从一九六三年至一九六四年，曾先后五次在头版刊登了贺龙对《体育报》的指示、谈话和吹捧贺龙的文章。贺龙在新闻界一时臭名远扬，身价百倍，一下子竟成了办报的"权威"。

贺龙这个大野心家，他对《体育报》、《新体育》和《新闻业务》的一般吹捧还不满足。早在一九五一年他就指使他的狐群狗党和沒有改造的资产阶级知识分子，成立了"秀才班子"。一九六五年又策划建立"理论班子"，为其在体育界全面地、系统地推行修正主义路线，实现资本主义复辟大作舆论准备。贺龙还对体委党组说什么"给《红旗》(杂志)写文章要抓紧，有计划的一期一篇，占上地面。"妄图占据我党中央的理论刊物，来为他进行反党篡军篡政制造反革命舆论服务。

贺龙除了抓笔杆子树立他个人的威信，为他制造反革命的舆论外，在其他各个场合，也随时为自己树碑立传。早在一九四三年他在延安任陕甘宁联防军司令员时，在部队中大搞"贺龙投弹手"运动，达到"贺龙投弹手"标准的给予物质奖励。为了更加突出"贺龙"二字，还在延安机场上举行了"锦标赛"，请了许多人(包括在延安的外国朋友)参观，并在联防军的报纸上大登特登"做一个光荣的'贺龙投弹手'的荣誉和骄傲"的文章。一九四六年，他任晋绥军区司令员时，还搞了个"贺龙中学"，在青年学生中来树立个人威信。解放后贺龙在他家乡桑植洪家关还修了一座

“贺龙桥”。在桑植老百姓家中挂的是贺龙的狗相，眞是死不要脸。贺龙平时抓体育也是只抓“尖子”运动队、抓成绩、抓纪录、抓冠军，而最终目的还是为了突出他个人，为他自己抓名利。如他在登山队、乒乓球队、羽毛球队出了成绩之后，就以个人名义发贺电、设宴会、接见、照相、登报，借以抬高自己身价，捞取政治资本。贺龙为了名利，甚至可以不择手段，指使下面弄虛作假。如第一届全运会时，贺龙竟对党委成员修正主义分子李梦华说：“一定要搞几个世界纪录，沒有，弄假的也要搞他两个。”

尤共不能令人容忍的是，贺龙这个大野心家，趁毛主席对徐寅生《在中国乒乓球队的讲话》作了极为重要的批示的时候，大捞政治资本。他在拿给《人民日报》发表时，竟和旧中宣部的黑帮串通一气，把毛主席的指示贬低、篡改，变成编者按语。相反，却大大突出贺龙，把贺的“批语”用黑体字刊出，企图在全国人民心目中造成假象，似乎在他的领导下的体育队伍奇才辈出，是他能那样高瞻远瞩，大声疾呼全国人民向小将们学习、应战！这简直是弥天大谎！文章发表后，贺龙还恬不知耻地说：“去年我批了徐寅生的讲话，都谈了，就是沒有提到形而上学的问题。”贺龙眞是胆大包天，竟敢把他自己的“批语”和毛主席的指示等同起来，不惜以贬低毛主席来抬高自己，眞是狂妄到了极点，无耻到了极点！

贺龙还利用国际体育交往的机会，自吹自擂，大树个人权威。一九六三年对印尼体育代表团吹嘘歌颂他自己的影片《洪湖赤卫队》。一九六四年他对古巴体育代表团吹嘘：“我在山上打，在农村打，和国民党打了十年。南昌暴动我当军长，后来又当了总指挥。”一九六四年贺龙接见印尼体育部长马拉迪时有下而这样一段插话：

马：在广州参观了历史古迹，是毛主席在革命初期创办的农民运动讲习所。在那里我们听到了广州人民起义的历史介绍，我们很高兴能了解过去几十年一直进行斗争的人民。

贺：广州还有好几个地方可以看。回广州时欢迎几位现役军人参观军队的体育学院。希望各位看看体育与军事教育的结合。这个学校才办了三年。

看，贺龙这个大野心家，猖狂到了何种程度！他为了扩大他的个人影响，竟敢把自己与我们敬爱的毛主席相提并论，眞是狗胆包天！

九、结党营私，图谋反党篡军

毛主席教导我们：“**要特别警惕象赫鲁晓夫那样的个人野心家和阴谋家，防止这样的坏人篡夺党和国家的各级领导。**”贺龙就是赫鲁晓夫式的个人野心家和阴谋家，是多年来埋在党中央、毛主席和林副主席身边的一颗定时炸弹。

贺龙阴谋反党篡军，由来已久。他窃据了中央要职后，一直与党中央、毛主席、林副主席分庭抗礼，把他的黑手伸进了各个角落。他一贯阳奉阴违，两面三刀，藏污纳垢，收罗党羽，笼络亲信，大搞独立王国，伺机变天。

贺龙不仅对党内头号走资本主义道路的当权派刘少奇大肆吹捧，百般颂扬，而且对党内第二号走资本主义道路的当权派邓小平极为崇拜。他在西南军区任司令员时，邓小平是政委，两人关系极为密切。一九五二年贺龙在西南军区党代表会上曾说：“有人说西南军区党委是成熟的，我认为最成熟的是邓小平。”一九六四年，政治学院莫××编写了《红七军简史》的小册子，其中谈到邓小平在江西崇义战斗中逃跑的事实，贺龙就勾结彭眞、罗瑞卿把莫××打成反党分子。后来，党的八届十一中全会已经给莫××平了反，而贺龙等竟不向群众传达。贺龙还经常吹嘘总书记如何如何，给干部的印象似乎邓小平是一贯正确的。贺龙到北京当体委主任也就是邓小平推荐的。两人眞是臭味相投，狼狈为奸。

贺龙与彭、罗、陆、杨等“四家店”的人物也是勾勾搭搭，拉拉扯扯，请吃请喝，打得火热。

贺龙十分推崇彭眞，在冀中地区曾说："我最佩服的是边区共产党负责人之一彭眞。这个人了不起，对革命坚决得很，在华北青年中信仰最高。"并吹捧到令人难以相信的地步，说这个叛徒在国民党狱中曾绝食二十天。就是在无产阶级文化大革命前，贺龙还吹捧彭眞说："这个人很能干，很聪明，虽是高小生，但能文能武"，"是常务书记，在书记中管事很多"，"是被培养的大接班人"。

贺龙经常与彭贼密谋，很多应直接向军委及中央汇报的问题，只要彭眞批阅即可，却不让林副统帅知道。体委一些重大问题也是请示彭眞决定的。

两届全国运动会闭幕后，彭眞都是以个人名义在人民大会堂宴请运动员、裁判员及工作人员，贺龙则是逢会必到。尤其是第二届全运会时，中央不同意搞宴会，但彭眞还是搞了。在宴会上，彭、贺互相吹捧，肉麻至极。一九六四年去天津参观大比武时，贺龙与彭眞两对夫妇共坐一列公务车前往。

彭、贺两家关系极为密切，彭眞给贺龙的老婆（薛明——"贺办"主任）连升四级（现为九级）。贺晓明（贺龙之女）投考大学时，彭的老婆张洁清在高校发榜前特地打电话给贺的老婆，密报其女考分。《二月提纲》被揭发以后，毛主席严厉地批评了彭眞，而彭眞却在一九六六年四月十一日文化大革命即将蓬勃开展之时，仍到贺龙家谈笑风生，若无其事。贺龙与反革命修正主义彭眞之间的奥妙关系，由此可见。

贺龙是彭、罗、陆、杨这条黑线的核心人物之一，是这个反革命集团在军内的头号代表，是罗瑞卿的黑后台老板。为了反党篡军，搞阴谋政变，他曾指使罗瑞卿、廖汉生一起观察过地形。几年来，贺龙出差不管是"侦察"，还是休养，他大都与罗贼同行。

贺龙与罗瑞卿勾结，上报军委的文件从来不送林副主席审阅，也不请示汇报，企图对林副主席封锁消息。多年来，只给林副主席送了一次杨村大比武的报告，也是为了扩大自己的影响，抬高自己的身价，并扬言要在全军推广。后来林副主席未批，贺龙批评秘书报告写得不好，同时，对林彪同志也甚为不满。

贺龙打着“红旗”反红旗，与陆定一同是一路货色。贺龙曾批评“贺办”学毛著是教条主义，骂“教条主义不如狗屎”。贺龙与陆定一一样，以反对教条主义为名，恶毒攻击毛主席，攻击毛泽东思想。

贺龙对杨尚昆的反党罪行也是百般庇护。总理指示杨的妹妹杨白林写揭发杨的材料，她写好后首先送交贺龙审查，贺龙说她写得太重了，一连修改了几次才交给总理。在这里，贺龙的内心不是昭然若揭吗！

贺龙与老牌反党分子高岗、彭德怀也是一丘之貉。早在一九五三年前，贺龙对高岗就表示好感和敬佩，说高岗水平如何高，有能力。一九五八年以前，与彭德怀的关系也极为密切。特别是在一九五八年反教条主义以后的短时期内，遇事都与彭德怀商量解决。彭、黄反党集团被揪出来以后，中央组成了专案组。贺龙曾先后提名让梁必业、刘志坚任专案组主任。后来彭、黄、习仲勋专案组合并，贺龙就在实际上控制了这个专案组。贺龙出于保护彭、黄过关的动机，他根本不积极抓专案组工作，不召开专案组会议，一意拖延时间。中央开会批判彭德怀，贺龙一再拖延，迟迟不写批判彭德怀的发言稿，一再庇护彭德怀过关。

贺龙对这些黑线人物吹捧颂扬，包庇保护，关怀备至，是不值得奇怪的。我们伟大领袖毛主席早就指出：“**世上决没有无缘无故的爱，也没有无缘无故的恨。**”贺龙与这些反党反人民的黑帮分子的本质相同，他们都是妄想资本主义在中国复辟，因此他们的立场、观点一致，感情当然也就十分深厚了。

中国人民解放军是无产阶级专政的柱石，要搞反革命政变的无不要把黑手伸进军队里抓枪杆子。贺龙这个野心家也是这样做的。林副主席曾经指出：“贺龙这个人手伸得很长，不但军队到处伸手，而且地方也到处伸手……许多军区、军种、兵种都有他的人。”

贺龙把黑手伸进了陆、海、空三军的各兵种，在那里，他大肆扶植亲信、爪牙，企图夺取我无产阶级兵权。

在海军，老牌彭、黄、张、周反党集团分子、海军前政委苏振华，是贺龙反党篡军的一员干将，贺龙计划在政变后，让他担任军委秘书长。

在空军，贺龙支持前空军副司令员刘×、成×炮打无产阶级司令部的夺权事件。

在北京军区，贺龙主要依靠的是他的心腹廖汉生。廖汉生是贺龙反党集团的一员干将。廖一直在贺龙的部下工作，由贺龙把他拉入党内。廖入伍不到一年就当上了师政委。他对贺龙感恩不尽，称贺龙是“旗手”，是“恩人”，他说：“入党是跟贺龙走，贺龙怎么做，我就怎么做。”贺龙为了控制北京军区，便赶走了原北京军区政委赖传珠同志，安插了心腹廖汉生。廖在贺的提拔下，飞黄腾达，平步青云。他一直把持国防部副部长、北京军区政委等要职。贺龙还通过廖汉生将黑手伸到×军，连干部的配备也要取得廖汉生的同意。更为恶毒的是，他们借口保卫党中央，保卫毛主席，阴谋将他们一手控制的×军调来北京，为其政变做准备。后因被中央识破，未能得逞。

在成都军区，贺龙的头号走狗是西南局第一书记、成都军区政委李井泉。李井泉任政治局委员也是贺提名的。贺龙与李井泉共管三线，他们的关系非常密切，李井泉每次来京都住在贺龙家里。一九六六年八届十一中全会时，李、贺来往更为频繁，李几乎每天都去贺龙家，甚至一天两趟，有时甚至密谈通宵。那时正是刘少奇、邓小平的问题刚刚揭开盖子的时候，斗争相当激烈，所以他们的活动是怀着鬼胎的。李井泉的儿子李明清、李黎风，一直久住在贺家，由贺龙抚养。李明清炮打×××的大字报（影射攻击毛主席的）是在贺龙家写的。在查抄李明清宿舍时，抄出多发子弹和反对中央文革的传单。这都是由于有贺龙这个后台，李明清才能这样狗胆包天。

在成都军区，贺龙的另一个走狗黄新庭（原成都军区司令员），多年来就与贺龙密切来往，年年给贺龙送特制的金棠烟叶的雪茄。在无产阶级文化大革命中，黄新庭窝藏了李井泉，与革命群众相对抗。

李井泉、黄新庭在西南干了很多反对毛主席的罪恶勾当，他们以征兵为名，私招民工，让数以千计的民工为他们建筑地下宫殿，并在西南三线建设上大搞阴谋，伺机兵变。贺龙贪生怕死，害怕战争，特地把家从湖北搬到××近郊，并且通过黄新庭把家中全部贵重东西搬运了过去。在一九六三年五反运动中，贺龙伙同罗瑞卿、廖汉生包庇黄新庭及政委郭××过关，使林副主席派的工作组两次受阻。

贺龙还妄想把新疆作为反党篡军的复辟阵地。贺龙曾多次派其心腹罗瑞卿、廖汉生到新疆活动，秘密视察新疆地形，还准备把廖汉生调到新疆。不仅如此，贺龙还把其亲信××从他的心腹之地成都调到新疆，担任新疆军区政委、新疆生产兵团副司令员。把北京军区政治部副主任×××派任新疆军区副政委、新疆生产兵团第三政委。把空军×部副政委×××派到新疆军区任政治部副主任。这伙人任职后，与贺接触频繁。还从北京要走七十九名师级干部，半数为其原单位部下，并已安排好职务。据兵团政治部副主任侯全智谈："××是贺老总派来兵团夺权的，用什么方法夺权，贺龙都作了交代，来前与贺龙谈了话，并在贺龙家开了会。"

××、×××等到新疆后，罗瑞卿、廖汉生、刘志坚、黄新庭、梁必业这群贺龙手下的反革命修正主义分子都先后到新疆活动过。

此外，在西藏，贺龙还勾结班禅。班禅每次来北京，贺龙都要宴请一番。一九六〇年冬季，只有几天时间，贺龙就宴请了班禅三次，并送了班禅大量的枪枝弹药。

贺龙还通过孙志远控制国防工业系统，通过吕正操控制铁路运输系统，他们之间都有极不正常的来往。

[redacted]

贺龙还伙同反革命修正主义分子、大叛徒荣高棠霸占国家体委，在体委大搞贺、荣独立王国。他们反革命气味相同，互相吹捧。在大叛徒荣高棠的档案中，关于荣高棠自首叛变的结论是："今后不能做党的工作，作为三类干部使用。"但贺龙竟提拔荣高棠为国家体委第二书记。一九六六年无产阶级文化大革命中，革命群众将荣高棠揪出来了，贺龙仍包庇说："荣高棠不是黑帮。"又说："荣高棠认真检查十分钟就够了。"当周总理已经点出了荣高棠的名，给他下了结论后，贺龙仍为荣高棠开脱说："荣高棠是犯了严重错误。"一再给荣高棠找下台机会，妄图使三反分子荣高棠蒙混过关。

我们伟大领袖毛主席指出："**混进党里、政府里、军队里和各种文化界的资产阶级代表人物，是一批反革命的修正主义分子，一旦时机成熟，他们就会要夺取政权，由无产阶级专政变为资产阶级专政。**"贺龙长期以来就是利用他的这些狐群狗党，一批反革命的修正主义分子，进行猖狂的反党篡军活动。他的黑根子埋得这样深，黑手伸得这样长！一旦时机成熟，他们就要策动政变，把无产阶级专政变为资产阶级专政。我们无产阶级革命派是决不能让他的阴谋得逞的！坚决打倒贺龙！

十、体育界修正主义路线的总根子

贺龙在一九五三年经邓小平推荐当上了国家体委主任。从那时起，十多年来他独霸了体育界的领导权，对体育事业实行封建家长式的统治，明目张胆地抗拒毛主席对体育工作的重要指示，疯狂地推行修正主义路线，妄想把我国体育界变成他实行反党篡军篡政、复辟资本主义的一个据点。贺龙在体育界的罪行，罄竹难书。从下面几件主要罪行，就可以看到他把我国年轻的社会主义体育事业摧残到什么地步！

反对突出政治，实行技术挂帅

我们国家的体育事业，是为生产建设和国防建设服务的，是为工农兵服务的，是为无产阶级政治服务的。因此，必须高举毛泽东思想的伟大红旗，在体育工作中突出无产阶级政治，坚持"四个第一"，活学活用毛主席著作，促进人的思想革命化，用革命化带动一切。可是贺龙却极力反对毛泽东思想，极力反对无产阶级政治挂帅，大肆宣扬成绩第一，实行技术挂帅。

贺龙经常散布政治落实到技术的修正主义谬论，说什么"要把政治工作落实到训练中去"，"把政治思想工作做活，是为了训练，为了出成绩。""毛泽东思想要用在球和球拍子上，用在手和腿上。"他散布这些谬论的目的就是反对政治落实到人的思想革命化，也就是从根本上反对突出政治。贺龙还公开贩卖"滑冰就是政治"，"打球就是革命"的修正主义黑货，引诱人们完全脱离政治，只钻技术、业务。他还说："红是为了专，光红不专沒有说服力。"在他看来，所谓有"说服力"的只有技术、成绩，根本歪曲和颠倒了红专关系。不仅如此，贺龙甚至公开反对学习毛主席著作，恶毒地说："学毛选不出成绩，顶个屁！"他规定运动员在世界比赛前只看小说《红楼梦》和毒草影片《女篮5号》，而不让学毛主席著作。眞是反动透顶，疯狂已极！

贺龙为了反对突出政治，还极力压缩政治工作机构，说什么："政治部不要搞大了，不要成为第二个国家体委"，并限制掌管全国体育系统政治工作的机构编制，顶多不超过十人！甚至公然主张"政治工作不得有倾向性。"妄想压低政治工作的地位，使它成为阶级调和的，沒有原则性、战斗性，为贺龙复辟资本主义服务的御用工具。

贺龙反对无产阶级政治挂帅，就是要实行资产阶级技术挂帅。在他的眼睛里，有了技术就有了一切，就可以当毛主席著作学习积极分子，就可以入党入团，就可以当代表、委员。谁有了成绩，他就忙问："××是不是党员、团员？"如不是他就批评："为什么不发展？"眞可谓"技术决定一切"。乒乓球队的韩××，是个极端的个人主义者，不顾国家的荣誉，在国外比赛时，怕本队×队员胜过自己，竟把别人的球拍子藏起来。在广州和外国队比赛前，故意用冷水浇头，搞成感冒，为自己打不赢球找借口，群众很气愤。但贺龙却对她说："你不要怕，我给你撑腰，只要你好好打球就行。"眞是不管黑猫白猫，能捉住老鼠就是好猫！在这种技术第一的思想指导下，只要有技术，什么人都要，而不问政治条件如何。如有的运动员全家六人被镇压，但贺龙赏识她有技术，竟把她拉进国家队，还保她出国参加比赛。四川调一个右派分子到篮球队，看他技术好，不但重用，还连升两级。上海市为了在全运会上出成绩，竟从监狱里保释出来两个劳改犯参加足球赛，并且关怀备至，给房子，批补助，送高级香烟。长期以来，由于贺龙在体育界推行这条技术挂帅的修正主义路线，使得不少的运动员不知不觉地走上了只专不红、个人奋斗的歧途，有的甚至走得相当远了，以致在文化大革命中成了维护旧思想、旧制度的绊脚石。

热衷于运动队，大搞锦标主义

我们的伟大领袖毛主席早在建国初期就对我国体育运动作了英明的指示："**发展体育运动，增强人民体质。**"后来毛主席又指出："**体育是关系六亿人民健康的大事。**""**要反对锦标主义。**"毛主席的这些指示，提出了社会主义体育运动的根本方针，指明了体育为工农兵，为广大人民群众服务的正确方向，为我国体育事业的发展开辟了广阔的道路。但是贺龙却反其道而行之，多年来拒不执行毛主席的指示，不关心人民的健康，不抓群众体育活动，而只热衷于抓少数专业运动队，并且不顾一切地为夺锦标而“奋斗”，大搞锦标主义。

贺龙一贯热衷于抓专业运动队。早在抗日战争时期，他当一二〇师师长、晋绥分区司令员时，就曾组织过供他玩乐的篮球队。解放后，他任西南军区司令员，又组织了篮球队、足球队，球队的队员有不少是从上海高价拉来的“球痞”，每月都拿二百多元的薪金。一九五三年，贺龙当了国家体委主任以后，对关系人民健康的群众体育漠不关心，仍然热衷于抓几个出成绩的运动队。他公然提倡“国家体委只管运动队”，规定机构庞大、设备齐全的北京体育科学研究所“只为运动技术的提高”和“运动员身体健康服务”。

贺龙是体育界最大的锦标主义者。毛主席早在一九五三年就指出，“要反对锦标主义”。但是贺龙一直同毛主席的指示相对抗，公然叫嚣：“有人说我们闹锦标主义，不管他，我就是要锦标啊！”并且对他的下级说：“锦标主义不要反了，我就是锦标主义，反锦标主义就是反我。”贺龙公开宣扬：“别的我都不感兴趣，就是要出世界纪录！”一九六五年一月，贺龙根本不提发展体育运动，增强人民体质的体育运动方针，而一再宣扬什么“工作要有雄心壮志，我们不能只是赶，要赶上去，要超过他们，要攀世界高峰。”并大言不惭地说：“这样我们就有奔头了，我们的工作也就有数了。”在贺龙的心目中，所谓“雄心壮志”、“有奔头”，就是夺锦标，锦标，锦标！就是在这个贺龙的“领导”下，从国家体委到地方体委，绝大部分人力、物力都用在抓专业运动队上，为夺锦标、争冠军、创纪录忙忙碌碌，形成赢球举杯欢宴，皆大欢喜，一切都好；输球低头嘘叹，什么都不行的不正常局面。

贺龙为了夺锦标竟达到不择手段的程度。在第一届全运会时，由于迟迟不出世界纪录，贺龙万分焦急，就说：“作假也要搞他两个。"一九五九年××××男排来访时，贺龙指示说："下场球非赢不可"，并要裁判大胆吹。在他的示意下，裁判公开地整了对方，结果以三比〇赢了世界亚军，却在国内外造成了很坏影响，贺龙对此竟不以为然，反而恬不知耻地说："排球队从此翻身了"。在贺龙的影响下，资产阶级的锦标主义在体育界泛滥成灾，有的队伍为了取胜，从领导开始就弄虚作假，尔虞我诈，为了赢球在球场上打架骂人，无奇不有，完全是资本主义社会的一套。对这种作法群众历来反对，可是不论怎样批评、反对都收效甚微，其原因就在贺龙。

灌输名利思想，大搞物质刺激

调动运动员的积极性靠什么？毛主席教导说：**政治是统帅，是灵魂，政治工作是一切经济工作的生命线。**调动运动员的积极性只能靠政治、靠毛泽东思想挂帅，而不能靠别的什么。可是贺龙却一贯同毛主席指示相对抗，竭力灌输名利思想，大搞物质刺激，毒害我国年轻的体育队伍。

贺龙常对体委的领导们讲："重赏之下必出能人。""运动员把人生仅有的青春放在运动上，对他们的工资要高些，要照顾。"他一贯企图用金钱、物质、名誉、地位来刺激运动员的积极性，来为他夺取更多的锦标，充实他个人的政治资本。

一九六二年乒乓球队从日本胜利归来，带回了照象机、半导体收音机、手表等贵重礼品，本应交给国家，可是贺龙却说："你们在日本受惊了，把这些东西送给你们。"大慷国家之慨。一九六四年贺龙还搞了一些运动技术补贴办法，规定得一项世界冠军、打破一项世界纪录每月可以领二十五元补贴；世界水平的运动员和全国纪录的运动员每月补贴十五元；……规定运动员的伙食标准每天一元五角，比赛前高达二元五角；"尖子"队员给巧克力、维他命、葡萄糖、人参精、蜂皇精等补品。大大助长了运动员只专不红，技术第一，成绩第一的资产阶级个人主义思想。一九六五年在革命群众的强烈要求下，取消了技术补贴，有一些运动员还十分惋惜，感到沒有“奔头”，足见流毒之深！

有了成绩，贺龙就加官进祿。×××在一次国际乒乓球比賽中，独得三分，回国后工资评为运动员五级，贺龙犹嫌不足，又给补升两级。毛主席批了徐寅生的讲话后，贺龙赶忙给徐寅生安了一个青联副主席的官衔。在二十八届乒乓球比赛后，贺龙准备给×××一个代表和一个委员的官衔。庄则栋拿了世界冠军后，贺龙就封了他全国人民代表、团中央委员、全国青联委员、中日友协理事、特等功臣等等十大头衔。

有了成绩，贺龙就待若上宾，叫他们游山玩水，到处休息。一九六一年至一九六二年，正是国家经济困难时期，仅乒乓球队，就连续到香山、颐和园、青岛、北戴河休养度假。一九六一年还以巡回表演为名，分三路到中南、华东、东北游山玩水，住的是高级宾馆，三天一小宴，五天一大宴，过着王公贵族的生活。

在贺龙的名利思想和物质刺激的毒害下，我国年轻的运动队伍中，出现了修正主义苗子，出现新的资产阶级分子。一些年轻的运动员已经走上邪路。象×××尖子运动员，一个人竟有三只手表，二个照相机，二个半导体收音机，二个大皮箱，五个手提包。一些资产阶级“专家”，更是飞黄腾达，如傅其芳，近年来，仅利用出国的机会，投机倒把就牟取暴利五千元之多！他们这些人成了既得利益的阶层，迷恋自己的名利和优厚的生活，不愿意革命了。在这次无产阶级文化大革命中，绝大多数成为保守派，有的成了铁杆保皇分子，公开对抗毛主席的革命路线。

崇修正主义、军国主义之洋，复“武当”、“少林”之古

贺龙为了在体育界推行修正主义路线，还竭力鼓吹修正主义和军国主义的“经验”，不加批判地全盘照搬，完全拜倒在洋人的脚下。一九五四年贺龙率中国体育代表团去苏联参加全苏体育节，在莫斯科接见中国运动员时说：“你们要把旧的观念全部

抛掉，大胆地把自己脑子里弄成空白，要从思想上、组织上接受苏联的经验。”回国后，不顾我国国情，搬来了苏联整套的“经验”，大加推广。把“劳卫制”、“运动员等级制”作为我国体育的基本制度，把“体育协会”作为我国开展群众体育的唯一组织形式，并勒令全国限期建立。一九六四年，日本排球教练大松率女排来我国访问，贺龙对充满了军国主义、武士道精神的大松训练方法大加赞赏，说什么：“一定要把大松的一套全部学过来，不学大松是右倾，可能有人反对，你们要顶住。”他还吹捧松崎的教练方法，号召全国学松崎，简直把洋人捧上了天。

此外，贺龙还不惜用重金多方聘请资本主义国家的职业球队，在我国体育界和广大体育爱好者中散布资产阶级体育影响，如一九六四年巴西足球队来我国，聘金竟高达两万美金。

贺龙还在体育界大搞封建复古主义。对旧武术，不是按照毛主席“**剔除其封建性的糟粕，吸收其民主性的精华**”的指示去进行改革，而是毫无批判地兼收并蓄，全盘继承。他曾多次指示到武当山、少林寺去寻找各种武术流派的“正宗”，找所谓有真功夫的老家伙，把他们供养起来，以免失传。一九六〇年贺龙在体育工作会议上，大肆宣扬武术是“神仙传艺”的怪论，还说什么：“武术迄今还未找到少林派，武当派，只找到了打虎将李忠。”会后他的走卒荣高棠就奉命亲自到少林寺“深山问道”。同年国家体委还专门请了盖叫天向体育系统做报告，大讲“一生二，二生三，三生万物，万物归一”的反动谬论，《体育报》还对此大肆宣扬。

在贺龙极力宣扬的这种崇洋复古的思想影响下，崇拜洋人、迷信古人的思想毒素至今在体育界还流毒甚广，严重影响了我国体育界的革命化。

推行修正主义组织路线，培养资产阶级接班人

贺龙为了实现其修正主义政治路线，还在体育界推行了一条修正主义的组织路线。

贺龙公然同毛主席制定的无产阶级干部路线相对抗，提出了他自己的选拔运动员的三条标准：“一是体质好，二是勇敢，三是聪明、机灵”，根本不问阶级成份，不讲政治表现，这是彻头彻尾的资产阶级修正主义的“标准”。根据这样的“标准”，运动队吸收了大量剥削阶级子女，甚至有严重政治问题的人，只要有一技之长，也被贺龙网罗下来，而把广大工农子女排除在大门之外。对一些道德败坏，品质恶劣，腐化堕落，政治历史不清的人，贺龙一再包庇纵容，对这些人说：“你不要怕，我给你撑腰，替你包下来，只要你好好打球就行！”“你只要好好练，好好出成绩，这件事包在我身上。”使这些人长期得不到思想改造，有的运动队则成了资产阶级分子的“世外桃源”。

为了在国际比赛中争名次，夺锦标，贺龙竟不顾政治影响，利用权势，担保一些在政治上不符合出国条件的人出国。他公然对这些人说：“我们相信你们，你们要不回来，可以，但不要不辞而别。可以先打个招呼，我们要开欢送会。”简直是胡说八道，混蛋透顶！在国际阶级斗争十分尖锐复杂的情况下，体育界接连出现叛国投敌的严重事件，难道不是贺龙的罪责吗？！

在建党问题上，贺龙也公然同毛主席的无产阶级建党路线相对抗，提出了一条修正主义的建党路线，提出了所谓三个发展党员的条件：1．搞社会主义；2相信党；3．本人表现好。他说：“有这么几条就可以了嘛！”还说什么：“发展党员要有独立思考能力，有本领……”，并且一再强调要发展“尖子”运动员入党。贺龙要发展什么样的人入党，不是很清楚了吗？！贺龙曾多次责难运动系基层党组织，说：“有的优秀教练员，表现很好，多次立功，就是入不了党。”“有的破国际纪录的也不是党员。”在他看来，只要有成绩，破世界纪录，不问政治条件如何，都应当吸收入党。有些名运动员、教练在群众的反对下未能入党，贺龙就摆出赵太爷的架势大发雷霆地说：“×××比赛能使人放心，这就是千条万条中最重要的一条”，“九破世界纪录的世界上能有几个？为什么入不了党？”在他的压力下，×××就入了党。傅其芳是体育界的资产阶级“权威”、大流氓、投机倒把分子，历史很复杂，根本不够入党条件，所以一直未能入党。贺龙为了拉他入党，多次指责说“为什么不让傅其芳入党？”并且不知羞耻地说：“有人说他历史复杂，我他妈的二十九岁就当国民党军长，我不比他复杂！他有我复杂？”“改造了几年还不行？难道还要人家把脑袋打开给你们刷吗？你们不介绍，我和荣高棠作介绍人。”就这样把傅强行拉入党内。就这样，在贺龙修正主义的组织路线影响下造成了运动队党组织的严重不纯。

贺龙在体育队伍中还大肆散布只能上不能下，只能为官，不能为民的修正主义干部政策。贺龙公开对运动员说：“你们要看到自己的前途，你们的前途就是专家。”在一九六四年第一届新运会动员评功授奖大会上说：“运动员的前途是什么？是干部。运动员一下来马上集中到体育学院学习，出来后当教练、教员，在机关当科长、副科长、司长、副司长。”贺龙这样做的目的在于笼络人心，培植实力，把体育队伍变成贺家的兵将，为他反党篡军篡政野心服务。狼子野心，何其毒也！

十一、“三降一灭”的吹鼓手

康生同志说：有些人在国内神气的很，耀武扬威；在国外帝国主义修正主义面前一句也不敢讲，卑躬屈膝。

这是对贺龙的真实写照！

一九五七年七月，贺龙率体育代表团参观苏联体育节。国际奥运会主席、美帝国主义分子布伦戴奇也被苏联作为上宾接待。对于布伦戴奇这样一个国际体育界反华的头子，理应进行针锋相对的斗争。可是贺龙这个中华民族的败类，竟低三下四地与布伦戴奇握手言欢，相邀在一个桌上吃饭，并表示欢迎他访问中国。

更严重的是，一九五五年三月，在贺龙的同意下，体委党组向中央写了一个彻头彻尾的投降主义，为美帝制造"两个中国"阴谋鸣锣开道的请示报告。报告中公然主张可以同蒋帮并存在一个国际组织里，胡说什么，如果退出有蒋帮在内的国际组织，就"减少了进行国际统一战线的阵地和减少了利用合法讲台向蒋匪斗争的机会"。这个报告还主张在世界比赛中只要不同蒋帮打交手仗，其余什么都可以。这个卖国投降的请示报告立即得到了刘少奇、邓小平、张闻天等人的赏识，他们根本不请示毛主席，并且撇开了主管外事工作的周总理，盗窃中央名义批准了这个黑报告。同年四月周总理觉察了这个出卖祖国的黑货，立即指示：决不能容许在国际组织中出现任何"两个中国"的局面。但是贺龙仍然热衷于同国际奥运会打交道，对奥运会更是十分眼红，在一九五五年的体育工作会议上，擅自决定参加一九五六年的奥运会。在中央的一再指示下，一九五六年我国宣布退出第十六届国际奥运会，并于一九五八年正式声明断绝同奥运会的任何关系。可是贺龙贼心不死，对奥运会恋恋不舍。如一九六四年，贺龙接见波兰球队时，他预祝波兰队在奥运会上取得冠军。在接见朝鲜射击队时说得更露骨了，他说："祝你们在奥运会上取得好成绩。……你们打赢了，我们脸上也有光彩。"当时正是新兴力量运动会同奥运会之间斗争激烈之时，贺龙对奥运会的帝国主义反动本质不加丝毫揭露，反而鼓励别人去为美帝所控制的奥运会卖力气，竟然说什么别人为美帝捧场出了"成绩"，中国也感到"光彩"！真是不要脸的狗奴才，不愧为刘少奇鼓吹的"红色买办"！

不仅如此，贺龙还公然引狼入室。周总理早就指出："我国西藏目前不能开放，……对一切来爬山的请求都一律谢绝。"而贺龙在一九五八年公然说："我们要把世界高山探险活动中心转移到中国来。"帝国主义一直利用登山活动搜集军事情报，而贺龙却要敌人来"爬山"，这不是为敌人捞取我国情报提供方便条件，又是什么！

党的八届十一中全会公报指出："要反对帝国主义，就必须反对现代修正主义。在马克思列宁主义同现代修正主义的斗争中，绝没有中间道路可走。对于以苏修领导为中心的现代修正主义集团，必须划清界限，坚决揭露他们工贼的眞面目，不可能同他们搞什么‘联合行动’。”对苏修采取什么态度，是当代眞、假革命的分水岭。

一九六一年苏修的叛徒面目已暴露无遗，同年七月贺龙对率领国防体育代表团访苏的李达说：“要做到他冷我不冷，他热我更热。”这句话赤裸裸地暴露了贺龙投降修正主义的丑恶嘴脸。正当帝、修、反勾结起来猖狂反华之时，贺龙竟适应帝、修、反反华的需要，要我们中国的代表团和苏修打得火“热”。这是彻头彻尾的投降主义。

一九六四年十一月，周总理率领党政代表团访问苏联时，贺龙任副团长。那时，赫鲁晓夫刚下台不久。代表团肩负着毛主席和党中央所交给的重任，去苏联进行一场严重的政治斗争。但是贺龙在整个会谈期间，一言不发。尤其严重的是在庆祝十月革命节的宴会上，当苏修的一些元帅当面恶毒攻击我们的伟大领袖毛主席和伟大的中国共产党时，贺贼竟听之任之，连屁也不敢放一个，眞是混蛋已极！是我们敬爱的周总理和康生同志坚决回击了苏修混蛋的挑衅，维护了祖国的尊严。

亚非拉地区是当代世界革命的焦点。伟大领袖毛主席教导我们：“**中国人民把亚洲、非洲、拉丁美洲人民的反帝国主义斗争的胜利看作自己的胜利，并对他们的一切反帝国主义，反殖民主义的斗争给以热烈的同情和支持。**”我们理应在国际体育工作中遵照毛主席的教导，积极支持亚非拉人民的反帝斗争。

但是，在贺龙把持下，国际体育活动多年来一直是面向欧美、苏修。从一九四九年到一九五九年十年内，与亚非拉的体育来往只占同期国际体育来往的10.6%。建国十八年竟只派过七个体育队去非洲，而从一九六〇年至一九六五年苏修公开猖狂反华期间却同苏修来往六十起，这几笔简单的数字还不足以说明问题吗？

一九六三年十一月党和国家派贺龙出席第一届新运会。贺龙在印尼既不宣传毛泽东思想，也不鼓动各国体育工作和运动员团结起来推翻帝国主义对国际体育的垄断和控制，巩固和发展各国人民自己的世界体育组织，而是以他的总后台——刘少奇为臭榜样，饱食终日，游山玩水，同印尼资产阶级政客打得火热。

一九六四年印尼体育部长马拉迪来访，贺龙接见时闭口不谈国际体育的反帝斗争，却说什么："体育嘛，就是为了互助，友好，团结。"为了显示自己，他把从西藏搞来的一根象牙手杖送给马拉迪，马大为满意，吹捧贺龙象父亲那样关心他；贺龙听了不以为耻，反以为荣。

到了一九六五年，他甚至公开主张放弃对新运会的领导，说："对新运会不要太积极，让马拉迪出面嘛！"并且多次指责我国对新运会的事管得太多了。这岂不是要把新运会的领导权拱手让给资产阶级，反对用毛泽东思想来指导新运会工作吗！

十多年来，贺龙在国际体育活动中执行了一条投降主义和卖国主义路线，对帝、修、反卑躬屈膝，吹吹拍拍；而对亚非拉的革命斗争则力图加以扼杀。事实完全证明，贺龙是刘少奇的"三降一灭"修正主义外事路线的吹鼓手。

十二、大比武的黑后台

一九六四年一月，在中国人民解放军内刮起一股大比武的妖风，这是贺龙、罗瑞卿梦想篡夺军权，实现资本主义复辟的大阴谋。贺龙就是大比武的策划者和幕后指挥者！

一九五九年庐山会议上，罢了反党分子彭德怀的官，确定由林彪副主席主持军委工作。林副主席高举毛泽东思想伟大红旗，创造性地运用毛泽东思想，提出和强调部队要活学活用毛主席著作，突出无产阶级政治，坚持四个第一，大兴三八作风，发扬三大民主，开展四好连队运动等加强我军革命化的一系列方针、原则和重大措施。一九六〇年，在林副主席主持的军委扩大会议上，集中地批判和清算了反革命修正主义分子彭德怀的资产阶级军事路线，制定了《关于加强部队政治思想工作的决议》。这个决议继承和发扬了一九二九年“古田会议”的传统，在毛泽东思想的指导下，全面地、系统地总结了我军部队建设和政治思想工作的丰富经验，明确地指出了在新的历史时期我军政治工作的方向，这次会议是我军在前进道路上新的里程碑。

毛主席指出：**四个第一好，这是个创造。解放军的政治思想工作和军事工作，经林彪同志提出四个第一、三八作风之后，比过去有了一个很大的发展，更具体化又更理论化了。**

在毛主席的无产阶级军事路线指导下，在林副主席率领下，中国人民解放军高举毛泽东思想伟大红旗，满怀革命豪情，跨进了一个崭新的历史时期。“读毛主席的书，听毛主席的话，照毛主席的指示办事，做毛主席的好战士。”成为中国人民解放军广大干部、战士的行动准则。在毛泽东思想哺育下，一代共产主义新人，如雨后春笋一样茁壮地成长。雷锋、欧阳海、王杰等英雄人物，就是全国全军的光辉榜样。

就在我军胜利前进的大好形势下，大土匪、大军阀、大野心家贺龙着了急，他预感到全军大学毛主席著作，大力突出无产阶级政治，将要彻底埋葬资产阶级的军事路线。于是，狗急跳墙，伙同反革命修正主义分子罗瑞卿，扛起彭德怀资产阶级军事路线的破旗，继承彭的衣缽，在一九六四年，背着党中央和林副主席，擅自决定搞全军大比武，用军事来冲击政治，对抗无产阶级军事路线。一九六四年一月到十月，罗瑞卿先后到各地搞了十三次大比武，贺龙在大比武期间也亲临督战六、七次之多。他并为大比武制造舆论，大力宣扬大比武的“成绩”，欺骗毛主席和林副主席。贺、罗还利用窃据的职权，强行报道大比武的消息，强行拍电影，大为宣扬，流毒甚广。

在贺龙和罗瑞卿的阴谋策划下，一个短时期内，从正规部队到民兵，从步兵到各兵种，从部队到机关，都刮起了一股大比武的妖风，严重地冲击了无产阶级政治。毛主席教导我们：“**政治是统帅，是灵魂。**”“**军事只是完成政治任务的工具之一。**”“**中国红军是一个执行政治任务的武装集团。**”可是，在大比武的妖风影响下，有的单位为了搞大比武，抽调大批干部、骨干去培养“尖子”，同时要求政治干部带头搞技术。在提拔干部上，提倡“任人唯技术”的反动组织路线。不少优秀的政治干部受到排斥，政治工作遭到削弱。有些连队为了搞所谓“全能连”、“夜老虎连”，一天突击技术十小时。结果，政治工作垮了下来，丢掉了“四好”。由于搞大比武，滋长了锦标主义和形式主义的不良作风，降低了军事训练的质量，也严重破坏了我军的优良传统。由于大比武，只抓“尖子”，不抓广大民兵工作，破坏了民兵工作“三落实”，破坏了民兵的优良传统，也影响了生产和日常工作的正常进行。

更严重的是，当林副主席提出大比武军事冲击了政治的批评以后，几个军区都作了检讨，而贺龙却拒不承认错误。九月份在各军区、各兵种军训处长的座谈会上，他还做了黑报告说：“要抓住尖子不放，各级领导要亲自抓，要严格督促，定期检查，普及工作要造成声势。”并强调“一定要做出成绩来”。还在继续刮大比武的妖风。

在毛主席的军事路线指导下，在林副主席的亲自率领下，广大干部、战士起来造反了，他们揭露了贺、罗反党篡军的阴谋，杀住了大比武这股妖风，彻底肃清其流毒，才使我军建设迅速走上了毛主席的军事路线的正轨，乘风破浪，勇往直前！

十三、“舍一个，保一窝”的阴谋

毛主席教导我们说：“**阶级敌人是一定要寻找机会表现自己的。他们对于亡国、共产是不甘心的。不管共产党事先怎样警告，把根本战略方针公开告诉自己的敌人，敌人还要进攻的。**”

一九五九年八月，在庐山召开了党的八届八中全会，在毛主席的亲自领导下，胜利地粉碎了以彭德怀为首的反党集团向党的猖狂进攻，保卫了党的建设社会主义的总路线、大跃进和人民公社三面红旗，这是毛泽东思想的伟大胜利！是毛主席的革命路线的伟大胜利！

为了彻底清算彭德怀反党集团的滔天罪行，肃清其流毒，当时成立了彭、黄专案小组，贺龙窃据了主任委员的要职（萧华任小组长，华南副组长），他利用职权，百般包庇，使专案组的工作，一拖再拖，毫无进展。一九六四年召开全国人民代表大会，党中央责成贺龙写公开批判彭德怀的发言稿。贺龙明目张胆地违抗中央指示，仅仅只写了批判黄克诚的发言稿，有意转移斗争目标，来包庇彭德怀。在周总理给以严厉批评以后，贺龙被迫才写了批判彭德怀的发言稿。

一九六四年军事院校整风，高等军事学院的革命群众，要求追查该院政委李××、副院长解×与彭德怀的关系，这完全是革命行动。但是，被贺龙知道后，他不但不予支持，反而恶狠狠地说："彭、黄分子就那么几个，我是专案小组的，不比你们知道？"于是，贺龙就把李、解包庇过关了！

同年，贺龙又利用所谓《平江革命斗争史》的"调查"和"吴自立问题的专案审查"的机会，伙同反革命两面派陶铸精心策划"舍一个，保一窝"的反革命阴谋活动，妄图达到为彭德怀翻案的目的。

众所周知，由反党分子吴自立主持编写的所谓《平江革命斗争史》，是一株反党、反社会主义、反毛泽东思想的大毒草；是为彭德怀翻案的黑书。它严重歪曲历史事实，颠倒黑白，把我党领导的，由黄公略等同志组织的"平江起义"的功绩，全部记在大野心家、大阴谋家、大军阀彭德怀的身上。胡说什么"平江起义获得了完全胜利"，"在这个历史转折阶段，具有全国革命历史意义。"肆意贬低伟大领袖毛主席亲自领导的秋收起义，恶毒污蔑

“秋收起义遭到失败”。直接把矛头指向伟大领袖毛主席和战无不胜的毛泽东思想。为彭德怀树碑立传，招魂翻案。

一九六二年党的八届十中全会上，我们伟大领袖毛主席发出了“千万不要忘记阶级斗争”的号召。全国革命群众在毛主席关于阶级、阶级矛盾、阶级斗争的伟大理论指导下，奋起应战，对资产阶级司令部发起的这场进攻予以迎头痛击。吴自立利用编写《平江革命斗争史》进行反党活动的阴谋被揭露了，这对反革命修正主义分子贺龙、陶铸是一个沉重的打击，他出于反动阶级的本能，意识到大难即将临头，采取了以攻为守的策略，经过阴谋策划以后，由贺龙亲自出马，伙同陶铸，精心拼凑了一个由张平化、钟××、徐启文、罗其南、龙××、史进前等八人组成的所谓“吴自立专案审查小组”，由钟××任组长。大家看看这个班子就知道它是个什么货色，张平化是湖南党内最大的走资派，罗其南是编写另一个“革命斗争史”为彭德怀翻案的干将。更滑稽的是组长钟××，他本身就是《平江革命斗争史》编委会的副主任，曾亲自动手为《斗争史》写稿，经常给“编委会”作指示，为吴自立出谋划策。庐山会议前，钟××就写了《平江起义前后记略》、《革命风云涌平江》等大毒草，大肆吹捧彭德怀。更严重的是，一九六二年三月四日，钟××还给平江县委、县人委写信说：“完全赞同贯彻县委、县人代会决议编写《平江革命斗争史》的重大措施。”“我有责任提供史实材料，竭其自己的力量而为之。”并提出“收集资料很重要”。“建议从各方面收集，那怕他是曾经变了节的分子，所提供的材料，都可以参考。”够了！用不着多举了！钟××是什么人物？不是一清二楚吗？“调查组”来到湖南以后，钟××在大量的事实面前，被迫假惺惺地作了一个所谓检讨，胡说什么“我犯了十足的官僚主义错误”，“我的政治嗅觉失灵了”，“自己仿风太厉害了！”就是这样几句毫不象样的检讨，推脱了全部罪行，由被告席一跃而成了审判官，真是海外奇谈！用钟××这样一个人物来担任“吴自立专案调查小组”的组长，就充分暴露了贺龙的用心所在。

"心有灵犀一点通。"在黑主子贺龙的指示下，"专案调查组"的娄罗们心照不宣，在湖南鬼混了几天，搜集了所谓"材料"。于一九六四年五月由贺龙向中央写了所谓"报告"，大耍"舍一个，保一窝"的反革命阴谋。当时，参加《平江革命斗争史》编委会的有七十五人，他们有的是叛徒，有的是右派分子，有的是走资派，全部被贺龙包庇下来。他在向中央的"报告"中说："吴自立反党活动，现已基本查清。""对收到信件、聘请书和收到《平江革命斗争史》的同志，以及说过一些糊涂话的同志，不必一一追究。"同时，在这个"报告"中，还极力往陶铸、张平化等狗脸上贴金，胡说什么"吴自立这些反党活动，都是背着省委进行的。""陶铸、张平化等同志对待这一政治事件的态度是严肃认眞的。"眞是胡言满纸，狗屁连篇。贺龙就用这样的"报告"，妄图欺骗党中央，达到"舍一个，保一窝"的目的，继续为彭德怀翻案保存实力，待机卷土重来。**"以伪装出现的反革命分子，他们给人以假象，而将真象隐蔽着。但是他们既要反革命，就不可能将其真象隐蔽得十分彻底。"**在史无前例的无产阶级文化大革命中，广大革命群众揭露了贺龙在吴自立反党问题上"舍一个，保一窝"的阴谋，下定决心彻底清算贺龙的罪行！

十四、疯狂地破坏无产阶级文化大革命

一九六六年六月一日，毛主席亲自批发了第一张马列主义的大字报，点燃了无产阶级文化大革命的熊熊大火。刘、邓黑司令部面临灭亡的局面，趁毛主席不在北京，他们抛出了一条资产阶级反动路线，企图扼杀无产阶级文化大革命。黑司令部的忠实干将贺龙，使出一切反革命伎俩，对革命群众进行了疯狂的镇压和反扑，犯下了滔天的罪行。

文化大革命刚开始，贺龙就通过其黑爪牙，大造反革命舆论，大肆散布什么"贺龙是毛主席的亲密战友（按：眞是死不要

脸)，国家体委是革命的。”旧中宣部的反党罪行被揭露以后，贺龙利用职权让大叛徒、反革命修正主义分子荣高棠参加批判罗瑞卿会议和中央政治局扩大会议，荣在会上发言，把旧体委装扮成受旧中宣部阎王殿迫害的单位。把贺、荣装扮成“反”旧中宣部的“英雄好汉”，以此来迷惑群众，为自己开脱罪责。接着贺龙又亲自出马说什么“我们不是红帮，也不是黑帮，红线上应该不是黑帮。”来定调子、划框框，为自己涂脂抹粉，企图蒙混过关。并且进一步威胁群众说：“文化革命还是党委领导，那些人想夺权，不行！我们不是黑帮，沒有罢我们的官。”与此同时，贺龙的黑手伸向了各个方面：

在部队里，趁毛主席不在北京，贺龙利用主持军委常委工作的时机，勾结其狐群狗党，反对林副主席，企图篡夺军权，培植个人势力，来对抗和破坏无产阶级文化大革命。

在总参谋部，他支持反党分子王尚荣、雷英夫，炮打无产阶级司令部，[redacted]阴谋夺权。

在空军，他支持刘震、成钧，反对空军司令员吳法宪、[redacted]阴谋夺权。

在海军，他支持彭、黄分子苏振华，颠倒黑白，打击×××等同志四十余天，阴谋夺权。

在北京军区，他支持廖汉生，镇压北京军区的无产阶级文化大革命，打击革命同志，大力推行资产阶级反动路线。

在新疆军区，贺龙的爪牙××、×××、×××竟把给他们贴大字报的革命群众一百余人打成“反革命”、“反党分子”、“右派分子”等。疯狂地镇压无产阶级文化大革命。

在成都军区，贺龙的走狗李井泉、黄新庭长期以来就疯狂至极，对抗党中央，反对毛主席。在无产阶级文化大革命中，西南地区在李、黄策动下，多次发生骇人听闻的流血事件，对党对人民犯下了滔天罪行。

在清华、北航等高等院校里，贺龙通过贺鹏飞、贺兴洲、李明清等人，左右清华、北航的运动，顽固推行刘、邓路线，破坏高校的文化大革命。

贺龙的儿子贺鹏飞，是王光美炮制的清华临时革委会的头面人物，是刘、邓路线的忠实执行者，王光美的得力打手，反蒯的干将，他搞了"八一九"派武装接管"八一八"派主席团事件和"八二四"保皇派黑司令刘少奇的血洗清华园的白色恐怖，对这些反革命行动，贺龙大加赞赏，说什么"北大有个聂元梓，清华有个贺鹏飞"。真是恬不知耻！他还对荣高棠说："你们还不如我孩子的本事大哩！他能领导几千人进行文化大革命！"这就更明显地说明贺龙与贺鹏飞是串通一气的。

在北航，贺龙通过贺兴洲及干儿子李明清控制运动。七月十七日，贺龙与他们密谈达几小时。当天李明清向×××等高干子弟传达了贺龙的讲话情况，并归纳为四点：

①越乱越好，越烂越好。让他烂一阵子，然后再一分为二，还说"乱才能出右派"。他举了一个例子："体院有一个总支书记，不怕乱，对周围的人了解得最清楚，所以能分清群众中的左、中、右，使群众斗不了他"。

②介绍了清华的反蒯斗争，说了薄一波与蒯大富辩论的情况，很欣赏反蒯的作法，称赞薄是"左"派，污蔑蒯是"右"派。

③强调干部子弟在运动中表现很好，就是要依靠你们这些干部子弟，对清华工作组重用刘涛、贺鹏飞，把他们提前转正甚至提升为党支部干部的作法，非常欣赏。

④向贺兴洲、李明清了解航院运动情况。

以上四点是道道地地的反毛泽东思想，对抗毛主席革命路线的黑指示。

李明清把上述四点黑指示传达给北航工作组组长赵如璋，赵如获至宝，一字一句地记下来，坚决照办，成为镇压北航运动的罪魁祸首。此外，贺兴洲还把这四点"指示"写成书面材料，交给了赵如璋。当赵如璋把这四点"指示"汇报给科委副主任路扬时，路扬也是如获至宝，疯狂地镇压京工等国防院校的文化大革命。贺龙就是镇压北航、京工等院校文化大革命的总根子。

八届十一中全会期间，当资产阶级反动路线被广大群众所揭发，这时贺鹏飞、刘涛、李黎风等人在贺家多次召开秘密会，贺龙、李井泉、孙志远等都亲自参加，并出谋划策。经常出入贺龙家的还有谭立夫、赖锐锐等等。在贺龙的家里，设有手摇油印机、打字机、摩托车及大批活动经费，供他们使用。就连贺龙的小汽车，一度也成了刘涛、贺鹏飞的专车。

臭名昭著的北航"八一纵队"、"霹雳兵团"、"梅花"、"四野"等几个反革命组织所写的"四向、四致中央文革"等反动传单和大字报，也都出自贺家黑窝。在贺龙等人的操纵下，贺鹏飞、李明清、李黎风等混蛋疯狂到了极点，竟敢提出"炮轰×××老人家"。这是攻击我们伟大导师、伟大领袖、伟大统帅、伟大舵手毛主席的一支毒箭！

在国家体委，贺龙的黑手抓的更紧了！早在六月初，他就对荣高棠说："我看学校和机关发动群众都不够，要(1)放手发动群众；(2)组织左派队伍，慢慢形成，不是一下子形成；(3)分化，总是左、中、右的"(按：贺龙指的左派是保守派，右派是革命派)。荣高棠之流根据这一黑指示大肆活动，在体院和体委系统，布置大小当权派排左、中、右，整黑材料、写黑名单，摆下了围剿革命派的阵势。

六月上旬，体育系统的运动日益深入，开始接触到了本部门党委的一些要害问题。北京体院革命师生集中火力猛攻院党委，矛头直指国家体委，贺龙马上指使荣高棠把"体院、市体委、工人体育场也要搞过来，抽点人去管起来"。荣高棠就马上派出三个工作组。为了把水搅混，他们把斗争矛头指向革命群众，荣还恶毒地指出"党内外一起发动，上下左右一起扫。"但是，用毛泽东思想武装起来的革命群众，看穿了工作队是压制革命的"消防队”。当时体院的许多革命群众纷纷起来反对工作组，这一革命行动好得很！而贺龙却怕得要死，恨得要命。为了保护工作组，贺龙极力为崇打气，叫他们“要坚持到底，要能顶得住”。并引用他儿子贺鹏飞利用清华××系伪文革委员会名义发出的十项通令中的一条说：“谁要动工作组一根毫毛，就砸碎谁的脑袋！”还大叫“实在不行了，就换一些穿军衣的人去。”以此来威胁群众。就这样，工作组在贺龙一手扶持下，大肆“排干扰”、围剿革命派，制造白色恐怖。在体院，工作组把百分之二十的群众打成“反革命”、“右派分子”。在体委，有的单位百分之五十的群众被点名上了大字报。贺龙妄想一手遮天，把轰轰烈烈的文化大革命镇压下去。但是，哪里有压迫，哪里就有反抗，革命的烈火是扑不灭的。我们伟大领袖毛主席亲自决定下令撤销工作组，给了刘邓资产阶级反动路线以致命的打击。群众革命运动的烈火又熊熊地燃烧起来了。贺龙眼看自己要完蛋了，他一计不成又生一恶计，抛出了李达作替罪羊。贺龙搞李达的目的决不是为了发动群众，为了揪出走资本主义道路的当权派。而是想运动群众，转移视线，包庇荣高棠，保护自己过关。因此，当群众正要把锋芒指向党内走资本主义道路当权派时，他急忙抛出李达，说什么“李达问题严重……是大路不走走小路……党委内有弹钢琴的，有拉二胡的（指李达）”。另外还翻出李达历史上的错误，说什么“他是保彭又保罗的，有一笔账的，犯教条主义……”等等。

经贺、荣一手密谋策划，提出什么“党委互相搓背、解决团结问题”。他们以解决党委之间不团结为名，把李达抛出来，宣扬体委没有路线斗争，把体委说成只是国防体育与一般体育的不团结问题，是“国防体育在整一般体育”。贺龙还恶毒地在群众中煽动宗派情绪，把路线斗争引到宗派斗争的邪路上去。说什么“国防体育不团结，是李达的问题”。八月份贺龙对李达问题指示说：“不好好烧一下怎么共事啊！要站在党的立场上共事啊！大路不走走小路，体育有一套方针不能另搞一套，集中力量写那儿点，不要分散力量”。指示荣高棠“集中力量贴李达的大字报，贴在显眼的地方”。还对荣说：“李达检查是假的，不检查过不了关。……关于解除他的文化大革命的领导权的问题，要通知他，给他讲清楚，要说狠一点，要刺痛才行，不要马马虎虎地刺一下”。在他的授意下，荣高棠等人极力要把李达打成三反分子。到九月份，火烧到了荣高棠身上，整李达的阴谋眼看就要有被戳穿的危险，贺龙又怕暴露了马脚，于是急忙撤火，对荣高棠说：“李达的问题值得考虑……你们搞的材料都是上纲的，将来怎么下台？这是件大事，不是小事啊！”还胡说什么：“批判李达站得不高，不能跟群众走，群众时左时右”。“我们跟着热了，跟着热就不好了！”真是天大的谎言，明明是他自己指使荣高棠搞李达的，当他眼看阴谋暴露了，便阴险地把责任推给群众，说什么群众“热了”、“时左时右”，而他自己仅仅是“跟着热了”，想逃之夭夭，真是恶毒已极！

红旗杂志一九六六年第十三期社论，吹响了批判资产阶级反动路线的战斗号角。体院革命造反派揪回了镇压革命群众的工作组。工作组的大部分同志在毛主席的革命路线指引下，通过革命群众的批判教育，认识了自己执行了资产阶级反动路线的错误，决心起来造反。十月二十二日，他们宣读了一张大字报，坚决支持体院毛泽东主义兵团的一切革命行动，同时指出受蒙蔽的群众要起来造工作组的反。这一转变是毛泽东思想的伟大胜利，好得很！而贺、荣之流却操纵保守组织把这些起来造反的同志强行推到国务院接待室进行围攻、逼、供、信，他们捏造事实，横加罪名，把矛头指向支持革命造反派的×××同志，以达到既压制国家体委革命造反派，又打击体院革命造反派的目的。

但是，“蚍蜉撼树谈何易。”革命的洪流是阻挡不了的！革命群众的矛头一直对准反革命修正主义分子荣高棠，贺龙自始至终保荣高棠。开始，贺龙给反革命修正主义分子荣高棠定调子，说什么“荣高棠轰到最后也不是黑帮、黑线。”“荣高棠只不过是散布了一些错话”，等等。

荣高棠为了蒙混过关，在黑主子贺龙的授意下，曾写出了一张大字报。假惺惺地让群众对他提意见，炮打司令部。九月下旬，贺龙却二次埋怨荣高棠说：“炮打司令部你提错了，十六条没学好，为什么说炮打司令部？你自己认为是资产阶级司令部？”言外之意就是埋怨荣高棠引来了大火。另外，更恶毒的是贺龙狗胆包天，盗用中央名义，为荣高棠撑腰。九月二十四日贺龙对荣高棠说：“主席也知道你的事，说还是要保护，说你糊涂……”。

当革命派揭发批判荣高棠的资产阶级反动路线时，贺龙又指示荣高棠说：“你要争取检讨，是有机会检讨的。早点检讨，可以挽救一部分干部”。实际上是要荣高棠用假检讨混过关去，保住贺龙、荣高棠反革命修正主义集团。贺龙还公开宣称：“荣高棠认眞检查十几分钟就够了！”一再给荣高棠找下台阶的机会。

荣高棠是叛徒，这一点贺龙是清楚的，他还嘱咐过李梦华不要对别人讲“荣高棠历史上自首过，隐瞒了三十年”。十月二十九日当××向贺龙反映“荣高棠处理问题不公平，批判别人可以查对档案，而批判荣高棠时却不行，而且将过去的讲话等文件千方百计地收回”之事，贺龙百般包庇，冷冷地回答：“不公平事情多得很，那有那么多公平合理的事呢？”以此来压制对荣高棠的揭发批判。

当群众揭发出荣高棠大量反毛泽东思想、破坏无产阶级文化大革命的罪行时，贺龙为之百般辩护，并大力蛊惑蒙蔽群众来保荣高棠。他对×××说：“你们跟荣高棠十几年了，不了解他吗？现在他的小辫子给人家抓住了”。这实际是拉一部分群众，反对另一部分群众，挑动群众斗群众。在贺龙、荣高棠之流的蒙蔽、控制下，保守派组织在十一月二日公开召开保护荣高棠的“誓师大会”，贺龙兴高采烈地自始至终参加了大会，并对荣高棠“慷慨激昂”的发言还大鼓其掌。在贺龙的纵容和支持下，保守派组织于十一月三日发起了“荣高棠不出国，我们也不出国”的请愿。这是一个极端错误的行动，这是贺荣修集团反革命面目的大暴露，这也是他们威胁、压制革命派、对抗党中央、对抗毛主席的又一滔天罪行。

毛主席说："捣乱，失败，再捣乱，再失败，直至灭亡——这就是帝国主义和世界上一切反动派对待人民事业的逻辑，他们决不会违背这个逻辑的。"在毛主席的革命路线的指引下，革命群众百折不挠，努力奋战，终于把大叛徒、反革命修正主义分子荣高棠揪了出来。一九六六年十二月二十四日，在批斗反革命修正主义分子荣高棠大会上，周总理讲："荣高棠是修正主义分子"、"彭真的徒弟"。贺龙一看大势不妙，极力为自己洗刷，说什么"这些事情我绝大多数不知道，荣高棠是看不起我这个大老粗的。"妄图抵赖。但是，贺龙破坏无产阶级文化大革命的罪行累累，事实俱在，抵赖得了吗？在革命群众的穷追猛打下，三反分子贺龙终于被揪出来了，把他的丑恶面貌暴露在光天化日之下，现在，我们要继续高举毛泽东思想伟大红旗，把贺贼批倒批臭，叫他永世不得翻身！

十五、糜烂的生活，腐朽的灵魂

一个人的生活是他灵魂的镜子。贺龙的土匪本性、腐朽灵魂，在他的资产阶级式的糜烂生活中暴露无遗。

贺龙从来不学习毛主席著作，不干工作，而迷恋于黄色电影、武侠旧小说中，幻想长生不老之术。

贺龙家里每星期至少得放一次电影，有时多至二、三次。他热衷于所谓"轻松"、"愉快"的影片，在广州"休养"时，还特地从香港租来黄色影片看。对《七剑十三侠》、《小五义》、《施公案》、《济公传》……等反动武侠神怪小说，贺龙从来手不释卷，赞不绝口。《北京晚报》刊登的《燕山黑话》，他也视为珍宝，苦心诵读，甚至废寝忘餐。贺龙所到之处，如床头、办公室、饭厅、厕所等地，都摆上了这些乱七八糟的黑书，供他消遣。他经常在厕所里看黑书达一两个小时。出差外地，甚至出国，也随身携带黄色小说。有人对此提出了批评，他的臭味相投的老婆薛明，还恬不知耻的对人说："你们懂得什么？大首长都是这样，这是第二办公室。"眞是混蛋透顶！

大土匪贺龙幻想长生不老，游手好闲，不干工作。夏天他把全家搬到北戴河去避暑，冬天全家又到南方去避寒，不是广州，就是成都。一住几个月，什么事也不干，整天钓鱼、跳舞、打牌、游山玩水，尽情作乐。为了长生不老，经常吃各种贵重补品，打各种"长命针"，有时照镜子发现头上多了几根白头发，也要大惊小怪，闹得鸡犬不安。不知这个大土匪从哪里得来一个"秘方"，需取十七、八岁未婚男女的骨髓，制成"抗老血清"，注射后可以"延年益寿"。其亲信苏振华得知后，就利用职权，强迫、欺骗许多海军战士，敲骨吸髓，为贺龙制造所谓"长生不老"药，被抽骨髓的男女海军战士，因此腰酸背痛，无法工作，有的甚至成了残废。贺贼竟敢作此残酷侵犯人权的事，眞是一个活生生的吸血鬼，这同封建社会里骑在人民头上的皇帝、残酷压榨农民的地主、榨取工人血汗的资本家，有过之无不及。是可忍，孰不可忍！

贺龙极其讲究吃喝，排场之大，令人吃惊。在蔬菜淡季里，暖房里二、三十种新鲜蔬菜还不能满足他的要求。有时他在外地，为了满足食欲，竟到农业科学研究单位的实验室找来一寸多长的菜苗炒来吃。他吃的东西要有一定的温度，热点不行，冷一点也不行，稍不如意，就把碗一摔，大发雷霆，显出一副土匪、恶霸的嘴脸！

有一天，贺龙专门杀了二十多条小狗（是专门养的，养到一尺多长时才吃），配上各种作料，请了六、七名厨师，邀来一些狗肉朋友，举行了一次"狗肉宴会"。

贺龙过生日，每年过两次，阳历办西餐，阴历办中餐。一九六五年，贺龙在广州过了三次生日，因他的儿女要开学回北京，先提前过了一次。没过几天，贺龙的宝贝儿子贺鹏飞从北京搭飞机到广州，为其狗父祝贺了一次，到贺龙正式生日又办了一次。每次生日，贺龙都是指定由××饭店特制一、二十元一个的大寿糕，并大摆筵席，耗费了多少劳动人民的血汗！

一九六五年贺龙到新疆大搞反党篡军活动，有一天他忽然想吃活鱼，当时新疆已是冰天雪地的季节，哪里去找活鱼呢？众爪牙为了满足黑主子的食欲，即令阿克苏的劳动人民跳到刺骨的冰湖里去抓鱼，一共抓到十四条，马上派飞机空运到乌鲁木齐，途中唯恐活鱼死去，还独出心裁给鱼输送氧气。这十四条活鱼，竟花了国家一千一百零四元！贺龙在新疆大吃大喝以后，回北京时还带回成麻袋的哈密瓜、四百多斤葵花油、一百多斤八大果、两件珍贵的皮大衣和水晶眼镜等"礼品"，搜刮了大批民脂民膏。

在我国三年暂时经济困难的时候，全国人民在毛主席的领导下，自力更生，艰苦奋斗，贺龙却每天美酒佳肴，山珍海味。这样他还嫌不满足，竟意想天开要吃天鹅肉！一天，贺的黑爪牙探听得国家射击队猎得天鹅一只，急忙向贺龙报告，贺便亲自打电话命令射击队员送天鹅去，哪知射击队的小伙子们不懂得巴结逢迎之道，早已将天鹅送进腹中。贺贼勃然大怒，当即把射击队员斥骂了一顿。射击队无奈，只得出动数辆摩托车，到几百里外的远郊，等候了五、六个小时，才猎得一只天鹅算交了差。

贺龙这个荒淫无耻的大恶霸，生活上花天酒地，玩乐更是独出心裁。贺贼是个老舞迷，在西南时，他经常把文工团的女演员找来家中，在黄色歌曲下陪他跳舞作乐。还特地找来一个国民党军官的姨太太教舞。令人不能容忍的是：在抗美援朝战争中，贺龙率领赴朝慰问团到朝鲜一个月，竟在硝烟弥漫的战场防空洞里举办了三十一次舞会，前方战士流血牺牲，他却寻欢作乐，真是无耻到了极点！

在抗日战争的艰苦岁月里，贺龙所在的一二〇师，都知道他有"三宝"：球队、剧社、大洋狗。球队和剧社，并不是为了开展部队的文娱体育活动、或者进行革命的宣传，它们的特殊作用：一是为贺龙扬名，二是供贺龙消遣。三只大洋狗也不是军用，而是专门捡网球，每当贺龙把球打飞了，由洋狗捡回来。抗日时期，生活条件艰苦，战士们有时只能吃黑豆，而三只大洋狗保证有鲜肉吃。

全国解放以后，贺龙又有了新的“三宝”，不管到那里都随身携带，这就是从国外进口的鱼具、猎枪、麻将牌。

贺龙除了热衷于养狗外，还爱玩猴子。一九六四年托×××从海南岛买来一只猴子，从广州用飞机运来北京，唯恐这只猴子在飞机上饿了，特意给它买了十斤香蕉。猴子运到北京后，贺龙还派专人到机场迎接。贺龙和他的老婆对猴子关怀备至，经常用小粘米饭、香蕉，甚至剥了皮的馒头来喂猴子。

大土匪贺龙过着穷奢极欲的生活，还异想天开要做皇帝。他的黑爪牙李井泉等就在成都附近选择一山清水秀的地带，大兴土木，建成一座富丽堂皇的地下宫殿。修的华丽已极，在宽敞的山洞里，建成楼台亭阁，雕梁画栋，庭院內奇花异草，铺成精美图案，室內用现代科学方法布成闪闪发光的星星和柔和的月亮，什么高级地毯、舒适的沙发、电灯、电话等现代化的设备，应有尽有。洞外方圆数十里划为禁区，对外绝对保密。大家想想，这又耗费了国家多少资财！

贺龙念念不忘做皇帝，对封建帝王生活特别感兴趣，平日最爱看《大登殿》、《游龙戏凤》等无耻的旧戏。还专程到长春去参观伪满皇帝的皇宫，并把溥仪的小老婆李玉琴接到省委招待所，把“皇宫娘娘”招待一番，让她介绍见溥仪时，怎样行三跪九叩之礼，怎样进餐等腐朽的宫廷生活。李玉琴见这位与众不同的贺龙爱听这些无聊的事，就大肆渲染，连说带做，丑态百出，竟把个贺龙弄得如醉如痴，眉开眼笑。过后，贺龙还恬不知耻地对人说：“我贺某能与娘娘同席，也算作‘眞命天子’了！”眞是死不要脸！

以上所述，仅仅是贺龙生活上的一些片段，就不难看出贺龙是一个腐朽透顶的反革命修正主义分子，我们不打倒贺龙，更待何时？

最高指示

"要特别警惕象赫鲁晓夫那样的个人野心家和阴谋家，防止这样的坏人篡夺党和国家的各级领导。"

"人民靠我们去组织。中国的反动分子，靠我们组织起人民去把他打倒。凡是反动的东西，你不打，他就不倒。这也和扫地一样，扫帚不到，灰尘照例不会自己跑掉。"

愤怒声討大軍阀大野心家朱德

（大字报选编）

红卫兵
中國人民大学红卫队　编
东方红公社

一九六七年二月六日

46590

前言

混入党内的大军阀、大野心家、反革命修正主义分子朱德，是刘、邓黑司令部中的一员主将，是最大的党内走资本主义道路的当权派之一，是埋在毛主席身边的一颗大定时炸弹。朱德一贯反对我们伟大領袖毛主席，反对毛泽东思想。他一贯坚持反动立場反对毛主席的政治路线、军事路线和组織路线。

毛主席是我们心中最红最红的红太阳。谁反对毛主席，我们就砸烂他的狗头。我们誓把反党反社会主义反毛泽东思想的修正主义分子朱德揪出来，把他斗倒、斗垮、斗臭！不达目的，绝不罢休！

这里，我们选编了我校揭发批判朱德罪行的部分大字报，由于时间仓促，我们只是按大字报的原稿印出，错误在所难免，请同志批评指出。

一九六七年二月六日

目录

大軍閥、大野心家朱德二十大罪狀

朱德是混進党内的一个大军阀，大野心家，大阴谋家。他一贯反对我们最敬爱的领袖毛主席，反对毛泽东思想，反对毛主席的革命路线，历来就阴谋篡党、篡军、篡政，在中国复辟资本主义。他罪恶累累：

(一) 一九二八年，他就反对毛主席的革命路线，取消红军中的党代表制度和政治工作，率部冒进湘南，造成八月失败。

(二) 一九二九年，古田会议之前，他反对毛主席的无产阶级军事路线，提出一套资产阶级军事路线，大搞军阀主义和单纯军事观点，妄图排斥毛主席的革命路线和正确领导，阴谋篡党篡军，把红军拉到军阀主义和雇佣军队的邪路上去。

(三) 在王明的"左"倾路线，在党内占统治地位的时期，他公开和张闻天、王稼祥等人勾结一起排斥和打击毛主席，反对毛主席的革命路线。在一九三二年宁都会议上，他们公开地排斥了毛主席对党和红军的正确领导，阴谋篡军、篡党、篡政。他积极忠实地执行王明路线，伙同共产国际派来的军事顾问李德（德国人）等提出了一套资产阶级军事路线和毛主席的无产阶级军事路线相对抗，结果使第五次反围剿遭到了失败，使根据地和红军损失90%。

(四) 长征途中，朱德曾随叛徒张国焘由毛儿盖南下天全、芦山，又逃至西康甘孜。他伙同叛徒张国焘成立伪中央，反对毛主席，公开同毛主席为首的党中央唱对台戏，搞分裂主义，他在军事路线上完全同叛徒张国焘的土匪军阀主义同流合污，企图用枪来指挥党，抓个人之兵权。这就赤裸裸地暴露了这个大军阀和个人野心家的丑恶面目。

(五) 抗战初期，他又和彭德怀合伙支持王明提出的"一切服从统一战线"的右倾投降路线，反对毛主席提出的坚持无产阶级在统一战线中的领导权，坚持党的独立自主原则。他们的错误路线在一定时期内在一些地区给党的工作带来了损失。

（六）抗日时期，他还伙同彭德怀公开反对毛主席的人民战争和抗日游击战争的战略思想，大搞什么"百团大战"。"百团大战"虽经我全军指战员的英勇奋战，取得了一定胜利，但是我军损失很大，同时，也把我军实力暴露在敌人面前，造成了以后我军在敌后抗日根据地的困难局面。

（七）吹捧蒋介石，美化阎锡山，反对毛主席和党中央的正确领导。他胡说什么抗日战争"在蒋委员长领导之下，在世界殖民地争取解放的历史上，写下了最光荣的一页。"又胡说什么全国军队只有"在蒋委员长的领导下"，才能克服投降危险，克服困难，最后取得胜利，等等。他还美化阎锡山说：我们在华北取得伟大成绩是"在阎司令长官的直接领导下，认真发动民众，坚决执行三民主义和抗战建国纲领"的结果。在这里朱德完全把蒋介石和阎锡山捧上了天，而否定了毛主席和党中央的正确领导，否定了抗日战争的伟大胜利是毛泽东思想的伟大胜利。

（八）解放战争初期，他伙同刘少奇鼓吹和平，阴谋搞投降主义。他说，中国共产党"愿在蒋主席的领导之下，实现中国的和平、民主、统一建设"，等等。这完全暴露了他投降阶级敌人的叛徒嘴脸，是毛泽东思想的死对头。

（九）崇美媚美，大捧马歇尔。他胡说什么"中国人民过去，现在和将来都承认美国在中国的近代化，民主化事业中的伟大重要性"，并努力促进中美会谈。他吹捧什么马歇尔将军"不到三个月功夫，帮助中国实现了停战，制定了整军方案"，"这些成就，是中国四万万五千万人民一致拥护一致感谢的"。这就充分暴露了朱德是中国人民的死敌美帝国主义的忠实奴才。

（十）一九四七年春，他伙同刘少奇，召开土地会议，大搞形"左"实右，反对毛主席的土改路线和土地改革政策。

（十一）一九五〇年，朱德积极支持肖克主持召开全军军训会议，提出"全面学习苏联"的全盘苏修化的错误口号，妄图取消毛主席的无产阶级军事路线和人民解放军的光荣传统。

（十二）一九五三年，他支持高饶提出的几个副主席"轮流坐庄"的荒谬主张，妄图篡党、篡军、篡政，搞资本主义复辟。

（十三）一九五九年，朱德又积极支持彭、黄、张、周反党集团猖狂地反党、反社会主义、反毛泽东思想。在庐山会议之前，他就叫嚷："人民公社搞早了"，"吃大锅饭搞糟了"，而且为彭德怀这些反党分子鼓气，胡说什么"不要怕'左'了右了的，有什么话就说，我们这些人不说谁还敢说"。同时，他还大肆吹捧彭德怀如何如何"艰苦"，企图保彭过关，等待时机东山再起。

（十四）一九六二年，朱在北戴河中央工作会议时，又对他的秘书积极鼓吹"三自一包"。"单干就让他干吧，没有什么了不起。"六三年，他继续鼓吹单干，胡说搞"单干"，社会主义也垮不了台。他还主张山区不组织生产队、生产组。这就暴露了他反对社会主义复辟资本主义的真面目。

（十五）宣扬阶级熄灭论，反对无产阶级专政，他说："我们无产阶级掌了权，资本家还有什么可能复辟"。对资产阶级知识分子和留用人员，他十分强调要"包下来"，要"团结"，要"带着过关"（过社会主义关）根本不讲改造，不提阶级斗争。

一九五九年，朱在内务部召开的民政会议上，胡说什么"民政部的任务之一是民主建设，还建什么政？"妄图取消我们的无产阶级专政。

（十六）朱德一贯反对学习毛主席著作，反对宣传毛泽东思想。一九六〇年，他与广东、江西、四川三省的省委书记交谈时，向他们大力推荐学"三十本书"，根本不提学习毛主席著作。他十分狂妄地说"这些历史，我们亲身经历过，一看就懂，好读。"并且不准别人再提"毛泽东思想"这个词。

（十七）朱德是个大野心家。他争名夺利，野心勃勃，企图和毛主席分庭抗礼。在我们伟大领袖毛主席的选集出版之后，他就阴谋出版《朱德选集》，后没有搞成，他又要黑帮分子刘白羽为他整理《朱德传》，被中央察觉没搞成。两计未成，朱德仍不死心，又阴谋出版诗集。当《中国青年出版社》和《解放军文艺》征稿时，他便把臭诗送去了，但两次被中央制止，据说后来朱德又送到《人民出版社》，由于邓小平批准出版了这一勾当。为了树立威信，实现他的个人野心，五四、五五年，他把他的《论抗日游击战术》作为教材，让亚非拉留学生学习，他自吹自擂地说："我（们）的历史就是革史，你们要研究军史，就要研究我（们）的历史。”实际上，五九年以后，林副主席说讲：“现在大家了解他（朱德）总司令的历史，以前的是假的，但他不承认。”为了沽名钓誉他到处题字，有求必应，等等。

（十八）近几年来，朱德又和彭、陆、罗、杨勾结一伙，阴谋策划反革命政变，提拔彭真要在人大常委搞几十个委员会，妄图抓揽大权，把人大常委凌驾于毛主席为首的党中央之上，为其反革命政变作准备，朱德跳出来表示反对。他和他的老婆康克清一起，恶毒地攻击毛主席和江青同志，并支持刘、邓推行资产阶级反动路线，阴谋搞资本主义复辟。

（十九）吹捧和美化苏修。一九五六年，他去参加苏修“廿大”，当苏修发给他“秘密报告”时，他大为欣赏，表示反对斯大林，拥护赫鲁晓夫。他还扬言要同苏修搞什么“联合公司”，合股开发远东地区，企图出卖我民族利益，搞民族投降主义。他反对毛主席和林副主席对边疆重点搞设防的重要指示，胡说什么“边疆线这么长，怎么能设防了”又说什么“苏修是不会打我们的”等等，妄图美化苏修，松懈我们的警惕性。

（廿）朱德不仅在政治上极端反动，而且在生活上也渗透了封建主义和资本主义的腐朽气息。他长期以来，养尊处优，不做工作，饱食终日，无所用心。他常向别人大肆宣扬自己是“贵人吃贵物”。他生活的主要内容就是养花。他养了一千多盆兰花，每次到四川、广东去，都要带回大批兰花。这完全是封建士大夫的闲情逸致，哪里有一点共产党人的气味？

朱德长期以来，顽固地坚持反动立场，屡教不改，两面三刀，对毛主席的两条路线阳奉阴违，实则怀恨在心。在这次无产阶级文化大革命中被革命群众揪出来了。这是毛泽东思想的伟大胜利！是毛主席革命路线的伟大胜利！

把三反分子朱德斗倒、斗垮、斗臭！

砸烂朱德的狗头！

我们最最敬爱的领袖毛主席万岁！万万岁！

红卫兵
中国人民大学 红卫队 揪朱兵团
东方红公社

朱德是反对毛主席的老手

"现在大家了解他（朱德）总司令的历史，以前的是假的，但他不承认。"

——林彪

朱德是一个混进党内的大军阀大阴谋家大野心家，现在把他揪出来了，这是毛泽东思想的伟大胜利！这是无产阶级文化大革命的新胜利！我们必须彻底揭发朱德反党反社会主义反毛泽东思想的滔天罪行，把他斗倒斗垮斗臭！

朱德是个伪君子，是反对毛泽东思想的老手。

一、朱德是个封建军阀。在第一次世界大战前，他是个军阀，后来失败破产了，他于是带着搜刮来的民脂民膏几万元钱、小老婆到德国留学去了（当时到法国留学的周恩来和其他共产党人是搞勤工俭学的。朱德以前在"母亲的回忆"一文中说他家里如何穷，真是弥天大谎！），还周游了其他四个国家，因此有"五国留学生"之称。在他身上不仅散发着军阀味，而且是个洋奴，散发着洋人味。一九二九年，红军打下福建龙岩时，在一座基督教堂里，他发现了牧师的西洋食品，他赞美不已，部下只好给他送去受用。

二、朱德曾卖身投靠旧军阀。朱德在北伐战争失败后，卖身投靠国民党旧军阀朱培德，并在朱培德手下当公安局长、教育团长、副军长，很得朱培德的青睐。（朱培德是朱德旧同事）后来"八一"起义，他带二十支短枪参加了，当时有人说，我们把你俘虏过来了，由此可知，他根本不是"八一"起义的领导者，必须把颠倒了的历史再颠倒过来。"八一"起义的组织者和领导者是周恩来同志与共产党人。"八一"起义后，他率部南下，由于他实行大军阀主义，因此军队溃散，维持不了，于是他到韶关投靠了另一国民党军阀范石生，名为"避难"，实则背叛革命，投降敌人，后来蒋介石要抓他，我党为挽救他，叫他走，才离开那里，但还迟迟不肯上井冈山。

三、毛主席在《关于纠正党内的错误思想》一文中所批判的单纯军事观点就是针对朱德的。

朱德认为红军的任务跟白军相彷彿，只是单纯地打仗的，因此，他只顾打仗，从来不做政治工作，不做发动群众、组织群众的工作，不建设革命根据地，依靠打仗扩大政治影响。

提出"司令部对外"的口号，反对政治统帅军事，妄图实现枪指挥党，以党代军，他的连队没有党支部，更没有党代表的编制。

反对发展地方武装。主席经常提出要分出一些枪支弹药给地方武装，帮助发展地方武装，并说这是"种子"，是"一本万利"的事情。但朱德对此百般反对。

四、毛主席在《关于纠正党内的错误》中批判的流寇主义也是针对朱德的。

"八、一"南昌起义后，朱德仍然奉行国民党旧军队那一套，到了一个地方大烧大杀，根本不发群众欢迎、拥护。他在攻下耒阳县后，把全城都烧了，只有一个厕所幸免。因此影响极坏，给革命事业带来重大损失。

在扩大红军问题上，与毛主席大唱反调，不走扩大地方武装的道路，鼓吹招兵买马、招降纳叛，不愿做艰苦细致的工作，他还恬不知耻地声称，他要指挥几十万军队。

生活腐化，害怕艰苦生活，喜欢大吃大喝。朱德在南昌起义后，他所率部队没有什么三大纪律，八项注意，提出"逢州吃州，逢县吃县"的口号，因此每到一地都杀牛宰猪，根本不象人民的武装。主席根据客观情况科学分析，正确地指出对江西必须取攻势，对湖南必须取守势。但朱德嫌江西生活苦，拒不接受毛主席的意见，把部队带到湖南，因此造成"八月失败"，丢掉一个团兵力。

五、他怀恨、攻击毛主席。大军阀朱德很不得人心，他在提什么意见，大家吵吵嚷嚷，不同意。毛主席提什么意见、建议，大家热烈拥护、赞成，因此他很恼火，讥讽毛主席说："大英雄嘛，诸葛亮嘛，他说了算！"大家批评他，他为自己辩解说：无产阶级嘛！毛主席常批评他是农民意识，他阳奉阴违拒不改正。

六、阴谋破坏古田会议。由于毛主席在一段时间内离开了部队，到农村里去了，部队在朱德把持下滋长了各种非无产阶级思想，因此在一九二九年十二月，毛主席亲自主持召开了有重大历史意义的"古田会议"。朱德在会前，积极策划，想方设法找干部开会、谈话，竭力散布他的反动观点，企图对抗毛泽东思想。但是广大干部战士一致拥护毛主席，朱德没有多大市场。在古田会议上，两条路线经过激烈斗争，毛主席的无产阶级革命路线终于取得了伟大胜利，朱德的大阴谋彻底破产了！

从这些事实可以看出，朱德是反对毛主席、反对毛泽东思想的老手，是毛泽东思想的不可调和的死敌，我们要把他揪出来，打倒在地，使他永世不得翻身！

打倒朱德！

砸碎朱德的狗头！

中国共产党万岁！

毛主席万岁！万万岁!!

中国人民大学红卫兵历史系中队

一九六七年二月二日

井岗山斗争前后朱德反对毛主席革命路线的滔天罪行

朱德是隐藏在党内的大军阀、大野心家。他一再吹嘘自己早已真心投降了无产阶级，是完完全全的无产阶级革命家。但这红党也掩盖不了他一贯反党反毛主席的丑恶历史。

反党分子朱德，早年毕业于云南讲武堂，饱受封建军阀主义和资产阶级反动思想教育，受到云南军阀蔡锷的重用，当过滇军混成旅长。大革命时期朱德混入党内，投机革命。南昌起义前，当上了江西军阀朱培德的第三军军官教导团团长兼南昌公安局局长和第九军副军长等要职。南昌起义失败后，朱德带着一部分起义部队到湘南。一九二八年初，在第一次"左"倾机会主义路线影响下，举行湘南暴动，政策上搞得很"左"，严重脱离群众，在湘南站不住脚，于四月被迫转上井岗山。从上井岗山的第一天起，朱德就开始了反对毛主席、阴谋篡军篡党的罪恶活动。

反党分子朱德是怀着不可告人的目的到井岗山来的。他一开始，就极力反对毛主席提出的在农村建立红色政权，以农村包围城市的革命路线在红军中他大肆贩卖流寇主义思想。主张走州过府，东流西窜，攻城占地，大吃大喝。企图用这种轻便的流动游击方式，打几个硬仗，去扩大政治影响，以实现他当一个廿世纪的"李闯王"的美梦。井冈山上频繁的战斗和艰苦的生活，使他对中国革命的前途丧失了信心，认为在革命低潮时期，敌人特别强大，从事艰苦的发动群众建立根据地的工作是徒劳的。认为在山上搞不出什么名堂，极力散布"红旗到底能打多久"的失败主义情绪。

我们伟大领袖毛主席为中国无产阶级夺取政权而坚持井冈山的斗争，同朱德要当"李闯王"的个人野心和流寇主义的道路，发生了不可调和的矛盾，一有机会，这个矛盾就会暴发出来。

一九二八年七月，他趁毛主席在永新带领三十一团打游击，不在井冈山上的时候，不顾毛主席的极力反对，不顾当时正是统治阶级暂时稳定的时期，迎合红军中一部分农民逃避斗争欲回家乡的情绪，在流寇主义思想指导下，擅自带着二十八、二十九两个团分兵冒进湘南。这次行动，由于完全违反了毛主席关于坚持根据地区的斗争，反对逃跑主义，集中红军相机应付当前之敌，反对分兵，避免被敌人各个击破；割据地区的扩大采取波浪式的推进政策，反对冒进政策的指示，结果八月在郴州被军阀范石生打败，部队损失一半。（只保存了二十八团）井冈山根据地因主力部队南下，只保存了山区，边界各县尽被敌占，白色恐怖布满全城，党的组织和政权组织大部塌台，边界和湘南的失败，是朱德在历史上给党和人民欠下的第一笔债。这次行动，是朱德反党面目的第一次大暴露，是他妄图把红军引上流寇主义道路的最初尝试。

湘南失败之后，朱德贼心不死，继续在军事路线上同毛主席相对抗。一九二九年一月红四军挺进赣南、闽西后，朱德反对毛主席的无产阶级军事路线的罪恶活动，到了极猖狂的地步。

一、他狂妄地反对毛主席以政治统帅军事、领导军事的根本思想，不承认军事是完成政治任务的工具之一，大肆宣扬"军政并重"、"军事领导政治"、"军事好就是好"的单纯军事观点。为了同毛主席关于政治工作是我军的生命线的思想相对抗，他极力贬低、削弱以至取消我党在红军中的政治工作，煽动一些人恶毒地攻击党的政治工作是"卖的狗皮膏药"，放任各种错误思想自由泛滥，妄图用资产阶级的政治思想来改造和腐蚀红军。

二、他狂妄地反对毛主席关于"红军是一个执行革命的政治任务的武装集团"的思想，反对红军担负打仗、筹款、做群众工作三大任务，主张单纯打仗，别的不管。

也就是要红军不管老百姓的死活，不去帮助群众打土豪分田地，不去帮助群众建立革命政权和党的组织，不去解放千百万受压迫的工农群众，而专为朱德个人谋私利。

三、他狂妄地反对毛主席关于红军必须绝对服从党的领导的根本原则，反对在军队中设立党的政治工作机关和政治委员制度（当时叫党代表，冒进湘南时，曾取消了二十八团的党代表），以个人专断来对抗在军队中实行党委统一的集体领导下的首长负责制，把个人凌驾于党委之上，甚至提出了“司令部对外”的反动口号，即不承认政治部在红军中作为党委的工作机关的地位，一切要由司令员说了算，即由朱德说了算。

四、他狂妄地反对毛主席提出的官兵一致、军民一致、军政一致的原则。他极力推行旧军队的打骂肉刑和枪毙逃兵的制度，破坏军队的民主生活，妄图取消士兵委员会，把广大战士当作任意驱使的工具，提倡士兵盲目服从长官，即盲目服从朱德；强调军官权威高于一切，即朱德的权威高于一切；他放任部队破坏三大纪律、八项注意，侵犯群众利益，把军队看成是超出人民之外、或高踞人民之上的特殊势力；把军队放在地方党和政府之上，要求地方一切听从军队的需要，主张军队高于一切。

五、他狂妄地反对毛主席关于注意改善红军的阶级成分，主要依靠工农基本群众来扩军的政策，主张“三教九流的人都可以当红军，只要官长领导好，士兵的组织成分是不要紧的”，大搞“招兵买马、招降纳叛”的扩军政策，无条件地收编土匪，不加改造。

六、在作战方面，他狂妄地反对毛主席的游击战的战略战术原则，主持硬打硬拼，分兵冒进，搞军事投机。

总之，大军阀大野心家朱德妄图以反动的资产阶级军事路线来推翻毛主席的无产阶级军事路线，改变红军的政治方向，把红军引上国民党的军阀主义道路上去，使之蜕变成地主资产阶级的军队，把红军置于他个人控制之下，造成个人的势力和地位，用枪来指挥党，从而实现他篡军篡党的政治野心。

在这种狂妄野心的驱使下，在一九二九年六月召开的红四军第七次党代表大会上，朱德利用当时红军党内一部分同志对他的面目认识不清，利用一部分干部的调和主义情绪，利用资产阶级军事思想在红军内部的影响，煽动一批人起来反对毛主席的无产阶级军事路线，使他的资产阶级反动军事路线暂时占了统治地位，并迫使毛主席离开了红四军前委书记的领导地位。

朱德把红四军的领导权抓到手后，就大力推行他的资产阶级军事路线。

一九二九年七月底，赣闽粤三省敌人对红四军发动进攻。朱德惊慌失措，惧怕敌人，认为在闽西无法坚持斗争，决定向闽中冒进，拟渡过闽江，向浙赣边境转移。在朱德逃跑主义思想的指导下，红四军主力远离了闽西根据地，由于红军中政治工作大为削弱，单纯打硬仗，不做地方工作，纪律松弛，完全脱离群众，不仅给养无着，部队士气败坏，生病、掉队、逃亡极为严重，而且屡遭地方反动势力及土匪的袭击，陷于孤立和危险境地。不得不改变原计划，返回闽西。

朱德丝毫没有从这次挫败中吸取教训，反而在一九二九年九月召开的红四军第八次党代表大会上，进一步大反毛主席的正确领导，坚持单纯军事冒险主义、军阀主义和贬低政治工作，把资产阶级反动军事路线发展到了顶峰。

一九二九年十月，敌人又对红四军发动进攻。朱德又一次决定集中红四军主力向广东东江冒进。十月三十日拂晓对梅县守敌发动进攻，由于无群众配合，形成红军单独攻坚，且由于轻敌，致使进攻受挫，不得不被迫撤回，向闽南转移。

在朱德资产阶级反动军事路线的统治下，红四军冒进东江，不仅没有打开东江的局面，反而因为部队缺乏政治工作，在连续行军作战中，除伤亡掉队外，加上大量逃亡，土匪叛变（在闽西改编的黄狗狗、刘烈liáo部纷纷叛变），使红军损失三分之一以上，（一千多人）把毛主席从井冈山起，多年积累的革命力量推向垮台的边沿。

冒进闽中和东江两次严重失败，宣告了朱德资产阶级反动军事路线的破产。事实从反面教育了广大党员干部，激起了他们对朱德资产阶级反动军事路线的不满，使他们认识到只有毛主席的无产阶级军事路线才是唯一正确的。他们把毛主席请回上杭古田担任红四军前委书记，准备召开古田会议。

一九二九年十二月，在毛主席主持下召开的红四军第九次代表大会，批判朱德的资产阶级反动军事路线，粉碎了朱德的篡军阴谋，通过了古田会议决议，改选了前委。这是毛主席的无产阶级军事路线的伟大胜利。

朱德一次篡军失败后，表面上做了检讨，装出一副拥护毛主席领导的姿态，实际上始终没有停止过他反党反毛主席的罪恶活动。每逢到了重大的历史关头，有了适当的气候，他就要跳出来充当反对毛主席的急先锋。

朱德是我党我军资产阶级反动革命路线的祖师爷。今天必须彻底清算他的罪行，是向他算总账的时候了。

砸断朱德的反骨！

朱德不投降，就叫他灭亡！

无产阶级专政万岁！

无产阶级革命路线胜利万岁！

伟大的中国共产党万岁！

战无不胜的毛泽东思想万岁！

伟大的领袖毛主席万岁！万岁！万万岁！

红卫兵
中国人民大学红卫队 揪朱兵团
东方红公社

剥开朱德历史的画皮

——从八一起义到古田会议期间的朱德——

大軍閥、大野心家朱德長期来妄図篡改軍史党史，厚颜无耻地吹噓他自己的斗争历史就是軍史党史，說什么"要研究軍史党史，就要研究我们的历史"，竭力地把他自己打扮成我軍的創始人和领导者。这真是贪天之功，以为己功。实际上，朱德一貫反对毛主席，反对以毛主席为代表的革命路线。早在第二次国内革命战争初期，他就是红四軍中错误路线的代表人物。现在已到了揭开他的假面具，还他历史本来面目的时候了。

（一）

朱德把他自己打扮成我軍的創始人和领导者，其最大的本錢是：他曾参加八一起义，并于起义失败后，帶了一部分軍队上了井崗山。1957年7月，朱德在北京市庆祝八一建軍节的讲话中，故意贬低毛主席創建工农红軍的伟大历史功绩，只字不提有如三湾改编那样在我軍創建史上的重大事件，对井崗山斗争也只说是提供了重要经验，却大肆渲染夸張八一起义的历史意义，说什么"八一起义明确地指出了中国革命的政治方向"，又再三强调他帶领下的起义失败后的一团人如何成为工农红軍的一个组成部分。

这里问题不在于南昌起义有没有伟大意义，问题在于南昌起义给中国革命明确地指出了政治方向吗？

这里问题也不在于朱德有没有帶一团人上井崗山，问题在于朱德是怎样上的井崗山，他上了井崗山后又干了些什么？

总之问题不在于某些表面的历史事实，问题在于朱德执行了什么路线？给中国革命明确地指出了政治方向的是毛主席还是朱德？我軍的真正創始人是毛主席呢，还是朱德？

明眼人一看便知，朱德在"讲话"中抬高八一起义，贬低三湾改编和井冈山的斗争，抬高朱德的历史地位，而贬低我们最最敬爱的领袖毛主席！

（二）

八一起义有其伟大的历史意义，它是我党单独领导武装斗争的开始。但是，八一起义并没有给中国革命明确地指出过什么政治方向。八一起义没有能使武装斗争和土地革命相结合，没有能使武装斗争和建立革命根据地相结合，犯了方向性路线性错误；八一起义时也没有把支部建到连上，没有开辟彻底改造旧军队、创建真正工农红军的道路。所有这些，都导致了八一起义的失败，成为一个沉痛的历史教训。

为中国革命明确地指出政治方向并创建真正的工农红军的正是毛主席。是毛主席在秋收起义后实行了三湾改编，把支部建到连上，在部队中建立起党的绝对领导；是毛主席上了井冈山，把武装斗争、土地革命和建立革命根据地三者结合起来，提出了建立红色政权、以乡村包围城市的伟大理论，给中国革命和工农红军指出了一条唯一正确的道路，并制定了一系列政治、军事、经济的具体政策。这些都是铁的历史事实，朱德妄图贪天之功是办不到的。

（三）

朱德是怎样上井冈山的？他上了井冈山后，又干了些什么？

南昌起义失败后，朱德带着一团人，不到农村去闹革命，不去依靠广大革命群众来保存和发展这支留下来的革命力量，却带着部队逢州过府，大吃大喝，捞一把。不久朱德就以保存部队之名，行出卖部队之实，利用他和滇军的旧关系，投靠了滇军范石生，在范部下当了个团长，改名王楷，人称王团长。朱德想继续走他当军阀的老路，使这支留下来的革命军队面临着极大的危机。

但是，这条老路走不通，一方面，广大战士要革命，不愿投靠敌人过日子；另一方面国民党也不允许这支部队存在。朱德为形势所迫，才不得不率队离开范部，挂起了工农革命军的旗号，到湖南参加了湘南暴动。

在湘南暴动中，朱德坚决执行了第一次"左"倾盲动主义路线，在军事上仍然是单纯军事观点、流寇主义，在执行政策上，则严重违反群众利益。结果，湘南暴动失败，在湘南又站不住脚了。这才勉强上了井岗山。

由此可见，朱德上井岗山，完全是动摇的，投机的。在革命紧急关头，他丧失了立场，出卖部队，只是为形势所迫，才被迫投机革命，他对中国革命根本没有理解，他感兴趣的，只是当军阀当土皇帝而已。

朱德企图以他上井岗山这一点作为自己夸功的本钱是徒劳的。当时若不是毛主席在井岗山打开了一个局面，给朱德这支部队指明了方向，并使这支部队有所归宿，这支部队的前途是十分危险的，是毛主席在危急中挽救了这支部队！

（四）

朱德上了井岗山，所部编为28团。在毛主席的亲切关怀下，在部队中建立起党的绝对领导，支部建到连上，建立了政治工作和士兵委员会，部队一天天革命化了，确实成了红四军的一个主要的组成部分，而这是政治挂帅的结果，是毛主席英明领导的结果，至于朱德，则还是军阀本性不改，顽固地坚持单纯军事观点、流寇主义、司令部对外等等错误思想，和毛主席相对抗。

1928年7月底8月初，毛主席正在永新分兵发动群众，朱德从流寇思想出发，违背毛主席的战略方针，迁就了29团士兵要回宜章家乡的错误意见，擅自率领28、29两个团去湘南，遭致了"湘南八月失败"。失败后，毛主席到桂东把部队接回，再一次救了这支部队。

1929年古田会议前，朱德在流寇主义思想支配下，在毛主席外出时，又一次擅自率部进入闽中，企图打到闽江边的大田、德化一带去捞一把，结果失败而归，这时党内由于朱德的影响，错误思想滋长起来，部队建设遇到很大困难，正是毛主席组织召开了红四军第九次党代会，即古田会议，再一次把部队引上正确的道路。

古田会议纠正了红四军党内的错误思想。毛主席所作的《关于纠正党内的错误思想》的决议，成为我军的建军纲领和我党的建党纲领。这是毛泽东思想的伟大胜利，是错误路线的大失败，而这条错误路线的代表人物，便是朱德。

（五）

朱德成为红四军中错误路线的代表人物，这不是偶然的。

朱德本是滇军旅长，他自己经常吹嘘那时他如何发了大财，"要钱有钱，要什么有什么"，"吃得鸡飞蛋跳"，后来，他的部队在军阀内战中垮了。他带着小老婆和搜括来的民脂民膏，到了上海，不久又出国镀金，在国外混入党内。

北伐战争时，他挂着共产党的招牌，依靠武汉国民政府的力量，利用过去滇军的旧关系，以"出国留学生"的身份，先后在杨森和朱培德手下混个官做。国民党叛变后，这个官儿当不成了，这才投机南昌起义。南昌起义后，他成为反毛主席、反毛泽东思想的代表人物，正是他军阀本性不改的一种表现。

历史最清楚地表明了，离开了毛主席，离开了毛泽东思想，就没有红军的创建，更没有革命战争的胜利。红军是毛主席亲手缔造的，毛泽东思想是我党我军的命根子，至于朱德则是个道道地地的军阀，投机革命，是我军建设中的一块绊脚石！

让我们高举毛泽东思想的千钧棒，把朱德这个混入党内的大军阀、大野心家清洗出去。朱德不投降，就叫他灭亡。

中国人民大学东方红公社
历史系红旗兵战斗队
1967.2.4.

朱德是张国焘反对毛主席的同伙

最高指示

看它的过去，就可以知道它的现在，看它的过去和现在，就可以知道它的将来。

混进党内的大军阀、大野心家朱德，一贯反对我们最最敬爱的伟大领袖毛主席和以毛主席为代表的无产阶级革命路线。早在第二次国内革命战争时期，朱德就是反对毛主席和反对毛泽东思想的一名罪魁。他不但在红军中推行资产阶级军事路线，招致湘南的"八月失败"，而且由于他贯彻执行王明"左"倾机会主义军事路线的结果，招致中央革命根据地第五次反围攻斗争的失败。第五次反围攻斗争失败后，中国工农红军不得不进行二万五千里长征。但就在长征途中极其严重的时刻，朱德伙同另一个大军阀、大野心家张国焘，进行了反对毛主席、反对以毛主席为首的党中央的罪恶活动。1935年夏天，红军第一方面军和第四方面军在四川懋功附近会师后，接着党中央在毛儿盖举行中央政治局会议，决定红军分左右两路过草地，向陕北革命根据地前进。右路军由毛主席亲自率领北上。左路军由朱德、张国焘率领北上。但就在一、四方面军分兵北上的时候，朱德的反动嘴脸又一次暴露了。他不但没有在左路军中坚持执行毛主席北上抗日的正确路线，相反，他竟与张国焘狼狈为奸，互相勾结，悍然进行反对毛主席和党中央的阴谋活动。俗语说："物以类聚，人以群分"，大野心家大军阀大阴谋家朱德，遇到了另一个大野心家大军阀大阴谋家张国焘，真是臭味相投，野心毕露。张国焘伙同朱德公然违抗毛主席和党中央的命令，擅自率领左路军调头南下向川康边境的天芦山一带退却，分裂红军，实行逃跑主义。四方面军到了绰木碉，张国焘公开打出了反毛主席、反党中央的反党旗帜，在绰木碉宣布成立了伪党中央、伪团中央、伪中央军委和伪中央政府等反动组织，公开同毛主席和以毛主席为代表的党中央、中央军委、中央政府相对抗。就在这时，大野心家朱德积极参与了这个罪恶勾当。在张国焘成立的伪中央组织里面，朱德扮演了十分可耻的反动角色，担任了极为重要的反动职务。他不但是当时伪党中央的中央委员，而且是伪中央军委、伪中央政府等反动组织的主席、副主席。这个事实充分说明，大野心家大军阀朱德与张国焘原是一丘之貉。他们在反对毛主席和反对毛主席的正确路线时完全结合起来了。这个事实同样表明，朱德只要一有机会，遇到适当的气候，就会跳出来攻击毛主席和攻击以毛主席为代表的革命路线。但是，历史是无情的，大野心家大阴谋家大叛徒张国焘早已被中国革命人民所抛弃，早已成为历史的渣滓。而另一个大野心家大阴谋家朱德，虽一直还伪装隐蔽自己的反动面目，妄图东山再起，但今天这个埋在毛主席身边的定时炸弹终于被革命人民揪出来了，这是毛泽东思想的胜利！这是以毛主席为代表的无产阶级革命路线的胜利！这是无产阶级文化大革命的重大胜利！

最后，让我们高呼：

打倒大野心家大军阀朱德！

彻底清算朱德反对毛主席的滔天罪行！

我们最最敬爱的伟大领袖毛主席万岁！万岁！万万岁！

中国人民大学东方红公社

《革命硬骨头》战斗队

1967.2.7

大野心家朱德是怎样执行王明路线的？

朱德原是滇軍的軍阀，投机革命，混入党内，一贯反对毛主席，罪恶累累。朱德在抗战初期是支持并积极执行王明路线的主将，必须加以彻底揭发、批判，把他的投降主义的丑恶咀脸拿出来示众！

第一，否定我党对抗日战争的领导，大肆吹捧、美化人民公敌蒋介石。

中国共产党是抗日战争的真正领导者。我党领导下的八路軍和新四軍是抗日战争胜利的重要保证。抗日战争由谁领导，是以毛主席为代表的正确路线和以王明为代表的投降主义路线的根本分歧，王明放弃我党的领导责任，把领导权拱手让给国民党，向国民党投降，王明竭力為蒋介石涂脂抹粉，吹捧蒋介石是什么“不朽的民族英雄”，而朱德和王明唱同一个调子，说蒋介石“领导全国抗战……举世同庆，万众拥戴”，并表示要“秉承”蒋介石的“意旨”，追随国民党軍队之后，在蒋介石的领导下去争取什么“最后胜利”。看，朱德在这里对蒋介石是何等卑躬屈膝！

必须指出，朱德上述这些话都是在1940年6、7月间发表的。早在1937年5月毛主席便提出了我们党在抗日战争时期的领导责任，坚决开展了对王明路线的斗争。毛主席明确指出：“使无产阶级跟随资产阶级，还是使资产阶级跟随无产阶级呢？这个中国革命领导责任的问题，乃是革命成败的关键。”1938年在党的六届六中全会上，毛主席又作了抗日民族统一战线中独立自主原则的总结，到了1940年正是处于国民党发动反共高潮时期，对于国民党的所谓“溶共、限共、防共、制共”等一套，毛主席明确指出：“必须站在自卫的立场上，坚决打退之”提出“必须反对党内的右倾机会主义”，而就在这个时候，朱德顽固地站在王明的右倾机会主义立场上，反对毛主席的正确路线，竭力吹捧蒋介石和国民党，成了蒋介石反共、溶共、防共、制共的帮凶。

第二，公开对抗毛主席的独立自主的游击战的战略方針，执行王明右倾机会主义的战略方針。

这个问题特别表现在1940年8月开始的“百团大战”。百团大战根本违反了毛主席的战略思想，不是从独立自主地在敌后发展我党的有生力量出发，而是从正面配合国民党的战场出发；不是根据敌我力量对比，打机动灵活的游击战，而是大规模出击。其结果，把我党长期艰苦积累起来的有生力量暴露在日軍面前，同时，使国民党腾出手来反对我们，使整个华北敌后形势发生很大变化，开始了我们极端困难的时期。这种单纯从正面配合国民党战场的指导思想，实际上是王明为国民党服务的右倾机会主义路线在軍事上的贯彻。

这个百团大战正是朱德、彭德怀两个反党大野心家统一指揮的，给党，给人民造成巨大的损失，而朱德在1940年写题为《扩張百团大战的伟大胜利》一文，还大肆吹捧百团大战，说什么将"造成华北抗战的新局面"，并特别强调配合了国民党正面战场，以此来讨好蒋介石，果然也得到了蒋介石的"嘉奖"电，朱德、彭德怀对此不以为耻，反以为荣，解放以后，长期以来，还吹捧百团大战，以此抬高朱、彭在軍事史上的地位，和毛主席争权。

第三，反对毛主席的建軍思想，吹捧资产阶级革命家孙中山。

中国人民解放軍是毛主席亲手缔造和直接领导的一支完全新型的人民軍队，它不但根本区别于封建軍阀軍队，而且根本区别于北伐战争时期的国民革命軍。这支軍队是秋收起义、三湾改编和红四軍古田会议以后，在毛主席的领导下，在軍队中建立了党的绝对领导，彻底改造了旧軍队而形成的。而朱德却胡说什么我軍是"坚持了孙中山的建軍原则建立起来的，是继承了北伐战争时期国民革命軍的传统"。这种谬论根本上对抗毛主席的建軍思想。北伐战争时期的国民革命軍没有建立我党的绝对领导，没有彻底改造旧軍队，根本不能和我党的軍队相比拟。按照朱德的说法，实质上是把我党领导下的无产阶级的軍队降低到资产阶级的軍队的水平，抹煞了我軍和国民党軍队的根本区别。这正是王明投降主义路线在建軍问题上的具体表现。

综合上述，朱德在抗日战争时期，是王明右倾机会主义在軍事上的代表人物，一贯顽固坚持右倾机会主义立场，在一系列问题上反对毛主席，反对毛泽东思想，和毛主席唱对台戏，力图用资产阶级世界观来改造我们的軍队。朱德在抗日战争时期向大地主大资产阶级蒋介石投降，解放后，又妄图复辟资本主义，这决不是偶然的，是有其历史根源的。

打倒朱德！

把反党分子朱德揪出来，斗倒，斗垮，斗臭！

誓死捍卫毛主席的正确路线！

我们最敬爱的领袖毛主席万岁！万岁！！万万岁！！！

中国人民大学东方红公社

《红旗兵》战斗队

1967年2月1日

朱德与蒋介石

反革命修正主义分子朱德，对我们最々敬爱的领袖毛主席充满了仇恨，而对人民公敌蒋介石则感恩戴德，阿谀逢迎，倾心之至。

1937年芦沟桥的枪声刚々打响，毛主席就为中国人民的抗日战争制订出一整套详尽的革命方针。相反，国民党则施行了反革命的两手政策，提出诸如"精诚团结"、"抗战建国纲领"、"实现三民主义"等假抗日真反共的方针。朱德一开始就充当了蒋家王朝的卑贱奴才和义务宣传员。1939年5月，他在《八路軍軍政》杂志一卷五期上撰文，就向蒋介石表白说："德今后仍竭至诚，执行抗战建国方针，秉承委员长暨中央政府意旨，追随国友軍之后，精诚团结，坚持抗战，为巩固敌后根据地，争取反攻，驱逐日寇，建立三民主义新中国而奋斗到底。"在这里，朱德把毛主席领导的广大抗日軍民和解放区都当作"礼品"，双手奉送了蒋介石。

1940年，毛主席发表了光辉的《新民主主义论》，最正确、最完整地规定了新民主主义的政治、经济和文化纲领，极大地丰富和发展了马列主义的无产阶级革命和无产阶级专政的学说。而朱德老贼却用"三民主义"对抗新民主主义，用国民党"抗战建国纲领"对抗我党的抗战方针。同年6月20日，他在延安干部会议上所作《华北抗战的总结》的报告里说：华北抗战的出路只有"坚决执行三民主义、抗战建国纲领、总理遗嘱和蒋委员长的指示"。对于毛主席和我党的领导却只字不提。

特别是7月间，朱德借抗战三周年的机会，更疯狂地进行背叛党、背叛中华民族的罪恶勾当，更露骨地向蒋匪宣誓效忠。朱德与彭德怀给林森、蒋介石的电报称："'七七'事变，于兹三年，钧座领导全国坚持抗战，以我积弱之势抗拒虎狼之师，而能再接再厉，愈战愈强，陷致于百般苦境，奠我国于胜利之基，举世同钦，万众拥戴。”“当前危险震撼之秋，职等谨激励部属再向钧座矢誓忠诚，职等率领全军将士，坚决拥护中央，拥护钧座坚持抗战，为彻底实现三民主义与抗战建国纲领而奋斗到底，艰难险阻在所不避，一息尚存，此志不移。”与此同时，又连续发表《为争取抗战最后胜利而奋斗》和《巩固全国抗日我军的团结，争取最后胜利》二文，把中国人民在毛主席和共产党领导下流血牺牲奋斗的成绩，全推在蒋匪身上。说什么“中华民族三年来的抗战，已经在蒋委员长的领导之下，在殖民地争取解放斗争的历史上，写下了最光荣的一页”。还无耻地号召全国人民要“一致拥护蒋委员长的领导”，并说“只有全国军队的坚强地团结在蒋委员长的领导之下，……才能……取得最后胜利”。朱德吹捧蒋介石，追随蒋介石，已经达到了令人难以置信的地步。

1942年是抗战的最艰苦的年代。这时朱德不仅加紧了对国民党的阶级投降活动，而且也加紧了对蒋介石的主子美帝国主义的民族投降活动。该年7月7日，朱德在所写的《胜利在望，团结向前》一文中宣布：“我们愿本一贯团结对敌之精神，在我最高统帅蒋委员长的领导之下，历千辛，排万难，继续坚持敌后抗战，继续巩固国内团结，并与一切反侵略国家的盟军携手并进。”半年以后，朱德同他的“蒋委员长”一起，高声赞颂国民党反动政府与美帝国主义订立的“平等新约”，进一步卖身于美帝国主义。

抗战胜利后，美蒋立即密谋掀起一场由美国出钱出枪、由蒋介石出炮灰的全国规模的反共反人民的战争，中国的前途和命运正处在一个关键的时刻。这时朱德老贼毫不犹豫地充当了蒋介石的奸细和内应。就在全面内战爆发前夕，即1946年3月5日，朱德以人民解放军总司令的身份发表演说，说：“中国共产党是抱有全部热忱，愿在蒋主席领导之下实现中国的和平民主、统一建设。”清楚得很，朱德是打算把中国人民八年抗战所获得的硕果全部让与美蒋。所谓“和平民主”，就是叫中国人民温温顺顺地引颈于官僚资产阶级专政的屠刀之下；所谓“统一建设”，就是统一于地主官僚资产阶级的政权，建设这个反动阶级的政治、经济和文化制度。这就是问题的实质所在。

朱德与蒋介石的关系如此"奥妙"，是由他们共同的反动阶级立场决定的。他们都是反动軍阀出身，都有根深蒂固的反共、反人民、反革命的本性。朱德虽然长期投机于共产党，但所干的尽是蒋介石国民党的勾当。他对蒋介石的反革命本领百倍欣赏和向往，乃至于常常情不自禁地流露出来。他存心与蒋匪同流合污，必欲把毛主席领导的中国人民革命事业出卖净尽而后快。历史已经不容置辩地证明了，朱德就是这么一个十恶不赦的家伙。

打倒朱德！

誓死保卫毛主席！

中国人民大学东方红公社
法律系教工《红旗》战斗队

1967年1月11日

肃清朱德在《论解放区战场》中散布的毒素

大軍阀、大野心家、大阴谋家朱德在《论解放区战场》一书中，处处突出"我"字，炫耀自己，贬低毛主席，并且还散布了许多毒素，必须坚决予以肃清。

一、美化国民党反动派及其反动軍队

书中说："国民党当局……由不抵抗主义转变为对日抗战，……在对内政策方面采取某些进步措施，这个时期中曾有相当数量在前线的国民党軍队及地方系軍队对敌人进行过积极的抵抗"，还说什么国民党"前线将士英勇""奋斗"。

（按：国民党反动派和日本帝国主义是一丘之貉，从根本上来说，国民党反动派不可能积极抗日，更不可能英勇奋斗。）

朱德还散布幻想，好似国民党是会抗日进步的，是会改变本性的。他说什么"很不幸，就是日寇这种弱点（指其先天不足等）没有被国民党当局所利用"，"国民党政府在这五年半的长期间中，是有充分的余裕可以力求进步，准备反攻的"。

二、抹煞阶级对立，否认阶级矛盾

"在第一时期初，国民党留在敌后的部队，与八路軍、新四軍关系还不太坏。"

"国民党的軍事学说，其最大特点，就是使軍队高压在人民身上（軍队对人民的特别权威），使軍官高压在士兵身上（軍官对士兵的特别权威）。

（按：把国民党軍队压迫人民，说成是对人民的特别权威，并和軍官对士兵的特别权威相提并论，这是荒谬绝伦的。）

三、突出经济和技术，反对突出政治

朱德说什么由于"改善人民的经济生活，……把农民的生产积极性发扬起来，……发动农民实行组织劳动互助，……产生了軍民的生产合作”。

（按：这也是对人民革命和生产的积极性的污蔑。）

书中说：“八路軍、新四軍的养兵办法，不但特别注意軍队的精神营养，而且也特别注意軍队的物质营养。”同时全书大谈物质营养对于政治思想工作则草々带过。

朱德还荒谬地说：“过去我们軍队中，有不尊重体力与技术的倾向，似乎以为軍队只要有了政治觉悟就够了。这是很错误的。”

（按：我们说，朱德贬低政治觉悟的极大重要性的谬论才是很錯误的。）

四、吹嘘百团大战的威力

“1940年秋，八路軍百团大战的威力，惊醒了日寇。”

（按：这完全是歪曲历史，自我吹嘘。众所周知，百团大战是由朱德和其同伙彭德怀指揮的，它完全違背了毛主席开展独立自主的游击战的战略方针，配合了国民党战场，与日寇拚消耗，结果給我党我軍造成极大的损失，造成了我解放区的极端困难的局面。而朱德竟厚着脸皮，吹嘘百团大战，真咄々怪事也。）

五、宣传封建迷信

“我们是根据地方軍生于斯、食于斯、祖宗坟墓于斯的乡土热情，加强它去完成保护地方的抗战任务。”

（按：朱德完全肯定什么祖宗坟墓于斯的乡土热情，这是公开鼓吹封建迷信和孝道，完全是反动的。）

打倒朱德！

无产阶级文化大革命万岁！

我们伟大的领袖毛主席万岁！万岁!! 万々岁!!!

中国人民大学红卫队哲学系中队
东方红公社《洪流》、
《向阳》、《向东》战斗组

1967年2月1日

朱德《论解放区战场》一书中反毛泽东思想的罪行必须清算

《论解放区战场》是朱德1945年在我党第七次代表大会上的一个军事报告。在这个报告中，朱德打着红旗反红旗，表面上他装模作样地似乎拥护毛主席的军事路线和军事思想，实际上他偷偷地贩卖了不少反毛泽东思想的货色，再一次暴露了他反对毛主席的丑恶嘴脸。

一、故意贬低毛主席在我国人民革命战争中的天才的领导作用

毛主席是领导我国人民进行革命的伟大导师、伟大领袖、伟大统帅、伟大舵手，我国革命的各个时期所取得的一切胜利和成就都是由于毛主席的天才领导的结果。在抗日战争时期，中国人民面对着强大的日本帝国主义强盗，作了八年的坚决英勇的不屈不挠的奋斗，经历了无数的艰难困苦，取得了最后的胜利。这是毛主席正确路线的胜利，是毛泽东思想的胜利。朱德在这本书的很多重要部分，根本不谈毛主席的天才领导和毛主席的光辉贡献。例如在这本书的第一部分"抗战八年"中，朱德用偷梁换柱的手法，在谈到解放区战场的形势和八路军、新四军的伟大成绩时，只字不提我们伟大的统帅毛主席的天才的领导作用。更为露骨的是，当他谈到解放区战场是抗战大反攻的出发点和战略基地时，他列举了解放区战场"集中了广大的人力"，"保护了和发展了巨大的物力"，"具有特殊的地理位置"，"有重要的战略据点"，"解放区人民有坚强的战斗意志"等等，就不谈有伟大领袖毛主席英明领导这一个取得大反攻胜利的最根本、最重要的保证。十分明显，朱德这是有意地抹煞和贬低毛主席的天才领导和伟大贡献，抬高他自己的身份，其用心可谓毒矣。

二、反对在我军中突出政治，突出毛泽东思想

我们共产党所领导的八路军、新四军是革命的队伍，这支队伍所以能战胜一切敌人无往而不胜，就是因为他们是用毛泽东思想武装起来的，具有高度的阶级觉悟、鲜明的阶级立场。毛主席早在1938年《论持久战》一文中就指出："军队的基础在士兵，没有进步的政治精神贯注于军队之中，没有进步的政治工作去执行这种贯注，就不能达到真正的官长和士兵的一致，就不能激发官兵最大限度的抗战热忱，一切技术和战术就不能得着最好的基础去发挥它们应有的效力。"朱德在这本书中却和毛主席大唱反调。他在这本书的第三部分"中国人民抗战的军事路线"中大谈"怎样练兵"，说什么"练兵分三方面：一是智力，二是体力，三是技术"，他的所谓"智力训练"是指"政治教育"、"文化教育"、"生产教育"，所谓"体力训练"，就是要增强体力，"首先要吃饱穿暖"，他还别有用心地攻击说："有些人以为军队只要有了政治觉悟就够了，这是很错误的……"。在文章中他也谈"军队中的政治工作"，他罗列了很多项政治工作的任务，却闭口不谈用毛泽东思想武装全体指战员的头脑，不断改造世界观，提高无产阶级的政治觉悟这个最根本的任务。表面上朱德也谈政治工作，实际上他把我军政治工作的灵魂给抽掉了。在现代战争中，战争的胜负归根到底还要看人的勇敢、觉悟和牺牲精神，看谁能在几十米内过得硬。朱德反对在我军中突出政治、突出毛泽东思想，这是他的阶级本能的大暴露，他的这种企图用资产阶级的军事思想来改造我们无产阶级军队的阴谋不是很清楚了吗？

现在是我们清算朱德这个反毛泽东思想的老手的罪行的时候了！

打倒朱德！

毛泽东思想万岁！万万岁！

中国人民大学东方红公社
法律系《红旗》战斗队

1967年2月4日

揭露反党野心家朱德
媚美帝崇苏修的反动嘴脸

反革命修正主义分子、我国最大的党内走资本主义道路当权派之一朱德，在国际问题上站在反对毛主席、反对毛泽东思想的反革命修正主义立场上，一贯美化美帝，崇拜苏修，散布了一系列民族投降主义、修正主义的反动谬论，犯下了不可饶恕的罪行。

一、吹捧国民党反动政府同美英帝国主义签订的条约是什么"废除了美英在华特权"，"确定了"中国与英美的"平等地位"，"为我国经济的发展打开了广阔的道路"。

1943年，美英帝国主义为了进一步加紧对我国的侵略，勾结国民党蒋介石玩弄了一个废旧约立新约的大阴谋。对于这个政治阴谋，党中央和毛主席给予了揭露。但是，反党分子朱德却以一副奴才相发表文章，肉麻地吹捧所谓"中美中英新约"。朱德说："中美、中英新约的签订，废除了美英在华特权。从苏联社会主义革命胜利，自动废除沙皇俄国在中国的特权以后，列强自动放弃在华特权者，这实为第一次。新约的签订，确定了中国与英美的平等地位，为今后继续解决中美间经济、文化及其他问题，立下了合理的原则。"朱德还厚颜无耻地说："中国的积弱不但有其政治上的原因，而且有经济上的原因，生产不发达，直到今天我们在经济上不能不处于依赖地位。今天中英美间的不平等条约的废除，为我国经济的发展打开了广阔的道路。"（朱德：《庆祝中美中英新平等条约》，1943年2月5日《解放日报》）

二、在美帝国主义帮助蒋介石打内战的战争政策面前，卑躬屈膝，要求美国恢复"罗斯福总统政策"。

日本投降后，美帝国主义妄图独霸世界，加紧对中国的侵略，除了直接派海陆空军参战外，还大规模地出钱出枪帮助蒋介石发动反革命的内战，妄图一举消灭中国共产党和人民革命力量。反党大野心家朱德，被美蒋战争政策吓破了胆，不敢同美蒋反动派作针锋相对的斗争，不敢以革命战争去反对反革命战争，而是希望美帝国主义的头子发善心。朱德在1945年11月答美国德国记者问时，不敢揭露美蒋反革命战争阴谋，而是要求美国"恢复罗斯福总统政策"，以便"加强中美亲善"。他说："我们愿意提醒一点，即中国人民仅仅要求美国恢复罗斯福总统的政策，或推行杜鲁门总统的诺言，不参加中国内战，以免加深中国的分裂，与中美间的误解，而采取政治步骤，促进中国的团结与民主，以恢复中国的统一与加强中美的亲善。"（朱德答美国德国记者问，1945年11月30日《解放日报》）

三、崇美、媚美，把帝国主义分子馬歇尔捧上了天。

反党大野心家、大政客朱德，不仅恐美，而且极端崇美媚美。他在1945年11月答美国德国记者问时，胡说什么美国对"中国近代民主事业""有伟大的重要性"。他说："中国人民过去、现在和将来都承认美国在中国近代化、民主化事业中的伟大重要性，并努力促进中美两大民族的互不可少的合作。"

朱德还竭力吹捧美帝国主义派来中国所谓调处国共两党争端，企图软化中国共产党和欺骗中国人民，不战而控制全中国的帝国主义分子马歇尔，他给马歇尔涂脂抹粉，说好话，感恩戴德，崇拜得五体投地。朱德在1946年3月的一次讲话中说："马歇尔将军从去年十二月到中国，与中国政府和人民合作，不到三个月工夫，帮助中国人民实现了停战，又帮助中国制定了整军方案，这些成就，是中国四万万五千万人民一致拥护感谢的。中国国内得到了和平、得到了民主，在和平民主条件下，裁减军队，与各友邦合作进行建设，这不但是中国的幸福，也是世界的幸福。"（《朱总司令讲演词》，1946年3月5日《解放日报》）

四、宣扬和平解决一切国际纠纷，吹捧"四国首脑会议"。

反党野心家朱德，由于其反革命修正主义立场所决定，在国际问题上，到处散布修正主义谬论。1954年8月1日他在讲话中，宣扬用和平协商的办法来解决一切国际争端。他说："一切国际纠纷是可以经过和平协商的办法获得解决的。"（朱德在中国人民解放军二十七周年纪念会上的讲话，1955年8月1日《人民日报》）

1955年8月，朱德在访问朝鲜的一次讲话中，大肆吹捧"四国首脑会议"。他说："最近以来，由于苏联和其他爱好和平的国家所争取的主动，国际局势已经有了一定程度的缓和。今年7月在日内瓦举行的苏美英法四国首脑会议，为和平事业带来了积极的结果，也为以协商方式解决国际间悬而未决的问题提供了令人鼓舞的前景。"（1955年8月16日朱德在平壤庆祝朝鲜解放十周年大会上的讲话）

五、极力吹捧苏共二十大、二十一大，宣扬苏修在国际和国内所取得的所谓"成就"。

反党大野心家朱德，1956年参加了苏共二十大，当苏修给他赫鲁晓夫的"秘密报告"时，他大为欣赏，表示拥护赫鲁晓夫，反对斯大林。同时他在苏共二十大的讲话中，极力为赫鲁晓夫吹嘘，宣扬苏共修正主义外交路线的"成就"。他说："以苏联共产党和苏联政府的和平外交政策，对于和缓国际紧张局势，促进各国之间的和平共处和友好合作，作出了重大贡献。现在各国一切爱好和平的人民愈益相信苏联是保卫世界和平的坚强堡垒，是他们维护和平、保卫民族利益、

谋求自身安全和自由的斗争中的最可依靠的支柱。”（1956年2月15日朱德在苏共第二十次代表大会上的讲话）

朱德在1959年3月的一次讲话中，又无耻地吹捧苏共二十一大。他说：“不久以前召开的苏联共产党二十一次代表大会，标志着苏联进入了一个全面开展共产主义建设的新的历史时期。苏联的伟大的七年计划，在全世界人民面前展示了共产主义光辉灿烂的前景，使世界人民都受到极大的鼓舞，并且又一次给了帝国主义一个沉重的打击。我们坚信，社会主义和平竞赛中必将战胜资本主义，而且社会主义在这场竞赛中取得决定性胜利的日子已经不远了。”（朱德：《在匈牙利苏维埃共和国成立四十周年纪念大会上的讲话》，1959年3月22日《人民日报》）

六、鼓吹同苏联等修正主义国家合作，散布“苏修是不会打我们的”谬论，反对支持亚非拉人民革命斗争。

反党野心家朱德，1956年参加苏共二十大后，游访了东欧六国，对这些国家的所谓经济建设成就大肆吹嘘，表示要和他们大做生意，提出“大出大进”，搞什么“联合公司”。同时朱德还企图和苏修合股开发远东地区，我国出人力，要把我国劳动人民当作廉价劳动力输出，忍受苏修的剥削。

阴谋篡党篡军的大野心家朱德，还反对毛主席和林副主席对边疆重点设防的重要指示，胡说什么边疆这么长，怎么能设防？还说，苏修是不会打我们的，妄图松懈我们的警惕性，为帝国主义、修正主义和各国反动派侵略我国大开方便之门。

反革命修正主义分子朱德主张和修正主义国家合作，但却反对对亚非拉各国人民的革命斗争，给予道义上和物质上的积极支援，他只主张输出人力，从中获利，表现了大国沙文主义的态度。

* * *

仅就上述部分材料就可以充分看出，朱德在国际问题上，在对待国际阶级斗争问题上的修正主义、投降主义的咀脸，这是同他长期反对毛主席、反对毛泽东思想，顽固坚持反革命修正主义的反动立场分不开的。必须把阴谋篡党篡军篡政的大野心家朱德揪出来，彻底清算朱德反党反社会主义反毛泽东思想的全部罪行！

打倒朱德！

把朱德从党中央赶出去！

中国人民大学东方红公社
函院分社《革命夺权兵团》
1967年2月2日

（上接第46页）

毛主席一贯教导我们，在社会主义建设中，最重要的因素是人。人的思想革命化，是推动我们建设事业不断前进的最强大的动力。

从上述三个方面，可以清楚地看出朱德反对毛泽东思想的丑恶咀脸。今天，朱德这个反动傢伙已经被广大的革命群众揪出来了，这是毛泽东思想的伟大胜利。我们一定要把朱德彻底斗倒、斗垮、斗臭，彻底埋葬刘、邓修正主义王朝！

无产阶级文化大革命万岁！

战无不胜的毛泽东思想万岁！

伟大领袖毛主席万岁！万岁！万万岁！

中国人民大学　东方红公社
研究所分社《朝晖》战斗队
一九六七年二月六日

斬断朱德伸进外贸部门的黑手

朱德这个大軍阀、大野心家、大阴谋家，为了实现资本主义复辟，利用职权和地位，到处伸手，外贸部从来不是归他管的，但他的魔爪也伸进了外贸部。他跟外贸部的走资本主义道路的当权派叶季壮臭味相投，互相勾结；他又利用他的老部下林海云给他穿线挂钩，推销他的反党反社会主义反毛泽东思想的黑货，十多年来，在外贸部畅行无阻。朱德在外贸部门做了很多黑报告、黑指示，大力推行刘邓资产阶级反动路线，妄图扭转对外贸易的社会主义方向，在外贸战线上实现资本主义复辟，犯下了滔天罪行！

一 “大进大出”的老根

毛主席早在1945年就说：“我们的方针要放在什么基点上？放在自己力量的基点上，叫做自力更生。”但朱德这个三反分子无视主席的教导，竟然抵制。1957年5月和12月两次全国外贸局长会议时，朱德都应叶季壮的请求，到会放毒。他在两次讲话中，只字不提毛主席的自力更生的方针，却拼命鼓吹对外贸易的“大发展”，他完全背离毛主席的革命路线，不顾我国国民经济发展的情况，提出什么“我们的外贸工作一定要发展，越做越大，只能发展，不能退缩。”又说：“从我们建设的规模来看，从兄弟国家相互发展贸易的需求来看，从我们的对外贸易额在世界上所占的比重来看，我国的进出口规模都是太小了。”甚至提出：“以后只要有东西你们就定收购起来，地方的小矿你们也可以去开，我们要当人。”在朱德这个“大人物”的鼓动下，叶季壮等人气粗腰杆硬了，于是1958年就放手地搞“大进大出”，一时出现了对外出口低价“倾销”、大签空头合同，进口高价收买破烂，对内收购上"指山买矿、指房买砖、指塘买鱼、指羊买毛"等等怪现象。虽然这个严重错误很快被总理发现制止了，但已经在政治上、经济上给党的事业造成了重大损失，给以后好几年的对外贸易工作带来了严重恶果。

外贸部走资本主义道路的当权派叶季壮等人，千方百计为朱德扩大政治影响，为"大进大出"评功摆好，树碑立传，竟然在1958年5月举办了一个展览会，特邀朱德"莅临指导"，由林海云陪同参观、拍照片、出专刊、写报道，以博得大军阀、大野心家朱德的欢心。朱德也对"大进大出"的成果倍加赞赏。由此可见，朱德是1958年外贸部"大进大出"的老根子。

二、反革命经济主义的护法神

毛主席谆谆教导我们："政治工作是一切经济工作的生命线。"

在三年国民经济暂时困难时期，刮起了资本主义、修正主义的股股黑风，在经济战线上则出现了反革命经济主义，大搞物质刺激，同毛主席的政治挂帅的指示相对抗。这时朱德又"破门而出"，起劲地煽资本主义阴风，点修正主义鬼火，充当反革命经济主义的护法神。1961年3月他在广州向参加对港澳出口会议代表讲话时，拚命推销资本主义的"生意经"。在讲出口商品收购问题时，闭口不提政治挂帅，不讲政治思想工作，不顾国家财经政策，大肆贩卖修正主义黑货，张口是钱，闭口还是钱，完全是"钞票挂帅"，说什么要"让老百姓多赚一点钱，蚕茧就可以发展起来"，"为了鼓励生产，收购价格要提高，使他多生产一点，才能多出口。蚕茧的价格，今年要想办法提高，而且要提就提够，不然，他不喂蚕了，你有什么办法呀！"讲到向外推销，他说："不要以为我们做什么样子人家就一定很喜欢。这个事情，你们外贸部门要会做生意，向人家要做个什么样子，你要个什么样子，我都可以包作，要方的我就给你作方的，要圆的我就给你作圆的。"朱德在这里同老右倾机会主义分子、反革命修正主义分子陈云唱一个调子，是彻头彻尾的资本主义、修正主义货色，是向外国资产阶级实行反革命投降主义，是反革命的经济主义，公然对抗毛主席的政治挂帅指示。这下可乐坏了叶季壮等人，慌忙抱住朱德的粗腿。于是在收购方面，大搞物质刺激，什么包干、分成、提成等名堂层出不穷；对外推销工作上，就大力推行资本主义的经营方法，肆无忌惮地鼓吹资本主义的"买卖之道"。叶季壮等人还竟然不顾中央关于对外贸易是一场尖锐复杂的阶级斗争的重要指示，抛出了外国资本家是我们的"衣食父母"、"买卖不成仁义在"、"和气生财"等等奇谈怪论，跟着外国资本家的屁股转，还大搞什么"中性"包装、"定牌"生产等。总之，一切以钱为中心，出口第一，推销第一，外汇第一，客户第一，就是不讲政治第一。在朱德的"钞票挂帅"的思想支配下，歪风邪气一齐出笼，有的外贸公司为了执行"和气生财"、"买卖不成仁义在"这套资本主义经营方针，百般奉承讨好外国商人，竟打报祝贺外国资本家"老爷"、"太太"的生日，祝他们"白首偕老"，真是无耻之尤，给伟大的中国人民丢脸。反革命修正主义分子朱德罪责难逃！

三、资本家的代言人

伟大领袖毛主席在党的八届十中全会上发出了"千万不要忘记阶级斗争"的伟大号召。但是朱德顽固地站在资产阶级反动立场上，与毛主席唱对台戏，拚命兜售阶级调和论。他念念不忘资本家，极力美化资本家，鼓吹重用资本家。有些资本家本来已准备调离外贸部门，但因为有朱德这把大红伞，有朱德为他们保驾，于是又留了下来。1964年1月，朱德听了上海外贸部门负责人的工作汇报之后，就大肆吹捧资本家，他说："外贸部门的资本家应很好使用起来。""加强商情研究机构，让这些资本家翻翻资料，整理材料，研究国际市场情况，是有好处的。""让资本家也要学政治，要他们为社会主义建设服务，他们会继续分化的。"朱德在这里完全暴露了资本家代言人的丑恶咀脸，他跟刘少奇是一唱一和，互相呼应。不仅这样，朱德还鼓吹向外国资本家"学习"，说什么"出口的商品，大部分是销售到资本主义市场，就要学习资本主义的商品包装。"他还批评说："你们对国外宣传工作，不如资本主义国家。"朱德的这些黑指示正中走资本主义道路的当权派、资本家和反动学术权威的下怀，一直被他们视为珍宝，奉为金科玉律。

于是，在对外的宣传广告上，外贸部的走资本主义道路的当权派和反动的学术权威完全接受了朱德的"批评"，费尽心机，绞尽脑汁，要摘掉对外宣传"不如资本主义国家"这顶帽子，努力追赶，大学外国资本家的一套。有的外贸公司在出口商品上贴上了裸体美人鱼、美人狗的商标。这几年来，外贸部门还拍了一些宣传资产阶级生活方式的所谓广告宣传电影。所有这些，都同我国社会主义对外贸易的方向和方针背道而驰，因而在政治上造成了极其恶劣的后果。

朱德在外贸部门的恶劣影响是很深的，十几年来，他通过发指示、写黑信、传密令，利用一切可以利用的场合、机会给外贸部门煽阴风点鬼火，同叶季壮等人相勾结，传播他的黑货，企图在外贸部门打开一个缺口，实现资本主义复辟的迷梦。

我们一定要斩断朱德伸进外贸部门的黑手，彻底肃清朱德在外贸系统的恶劣影响。

打倒朱德！

砸碎朱德的狗头！

朱德不投降，就叫他灭亡！

战无不胜的毛泽东思想万岁！

伟大领袖毛主席万岁！万万岁！

红卫兵

中国人民大学 红卫队 揪朱兵团

东方红公社

1967年2月4日

看！朱德反动的思想，肮脏的灵魂！

朱德是混进党内的大軍阀、大野心家，是埋在党中央和毛主席身边的重磅炸弹。四十多年来，他一贯反对我们伟大的领袖毛主席，阴谋篡党、篡軍，罪恶累累，現作补充揭露如下：

一、朱德无视毛主席，妄图与毛主席分庭抗礼

1. 在延安时期，毛主席调胡乔木作政治秘书，朱德说："我也调一个胡乔木一样的人来当秘书。"结果调来了黄华。

2. 《毛泽东选集》出版后，朱德愤愤不平，先后调反革命修正主义分子刘白羽、孙泱等给他整理文章，写传记，后因中央制止，其阴谋未能得逞，但他贼心不死，出了《朱德诗选集》。

3. 解放后，朱德野心勃勃，不在中央作任何实际工作，却喜欢四处"视察"，听取汇报，为自己吹嘘，更令人气愤的是，每逢外出游逛时，专找毛主席住的地方住，自己硬要把自己与毛主席拉平，真是混蛋透顶。

4. 1956年，朱德参加苏修二十大时，赫秃子把秘密报告送给他，他以耻为荣，大为欣赏，表示愿意大反斯大林，拥护赫鲁晓夫。毛主席提出："不是要跪倒在苏修面前，"就是针对朱德老贼说的。可是他不但不改，反而一再强调："政治上应和苏联斗争，经济上应和苏联作买卖。"

5. 1962年，朱德在秦皇岛市视察时，对那里的负责人说："世界市场是统一的，大家要互相贸易，谁也不要把自己孤立起来。"这是彻头彻尾的铁托的"统一体"谬论。难怪当时朱德的秘书孙泱把这段话告诉杨尚昆时，杨说："这些话在下边不要讲。"

6. 朱德在宝鸡"视察"时，大肆吹捧自由市场，恶毒攻击党中央，他和宝鸡地委讲："自由市场是群众的要求，地方愿意，就是上边不愿意。"他还说："人民要做生意，不要人民做，是没有群众观点。"

二、糜烂的生活，肮脏的灵魂

朱德不仅在政治上极端反动，而且在生活上也是糜烂不堪，腐朽透顶。他长期以来，高官厚禄，养尊处优，饱食终日，无所事事，号称"党内民主人士"。

1. 朱德身居中央要职，但从不做任何实际工作，一年四季都是游山玩水，他不是在四川休养就是在广东，有时回北京也不住在中南海，而住在玉泉山，吃罢喝罢，便登山练功，连人大开会的几句开幕词，也得别人写好，自己照本宣科。

2. 朱德专门喜好养花、练字、吟诗。他养了一千多盆兰花，他每次去四川、广东都要带兰花回来，有时还用飞机运回来。这些就是他的全部生活内容。他的老婆康克清，同样是无所事事，不做任何工作，却整天与家兔打交道，以养兔子出名。

3. 朱德家中摆设非常阔气，吃的极端讲究，朱德老贼为了保自己的狗命，特别注意营养的调配，每天都吃蜂皇精，每餐饭量都要固定，必须用秤称过才可以，不能多，不能少。

他还积极主张发展高级营养作物，主张山区多种蘑菇、木耳等，他说："贵人吃贵物嘛！"

4 朱德利用职权，大肆挥霍国家财产，每次去北戴河休养都把七、八个孙子、孙女带去，跟他享受。

5. 朱德四十多年来，痞性未改。混入革命队伍以前，早已跟四川兰溪县陈××结了婚，生了孩子；混入革命队伍以后，又跟贺××（托派）结为夫妇；后来又跟康克清勾搭在一起，结了婚。在抗战初期，还曾给原妻陈××通过信，因从来未与陈××办理正式离婚手续，解放后陈一直吵着要到北京来找朱贼"德"算帐。

6. 当朱德的医生与其护士结婚时，朱德专门为他们办了酒席，并邀请反革命修正主义分子孙泱夫妇陪客。酒宴之际，朱德恬不知耻地挑逗新娘子，还一再追问桌旁小孩子："你什么时候结婚？""你什么时候当娘子？"等々，等々，不堪入耳，偌大年纪的老贼，竟如此下流！

砸烂朱德的猪头！

打倒刘、邓、陶！

无产阶级文化大革命万岁！

毛主席万岁！万万岁！

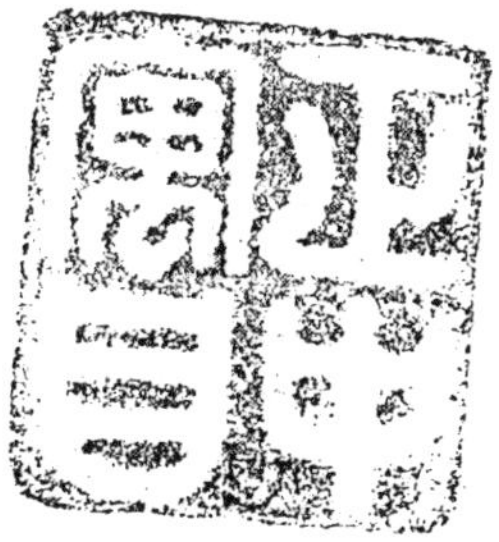

中国人民大学《揪朱联络站》
《一心为公》战斗队
1967年2月7日

大軍閥朱德罪恶累累

三反分子、大野心家朱德罪责难逃，请看罪证：

1. 配合赫鲁晓夫大反斯大林

现代修正主义分子头目赫鲁晓夫在臭名昭着的二十大上，大反伟大的马克思主义者斯大林，恶毒地攻击无产阶级专政。反革命修正主义分子朱德参加了这个黑会，完全接受了赫鲁晓夫的反革命理论，回国后还对其儿子朱琦说："赫鲁晓夫就是过硬，如果犯了错误死了也要挨批判。"他非常敬佩赫鲁晓夫大反斯大林。

2. 包庇右派儿子

57年反右派，反革命修正主义分子朱德的儿子朱琦有一系列反党言论，本应戴上右派分子的帽子。但朱德却把他叫去说："你不应该闹个人主义"，并与黑帮分子彭真勾结起来，包庇自己的右派儿子，朱德要他的儿子去找彭真，彭真又按照朱德的话说："你怎么闹个人主义呢？"就是这样，一个实足的右派分子，就被"个人主义"这顶小帽子混过去了。

3. 竭力抬高自己的身价

在朱德家乡，修了个富丽堂皇的朱德纪念馆，与韶山毛主席纪念馆相对立。朱德1960年回家乡还拍了照片来夸耀自己，这就充分暴露了他的野心。

4. 公然对抗文化大革命

文化大革命的烈火烧到了反革命修正主义分子朱德的头上，但是朱德这个老混蛋，不但不低头认罪，反而狂妄地说："这些问题，都是历史问题，我早就检查过了，只有买那四盆兰花是用的公家的钱，我可以拿工资赔，我的工资不够，你（指其儿子朱琦）还可以帮我赔赔嘛。"

朱德的反动孙子——朱援朝是"联动"的头目，"联动"的反革命面目暴露了，朱德才假惺惺地对朱援朝说："你们干吗要反对毛主席呢？我和毛主席一起革命几十年，你们反对毛主席，就是反对我！"看！朱德的狗胆有多大！他竟敢把自己与毛主席相提并论，真是可恶之极！

打倒朱德！

把反党分子朱德揪出来斗倒、斗垮、斗臭！

誓死捍卫毛主席的正确路线！

我们最敬爱的领袖毛主席万岁！万岁!! 万万岁!!!

中国人民大学三红 红卫兵 红卫队 东方红公社 揪朱兵团

1967年2月5日

把我校三反分子孙泆的后台大老板朱德揪出来！

无产阶级文化大革命的洪流，一泻千里，汹涌澎湃，一切妖魔鬼怪难逃灭顶之灾。

今天，我们广大革命造反派终于把埋藏在毛主席身边的定时炸弹——朱德揪出来了。这是毛主席革命路线的伟大胜利！

毛主席教导我们，凡是要推翻一个政权，总是先要做意识形态方面的工作。为了推翻无产阶级专政，反革命修正主义分子朱德从中华人民共和国成立第一天起，就极力从事反革命的意识形态方面的工作。

中国人民大学是1950年成立的。我们的伟大领袖毛主席，对人民大学寄托了很大希望，派了大量干部来校工作，希望人民大学能够成为毛泽东思想的大学校。但是以刘少奇、邓小平、朱德为首的反党集团千方百计要把人民大学变成复辟资本主义的反动据点。不久，他们的魔爪伸进了人民大学。在中国人民大学的开学典礼上，反革命的难兄难弟朱德、刘少奇同时粉墨登场，大放厥词，竭力诋毁和攻击毛主席的教育思想和办学方针，拚命吹嘘苏联的修正主义教育路线。十几年来，我校的资产阶级反动学术“权威”，就按照刘、朱的反动调子跳起舞来，把我校弄得乌烟瘴气。

朱德还是我校领导烂班子的制造者之一。人民大学建立后，刘少奇、朱德就把自己的亲信安插到人大的重要岗位上。我校黑帮分子孙泆就是朱德最得力最忠实的走狗。解放前后，孙泆曾十多年追随朱德从事反革命活动。1962年，朱德亲自指使孙泆撰写关于共产主义道德品质问题的反动小册子，竭力反对毛主席关于思想修养的伟大论述。1964年1月，朱德亲自指定孙泆主办“反修刊物”——《内部未定稿》大捧苏联修正主义领导集团。1963年，孙泆为了效犬马之劳，还专门为黑帮分子林铁夫妻到朱德处要书法手迹。直到这次文化革命运动，孙泱被罢官以后，朱德还叫孙泱到他那里去过三次，对孙泱面授机宜，直接破坏我校的无产阶级文化大革命。

仅从上面一些事实来看，要彻底批判刘邓资产阶级反动路线，要彻底揭露我校阶级斗争的盖子，必须深挖深揭反革命修正主义头目朱德的问题。要打垮修正主义的校党委，必须打垮其后台刘、邓、陶和朱德！

人大三红广大战士和革命造反派的战友们！我们要抓住孙泱，穷追猛打修正主义大头目刘少奇、邓小平、朱德！

人大红卫兵 历史系中队
《燎原》战斗队
工厂《五一》战斗队
1967年2月3日

朱德反对毛泽东思想的一个重大罪证

——驳斥朱德在"八大"二次会议上的发言

朱德是混入党内的大阴谋家和大野心家，是我国反革命修正主义分子的大头目之一。他一贯反对我们的伟大领袖毛主席，反对伟大的毛泽东思想，罪行累累，罄竹难书。一九五八年五月廿一日，他在我党第八次全国代表大会第二次会议上作了一个疯狂攻击毛泽东思想、公开宣扬修正主义黑货的发言。这个发言，是朱德反对毛泽东思想的一个重大罪证，必须给以彻底揭发和驳斥。

一、大肆宣扬阶级斗争熄灭论

在党的"八大"第二次会议召开的時庚，我国虽已完成了生产资料所有制方面的社会主义革命，可是阶级斗争仍没有结束。毛主席一九五七年在《关于正确处理人民内部矛盾的问题》一书中教导我们说："在我国，虽然社会主义改造，在所有制方面说来，已经基本完成，革命時期的急风暴雨式的群众阶级斗争已经基本结束，但是，被推翻的地主买办阶级的残余还是存在，资产阶级还是存在，小资产阶级刚刚在改造。阶级斗争并没有结束。无产阶级和资产阶级之间的阶级斗争，各派政治力量之间的阶级斗争，无产阶级和资产阶级之间在意识形态方面的阶级斗争，还是長時期的，曲折的，有時甚至是很激烈的。"

可是，混入党内的大軍阀、大野心家朱德在"八大"二次会议上的发言中，却公然和毛主席大唱反调，大肆宣扬修正主义的阶级斗争熄灭论。他胡说："我国在政治上、经济上和思想上的社会主义革命已经基本上胜利实现"，认为现在的问题只是进行社会主义建设了。这是朱德通篇发言的基调。从这一基调出发，朱德无耻地在"八大"二次会议的讲台上大量贩卖修正主义的黑货。

朱德宣扬阶级斗争熄灭论是由来已久的。早在一九四五年，在向党的第七次代表大会的报告中就说过：在解放区实现了"各阶级的大团结……农民与地主之间也因此有了可靠的团结。"

在一九五六年党的"八大"一次会议上，朱德也宣扬这种反动谬论。到了三年暂時困难時期，他更露骨地说什么"我们无产阶级掌了权，资本家还有什么可能复辟？"由此可见，朱德反对毛主席关于阶级和阶级斗争的理论是一贯的。他这样做的目的是为资本主义在我国复辟制造舆论。

二、恶毒地攻击总路线，别有用心地贬低毛主席

大家知道，"鼓足干劲，力争上游，多快好省地建设社会主义"这条社会主义建设总路线，是我们的伟大领袖毛主席亲自拟订的。这十九个大字，字字都闪耀着毛泽东思想的灿烂光辉。可是，一贯反对毛主席的朱德，在"八大"二次会议的发言中，竟把"鼓足干劲"篡改为"鼓起干劲"。这是朱德对总路线的極其恶毒的歪曲，令人不能容忍。（朱德在发言中，曾三次提到"鼓起干劲"）

更为恶毒的是，朱德还胡说什么总路线是吸取了苏联建設的经验提出来的。他在发言中说："鼓起干劲、力争上游、多快好省地建設社会主义的总方针和总路线，是毛泽东同志总结了我国長

的革命经验，同时参照了苏联的建设经验而提出来的。"朱德在这里所谓的苏联"经验"显然是指正面的东西，因为在他的发言中是明确地区分了"经验"和"教训"这两个概念的。所以，朱德的提法是对总路线的恶毒歪曲，是对我们伟大领袖毛主席别有用心的攻击。大家知道，总路线、大跃进、人民公社这三面红旗的提出，完全是毛主席的天才创造，是毛主席把马克思列宁主义普遍真理和中国革命与建设实践相结合的光辉典范，是国际共产主义运动的伟大创举。这是任何人都抹煞不了的！朱德的这种提法，只能暴露他反对毛主席、反对毛泽东思想的险恶用心和无耻咀脸。

三、一个修正主义的建设纲领

朱德在"八大"二次会议的发言中，猖狂地抛出了一个修正主义的建设纲领，来反对毛主席提出的社会主义建设总路线。

他在发言的第三部分中，列举了工农业建设中的三个困难。第一是缺乏技术，缺乏机器；第二是生产设备和材料供应不足；第三是城乡之间、地区之间在供、产、销方面的矛盾。朱德认为，解决第一个问题，必须进行"技术革命和与技术革命相辅而成的文化革命"（朱德这里所谓的"文化革命"显然是苏联式的"文化革命"，即普及知识和提高文化）。解决第二个问题，除了靠清仓和加强协作以外，还要依赖外国进口。他说："如果经过地方和企业的努力还有困难，特别钢材和某些机器设备估计会有困难，我认为还可以动用一部份国家的物资储备，再不足，就动用外汇和黄金多进口一部份机器设备和钢材，来加以支援。"解决第三个问题则主要依靠"加强协作和综合平衡的措施"。

这是一个彻头彻尾修正主义的经济建设纲领，是陈云的经济主义之类的货色。这个纲领的特点是见物不见人，强调技术，反对政治挂帅，强调外援，反对自力更生，完全和毛泽东思想唱反调。这个纲领表明，朱德是刘、邓黑司令部里的一员黑帅。归根结蒂，朱德的纲领是从赫鲁晓夫那里搬来的。大家知道，朱德曾在一九五六年出席了臭名远扬的苏共"二十大"，他曾经极力吹捧过苏共"二十大"和"二十一大"，无耻地宣扬过苏联修正主义的内外政策的所谓"成就"。按照朱德的路线去建设社会主义，其结果必然导致资本主义复辟。（下转第34页）

一株反对毛主席建军路线和建军思想的大毒草

——痛斥朱德所著《中国人民解放军的二十五年》（为苏联《真理报》而作）一文

一九五二年八月一日，是中国人民解放军建军二十五周年纪念日，反党大野心家朱德，为了捞取政治资本，为苏联真理报撰文，《中国人民解放军的二十五年》，这是一株反对毛主席建军路线和建军思想大毒草。这篇奇文在介绍我军二十五年来经历的道路，叙述我军的历史时，完全歪曲了伟大的中国人民解放军历史最本质最重要的东西。

首先，这篇奇文公开否定了我们伟大领袖毛主席是人民解放军的缔造者，是全军全党全国人民的最高统帅，毛泽东思想是我军建设的唯一正确指针这一个基本事实。我们都知道，毛主席是人民解放军的缔造者和指挥者，是我军最伟大最天才的最高统帅，毛泽东思想是我军的灵魂，毛主席的建军思想和建军路线是人民解放军建设的唯一正确的方向，是我军的命根子。但是反党野心家朱德为了其罪恶目的，在他的这篇奇文中，公然否定这些客观事实，全文没有一处提到毛主席是我军的缔造者和最高统帅，没有一处阐述毛泽东思想的正确领导，毛泽东同志确定的正确的政治路线和军事路线，是我军沿着正确的道路前进的根本保证，也没有一处提到毛泽东思想是我军建设的正确指针，更没有阐述毛泽东同志的领导和伟大的毛泽东思想对我军建设所起的决定作用。这决不是偶然的，决不是朱德的疏忽，而是反党分子朱德疯狂反对毛主席，反对毛泽东思想的大暴露！

其次，这篇奇文有意抹杀了我军建设史上两条路线的斗争，否定了以毛主席为代表的无产阶级建军思想和建军路线同各式各样的资产阶级代表人物所代表的资产阶级军事路线的斗争。朱德在他的文章中通篇不谈建军史上两条路线的斗争，只是在叙述第二次国内革命战争时期红军第五次反围剿时，谈到："由于当时有些同志犯了曲解马克思列宁主义的错误，违反了毛泽东同志在政策上和军事战略上的意见，使红军在这次战争中受到挫折。"在我军建军二十五年中是不是仅仅在第五次反围剿时，才出现过"有些同志犯了曲解马克思列宁主义的错误"呢？而这种错误仅仅是"曲解马克思列宁主义"吗？我们认为，不是，绝不是这样。我军历史表明，同我们党的历史一样，在我军也是一直存在着两条路线的斗争。我军初建时期，就存在着以毛主席为代表的无产阶级军事路线同资产阶级军事路线的斗争。反党分子朱德彭德怀等一直是我军内部资产阶级军路事线的代表人物。朱、彭等一小撮反党野心家，早在井岗山斗争时期，就相互勾结反对毛主席，反对毛主席的政治路线和军事路线。在第二次国内革命战争时期，王明"左"倾机会主义路线统治全党时，朱德是推行"左"倾机会主义路线的罪魁。第五次反围剿失败的主要负责人之一就是朱德。抗日战争时期，朱德又积极支持王明右倾投降主义，反对毛主席制定的正确政治路线和军事路线，反对毛主席独立自主的游击战的战略方针，在华北，朱德伙同彭德怀不请示毛主席和党中央，冒险发动了对日寇的所谓"百团大战"，这是完全违背了毛主席的军事思想的。在全国革命胜利后，朱德贼心不死，继续顽固地推行资产阶级军事路线。朱德在这篇文章中，妄图篡改历史，抹杀我军建军史上两条路线的斗争，企图抵赖他长期推行反动的资产阶级军事路线的罪责，这是绝对不能得逞的。

第三，这篇奇文否定了毛泽东思想建军思想的基本精神，即人民军队的建设要突出政治，要首先和着重地政治上建军的指示。毛主席一贯极端重视从政治上加强我军的建设，规定了政治建军的一整套政策。我国民主革命胜利后，毛主席又指示我军不但要现代化，而且首先要革命化，用革命化来带动现代化。但是朱德等资产阶级代表人物，他们只要资产阶级的正规化，不要无产阶级的革命化，他们妄图抛弃我们的光荣传统，丢掉人民军队的本质。因此，朱德在这篇奇文中，強调我军无条件地向苏军学习，并大谈我军所谓现代化正规化的重要性。在这里，朱德企图以我军正规化代替我军无产阶级革命化，妄图以军事代替政治，以技术代替政治，否定政治挂帅，否定首先从政治上建军的极端重要性。正因为这样，朱德在一九五〇年就坚决支持反党分子肖克主持召开的全军军训会议，主张我军“全盘苏化”，什么“正规化”，“现代化”，妄图全面推行资产阶级军事路线。

最后，朱德在这篇奇文中，虽然在每个时期提到了毛泽东同志所制定的我军战略战术，但整个文章歪曲了毛主席关于人民军队和人民战争的思想的本质，根本就没有提到毛主席的人民战争理论，更没有阐述人民战争理论的伟大国际意义。这是反党分子有意抹杀贬低毛主席建军思想和建军路线，恶毒地反对毛主席，反对毛泽东思想的必然结果。必须彻底地系统地清算三反分子朱德的一切罪行！

把朱德从党中央赶出去！

打倒朱德！

中国人民大学三红（红卫兵、红卫队、东方红公社）

函院揪朱突击队 67.2.4

一篇鼓吹资本主义复辟的宣言

——揭露朱德在八大发言的反动实质

朱德是一个混入党内的大野心家。他一向以老革命自居，以党的"功臣元老"自居，实际上他是一个典型的资产阶级军阀和政客，他常常表白自己是"向无产阶级投降的"，实际上他的资产阶级世界观根本没有改造。在他的骨子里充满着对毛主席对毛泽东思想的仇恨。他一贯打着"红旗"反红旗，但是，不管朱德怎样乔装打扮，他反对毛主席，反对毛泽东思想的丑恶灵魂终究是要暴露出来的。一九五六年九月十七日朱德在中国共产党第八次代表大会上的发言，就是他反对毛主席、反对毛泽东思想的一次大暴露。

一、故意抹杀我们最敬爱的领袖毛主席在我国人民进行革命和建设中的伟大的天才的领导作用。

朱德在发言中说："我们党从第七次代表大会以来十一年的工作总

结，是中国人民的胜利总结。在这个时期中，我国人民在我党的领导下，团结起来，经过艰苦和复杂的斗争，取得了伟大的民主革命的胜利，接着，又在基本上取得了伟大的社会主义革命的胜利……

在这篇发言中，朱德还谈到，我们具备着建成伟大的社会主义国家所必需的一切有利的条件，他说，就国内来说，我们"最主要的"一个有利条件是"全国人民在我们党的领导之下的大团结"，另一个"重要的"有利条件就是"地大物博和人口众多"。

大家知道，我国人民之所以能够在敌我力量悬殊的条件下用小米加步枪打败日本帝国主义侵略者和消灭八百万蒋匪军，取得伟大的民主革命的胜利，完全是毛主席英明领导的结果。我国广大革命群众十分懂得，有毛主席的伟大的天才领导，有毛泽东思想这一强大的思想武器，不仅是我国民主革命取得胜利的根本保证，也是我国胜利进行社会主义革命和建成伟大社会主义国家的最有利条件。可是朱德在"八大"的发言中，自始至终闭口不谈毛主席的天才领导，不谈伟大的毛泽东思想。他在总结中国人民走过的胜利道路时，只是笼统地提了一句"在我们党的领导下"，他在分析我国人民建成伟大社会主义国家的有利条件时，大谈什么"地大物博，人口众多"。十分明显，朱德这个大野心家对毛主席几十年领导中国人民革命，是心怀敌意的。他在"八大"的发言，充分暴露了他是要故意抹杀毛主席对中国革命和建设的伟大的天才的领导作用。

二、宣扬阶级斗争熄灭论，为资本主义复辟鸣锣开道。

朱德在"八大"发言中极力宣扬我们已经"在基本上取得了伟大

的社会主义革命的胜利”，并且说：“由于这些胜利和成就，我国的历史方向和社会面貌已经根本改变了。”不难看出，朱德在这里宣扬的正是反毛泽东思想的阶级斗争熄灭论。朱德的这种错误思想早在一九五四年就有了明显的暴露。那年他为苏修《真理报》写的一篇题名“列宁主义是中国人民为建设社会主义而斗争的旗帜”的文章就公开宣扬中国的地主阶级“已被永远消灭”。一九五六年，他利用参加苏修二十大的机会，又大肆宣扬中国“大约再有三年的时间，社会主义的革命就可以在全国范围内基本上完成。”

我们知道，在我国，虽然社会主义改造在所有制方面说来已经基本完成，但是被推翻的地主买办阶级的残余还是存在，资产阶级还是存在，小资产阶级刚刚在改造，阶级斗争并没有结束。毛主席教导我们说：“无产阶级要按照自己的世界观改造世界，资产阶级也要按照它的世界观改造世界，在这一方面社会主义和资本主义谁胜谁负的问题还没有真正解决。”

朱德在一九五四年宣布地主阶级已永远消灭，在一九五六年又宣布再过三年中国的社会主义革命就可以在全国范围内基本完成，这纯粹是一派反革命修正主义的谬论。朱德的罪恶目的就是要抹杀政治战线和思想战线上的社会主义革命的任务，就是要麻痹革命群众的阶级斗争观点，从而为复辟资本主义鸣锣开道。

三、美化资产阶级，歪曲我国对资本主义工商业社会主义改造的政策。

朱德在“八大”的发言中说：“我国对资本主义工商业的社会主义

改造是在和民族资产阶级继续保持联盟，在和民族资产阶级协商的条件下进行的。这样，就使得这个革命性的变革，能够以和平的方法取得了胜利。”

在这里，朱德片面地宣扬同民族资产阶级的“联盟”、“协商”，而闭口不谈资产阶级和无产阶级之间存在着的剥削与反剥削，改造和反改造的严重斗争。这是有意美化资产阶级，有意歪曲阶级斗争的实际和我国对资本主义工商业的社会主义改造政策。朱德的用心是十分险恶的。

总之，朱德的“八大”发言是一株反毛主席、反毛泽东思想的大毒草。我们要警告朱德，伟大领袖毛主席是我国人民和世界人民心中最红最红的红太阳，毛泽东思想是我国人民和世界革命人民的命根子，我们决不允许你肆意反对。你必须老老实实向人民低头认罪，彻底交代你反对毛主席、反对毛泽东思想的罪行。如果你不向革命人民投降，革命人民就叫你灭亡！

谁反对毛主席就砸烂谁的狗头！

我们的伟大领袖毛主席万岁！万岁！万万岁！

东方红公社法律系红旗战斗队 2.6.

朱德的剥削阶级道德继承论必须批判
——评“七一”杂感

“我们党中央一方面完全地精通马列主义的革命理论，一方面继承了并发扬了中国历史积累下来的优良传统。……例如‘天下为公’是中代的传统思想，利用它作宣传口号者世上很不乏其人，真想实行的怕如凤毛麟角。我们党完全发扬了这种传统的精神。”

（按：封建地主阶级的所谓“天下为公”和无产阶级及其先锋队中国共产党的“天下为公”是有本质区别的，是完全对立的。在这里，朱德完全抹杀了这个根本的阶级本质的区别，丑化无产阶级，美化封建地主阶级。）

“文官不爱钱，武官不怕死，也是中国的著名格言，可是古今文武官吏实行的究有几人。我们共产党却完全发扬了这种传统的精神。”

（按：文官不爱钱，武官不怕死，是典型为封建官僚政客歌功颂德的。钱，对于封建文武官员来说，是最感兴趣的，是有吸引力的，甚至把钱看得比命还重要。为了钱，他们什么坏事也做得出来。但是，朱德却把它说成中国历史的优良传统，为封建剥削阶级涂脂抹粉，同时，朱德还把封建官僚和共产党混为一谈，混淆阶级界限，以达到其不可告人的政治目的。）

“‘言必行，行必果，重然诺’，也是历史上最高的伦理思想食言而肥者流是害怕综核名实的。我们共产党却完全实践了知行合一，言行一致的传统精神。”

（按：一切剥削阶级不可能做得到言行一致，这是由其反动的阶级本性决定的。无数的历史事实证明：剥削阶级是满口的仁义道德，一肚子的男盗女娼，是最腐朽的，是知行不一的。但是，朱德却胡说什么这“也是历史上最高的伦理思想”，极力美化封建统治阶级，为剥削制度歌功颂德，充分暴露了朱德的丑恶嘴脸。）

中国人民大学红卫兵《红星》战斗队 2.5.

《朱德诗选集》
是一株反毛泽东思想的大毒草

朱德，这个混进党内的大军阀，大野心家已被广大革命群众揪出来了。这是毛泽东思想的伟大胜利！这是无产阶级文化大革命的又一伟大胜利！

朱德一贯反对毛主席，同毛主席分庭抗礼。他看见出了《毛泽东选集》，就千方百计要出《朱德选集》，同毛泽东思想唱对台戏。《朱德选集》没有搞成，他就迫不及待地出了《朱德诗选集》，目的也是为了同毛泽东思想唱对台戏，事实正是如此。综观诗选，贯穿着一条反毛泽东思想的黑线，是一株大毒草。

一、朱德起劲地鼓吹阶级合作，反对阶级斗争，反对社会主义革命。

朱德在一首题为《党的统一战线成功》的诗中写道：

"统战成功同人悦，　敌人孤立动不得。
争取百分九十九，　团结多数为上策。"

朱德对待资产阶级，只讲团结，不谈阶级斗争，公然同毛主席的阶级斗争学说相对抗。大家知道，社会主义时期的主要矛盾是无产阶级和资产阶级、社会主义与资本主义之间的矛盾，无论在那条战线上，这两者的矛盾都是尖锐激烈的。抹杀了两者之间的矛盾，就是地々道々的修正主义货色。很难设想，在这场你死我活的社会主义革命中，资产阶级成了无产阶级的"同人"，而且为之"喜悦"。除非与资产阶级同流合污，才可能是"同人"，才能为之喜悦。由此也就可以看出朱德企图在中国复辟资本主义的反动野心了。

实事上，朱德早就企图篡党篡军，在中国复辟资本主义。一九五三年，他直接参加高、饶、彭反党集团。一九五九年，他又支持彭德怀等右倾机会主义分子反对伟大领袖毛主席。五九年的庐山会议就是社会主义时期两个阶级、两条道路斗争在党内的集中反映，朱德是完全站在资产阶级和修正主义一边的。但是他在《和毛泽东同志（登庐山）原韵》一诗里却回避和抹杀了庐山会议的阶级斗争实质，把党内两条路线的尖锐斗争说成是"团结"会，说成是"交心献胆实空前"，别有用心地为彭黄、张、周反党集团辩解，朱德的修正主义立场、观点是显而易见的。

二、朱德公然歪曲革命历史，混淆新民主主义革命和旧民主主义革命的界线，借以贬低毛主席。

朱德在一首《辛亥革命杂咏》的诗中对孙中山先生领导的辛亥革命大为吹捧，说它"扫除封建几千年"。公然歪曲革命历史。大家知道，辛亥革命没有完成、也根本不可能完成铲除几千年的封建主义，这个任务落到了毛主席所领导的中国共产党人肩上，经过几十年的浴血战斗，才于一九四九年完成了中国民主革命的伟大任务。为什么朱德要混淆新民主主义革命和旧民主主义革命的本质界线呢？没有别的，他是借以来贬低毛主席在中国革命历史中的地位。这就足以看出朱德是多么仇视我们伟大的领袖毛主席啊！

三、朱德处处突出个人，贬低党中央和毛主席，彻底地暴露了大野心家的丑恶灵魂。

朱德在一九五七年曾说过："我们的历史就是军史，你们要研究军史，就要研究我们的历史。"话虽隐晦，明眼人一看，就知道所说的"军史"、"我们"的真正含义即"我就是军史"，"我就是历史"，"历史就是我"，"我就是历史创造者"。他不但这样说，而且在他的许多诗中突出了这个思想，从而彻底暴露了这个大野心家、大阴谋家的丑恶灵魂。当他在诗中写到井冈山会师时，便洋洋自得地说："领导有方经百炼，人民专政靠兵权。"（《红军会师井岗山》），突出他带兵有功，否定了党和毛主席政治思想领导这个胜利的根本。真是狂妄无耻至极！

当他在诗中写到陕北解放区的新生活时，更恬不知耻地把解放区的建设功劳归于自己，把自己打扮成"救世主"，无视人民群众的力量，仿佛解放区的新生活是他个人包打天下打出来的，是他恩赐的。他在《步董必武同志原韵两首》一诗中写道：

"历年征战未下鞍，　赢得边区老少安。

…………

陕北齐声歌解放，　丰衣足食万家欢。"

至此，朱德这个大野心家的丑恶形象也就跃然纸上了。难怪他要在《赠友人》一诗中唱起《大风歌》来。《大风歌》是汉朝刘邦所唱的，是个人野心家灵魂的真实写照。刘邦唱了，朱德也唱了，因为他们都是一丘之貉，都是大野心家。

四、朱德大肆宣扬个人主义人生观，对抗老三篇，抵制毛主席一再宣传的共产主义世界观。

一九四二年，正是抗日战争的艰难时期，全国军民同仇敌忾，奋战不懈，而朱德这个老混蛋，竟置国难于不顾，只想到自己悠然自在地休息去了。而当他后来回顾了这段生活，写成《游南泥湾》一诗时，竟厚颜无耻、津津有味地写道：

"纪念七七了，　诸老各相邀。

战局虽紧张，　休养不可少。

…………

诸老尽答欢，　养生亦养脑。

熏风拂面来，　有饮江南好。

散步咏晚霞，　明月挂树杪。”

这真是一幅封建士大夫闲情逸致的写照，一幅个人主义者肮脏灵魂的写照！殊不知，他的闲情逸致要付出多少革命军民的生命和热血啊！？他还不以为耻，諸多渲染炫耀，他究竟是在宣传一种什么人生哲学，不也就昭然若揭了吗？毛主教导我们要一心为革命，一切为革命，而朱德却要我们去做革命的逃兵，寻找自己享乐。两种截然相反的世界观对比多么鲜明！

朱德宣扬个人主义人生观，还可以从《花溪》一诗得到进一步的说明。在这首写战士复员还乡的幸福生活，什么“春风送暖”呀，“流水悠悠”呀，“公园建设好”呀！在朱德的心目中，“战士赋归来”的唯一目的就是为了享福，为了养老，这就是朱德的“复员观”，也就是朱德的人生观。难怪朱德要写那么多游山玩水、寻花问柳、偷闲养心的诗了。总之，他在大力宣扬封建阶级、资产阶级的臭东西，他在搞和平演变！朱德真是一个阴毒的老混蛋！

现在，朱德这个埋在毛主席身边的定时炸弹已经被挖出来了，朱德一贯反毛泽东思想的丑恶面目也开始暴露出来了。他的诗就是他丑恶灵魂的写照，必须彻底批判！我们还必须从各方面揭发和清算这个大军阀、大野心家的滔天罪行，把朱德这个老混蛋斗倒、斗垮、斗臭！

人大红卫队语文系中队　语文系红色造反队

評反革命宣言书《朱德詩选集》

"凡是要推翻一个政权，总要先造成舆论，总要先做意识形态方面的工作，革命的阶级是这样，反革命的阶级也是这样"

《朱德诗选集》的出版，就是大军阀大野心家朱德所造的一种反革命的舆论准备。它是朱德阴谋出版而未遂的《朱德传》的翻版，也是朱德为了对抗《毛泽东选集》、阴谋出版而未遂的《朱德言论集》的缩本。它是朱德的亲信、反革命修正主义分子孙泱在一九六二年选编出来的，是经过党内第二号走资本主义道路当权派邓小平的批准而在一九六三年出版的。它的出版直接配合了当时国内外阶级敌人掀起的反革命逆流。在这本诗集里，朱德把自己封为主帅，妄图把自己凌驾于毛主席之上，亮出他一贯反党反社会主义反毛泽东思想的真相，表白他篡党篡军篡政的野心和一副投机的嘴脸。《朱德诗选集》就是朱德这个反党野心家的自白书，也是他的反革命的宣言书。

一、歌颂右倾机会主义，为王明修正主义路线招魂。

朱德是一贯反党的机会主义者。抗日时期，他积极支持和忠实执行了王明的修正主义路线。他当时所作的黑诗，就是这种思想的产物。

一九三九年，他在《太行春感》中，宣称："忠肝不洒中原泪，壮志坚持北伐心。""从来燕赵多豪杰，驱逐倭儿共一樽。"他鼓吹要"坚持北伐心"，就是要党把抗战的领导权奉送给蒋介石国民党，要用北伐时期资产阶级的军事路线来腐蚀我党领导的抗日军队。他同王明一样，反对毛主席的阶级分析观点，在统一战线中独立自主的原则，和积极革命的路线，主张在抗战胜利后，同国民党反动派同饮一樽酒，同建一国家。实际上就是要把新中国的光明前途，葬送在蒋家王朝统治的黑暗社会。一九四〇年春，蒋介石发动了抗日时期的第一次反共高潮。毛主席坚持了武装自卫的正确方针，朱德却把希望寄托在谈判桌上。当年五月，他写了《出太行》，记载他经洛阳去重庆谈判，竟说："此行当可慰同仇"，散布了对蒋介石的幻想。一九四〇年至一九四一年一月，毛主席又亲自领导人民，打退了蒋介石反动的第二次反共高潮。但是，朱德却在一九四一年秋《和董必武同志七绝五首》诗中说："朋辈之间喜相援，团成砥柱止中流。东请日寇吞侨了，鹬蚌相争笑到侯。"朱德把国民党反动派称之为"英雄"，颂之为"中流砥柱"；他把我党反蒋的正义斗争，诬蔑为"鹬蚌相争"，完全是一副叛徒的嘴脸。朱德把上述毒草重新发表，妄图在新的历史条件下，复活王明的修正主义路线，即推行现代修正主义的路线。一九五五年，朱德还在《咏菊》一诗中说："且盼和平同处日，愿将菊酒解前仇。"极其露骨地鼓吹赫鲁晓夫式的投降主义，以至连他的谋士也不敢把它选入选集中。

二、篡改历史，把自己置于毛主席之上。

一九四六年十一月，朱德借祝寿之机，恬不知耻地为自己大唱颂歌："历年征战未离鞍，赢得边区老少安。"伪装以救世主自居。

解放后，朱德对"南昌起义"和"井冈山会师"大做文章，变本加厉地把自己打扮成红军的创始人和领导者。他说："南昌起义建新军，革命从兹始有兵。"（见《纪念八一》）妄图否定毛主席从"三湾改编"开始缔造我军的历史功勋。他又说："革命雄师会井冈，集中力量更坚强。红军领导招迎后，五破围攻国势扬。"（见《井冈山会师》）朱德上井冈山，是被迫的，而且一开始就反对毛主席的正确路线。他不谈毛主席的伟大作用，而一般地说说："集中力量"和"领导招迎"，就是企图鱼目混珠，抬高自己的身价，欺骗一些不熟悉历史的人们。朱德在《纪念党的四十周年》的组诗和在《庆祝中国人民解放军建军三十五周年》的长诗中，根本不歌颂毛主席建党建军的伟大作用，甚至把毛主席领导秋收起义的划时代的意义，贬低于在错误路线指导下的南昌起义和广州起义。同样暴露了他的司马昭之心。

朱德还极力贬低大革命的历史作用，同时又为自己在革命中的作用。在《辛亥革命杂咏》这组八首诗中，朱德自我吹嘘竟占了四首。他当时是滇军中团的旅长，现在竟然想把自己说成是推动武昌起义的英雄，是当时"辛亥红旗"的旗手。可谓"蚍蜉缘槐夸大国"了。他还说什么"九首重阳太史文，而今始得告功成"。暴露了他的资产阶级革命家和野心家的本来面目。

三、攻击三面红旗，庇护牛鬼蛇神

一九五九年二月，他在《游七星岩》一诗中写道："七星降人间，仙姿实可攀。久居寻常地，仍是发冲冠。开心才见胆，破腹任人钻。腹中天地阔，常有渡人船。"朱德表白自己虽不满足已得的高官厚禄。他想发冲冠，对我们社会主义怀有刻骨仇恨，他鼓吹要攀仙姿，要做"腹中能撑船"的救世主，不惜开心破腹，坚持与党为敌。这是朱德的自白，也是他对一切反革命修正主义分子的鼓励。

一九五九年七月，朱德在《和董必武同志〈初游庐山〉》一诗中，又含沙射影地说："行游险处防盲目，向导堪称指路碑。"他把我国社会主义建设的大跃进，攻击为"盲目"的"行游"；并称要以当时的右倾机会主义者充当我们的"向导"和"指路碑"。朱德在给党中央的报告中，他曾经大骂："人民公社办早了"，"吃大锅饭搞糟了"。这是一个思想，两种表达。朱德在《和毛泽东同志〈登庐山〉原韵》一诗中，说："此地会开团结会，交心披胆实空前。"他别有用心地强调团结，就是反对党对彭德怀集团进行坚决斗争。他在庐山会议上虽然承认自己一贯反对毛泽东思想，但是他的黑心狗胆从未改变。这是他打着"红旗"反红旗的手法。

朱德不学习，不宣传伟大的毛泽东思想，在他的诗选集中，竟公开反对毛主席关于团结百分之九十五以上的人民的思想，而企图把"争取百分之九十九"，作为党的统一战线的政策；（见《党的统一战线成功》）他反对政治思想战线上革命的批判运动，鼓吹"也有批评兼自我"，才有"党员团结一条心"。(《延安整风运动》)他对文艺黑线不作斗争，而是歌颂《双锋月》之类毒草；(见《南泥湾春节》)他不是宣传党的政治，而是一味推销经济主义。这些黑诗都写在一九六一年和一九六二年，跟着是一九六二年他公开鼓吹单干的言论，说明朱德是翻案风和单干风的鼓吹者。

四、宣扬剥削阶级的人生哲学，竭力推行和平演变。

一九〇七年，在《赠东北诗将》一诗中，他写道："劝世持隆终共苦，花花如好喜连枝"。"扫除阴雨归乌月，寰球同仰大名垂"。一九五九年，在《游罗浮祠》一诗中，朱德又把文上造具僵尸捡出来，称颂他"忠心存国声名在，仪表堪称后世师"。在这里，朱德为周围地主资产阶级的功名利禄，来腐蚀我们革命军民的革命意志，同时也暴露了他自己的肮脏灵魂。朱德的《贺董老六三大寿步原韵》这首诗，开头第一句就是"人生幸福寿为先"。一九〇二年，他在《临南陵途》一诗中，竟然说："战局虽紧张，休养不可少。""诗老香冬欢，春生嫩春腴"。解放后，他还写了一首宣扬"延年益寿法"的黑诗赠人，鼓吹剥削阶级的活命哲学，暴露了他是一个贪生怕死的地主资产阶级老爷的丑恶面目。

《朱德诗集选》中有大量游山玩水、吟风弄月的宣扬剥削阶级闲情逸志的腐朽作品。朱德一贯爱养兰花，至今已种黑一千多盆，这是不无缘故的。一九六一年春，他在《游越秀公园》一诗中写道："惟有兰花香正好，一时名贵五羊城"。这就是说，他要用兰花来比拟自己，勉励别人，做一个既"清高"又"名贵"的贵族老爷。

朱德是篡国篡党篡军篡政的个人野心家，又是推行现代修正主义"三和"路线和帝国主义"和平演变"战略的大帅。

中国人民大学红卫兵揪朱总团

吴志堂

一九六七.二.五

打倒李井泉

最高指示

混进党里、政府里、军队里和各种文化界的资产阶级代表人物，是一批反革命的修正主义分子，一旦时机成熟，他们就会要夺取政权，由无产阶级专政变为资产阶级专政。这些人物，有些已被我们识破了，有些则还没有被识破，有些正在受到我们信用，被培养为我们的接班人，例如赫鲁晓夫那样的人物，他们现正睡在我们的身旁，各级党委必须充分注意这一点。

打倒李井泉

前　　言

“六月天兵征腐恶，万丈长缨要把鲲鹏缚。”

当前，在我们伟大領袖毛主席率領下，无产阶級文化革命大軍正以雷霆万钧之力，摧枯拉朽之势，向着党内最大的一小撮走资本主义道路的当权派发起总攻击！全国人民奋起毛泽东思想的千钧棒，口誅笔伐，展开了对以中国的赫魯晓夫为总代表的反革命修正主义集团的大批判，大斗爭。杀声震天，凱歌动地，革命形势一片大好，毛主席的革命路綫取得了伟大的胜利！

西南地区的无产阶級革命派，在战无不胜的毛泽东思想光輝的照耀下，以“舍得一身剐，敢把皇帝拉下马”的大无畏革命精神，經过一年来艰苦卓絕的战斗，終于把西南地区的“土皇帝”李井泉揪出来示众了！这是光焰无际的毛泽东思想的伟大胜利！！

《中共中央关于处理四川問題的决定》中指出：“以李井泉为首的一小撮党内走資本主义道路的当权派，长期以来，把四川省当做反党、反社会主义、反毛泽东思想的独立王国。在无产阶级文化大革命中，李井泉等人坚持执行刘少奇、邓小平的资产阶级反动路线。中共中央决定撤销李井泉的中共中央西南局第一书记的职务；中共中央、中央军委决定，撤销李井泉的成都军区第一政委的职务。”《决定》号召西南地区的广大革命干部、革命群众和中国人民解放軍指战員，“要把斗争的矛头，指向党内最大的一小撮走资本主义道路的当权派，指向四川最大的走资本主义道路当权派李井泉及其一小撮同伙。在四川省军队内部，在干部和群众中，要对刘、邓、李等人进行充分的揭露和批判。”我们无产阶級革命派，对中央的这一英明决定，一千遍欢呼，一万个照办！

反革命修正主义分子李井泉，是中国赫魯晓夫篡党、篡政、篡軍的一員大将。十七年来，他利用窃据的西南、四川的党、政、財、文大权，同党内最大的一小撮走资本主义道路当权派刘少奇、邓小平、賀龙、彭眞、陶鑄、罗瑞卿、彭德怀等人串通一气，狼狈为奸，明火执仗地反对我们心中最紅最紅的紅太阳毛主席，恶毒地攻击毛泽东思想，疯狂地反对三面紅旗，大搞招降納叛，結党营私，极力为反革命修正主义分子和社会上的牛鬼蛇神翻案，妄图在大西南实現资本主义复辟。文化大革命中，他又顽固地坚持执行资产阶級反动路綫，血腥鎮压西南地区的文化大革命，罪恶滔天。

李井泉，他是混进我们党里的资产阶級代表人物，是埋在我们党內的定时炸弹。李井泉的历史，就是一部反党、反社会主义、反毛泽东思想的罪恶史，眞是罪大恶极，罄南山之竹，书罪未穷；决东海之波，流恶难尽。

我重庆大学紅卫兵团、八·一五战斗团和西南地区的无产阶級革命派，是在与李井泉及其一小撮同伙的激烈搏斗中冲杀出来的，我们同这一小撮反革命修正主义分子不共戴天，誓不两立！为了彻底埋葬“李家王朝”，清算李井泉及其一小撮同伙的罪行，我团曾先后編印了《打倒李井泉，砸烂西南局》、《打倒西南的赫魯晓夫——李井泉》和

«西南的“桃园”» 专集，出版了《打倒李井泉》专刊。为了更好地配合当前大批判的新高潮，把李井泉及其一小撮同伙批深、批透，斗倒、斗臭，特将我团派出的各調查組所收集到的材料连同以上专集和专刊中部分关联材料系統汇編成本专集。考虑到有关文化大革命的內容大家已比較熟悉了，故本集中未編入。由于时間紧迫，水平有限，难免有誤，殷切地期望同志们提出宝貴意見。

无产阶級革命派的战友们，革命的同志们！让我们在毛泽东思想的伟大紅旗下团結起来，紧紧掌握斗爭大方向，集中目标，直搗“李家王朝”及其总后台，围而攻之，聚而歼之。彻底埋葬“李家王朝”！

千钧霹靂开新宇，万里东风扫残云！看今日，一輪紅日当空照，让毛泽东思想的阳光永远普照大西南！普照全中国！普照全世界！

打倒李井泉，保卫毛主席！

毛主席的革命路綫胜利万岁！

我们伟大領袖毛主席万岁！万岁！！万万岁！！！

目　录

(五)李井泉反革命罪恶史

附　件：

(一)反对毛主席，反对毛泽东思想，反对三面紅旗

林彪同志說："毛主席是我们党的缔造者，是我国革命的缔造者，是我们党和国家的伟大领袖，是当代最伟大的马克思列宁主义者。毛主席天才地、创造性地、全面地继承、捍卫和发展了马克思列宁主义，把马克思列宁主义提高到一个崭新的阶段。"

反革命修正主义分子李井泉，和一切阶級敌人一样，出于他反革命的阶級本性，拚命地反对我们伟大的領袖毛主席，恶毒地攻击光焰无际的毛泽东思想。这个"土皇帝"，胆敢把自己凌駕于我们伟大領袖毛主席之上，对毛主席作出的許多重大战略决策，总是百般抗拒，公开反对。这个"土皇帝"，一听到毛泽东思想就反对，就咒罵，就歇斯底里大发作。公然抗拒林彪同志关于活学活用毛主席著作的指示，他对广大工农兵群众活学活用毛主席著作怕得要死，恨得要命，百般进行压制和打击。这个"土皇帝"，他配合国內外阶級敌人的猖狂进攻，大肆攻击三面紅旗，搞所有制大倒退，大刮单干风、翻案风，妄图破坏社会主义制度，复辟资本主义制度，真是反动透頂！

一、李井泉大搞个人突出，把自己凌驾于我们伟大的领袖毛主席之上，拚命地反对毛主席

1.大搞个人突出，把自己凌驾于我们伟大的领袖毛主席之上

①一九五八年毛主席到四川郫县农村視察时拍的一张巨幅照片中，毛主席被照得最矮最小，李井泉却照得最高最大，后来李井泉还将此照片到处发放，到处悬挂。

在书庫內还存有嶄新的，包装完好的《人民公社》調查一书九百六十多册。此书第一頁就是一张李井泉的大幅照片。

〔按：李井泉俨然以"領袖"自居，把自己凌駕于我们伟大領袖毛主席之上，这是李井泉一貫反对毛主席，搞"独立王国"当"土皇帝"，搞反革命复辟的狼子野心的大暴露。〕

②四川省委主办的《上游》杂志，除了登毛主席指示用楷字体外，登載林副主席和其他首长的文章都不曾用过这种字体。而一九五九年《上游》杂志登了李井泉所写的一篇文章，不仅登在第一頁上，而且还是用楷字体。

〔按：李井泉把自己写的文章，置于毛主席最高指示的地位，这是李井泉狼子野心的大暴露。〕

③一九五八年毛主席来四川参观量具刃具厂，李井泉竟不願陪同参观，妄图派周頤

去应付，結果实在不行，李才勉强去。

〔按：由此可見，李井泉这条老狗，对我们心中最紅最紅的紅太阳毛主席是多么的仇恨。〕

④杭州会議后，李井泉和毛主席被安排在同一列車从杭州到北京开会，他十分不滿地說：“跟着毛主席很不自由，生活很不規律、紧张。”

在北京开会期間，李井泉竟說：“与主席开会，我们不願坐在主席身边，坐在后面还可以作記录。”

〔按：这是李井泉极端仇恨毛主席的丑恶嘴脸的大暴露。〕

⑤李井泉在西南大搞个人突出，大树个人威信，俨然以“領袖”自居，李井泉之爪牙刘文珍（西南局宣传部副部长）之流无恥地声称：“全国要突出毛主席，西南要突出李政委（李井泉）”廖自高（四川省委第一书記）也肉麻地吹捧李井泉，常說：“李政委如何教导我们……”李井泉从不制止，恬然自得。

⑥一九六五年一月中央召开政治局常委扩大会議，毛主席亲自主持制定了《二十三条》。李井泉回来后拒不传达中央工作会議精神，反而在南充召集万人大会，大放厥詞，疯狂反对《二十三条》。会后，李还下令将他的讲話制成录音，翻印成册发放到西南各地，并要求各地以此为准来搞社教。

〔按：这就是李井泉反对毛主席，反对《二十三条》，大搞独立王国的罪证！〕

2.赤膊上阵，疯狂地攻击毛主席、污蔑毛主席

①一九六五年七、八月間，在一次西南局建委召开的会議上，李井泉恶毒地說：“农民就是欢迎医生，我看毛主席下农村去，也不一定那样受欢迎。”

〔按：李井泉这个反动透頂的家伙就是这样恶毒地侮辱、污蔑我们伟大的領袖毛主席。我们革命人民无限热爱、无限敬仰、无限崇拜毛主席，誰敢反对毛主席，我们就打倒誰！〕

②一九六二年，李井泉在省委召开的三級干部会上讲：“我们四川有些問題（指犯錯誤）为什么别的省也有这些問題呢？原因就是因为大家都是一个媽养的嘛！”

同年又在省委会議上說：“这几年已犯了錯誤，主要是死了一些人。……以前为什么不检查呢？主要是为了体貼毛主席的苦衷”。

〔按：恶毒地攻击毛主席，竟把自己的罪过推到毛主席身上，用心何其毒也！〕

③一九六四年冬，专門在南充召开一次检查火花公社社教試点工作会議上，談到欢迎貧下中农代表批評工作团的缺点錯誤时說：“工作团大家可以批評，我，大家可以批評，毛主席也可以批評。”并說：“这是符合党的原則的哩！”

一九六五年十月二十四日，李井泉在南充火花公社建党积极分子会上說：“如果毛主席不遵守紀律，也要开除党籍。”

〔按：含沙射影地攻击毛主席，妄图煽动群众反对我们最最敬爱的伟大領袖毛主席，炮打无产阶級司令部，眞是反动透頂，罪該万死！〕

④一九六五年留在南充火花公社的社教干部組織社員教唱“大海航行靠舵手”等革命歌曲，李井泉听后十分反感，他对社教干部任海清（南充市团委书記）說：“不要教社

員唱那些歌曲。”

〔按：革命人民爱唱革命歌，李井泉对革命人民歌頌毛泽东思想的革命歌曲如此厌恶。李井泉反毛泽东思想的丑恶面目眞是暴露无遗！〕

⑤一九六四年一月四日，毛主席詩詞三十七首发表了，全国所有报紙都立即把毛主席詩詞轉載在第一版上，但李井泉等一小撮混蛋的忠实喉舌——《四川日报》却将主席詩詞登在不重要的第三版上。

⑥一九六六年八月十九日，李井泉在川大部分筹委座談会上說：“反正在运动中他们讲了一些不对的話，你们要听得进去……如清华一个同学叫嚣說：‘党員是統战对象’‘拥护党中央反对毛主席。’”

〔按：李井泉和刘少奇一脉相承，企图借别人之口以达其反对毛主席的罪恶目的。〕

⑦一九六六年十一月，李井泉为了躲避革命群众，四处藏身。一次，一些省委招待所干部随同李井泉迁往新的住所，同志们为了让大家看到我们伟大的領袖毛主席，让大家牢記毛主席的教导，就在每間屋里挂上毛主席像和毛主席語录，当貼到李井泉住房时，李断然拒絕。

〔按：李井泉对我们心中最紅最紅的紅太阳毛主席是什么态度？！连毛主席像和毛主席語录都不准貼，眞是混蛋透頂！〕

⑧南充火花公社礼堂正中挂着毛主席的像，李井泉每次在这里开会时总是别有用心地不让大家面向毛主席，而要大家面向礼堂侧面开会，也不准在侧面挂毛主席像，群众都面向他。

⑨一九六六年八月二十三日，李井泉在成都工学院听同学說四中在宣传“老子英雄儿好汉，老子反动儿混蛋”时，李說：“(这)是毛主席批的，是正式的……。”

〔按：李井泉，豎起你的狗耳朵听着，毛主席何时批准过这幅对联？毛主席的阶級路綫从来就是：“①有成份论，②不唯成份论，③重在政治表现。”你妄图把这种封建阶級的反动血統論誣栽到我们伟大的統帅毛主席的头上，到底居心何在？！你敢反对毛主席，我们就坚决打倒你！〕

林彪同志语录

毛泽东思想是在帝国主义走向全面崩溃，社会主义走向全世界胜利的时代的马克思列宁主义。毛泽东思想是反对帝国主义的強大的思想武器，是反对修正主义和教条主义的強大的思想武器。毛泽东思想是全党、全军和全国一切工作的指导方针。

广大工农兵羣众、广大革命干部和广大知识分子，都必须把毛泽东思想眞正学到手，做到人人读毛主席的书，听毛主席的话，照毛主席的指示办事，做毛主席的好战士。

二、李井泉恶毒地攻击、歪曲毛泽东思想，竭力反对工农兵活学活用毛主席著作

1.恶毒地攻击最高指示，与毛主席大唱反调：

①一九五九年毛主席的《党內通信》发下后，李井泉不仅大讲什么“要从积极方面去理解”，“要防止发生副作用”，而且在金牛壩召开的有省委常委和地委书記参加的会上，李井泉問廖志高：“毛主席的《党內通信》收回来沒有？”廖志高答道：“收回来了。”李井泉賊胆包天地接着說：“毛主席說根本不要理省委书記那一套，这还行呵！实行了这个六条指示，要亡党亡国。”

〔按：李井泉疯狂反对毛主席、反对毛泽东思想达到了登峰造极的地步。这是他一貫反对毛主席的反革命修正主义面目的大暴露！〕

②一九六三年毛主席发出了“向雷锋同志学习”的伟大号召，而李井泉不但对这一伟大号召无动于衷，却反而恶毒地說：“学雷鋒只不过是花架。”

③毛主席在一九六四年五月曾明确指出，場鎭是藏垢納汚之所，要通过四清，划阶級，把坏人清出来，李井泉公然对抗毛主席指示，于一九六五年五月二十一日說：“成分，場鎭沒啥子划头，清清楚楚的，你一划，就是什么隐藏的，混进的……”。

④一九六六年八月二十九日在談到任白戈（原重庆市委第一书記）問題时，李井泉含沙射影地攻击党中央，說什么“××一点名就点垮了，群众就不信任了。”而且恶毒地攻击魯迅說：“魯迅这个老头子就是爱搞宗派主义。”

⑤李井泉在干部中散布說：“主席思想都是战略思想，不能当作战役思想来运用。”

（按：林彪同志說：“毛泽东思想是全党、全軍和全国一切工作的指导方针。”而李井泉竟敢与林付統帅唱反調，企图贬低毛泽东思想，其狼子野心何其毒也！）

⑥一九六〇年李井泉主持起草一个报告，有的同志提出要高举毛泽东思想伟大紅旗，李井泉竟說："不新鮮。"（按：李井泉这条老狗是多么仇视毛泽东思想！）

⑦一九六四年，李井泉在西南局一次会議上說："毛泽东思想无往而不胜，天天在喊，可是天天还是肉烂、猪死。"

（按：李井泉对毛泽东思想攻击、誹謗无以复加，其反动面目昭然若揭！）

⑧西南局自一九六〇年成立以来！不提倡学习毛著，却提倡学什么《黑格尔哲学》，《费尔巴哈哲学》……等三十本"古书"，"評书"，还說什么"毛选只能当作参考书。"

一九六二年十二月，李井泉在省农业书記会上，在摘引毛主席关于"农业是国民经济发展的基础"的語录前面横加批語"可以印发农业书記会議的到会同志各一份参考、"

（按：把最高指示說成"可以""参考"，眞是反动透頂。）

⑨《二十三条》正式公布之前，李井泉急急忙忙在南充作录音报告，給广大干部和社員打"預防針"，企图阻挠毛主席亲自主持制定的《二十三条》深入人心。而且李井泉完全仿照彭眞在《二十三条》公布之前在北京郊区四清工作团干部会議上的讲話来搞，并把彭的讲話印发給到会的地委书記以上干部学习。

⑩李井泉于一九六一年在关于整风整社会議上讲："资产阶級对无产阶級不公道，无产阶級对资产阶級不公道，公道不公道只有天知道。"

（按：李井泉大肆散播资产阶級"自由"、"平等"、"博爱"的陈腐烂調，恶毒地攻击无产阶級对资产阶級不公道。）

⑪一九六六年十二月在西昌給邓自力、刘成君指示："在三、五年内，将劳改、就业人員全部轉为工人。"

（按：这是李井泉妄图取消无产阶級专政，招降納叛，組織反革命队伍的铁证！）

⑫一九六四年李井泉說："社会主义制度死得很，干部只能进不能出，象死水一潭。"

⑬一九六六年李井泉在南充一次讲話中說："解放后基层干部的剝削，比解放前的地主还要凶些。"

（按：李井泉恶毒攻击社会主义制度，美化阶級敌人。）

⑭一九六六年五月十六日，中央根据毛主席的指示发下了极为重要的《五月十六日通知》。李井泉回四川后，不传达毛主席的指示，說什么文件上都有了，把党中央《五月十六日通知》传达范围控制到省委书記都只能听而不能看的程度。

（按：李井泉多么害怕主席的最高指示深入人心呵！这又暴露了他一貫反毛泽东思想的狼子野心。）

⑮在省党代会上，李井泉公开与毛主席唱反調。毛主席說："公社在一九五八年成立以后，刮了一阵'共产风'，其主要内容有三条，一是穷富拉平，二是积累太多，三是'共'各种'产'……，这样一来共产风起来了。即是说在某些范围内，实际上造成了无偿占用别人的劳动力的情况……，无偿占用别人劳动力的情况，是我们不许可的。"

可是，就在毛主席发出这一指示不久，一九六〇年左右，四川省党代会提出了"一条心，一股劲，一个样"的口号。

⑯一九六五年一月，李井泉在南充县四清运动中的一次"三結合"大会上說："对有的人（指性质严重的四不清干部）要打倒，但不是我们要打倒他，而是他自己要倒。何

必打他呢？赫鲁晓夫倒了，我们沒有打他，就是在报上批判了一下，罵了他一頓，他自己就倒了。”

⑰在无产阶級文化大革命中，李井泉公开說：“眞党員罵不倒，假党員不罵也要倒。”（按：毛主席教导我们：“凡是反动的东西，你不打，它就不倒。这也和扫地一样，扫帚不到，灰尘照例不会自己跑掉。”李井泉宣揚反动派“不打也要倒”的謬論，就是抹杀阶級斗爭，販卖阶級調和的謬論。）

2.篡改歪曲最高指示

①中共中央关于《农村社会主义教育运动中目前提出的一些問題》（即二十三条）中，毛主席提出搞好运动的六条标准是：

1）要看贫、下中农是真正发动起来了，还是沒有发动起来。

2）干部中的“四不清”问题，是解决了，还是沒有解决。

3）干部是参加了劳动，还是不参加劳动。

4）一个好的领导核心是建立起来了，还是沒有建立起来。

5）发现有破坏活动的地、富、反、坏分子，是将矛盾上交，还是发动群众，认真监督，就地改造。

6）要看是增产，还是减产。

一九六五年六月，西南局第五次全体委員会上，通过《关于农村社会主义教育运动若干問題的决定》中，李井泉公然把六条标准篡改为四条，删掉了极其重要的第一条及第五条，篡改后的李氏四条为：

1）建立好各級党組織好的領导核心，解决好干部四不清的問題，所有干部都认眞参加劳动。

2）建立起一支堅强的貧下中农阶級队伍，使其眞正成为党在农村社会主义革命和社会主义建設的依靠力量。

3）眞正解决当前社会主义和资本主义两条道路中的主要矛盾。

4）一定要搞好生产，至少在原基础上增产百分之二十。

②一九六六年八月二十二日，毛主席批評了重庆“实行法西斯专政。”李井泉对毛主席的这一批評，态度极端恶劣，竟然狂妄地說：“实行法西斯专政太严重了，事实上还不是故意組織工农对学生围攻，改成阻碍学生运动恰当一些。”

③毛主席在前十条中指示：“任何时候都不可忘记阶级斗争，不可忘记无产阶级专政，不可忘记依靠贫农，下中农，不可忘记党的政策，不可忘记党的工作。”

李井泉却在一九六五年一月二十一日說：“对四不清干部一定要搞清楚，让这些人不要忘記了自己的阶級，不要忘記貧下中农，也不要忘記社会主义前途，三个不可忘記。”公开把毛主席的五不忘篡改为三不忘。

④李井泉在社教中把“在整个运动中，省、地、县級党委和工作队，必須逐步做到，依靠群众大多数，依靠干部大多数，（包括放了包袱的干部）实行群众、干部、工作队‘三結合’”中的“逐步”二字公开删掉了，公开篡改“23条”。

⑤一九六六年一月，李井泉在南充火花公社万人大会上說：“为什么要‘四清’？就

是因为我们队伍里头上下都有……，各級都有‘四不清’。”

一九六五年一月二十一日，在南充县（市）五級干部大会上李又說：“搞当年四清，目的是为了搞大生产运动。”

（按：《二十三条》指出：“这次运动的重点，是整党内那些走资本主义道路的当权派，进一步地巩固和发展城乡社会主义的阵地。”而李井泉极力歪曲、篡改搞四清运动的性质、目的，企图使四清运动落空。用心何其险恶也！）

⑥在社教运动中，李井泉經常胡說什么“我看在农村主要是天天清工分，月月公布賬目，要作到日清月結。这就是眞正地抓阶級斗爭。”

李井泉又說：“他们知道四清无非是每人多得二、三块錢，几十斤粮，也得不到好多油水，眞正要翻身，根本一条，还是要搞好生产。”

（按：李井泉偸梁换柱，用清工分代替农村尖銳复杂的阶級斗爭，极力歪曲和誣蔑毛主席关于阶級斗爭的学說。）

⑦“二十三条”指出：“城市和乡村的社会主义教育运动，今后一律简称四清：清政治、清经济、清组织、清思想。”而李井泉却說：“四清就是清經济、清政治、清組織。”公开篡改《二十三条》，企图把伟大的四清运动引入“清經济”的歧途。

⑧一九六四年十二月八日，李井泉在南充火花公社四清工作会議上讲：“……出修正主义少則几年是指下面，多則几十年是指国家。”

⑨一九六五年在一次会上說：“縮小三个差別的核心是农民的儿子当工人，这个問題解决了，差別就縮小了。”

⑩一九六五年在西南局第三次委員会上，李井泉主持制定的《关于农村四清运动的布署》中規定：“要先团結95%的干部才能团結95%的群众，团結95%的干部是团結95%群众的基础。”

又規定：“不能一上来就发动貧下中农，造成干部紧张抵抗。首先依靠干部，叫干部自己洗澡。”

⑪一九四六年，李井泉在晋綏分局扩大会議上讲：“一、过去以武装斗爭为主，今天要以議会斗爭、合法斗爭为主，所以实质上是民主与反民主的斗爭；二、过去是抗日民族統一战綫，今天应該是民族民主新阶段，新阶段时間多长，很难估计，但肯定有一个相当长的期間，也許还有三个九年，或四个九年，这其中就是和平轉变前途；三、和平对我们利多害少，爭取群众用合法斗爭，是否还一定要武装斗爭，不一定，用合法斗爭也可以，不死人，爭取群众，有什么不好呢？四、在解放区，也应承认我们有困难，应休息一下才好，緩一口气，休养生息，继續打下去，是违反自然的；五、战斗是暫时的，沒有长期的战斗。”

（按：毛主席教导我们：“枪杆子里面出政权”。但是，抗日战爭胜利后，李井泉却反对用枪杆子向国民党反动派夺取政权，要人民放下枪杆子，停止战斗，采取什么“議会斗爭”，“合法斗爭”，“和平轉变”到什么“民族民主新阶段”，其实就是要人民屈服于蔣介石反动政府的統治，共产党服从于国民党。若依了他们，則只有葬送人民的根本利益，使革命半途而废。可見，李賊是个十足的老修正主义者！）

3. 反对毛主席提出的“工业学大庆，农业学大寨，全国学习解放军”的伟大号召

①中央規定各省派往大庆参观学习团应由管工业的书記带队，四川省委按照中央規定提出了名单，李井泉却不同意省、市、地委书記去大庆，結果一个也未去成。

②一九六四年×月在西南局委員会上，有人提出学大寨問題，李井泉就狂妄地說：“大寨精神还不是那样，什么自力更生？阎秀峰去看过，他们要汽車（国家）給汽車，要化肥給化肥，不过他们不讲就是了。”

一九六五年八月李井泉在西南局会上污蔑大寨精神更为恶毒，說什么“大寨精神还不是国家援助，当娇儿子一样援助，汽車、人力拼命整。”同时当一个同志汇报公社考虑問題时，李井泉大肆誣蔑大寨精神，說：“搞大寨精神，不是沒有問題。”

（按：毛主席提出“农业学大寨”，而李井泉却对大寨竭尽其誣蔑之能事，公开与毛主席唱反調。）

③李井泉一九六四年七月在南充火花公社党委会上插話：“我就不主张农村中提倡大学解放軍的三八作风，文字又多，又难懂，还是学爱国、爱社、爱劳动的三爱教育就行了。”

④在四川省委工作会議上，李井泉的开幕詞是三句話：“这次会議研究：关于学习解放軍政治工作經验，一句話，作风、蹲点、参加劳动問題；关于发展經济作物的方針，政策問題；社教运动的布置一再检查，問題不大了。”

（按：李井泉闭口不談毛主席指示，胆敢把解放軍政治工作經验的主体：活学活用毛主席著作，大树毛泽东思想，四个第一，三八作风等去掉。）

⑤一九六四年春，李井泉在自貢市找部分地委书記座談，当达县地委书記汇报农村如何突出四个第一，三八作风时，李井泉不以为然地說：“农村搞什么三八作风，农民不懂，就提三爱两民主；爱国、爱社、爱劳动，勤俭办社，民主办社。”

（按：把解放軍的三八作风传家宝神秘化，誣蔑人民群众学不懂，企图阻止群众学习解放軍。）

⑥一九六四年李井泉在永川、重庆等地說：“工厂矿山要搞輪换工，全是些青年，結了婚的不要，沒有老婆、娃娃才好做政治工作。否則家属一大堆就学不了解放軍，比如解放軍班长夜晚查鋪，給战士盖被子，你工厂老婆孩子睡在一床，領导干部咋个好去盖被子？”

（按：毛主席号召“全国都要学习解放军”，而李井泉却以种种借口反对和阻止工农群众向解放軍学习，企图把向解放軍学习的群众运动引向形式主义的歧途。）

4. 极力反对工农兵活学活用毛主席著作

①一九六六年初，在南充一次研究工作会議上，当有人提出組織学习毛主席著作时，李井泉則恶毒地說：“学个屁，去劳动半天不比学习更好嗎？”南充招待所服务員要貼毛主席語录，李井泉却不准貼。

（按：看！李井泉对学习毛主席著作是何等刻骨仇恨！）

②一九六一年，李井泉在一次干部会議上說："光学习，猪、粮食上不去也不行。"

③李井泉反对在报紙上宣传活学活用毛主席著作。一九六六年四月一日，杜心源传达李井泉对《四川日报》的批示："抗旱要大力加强，最近的报紙上，这也是活学活用毛主席著作，那也是活学活用毛主席著作，是不是有那么多活学活用，不要牵强附会，把宣传毛泽东思想簡单化、庸俗化。"

④一九六六年春节期間，成都地区召开了学习毛主席著作积极分子大会。在这段时間里，《四川日报》第一版上宣传了活学活用毛主席著作經验，李井泉看后給报社批示道："报紙天天宣传毛泽东思想，就是不抓生产，落实不到生产。"

（按：李井泉对工农兵活学活用毛主席著作是何等厌恶！极力鼓吹政治要落实到业务上的反动謬論。）

⑤一九六六年八届十一中全会后，中央决定在全国大量发行毛主席著作，这是全国人民政治生活中的一件大喜事，一九六六年八月十四日这一天，北京一地发行毛选达十六万册，上海发行二十万册，四川却一直拖到九月二十七、八日才发行，并且发行数量少得可怜。

⑥西南局双流农場是李井泉复辟资本主义的試验場。农場不让工人学习毛主席著作，而是叫工人学习古文《和氏璧》和白居易的《卖炭翁》等。当工人们自觉学习毛主席著作时，那些領导人却指責和諷刺說："你们斗大的字識不到几个，再学还不是老鼠跳鼓——不懂。"

⑦李井泉鎮压西南文化大革命，犯下了滔天罪行，革命群众紛紛起来批判李井泉。李为了逃避检查交待，于一九六六年十一月二日——十八日，偸偸摸摸跑到峨嵋机械厂招待所"避难"。在此期間李井泉不但自己不学习毛主席著作，而且把食堂工人学习毛主席著作的时間也挤掉了。李井泉还厚顏无耻地对炊事員說："只要把我的伙食开好，就是完成政治任务，也就是学好毛主席著作。"

⑧一九六四年初，李井泉从成都到重庆，在內江提出："人民公社的干部学习毛主席著作就是十套书（每个公社十套毛选，）两块錢（每个干部交二元学費給教員，买参考书用），教員唸三、五年后見效。"又誣蔑罵道："因为干部繳了两块錢，上課也就要来；如果不繳錢，干部反而不重視，不来上課。"并一再强調說："学习毛主席著作，就是干部学习就行了，农民現在学还不行。"

在重庆开地委书記座談会时，本来安排了一天时間討論学习毛主席著作問題，但这天会議刚开始李井泉就說："学习毛主席著作就是十套书，五角錢，教員唸，三、五年后見效，沒有什么討論的。"

（按：李井泉极力反对和阻止工农兵群众活学活用毛主席著作，公开与林彪同志的指示，"学习毛主席著作，要带着問題学，活学活用，学用結合，急用先学，立竿見影，在'用'字上狠下功夫。"唱反調，企图把活学活用毛主席著作的群众运动引入歧途。）

⑨一九四九年，毛主席亲自将馬克思、恩格斯著作《共产党宣言》和《社会主义空想到发展》送給李井泉，并亲笔提字"送李井泉同志閱——毛泽东。"可是李井泉连翻也不翻，就交給秘书周頤，而对黄色书籍爱不释手。

（按：李井泉心目中哪有毛主席！。）

⑪四川省委从一九五二年成立以来，曾开过几十次工作会議和十四次宣传工作会議，作为第一书記李井泉根本沒有担任过起草学习和宣传毛主席著作的文件。

西南局成立六年来，李井泉从来沒有向西南局机关干部提过学习毛主席著作，宣传过毛泽东思想。

（按：李井泉就是一貫反对毛主席和毛泽东思想的老手。）

以李井泉为首的一小撮党內走资本主义道路的当权派长期以来，把四川当作反党、反社会主义、反毛泽东思想的独立王国。

——摘自《中共中央关于处理四川问题的决定》

三、顽固地对抗以毛主席为首的党中央，实行资产阶级独裁专政，把西南地区变成水泼不进，针插不进的独立王国

1.顽固地对抗以毛主席为首的党中央

①李井泉为了篡党、篡政、篡軍，在北京偸設了《四川飯店》，是一个挂羊头、卖狗肉，专門收集中央情报的特务机构。

②一九五九年庐山会議后，李井泉心怀不滿地攻击以毛主席为首的党中央，說："彭德怀，张聞天只不过議論了一下，就成了反党集团。"

③一九五八年，中央成立了西南协作区，李井泉认为协作区沒有什么权力，沒有"搞头"，曾經三年不到职。

④一九六三年，中央規定針織品一律收布票，全国其他省都执行了，唯独四川特殊。李井泉听到这个通知后不同意，說："一律不收"，并翹起脚說："我的布票连一双袜子都买不起。"商业部門和其他省批評四川不是全国一盘棋，李井泉罵地方商业部門："心目中只有中央主管部門，沒有地方党委，只听中央的話，不听我们的話。"

（按：李井泉大搞独立王国根本不把中央放在眼里，他险恶地煽动群众对党中央阳奉阴违，其用心何其毒也！）

⑤一九六五年，李井泉布置內江地委平調生产队资金、劳动力，在簡阳修建大型水电站。中央对此問題还发过通报批評。李井泉并不改正錯誤，继續命令內江地委不顾一切蛮干下去、从而損害了群众利益，削弱了集体經济。

⑥一九六一年，以毛主席为首的党中央提出："調整、巩固、充实、提高"八字方針，对这一方針，李井泉拒不执行，抗拒达一年之久。当时四川应当下馬的小土群和应当下放的农业劳动力也不下去，使应当上馬的重点項目也上不去，給祖国建設造成巨大損失。

（按：李井泉一而再、再而三地对抗中央指示，居心极其恶毒。）

⑦一九六五年初，李井泉从北京开了中央工作会議回来后，在省委一次报告中讲：“中央工作会議一团漆黑，人大是一片大好形势。”

（按：这次中央工作会議批判了刘少奇在四清运动中推行的形“左”实右的路綫，李井泉心怀不滿，因此恶毒地咒駡以毛主席为首的党中央。然而，在人大会上，李井泉爬上了常务委員会付委員长的“宝座”，所以，如此欣喜若狂。）

2.弄虚作假，欺骗党中央，大搞“独立王国”

①一九六〇年起，四川的棉花每年都有两本賬，一本专門对付中央，少报給中央，另一本反映实际产量的賬留在省委，拒不上报。

②一九六二年，正値国家暫时困难时期，中央指示各省市不要兴建大型建筑，李井泉公开违抗，把西昌工业下馬的巨款，拿来盖起豪华的錦江宾館、錦江礼堂。

③李井泉允許反党分子彭德怀在四川夹江县私自招收×万軍队，中央获悉后才令其解散。

④成都大学的理科，中央一直沒有同意办。从一九六二年起教育部曾多次要高教局向省委反映，早些調整，下了成大的理科，但李井泉很不同意，直到一九六四年，国务院正式行文叫“下掉”，李井泉才被迫說：“下掉吧”。其原因是，成大理科是李井泉同意办的，現在下掉有伤李井泉的面子。

⑤中央要四川外調粮食，一九六二年秋季李井泉在一次地委书記会議上談到外調粮食时非常不滿地說：“有人吃了四川的粮食还要駡娘。”恰好当时有人問他說：“中央最近决定再从四川調出二十亿斤粮食。”李井泉頓时大发作：“我这里也算一个小国务院嘛，給他頂回去！”

（按：看，李井泉对抗毛主席为首的党中央，大搞独立王国的狼子野心，不是昭然若揭了嗎？）

⑥四川木材生产量过去向中央汇报时都不是实际数据，从一九六一年起李井泉多次指示：“不准向中央报实数”，每次上报都要經省委“审查”（实际上是削減）。一九六一年以后每年都要向中央少报二十万到六十万立方米，同时在他的統治下，四川的粮棉肉油从未向中央报过实数，严重地影响国民經济的发展。

⑦一九六四年，李井泉等人夥同四川省委隐瞞四川棉花产量，产×××万担，却只报××万担，留下××万担，这是李井泉等人明目张胆搞“独立王国”。挖社会主义墻脚的罪证之一。

⑧李井泉处心积慮，严密封鎖消息的恶劣作法是一貫的。他在一次会上嚣张地說：“中央要材料，哪有哪么多人服侍他，叫他自己派人来。”

⑨一九六二年六月李井泉对成都市委談开放自由市場問題时竟指出：“1.除妓院、賭場外，都可以开放；2.如何打破界限，有什么清規戒律打不破；3.个人开飯館，可試点；4.工资可以搞计件，特别是服务行业，要搞試点。”

（按：李井泉为复辟资本主义大开方便之門。）

⑩一九六一年底李井泉擅自决定在四川展开反对本位主义、分散主义，打击貪汚盜窃的“新三反”运动。这个运动搞得阶級界限不清，混淆了两类矛盾，并采取强迫命令

的方法，用捉人来发动群众。

3.对中央指示严密封锁，对下实行封建式的独裁统治

①李井泉对下級干部的关系是“父子关系”，从不向大家作检查。在省的一届党代会上，李井泉并未作检查，同志们提了些意見，会議刚結束，他就在一些地市委书記会上大发作道：“有人說我怕批評，我就是怕批評，怕大民主，你们光讲大民主，还要不要集中！”甚至当汇报到工作中的缺点錯誤时，他也根本听不进去，駡道：“你们只看見抬死尸的，看不見抬花轎的。”“你总是喜欢抓住不放……”。

②西南局办公厅有人从中南地区回来，李井泉問他有什么感想，他回答：“給我的印象是：1.中南地区活学活用毛主席著作很好；2.生产建設好；3.群众生活好。”李井泉气势兇兇地說：“不要长别人的志气，灭自己的威风。”

③一九六五年初，省委机关干部在金牛坝栽桑树，李井泉看到张世钧同志用粪瓢浇水，就要他用碗浇，张說：“未必用瓢浇水，桑树就不活！”李井泉认为张世钧頂撞了他，就把张大駡了一通，还問旁边的人：“那个同志叫什么名字？那个单位的？”知道张是宣传部的以后，說：“啊！宣传部的，宣传部的知識分子多，馬列主义学多了，以后遇到这种情况，是党員的开除党籍，是团員开除团籍。”为此事，李井泉的走卒们竟对张世钧斗爭了六次，并要开除他的团籍。

（按：李井泉专横拨扈到了什么地步！他与旧社会的官僚又有何区别！）

④困难时期，×××向李井泉等人提意見，认为他们：

1.不老实，搞浮誇风；

2.历次运动把矛头对准基层干部，不引火烧身，似乎自己是天生的当然的馬列主义者；

3.做官当老爷，不深入基层。

李井泉等人看后勃然大怒，下令把此人下放到成都量具刃具厂劳动，后把他弄到××厂当副厂长，該厂下馬以后，他长期不給他安排工作。

（按：李井泉做起一付老虎屁股摸不得的架势，别人一提意見，他就歇斯底里大发作，就利用职权对其进行政治迫害，这哪里还有絲毫共产党員的气味！）

最 高 指 示

“阶级斗争，一抓就灵！”

“整个过渡时期存在着阶级矛盾、存在着无产阶级和资产阶级的阶级斗争、存在着社会主义和资本主义的两条道路斗争。忘记十几年来我党的这一条基本理论和基本实践，就会要走到斜路上去。”

四、竭力掩盖和抹煞阶级斗争，鼓吹业务挂帅，大搞物质刺激，竭力反对突出无产阶级政治

1.竭力掩盖和抹杀阶级斗争，大肆贩卖“阶级调和”、“和平共处”的黑货。

①一九六二年，在八届十中全会上，毛主席明确指示：“凡是要推翻一个政权，总要先造成舆论，总要先做意识形态方面的工作。革命的阶级是这样，反革命的阶级也是这样。”毛主席一再指示我们要抓意識形态方面的阶級斗爭。而在一九六二年底省委召开的工业、交通、計划会上，他閉口不談阶級斗爭和两条路綫的斗爭，大談什么社会主义企业內部的矛盾是維护、巩固全民所有制和削弱、动摇全民所有制的矛盾。企图掩盖两条路綫的斗爭实质。

②一九六二年，毛主席在杭州亲自主持制定《前十条》，在(二)、(三)、(四)条里毛主席重申了在八届十中全会上提出的关于社会主义时期阶級和阶級斗爭的学說，列举了九条事实說明阶級斗爭的复杂。并对一些同志的那种“政治上和平共处，组织上稀里糊涂，经济上马马虎虎”对敌情严重认識不清的思想作了尖銳的批評。一九六三年七月，西南局經委在成都召开了一个討論企业“五反”，增产节約的会議和同年七月在昆明召开的委員会議上，有的同志把一九六三年六月召开的会議《記要》(草案)拿来，并根据杭州会議精神和当地阶級斗爭的严重情况，概括企业內部阶級斗爭情况，突出了阶級敌人的复辟活动，拉攏腐蝕干部，篡夺企业領导权。交李井泉审查时，李大发雷霆，指責文件写得杀气騰騰。并指示文件要突出他所“发明”的——“維护，巩固全民所有制和削弱动摇全民所有制的斗爭”。

③李井泉大搞“合二而一”，向阶級敌人投降。在統战工作上与李維汉、彭眞等人一唱一合，大搞投降主义。毛主席在一九六二年一月二十一日的中央工作会議上就再次强調：“要团结爱国的知识分子，爱国的资本家和爱国民主人士，要又联合，又斗争，

以斗争求团结。”但李井泉却一直反其道而行之。李井泉批了五万元給統战部，要他们发給社会上的反动分子。錢未发完，李井泉的忠实走卒李宗林（成都市市长）根据主子的意旨，要公安厅赶快找对象发放，还說：“你们看問題要用辯证法看，拿錢給社会上的反动分子，他们生活有了出路，就不会捣乱了。”

〔按：阶級敌人出来捣乱，搞破坏活动，一心想恢复他们失去的天堂，这是他们的阶級本性所决定的，是客观存在的。李井泉之流慷国家之慨，送一笔錢給社会上的反动分子，牛鬼蛇神，以此籠絡他们，这是李井泉的阶級本性的大暴露。〕

④李井泉别有用心地混淆阶級界限。一九六四年四月，李在南充火花公社搞四清时，在农村大搞重新划成分，把大批貧农上升为中农或新下中农，并且大查祖宗三代的历史，搞得人心惶惶，鸡犬不宁。不少社員反映說：“我土改是貧农，現升为中农，再过几年还可能划为富农、地主，今后干脆少养猪，养小猪。不然家庭經济变动了又要升成分。”

李井泉这样一搞，严重地影响了群众的劳动积极性。

〔按：《二十三条》中从来沒有規定要从新划成分，李井泉别出心裁地大搞重新划成分，把不少貧农或下中农的成分上升，就是混淆阶級界限，挑起群众对党不滿，破坏党群关系。〕

⑤一九六五年六月，李井泉在談到西藏民主改革的問題时，他說：“究竟西藏是搞初級社、高級社，还是直接搞公社，我考虑了很久，还是直接搞人民公社，以便把不同的阶級統一起来，不同的阶級应統一起来。”

〔按：这是彻头彻尾的“阶級調和”的修正主义謬論。〕

⑥一九六二年三月六日，李井泉在报告中說：“学术上你有你的看法，我有我的看法，讲完后各去睡觉，沒有什么事。如曹操，画什么脸好演戏，你說陈书舫好，他說××好，說陈是无产阶級，說××是资产阶級，我看不見得。”

〔按：毛主席說：“一切文化或文学艺术都是属于一定的阶级，属于一定的政治路线的。为艺术的艺术，超阶级的艺术，和政治并行或互相独立的艺术，实际上是不存在的。”而李井泉却胡言乱語什么：“你有你的看法，我有我的看法，讲完后各去睡觉。”这完全是一派修正主义言論，是散布超阶級純学术的反动論調，是反毛泽东思想的大毒草。〕

⑦一九五九年李井泉提出“一条心，一股劲，一个样”的修正主义口号。

⑧一九六五年二月，李井泉說：“要讲礼，礼多人不怪，来而不往非礼也，如走亲戚朋友一样，过年过节，你来看了我，我也应該来看看你，你說从前我们对不起你。社員们說，你实在有困难我们也可以减、緩、免。队长就可以这样答复：‘那大家讲礼，我就好好領导生产，多增加一点收益，来补尝你们的損失。’这不是两家就合作了嗎？就不打架了嗎？就是这个意思……”

〔按：李井泉把严肃的你死我活的阶級斗爭說成是什么“走亲戚朋友一样”，要不同阶級的人“一条心，一股劲，一个样，”“好好合作”，“不打架”。实为地地道道的修正主义貨色！〕

⑨一九六四年李井泉在南充的一次讲話中竟說：“苏联这几年粮食不够吃，就是他们沒有搞机械提灌。”

〔按：为赫魯晓夫修正主义給苏联所造成的祸害辯护。〕

⑩一九六五年六月在西南局委員会第五次会議城市組上，李井泉說："南充有个老姑娘，过五年地主生活，其夫十年伪警，一个要划地主，一个要划汉奸，都要看十五年的变化，要承认矛盾的轉化，都算球了。"

⑪一九六三年七月楊万选在农林口五反領导小組上传达李井泉关于机关五反运动的指示时，說机关五反"不揭盖子……不像农村有复辟活动。"

〔按：公然否认机关中存在着尖銳、复杂的阶級斗爭和两条道路的斗爭〕。

2.反对毛主席关于"三分之一的政权不在手里"和团结95%以上的英明论断

①反对毛主席关于三分之一的政权不在手里的英明論断。

一九六〇年十二月二十日，李井泉在談毛主席批轉河南信阳关于五个月夺权的經验的文件后說："为什么三分之一？根据何在？"

一九六三年七月十八日，在西南局委員会上，李井泉又恶毒地攻击这次根据毛主席指示开展的夺权斗爭，說："前几年夺权斗爭扩大化了，沾点边的都推到敌我矛盾那边去了。"

一九六五年五月二十一日，李井泉在南充說："对形势的看法，对干部的看法如何，三分之一的領导权不在我们手里的观念（指示）是否需要改变。"

一九六五年一月二十五日，在四川省委工作会議上，李井泉說："敌人篡夺的占三分之一，暂时还这样估计……三分之一的含义是什么？什么叫烂掉？一个小窟窿，也是烂，一个大窟窿，也是烂，挖掉还可以吃嘛，你說就不能吃了。"李井泉还竭力反对夺权，他說："这不是只看黑綫，不看紅綫？自己在內部搞夺权嘛，对外反修，对內夺权，那你在人大会上（注：指一九六四年底周总理在人大会上报告）讲的不成了吹牛，放大炮了嗎？"

（按：李井泉为什么疯狂地反对毛主席的这一指示？因为这一指示无情地揭露了李井泉一夥野心家、阴謀家的反革命修正主义的反动面目。）

②反对毛主席关于团結95%的英明論断。

毛主席反复教导我们要团結百分之九十五以上的群众、干部，坏人只占百分之几。李井泉却把坏人的范围縮小到百分之一，认为百分之九十五以外的百分之二、三、四的人也是人民內部矛盾，也是团結范疇。他的这个思想具体体現在西南局第三次委員会《关于农村四清运动的布署》的文件及关于西南局第三次委員会向中央的报告中。以后这些內容又被彭眞吸收到他的《后十条》中去了。

李井泉在一九六三年七——八月，先后召开的四川省地书会議上，西南局第三次委員会上都反复地讲了上述問题，极力为坏人辯护。

（按：李井泉鼓吹百分之一才是敌人的反动論調，实际上是对百分之四左右的敌人的包庇，为牛鬼蛇神大开方便之門。）

3.大肆鼓吹"清工分就是抓阶级斗争"，力图抽掉尖锐复杂的阶级斗争的实质，以局部的经济问题代替政治斗争

①一九六四年十一月三日，李井泉說："月月清工分就是月月搞阶級斗爭，天天查差

錯，也是搞阶級斗爭。……不月月清工分就是违背了毛主席月月讲阶級斗爭的指示。”

（按：毛主席反复指示，社教运动要以两个阶級两条路綫的斗爭为綱。而李井泉拒不执行，肆意歪曲，似乎农村只有工分問題，沒有阶級斗爭，两条路綫的斗爭。力图把伟大的四清运动引向单純清工分的歧途，实行和平演变。）

②一九六四年十二月四日，李井泉說：“要在干部群众中造成一种輿論，多占工分就是地富式的剝削的手段。”又說：“集体农民天天产生资本主义并不是自由市場而是工分。自由市場是外在因素，外部联系。”

③一九六四年李井泉在南充說：“……四清不能要求过高，只要清出来的錢、粮，平均每人有几元錢，几十斤粮就行了，不然就过火了。”

（按：抹杀阶級斗爭，妄图使四清运动走过場。）

4.大搞物质刺激，竭力反对无产阶级政治挂帅

①一九六一年五月九日，地委副书記×××在传达李井泉关于“工业生产为什么下降及解决办法”的讲話时說：“通过计时工资加奖励的貫徹，什么問題都解决了。”

（按：这是李井泉解决个别地方工业生产下降的“仙丹灵药”。是徹头徹尾的修正主义黑貨！）

②一九六一年四月李井泉在一个会議上讲：“实行了奖金后，有些干部有几怕，一怕物质刺激，純經济主义；二怕增加国家成本；三怕不好指揮；四怕劳动强度大，损害工人健康。实际上是不了解按劳分配原则，算小賬。抓超产奖运动，就可以把生产突上去。”他甚至鼓吹这是“一个重要政策的改进”。

③一九六一年六月李井泉在省三級干部会議上讲：“增加生产可以多得奖励，以这条促进农民积极劳动。”

④一九六一年四——五月間，重庆天府煤矿整风，李井泉反对突出无产阶級政治、以整风促生产，而大搞物质刺激，推行“定、包、奖”（定产量、质量、包任务，完成任务和超額給奖），鼓吹这是当时調动职工积极性的唯一正确方法，在工矿企业中全面推广，大发奖金。

⑤一九六五年八月五日上午，李井泉在××同志汇报农业规划会上，当汇报到要发展耕牛，要貫徹繁殖奖励政策时，李井泉說：“采取赫魯晓夫的办法，物质刺激。这个問題，大跃进时沒有解决，現在采用小牛断奶一个月折价按30—50％奖給社員，馬的問題也这样解决。要政治加物质，可能把这个問題解决了。”

（按：李井泉不打自招，是苏修祖师爷赫魯晓夫的忠实信徒！）

⑥一九六五年春在南充蓮池招待所說：“有人认为，为劳动而劳动不对，我认为为劳动而劳动是对的。因为劳动能給社会創造物质財富。”同年二月十九日，在西充晋新、观音两公社的社队干部和貧下中农代表大会上散布什么“收入比去年增加的就是立了功。”

（按：这是李井泉反对突出无产阶級政治，宣揚为“增加几块錢”而奋斗的物质刺激的修正主义謬論。）

⑦一九六五年，李井泉在南充人民公社检查四清試点工作，听到工作队負責干部說

要政治挂帅，要毛泽东思想挂帅时，李井泉气势兇兇地横加指責，說："什么政治挂帅，还是肥料挂帅，肥料才能解决問題。"

（按：毛主席說："政治是统帅，是灵魂。"但李井泉公开与我们伟大領袖毛主席唱反調。）

⑧一九六五年初，李井泉談到厂社結合时說："火花公社从棉花入手作政治工作"，"火花公社学解放軍政治工作經验，他们去作报告，光是吹牛不行，要在实际斗爭中去搞，結合生产去突出政治……。"

⑨李井泉在宜宾說："在医院、文学艺术、科学团体搞政治运动是錯誤的，是×××他们为了整人搞的，以后不搞了，你们放心吧！只要搞好本行业务就行了。"

⑩一九六五年十一月，在結束"四清"的二十二个县委书記会上李井泉胡說："搞过社教的地方，主要是搞生产、搞政治，搞样板，"并破口大罵："搞生产沒有政治工作！……搞生产你要动員党团員，动員群众嘛，把生产与政治分得那样开，不見得！"

⑪一九六四年十一月二日，李井泉在研究点上集中力量打歼灭战搞"四清"广大面上怎么办时，他說："面上能不能搞生产高潮？沒把握，靠年成吃飯，年成不好，不一定能增产。物质因素不好，靠政治因素来增产（发动群众的积极性）是比較困难的。"

（按：毛主席經常教导我们："政治是统帅，是灵魂。""政治工作是一切经济工作的生命线。"）

⑫一九六五年初，李井泉在南充地区如何巩固社教成果提出四項"突出政治"的方法：1.办好政治技术推广站；2.大搞改田改土；3.过好队日；4.清理好工分。

（按：李井泉提出"突出政治"实际上是突出技术，突出业务。）

⑬一九六四年，李井泉在省委一次会議上說："革命化就是劳动化。"

（按：这是李井泉恶意歪曲"革命化"的实质。其目的是反对广大工农群众活学活用毛主席著作，反对用毛泽东思想武装人们的头脑，反对突出无产阶級政治。）

5.兜售彭真的"重在表现"的黑货

①反对毛泽东思想，歪曲党的干部政策，污蔑貧下中农：

早在一九五三年，李井泉就提出用干部、收党員不要收"肉蛋"，而要收有"才干"的知識分子，他的"肉蛋"就是指沒有文化和文化水平低的工农干部，轉业軍人。

②一九六五年一月，李井泉說："干部队伍里有些地主富农子女怎么办，机关里面有些地主富农子女离开家很久就不存在这个問題了，还說什么成分嘛。"

（按：世界观的改变，是一个根本的轉变。出身于剝削阶級家庭的青年要彻底背叛自己的家庭，必須經过长期的痛苦的斗爭，必須經过脫胎换骨的改造过程。而李井泉却胡說什么：地富子女离家很久就不存在成分問題了，其用心何其毒也！）

③一九六四年十月，在南充火花公社一次貧协会上李井泉讲："因为用辯证法來讲可以轉化，中农可以入貧协，地富子女在社会上长大的，也可以加入貧协。"

李井泉还說："如果你眞是漏划地主、富农，你現在是依靠自己劳动所得，你現在土地交了，沒得啥子，将来就看你的表現。如果表現好，也不給戴帽子……。"

（按：李井泉竭力鼓吹阶級斗爭熄灭論。）

最高指示

社会主义制度终究要代替资本主义制度，这是一个不以人们自己的意志为转移的客观规律。不管反动派怎样企图阻止历史车轮的前进，革命或迟或早总会发生，并且将必然取得胜利。

五、恶毒攻击三面红旗，攻击社会主义社会

1.疯狂地反对人民公社大肆污蔑人民公社“办早了”、“办糟了”

①一九六二年三月六日李井泉在四川省劳动模范会上說:“土改三年才結束，合作化已經过了三年才基本完成合作化百分之七十，公社化一个冬天就化了，快得很。看来，应該取得經验才大办。”“公社化违反了和賽跑一样的規律，还沒吹哨，就跑起来了。这就叫做犯錯誤，打被动仗，后来补办。”

（按：李井泉这个反革命修正主义分子恶毒誣蔑人民公社“违反了客观規律”，攻击人民公社“办早了”、“办糟了”、“犯了錯誤”、“打被动仗”,其用心何其毒也！）

在同一报告中，他更露骨地說:“所有制变得快了，公社化的急了些，‘共产风’也就是这个原因。”

（按：把“共产风”归罪于公社化，給人民公社栽赃，眞是恶毒已极！）

②一九六二年十一月，李井泉在一次会上說:“过去土改、合作化都是有准备、有步驟、有区别的进行，人民公社沒有这样做，公社化是一轰而起。”

（按：我们伟大領袖毛主席早在一九二七年就高度贊揚农民运动，“目前农民运动的兴起是一个极大的问题。很短的时间内，将有几万万农民从中国中部、南部和北部各省起来，其势如暴风骤雨，迅猛异常，无论什么大的力量都将压抑不住。他们将冲决一切束缚他们的罗网，朝着解放的路上迅跑。”而李井泉在一九六二年还誣蔑貧下中农迫切地、积极地成立人民公社的革命行动是“一轰而起”,与毛主席大唱反調。）

2.恶毒咒骂、诬蔑人民公社

①一九六二年六月二十二日，李井泉在四川省人民代表大会上丧心病狂地咒駡人民公社說:“五八年公社化成立，男劳动力大批外調，妇女說只是‘人民母社’。缺乏群众路綫，工作要求急，民主作风削弱了。公社化就吃了这个亏，一下子就搞起来了。”

（按：人民公社是中国人民在党和毛主席正确領导下的一个伟大創举！而李井泉这

个反革命修正主义分子咬牙切齿地用极其恶毒下流語言咒罵、誣蔑人民公社为“人民母社”，眞是混蛋透頂！反动透頂！）

②在同一个报告中他还說：“有同志讲，有些紅旗不太紅，如人民公社吃不飽嘛！是不太紅。”

（按：在党和毛主席的正确領导下，人民公社这个新事物刚一成立，就經受住了三年自然灾害的严峻考验，并組織广大貧下中农渡过了自然灾害，发展了农业生产。这正是人民公社“一大二公”优越性的体現。而李井泉却誣蔑“人民公社吃不飽”，誣蔑人民公社这面紅旗是“有的地方就不紅”。这正是李井泉反革命修正主义面目的大暴露。）

③一九六三年八月九日，在四川省委、地委书記会上李井泉丧心病狂地咒罵人民公社“現在是杂种味道，混血儿，修正主义，搞下去，集体生产、集体副业得不到发展，爭来爭去，爭到边緣上。集体搞不好，单干就有理由了，你非批准我垮台不可。这种因素还在扩大。”

（按：人民公社是我国社会发展的必然产物，是从社会主义过渡到共产主义的最好形式。而李井泉却想給它加上种种莫須有的罪名，企图把它扼杀掉，为单干、资本主义复辟大造輿論。用心何其毒也！）

④一九六四年冬天，李井泉对到南充农村参观学习“四清”运动經验的地委、县委干部說：“列宁說，个体农民无时无刻不在产生資本主义。集体农民呢？我看集体农民无时无刻不在产生四不清。”

（按：在毛泽东思想阳光普照下的新中国的集体农民，95%以上是坚持走社会主义道路的，他们正在用毛泽东思想来改造自己的非无产阶級世界观，粉碎资本主义自发势力复辟，他们有着任何国家的农民所沒有的高尚的共产主义品质——胸怀祖国，放眼世界。这一切都是李井泉等一小撮不耻于人类的狗屎堆所不可思議的。李井泉散布农民无时无刻不产生四不清的謬論，就是为他推行“打击一大片，保护一小撮”作輿論准备。）

⑤一九六五年初，李井泉說：“集体生产只搞几顆粮食，社員个人打个人的主意，……。这样搞一年到头就沒有味道了。”

（按：在公开鼓吹单干和自由化！）

⑥一九六五年六月在談到西藏民主改革問題时李井泉說：“……，还是直接搞人民公社，以便把不同的阶級統一起来，不同的阶級应該統一起来。”还恶毒地叫嚷：“人民公社还不如高級社，人民公社模糊了阶級界限，是杂种味道混血儿。”

⑦毛主席曾經指出：“人民公社的特点是‘一大二公’”，可是李井泉胡說什么“人民公社的心脏是食堂。”毛主席于一九六一年春就指示要解散公社的公共食堂，可是李井泉却迟迟不传达，也拒不执行这一指示。

（按：李井泉竟公开与毛主席唱反調，眞是反动透頂！）

3.鼓吹右倾倒退，妄图把人民公社拉回到高级社，走“回头路”

①一九六一年六月十二日，李井泉在成都传达中央工作会議时說：“是否回到高級社，对外还是人民公社。如果高級社不扩大的話，大部分是办得好的，一九五五年——五八年都增产，这是个历史事实。”

②一九六二年五月三十一日李井泉在四川省委常委扩大会上讲："公社的优越性还要不要，但不能飯都沒有吃。……要下面同志参加討論，要他们回忆五八年以前……四川的历史教訓办小农业合作社，六年增产，合作社小，就是好，五八年前年年增产的經验、办法、人馬同到今天，对恢复农业生产会更快。"

③李井泉公开对抗人民公社六十条，他多次宣揚："要按初級社規模、高級社办法，来办人民公社。""并沒有改变基本核算单位，但的确怀念高級社，将高級社的办法用起来。"

④李井泉以并队为幌子，大肆鼓吹走"回头路"。在一九六三年八月九日地委书記会上說："高級社是比較完备的社会主义"。又說："(搞联队、并队)，不并就散，散了有利，……要下决心，要就散，要就前进。初級社的規模，高級社的办法，搞一批做榜样，准备两、三年都向他学。对一、二十戶的基本核算单位，我是基本上沒有信心，高級社的性质要鮮明地提出，要办这种社会主义。高級社是比較完备的社会主义。""高級社八、九成搞集体，現在只有一、两成搞集体。"

⑤一九六三年一月三十日，李井泉在四川省地委书記会上又說："过去高級社时，經营管理有一套，現在不配套，党也不配套。"一再布置每个地委試验一个，一切按高級社办，就在这个会上他还說："将来会证明，高級社的規模是合适的。"

(按：誰說人民公社不配套？！从高級社发展到人民公社这是历史发展的必然产物，李井泉却顽固地坚持右傾倒退，要我们走"回头路"。眞是螳臂挡大車，可笑自不量力！)

⑥一九六二年五月在一次会上說："把公社权力縮小，基本恢复从前的老样子。"

一九六二年一月一次会議上又說："由初級社到高級社到联社，規模比較自然，一搞公社，就是人为的。农村的間题还要重新考虑，办不成可走老路。一九五六年、一九五七年、一九五八年我们是成功的，研究这几年的經验，公社好象多了一些，考虑是否走回头路更好……。"

(按：誰說人民公社办多了？李泉井这个西南地区最大的党內走资本主义道路的当权派，念念不忘要走"回头路"，就是要我们走资本主义道路，这是白日做梦！)

⑦一九六二年六月九日，李井泉在錦江礼堂召集了六个公社的党委书記会議，李井泉大肆叫囂："按高級社办事，現在看来退了一步，还沒有退够。"又說："五八年前是不是年年增产？(众答：是年年增产)如果是年年增产，这样退下去沒有間題，搞他几年再說。"

(按：李井泉利用一切机会鼓吹把人民公社拉回到高級社。)

4.对抗"六十条"大搞"大包干"、"包产到户"，企图搞垮人民公社

当《农村人民公社工作条例草案》(六十条)下达以后，中央提出人民公社的基本核算单位是生产队，李井泉竟公开对抗，在四川搞"大包干"。

①李井泉說："我省搞大包干，扩大生产队权力。放在膝盖上(不要腰，不要脚)分两步走，光包定产、定购，余粮不出队。实质上改变了基本核算单位……，一定要放到脚上去的，也同意，但放在后一步。"

又說："試行大包干，不去試哪一級核算单位的問題。"

（按：把以生产队为基本核算单位这样关系到人民公社所有制的重大問題"放在后一步"，这是什么居心？李井泉反对党中央、反对人民公社的反动面目不是昭然若揭了嗎？）

②一九六二年六月，李井泉布置賈启允（原貴州省委第一书記）写了一个《多栽多种大春粮食作物的紧急通知》公开規定："田边、地角、荒坡、隙地、实行誰种誰收。"

一九六二年五月一次会議上談到分配問題时說："生产队究竟是多少人好？是否搞点生产分紅？是否給农民点荒地？有的主张搞飼料地、扩大自留地百分之十，借地給农民的意見也不一致，如何分配沒有把握。"

③一九六二年六月十日，卫广平（原四川南充地委第一书記）在县委书記会議上說："現在要下放权力，要加强生产队（实际上就是划小生产队。）有人提出人民公社的优越性还要不要？李井泉說：'什么是优越性，增产才是优越性'。"（按：这和右派分子鼓吹的"不管黄猫黑猫，咬到耗子才是好猫"的黑話完全是一个腔調！）因此，一九六二年南充全专区就刮起大量划小生产队的歪风，有些地方就变成了几戶人的父子队，队长就是家长。（按：典型的单干倒退！）

④一九六三年冬，李井泉对林业生产提出了一条"生产队集体发展林业实行分戶管理，收益分成"的修正主义路綫。在工交战綫上大搞修正主义的"定包奖制度"、"鈔票挂帅"、"物质刺激"。

（按：企图瓦解工人阶級队伍的革命意志，挖社会主义集体經济的墙脚。）

⑤一九六三年八月九日，在四川省地委书記会上賈启允（原貴州省委第一书記）談到四淸运动后期合并生产队的問題时，李井泉說："……一个公社搞一个大队核算，一个大队搞一个初級社規模的核算，多数生产队保留。"

（按：李井泉公开对抗农村人民公社六十条，与以毛主席为首的党中央大唱反調。）

李井泉又接着說："有人会提出违背中央規定，不管他，并沒有违背，中央規定也并沒有排除这样不可以。"

中央（扩大）工作会議，决定人民公社三級管理，以生产队为核算单位。而李井泉在北京飯店对刘結挺（原四川宜宾地委书記）說："我们四川問題是粮食問題，不是以生产队为单位的問題。"中央（扩大）工作会議以后，也迟迟不执行中央指示。

一九六一年，毛主席指出农村人民公社以生产队为基本核算单位，李井泉却认为不符合四川的情況，多次提出要以大队为基本核算单位，并派工作組下去調查大队核算的优越性。当工作組下去后，群众一致反映，毛主席的指示非常英明、正确，及时。但李井泉听了工作組汇报后，反而批評工作組沒有摸透情況。

（按：李井泉竟狗胆包天，对毛主席和党中央指示拒不执行，另搞一套，其狼子野心昭然若揭也！）

⑥一九六三年在郫县犀浦公社进行社教試点工作中，下令解散該社某个生产队，并将这一"經验"塞入《四川省委关于农村人民公社生产經营管理若干問題》文件中，此文規定一条解散特殊落后生产队。这一文件发到全四川执行，使一批落后生产队垮台，严重打击貧下中农走社会主义道路的积极性。同年李井泉还布置每个公社可以开除几个

公社社員。

（按：毛主席教导我们："不应当去解散那些三等社，而应当去做整顿工作。经过工作，三等社是完全可以变为一等社的。"他老人家教导我们："我们应当爱惜农民和干部的任何一点微小的社会主义积极性，而不应当去挫折它。"而李井泉公开反对毛主席最高指示，解散生产队，开除公社社員，其用心何其险恶也！）

5.恶毒攻击大跃进

①一九六二年三月六日，在总結大跃进中缺点时說："估计不够。什么叫不够，就是办事情提得过分了，超过了我们現有的条件，不是实事求是。"

（按：李井泉含沙射影地誣蔑大跃进"不是实事求是"，眞是混賬透頂！）

②一九六二年五月，李井泉在四川省委扩大会議上談到大跃进几年来的經验教訓时說："社会主义时期，界綫搞不清，总的說是对社会主义建設看得急了。苏联現在还要搞二十年，至于那时能否搞成还要看。"

（按：李井泉以談大跃进的經验教訓为名，含沙射影攻击大跃进、总路綫。）

③一九六一年五月，他在一次会議上說："工业有个快慢問題……工业从前慢了一些，跃进了一下受不了，这个問題全党未解决。"

（按：大跃进就是为了更快地加速社会主义建設，而李井泉却誣蔑我们"跃进了一下受不了"，更恶毒的是攻击工业的快慢問題"全党未解决"。老实正告李井泉，我们的党是以毛主席为首的光荣、正确、伟大的党，决不准你誣蔑！）

④一九六五年十二月二十日在座談厂社結合会議上說："为什么大跃进犯錯誤呢？指标高了实际达不到。"

（按：李井泉恶毒攻击大跃进犯了錯誤。）

6.恶毒地攻击三面红旗

①一九六一年四月在地委书記会議上說："三面紅旗是正确的，但在具体問題上有缺点錯誤。"

（按：狡猾的反革命修正主义分子李井泉对三面紅旗抽象肯定，具体否定。）

②一九六一年四月九日，李井泉在讲話中說："一九五九年的指标可能要十年才能达到。"

（按：一九五八春，我党制定了社会主义建設总路綫："鼓足干劲，力爭上游，多、快、好、省地建設社会主义。"而李井泉說："一九五九年指标可能要十年才能达到"，这是恶毒攻击总路綫。）

③一九六二年四月五日，在省委扩大会議結束时，李井泉露骨地攻击三面紅旗說："一九五八到一九六〇年中，前一年半虽有缺点和錯誤，还是打了胜仗。問題出得多是一九五九秋后到一九六〇年这段时期，缺点錯誤多是整个社会主义建設过程中一时的挫折，受到了严重創伤，打了一个很大的消耗仗，伤亡大一些。"

（按：誣蔑我国社会主义建設在一九五八年到一九六〇年"受到严重創伤"，"打了一个消耗仗，伤亡大一些。"企图詆毁三面紅旗的光輝，用心何其毒也！）

④李井泉說什么“农业方面問題大，缺点錯誤是三个指头或者更多，天灾恐怕要占个把两个指头。……”同年六月二十三日又攻击說：“农业上的缺点錯誤較大可能不只是三个指头問題。”

（按：李井泉在含沙射影攻击我们伟大的党，攻击三面紅旗。）

⑤一九六二年十一月，在一次会上，李井泉說：“对錯誤如何认識？一九五八的教訓不深，一九五九的教訓才深了。”“只有总路綫，沒有具体政策不行，这几年缺乏具体东西，作风上是一轰而起，大兵团作战，缺乏細緻工作。”

（按：李井泉攻击总路綫“缺乏具体东西”，把总路綫指引下雷厉风行的工作作风誣蔑为“一轰而起”，眞是混蛋透頂！）

(二)破坏民主改革和社会主义改造妄图把我国拉向后退

毛主席教导我们："中国共产党领导的整个中国革命运动，是包括民主主义革命和社会主义革命两个阶段在内的全部革命运动；……民主主义革命是社会主义革命的必要准备，社会主义革命是民主主义革命的必然趋势。"

反革命修正主义分子李井泉，在我国进行民主主义革命阶段迫不及待的跳出来，疯狂地抵制和破坏清匪、反霸、鎮反及土改运动，极力保护反革命势力，执行右傾投降的的土改路綫。而当我国已进入社会主义革命阶段的时刻，他又糾集同伙，反对农业合作化运动，打着反对"急躁冒进"、"稳步前进"的旗号，对合作社大砍大杀，并用他主子兜售的《四大自由》来破坏集体經济。为了在中国保存资本主义，发展资本主义，他竭力反对私营工商业的社会主义改造、美化资本家，和刘少奇一个腔調，眞是无耻已极。李井泉破坏民主改革和社会主义改造，目的就是要把中国拉向后退，实現资本主义复辟。

一、恶意破坏清匪、反霸、镇反及土改运动

反革命修正主义分子李井泉盘踞西南十七年来，秉承刘、邓黑主子的旨意，利用职权招降納叛、結党营私，打击革命的中坚力量貧下中农，破坏清匪反霸及鎮反土改运动。眞是罪恶累累、罄竹难书！

1.在清匪、反霸和镇反运动中执行右倾机会主义路线

一九五〇年川西地区发生了全国罕見的有組織有計划的反革命武装叛乱。这次叛乱与反革命修正主义分子李井泉执行右傾机会主义路綫有密切联系。

毛主席教导我们，对敌人必须实行专政，必须彻底砸烂旧的国家机器。李井泉对抗毛主席指示，忠实执行刘、邓、賀关于"全部接收旧人員，充分利用旧人員"的黑指示，纵容包庇坏人，为反革命叛乱埋下了祸根。

一九四九年十二月三十一日李井泉在一次軍管会上說："治安警察、交通、戶籍，一律保留"。猖狂地叫嚣："根据賀总指示，市政府系統接管要通过伪市长冷寅冬"。一声令下，反动軍人，伪警宪、特务就以合法身分钻进我人民政府的許多主要部門。

大軍閥刘××、邓錫侯、潘文华成了西南軍区委員会副主任，大軍閥黄×成了川西軍区副司令員。胡宗南的副司令裴昌会成了西南軍官高参室負責人。反动軍人李振、王占緒也成了李井泉的座上客。甚至连张秀熟这样血債累累的叛徒也当上了教育厅长，一

九六四年晋升四川副省长。

至于这些反动头目的脚脚爪爪也紛紛隐藏了下来。城內的五——六千伪警宪全部保留了下来，地主武装、袍哥和反动会道門的势力得到了保留、发展。李井泉根本不执行中央指示，对十——二十万人的起义部队不认眞整編，就整营、整师接过来，有的只派一两个軍代表去。說什么：“大权在手，不会出多大問題”。沒能改編的下級軍官也紛紛安插到各区乡，每堡五戶。一九五〇年五月川西鎮反該抓的特务土匪就有五一六千人。李井泉对敌人实行了“寛大无边”的政策，甚至胡說什么：“特务可以抓，但不能抓得太多。”由于李井泉的投降妥协，致使地主武装、国民党反动軍队、反动軍官阴謀勾結，乘隙在一九五二年二月进行武装叛乱。血的事实淋漓尽致的揭露了反革命修正主义分子李井泉的滔天罪行，在广大群众輿論下，一九五一年四月四日李井泉也只得不痛不痒的承认：“对于反革命分子，前一段时間，我们犯过寛大无边的錯誤，沒有及时鎭压”，“广大群众責备人民政府寛大无边，这实际上就是批評我们姑息养奸，优柔寡断。”对敌人的仁慈，就是对人民的残忍！李井泉为反革命分子张目，破坏无产阶級专政罪責难逃！

2.维护地主阶级利益，打击压制贫下中农

毛主席說：“土豪劣绅、不法地主阶级，是几千年专制政治的基础，帝国主义、军阀、贪官污吏的墙脚。打倒这个封建势力，乃是国民革命的真正目标。”可是，在减租退押运动中，李井泉顽固执行了一条維护地主阶級利益，打击貧下中农的资产阶級反动路綫。

他包庇资产阶級分子，規定：“工商业兼地主，地主兼商业在不影响他工商业的前提下尽量多退。”这些吸血虫在李井泉照顾下，把財产轉移到城市，使农村中的押金退得很少。对于起义头目和所謂“統战对象”，竟荒唐的提出：“退多少算多少”的投降政策，根本不发动群众清算这些血債累累的大地主、大軍閥的罪恶。对中小地主实行所謂“减、緩、免”的政策，李井泉甚至公然說：“对少数确有困难的地主，則亦先后照顾”。竭力保护地主阶級的利益。

当对地主阶級怀着深仇大恨的貧下中农起来和地主面对面斗爭时，李井泉迫不及待的下了一条禁令：“凡原佃戶不得到自己地主家去退押，只能由其他佃戶去退押。”一九五〇年十二月，李井泉甚至反动透頂的狂吠：“不准农民参加退押工作，”“溫江专区退押斗爭中死了十三个地主，这是因为农民参加了。”接着李井泉又批准当时川西党委发了一个开展退押工作的指示，指示中露骨的說：“所有地主一律集中到区級或平川的小县的县級机构办理退押手續，富农退押則可以归乡下进行处理，一律不采取斗爭方式解决。乡上組織的归劝小組由县区干部、农民代表、小学教員、工商业者及守法地主組成”。在李井泉的黑指示下，成立了七县联合办事处（“七联”）和五千人以上的各阶层人士組成的所謂“劝說小組”，根本不斗爭地主，只管調查、談判、劝說，行投降主义之实！

“七联”成立以后，首先就頒布：“不許原佃戶到地主家提押。”长地主阶級的威风，灭貧下中农的志气。致使集中的五千多地主有不少顽固不退押，严重阻碍了退押斗爭，也直接影响了春耕生产。甚至当溫江“农协”提出要把拖賴退押的地主抓回各县处理时，被反革命修正主义分子李井泉操纵的“七联”竭力包庇，断然拒絕。

由于李井泉在川西实行投降主义政策，使川西退押运动受到极大阻碍。如，至一九五〇年七月底，川东万县地区退押70.8%，川北六个县六十个乡退押64.7%，其他地区也退到50%以上，但川西地区只退到押金总数的30%。在退押分配上，李井泉实行“誰退归誰”的方針，肥了富农，中农，严重打击，損害了貧下中农的利益。事实就是铁证。川西应退押100%，实退79.1%，其中富农得28.5%，中农得26%，貧农应得的加上調济的共20.7%，調济雇农2.9%，調济軍屬0.8%，調济其他2.2%。一九五一年李井泉还从溫江、郫县的押金中抽走約二十万——三十万元錢，說什么“以后用在农业上”，話是这么說，事隔十年，几十万元无声无息，连个影子也沒有看見了。联想起李井泉在晋綏的形“左”实右，剝削阶級的孝子賢孙維护地主阶級利益、打击迫害貧下中农的蛇蝎之心，不是昭然若揭了嗎?!

3.在川西土改中頑固推行右傾投降路綫

毛主席教导我们，在革命中必須依靠貧下中农，并指出：“沒有贫农，便沒有革命。若否认他们，便是否认革命。若打击他们，便是打击革命。”李井泉野心勃勃对抗最高指示，胡說什么，“依靠农民，但不是唯一依靠貧雇农，而是要在貧雇农以外寻找其他依靠对象”。“中农力量大得很，可以举足輕重”。“要灵活运用，团結多数”。言外之意就是中农才是革命眞正依靠对象。用其黑主子邓小平的話来說就是：“要注意团結中农。在土改分地时，要特别注意团結中农，中农土地不够种，要注意解决。”主仆左一个“中农”，右一个“中农”，只字不提貧下中农，抗拒最高指示，排斥革命中坚貧下中农。

对大地主和反动軍閥，李井泉沒有实行坚决打击，而是包庇纵容。川西大軍閥刘××罪大恶极，大邑十几个农民代表专程到城内揪刘回大邑斗爭，李井泉借口“統战”进行包庇，更加卑劣的是派心腹干将李宗林把农民代表騙到統战部搞什么“談判”，用“听党的話”“按政策办事”欺騙农民，愚弄貧下中农。

由于李井泉的妥协投降，不少地主、反、坏分子漏网、漏划，受到包庇，阶級敌人活动日愈猖獗。一九五二年一月十日苏坡乡农民向李井泉写信反映情况，信中特别强調“由于警惕不高，被地主杀害十个农民代表”，李井泉的回信不提阶級斗爭，不提阶級敌人反攻倒算，也不談及鎭压反革命分子，却空談“增产节約計划”，他的最大希望是“增产5%”。李井泉那里有共产党員的气味呵！眞是姑息养奸，視民如草芥！

此外，在建立农村政权上也实行了一系列投降主义政策。川西不少“农协会”里中农、上中农占优势，貧下中农起不到决定作用，甚至有不少土匪分子，漏网地主分子也混了进去。“农协会”存在严重不純。李井泉对此不聞不問，不清洗，不整頓，敌我不分，致使基层政权被反坏分子和农裕农民篡夺，眞正的貧下中农受打击、受迫害，资本主义实現复辟。

血跡斑斑，罪恶累累。揭开反革命修正主义分子李井泉反党反社会主义反毛泽东思想，复辟资本主义的黑幕，血淋淋的事实是何等触目惊心，令人发指！一定要清算“土皇帝”李井泉欠下人民的笔笔血債！声討他反党反社会主义反毛泽东思想的滔天罪行！

二、竭力破坏农业合作化运动

李井泉这个反革命修正主义分子，在四川农业合作化运动中，一貫反对以毛主席为代表的无产阶級革命路綫，忠实貫徹执行刘，邓资产阶級反动路綫。长期以来，他抹煞阶級斗爭，竭力鼓吹“四大自由”，公开提倡保护和发展个体农民的“积极性”，大力发展农村资本主义自发势力，反对农业社会主义改造；他打着反对“急燥冒进”、“稳步前进”的幌子，千方百计破坏农民走互助合作的社会主义道路；他反对在农业合作化运动中突出无产阶級政治，主张技术挂帅；他大砍大杀农业互助組和农业合作社，实行右傾倒退和形“左”实右的资产阶級反动路綫。李井泉对抗毛主席和党中央关于农业合作化运动的一系列指示，破坏农业社会主义改造，給四川农业合作化运动造成了严重的損害和挫折，必須徹底揭露，徹底批判。

1.竭力发展农村资本主义势力，反对农业社会主义改造

早在一九四三年的抗日战爭时期，我们伟大領袖毛主席在“招待陝甘宁边区劳动英雄大会上的讲話”中就向我国亿万农民群众发出“組织起来”，的伟大号召，指出农民“組織起来”走互助合作的道路，“这是人民群众得到解放的必由之路，由穷变富裕的必由之路。”一九四八年，毛主席在晋綏亲笔題詞：“依靠貧农，团结中农，有步骤地、有分别地消灭封建剝削制度，发展农业生产，这就是中国共产党的新民主主义的革命时期，在土地改革工作中的总路线和总政策。”毛主席这些极其重要的指示，是我们进行农业社会主义改革的指导方針。但李井泉对毛主席这些重要指示，不但不认眞貫徹执行，而且明目张胆地对抗。

一九五一年十二月十五日，党中央发出《关于农业生产互助合作的决議》，指出在土改后，党在农村工作的根本任务，就是开展两条道路斗爭，积极領导个体农民，組織起来，走互助合作的道路，实现农业社会主义改革。李井泉对党中央和毛主席的指示，阳奉阴违，拒不执行。当时川南，川北，川东在一九五二年冬已开始农业互助合作的試点工作。但李井泉把持的川西区，借口“我们是新解放区，新土改区，不能与老解放区相比”，“要稳一点，慢慢来”，采取消极态度，迟迟不予貫徹，严重阻碍了川西地区的农业互助合作运动的发展。

一九五二年，在毛主席和党中央的号台下，四川广大貧下中农积极組織起来，全省正处在互助組大发展，生产大发展的一派大好形势。但李井泉自窃取了四川的領导权后，对这种大好形势怕得要死，恨得要命，大肆叫嚣“过头了”，“冒进了”，打击了个体农民的积极性“影响了生产”等等。就在当年冬天到一九五三年夏天，在全省来了一个大反攻，大倒退。他一面秉承党內最大的走资本主义道路当权派，刘、邓的意旨，假借“整頓巩固”互助組为名，砍掉了50％左右的互助組，一方面积极追随党內最大走资本主义道路当权派刘少奇的“四大自由”。在一九五三年二月二十八日，李井泉亲自主持制定和批发了四川省人民政府《关于发展农业生产的十项政策》这个文件，与党內最大的走资本主义道路当权派刘少奇一九五一年提出的“四大自由”，主张大力发展“三馬一犁一

車”式的富农經济同出一轍，同唱一个調子，公开提倡“保护与奖励个体农民的积极性”，竭力鼓吹“出租，买卖，土地自由”，“借貸自由”，“雇工自由”和“农产品交换自由”。在这个文件中，还特别强調保存和发展富农經济，規定“富农經济亦允其存在，并得自由雇长工，短工”等等。这是一个彻头彻尾的发展农村资本主义經济的修正主义綱領。在李井泉竭力助长和发展农村资本主义势力下，农村中两极分化非常严重，资本主义自发势力大肆泛滥，严重地冲击了国家市場，破坏了国家計划，破坏了社会主义經济。富农，富裕农民和投机商人大量囤积和搶购粮食，曾一度鬧到把国家粮食搶空，国家农产品收不回来；胶鞋、手电筒、雨伞等日用工业品也被搶空，在这个时候，甚至发生农村中投机分子从四川坐飞机到广州、武汉等地买卖貴重药材做生意，非法牟取暴利。由于李井泉竭力发展农村资本主义势力，反对农业社会主义改造，严重阻碍了四川合作化运动的发展，导致整个四川地区的合作化运动大約落后了一年左右。如一九五二年，全国以各种形式組織起来的农民（劳动力）占全国农民（劳动力）的40%；但是四川在一九五三年，以各种方式組織起来的农民（劳动力）才占全省农民（劳动力）的30%。据一九五三年十二月統计：华北农业生产合作社已发展六千一百八十六个，中南已发展五百二十七个，而西南才仅有五十九个。就在这种落后的情况下，李井泉还大反“急燥冒进”，叫嚷“互助合作快了”，要“慢一些”。一九五三年，由于互助大倒退，生产也跟着有所倒退。

2.赤膊上阵，大砍合作社，大搞右倾倒退

党內最大的走资本主义道路当权派刘少奇，为了复辟资本主义，反对社会主义改造，在解放初就提出“巩固新民主主义秩序”，“先机械化，后集体化”的修正主义路綫。西南的土皇帝李井泉对这条修正主义路綫十分欣賞，卖力貫彻。在土改后分配土地时，李井泉就提出要留8—10%的土地，在每个县搞国营农場；一九五二年七月，李井泉亲自陪同其黑主子邓小平察看四川机械化設备；一九五二年李井泉又亲自在郫县建立拖拉机站，花了国家許多錢，大搞双輪双鏵犁、打谷机，企图通过“机械化”实現“合作化”，明目张胆地与毛主席提出的“先合作化，后机械化”的革命路綫相对抗。

一九五二年冬，党內另一个走资本主义道路的当权派邓小平（原西南局书記）在西南第一次农村工作会議上，亲自布置“整頓互助組”的方案，大砍互助組，李井泉对其黑主子，言听计从，十分卖力。就在当年冬天至一九五三年夏天，李在四川开动一切宣传机器，大反“急燥冒进”，大反“事事集体”。誣蔑互助組沒有按照“自願互利、等价交换的原則”，“打击了单干戶”，“貪多喜大”。还胡說什么农民“还沒有互助合作的經验，互助合作对他们还完全是生疏的，他们对互助合作的优越性还不是深信不疑的”。并提出“从今年到明年半年內，以整頓巩固为主，不作发展”等等。在李井泉赤膊上陣，大砍互助合作之下，当时，“約有半数的互助組自发由大变小，由繁到簡，以小型换工，代替了大换工”，实际有半数的互助組被李井泉砍掉。广大农村干部和貧下中农十分憤慨，他们說：“这样做，沒有去年的轰轰烈烈，搞起来不带劲。”这样做是“退化”，“降級”，“不象个互助組的样子”。

一九五三年秋季，中央召开农村工作会議。毛主席指示，农村这个陣地，社会主义不占領，资本主义就要占領，农民有两重性，必須把农民組織起来，走互助合作的道路。毛主席提出，山西的关中，四川的成都垻子，杭州的杭嘉湖，广东的珠江三角洲等地3—5年应实現农业合作化。毛主席还指出，办好合作社，带动互助組大发展。会上毛主席还点名批判了李井泉在合作化問題上迟迟不办合作社的錯誤，李井泉被迫向中央写了书面检討。可是李井泉对毛主席极其重要的指示和批評，仍然阳奉阴违，继續顽固坚持刘、邓资产阶級反动路綫。他提出："在四川应以大力发展联組互助为主，联組互助要稳些，慢慢发展"，公开与毛主席唱反調。

一九五三年，李井泉在制定第一个五年計划中，关于农业互助合作的规划时提出：一九五三——五五年以发展临时性季节性互助組为主，以农业社重点試办。并規定农业社試办，以地委为单位，要經省委批准，一九五四年才能以县为单位試办，一九五五年才能以区为单位試办。与毛主席指示的成都垻子3—5年內实現合作化，办好合作社，带动互助組大发展完全对抗。

一九五四年，李井泉以抓"联組互助組"为名，根本不提发展农业生产合作社問題。当资中、乐山等地广大貧下中农自发組織起农业合作社时，李井泉非但不积极扶植，正确引导，反而竟丧心病狂地下令解散这些"自发社"，他还荒唐地提出："'自发社'，你知道是貧农組織起来的，还是地富組織起来的？"他以地主老爷式的态度，下令解散这些合作社，說"沒有党員，沒有經过上級批准，沒有經验"，一律要解散。他还独出心裁地规定"要有计划，要有(經验)准备，要有領导，要有党員"才能批准。在一九五五年，他还在全省发出通知：停止和解散自发社。严重妨碍了广大貧雇农走农业互助合作社道路的积极性，导致整个四川农业合作化运动长期处于落后状态，直到一九五五年秋，全省合作社的戶数才占全省农村总戶的17.4%。

3.大搞形"左"实右的机会主义路线

一九五五年一月三十一日，我们伟大领袖毛主席发表了《关于农业合作化問題》这部划时代的光輝著作，它象一盏指路明灯，照亮了我国广大农民群众通往社会主义的康庄大道。亿万农民无不为之欢欣鼓舞，举国上下掀起了一个轰轰烈烈的农业合作化高潮。但是李井泉等人仍然继續对抗主席指示，一九五五年八月二十四日，李井泉之流制定了計划，規定一九五五年底合作社只能发展到27%，但是四川广大貧下中农响应毛主席的号召，紛紛組織起来，成立了很多农业合作社。例如一九五五年冬，內江专区就已发展到48%的合作社。可是李井泉这个土皇帝认为沒有按照他的"圣旨"办事，暴跳如雷，声嘶力竭地狂叫什么"走快了，办多了！"并迅速派他的爪牙廖志高，楊万选到內江去"刹車"。說什么"現在要刹車，要强調稳一点，一下子搞不了那样多"。公开給群众大泼冷水，拖他们后腿。但遭到广大干部和貧下中农抵制，阴謀未能得逞。

一九五五年冬，毛主席严厉批評李井泉，慢吞吞的，象小脚女人走路一样后，这一下李井泉可慌了手脚，又走向了另一个极端，大搞形"左"实右，他神精紧张地向干部提出："只要合作社达到55%，就算合作化了，大家抓紧搞"。不突出毛泽东思想，不放手发动群众，不作調查研究工作，一天到晚坐在办公室搞数字，卡比例，赶进度，并要秘书每天晚上收集各专、县的数字，向他汇报。李井泉为了应付主席的批評，还瞞上欺下地提出什么"先搭架子，先挂牌子，具体問題以后处理"的錯誤主张，結果合作社的數量虽然发展很快，但质量有的不高，群众批評李井泉搞“灯下照”，是“坐在办公室灯下搞出来的合作社”。特别恶劣的是，混蛋李井泉在一九五六年九月十七日党的八次会上，公开撒謊，謊报成績，欺騙党中央，欺騙毛主席，說什么：“現在四川全省参加初級形式的农业合作社农戶，已达全省总戶數一千三百万戶的百分之九十以上，預计高級形式的农业合作化，也可以在今冬基本实現。”实际上，当时四川初級形式比例根本沒有90%，而只占60%左右，李井泉从北京回来后，慌了手脚。从一九五六年冬到一九五七年春大搞什么“扩、併、轉”(扩——扩大合作社；併——小社併大社；轉——把初級社升为高級社）把下面的干部忙得团团轉。就是如此，一九五六年底也沒有高級化，直到一九五七年秋冬才高級化。据調查：一九五六年春，全省高級农业社还停留在試办阶段，参加高級社农戶比例占全省农戶約 4 %，是全国办高級社最落后的一个省。整个四川农业生产合作社比别的省发展晚一年，高級社的分配比其他大区晚一至两年。

一九五六年，当各地合作社发展超过60%，李井泉右傾机会主义的本性又原形毕露了，馬上下令“剎車”，各地干部、群众思想不通时，李井泉竟說“要下死命令剎車。”他荒唐提出，如果不这样“就会造成生产混乱，就会犯强迫命令的錯誤。”在李井泉修正主义路綫影响下，直到一九五八年公社化时，全省沒参加合作社的单干戶仍有30%，一九六一年全省单干戶占全省总數的2.8%。

这是李井泉大搞右傾倒退，大搞形“左”实右而造成的严重后果。

4.不讲阶级，不问政治，抹煞阶级斗争，大搞技术挂帅

在整个农业合作化运动中，自始至終都貫穿着两个阶級，两条道路，两条路綫的斗爭。正如毛主席指示的，农村这个陣地，社会主义不占領，资本主义就要占領。但是长期以来，反革命修正主义分子李井泉不执行毛主席指示，而忠实地执行刘、邓黑指示。

一九五三年二月，由李井泉亲自批发的关于发展农业生产十項政策，公开鼓吹“四大自由”，叫嚷要“保存富农”，并要求“打破各阶层思想顾虑”，“深入的宣传与认眞貫彻”，当时群众批判单干戶是走资本主义道路，李井泉竟指責群众是“錯誤的”，要“认眞糾正”，大大助长了农村资本主义經济势力泛濫，严重阻碍了四川地区农业合作化运动的发展。

一九五六年，已是农业合作化运动蓬勃发展的高潮之时，由李井泉直接掌握召开了一个四川农(业)林(业)水(利)气(象)系統的模范及先进工作者代表会議。在这个会上，李井泉之流狂热地宣揚技术第一，技术挂帅。大会发言代表由李井泉，廖志高授意，几乎均由技术干部、“专家”上台讲，当时农业厅找不出技术“权威”，就只好找一个搞技术的科长讲，甚至有的厅把大右派分子也搞上台讲（例如水利厅吳××）。使与会者好象进了技术訓练班。在农业合作化高潮之际，李井泉究竟要把农民引向何方不是昭然若揭了嗎？

一九五五年，由李井泉授意，以中共四川省委农村工作部名义編写的《农业生产合作社經验介紹》和上报中央的《中国农村的社会主义高潮》材料，以及由李井泉为某些文章加的按語，皆是談的純生产技术，經营管理，主张“以生产为中心”，“以生产带动生产”，根本不談政治工作，抹煞农村中存在的两条道路的斗爭。在这些文章和材料中，

几乎沒有一句最高指示。

看，李井泉将毛主席的指示，无产阶級的政治置于何地！

更严重的是，李井泉在农业合作化运动中，不讲阶級，不抓两条道路的斗爭，严重丧失阶級立場。一九五三年，在李井泉亲自修改的一个报告中，指責“农民自私” 污蔑“貧雇农想揩中农的油”，說什么“农民参加社后，会貪污，那有見錢不拿的人”，并指示不要让地富“无偿劳动”，不要派地富公差，不要派地富“跑腿”……等等，“以免影响他们生产。”

一九五四年，混蛋李井泉认为地富已改造好了，便指示富农可以摘帽入社；一九五六年又再次指示地、富可以摘帽入社。并派×××去新繁新民公社蹲点摸經验，回来向李井泉汇报：有20%的地富已改造好了，可以摘帽入社，30%可作为后补社員(未摘帽)其余监督劳动。以后，李又在地委书記会上多次吹嘘地富可以摘帽入社，并在全省推行。在李井泉“指示下”，許多根本未改造好的地富分子鉆进了农业社，攪乱了阶級陣綫，貧下中农十分不滿。一九五七年反右斗爭后，又才重新給这些地富分子戴上帽子。

这是李井泉，不讲阶級，肆意抹煞阶級斗爭，对貧下中农恨，对地富亲的反革命本性的大暴露。

三、对资产阶级执行投降主义路线

反革命修正主义分子李井泉，一貫忠实执行刘、邓资产阶級司令部的投降主义路綫，对抗以毛主席为代表的无产阶級革命路綫。他极力美化和吹捧资产阶級，抹煞阶級斗爭，反对工人阶級对资产阶級的改造和斗爭，他与苏修和中国党內最大的走资本主义道路的当权派一唱一合，大搞资本主义自由化，妄图在祖国的大西南和全中国实現资本主义复辟。李井泉的罪恶累累，罄竹难书，必須彻底清算，彻底揭露。

1.极力美化和吹捧资产阶级，抹煞阶级斗争，散布阶级斗争熄灭论

毛主席教导我们：“敌人是不会自行消灭的。无论是中国的反动派，或是美国帝国主义在中国的侵略势力，都不会自行退出历史舞台。”五七年，毛主席又向我们指出：“无产阶级和资产阶级之间的阶级斗争，各派政治力量之间的阶级斗争，无产阶级和资产阶级之间在意识形态方面的阶级斗争，还是长时期的，曲折的，有时甚至是很激烈的。无产阶级要按照自己的世界观改造世界，资产阶级也要按照自己的世界观改造世界。在这一方面，社会主义和资本主义之间谁胜谁负的问题还没有真正解决。”而李井泉却公然对抗毛主席的指示，大肆吹捧资产阶級，宣揚阶級斗爭熄灭論。

早在一九五五年省工商联会議上，李井泉对资本家說：“你们一半以上是国家工作人員，你们代表资产阶級，实际是預备工人阶級，預备干部，其实有些人已經沒有剝削，可以說是四分之三的国家工作人員，工人阶級。”在一九五五年十二月一次工商联常委会上更加肉麻地吹捧资本家說：“你们贊成共产，积极工作”，又說：“至少在座的 200 多积极分子，更多是代表社会主义。”同时还煞有介事地說：“你们不要怕暴露资本多說大资本家，其实大资本家不怕共产，更证明社会主义多一些。”“我们今天可以称同志。”由此可

見，李井泉和誰站在一起，和誰称同志，是誰家的代理人不是很清楚了嗎？

一九五六年九月，党內最大的走资本主义道路当权派刘少奇，大肆宣揚阶級斗爭熄灭論，胡說“我国社会主义和资本主义誰战胜誰的問題，現在已經解决了。”同年十一月，李井泉尾随其黑主子，在省人代会上也大肆散布阶級斗爭熄灭論，說“几年来，我们的工作是不是有成績？这个問題，我们认为是有成績。第一，完成了社会主义改造，国內阶級矛盾基本解决了。……第二，工农业生产是发展的，人民生活有了改善……，但总的讲来，实現了人民的伟大理想，消灭了阶級和剝削。”

在同年十二月省委会上，李井泉又說“对于资产阶級要从变化来看，目前阶級斗爭已經基本結束，阶級已起了变化，定息要叫他们馬上放弃，很多人是会馬上同意的。”李井泉与其黑主子，真是一唱一合，亦步亦趋。

为了为其阶級斗爭熄灭論寻找根据，李井泉还創造了一种“瓜熟蒂落”論，极力美化资产阶級，似乎资产阶級的本性已經改变，他们也自願要搞社会主义了。李井泉在一次会議上說：“瓜熟蒂落，水到渠成，有人讲资本家不是瓜一起熟，我看快接近熟了……，客观法則发展到要求改变生产关系，改变私有制，这种要求已經成为一种力量，各方面都有这种要求。”“客观发展如此，你不让他来，他也来了。”在这里，李井泉完全抹杀了无产阶級对资产阶級的改造和斗爭，是一派十足的修正主义謬論。

李井泉不仅大肆宣揚阶級斗爭熄灭論，而且还利用他所窃取的党政大权，企图为地主和资本家改变成分。一九五五年六月李井泉提出“农村中的地主，五年改变成分”的主张，一九五八年他又指使反革命修正主义分子程子健抛出了一个“十年消灭资产阶級”的綱領。在一九六〇年省人代会、政协会上，李井泉更吹捧一个资本家的太太說：“高××的发言很典型，工人对她的称呼是由老板娘到高××同志，到高师傅，恐怕是已經把她当作工人阶級一分子看待了，我也同意这个看法。她成为三八紅旗手，三級电工，很好，改造好了。”其实，这个太太只是参加几天工作，表現并不好，李井泉为了树立典型，还把她提为成都市人民代表大会委員。李井泉对地主、资产阶級如此关怀备至，极力为他们复辟翻天的狼子野心完全暴露无遗了。

2.吹捧苏修，效仿苏修，大搞资本主义倒退

在一九五五年省工商联常委会上，李井泉說：“赫魯晓夫同志在印度讲，苏联願意与资本主义和平竞賽，看那个优越，中国也是这样，比的結果就是社会主义优越，国家资本主义优越。”

在一九五六年十二月一次省委会上說：“苏联（指赫修）是按照馬列主义原則办事的，他们的馬列主义比我们的多”，“苏联不会出現像波、匈那样的大民主的，因为他沒有阶級了”，“各社会主义国家的党……总的目标是一致的，都要建設社会主义，都要反对帝国主义。”

还在一九五七年四月省政协党員大会上，李井泉宣揚說：“自由市場允許存在。自由市場还要保留若干年，五年十年也不能結束，听說苏联还有农民市場”，“过去可以当学徒，現在合作化了，沒有人当学徒了，卖菜也搞得太死了，过去成都市轉街卖小菜的有二万多人，現在都組織成菜攤，买菜要排队，我若是家庭妇女，我还是願意在門口买

菜，为什么一定要去排队呢？我们办事情不要办得太死了，好象这样是社会主义，那样就不是社会主义。当徒弟做点家务劳动也是可以的，帮老板娘倒倒夜壶也可以，現在人家不願意招徒弟，特别是青年团員、少先队員，他们說这些人組織性太强，要鬧罢工。”李井泉又說：“资本主义国家办医院，还要賺錢，这对资本主义国家說，这是他们的优越性。但我们办医院要貼錢，为什么医生过去私人經营医院反賺錢呢？医生集中在医院太多了，应当利用分散的形式。我主张医生自行开业，白天黑夜都可以看病，收点鸡蛋也不算貪污。有些願意单干的可以单干，他当医生找个人給他提包包，也可以安个人的职业。我们現在90%是社会主义，只有百分之几的个人主义，社会主义基础不会动摇”。

公私合营之后，李井泉常說：“小商钻入国营是一步登天”，大喊“走快了”，害了“死症”，于是在他的指揮下，大搞右傾倒退和资本主义复辟活动。在一九六一年把已进入全民所有制企业中的小商販退出去，把本来已經很庞大的小商販队伍由一九六一年到一九六二年增加一倍，由占整个社会商业职工中比重28.4%增加到55%，把四川省小商販搞得占全国总数的六分之一，而名列首位。

在一九六二年，李井泉又通过楊超，借当时的“調整、巩固、充实、提高“八字方針为名，乘企业調整人員压縮的机会，把大批的全民所有制轉化为集体所有制。

李井泉不仅是极力吹捧，推崇苏修，而且身体力行，大搞资本主义复辟活动，完全是一个貨眞价实的修正主义分子。

3.包庇重用资产阶级分子，对五类分子施“仁政”，为阶级敌人复辟资本主义大开绿灯

在一九五七年四月省政协三次会議党員大会上，李井泉說：“我们不能只准放香花，不能放毒草。現在有只准放香花，不要放毒草的情緒，放了毒草就批評。四川出了《‘草木篇’》和《‘吻’》，批判有些不恰当，《‘草木篇’》的作者是流沙河（右派分子），是个二十多岁的年青人，听說他父亲被鎮压，心怀不滿，写詩发牢騷，反对社会主义。正如我们共产党里有人說怪話：‘干不干，一天半’一样，是应該批評的，但批評的方法有缺点，有一棍子打死和压的味道。对《‘吻’》談爱情的批評不够恰当，这是可以不批評的。川剧演鬼是不是就把人毒死了？我看不見得。这些放出来关系不大。香花要多，社会主义要占主要地位，但是毒草也要，只准放香花，不准放毒草是教条主义。……我们主张学唯物主义，但也要学唯心主义，因为不懂得唯心主义就不能彻底懂得唯物主义，不知道反动就不知道革命的。有的人认为知識分子不要改造了，资产阶級沒有两面性等，人家放一点毒，就批評，这也不对”。一九六五年李井泉秉承其主子彭眞的意旨对资产阶級大搞“松一松”的方針。对反动资产阶級猖狂向党向社会主义攻击不聞不問，并让其自由泛滥。李井泉不但口头上包庇右派，而且在經济上也額外照顾。

在一九五六年李井泉以“安定社会秩序”为名，非法批准每年拨五万元巨款，作为統战部門的特殊費用，在全省供养了大批地主分子、特务分子、叛徒、战爭罪犯、国民党的反动党、政、軍官吏，右派分子、反革命分子等等，仅成都就达七十余人，这批人逃避群众监督和改造，在李井泉的卵翼下干着反革命的罪恶勾当。

如原长江輪船民生公司拥有数十只船的大老板之一童少生，不仅被李井泉提拔为副

省长，而且逢年过节还得上百元之"补助"费用。又如一九六二年在省政协文史館里，增加几个不知是抱那位"显貴"的大腿，或是与那些"显貴"有瓜葛的不三不四的人物，他們既非国家編制人員，又非統战对象。可是跑到这里来每月得二十元工资，却也乐得逍遙自在。原来这几个人之中有未摘帽子右派，原成都大学教师盛城、黄竹川（后来才由地段上摘帽子），还有現管反革命分子张光照（原成都大学教师）。这帮家伙逃避群众的监督改造，躲进政协这个"逍遙宫"里，每月又可得李井泉賞賜的"特别费"，这就是李井泉的"仁政"。

李井泉还百般包庇批重用资产阶級的政客。如李井泉亲自指示要李宗林"特别照顾"大軍閥刘××家族刘××之侄刘元恒，原是国民党伪二十四軍代軍长，是沾滿人民鮮血的劊子手，解放初曾任西康軍区副司令員，民政厅长等，但其反动本质不改，与反革命分子刘各卿密謀妄图变天、复辟。李井泉不但不追究，反而任命为省体委副主任、政协常委。刘文輝之婿伍培炎，原国民党伪二十四軍副軍长，一貫坚持反动立場，李井泉将其安置为省参事室副主任、全国政协委員。在李井泉"照顾刘家"的黑指示下，还将大恶霸地主刘文彩的小少爷刘元也安置在省政协会计位置上。农民要求斗爭大恶霸刘元忠（刘文輝侄儿），李井泉不同意，并将刘元忠封为当时山西行署委員。又如，成都人民坚决要求鎮压原国民党伪成都警备司令部特务头子，血債累累的反动軍官严啸虎，但李井泉百般地包庇，以所謂"解放初立了功"为名，令重庆市委統战部每月給他一百余元的生活費而供养起来。群众要求鎮压原国民党伪九十五軍副軍长，特务头子，血債累累的反革命分子黄瑾怀，但李井泉用"照顾統战关系"之名也供养起来。又如反动学术"权威"，解放前夕曾伙同西康的土匪头子朱世鎮，密謀建立土匪武裝的彭迪光，很得李井泉賞識和器重，亲自到教育部为彭爭得四川大学校长之职，在一九五七年彭伙同章伯钧、罗隆基、潘大逵等猖狂向党进攻，川大革命师生把他揪了出来，后在李井泉包庇之下，調任四川省政协副主席。李井泉和反革命分子，所謂的"桥牌专家"，洪宝书极为亲密，經常用小汽車接来打桥牌，通宵达旦，有时洪十余天不作工作。一九六〇年李井泉将洪提拔为統战部办公室副主任，一九六四年还任命担任省委郫县四清工作团的副团长等等。李井泉包庇重用资产阶級反动政客是不胜枚举的，李井泉与他们一起花天酒地，灯紅酒綠地鬼混在一起，那里还有一点点共产党員的气味，完全是一个地地道道的资产阶級在党内的代理人。

最 高 指 示

“任何时候都不可忘记阶级斗争，不可忘记无产阶级专政，不可忘记依靠贫农、下中农，不可忘记党的政策，不可忘记党的工作。”

(三) 在社教运动中的滔天罪行

在一九六二年八月北戴河中央工作会議和九月党的八届十中全会上，毛主席反复指出：“社会主义社会是一个相当长的历史阶段。在社会主义这个历史阶段中，还存在着阶级、阶级矛盾和阶级斗争，存在着社会主义和资本主义两条道路的斗争，存在着资本主义复辟的危险性。要认识这种斗争的长期性和复杂性。要提高警惕。要进行社会主义教育。要正确理解和处理阶级矛盾和阶级斗争的问题，正确区别和处理敌我矛盾和人民内部矛盾。不然的话，我们这样的社会主义国家，就会走向反面，就会变质，就会出现复辟。”

一九六三年五月，毛主席亲自主持制定了《中共中央关于目前农村工作中若干問題的决定（草案）》，即“前十条”，并提出了开展社会主义教育运动的伟大号召。这一伟大号召象平地春雷一声响，吓坏了党内最大的一小撮走资本主义道路的当权派，他们組織嘍囉，有計划、有組織地反对毛主席，对抗“前十条”。

黑帮头子彭眞一馬当先，秉承刘、邓“圣旨”，来到西南与反革命修正主义分子李井泉密謀对策，以反革命的“后十条”与毛主席亲自主持制定的“前十条”相对抗，妄图把城乡社会主义教育运动引向歧途。

为了使反革命“后十条”早日出籠，这个西南地区的“土皇帝”李井泉亲自出馬，在各地收集材料，搞“試点”，为刘、邓黑司令部制定反革命“后十条”出謀献策。

一九六三年九月，刘、邓炮制的反革命“后十条”出籠了，六四年，刘少奇派出王妖婆搞的“桃园經验”也相继問世。李井泉則把“桃园經验”和“后十条”奉若神明，視为經典，在西南的社教中，派出庞大的工作团，大搞“人海战术”、“扎根串联”、“秘密活动”，千方百计轉移斗爭大方向，把斗爭鋒芒指向广大群众和干部，忠实地、积极地推行刘、邓提出的形“左”实右的反动路綫，对抗以毛主席为首的党中央关于城乡社教运动的正确路綫、方針和政策。

一九六五年一月，我们伟大領袖毛主席亲自主持制定了《二十三条》。《二十三条》指出：“这次运动的重点，是整党内那些走资本主义道路的当权派，进一步地巩固和发展城乡社会主义的阵地。”从而彻底地批判了党内头号走资本主义道路的当权派刘、邓提出的形“左”实右的反动路綫。但西南地区的“土皇帝”李井泉仍負隅顽抗，疯狂地以右傾机会主义路綫反对毛主席的革命路綫，大唱阶級斗爭熄灭論，大搞阶級調和，大搞翻案活动。继續保护一小撮党內走资本主义道路当权派，为地、富、反、坏右撑腰，打击貧下中农和革命干部，有計划、有組織地进行反攻倒算。

李井泉在社敎运动中眞是罪行累累，恶貫滿盈，現在是彻底清算这笔賬的时候了！我们无产阶級革命派要奋起毛泽东思想的千钧棒，彻底批臭刘、邓资产阶級反动路綫！打倒李井泉！彻底揭发和批判李井泉的滔天罪行。

一、反对毛主席的“前十条”和制定反革命“后十条”的急先锋

1.与黑帮头子彭真密谋策划，制定黑文件，为反革命“后十条”献策

一九六三年五月二十，毛主席在杭州会議主持制定了“前十条”，打乱了刘、邓黑司令部在中国搞修正主义，复辟修正主义的陣脚。六月初，黑帮头子彭眞就匆匆忙忙地直奔西南，与李井泉一道前往川、滇、黔給他们的爪牙面授机宜，密謀策划，以对抗“前十条”。彭眞亲自出面大作黑报告，他只字不談“前十条”中已指出了的“当前中国社会中出现了严重尖锐的阶级斗争情况”，“任何时候都不可忘记阶级斗争，不可忘记无产阶级专政，不可忘记依靠貧农、下中农，不可忘记党的政策，不可忘记党的工作。”而大讲特讲“上海有一个貪污十万元的大貪污犯，主动到公安局报案免于处分”的例子，大談“不要在干部处理和上中农問題上出偏差”。以此来划框框，定調子，約束群众手脚，扼杀群众运动。毛主席一貫教导我们：“农村中党的依靠力量是广大貧下中农。”彭眞閉口不談貧下中农，却大肆强調上中农問題，实际上就是庇护上中农，为上中农发展资本主义势力打掩护，企图保护复辟资本主义的苗子。这是彭眞阶級本性的大暴露。他借口“不要打击面寬了”，千方百计压制群众起来揭走资本主义道路的当权派的問題。

刘、邓黑司令部的忠实走卒李井泉就把彭眞黑帮的反动报告当作“圣旨”，忠实貫彻执行。一九六三年七月，在西南局第三次委員会上，李井泉亲自主持搞了一个体現彭眞讲話精神的《西南局关于农村四清运动布署》的文件，疯狂地抵制“前十条”。文件中根据彭眞的“指示”提出了“要先团結95%的干部，才能团結95%的群众；团結95%的干部是团結95%群众的基础。农村社敎不以阶級斗爭为綱……”等等反毛泽东思想，抵制群众运动的謬論。在会上，李井泉还說：“不能一上来就发动貧下中农，造成干部紧张抵抗。要首先依靠干部、叫干部自己洗澡。……成份一律不划……”等。正是这个黑文件竟成了刘、邓死党一九六三年九月提出反革命的“后十条”的重要依据。后来，李井泉还洋洋得意地說：“我们的意見，这个文件（后十条）中均吸收进去了。”这就是李井泉为制定反革命“后十条”的第一个最大貢献。

2.大搞郫县“试点经验”为反革命“后十条”提供依据

一九六三年春，李井泉为了給反革命的“后十条”找依据，他派出了一伙亲信如陈

振环、刘明秋（他的两位秘书）和黄流等人，率領大批“省委工作組”前往郫县犀浦、永定、崇兴、合兴公社等地搞“試点”。李井泉在“試点”中，采取了打击“暴发戶”和“解散落后生产队”等手段，把斗爭鋒芒指向广大群众和基层干部。

毛主席在“前十条”中明确地指出：在农村中“不可忘记依靠貧农、下中农”，“依靠貧下中农是党要长期实行的阶级路线”，而李井泉“发明”了“經济收入一千元就是暴发戶”，“‘暴发戶’是屬于敌我矛盾問題”，“凡是‘暴发戶’都要打倒”。严重挫折了广大群众的生产积极性。打击“暴发戶”搞了两个多月，全公社共打击了二十多戶。大部分都是貧下中农。这是李井泉混淆阶級界限，把矛头指向社員群众的大阴謀。而李井泉却自鳴得意，馬上叫秘书总结成“經验”，印发給参加地委书記会議的人，到各专、市、州进行普遍推广，企图把全省的社教运动引入歧途。

解散落后生产队。毛主席在《中国农村社会主义高潮》一文中說：“不应当去解散那些三等社，而应当做整顿工作，经过工作，三等社是完全可以变为一等社的。”然而，李井泉却反其道而行之。一九六三年在他們所指揮的郫县犀浦公社，就下令解散了該公社义林大队第六生产队，并将他的这一“經验”写入《四川省委关于农村人民公社生产管理十八条》中，公开号召“解散特殊落后生产队”，解散后对其中坚持资本主义道路的，允許其单干。即使他們多次申请入社，也暫不批准……。”李井泉命令将此文件发到全省执行，至使一些“落后”生产队被迫解散。更严重的是，李井泉在六三年公然布置：“每个公社可以开除几个社員”，严重地打击了广大貧下中农走社会主义道路的积极性。后来中央查觉，向省委指出：这种作法是錯誤的。但李井泉仍然堅持，并无耻吹噓：“在郫县几个公社进行社教运动中，第三阶段作实验：結果证明效果还是好的……。”并将省委工作組、犀浦公社党委关于解散义林大队第六生产队的情况报告寄去中央办公厅，为其破坏人民公社，支持单干，复辟资本主义辯护。与此同时，李井泉在“試点”中千方百计地保护党內一小撮走资本主义道路的当权派。

毛主席亲自主持制定的“前十条”中說：“要依靠貧下中农组织，要在群众中做好调查研究，要放手发动群众，一切重大问题的决议和处理都应当在群众中充分进行酝酿和讨论。”但李井泉对群众一概不相信，說：“貧下中农知道的綫索不多，更深的問題不知道。”于是就搞“干部层层下楼”，对干部采取了层层分开；公社干部在公社下楼；大队干部在大队下楼；生产队干部在积极分子中間下楼过关。工作組对基层采取逼、供、信，要想整那个就整那个，要想放那个就放那个，把运动搞得冷冷清清。群众沒有发动起来，干部問題也未认眞得到解决。他們还千方百计包庇走资本主义道路的当权派过关。如：犀浦公社党委书記鍾光林有严重的四不淸問題，李井泉不但沒有損伤他半根毫毛，反而将其提升为郫县县委书記。群众反应“吓死了虾虾魚，放走了大烏棒(魚)。”又如永定公社以第一书記黃文寿为首的党委是一个貪污七万多元和十多万斤粮的大貪污盜窃集团，民憤极大。工作組迫于民众压力，准备把黃依法逮捕，其它骨干分子中有两个情节特別严重的，准备党紀处理。但李井泉不批准。并把工作組长蔡××叫到省委，說：“这样搞太过火了，不符合“层层下楼”的作法。同时，还专門演川剧“白蛇传”給蔡××看，李井泉与他同坐在一张沙发上，教育蔡說：“白蛇是好人，青儿是好人，許先是爭取对象，只能打倒法海一个人。”这就是他提出的“团結99%，只有1%才是敌我矛盾”这一謬論的前奏曲，結果黃文寿被包庇过关。此后，李井泉还把他的“层层下楼”經验印发給川、滇、黔三省貫徹执行，流毒极广。

以上就是李井泉“郫县試点”的概況。从上述事实我们不难看出，李井泉的“郫县試点”就是徹头徹尾的反毛泽东思想的“試点”。可是，六三年九月，刘、邓在北京炮制反革命的“后十条”的时候，李井泉却令其心腹犀浦工作組长黃流，带上《西南局关于农村四清布署》和郫县試点的“犀浦經验”去为“后十条”的制定出謀献策。这一切充分說明了李井泉就是疯狂反对“前十条”，积极策划“后十条”的急先鋒。

二、否定社教运动的实质，把严肃的阶级斗争纳入单纯的经济斗争的轨道

毛主席亲自主持制定的“前十条”指出：“农村中的‘四清’运动，同正在进行的城市中的‘五反’运动一样，都是打击和粉碎资本主义势力猖狂进攻的社会主义革命斗争”。而李井泉却完全抹煞了这一阶級內容。一九六三年九月，反革命的“后十条”刚刚出籠，李井泉就根据这个反动綱領，把社会主义教育运动片面地归納为解决十五个問題：划定自留地；处理好財权；发展付业；清理帳目；清理工分；經营管理；合併一些生产队；訂立各种制度；……等等，把严肃的阶級斗爭、一場复辟与反复辟的斗爭納入单純的經济斗爭的軌道，从而否定社会主义教育运动的实质。

早在八屆十中全会上，毛主席就发出了千万不要忘記阶級斗爭的伟大号召。毛主席讲要年年抓、月月抓、天天抓阶級斗爭，而李井泉竟狗胆包天，把毛主席的这一伟大指示篡改为：“在农村就是年年抓、月月抓、天天抓清理工分問題”。他还解释說：“农村两条道路斗爭的焦点就是剝削工分，”企图用“工分”来掩盖资本主义复辟的实质。李井泉还更露骨地說：“四清就是为了搞錢搞粮”，“只要經济清好了，政治也清好了。”一九六五年二月十九日，李井泉在南充县晋新、观音两公社的社队干部、貧下中农代表大会上讲：“天天清工分，月月公布賬目，日清月結，这就是阶級斗爭。”他还进一步闡述說：“清工分是四清的第一位，要全力以赴清工分”。进一步把四清运动变为清工分运动。李井泉还身体力行，亲自在火花公社总結出一套“公布賬目，日清月結”“的清理工分的“經验”来向全省推广。他鼓吹：”这就是农村中的政治工作，也就是阶級斗爭，是巩固社教成果最好的办法，是发揮貧协作用的最好办法。”不仅如此，他还专門指定《四川日报》发表了“清理工分就是抓阶級斗爭”的社論，把他反动的謬論在全省大张旗鼓地宣传，妄图从根本上来否定毛主席提出的开展农村社会主义教育运动实质。

三、追随刘少奇、王光美，打击一大片，保护一小撮

一九六四年五月，党內最大的走资本主义道路当权派，大搞形“左”实右的祖师爷刘少奇和他的老婆王光美，带着他的“关于集中力量打歼灭战的报告”和他修改的“后

十条”的修正主义文件来到西南，勾結李井泉，在昆明召集了西南各省委书記会議，刘、王先后分别作了两次报告，大肆宣揚形“左”实右的“桃园經验”，将毛主席亲自主持制定的“前十条”視为“框框”，叫嚣要“打破框框”。李井泉就将刘的这个黑报告和王氏的“桃园經验”奉为圣旨，专門組織参加社教的工作人員学习、討論，积极在西南推广。李井泉还亲自出馬，率領他的亲信，带着王光美的“桃园經验”到四川南充火花公社和木老公社蹲点，去发展王氏的“經验”，創造西南的“桃园經验”。

李井泉到南充大搞形“左”实右，疯狂地推銷黑主子刘少奇和王光美的“桃园經验。”

首先，李井泉根据王氏对形势的錯誤估计，大讲特讲“现在出現了大量的两面政权，全省一半左右的政权都烂掉了”。同时又根据刘氏的“集中力量打歼灭战”的战略战术，派出大量工作組下乡，大搞人海战术。一般說来，每个生产队都有4—8个工作队員。在李井泉亲自蹲点的木老公社更为突出，該公社只有五十九个生产队，一千多戶，五千多人，二百五十多个基层干部，李井泉就派了五百二十多个工作队員，其中西南局、省委部长、局长以上干部就有三十多人。工作队一进村，就把原来的所有干部一律排开，由工作队接管一切权利。与此同时，李井泉把“桃园經验”中的“秘密工作为主”視为珍宝，大搞“扎根串联”，把解放前对付敌人的那一套地下工作方法拿来对付干部和群众。李井泉規定，根子一定要扎在受双重苦的老貧农身上，(即解放前受压迫，解放后仍受干部压迫和剝削的人），工作队員不得在非根子家吃飯、睡觉，不得跨进干部，中农的家門，否則受紀律处分”弄得工作队員、干部和群众都非常紧张。干部和群众都怕工作队員，不知工作队要整倒誰。工作队員又怕跨錯了門，扎錯了根子，犯立場錯誤。造成干部、群众、工作队員互相摸底，十分紧张。群众形容說：“这是在演三岔口。”結果，工作队不敢大胆开展工作，許多队員很久找不到“根子”，连吃飯、睡觉都沒有地方。找到“根子”的队員，长期也只能在少数群众中活动，把广大干部和群众冷在一边，把社教运动搞得冷冷清清，实际上保护了走资本主义道路的当权派。

李井泉在蹲点中，千方百计把矛头指向社員，他在划成份，发展貧协会員上故意卡社員。例如发展貧协时，李井泉大搞人人过关，申请入会者必須介紹三輩人历史，检討解放以来的缺点、錯誤，并发动群众对入会人进行揭发，甚至批判斗爭，有的討論了两三天还入不了会。如木老公社一大队貧农妇女×××因与公婆鬧别扭，就被斗了一番，不准他入会，把社員整得灰溜溜的。有些貧下中农被斗后，父子分家，夫妻离婚。群众反应“加入貧协比入党的条件还要高”，“比干部下楼洗澡还脑火”，严重打击了貧下中农而李井泉却自以为得意，还召集全省各地社教負責人在他蹲点的木老公社召开现場会議，在全西南各地推广他发展貧协会員的“經验”，其罪恶目的，无非是要引导各地社教运动把斗爭矛头都指向广大的貧下中农。李井泉这一黑貨就是王氏的“桃园經验”在西南地区的应用和发展。

李井泉对农村干部的部分的分析是“凡是基层干部沒有一个不孕育四不清問題。”因此他对干部的方針是：“残酷斗爭，无情打击。”一九六四年十二月九日上午，李井泉在六个地委社教工作座談会上大讲：“有的干部出身好，但被敌人收买了，变了质。……总之都不可靠，对他们必須强制劳动几年，或者象处理王宗才一样，需要‘搬家撵走’，‘扫地出门’。对于那些犯有輕微經济不清的干部，按毛主席的“前十条”，工作队应該

“好好帮助他们洗手洗澡，下楼过关，努力工作”。而李井泉却反其道而行之，把这些稍有一些經济不清的干部視为比地主还坏的“阶級敌人”，作为“重点”对象来整。当时李井泉连团結百分之九十五以上的干部都不提。工作队私設法庭，軟禁干部，采取逼、供、信。一九六四年十一月一日，李井泉在南充地委召开的县委书記会議上說：“面上，把县、区、社干部集中起来开三干会，問題鬧不清的不准回去，一回去不得了，就放虎归山，……把这些人留下来交待，一沒杀、二沒捉，三工资照发，家屬可以探望，四将来实事求是的做結論。”实际上，把大批基层干部都軟禁起来。火花公社十大队干部王順章，工作队认为他阶級界限不清，就軟禁了十余天，逼得他在一个寒冷的晚上跳水自杀了；該公社三大队一个社員祝紹能，为一元五角錢要他交待，逼得他当晚也跳水自杀，……。这样的例子举不甚举，单就南充試点的十多个公社統计，仅几天之內就整死了三十多人。李井泉眞是杀人不見血的劊子手。

可是另一方面，李井泉对于那些問題确实严重的人，走资本主义道路的当权派，投机倒把和蛻化变质分子却另是一样。众所周知的，早就清查出来的反革命修正主义分子馬識途、张黎群却被拉入南充社教工作团担任付团长等要职；走资本主义道路的当权派，宜宾地委付书記賈昌也被李井泉任命为社教工作团分团长的重要职务，南充地委农工部办公室付主任賈庆远，有重大历史問題，一貫弄虛作假，棒上压下，群众反映极坏，但因李井泉认为他能說会道，便特将其抽調出来安插在火花公社，担任一个特殊的公社党委书記，而職权大于南充市委。

在蹲点社教中，李井泉还包庇了許多坏人。例如：火花公社十大队党員大队长任××，在社教运动中被群众揪出来了，此人腐化墮落，强姦幼女，残酷地打罵群众，貪污盜窃，民憤极大，一致要求开除党籍，但李井泉坚决不批，終于保护过了关、

又如，火花公社貧协付主席郑万順。此人是一个大恶霸，大流氓，被他姦污的妇女四人；被他調戏的妇女八人；被他残酷毒打的社員有九人；强迫劳役的五人；一九六〇年曾經陷害貧农社員苟××的小孩偸了别人的鸡，将苟残酷毒打致死。此外，他还包庇地主，盜窃国家粮食等无恶不作。一九六一年，六二年大刮单干风时，他带領了十几戶强劳力戶从生产队退出，大搞单干。而反革命修正主义分子李井泉却站在反动立場上，顚倒黑白地說：“郑万順一九六二年在队鬧分队是坚持走社会主义道路，分得有理。”因此，他称郑为“好党員”，“模范”，“有經验的老农”，把他棒上了天。李井泉还亲自用小車把郑接去到处介紹“經验”，作“坚持走社会主义道路的报告，实际上是推广如何走资本主义道路的“經验”，李井泉打击一大片，保护一小撮的目的不是昭然若揭了嗎？

此外，在貴州的社教运动中，李井泉推行王氏的“桃園經验”，打击一大片，保护一小撮也是十分突出的。

起初，李井泉也是大肆宣揚“貴州烂了，貴州变了顏色。貴州不仅基层烂，而且烂到县、地、州委。”“貴阳市是赫魯晓夫的办公室”，是“香港”。于是調来了三万多人的工作队，其中有二千多名干部是通过刘、邓直接从全国各地在三天之內带上家屬調来的，組成了中央社教工作团，来到貴州搞全面夺权。并給中央社教工作团的成員封官許願，到貴州后担任什么地县委书記，厅局长职务……等等，随时准备夺权頂上。号称“第二次解放貴州……”把貴州說成漆黑一团。李井泉根本不相信群众，如晴隆县的工

作組长每人配备手枪一枝，去遵义的工作队員沒有手枪，工作队长就揹上长枪。到了那里，不問青紅皂白就宣布那里的干部停职反省，大搞夺权斗爭，逼、供、信。在短短的时間里，便夺了省委、各部委、各厅局、各地、州委和貴阳市工矿企业的领导权。

还搞了睛隆、遵义、修文、花溪四个重点县的点、面四淸工作。在这些地方錯捕、錯斗了不少干部和群众。如睛隆县錯捕的生产队以上的干部就有八十多人。遵义县虾子区逼死了不少貧下中农出身的生产队一級干部。李井泉及其爪牙錢英硬說貴阳市公安局烂掉了，派去工作队到公安局夺权，不惜采取特务手段，秘密打入，几乎把所有的公安干部都赶出公安局大門，錯捕、斗、批了的人数占全局人数的40%之多。一九六四年底，李井泉还命令貴州省监委李景膺在十七公里处設立了一个特殊集訓所，实际上是变相的集中营。准备集訓县、团級以上的党員干部五百人左右。这是李井泉迫害广大干部的铁证。

但是，李井泉对群众揪出了的前省委以周林为首的一小撮走资本主义道路的当权派，却是千方百计地保护他们过关，把他们重新安插在"新省委"中担任要职。民憤极大的周林，仍然窃取了西南局书記处书記等要职。反革命修正主义分子汪小川，六四年群众就要求在报刊上公开批判，但李井泉只是在党內不痛不痒地批判了一下就了事，仍然让汪小川当了省委宣传部部长。更恶毒的是，李井泉及其同伙还借牛鬼蛇神之口，攻击社会主义。如他们把安顺专区一个恶霸地主的女儿黄梅找到省委开控訴会，还給她录了音，拿到全省去放，宣揚黄梅是敢于斗爭的"女英雄"。并給她介紹工作。后来发現黄梅的丈夫是反革命分子，而黄又一貫表現不好，但李井泉仍未作处理。

李井泉打击一大片，保护一小撮的例子是举不胜举的，仅从以上几例足以說明問題了，因此不再贅述。

四、放弃党的阶级政策，大搞阶级调和

《二十三条》指出："对于地、富、反、坏、右分子和蜕化变质分子，要在群众的监督下劳动改造，帮助他们重新作人。"而李井泉在会上却篡改說："对于他们（地、富、反、坏、右）要用批評的方法，希望他们'改过自新'，对百分之几的人怎么办？是不是沒有出路了呢？我說这百分之几的人要在群众中批評斗爭，希望他们老老实实的坦白，承认自己的罪过。"李井泉公开篡改《二十三条》，对地、富、反、坏、右和蜕化变质分子不进行斗爭，而大搞阶級調和，这不是很明显的嗎？

李井泉在他这种反动的思想指导下，大讲特讲，东北一个劳改犯，摘帽子后发明了尖端技术，并提为了工程师。因此，他在补划地主阶級成分时就說："那些漏划的，只要劳动好就不划了，就是农民了。"当有人反对他这种說法时，他还駡別人"这是形而上学，不从发展去看問題，扭住不放。"以后，他竟公然不顾群众反对，令其走卒南充社教工作团长卫广平和付团长张黎群等，在社教搞了一半的火花公社，为一些道道地地的地富分子翻了案。李井泉还說："你眞正是个漏划地主、富农，从前有剝削，現在土地交了，沒得啥子。依靠自己劳动所得，将来就是看你的表現。""所謂政治表現，主要是劳动态度。"同时，李井泉还将此"經验"推广到工厂。一九六五年六月二日在西南局

第五次会議上説："清出的地、富、反、坏分子都戴帽子或是怎样？农村有的不戴帽子，工厂是否也用此原則……可以不戴。将来写家庭出身地主，本人成分职工。免得树敌过多，批評隐瞞是錯誤就是了，他自己交待。貪污分子、异己分子、坏分子也少戴一些。否則全家人沒地位。貪污分子有的不宣佈……"又説："农村里沒有几个反革命，对敌斗爭要不了几天。"李井泉就是这样千方百计保护牛鬼蛇神，大肆宣揚阶級調和論。

一九六三年財貿部門搞"五反"时，李井泉就露骨地說："城市搞'五反'要首先搞赦免，体現政策。""苏联在卫国战爭中要白俄上前綫打仗，表現好就实行赦免，我們也可以叫地、富、反坏、右和政治上有問題的人上××綫，表現好的，一律赦免。"一九六三年七月地委书記会上，李井泉也說："斗地、富也要注意，否則把內部吓倒了。"可見李井泉是多么害怕惊动了他的同伙。在南充他还多次地讲："四清对敌斗爭，不用斗爭大会的名称，叫揭发大会。"在整个社教运动中，李井泉把大量的时間和精力都用于整干部、整社員，而对敌斗爭只用了十天到二十天左右，一风吹过，草草收場。一九六五年六月二十日，李井泉还說："对于企业社教，分两个阶段搞，头一段（阶級斗爭）时間縮短，后一段（建設阶段）时間延长。老是搞前一段，实在沒味道，检討十几次沒味道。""花那么大的精力値不得"。甚至他还要取消对敌斗爭，他說什么："重庆八百多領导干部沒有四类，百分之十的三类，教育就行了。"实际上重庆是有四类干部，而李井泉长期不处理。这方面的問題，我們将另行公佈材料。

"依靠貧农、下中农"，是我們党在农村中长期实行的阶級路綫。建立貧协就是要組織以貧下中农为核心的阶級队伍，可是李井泉在蹲点的社教中，一方面把大量的眞正的貧下中农排斥在外，另一方面又把一些上中农及其子女，以及地富子女拉入貧协。他还专門指定黃流搞試点，并总結"經验"，李井泉亲自在这个"經验"上批示說："这个文件反映好，各地注意这个問題。"为此，在西南各省推广，大搞阶級調和，把阶級队伍变成了一个統战組織。

李井泉在南充蹲时，大肆推行王光美的"桃园經验"，在干部退賠問題上大搞形"左"实右。《二十三条》下达之后，又恶意歪曲《二十三条》，使干部退賠馬馬虎虎，走了过場。对于問題不严重，检討較好，又积极退賠的干部，沒有实行减、緩、免；对于那些問題严重，又不老实交待，抗拒退賠的四类干部，却百般庇护，大搞阶級調和。

《二十三条》指出："經济退賠，不能馬馬虎虎，同时要合情合理。問題不严重，检討又較好，經过群众同意，退賠可以減、緩、免。"而李井泉則以減、緩、免为誘餌，大搞阶級調和。李井泉在社員大会上不分性质严重与否，一概笼統地說："要尽可能把賠的东西退出来，万不得已，群众考虑。不行了就采取減呀、緩呀、免呀这些办法。"他还进一步公开地为四不清的干部辨护，訴苦說："有些人多吃多佔了，都过去了，都变成屎了。你說怎么办呢？要人家退，他又退不起，沒有办法。那时又是高价，吃一頓舘子就是几十块錢，一下子吃掉了。你現在要退，卖东西都是低价。""以前（困难时期）卖一只鸡都是十几元錢，一只鵝卖二十几块，一个羊子就要卖一百多块。就是喂了一头羊，等于开了个銀行。那个时候，投机倒把的人可以賺錢，現在退不起了。退不起了。退不起怎么办？把他的衣服都給他脫了都要退，冬天不是冻死了。""大队、生产队就心的不是政治上的四清，主要是經济退賠……减、緩、免、三、四減，使百分之八十的人过关，早点过关，总之退百分之五十至六十就頂多了，再退有問題，时間长了他吃掉了。不要将时間、精力糾纏在退賠上，主要抓生产，国家补助。”

一九六二年二月十六日在南充召开的一次省委电話会議上李井泉說：“經济上要解放就是要减。”完全歪曲了減、緩、免的政策。还說：“貪污、盜窃几百元，上千元，只要交待了，确实退不起的可以少退或不退。”并与彭眞、邓小平串通一气，非法决定西南地区經济退賠一般从一九六三年上半年算起，个别严重的才从一九六一年下半年算起。一九六五年三月二十日他在南充大肆替四不清干部喊冤叫屈：“四川自由市場不是那么凶，經济作物又不多，我怀疑是否有那么多(退賠)数字，我们在这方面的教訓不少，将来我要号召翻案”。后来又亲自出馬大砍退賠数。經邓小平、彭眞同意后，李井泉划了如下框框，各地都要砍掉百分之七十，认为是虛假数，其余的核实数有百分之三十左右該減、免，百分之三十左右該緩。各地不这样办就是“形式主义”，就不是实事求是，“就要挫伤干部的积极性”“解放不了干部”，一个公社經济退賠有了三万多块錢，四、五万斤粮就差不多了，再多就是假的。”“就是已經退出来了的也要退还給他。”……等等。这严重打击了广大貧下中农的革命积极性，为貪污盜窃分子翻了案。

他以減、緩、免为誘餌，誘导干部去进行所謂“立功补过”，号召基层干部把立功补过計划落实在增产上，“退賠不起如何办？欠笔賬，拿两三年时間，每年給社員增加收入三元，三年八、九元，搞得好的十几元来弥补社員損失，用这个方法来将功补过”。“立功补过就是修定生产計划，增加生产，动員生产。”“在生产中立功，将群众的损失补偿起来，訂两年三年的生产計划，每年替社員增加两、叁块錢收入，南充社教每人分退賠款只有五、六块錢。每年增加两、三元，两、三年就将过去两、三年的損失补偿起来了，就立功了，群众看到生产搞好，工作搞好，收益增加，就相信干部了。以前的事就拉倒了，不退了，就是旣往不究”。李井泉还說：“他们（指社員）知道四清无非每人多得两、三块錢，几十斤粮，也得不到多少油水，眞正要翻身，根本的一条还是要搞好生产……”。这里，李井泉完全歪曲了四清运动的性质，恶毒地污蔑貧下中农是見錢眼开的財迷，用物质利益哄騙社員，要他们只顾眼前的經济利益，放弃阶級斗爭，使社教运动走过場，从而保护一小撮走资本主义道路的当权派。

五、大力推行反革命经济主义，大搞物质刺激

毛主席教导我们：“政治工作是一切经济工作的生命线。在社会经济制度发生根本变革的时期，尤其是这样。”

毛主席在《张郭庄合作社的政治工作》的按語中又进一步对农村的政治工作作出了重要指示，他說：“政治工作的基本任务是向农民群众不断地灌输社会主义思想，批评资本主义倾向。”而李井泉却公开与毛主席唱反调，他胡說什么“小集体变大集体到全民所有制，总要有經济威信来吸引”，妄图用經济来代替政治。一九六四年十一月二日，李井泉在南充召集的一次会上說：“面上不能搞生产高潮，沒有把握，靠年成吃飯，年成不好，不一定能增产，物质因素不好，靠政治因素来增产是比較困难的。”因此，李井

泉大力提倡物质刺激，甚至公开吹捧苏修赫光头的"物质刺激論"。一九六五年八月五日上午，李井泉在××同志汇报农业規划会上插話說:"采取赫魯晓夫的办法，物质刺激。这个問題大跃进时沒有解决，現在采取小牛断奶一个月，折价按百分之三十五至五十奖給社員。馬的問題也这样解决。要政治加物质，可能把这个問題解决了。"

李井泉在南充的蹲点正是这样，大搞"經济吸引"。他提出："把全省对貧下中农的救济物质和款項集中发到社教地区，打歼灭战，以求社教地区貧下中农对工作队的拥护，以利发动群众。"因此，工作队一进村就是物质和現金补助，把社教工作队变成了一个救济队。以火花公社为例，一九六四年社教中就补助了二十几万斤粮，其中第六大队九队平均每人分得四十多斤；一九六四年十月——十二月，三个月中，补助給火花公社的蚊帐布达一万一千多尺，棉布六千多尺，錢一万多元，有的人家多达每人六十多元。在李井泉亲自蹲点的木老公社更为突出。他专門命令副省长张呼晨带上省級財貿五大組織負責人和有关負責人，組織了一个五十多人的物质供应組，到木老公社打物质补助的歼灭战。工作队完全成了物质批发队。工作队与物质供应組密切配合，把社員吃的、用的、睡的、盖的、住的、衣服、鋤头、粪桶、鍋、碗……等等，全部包干。結果木老公社五千多人，就补助了六万多元，严重影响了全省貧下中农的补助，同时也大大助长了这些公社干部、社員的依賴思想。

李井泉为了进一步显示自己蹲点試验的"成績"，捞取大量政治资本，他不惜耗費国家大量资财，用錢、用肥料来堆积火花公社。李井泉說:"要搞好生产，必須肥料挂帅。"一九六五年南充全市仅有化肥一百二十一吨，而拨給火花公社的就达九十八吨之多；因此，有些社員幽默地說:"李政委种的棉花是开的'小灶'"，这个比喻形象地反映了李井泉的試验田是怎样搞起来的。在他蹲点的地方，社員要啥，有啥，因此，社員都說："李政委到那里，物质、肥料就到那里。"他们还說："抬头看見单翅膀飞机，就知道李政委来了，就有錢，有物质，也有肥料了。"李井泉的这一切，难道眞是为了解决社員生活困难和发展生产嗎？完全不是！李井泉的这一切，正如前面我们已經提到过的，目的是：一、获得社員拥护；二、引导社員为經济利益而斗争，放弃政治斗争；三、妄图捞取政治资本。这三点也正是李井泉在社教运动中大力推行反革命經济主义，大搞物质刺激的罪恶目的。

六、疯狂抵制《二十三条》

六五年一月，毛主席亲自主持制定了《二十三条》，粉碎了中国赫魯晓夫提出的形"左"实右的资产阶級反动路綫，宣告了刘、邓"后十条"的彻底破产。科学地总結了社教运动的經验，进一步丰富和发展了无产阶級专政下进行革命的理論，这是战无不胜的毛泽东思想的伟大胜利。但是李井泉賊心不死，干脆撕开了他那张极"左"的画皮，以赤裸裸的右傾机会主义来对抗《二十三条》，继續反对毛主席的革命路綫。

1.千方百计地为形"左"实右的路线辩护，妄图逃脱罪责

六五年一月中央工作会議上，刘、邓、李等一伙所执行的形"左"实右的路綫受到

了批判，李井泉怀着刻骨仇恨，在一九六五年一次省委工作会議上竟大肆发泄說："中央工作会議是一团漆黑"。

毛主席亲自主持制定的《二十三条》下达后，李井泉怀恨在心，并千方百计的为刘少奇辯护，反对"二十三条"。一九六五年一月二十九日，在省委工作会議上，李井泉大讲特讲："前段社教应肯定，根本是成績，增了产……""問題只是界綫不清，部分方法不当，原因是經验不足，认识不够，并不是偏向……"妄图逃脫罪責。李井泉还死抱"桃园經验"不放，視为珍宝。他还說："我们自己取宝（指桃园經验）不完备。"接着又使用出他貫用的金蝉脫壳计，把責任推給下級說："运动不是說已經出了大毛病，錯誤不算很大，只是苗头，如果下面問到'桃园經验'和'后十条'問題，就說我们自己要这么搞的，省委介紹的嘛，你自己不加批判的接受嘛，怪哪个呢？……"

李井泉还污蔑《二十三条》是"糾偏"，全盘否定毛主席革命路綫的胜利。一九六五年三月六日，李井泉在省委工作会議上說："我領会《二十三条》主要是糾'左'，我们历次运动总是不'左'則右，不右則'左'。这回不提反'左'糾偏，提反对形而上学，反对片面性，好接受一些"，大肆叫嚣錯誤人人有份，恶毒攻击党的方針政策。

2.大肆贩卖自己的黑报告，公开抵制毛主席亲自主持制定的《二十三条》

李井泉在中央工作会議結束后，匆匆忙忙赶到南充，学着黑帮头子彭眞的調子，于一九六五年一月二十日，二十一日召集万人大会（三級干部会）标榜自己絕对正确，大作黑报告，大肆篡改党的政策，为反对《二十三条》大造反革命輿論。之后，下令把他的报告录音拿到西南各地去放，并翻印成册，发至工作队，叫組織城乡人民群众学习。并規定以此为标准来搞社教。实际上就是用他的黑报告来代替閃跃着毛泽东思想光輝的《二十三条》。这个黑报告就是李井泉对抗党中央、反对毛主席，疯狂抵制《二十三条》的铁证！

3.公开篡改《二十三条》，疯狂反对毛主席提出的六条标准

《二十三条》中，毛主席提出的搞好运动的六条标准是：

（1）要看貧下中农是眞正发动起来了，还是沒有发动起来。

（2）干部中的"四不清"問題，是解决了，还是沒有解决。

（3）干部是参加了劳动，还是不参加劳动。

（4）一个好的領导核心是建立起来，还是沒有建立起来。

（5）发現有破坏的地、富、反、坏分子，是将矛盾上交，还是发动群众，认眞监督，就地改造。

（6）要看是增产，或是减产。

一九六五年六月，在西南局第五次会議上，李井泉主持制定了一个《关于农村社会主义教育运动若干問題的决定》，公然把毛主席的六条标准改为四条，删掉了极其重要的第一条和第五条。他的同伙廖志高等还厚言无耻地吹嘘："四条把六条都概括了，免得条款过多……只要认眞解决好四条，旣能保证运动质量，又能加速运动进展。"

篡改后的李氏四条为：

（1）建立起各級党組織好的領导核心，解决好干部四不淸問題，所有干部都认眞参加劳动。

（2）建立起一支坚强的貧下中农阶級队伍，使它眞正成为党在农村中进行社会主义革命和社会主义建設的依靠力量。

（3）眞正解决当前社会主义和资本主义两条道路中的主要矛盾。

（4）一定要搞好生产，至少在原基础上增产20%。

李井泉为什么还要独出心裁的搞一个四条呢？不难看出，这是李井泉害怕群众，怕貧下中农发动起来后，把斗爭矛头指向党内一小撮走资本主义道路的当权派和牛鬼蛇神。

李井泉疯狂反对毛主席亲自主持制定的《二十三条》，铁证如山，罪責难逃！

(四)招降納叛，結党营私，大搞資本主义复辟活动

一、大肆贩卖封、资、修黑货，制造反革命复辟舆论

毛主席教导我们："凡是要推翻一个政权，总要先造成舆论，总要先做意识形态方面的工作。革命的阶级是这样，反革命的阶级也是这样。"

反革命修正主义分子李井泉，为了在西南复辟资本主义，长期以来，大肆贩卖封建主义、资本主义和修正主义黑貨，竭力制造反革命舆論。特别是在我国三年自然灾害的困难时期，更加积极地伙同党內最大的一小撮走资本主义道路的当权派，配合美帝国主义、苏联現代修正主义、国民党反动派以及国內的牛鬼蛇神，向党向社会主义向毛泽东思想发动了猖狂进攻。一九六〇年，周揚抛出了《我国社会主义文学艺术的道路》这篇反毛泽东思想的大毒草，于是，西南各报刊爭相轉載，并发表专論、評論、文章，大肆鼓吹，說什么学习了周揚这个报告，"找到了自己的最正确、最广闊、最坚定的道路"。緊接着，一九六一年，由周揚一手炮制的反革命修正主义文艺綱領《文艺工作十条》和大毒草《在大连小說創作会上的讲話》相继出籠，李井泉更是如获至宝，积极鼓吹和貫徹。而西南局，省市委的宣传部門则根据周揚的文艺黑綫和李井泉的黑指示，利用他们所操纵和把持的各种文艺团体和宣传部門为复辟资本主义大造反革命舆論。一时烏云密布，整个西南地区的文艺陣地，完全被帝王将相、才子佳人、魑魅魍魎、鬼色古坏、牛鬼蛇神所統治。

一九六三年十二月，毛主席一針見血地指出："各种艺术形式——剧戏、曲艺、音乐、美术、舞蹈、电影、诗和文学等等，问题不少，人数很多，社会主义改造在许多部门中，至今收效甚微。许多部门至今还是'死人'统治着。……许多共产党人热心提倡封建主义和资本主义的艺术，却不热心提倡社会主义的艺术，岂非咄咄怪事。"但是，李井泉却說什么"十多年来文艺工作的成績是主要的，"公然与毛主席唱反調。一九六三年三月，李井泉就公开宣揚說："艺术上你有你的看法，我有我的看法，說完后各人去睡觉，沒什么事。"其目的就是提倡资产阶級自由化，这就道破了李井泉所吹嘘的"成績"倒底是什么貨色。正如毛主席在一九六四年六月所指出的："这些协会和他们所掌握的刊物的大多数(据说有少数几个好的)，十五年来，基本上（不是一切人）不执行党的政策，做官当老爷，不去接近工农兵，不去反映社会主义的革命和建设。最近几年，竟然跌到了修正主义的边缘。如不认真改造，势必在将来的某一天，要变成象匈牙利裴多菲俱乐

部那样的团体。”这給了李井泉当头一棒，让我们撕开所謂“成績”的画皮，把李販卖的封、资、修黑貨暴露在光天化日之下。

1.干部方面

李井泉为了推行反革命修正主义文艺黑綫，控制西南的宣传陣地，把一批反革命修正主义分子、周揚黑帮分子、反动文人和艺人安插到西南各省、市負責宣传、文艺部門的領导工作。西南局里有刘文珍、馬識途、张黎群；四川有杜心源、李亚群、任白戈、沙汀、陈荒煤、李伏伽；貴州有汪小川、苗春亭；云南有于一川、高治国、李孟北。这些人不仅領导了、而且赤膊上陣参与了制造反革命輿論，他们上面勾結周揚黑帮，下面串通牛鬼蛇神，紧密配合，兴风作浪。比如，象任白戈、沙汀、陈荒煤之流早在卅年代就是周揚的同伙，是攻击魯迅先生的急先鋒，而馬識途却被他們誉为“后起之秀”，深得周揚贊賞。近年来，夏衍、田汉、于伶、赵丹、邵荃麟、林默涵等黑帮分子紛紛来西南活动，其目的仍然是推行周揚的文艺黑綫，对抗毛主席的革命文艺路綫。

2.剧戏方面

毛主席早在一九四四年《看了<逼上梁山>以后写給延安平剧院的信》中就指出：“历史是人民创造的，但在旧戏午台上（在一切离开人民的旧文学旧艺术上）人民却成了渣滓，由老爷太太少爷小姐们统治着午台，这种历史的颠倒，现在由你们再颠倒过来，恢复了历史的面目，从此旧剧开了新生面，所以值得庆贺。”可是，李井泉却反其道而行之，被延安平剧院顛倒过来的历史，在西南午台上又被李井泉顛倒过来了。

早在一九五一年，李井泉就公然开放禁演的鬼戏《陈判官》，他不仅亲自看，并号召向剧中人学习，以麻痹革命人民的斗志。一九五七年，李亲自把重庆、成都的川剧团联合起来，送到武汉去为一次重要会議演出了一个多月的旧戏，如《拉郎配》等，腐蝕广大干部。一九六三年，毛主席发出大演革命現代戏的伟大指示，李极力抵制，在他大力提倡下，原四川省文化局继續抛出了五十多个所謂古典戏，硬塞到农村演出，毒害农村群众。同年，当成都市京剧团从仁寿演出現代戏《夺印》回来，李不是积极支持，相反，要他们排演《白蛇传》，剧团同志想不通，团长就解释說：“李政委叫我们演《白蛇传》，最有意义，”硬往下貫。后来在省委礼堂演出后，李竟对演員们說：“你们知道安排演《白蛇传》有什么意义？……有反修意义。通过《白蛇传》的演出，可以分清敌我。”真是反动透頂。一九六四年，李亲自指示把坏戏《钟离春》作为优秀剧目加以保留。《西廂記》这出色情戏，李百看不厌，尤其爱看成都青年队演的，还亲自为其改唱詞，如把和尚那段唱詞改成“不畏强暴”之类的恶毒用語。一九六五年，伟大的文化革命旗手江青同志亲自主持和領导了全国京剧現代戏会演，揭开了无产阶級戏剧革命的序幕，李对此十分仇視，连一个代表也不派出观摩学习，此后各中央局均先后举行現代戏会演，唯独西南局一拖再拖，最后七拼八凑搞了一个会演，但李连看也不願看，可見他对毛主席的革命文艺方針多么敌視！

在李井泉提倡的资本主义、封建主义文艺方針指导下，西南戏剧午台完全被古、色、鬼、怪之类的旧戏統治着，大肆上演《海瑞上疏》《李慧娘》、《謝瑶环》、《仙女峰》、《闹齐庭》、《西厢記》、《白蛇传》、《花子罵舘》、《紅楼二尤》、《拉郎配》、《滚灯》、《祭棒錘》、《王湯元打鬼》、《霧重庆》、《卡門》等等，为牛鬼蛇神翻案出籠大造輿論。

李井泉还特别包庇和重用那班反动艺人，把他们当作“圣人”、“祖师爷”加以歌頌，并給以高官厚祿，盘剝人民。在重庆，反革命修正主义分子任白戈亲自主持“青年演員拜师大会”；在成都，李亚群公然在省文化工作会議上讲：“青年艺人对老年艺人批判继承，这个口号不恰当。我看第一步必須是无条件地拿过来，”甚至提倡向右派分子“参师学艺”；在昆明，叛徒阎紅彦大声疾呼：“要尊重老艺人”。李井泉就这样将青年拱手交給这些反动艺人，为他们培养资产阶級的接班人。

3.电影方面

大肆放映反党反社会主义毒草影片《抓壮丁》、《兵临城下》、《紅日》、《北国江南》、《大李小李和老李》、《燎原》、《林家舖子》、《两家人》，腐朽靡烂的香港影片《荳蔻年华》、《垃圾千金》、《美人计》，以及苏修和西方资本主义国家的影片。致使不少青年人中毒不浅，资产阶級的生活方式和作风大肆泛濫。更无恥的是，李井泉經常在內部放映更为反动、下流的影片，如《夜夜盼郎归》、《一見钟情》、《搶女婿》、《小寡妇》、《早春二月》、《不夜城》、《桃花扇》等。

4.音乐、舞蹈方面

在困难时期，李井泉通过广播、舞台、晚会等形式大肆散布靡靡之音，腐蝕、麻痹人民的革命斗志。奏的是《梁祝协奏曲》、《花儿与少年》、《送我一朵玫瑰花》、《小夜曲》；唱的是《宝貝》、《鴿子》、《哎呀！媽媽》、《草原之夜》、《花儿为什么这样紅》、《馬儿啊，你慢些走》，跳的是《孔雀舞》、《蛇舞》、《长恨歌》，尤其是《交际舞》，更是风行一时，灯紅酒綠，頹废已极。而李井泉这个老混蛋，干这行倒格外有劲，这个大舞迷，他在各地高干招待所大办黑舞会，以此来引誘腐蝕青年一代。

5.报刊方面

报刊是輿論的喉舌，李井泉把《四川日报》、《云南日报》、《貴州日报》、《重庆日报》、《成都晚报》、《自貢报》等各报，《四川文艺》、《山花》等文艺月刊，变成反党反社会主义反毛泽东思想的前哨陣地，紧密配合《三家村》黑店的活动，拼命制造反革命輿論。

一九六二年春，《三家村》黑店配合国內外阶級敌人的猖狂活动，派出黑掌柜邓拓来西南点鬼火，刮阴风，于是，西南各报刊空前活跃起来，牛鬼蛇神紛紛出籠。正当六二年二月四日，邓拓在《燕山夜話》上发表了《今年的春节》，叫喊“大地很快就要解冻了”之时，在云南，《云南日报》副刊《文化生活》上就接连发表了《立春言志》、《春为一岁之首》、《立春有感》等杂文，遙相呼应，欢呼“春天毕竟到来了”。六二年七月二十六日，由总編輯李孟北担任主笔，在《云南日报》上开辟专栏《滇云漫譚》，以平均四天一期的高速度，在短短三个月內，抛出了廿三篇反动杂文，諸如《“立竿”見影》，《日常眞理》、《多翻一翻笔記》、《刘邦給項羽做的总結》等等，恶毒至极！在貴州由省委宣传部长汪小川亲自出馬，在《貴州日报》上连續发表《历史小故事》、《冲出絕境》一类的反动杂文，他还抛出了一个所謂《安順二舖的調查材料》，攻击人民公社集体經济，以后还改編成話剧《山寨人家》上演；此外，在《山花》文艺月刊上，由省文联主席、省文化局长蹇先艾上陣，通过《散文》、《小說》、《遊記》等形式，大肆販卖封、资、修黑貨。一九六二年八月的《山花》上，发表了黃秋耘的历史小說《魯亮侪摘印》，完全是模仿《海瑞罢官》的題材和手法，揑造了一个"为民请命"的翻案故事，美化封建統治阶級人物，攻击党的領导和社会主义制度，为右傾机会主义分子鳴冤叫屈。該刊上还刊登了黃秋耘的历史小說《杜子美还家》，借歪曲詩人杜甫的形象，叫喊要"为拯救多灾多难的人民而奋斗"，决心用"詩人之笔"，作到"諫官所办不到的事情"，气焰何等嚣张！

在四川，由于有李井泉亲自坐鎮指揮，反革命輿論尤为猖狂。由西南局宣传部付部长馬識途、四川省委宣传部付部长李亚群和《四川文学》主編沙汀挂帅，张黎群、李伏伽之流充当打手，于六二年前后，在《四川日报》、《成都晚报》、《重庆日报》、《自貢报》上分別开辟专栏《夜談》、《巴山漫話》、《巴蜀詩話》、《故事新說》、《星火集》、《纵横談》、《中国古代寓言》、《观察哨》、《古为今用》等，连篇累牍地刊登《試論"框框"》、《打倒陈賈思想》、《有学有术》、《做鵬鳥？还是做斑鳩？》之类的反动杂文，《四川文学》上也发表了《挑女婿》、《夏夜》、《师道》、《曲折的道路》、《新来的工地主任》等大毒草。以《重庆日报》为例，近几年来，开辟了象《巴山漫話》一类的专栏五十多个，仅以《纵横談》、《星火集》、《故事新說》三个专栏的两百篇文章中，毒草就有一百多篇。而这些文章的作者，大多数的政治状况极为复杂，其中有历史反革命、現行反革命、叛国投敌分子、右派分子、貪污盜窃分子、扒手、投机倒把分子、坏分子、劳改犯等。他们通过这类文章，借古喩今，指桑罵槐，含沙射影，旁敲側击，向党向社会主义向毛泽东思想射出一支又一支毒箭。比如，《四川日报》于一九六一年七月九日刊登了一套连环画——《楊升庵》，这套连环画选择《海瑞罢官》一样的主題和时代背景，用最刻毒的語言咒罵以毛主席为首的党中央。连环画写道："楊升庵所处的时代，阶級矛盾异常尖銳。明朝統治者疯狂地鎮压人民的反抗，同时对比較正直的大臣也进行监視和排斥。当时无耻的官僚们无不迎合皇帝的意旨，結納宦官。可是，也有一些比較正直的大臣，他们不避斧鉞，敢于直言諫阻皇帝的胡作非为，楊升庵便是这批人中的領袖人物之一。""在政治斗爭中，不怕强权的楊升庵受到严重的打击。嘉靖皇帝（按：即海瑞所罵的那个皇帝）将他廷杖（打屁股），并充軍云南。他在云南期間，"……愈加关心民間的疾苦"，"一直受着广大人民的热爱和尊敬"。极尽其咒罵、攻击之能事。这套连环画完全是《海瑞罢官》的翻版，是在西南地区煽动牛鬼蛇神大肆出籠的动員令，是为右傾机会主义分子鳴冤叫屈的宣言书。

《三家村》的黑掌柜邓拓，在《燕山夜話》第五集的《奉告讀者》中写道："在《燕山夜話》出版之后，其他地方有些报紙，为了滿足讀者的需要，也采取了同样的形式，发表知識性的专栏杂文。……《云南日报》在第三版右上方也开辟了这样的专栏，名为《滇云漫譚》。我衷心祝願这些报紙的专栏杂文，能够长期坚持下去。"可見，李井泉在西南大造反革命輿論是和《三家村》黑店一脉相承的，并且深得黑帮的贊賞。

6.小说方面

毛主席指出：“利用小说进行反党活动，是一大发明。”李井泉及其同伙就是这样干的。李井泉在西南控制了文艺宣传部門，搜罗大批反动文人，吹捧党内头号走资本主义道路当权派，为反党分子翻案，歪曲毛主席的革命路綫，美化资产阶級，丑化党的領导，攻击社会主义社会制度的小說紛紛出籠。

一九六一年，四川人民出版社出版了叛徒阎紅彦所写的《回忆陕甘高原早期革命武装斗爭》，放肆地篡改党史，公然为臭名昭著的反党分子高崗翻案。小說把以毛主席为首的党中央一九三五年到陕北后，挽救了“左”傾路綫所造成的陕北根据地的严重危机，篡改为由于陕西省委的坚强領导而挽救了根据地的危机，企图把以高崗为首的陕西省委标榜为正确路綫的代表。联系到当时国内外尖銳复杂的阶級斗爭，以及反党分子习仲勳和赵守一等为高崗著书立說的阴謀活动来看，小說的用意就很清楚了。

一九六一年問世的小說《紅岩》，一度名揚中外，轰动一时。但是，当我们用毛泽东思想的照妖鏡来洞察这部小說的构思、写作过程、故事情节以及作者等方面之后，不能不得出这样的結論，即：小說《紅岩》是在原西南局、省、市委内一小撮党内走资本主义道路当权派的直接指导下，并得到旧中宣部大力支持，由叛徒罗广斌等一手炮制出来，以吹捧刘少奇的“白区工作經验”为目的的大毒草。在这里，我们不准备作全面的剖析，只需指出几点就足以說明問題的性质。三反分子、原西南局宣传部副部长馬識途，自封为《紅岩》之“父”，他在《中国青年》一九六二年十一期上发表的《小說“紅岩”》一文中毫不隐諱地写道：“我是十分喜爱这本书的，甚至說，有偏爱，我从这本书开始酝酿直到修改定稿，出版，始終寄于关切之情。”他甚至把叛徒罗广斌比作“母亲”，把自己比作“最关心这个孩子（按：指《紅岩》）出世的”、“站在一旁傻笑”的“父亲”。一九六一年七月罗广斌給×××的信上說：“今天请示肖部长（即反党分子肖泽宽），指示如下：“各方面意見集中后，将各种意見間的矛盾問題和不同看法，向白戈同志汇报，请白戈同志掌舵，出主意，作出修改意見的决定。”罗又說：“一九六一年七月定稿前，我们去找肖泽宽，肖委托沙汀同去帮助我们修改，八月，我们到成都，听沙汀同志指示后，又去北京定稿。”一九六六年六月，罗在一张大字报上承认：“任书記（即任白戈）到北京开会，指示我们，小說不要用眞人眞事，并确定书名为《紅岩》。我们认为，《紅岩》是在市委領导下写出的。”在另一张大字报中又說：“小說中的一些重大問題，如书名，不要写眞人眞事等，都是九月份（指一九六一年）在北京向任书記请示决定的。”小說定稿付印后，罗迫不及待地于一九六一年十二月二十四日給馬識途“报喜”說：“这次修改花了三个月，照你的意見，删去了我们所不熟悉的工人生活部分。”接着写道：“《紅岩》是許多同志所关心的，特别是你，前前后后多次指点、帮助，虽然是我们执笔，但实际上这本书显然有着許多你的功劳。”“我始終觉得，沒有你的督促和关心，我们是很难把它写出来的。”一九六二年四月十六日，罗給馬的信更露骨地承认：“应該說，这本书的写作中，不仅有你的心血、設计和构思，还有着你多年的关切、躭心、喜悦、焦虑”，甚至还說：“这本书的成功和失敗，高兴和失望，是和你共有的。眞的，我不知道应該怎样才能表达对你的感激之情。也許可以这样說：沒有你的指引，我将很难走向革命的道路，更沒有可能写出这样的作品。”够了！够了！《紅岩》的出籠不是昭然若揭了嗎？

至于《紅岩》的构思和意图，可从以下看出。一九六二年四月十六日，罗給馬識途的信中談到《紅岩》小說是：“不写群众，不写社会各阶层的动向，不写党內斗爭，甚至避开凡是涉及路綫的問題。”一九六六年七月十五日，罗在一份材料中便不打自招地供认：“小說中沒有牺牲的人物，篇幅写得少；多是完全虛构，如对李敬源的描写，他是‘斑白的发絲’等等。历史上沒有这样的人（在我们心目中，倒是想按着少奇同志这样白区工作的正确代表写的，尽管我们并不知道更多的情况）。”无怪乎《紅岩》間世后，深得阎王殿一小撮混蛋的拍手叫好。肖泽寬在一九六二年冬曾鼓吹过：“中宣部对这本书評价很高，认为是白区党的斗爭史，就到此为止了。”（意即达到了頂峰。）由此可見，小說《紅岩》是一株地地道道反毛泽东思想、反对毛主席革命路綫，吹捧刘少奇的大毒草，是李、任死党进行反党活动的罪证！必須痛加批判！

* * * *

《人民日报》一九六七年五月二十三日的社論指出：“十七年来，党內最大的走资本主义道路的当权派，彭眞反革命修正主义集团，以及在他们包庇和支持下的周揚、夏衍、林默涵、齐燕銘等这一帮文艺界的修正主义头头，正是把文艺当作他们复辟资本主义的前哨陣地。他们把持这个陣地，疯狂地抵制和反对毛主席的无产阶級革命文艺路綫，大量散布封建主义、资本主义和修正主义的毒素，妄图把人民群众的思想搞乱。他们这样做，就是为资产阶級政治服务，为地富反坏右服务，为推翻社会主义制度、复辟资本主义准备精神条件。”西南土皇帝李井泉正是秉承其主子的黑指示，在西南大肆制造反革命輿論的。

現在，彭眞、周揚黑帮已經被全国人民揪出来了，粉碎了他们企图在中国复辟资本主义的黄粱美梦，而反革命輿論制造总公司西南分公司的总經理李井泉的醜恶咀脸也暴露在光天化日之下，让我们奋起毛泽东思想的千鈞棒，把它批臭批倒！

二、招降纳叛，结党营私，培植反革命势力

毛主席指出：“混进党里、政府里、军队里和各种文化界的资产阶级代表人物，是一批反革命的修正主义分子”，“中央和中央各机关，各省、市、自治区，都有这样一批资产阶级代表人物。”

李井泉为了配合他的后台——中国的赫魯晓夫刘少奇搞资本主义复辟，长期以来，采取种种卑鄙的手段，对上勾結党內最大的一小撮走资本主义道路的当权派，对下串通一伙反革命修正主义分子，招降納叛，結党营私，扶植亲信，窃取了西南地区許多重要的领导崗位，妄图实現资本主义复辟，顚覆无产阶級专政。他和刘少奇、邓小平、賀龙一样，都是反党的阴謀家、野心家，是西南地区反革命势力的总支柱。

毛主席教导我们：“共产党的干部政策，应是以能否坚决地执行党的路线，服从党

的纪律，和群众有密切的联系，有独立的工作能力，积极肯干，不谋私利为标准，这就是‘任人唯贤’的路线。”而李井泉却反其道而行之，推行一条“任人唯亲”、“任人唯才”的修正主义干部路綫，实行“順我者昌，逆我者亡”的封建家长式的統治，妄图把西南变成反党反社会主义反毛泽东思想的独立王国。让我们把李氏死党及其爪牙揪出来示众。

1.西南局

西南局书記、四川省委第一书記、成都軍区第二政委廖志高，是李井泉的“貼心豆瓣”，得力助手，是个地地道道的反革命修正主义分子。他开口閉口“井泉同志指示我们”，“井泉同志教导我们”，心目中唯独沒有毛主席。他积极支持李井泉在毛主席发的《党內通訊》上妄加批語，并在电話会議上加以宣传；他伙同李井泉在四川省提出《一条心，一股劲，一个样》这个反毛泽东思想的口号；他追随李井泉在一九六一年后大搞右傾倒退，提倡荒田荒土划給社員，煽动单干；廖志高还是李井泉勾結阶級敌人进行翻案复辟的帮凶。文化大革命开始，廖秉承彭眞的黑指示，仿照《二月汇报提綱》精神，搞了一个《关于四川省开展学术批判的意見》，对抗毛主席发动的文化大革命。一九六六年七月份，他又受李井泉派遣，亲自跑到重庆为反革命修正主义分子任白戈划框框，定調子。文化大革命中，他忠实地执行了刘邓资产阶級反动路綫，是鎭压四川地区群众运动的罪魁祸首。

廖的父亲是府官，解放后，廖經常用飞机、小轎車接来成都玩，在老家西昌从不劳动，社員称他是“廖老太爷”，廖的侄女是地主，一九五〇年廖将她接到成都，逃避社員对她的监督改造。

西南局书記阎秀峰，是个大叛徒，曾在伪山西太原第一模范监獄自首变节，由于是李井泉的老部下，抗日战争时期曾在晋綏任晋綏行政公署副主任，因此，得到李的重用，是李井泉的死党。

西南局书記兼組織部长刘植岩，是大叛徒安子文的忠实走狗，在西南貫徹执行了一条地地道道的修正主义組織路綫。一九四一年，安子文任太岳区党委书記，薄一波任行署主任，刘任他们下的地委书記。一九四八年后，刘又先后在彭眞主管的中央政策研究室任組长，在安子文担任中央組織部长下任处长、部务委員等。因此，刘与彭眞黑帮历来关系密切。文化大革命中，刘任西南局文革小組长，是鎭压西南地区群众运动的急先鋒。刘的生活墮落腐化，是个地地道道的反革命修正主义分子。

西南局书記陈刚，一貫追随李井泉。六四年，陈接受刘少奇、李井泉的黑指示，伙同李××带領工作团到貴州，执行了一条刘氏资产阶級反动路綫。文化大革命中，又参与了鎭压群众运动。当革命群众起来揭发批判他的反党罪行时，他吓破了胆，畏罪自杀，成了可耻的叛徒。

西南局书記于江震，是一个反革命修正主义分子，邓小平的亲信，李井泉的左右手。他长期养尊处优，生活腐化，做官当老爷。在“养病”期間，他和任白戈、张黎群、蕭泽寬等反党干将互相勾結，进行反党活动。他一貫反对毛泽东思想，咒罵唱語录歌“象哭一样”，宣传毛泽东思想“象吵架”，眞是反动透頂！

西南局书記程子华，早在抗日战爭前，就在反党分子彭德怀（紅三軍团总指揮）和何长工（三軍团所轄紅八軍軍长）手下任第二纵队司令員。后来程又追随彭眞反党黑帮，抗战初期，彭任晋察冀边区分局书記时，程伙同彭打击聶××，因此，彭曾推荐程代理中央分局书記。彭在东北工作时，程是他領导下的热河省委书記，伙同高饒反党集团整林彪同志。以后，程又在彭領导下的北京工作。一九六六年二月，彭賊来西南推銷《二月汇报提綱》黑貨时，二人来往极密。当李井泉被揪出来后，程又扮演了一个假造反，眞包庇的可耻角色。

西南局书記、云南省委第一书記兼昆明軍区政委阎紅彦，是李、廖死党，是反革命修正主义分子。阎历史上曾当过伪连长，后来混入革命队伍，在陝甘宁边区又追随反党分子高崗反对毛主席。解放后，阎更与刘、邓、彭、賀、罗、李結成了反党联盟，把云南省变成一个反党反社会主义反毛泽东思想的独立王国，結党营私，招降納叛，妄图复辟资本主义。轰轰烈烈的文化大革命吓破了阎的狗胆，为了逃避革命人民对他的懲罰，畏罪自杀，成了叛徒，自絕于人民。

西南局书記、原貴州省委第一书記周林，是一个反革命修正主义分子。一九三〇年，由叛徒李光勛介紹入团；一九三三年后，在原北方局黑帮头子彭眞部下任天津市地下团市委书記，追随王明、彭眞，犯过錯誤。一九三七年到上海，和叛徒宗英勾搭上后結婚。解放后，由邓、賀調来貴州任省人民政府副主席。由于周擅长阿諛奉承，深得刘、邓、李的信任，一九五四年一跃而为貴州省委书記兼省长，一九六一年又提为西南局书記兼省委第一书記。周林一貫反对毛主席，反对毛泽东思想，恶毒攻击三面紅旗，困难时期，积极鼓吹"三自一包"，大搞资本主义复辟活动。他公然説："要用阶級分析，但也不能提高，县、区以下不搞阶級斗爭"，还説："从新民主主义轉到社会主义是可以和平达到的，不一定要經过革命"。眞是彻头彻尾的修正主义黑貨。他在农村大搞单干、自留地，胡説："自留地、开荒好作用极大，是救命的东西"。造成貴州农业上的大倒退。为了統治貴州，他还招降納叛，重用坏人，形成了一个反革命修正主义集团。一九六四年，貴州社教运动，他忠实执行了刘少奇的《后十条》，大搞形"左"实右。这个老混蛋，終于在四淸运动中被革命群众揪出来了，但是，在刘、邓、李的包庇下，反而被調到西南局任专职书記，混过了关。

西南局书記、貴州省委第一书記賈启允，是李井泉在晋綏的爪牙，李吹嘘賈是从晋綏带来的"优秀干部"。入川后，賈先任溫江地委第一书記，一九六一年，李升为西南局第一书記后，这只"看家狗"也被提升为四川省委书記。一九六四年，他奉刘、邓、李的指令，派到貴州，竭力包庇省委中以周林为首的一小撮走资本主义道路的当权派。一九六五年三月，他給李的报告説貴州問題"不是原来讲的那么严重"，并説干部"都有改正錯誤的态度和决心"，竭力为周林等人开脫。他甚至規定："关于四淸中的問題不准再議論了，周林同志的問題也不要議論了。再議論就是党的紀律問題"。周調走后，賈在李的支持下，建立了所謂"新省委"，实际上是换湯不换药，旧省委中一小撮反革命修正主义分子，如苗春亭、徐建生、陈璞如、汪小川等全部官复原职，成了"新省委"的干將。文化大革命中，賈充当了鎮压貴州省群众运动的急先鋒。八屆十一中全会后，賈还在省常委会上散布説："这一次刘、邓犯了錯誤，但問題不大"，竭力为其主子塗脂抹粉。賈启允是刘、邓、李埋在貴州的一顆定时炸弹，是地地道道的反革命修正主义分子。

西南局书記、重庆市委第一书記任白戈，早在三十年代就是周揚黑帮分子攻击魯迅的急先鋒。六十年代的任白戈，继續勾結周揚一伙，在重庆市大肆販卖修正主义黑貨。由于任"才华出众"，深得李賊宠爱，乃将他提升为西南局书記。文化大革命的风暴，席捲到了李氏后院，任白戈这个缺口，即将被革命群众突破，于是，李忙派其心腹廖志高赴渝为任划框框，定調子。八月，李亦亲自出馬，在重庆师生代表会上說："任白戈六十年代在重庆工作，不否定他十多年来也作了一些工作"，又說："六十年代还沒有結論"。企图把住这个关口，八月底，又叫任改名换姓，伪装华侨，将他藏起来，其間关系，不言自明。

西南局宣传部部长刘文珍，是李井泉在晋綏时手下的一名地委书記，入川后曾任綿阳地委书記。由于刘能吹善拍，且具有一手笔墨功夫，儘管生活腐化，道德敗坏，仍不失为李的得力助手，因此，短短几年，就爬上了西南局宣传部长宝座。文化大革命中，李派刘座鎮重庆，充当了鎮压山城八·一五革命派的急先鋒，震惊全国《八·二八慘案》这一政治迫害案，就是在李井泉及他指使下的刘文珍一手炮制下出籠的。一直到一九六六年十月中央工作会議后，李于十一月在峨嵋机械厂还吩咐刘說："你到重庆后給我办两件事：（1）收集对我揭发的問題；（2）把《八·二八事件》再調查一下"。最后再三嘱咐："对重庆八·一五什么都可以平反，就是《八·二八事件》不能平反"。刘果然照办，可見他对李的"忠心"。刘文珍还是参与制定黑綱領《中共中央西南局、中共四川省委文化革命七人小組关于四川开展学术批判的意見》的起草人之一，是个十足的反革命修正主义分子。

西南局宣传部副部长馬識途，是周揚黑帮六十年代的吹捧人和追随者，周揚曾夸頌馬是他们的所謂"后起之秀"，李井泉則吹嘘他是"有才干的干部"。困难时期，馬識途伙同《三家村》反党黑帮和社会上的牛鬼蛇神，先后在《四川文学》等刊物上发表小說、杂文，恶毒攻击党的領导、社会主义和毛泽东思想，为复辟资本主义大造反革命輿論。一九六六年六月，反革命修正主义分子馬識途被革命群众揪出来了，正在这个时候，李井泉亲自出馬，全面部署了在报刊上点名"批判"馬識途的問題，企图把这場严肃的政治斗爭，引入純学术批判的歧途，达到保馬过关的目的。

西南局办公厅副主任张黎群，早在一九六二年中央扩大工作会議期間就与《三家村》黑店掌柜邓拓挂鈎，返川后就在《成都晚报》、《重庆日报》上先后开辟《夜談》、《巴山漫話》等专栏，恶毒攻击毛主席和党中央。当群众揭发了张的反党罪行后，李井泉还竭力包庇，先后任命张为綿阳地委第二书記、社教工作团副团长等，直到一九六六年四月中央提出报刊上点名批判时，西南局还未考虑张黎群，竭力加以包庇。

西南局財办主任张韶方，原晋綏行署商业处长。此人曾投靠过閻錫山，任阎匪新軍旅长，是个敌特分子，却受到李井泉重用。

2.四川省

李井泉通过廖志高在四川省安插亲信，培植死党，重用坏人，形成了全省范圍內的反革命修正主义集团。

四川省委第二书記兼宣传部长杜心源，是李井泉的老部下，在晋綏时任行署教育处长，入川后又在川西李井泉手下任宣传部长，一九五六年后节节高升，終于当上了省委书記，还兼秘书长、宣传部长和《四川日报》主編，可見李夸耀杜有“才能”是名不虛传了。杜心源一貫仇視毛泽东思想，攻击活学活用毛主席著作。一九六四年，他在川大听了教学中活学活用主席語录汇报后說：“能結合就結合，要防止形式主义、庸俗化”，企图阻止师生活学活用主席語录。他又宣揚：“思想上要先破后立，行动上要先立后破，要先立新的，后破旧的”这一反毛泽东思想的謬論。一九六四年，杜在川大四清工作中包庇牛鬼蛇神，破坏四清运动。一九六五年十一月《文汇报》发表了姚文元《評新編历史剧“海瑞罢官”》，《四川日报》却迟迟不予轉載。一九六六年二月彭眞在川兜售《二月汇报提綱》黑貨时，杜在彭、李的指揮下参与了制定黑綱領《七人小組意見》。之后又追随李井泉鎭压四川省的文化大革命。

四川省委书記、組織部长許夢俠，一貫追随李井泉进行反党活动，大搞翻案复辟勾当。一九六二年許伙同李赴宜宾組織了一个大規模为阶級敌人翻案的反革命事件，他曾公开提出：“反右派带来了副作用”，叫嚣：“反右派的案子也可以議”。在翻案活动中，許始終忠实执行李的黑指示，是李井泉的死党和黑打手。

四川省委书記、副省长楊超，是保李井泉、廖志高的黑帮打手，在文化大革命运动中，他顽固地反对毛主席的革命路綫，甚至攻击伟大領袖毛主席。他恶毒地咒駡革命群众对毛主席的无比热爱，公然說什么：“不能停留在喊毛主席万岁！人家造你的反，你还喊毛主席万岁！人家专你的政，你还在喊毛主席万岁！人家把你的头割下来，你还喊毛主席万岁！”“問題在于大家都在喊毛主席万岁！誰知道他是什么心腸”。为了鎭压文化大革命，他汚蔑群众运动，說什么：“現在有一种趋势，不按十六条办事，攻！攻！攻！一定要在西南局揪出黑帮，現在这种趋势还在发展，硬要在省委、市委抓出一个黑帮来”。他还大肆販卖“老子就是党”的謬論，說紅卫兵“要收我们西南局、省、市委的摊子。这不就要共产党收摊子嗎？”“如果眞正把省、市委都說成了三、四类，是什么問題？这怎么得了呀！”眞是反动透頂。为了保李井泉及其同伙，楊超还赤膊上陣，組織了臭名昭著的保皇軍——产业軍，充当了鎭压革命派的黑打手。

四川省监委书記、副省长梁岐山，是隐藏在党内的反革命修正主义分子。他一貫反对毛主席，是刘少奇的忠实信徒。他曾多次叫嚷：“反对毛主席只是反对个人，不算什么問題”，眞是恶毒已极。他吹捧刘的《黑修养》，竭力阻止干部学习主席著作。文化大革命中，梁开始拼命抵制，把文化大革命視为洪水猛兽，說什么：“現在是黄河决口了，堵都堵不住，到处泛濫”。后来眼看狐狸尾巴包不住了，就要了一个“假造反，眞保皇”的阴謀，一再声明要立“临时省委”、“临时政府”等等，空喊“造李井泉的反”。其实，梁一向是李的心腹，早在梁任万县地委书記时，李就很重用梁；一九五六年，李一手提拔梁到省委任財政部长；一九六〇年李又派梁赴涪陵任整社工作团长，收拾残局，梁去后秉承李的指示，把省委的錯誤洗刷一干二凈；第二年就提升为省常委，一九六二年又委以省监委书記职务。因此，梁保李是有原因的。梁在监委推行了一整套修正主义路綫，打击一大片，保护一小撮，完全按照李井泉和中央监委錢瑛的旨意行事。

四川省委宣传部副部长、省文联党組书記李亚群，是周揚的同伙，反革命修正主义分子。在困难时期，他伙同馬識途、沙汀、张黎群之流，配合《三家村》黑店的活动，在四川省文艺界大造资本主义反革命輿論，把《四川日报》、《四川文学》、《成都晚报》、《重庆日报》等变成了向党向社会主义向毛泽东思想发动猖狂进攻的前哨陣地，同时，在戏剧舞台上为古、色、鬼、怪大开綠灯，极力鼓吹《王湯元打鬼》、《牡丹亭》、《桃花村》一类的坏戏，并亲自把《长恨歌》改編成舞剧，把《琵琶行》改編成曲艺节目。他还号召青年演員作反动艺人的接班人，一九六二年五月他在省文化工作会議上讲："青年艺人对老艺人批判继承，这个口号不恰当"，"我看第一步必須是无条件地拿过来，学过来"，他甚至提倡向右派分子"参师学艺"。李还提出："放就是方向"的口号，把办刊物方針具体化为"放得开些，选得精些"八个字，为牛鬼蛇神出籠大开方便之門。

四川省委統战部长李宗林，是周揚黑帮分子，曾配合《三家村》黑店，亲自布署并創作許多毒草戏，如《鴛鴦譜》、《鬧齐庭》、《夫妻桥》等，甚至与地主、历史反革命分子共同搞"創作"，进行反党活动。李还大搞"利潤刺激"，生活上荒淫无耻。李井泉却不加处理，一直包庇下来。

四川省文联主席、《四川文学》主編沙汀，早在卅年代就是周揚同伙。他以《四川文学》为陣地，进行反党罪恶活动。一九六〇年，周揚发表了反动的文艺綱領《我国社会主义文学艺术的道路》，《四川文学》立即动員起全部力量，大写特书，发表专論文章为其摇旗吶喊，鼓吹学习了周揚这个报告，"找到了自己的最正确最广闊最坚定的道路"。沙汀还亲自上陣，发表了《夏夜》一类的小說，恶毒攻击大跃进、攻击党的領导。象这样的反动文人，李井泉却視为"掌上明珠"，一直庇护在卵翼之下。

李井泉还把一批爪牙安插到四川省級各重要崗位上。

苗前民，原晋綏干部，任省委組織部副部长，铁杆保皇分子；

黄流，早在一九四三年在延安就犯了严重錯誤，是"搶救"重点，入川后追随李井泉，被提拔为省委副秘书长；

赵方，原晋綏干部，大叛徒，入川后受李重用，先任省公安厅副厅长，后升任省法院院长；

王宗琪，省委交通部长，蛻化变质分子；

秦传厚，省公安厅厅长，是李井泉进行反革命复辟活动的鏢客，他亲自参与了李井泉在宜宾进行的翻案活动；

刘洪阳，省委工业部副部长，貪污腐化，蛻化变质，李加以包庇，且准备提为省委书記；

楊孝农，《四川日报》社副社长，反共老手，他的反动面目暴露后，李拒不处理，只将其調到外事处工作了事；

燕汉民，省工交政治部主任，李的忠实走狗，文化大革命中，由李面授机宜，派往重庆充当鎮压山城八·一五革命派的黑打手，由于罪行累累，畏罪自杀；

李文烱，原四川省副省长，省人民銀行行长，一九三七年伪山西軍人反省院自首变节分子；

王德茂，原四川省高級人民法院院长，伪山西軍人反省院自首变节分子；

郭实夫，省监委副书記，一九三四年伪山西軍人反省院自首变节分子；

蕭理，省輕工厅副厅长，李的臭婆娘，她是李进行反党活动最忠实的爪牙和帮凶，文化大革命中，又組織保皇軍——产业軍对抗毛主席革命路綫，保李井泉及其同伙过关。

李井泉还在四川各市、县安插亲信，扶植党羽，紧紧的控制住全省大权。

成都是四川政治、經济、文化中心，西南局所在地，李当然要控制在手。一九五三年，李赶走了“絆脚石”宋应后，安插了心腹郝德清，郝調走后，李就把反革命修正主义分子廖井丹調任成都市委第一书記。为了加强控制，去年又将心腹周颐調任市委第二书記。近两年，李又发現了一名“壮丁”（即李之心腹之意）冯焕武，乃由民政局长提升为市委实际二把手。

西南重鎮重庆，更是李井泉重兵把守之地，除了安插周扬黑帮分子的帮凶任白戈为第一书記兼市长外，还收罗了一批走狗作为心腹，加以重用。

廖苏华，中央监委委員、市委副书記、市监委书記，反革命修正主义分子。早在一九二七年，廖在苏联就結識了黑帮头子楊尚昆，而廖与楊的老婆李伯釗更是老关系，是重庆二女师同学。廖对楊、李家中的一些反革命分子、地主分子加以包庇重用。廖还担任过反党分子张聞天的秘书，一九五九年，张被罢官后，廖、张往来仍很密切。廖一貫反对毛主席，攻击毛泽东思想，一九五四年，高、饒反党集团被揭露后，廖攻击說：“叫他（高崗）当国家副主席，还是毛主席提出来的”，并为高歌功頌德，說什么：“他对革命，对保卫毛主席有很大貢献”，公开为高、饒反党集团鳴冤叫屈。一九六二年，楊勾結叛徒安子文，背着中央，派蕭风来渝收集反党材料，廖千方百计为其打掩护。廖还是包庇重用坏人的罪魁祸首，例如，原市检察院副檢察长郝涵昌，一貫堕落腐化，民憤很大，廖公然为其辯护說：“要看他上半輩子革命的功劳，只作留党察看处理”，以后还派去搞四清运动。一九六四年，廖說：“柯西金上台，比赫魯曉夫好得多”，为苏修塗脂抹粉。文化大革命中，她首先跳出来保任白戈，說：“任白戈主观上是站在魯迅一边反胡风的，与夏衍、田汉、阳翰笙不同”。接着，就赤膊上陣，一手炮制保皇組織——思想兵，来反对八·一五，抵制毛主席的革命路綫。廖在生活上完全是资产阶级的一套，住的是小洋房，室內水电、冷暖設备俱全，鑲木地板，高級地毯，挂的是宫灯古画，摆的是古董玩物，睡的是嵌鏡牙床，綾罗綢緞，琳琅满目。但是，却沒有一张毛主席像和主席語录。正是这样一个反革命修正主义分子，李井泉却在文化大革命初期为她定調子，說什么：“廖苏华同志是中共中央监委委員，是个老同志，她的年紀比我还大，是我的老大姐”，竭力吹捧这个反革命臭婆娘。

魯大东，省委书記兼市委书記，是李井泉控制重庆这个重工业城市的一名得力干将。早在一九五三年，魯任乐山地委书記时，就被李看中，調重庆建設机床厂任党委书記；一九五四年升任市委工业部长，一九五五年任大区协作委員，一九五六年跃升市委书記、省委委員，当上了八大代表，一九五八年至一九六〇年，因执行李指示卖力，一九六五年又被提升为省委书記；去年任白戈被揪出来后，李把市委的大权就交給了魯，并兼市文革小組长。由于魯完全是李一手提拔的，因此，在文化大革命中，他为了保其主子，眞是煞費苦心，上窜下跳，疲于奔命，顽固透頂。魯是管工业的，他在工业上完全是貫彻执行大叛徒薄一波的修正主义黑貨，推行苏修一套，大搞物质刺激，否定党的領导。一九六二年，魯配合国內外阶級敌人的猖狂进攻，大搞右傾倒退，他把重庆的地方冶金工业整掉，就连全国第一个試验成功用天然气炼鋼的××鋼厂，也勒令下馬。在管理体制方面，他搞了一个"增产节約領导小組"，凌駕于党的領导之上，实际上就是苏修"工业党"的雛型。文化大革命一开始，李就跑来重庆为魯定調子，說什么："大东同志是个好同志"。去年十月，中央工作会議期間，李井泉告訴魯大东："坚持原則，准备长期斗爭"。可見，李魯反党联盟是多么頑固。

孙先余，市委书記，叛徒。一九四〇年在山西洪洞任地委宣传部长时，被捕入獄。孙在其主子刘少奇、安子文及龚子荣指示下，叛党求生，被汉奸王紹文"保释"出獄，早在晋綏时，李井泉就把这个叛徒收罗在自己門下。整风时，由于叛徒龚子荣和李井泉包庇，結論为："是一种政治上的动摇表現"，隐藏下来。入川后，李就将他提拔为市委书記。他在一九六二年作报告时，反而攻击說："我从內地到延安，就被当作特务整"，并放肆攻击毛泽东思想。孙在生活上也是靡烂透頂。文化大革命中，孙又当了鎮压山城文化大革命的罪魁祸首。

李唐彬，市委书記，廖苏华爱人，长期在苏联工作，很早就結識了楊尙昆。回国后，长期在楊手下当机要处处长，"七大"时，他对楊未选上中央委員十分惋惜。李一貫勾結任白戈，伙同其臭婆娘进行反党活动，打击革命干部，包庇重用坏人，而且生活墮落。当这样一个老混蛋一命嗚呼后，任白戈还在市委办公大楼設灵堂，长期供着，叫干部悼念，眞是无耻已极！

王若，市委宣传部副部长，本是一九五七年被任白戈包庇下来的漏網右派，以后又有大量的反党罪行，是个十足的反革命修正主义分子。由于他善于吹捧，深得任白戈重用，升为市委秘书长，文化大革命中，委以市文革办公室主任职位，大权独攬，疯狂鎮压革命群众。

馬力，副市长兼市經委主任，曾于一九三五年，三六年先后两次在中統河南省调查处和伪北平軍人反省院自首变节。

余跃泽，副市长兼財貿政治部主任，是个大恶棍，大流氓，反革命修正主义分子。他恶毒地攻击毛泽东思想，利用一切机会販卖修正主义分子黑貨，为资本主义鳴锣开道。由于他特别卖力吹捧任白戈，因此，余步步高升，身兼数十职，成为黑市委的"忙人"。他吹捧任白戈是"重庆理論水平最高、最坚强的馬列主义者"，"是經过考验的可以信賴的領导干部"。余还想方設法在李井泉面前討好卖乖，一九五九年，李刚提出农业搞提灌設备，余馬上在南坪搞了一个抽水站，果得李的夸奖，遂在《上游》杂志上撰文表揚余作得好。余还經常陪李打网球，为李准备佳肴美酒，侍候可謂周到。从此，李十分器重余，多次表揚余"能干"，是"商业通"。文化大革命开始，为了扑灭重庆大学革命烈火，李井泉、任白戈就把余派到重庆大学任工作組組长，充当了李、任死党鎮压重庆大学和山城八·一五革命派的最最急先鋒。当革命师生揪出了这个大坏蛋后，李赶忙赴渝为余开脫，說余是因为"魯莽"而干坏事，眞是岂有此理！

黄友凡，市委宣传部副部长兼市委副秘书长，一貫反党反社会主义反毛泽东思想，利用宣传工具进行反党活动。

袁明阮，市委宣传部副部长兼《重庆日报》总編輯，利用《重庆日报》进行反党活动。

李宪昌，市监委副书記，蜕化变质分子。

刘连波，市委統战部长，自首变节分子。

蕭泽寬、李止舟、廖伯康反党集团，这三人分别掌管市委組織部、办公厅和团市委大权，由于反党面目暴露，黑市委不得不在一九六三年将他们抛出，搞了一个假批判、眞包庇，而实际上肖、李、廖集团与黑市委，楊尙昆、李井泉等完全是一路貨色，所以，比如蕭泽寬，批判后反而送到中央，提任国家侨委政治部副主任。

在內江，包庇重用地委第一书記张励。张在內江大搞包产到戶，鼓吹单干，打击革命干部。更恶毒的是，公然咒罵一九五九年毛主席发出的《党內通訊》“是主席发脾气时写出来的”，叫嚣“执行了要亡党亡国。”李进而将张提为西南局农办主任，群众要求处理时，李包庇說：“张励就是說过这两句話，也沒有什么了不起。”

在江津，地委第一书記崔大田是李井泉的忠实走狗。一九六二年，全国七千人大会上，李将崔介紹与邓小平认識，一九六三年，又介紹与彭眞认識，文化大革命中，李井泉勾結陶鑄将崔調到中宣部，准备在中央埋下一顆定时炸弹。

在自貢，李培植爪牙李唐基，委以市委第一书記，省委委員重任。李唐基一貫对抗毛主席和党中央的正确領导，文化大革命中，又按其主子指示，对革命群众实行资产阶級专政。他还配合刘邓黑司令部的政变阴謀，在自貢大修“地下宮殿”，一九六五年底，邓小平、賀龙等黑帮头头均到过自貢“視察”。

西昌，是大后方，是具有战略意义的基地。刘邓黑司令部早就看在眼里了。一九六四年以来，李就向西昌安插亲信，就現在七个地委书記中，屬李原晋綏部下的就有六人，而四个专員淸一色晋綏干部。如第一书記楊新就是李从晋綏带入川的心腹，党內走资本主义道路的当权派。

南充，是李井泉推行刘少奇形“左”实右反动路綫，販卖妖婆“桃园經验”蹲点的地方。地委第一书記卫广平追随李大搞“打击一大片，保护一小撮”，搞得干部人人自危。

宜宾，是李井泉大肆进行翻案活动、反攻倒算、复辟资本主义的“試验田”。地委第一书記牟海秀、市委第一书記賈昌、地委副书記沈学礼等，是李井泉进行反革命活动最得力的助手和帮凶。

达县，地委第一书記李香山是一个反革命修正主义分子。

乐至县，县委第一书記段建五是个叛徒。

李井泉为了控制軍权，一九六〇年，他伙同刘、邓、賀等人，把黑帮分子黃新庭提为成都軍区司令員，郭林祥提为軍区第三政委，并且企图将大叛徒阎秀峰委以軍区第四政委要职，用心可謂毒也！

3.云南省

李井泉通过阎紅彦在云南省委安插亲信，培植死党，重用坏人，形成了云南省的反革命修正主义集团，把云南省变成了李井泉进行反革命复辟的重要基地。

叛徒阎紅彦从四川調云南后，首先伙同省委中一小撮走资本主义道路的当权派于一川（省长）、馬继孔（书記）、梁浩（书記）結成了反党集团。一九六四年"五反"运动中，群众起来揭发了这个反党集团利用特权，通过各种渠道建立"黑金庫"、盗窃国家財产六万多元的滔天罪行，阎紅彦眼看自己的狐狸尾巴就要被揪住了，便玩弄了一套捨車馬、保将帅的把戏，忍痛抛出了于、馬、梁等反党黑帮分子，在此同时，又把追随他的爪牙安插到省委領导崗位上，重新組成了一套反党班子。

云南省委书記、組織部长孙雨亭，是云南省委中走资本主义道路当权派的第二号人物，大党閥，是掌管党权的实力派。早在抗日战争以前，孙就堕落成为一个可耻的叛徒，曾向国民党反动派写过自白书，說什么加入共产党是"誤入歧途，今后保证效忠于三民主义。"孙雨亭一貫反对毛主席，攻击毛泽东思想，一九六一年，他伙同阎、于、馬、梁反党分子，配合刘、邓的反党活动，召开了大黑会"西山会議"，以总結經验教訓为名，行反对毛主席，攻击三面紅旗之实；一九六二年，他在省党校恶毒地說："領袖人物不能神化，我们共产党人，不是宗教信徒"；一九六五年七月，他对团省委干部說："好中有坏，坏中有好，毛泽东思想沒有到頂的，任何事不会尽善尽美的"，露骨地攻击战无不胜的毛泽东思想；一九六五年八月他在团地（市）委书記会上公然反对工农兵活学活用毛主席著作，說什么"沒有文化很难接受毛泽东思想。"又說："学毛主席著作不要搞形式主义，庸俗化。"孙雨亭是安子文安插在云南省的一个"釘子"，貫徹了一条修正主义組織路綫。一九五九年三月，他和組織部副部长陆启余等赴京，通过私人关系，非法地向安子文要来了部委、厅（局）长以上干部十多人，以扩充其实力范围，其中有：反革命修正主义分子高治国（省委书記）、叛徒崔子明（省科委主任）、現行反革命分子张曙光（組織部副部长）、反党分子张增敬（农村部副部长）、修正主义分子张广居（农村部副部长）等。在組織部，孙大肆提拔心腹，重用坏人，同时把亲信派往各地（市人县委抓实权。一九六四年，孙将二百多牛鬼蛇神和犯严重錯誤的人，集中省党校，为他们开脫罪責，胡說："你们回机关有个較好的結論，我叫你们的領导給大家做点工作，使距离尽量縮短，緩和这个矛盾。加上你们有个較好的检討，我们就好說話了。"一九六二年，《黑修养》再版后，他大肆鼓吹，亲自布置学习；同年，安子文和陆定一合編的大毒草《做一个好的共产党員》一出籠，他就宣揚"它是最好的党員教材"，用它来毒害党員。他还伙同反革命修正主义分子刘植岩和叛徒龔子荣大刮翻案风，宣揚"海瑞精神"，提倡"当新海瑞"，为右傾机会主义分子鳴冤叫屈。孙在生活上也是一个地地道道的资产阶級分子，为了替他的资产阶級生活方式辯护，甚至胡說："我们老干部馬列主义多一点，生活好不会起变化，基层干部过我们这种生活，非和平演变不可。"其实，孙早巳堕落了，他就是"黑金庫"的二号老闆。文化大革命中，他忠实地执行刘邓资产阶級反动路綫，向各地派大批工作組鎮压群众运动。九月，李井泉赴云南介紹了所謂"平衡政策"后，孙視为救命秘方，立即策划成立了各种保皇組織为其保駕。李賊在昆明，只找了阎紅彦、孙雨亭、周兴、秦基伟四人密談。之后，李在省委书記处会議上談了要控制公安、邮电大楼、电台、报社等几个要害部門，以及打游击等問題。孙拍手叫好，說："井泉同志这么一讲，我们思想开朗了，有办法了。"于是，孙雨亭一伙进行了一系列策划，准备建立"地下省委"，組成三条游击战綫，上山打游击，实現其反革命暴乱阴謀。

云南省委书記、宣传部长高治国，是安子文、楊献珍的亲信，李井泉和阎紅彦所器重的“接班人”。一九六〇年，高任云南大学校长兼党委书記，由于他販卖修正主义黑貨有功，一九六二年被阎立为省級机关“高干标兵”，出席全国文教群英会，到处作报告，招摇撞騙。一九六四年，于、馬、梁反党集团被揪出后，邓小平、李井泉、安子文、阎紅彦等黑帮头头，眼看損兵折将，于是就看中了高治国这名“年輕能干”、“很有希望培养成第二把手”的新手，不到一年，连升两級，先提为省委常委兼宣传部长，接着又提为省委书記。高的提升，是有其黑后台的。一九六三年，刘植岩就曾数次提出“不能老让人家在云大，这个人有能力，要培养这个人。”接着中央組織部一再提出：“省委书記年紀都大了，不提拔就有接不上气的危险。”一九六四年下半年，阎紅彦从西南局回来就說，刘植岩、李井泉要提高治国为书記。一九六五年阎从北京回来，說邓小平、乔明甫也主张提高治国，而且李井泉还說：“你们不提，就調出来。”从此，高治国就成了邓、李、阎黑帮的忠实走狗。文化大革命初期，由高任省文革組长伙同周兴炮制彭賊《二月提綱》的云南翻版《四月文件》。后来，革命群众揭发了高的大量反党反社会主义反毛泽东思想罪行，阎感到无法“保”了，才要了一个“舍車馬，保将帅”的花招，抛出了这个反革命修正主义分子。

云南省委常务书記、省长周兴，忠实地追随邓、賀、罗、李等反革命修正主义分子，极力反对毛主席，反对突出无产阶級政治，大肆宣揚阶級斗爭熄灭論，积极推銷修正主义黑貨，妄图实現资本主义复辟，文化大革命中，玩弄反革命两面派手法，疯狂鎮压群众运动，是一个地地道道的反革命修正主义分子。解放初期担任西南区公安部长时，就很受邓、賀器重。一九五四年調中央任公安部副部长，即伙同罗瑞卿追随苏修。一九五八年，經罗活动，周調任最高检察院充当副检察长，进行反党活动。一九六〇年又調山东窃据省委常务书記和山东軍区第一政委要职，与反革命修正主义分子譚启龙互相勾結。一九六五年又按賀龙旨意，調到云南省窃据要职。一九六四年周在山东伙同賀龙、罗瑞卿大搞民兵比武，并且作了很多指示，明目张胆与毛主席和林副主席的指示相对抗。在对待云南边疆四淸問題上，周不同意提“重点整党內走资本主义道路的当权派”，公然篡改毛主席亲手制定的“二十三条”。周还肉麻地吹捧叛徒阎紅彦說：“阎紅彦学习毛主席著作学得最好，我们要向他学习”。文化大革命中，他又說：“以阎紅彦为首的省委是屬于第一类，是敢字当头的省委”，死保黑帮。譚力夫的“讲話”出籠后，周奉若神明，大加贊揚，还吹嘘：“我和譚力夫的父亲譚政文是老战友、老同事，譚政文是个好同志，我是看着譚力夫从小长大的，这孩子从小就很聪明。”去年十月，譚力夫逃到昆明“避难”，譚母事先专門給周来电，望其关照，周就以“保护少数”为名，在一次书記处会議上，对譚力夫来昆一事进行了专門討論。譚到昆后，周派专人加以保护，安排在翠湖宾館，照顾无微不至。叛徒阎紅彦自杀后，中央对云南問題作了重要指示，周在今年一月还召集省委常委会議，无耻地宣称：“我現在的认訳，省委里头还沒有发現哪个是黑帮的問題。”眞是顽固不化！

云南省委书記兼计委、建委主任和两委党組书記郭超，是阎紅彦的“大管家”，总攬全省經济大权。郭一貫反对毛主席，攻击毛泽东思想，当毛主席《炮打司令部》的大字报发表后，郭恶毒地説：“炮打司令部与目前的形势不适应”，并极力封鎖，佈置《炮打司令部》不往下传。他还大肆吹捧刘、邓、陶，說什么“刘少奇的两种教育制度、两种劳动制度的报告，是馬克思列宁主义的新发展”，“半工半讀是好的，这是刘少奇提出来的。”更恶毒的是，他竭力为刘的反党罪行辯护，胡說“刘少奇搞的东西，很多并不是他一个人搞的，还有别人的意見，很多具体东西就是周总理搞的。”一九六五年，郭搞了一个开发边疆的方案，一九六六年二月，总理对这个方案提出了批評，郭公然說：“小平同志同意了的”，威胁总理，总理当即回答他：“你们不要拿总书記来压我”，后来郭超仍公开对抗。去年十一月，陶的丑恶咀脸已有所暴露，郭在北京还鼓吹：“中央选择这样一个人，选的对。陶鑄这个人能干，有干劲，对許多事都有研究。”郭超在經济工作中完全是推行刘少奇、李井泉、薄一波的修正主义路綫，不讲阶級斗爭，大搞物质刺激，并与中央分庭抗衡，一切从云南这个“独立王国”出发。他还在他主管的部門安插亲信，重用坏人。文化大革命中，他追随李井泉、阎紅彥，鎮压群众运动，說什么“以阎紅彥为首的省委是正确的”，“省委是团結的，是紧跟中央和主席的”，提出“抓右派要抓大鲨魚。”他还大搞李井泉的反革命“平衡政策”。阎自杀后，郭公然說：“阎紅彥生活是簡朴的，还不能說是走资本主义道路的当权派。”为阎塗脂抹粉。

云南省委书記薛韜，主管全省农村工作，是阎手下一員干将。薛于一九三二年加入共产党，一九三三年被捕入狱，不久被一个资本家保释出獄后，立即参加托派反动組織“抗日战士互助会”。一九五五年审干时，于一川、馬继孔一小撮坏蛋竭力加以包庇，毫无根据地作了“历史清楚”的結論，埋下了这顆定时炸弹，使他在三年时間內，能由一个地委书記跃升为省委书記。薛在工作中反对突出无产阶級政治，他常讲：“你生产搞不上去，即使你思想革命化，組織革命化，我都不承认。”他对抗林副統帅指示，說什么“四个第一是軍队的事。”他从不学毛主席著作，也反对群众活学活用，攻击“那是形式主义”。一九六一年——一九六二年，薛秉承李、阎指示，在农村大搞“包产到戶”，鼓吹单干。一九六四年，刘少奇、王妖婆到昆明兜售《桃园經验》，薛对刘的黑报告奉为經典，积极貫徹。刘一走，薛就把全省按《前十条》进行的四清停下，改按《后十条》进行。他一貫重用坏人，把一批反动党团的骨干分子、蜕化变质分子，右傾机会主义分子安插到各級領导崗位上。文化大革命中，当閻、孙退居“第二綫”后，薛就和周兴到“第一綫”，亲自指揮鎮压群众运动。生活上也靡烂透頂。

云南省委书記、副省长刘明輝，兼管政法、外事、統战、监察等部門，长期以来，作官当老爷，懶、饞、占、貪、变，五毒俱全，是一个十足的蜕化变质分子。早在一九五七年，刘在全省公安会上就散布阶級斗爭熄灭論，說什么“当前的基本形势是社会主义改造基本完成，阶級矛盾已經基本解决了”，“资本家正处在由剝削者变为劳动者的过程中。”一九六〇年，他又积极販卖罗瑞卿的黑貨，說什么“政法人員有事办政法，无事办生产”，鼓吹“刀枪入庫，馬放南山”。特别是一九五五年他从苏联回国后，大肆吹噓苏修的政法路綫，公然把一个国民党的伪刑警队长調到警犬队当教练，将一个判处七年徒刑的大烟鬼释放出来当法医。在統战工作中推行李維汉的右傾投降路綫，大搞“神仙会”，大修寺庙，一九六一年訪問緬甸，甚至双膝下跪拜佛。为了揚名显威，他把刘少奇、王妖婆与他合影的照片貼在农展舘大門处。刘全家住讲究别墅，院內有魚池和花园供玩賞，經常为刘家服务的不下七人，多时可达十二人，如同皇帝一般奢华，給他修一次房子就花費国家九千二百元。刘与原省委中于一川、孙雨亭、梁浩等人狼狠为奸，搞了个“黑金庫”，又在交际处开設“地下商店”，大肆盜窃国家財产。刘还是“北京飯店”的后台老闆，把伪少将高参范子明任命为經理，大搞走私活动，盘剝人民血汗。文化大革命中，革命群众終于揪出了这个寄生虫，吸血鬼。

省委常委、省委边委书記吳志渊，是个不折不扣的反革命修正主义分子，在边疆貫彻执行了一条修正主义路綫，不讲阶級和阶級斗爭，大搞右傾投降。他伙同閻紅彦借“調整”为名，砍掉了大批合作社，使全省边疆地区入社农戶由原来占总农戶数的百分之九十三下降到百分之五十六，个别县的合作社几乎被一风吹光了。一九六二年，又把少数民族上层分子的地主恶霸、反动大土司、土匪特务等反动傢伙一齐请到省委公开向他们承认錯誤。吳秉承閻的黑指示，将罢了官的一一平反，来了个官复原职，补发工资，使这批反动傢伙得以继續統治边疆人民。

省委边委副书記王连芳，一九四三年任回民支队政委时曾被日寇逮捕，叛党投敌，向敌人写了《瓦解我回民支队意見书》、《策反回民支队计划》，供出了回民支队发起人，并和日軍头子松川在一起吃喝玩乐。一九五五年审干时，查清了王的叛徒咀脸，并作了結論，本应严肃处理。但在閻、孙包庇下，却窃据了边委要职。

省人委办公厅主任吳鴻宾，是个大流氓、大貪污犯，是省委、省人委“黑金庫”的总管。当吳的罪行被揭发后，反而将他送中央高級党校，群众不滿，要求开除他的党籍。但在省委会上，閻、孙竭力包庇，閻說：“再包庇一次吧”，于是，只給了留党察看处分。

省委农村部副部长张广居，在中央农业部就因犯錯誤受留党察看处分，到云南后，又恶毒攻击毛主席、攻击社会主义制度，并继續乱搞男女关系，可是，却被閻吹捧成“有本事”，“农村部实际工作是依靠他”，加以重用。

省委組織部副部长张曙光，是孙雨亭的心腹，反革命修正主义分子。

省委組織部副部长王静，于一川的老婆，是个坏分子。

省委原农村工作部部长郭庆基，一貫堕落腐化，省委反而为其保密，加以包庇。

省委組織部副部长崔子明，于一九三六年叛党，中央地质部党委有过結論，明确指出此人不能做党委工作，到云南后委以省委委員兼副部长，并准备提为监委副书記。

省委統战部副部长、民委副主任陈可大，历史上有重大問題，是反革命修正主义分子。由于系孙雨亭老部下，加以重用。

省委候补书記吳作民，是逼死前妻的凶手，控制財政大权，在財貿战綫上大肆販卖修正主义黑貨。

省委副秘书长王旬，历史上两次被敌人逮捕，是个叛徒和特嫌分子，中央規定根本不能作党的工作。一九六五年有人检举王旬家中有电台，省委不追究。文化大革命中还委以省委文革办公室主任。

省委宣传部副部长，《云南日报》总編輯李孟北，是《三家村》黑帮分子，他利用《云南日报》这块陣地，开辟《滇云漫譚》专栏，向党、向社会主义、向毛泽东思想发出了一支又一支毒箭，为资本主义复辟大造反革命輿論。

省委农村工作部长李文，党內走资本主义道路的当权派，在山东就犯有滔天罪行，文化大革命中，被山东的无产阶級革命派揪回斗爭。

李井泉伙同阎紅彦还在昆明市安插了一批反革命修正主义分子，阶級异己分子和蜕化变质分子，控制了昆明市的党政财文大权。原昆明市委书記处书記及常委中，本人是地、富、反、坏分子的二人，叛徒一人，反革命修正主义分子四人。

赵增益，市委第一书記，出身地主，据揭发，赵曾管过家。一貫疯狂反对毛主席，恶毒攻击三面紅旗，竭力推行"三自一包"，大肆販卖修正主义黑貨。一九六五年被提为省委常委、省經委主任。

郭少川，市委常务书記，是一个地主阶級的孝子賢孙，长期以来，将其地主岳父窝藏在机关供养，后来利用职权搞到敬老院去养老。他一貫反党反社会主义，是鎭压昆明文化大革命运动的劊子手。

朱作欣，市委书記，大叛徒。一九四二年被捕，为日本鬼子当汉奸，收集我游击队情报。

齐耀池，市委常委兼組織部长，是于一川反党集团骨干分子郭庆基的臭老婆，是閻、孙黑帮的亲信。她在昆明推行刘、邓組織路綫，长期以来做官当老爷，生活腐化。

崔浩泉，市委常委兼副市长，本人系富农分子。

郝健，市委常委兼副市长，是一个漏网的反革命分子，一九三六年曾参加国民党特务組織《诚社》任小組长，在閻錫山匪軍內当过科长，罪恶累累。一九三九年七月中共河北省皖县县委曾派人追捕，准备处予死刑。

董丹修，市委常委兼副市长，是一个彻头彻尾的反革命修正主义分子。一貫违法乱紀，貪汚盗窃，胡作非为，连丢了一只鸡也动用专政工具立案追查。

閻毅力，市委常委兼財貿部长，是一个荒淫无耻的大流氓，被其奸污妇女共四十余人。

张琅基，市委常委兼市委秘书长，本人系地主分子，任公安局长时曾貪汚沒收的美金一百二十元。

此外，各地委中也有一批李井泉、阎紅彦的狐群狗党。

玉溪地委第一书記宋丙寅，生活堕落腐化，吃喝嫖賭无所不为，是一个作恶多端的土皇帝；

昭通地委副书記刘少軍，一九五七年反右时是反党集团的干将，受撤职处分；

紅河地委书記王世超，在山东任淄博市委第一书記时就一貫反毛泽东思想，生活堕落腐化，文化大革命初被山东无产阶級革命派揪回斗爭；

楚雄地委副书記李玉成，党內走资本主义道路的当权派，孙雨亭的帮凶；

丽江地委副书記王振华，是一个地主分子；

李井泉、阎紅彦的黑手还伸进了伟大的中国人民解放軍駐云南的部队，他們通过反党分子、昆明軍区司令員秦基伟，企图实現篡軍的罪恶阴謀。文化大革命中，秦基伟伙同李井泉，閻紅彦等反革命修正主义，鎭压群众运动，并策划了上山打游击的反革命暴乱。

4.貴州省

以周林、賈启允为首的貴州省委中一小撮走资本主义道路的当权派，是李井泉的狐群狗党，他们为了在貴州省复辟资本主义，大搞招降納叛，結党营私，扶植反革命势力。一九六四年在貴州社教运动中，广大革命干部和革命群众揭露出前省委以周林为首的一小撮走资本主义道路的当权派，但是，却受到刘少奇、邓小平、李井泉一伙的包庇，并派賈启允到貴州重建"新省委"，而这个"新省委"完全是旧省委的翻版，继續推行反革命修正主义路綫。直到文化大革命，重新又揪出了隐藏在貴州省委和各地的反革命修正主义分子，清算了他们所犯下的滔天罪行。

原貴州省委书記苗春亭，一九四〇年"肃托"时，曾被开除党籍。一九六四年貴州省委开展四清以前，他是以周林为首的省委第二把手，四清后，在以賈启允为首的省委里，他官复原职，仍稳坐书記宝座。苗钻进省委后，十多年来，完全充当了资产阶級代理人的角色，是李井泉的忠实爪牙。苗一貫反对毛主席，攻击毛泽东思想，在他掌管的农业、文敎、統战等部門內，进行了一系列反革命罪恶活动。六一年苗公然說："包产到戶，目前不要急于去扭，也不一定扭得过来"，"公民有自由，他可以搬宪法，要单干，你也无法"。六二年在地委书記会上他更露骨地提出，"包产到戶到百分之二、三十，沒有什么了不起"。妄图搞垮集体經济。他还攻击三面紅旗，說什么"天天讲跃进，搞得飯都沒吃的。沒飯吃还有什么可談的呢？"在四清运动中，他忠实执行刘少奇的形"左"实右路綫，极力反对毛主席制定的《二十三条》。在文敎方面，他大肆推行"智育第一"的修正主义敎育路綫，六一年，亲自批准大毒草《貴州省全日制中等学校暫行工作条例》，为培养资产阶級接班人鳴锣开道。在統战方面，他号召向资本家"学习"，鼓吹"国內基本矛盾已基本解决"，宣揚"神仙会是好方式"，并大肆为右派分子翻案。他还包庇重用坏人，极力扶植反革命势力。文化大革命中，他任省文革付組长，伙同賈启允疯狂鎮压貴州省的革命群众运动。

貴州省委书記、付省长陈璞如，是一个混进党內的大野心家、大阴謀家，十足的"赫魯晓夫式"的人物。陈原名霍国栋，抗战前一年曾跟随一个伪团长当勤务員。在冀魯豫边区工作时，为了个人向上爬，不惜打击革命干部。一九四九年在遵义任地委书記后，就投靠到当时貴州省委中的申、刘反党集团門下。一九五五年申、刘反党集团被揭发后，陈又玩弄投机伎倆，蒙混过关，跨入了周林黑店大門，取得周的信任，提为省委常委、付省长兼省计委主任。由于陈反党有功，一九五九年后，周又把他提升为省委候补书記。一九六四年社教运动中，揪出了周林反党集团，眼看陈也逃不脫了，而李井泉却早看中了陈的反党才干，便将陈保了下来，不但不对陈的反党罪行进行追究，而且还作为"积极分子"加以重用，从此，陈又成了賈家店的一員干将。賈赴貴州上任时，李曾对賈說"陈璞如是一个好手"，要通过陈去"团結冀魯豫的好些干部"。而陈也忠实追随李、賈反对毛主席，吹捧刘少奇，邓小平，李井泉。他大讲特讲刘的"两种劳动制度、两种敎育制度"的"理論"如何"伟大"，刘对工作计划的指示如何"英明"。不久，这个"赫魯晓夫式"的人物終于爬上了省委书記的宝座，掌管全省人委、计划、工建交通等項大权，成了賈家店的二把手。

貴州省委书記、付省长徐建生，是个老叛徒。在河南工作时就犯下了反党反社会主义的滔天罪行，調貴州后，在周林黑店中任省委候补书記兼付省长，是“周家店”的黑打手。賈到貴州后反将他提升为书記，后来中央提出对徐进行审查时，賈、陈等还安慰他說：“省委对你还是信任的。”文化大革命中，为了避免群众揪他，竟让徐以去农村搞四清为名，加以隐藏。

原省委书記处候补书記、付省长赵欲樵，是一个隐瞒历史，混入党內的坏蛋。赵一九三四年入党后不久即脫党，当上了国民党的乡民团大队长、袍哥三爷，討两个老婆。一九三八年到延安又混入党內，隐瞞了这段历史。在貴州，周林将赵包庇下来，一九五五年被提升为省委組織部长兼审干委員会付主任。周的老婆宗英是个叛徒，赵为报答周、又包庇宗，于是，一九五六年赵又升任付省长。一九六〇年，赵終于爬上了省委候补书記宝座。遵义事件发生后，李、周派赵去兼地委第一书記，千方百计压盖子，封鎖消息，統一口径，对抗中央检查，保住了周林。从此，赵实际上成了省委第四把手，后来周还准备提赵为二把手。

原省委宣传部长兼《貴州日报》总編輯汪小川，是反革命修正主义分子。长期以来，把《貴州日报》变成为复辟资本主义的工具，配合邓拓《三家村》黑店向党向社会主义发动了猖狂进攻。汪的反党罪行，早在一九六四年四清运动中就被揭发出来了，可是，西南局、省委一直未作处理，极力包庇，在賈氏新省委中继續担任省委常委和宣传部长要职。文化大革命开始，革命群众重新揪出了汪小川，李、賈眼看保不住了，于是将汪抛了出来，并且企图玩弄假批判，真包庇的阴謀詭计。在一九六六年四月西南局会議上，賈竟为汪辯护說：“汪小川四清以后有轉变，生活艰苦”。会上李井泉也为汪定調子，把他借古諷今的反党反社会主义的大毒草《九篇历史小故事》說成只是“对古人缺乏阶級分析”，并且提出批判他的化名，准备批判后調走了事。五月分在省委会上，賈又为汪划框框，說什么“汪小川的問題性质是反党反社会主义，但还是做为党內問題处理，不戴帽子”。极力包庇。

原貴川省委常委、貴阳市委第一书記伍嘉謨，是一个有現行破坏活动的历史反革命分子。在貴阳市大搞资本主义复辟活动，包庇重用坏人，大搞阶級报复，罪恶累累。远在一九五六年周林調伍任貴阳市委第一书記时，有人就向周反映伍参加过“青年陣地社”反动組織并有活动，周充耳不聞，并委任伍为省委常委，还选为“八大”代表，在会上公然攻击康生同志。由于伍大肆进行反党活动，一九六三年李富春同志在中央工作会議上点了伍的名。以后在省委三干部会上有人揭发了伍的問題，周把材料压了下来。当中央派检查組来检查工作时，伍在周的包庇下，不仅不低头认罪，反而公开书写反动标語“中华民国万岁！”伍在生活上也是荒淫无度，糜烂透頂。同时包庇地主亲屬和反革命亲友，进行破坏活动。

原省委常委、省委秘书长何仁仲，蛻化变质分子。

原省委常委、付省长吳实，反革命修正主义分子。

原省委常委、省农办主任张玉环，反革命修正主义分子。

原省委委員、省委付秘书长、团省委书記汪行远，反革命修正主义分子。他是“周家店”的得力参謀，广大干部称汪为“周家店”的“黑书記”和“阿朱別依”。汪的历史問題亦作結論，品质恶劣，而周林却十分器重他，打算让他接省委的班。

原省委委員、組織部长罗英，反革命修正主义分子。

原省委委員、統战部长惠世如，反革命修正主义分子。

原省委委員、《貴州日报》总編輯陈建吾，反革命修正主义分子。

原省委委員、貴阳市长秦天真，一九五五年就发現他是叛徒。在周林包庇下，对秦作了沒有政治問題的結論。

李井泉的黑爪牙还分布到各地、州、市委中，除伍嘉謨外，还有：

原省委委員、毕节地委第一书記孟子明，是个"土皇帝"。他长期隐瞞地主家庭出身。地主母亲死后埋在陵园，并要十七級以上干部披麻带孝，真是地主阶級的孝子賢孙。一九五九年在毕节地区大搞所謂"捉鬼拿粮"，把矛头指向貧下中农，制造了全省聞名的"金沙事件"，弄得貧下中农家破人亡。他还包庇重用坏人，是个反革命修正主义分子。

原省委委員、銅仁地委第一书記周国璽，反革命修正主义分子。人称"小周林"，是銅仁的"土皇帝"。生活堕落腐化，就是丢了一只鸡，也下令出动大批公安干部带着警犬搜查了銅仁城内一百多戶居民。

在原省委和省人委中，李井泉通过周林还包庇重用了不少坏人和亲信。

原省委宣传部付部长陈大羽，一貫反党反社会主义，一九五七年反右中应划为右派，却被包庇下来，直到文化大革命中才揪出来。

原省委委員、民委主任王林崗，原《貴州日报》付总編輯吕瑞林，原省委宣传部付部长张向阳等均是反革命修正主义分子。

原省长办公室主任王綱政，原仁怀县政协常委、周林的哥哥周茂生，原望謨县付县长熊亮斌均系反革命分子；原省民委付主任仇复荣，原黔南州委委員、組織部长潘茂荣系蛻化变质分子；原黔南自治州付州长梁旺貴系右派分子，原黔南自治州政协付主席楊紹斌系麻山暴乱事件的首恶分子。

以上情況說明，周林統治貴州期間，还是按照其主子刘、邓、李等人的旨意，經过他苦心經营，网罗了一批反革命修正主义分子和牛鬼蛇神，篡夺了全省党、政、財、文大权，从上到下形成了一个反革命修正主义集团。而賈启允調入貴州省后，原封不动地继承了周林的衣鉢，将这批混蛋重新拉入新省委內，形成了以賈启允为首的反革命修正主义集团，忠实追随刘、邓、李黑主子，进行资本主义复辟活动。

* * * *

李井泉还格外重用反党黑帮分子和私人亲信。例如，把反党分子彭德怀拉入川任××建設付总指揮，把黑帮分子陈荒煤拉入重庆市任付市长，把黑帮分子邓华拉入川任付省长。他的臭老婆是省輕工厅付厅长，秘书黃流后任，省委付秘书长秘书周顾任成都市委第二书記，警卫員吳桂清任岳池县委付书記，是个蛻化变质分子，秘书陈振环也当上了县委书記。李的同学周扶中、张律均系脫党分子，也被封为科长。当然，重用其主子的亲朋好友的例子就更多了，不再一一列举。現将李井泉反党集团骨干分子及其追随者列表于后，以供参考。

三、顽固地推行“打击一大片，保护一小撮”的资产阶级反动路线

“打击一大片，保护一小撮”，是资产阶級反动路綫的一个組成部分。以毛主席为代表的无产阶級革命路綫，同以刘少奇为代表的资产阶級反动路綫，在干部問題上，从来就是針鋒相对的。毛主席亲自主持制定的《二十三条》和《十六条》都明确指出：大多数干部是好的和比较好的；要逐步做到团结百分之九十五以上的干部；对犯错误的干部要实行“惩前毖后，治病救人”的政策；重点是打击党内一小撮走资本主义道路的当权派。而刘少奇和邓小平，却反其道而行之，反对毛主席的正确路綫。历次政治运动，李井泉为了保护他自已及其一小撮同伙，在干部問題上特別卖力的推行“打击一大片，保护一小撮”，“順我則昌，逆我則亡”的资产阶級反动路綫。

远在一九四七年晋綏根据地进行土改、整党、三查运动时，李井泉就执行了刘少奇的形“左”实右的“打击一大片，保护一小撮”的资产阶級反动路綫，抗拒毛主席晋綏干部会議上的讲話，毛主席在这次干部会議中，指出：“对于那些犯了错误但是还可以教育的、同那些不可救药的分子有区别的党员和干部，不论其出身如何，都应当加以教育，而不是抛弃他们”。然而作为晋綏分局总負責人的李井泉，却极力抵制主席这一英明指示。运动中李井泉对晋綏过去的工作一概否定，对农村干部“一足踢开”，大搞所謂“搬石头”运动，把許多干部(即所謂“石头”)搬开，而被搬“石头”的标准就是家庭出身不好的干部，或者家庭出身較好，但工作中有些問題者。更恶毒的是李井泉提出把劳动模范、民兵英雄当作狗熊来斗，如有名的劳动模范康三林就是在李井泉这一錯誤口号下被活活地打死，民兵英雄路玉小亦被斗、被整得很惨。当时被整的多是局、地委以下的干部，打击面高达70%。由于李井泉执行錯誤路綫的結果，让阶級敌人趁机复权，大肆进行反攻倒算。李井泉在农村中搞土改，划成份时采用“查三代”(有的还“查五代”)，把不少农村干部和沒有封建剝削或者仅有輕微剝削的劳动人民划成地富分子，尽量扩大打击面；在机关中同样搞“查三代”，不加区别地处分和遣散一批干部。李井泉当时对晋綏干部的分析是：“三朝元老，两朝紅，比比皆是，党內如此，党外也不例外。”“打击一大片”最为典型的是解散了神池、朔县和方山县三个县委，进行残酷斗爭，无情打击，逼死了朔县县长李克和农民出身的部长×××，当时县委书記受到处分的有高石县王大昌，中阳县张永，神池县曾笳，代县苏理等，有的地方甚至宣布解散一切組織，宣布所有干部停职检查，把打击一大片的资产阶級反动路綫发展到登峰造极的程度。当时由李井泉直接領导的兴县蔡家庄斗爭地主牛友兰时，李井泉硬逼着他的儿子牛蔭冠(当时行署副主任)用绳子穿在他父亲的鼻子上，牵出去游街示众，在胡家沟斗爭地主大会上，打了区长刘初生，把斗爭地主的矛头轉向了干部。各地出現了乱打、乱杀的現象，坏人乘机打死了若干基层干部和貧下中农。仅崞县八区大会就打死百人左右。一时农村阶級陣营混乱，当时流行的几句話是：“进村中、找头头，斗了头头，斗其它，筷子材中选旗杆”，形成干部和群众严重对立。

这种形“左”实右的“搬石头”运动，还公然在晋綏分局的《土改通訊》中作为李

井泉的“指示”大肆泛滥，在第三期《土改通訊》中就有这样一段話：“最近某些地区寄来的报告中，多从好的方面着眼，很少发現类似的問題，恐怕检查不深入。希望各地勿仅凭汇报、或为某些表現所惑，除深入检查外，对旧干部党員必須尽量踢开，并严格禁止曲台分局在赵林同志来信中关于至多不得超过三分之一的規定，应着重下面一句，如果一个也不够条件（指干部），則一个不选也可以。”

李井泉不仅亲自出馬“搬石头”，而且还派他的忠实爪牙譚政文（臭名昭著的譚立夫之父）到崞县大搞“搬石头”，这个混蛋在該县先后就枪毙了廿多个支部书記，受打击的那就更多。

“搬石头”运动的結果，除了削弱党的領导力量，影响党內团結，損害党在群众中的威信外，更严重的是錯整死了三百五十七个党員干部。“搬石头”的結果，搬倒了农村党的基层領导，使阶級陣綫混乱，阶級敌人当权，实行反革命复辟，許多共产党員和革命干部人头落地。

由于李井泉忠实地执行他的主子刘少奇“打击一大片，保护一小撮”的资产阶級反动路綫，对一般干部残酷斗爭，无情打击，使許多干部不寒而慄。南下时很多干部都不願随他入川，所以随他入川的大多是他的心腹之徒。

五二年“三反”“五反”运动中，他又搬出了“打击一大片，保护一小撮”的法宝，把一場严肃的阶級斗爭和政治斗爭搞成单純的經济主义斗爭，他的指标就是打了多少“老虎”，搞了多少“退賠”，局限于經济主义。运动中领导干部个个检查，人人过关，受到惩办和处分的儘是处长和县級以下干部。据統计，溫江专区处分了30％左右，金堂县委机关干部中打击了三百多个“老虎”，約占干部的20—30％。

五三年“三反”运动中，又把斗爭矛头指向中下层干部，在李井泉領导下的省委认为：“官僚主义是領导干部在执行方針、政策上，关心群众疾苦上，民主作风上的問題，比較抽象，在执行计划上有分散主义，要自我批評，接受群众监督。而命令主义，违法乱紀具体而又多，命令主义重点是中层干部，违法乱紀是基层干部。”李井泉及其一小撮同伙“領导干部”，在文件上規定了只是自我批評問題，相反地以整命令主义和违法乱紀来打击对李井泉不滿的中下层干部，如商业厅的馬××和教育厅的曹××曾說过“李井泉四二年整风、四七年土改、‘三查’运动中整了不少干部，掌握政策过左”的話，就被打成反党分子，类似这种情況的还有銀行付經理黃××，高等法院院长樊××。仅乐山专区从合省到現在（六七年）历次运动中被調职处分的县委书記和县长，約占县委书記和县长的80％以上。

五七年整风反右斗爭，李井泉又利用这一运动的机会，违反党的政策，把对他有意見的干部划成右派，但从五九年以后，每年都将一些沒有改造好的资产阶級右派分子按規定比例摘去右派帽子，混淆阶級界限。

五九年反右傾时，李井泉对干部采取了突然袭击的办法，将彭德怀等反毛主席的发言稿发給十七級以上的干部，要干部立即“表态”，同意还是不同意，还美其名曰“測验”（为了保护一小撮，事前就給地委书記以上干部打了招呼），借对彭德怀发言稿的态度，人为地把干部分成左、中、右，这完全违背了毛主席的教导：“必须善于识别干部。不但要看干部的一时一事，而且要看干部的全部历史和全部工作，这是识别干部的主要方法。”李井泉用这种突然袭击的方法把那些平时对李井泉有意見，李井泉对他们印象不好的干部，記上一笔賬，作为打击报复的依据。

同年李井泉还公然违背毛主席的指示，在农村中和工厂基层干部中和群众中开展反右傾斗爭，在农村社队中还发展到夺权斗爭，把一大批基层干部和群众打成反社会主义分子和右傾分子。

五九年和六〇年，李井泉忠实执行刘少奇的黑指示，大刮共产风，浮誇风，在农村搞“高征购”，工厂搞“高指标”，公社、生产队拿不出那么多粮食，李井泉就搞“反瞞产，反私分”，工厂生产指标突不上去，李井泉就开展“火綫整风”，李井泉还亲自跑到重庆召开“火綫整风”大会，就这样以“反右傾，反保守”为名，打击了一大批干部，农村以“反瞞产和私分”为罪名，打击40—60%的基层干部、工厂“火綫整风”打击面也在40%左右。

例如六〇年李井泉为了保护他自己及其走狗何允夫（雅安地委第一书記），把雅安地区五九年不正常死亡現象归罪为基层干部违法乱紀造成的，把他在农村大刮共产风、浮誇风，大力推行“三高”政策（即“高指标”、“高定額”、“高征购”）所造成的严重后果推得一干二净。李井泉派出了省监委付书記石础、省公安厅长秦传厚、孙××等人去雅安地区的荥县处理“违法乱紀分子”。

为了平息民憤，采用舍車馬、保将帅的办法，首先逮捕了荥县县委书記姚清，判刑八年。县里科局长一級干部全被撤职。某天晚上一次就逮捕了公社党委一級干部五十几人，全县二十五个公社，其中二十二个公社党委級干部受到紀律处分，占总数的88%，受到法律制裁的公社一級干部共一百七十人；公社党委一級以上的干部共七百左右，几乎每个人都被戴上什么“右傾”、“违法乱紀”的帽子，几乎每人都弄来批判斗爭；全县生产队一級的干部共二千人，其中被撤职处分了一千多人，全部基层干部遭到批判斗爭。最后李井泉下令从南充調来自己认为好的共产党員，共青团員到荥县去当干部，把原来的干部全部换掉。而李井泉和何允夫之流却消遙法外。

一九六三年开展的“五反”运动，六四年开展的农村社教运动，两次运动对于一般干部都是采取人人过关，个个下楼洗澡的办法，打击一大片基层干部，打击面約40%左右，如冶金研究所所长李跃华，成都商业二局书記张蔚，县委书記裴增万等都受到了批判，忠县县委书記和万县市市长被迫自杀。相反地委以上領导干部一般采取保护过关，如內江地委书記张云峰，量具刀具厂党委书記楊亭秀、雅安地委书記何允夫，广播局付局长苏景轼等人都点名保护过关。

《二十三条》前的四清运动，李井泉按其主子刘少奇的旨意，搞形“左”实右的反动路綫，大力推广臭名昭著的“桃园經验”，把农村干部說得一团糟，把矛头指向群众，入貧协比入党还难，搞人人过关，搞逼、供、信，伤害了一大批基层干部，“好坏一鍋煮”眞正的走资本主义道路的当权派却蒙混过关。

一九六六年六月文化大革命开始之后，李井泉又搬出“打击一大片，保护一小撮”的法宝，搬出“火烧百分之百，普遍揭发，重点批判”，“狠抓一九六二年問題”，坚持“有点必有綫，有綫必有帮”的反动方針，实行围攻“重点”，扩大“綫索”，“打上连下”、“打下连上”，“抓一个连一串，打一个带一片”的连鎖法，把大批好的、比較好的干部打成“黑帮”、“黑綫”、“重点”、“危险人物”等等，撤职的撤职，罢官的罢官，撇开的撇开，劳改的劳改，监禁的监禁，实行法西斯专政。把斗爭的矛头对准群众，对准一般基层干部。同时还提出“对西南局书記、中央委員、省委书記不提倡写大字报，可以写小字报轉給他本人，大字报不要上街”，明目张胆地保护他们这一小撮党內走资本主义道路的当权派。

据統计，西南局办公厅共有干部一百二十二人，被打成“黑帮”、“黑綫”、“重点”和遭受不同程度打击的共五十八人，占47.5%；在四十一个正副科长、研究員中，被罢了官的共二十四人，占58.3%；在六十六个一般干部中，被打成“黑帮”、“重点”和撇在一边的共二十八人，占42.4%，其中貧农出身的謝××刚由公务員提为干部，却被非法监禁达一百三十一天之久。

李井泉对敢于給他提意見和知內情的人，更是重点打击。如办公室二十名干部中被打成“黑帮”的七人，加上受不同程度打击的共十二人，占60%；秘书处有干部三十二人，被打成“黑帮”、“重点”的十人，加上受不同程度打击的共二十一人，占65.6%；档案科六名干部全部被撇开。

又如財貿政治部五十五名干部，被列为“重点”和靠边的共三十五名，占64%；处长級干部列入打击对象的占67%；一般干部列入打击对象的占74%。

物资厅有三百多干部，被批判斗爭就有一百多人，处长級干部被批判斗爭的亦占30%，并把一般干部打成三反分子、四类分子等等。

十七年来历次政治运动，李井泉都是站在资产阶級反动立場上，发起“打击一大片，保护一小撮”的法宝，搞“整下不整上”，把矛头指向群众和一般干部，把基层干部抛出来当替罪羊，拿“小人物”“开刀”，保护他自己及其同伙。在这次无产阶級文化大革命运动中，推行“打击一大片，保护一小撮”的资产阶級反动路綫的老手李井泉終于被广大革命干部和革命群众揪出来了，这是毛主席革命路綫的伟大胜利，必須彻底清算李贼在推行“打击一大片，保护一小撮”资产阶級反动路綫方面的滔天罪行。

四、李井泉及其同伙在西昌的反党罪行

党內最大的一小撮走资本主义道路的当权派为了实現其篡党、篡軍、篡政的罪恶阴謀，他们选中了西昌作为反革命复辟的总指揮部所在地，特别是最近几年，反革命修正主义集团的大小头目頻頻来西昌地区活动，西南的“土皇帝”李井泉更成了西昌地区的太上皇，把这块地方搞得烏烟瘴气，犯下了滔天罪行。

1.结党营私，安插亲信，培植党羽

西昌地委第一书記楊新，家庭出身大地主，是个地地道道的地主阶級的孝子賢孙。早在晋綏时就是李井泉的心腹，入川后，曾任广元地委书記；五二年被李保荐在中央三机部任要职；六二年，配合国内外阶級敌人猖狂进攻，李井泉又把楊新等人拉回西南，临离京前，刘少奇还亲临指示，說什么“需要你们去，加强党的领导，推动那里工作，加强那里核心，組織那里核心”，楊回川后任綿阳地委副书記；六四年，李終于把楊安

插到西昌任地委第一书記，西南局、省委的負責人閻秀峰、楊超、許梦俠、苗前民等均对楊面授机宜，作黑指示。楊到西昌后，果然不負其黑主子所望，忠实地执行黑司令部指示，干尽了坏事。

西昌地委第二书記李占林，也是李井泉晋綏时的死党，此人一貫反党，并且道德敗坏，却深得李重用。接着，李又把江津专署专員王昭調到西昌任西昌专署专員，王系李的老部下，忠实追随李井泉。

文化大革命开始，李怕他原来安插在西昌的心腹頂不住，忙把他在南充的“紅旗手”，地委副书記苏林調往西昌安排在第二战綫督战。六六年十一月省干会后，苏返回西昌传达时痛哭流涕地为其主子李井泉訴“苦”，丑态百出地嚎叫：“李政委这么老的干部，这么大的年紀，拿給紅卫兵整得好慘啊！我坚决反对‘打倒李井泉，解放大西南’的口号，打死我也不喊”。

在西昌地委、专区級干部中，李井泉大量安插他的晋綏部屬，控制各部門的領导权。据統计，原晋綏干部在地委中占71.5%，在专署中占50%以上。为了加强对基层的統治，李井泉还根据邓小平、賀龙的指示，对各級干部进行大調整，大撤换，把忠实追随黑司令部的人提拔到各級領导崗位上，实現篡党篡政的目的。

李井泉还大肆包庇重用坏人。地委副书記张广化是地痞流氓；地委副书記王怀仁长期隐瞞其地主出身，一貫乱搞男女关系；地委副书記章闊瑞是軍統特务；地委农村政治部主任李祥云，有叛党嫌疑，长期脱党；专署副专員郭振江是閻錫山組織的还乡团骨干分子。米易县委是一个蜕化变质分子的黑窝，在二十五个县委委員中，有十三个乱搞男女关系，县长許学智带头乱搞，糜烂透頂！

2.反对自力更生，大树个人威信

螺吉山农場，是李井泉在西昌搞的一个样板，也是他大反毛泽东思想，拼命树立个人威信的典型。牧場負責人、党委书記田星成，参加过青帮、三青团，当过土匪，解放后却受到李的重用。李井泉用物质刺激的办法来树这个样板，反对毛主席“农业学大寨”的自力更生方針，截止六五年为止，牧場成立两三年，国家投资就达数十万元之多，职工报酬采用“死工资”和“活工资”两种。李还指示牧場每年盈利不上交，牧場可砍伐国营森林出售，大修居民住房，还叫地委拨給牧場十多枝枪打野兽，李特別关照的說：“将来人人会騎馬，个个会打枪”。

由于李“政委”对牧場“无微不至的关怀”，因此，在其爪牙田星成的导演下，一齣肉麻地吹捧李“政委”的丑戏終于出籠了。田星成等一小撮混蛋經常在职工中散布：“李政委来牧場使螺吉山翻身了，螺吉山时运好轉了”。在給奴隶、半奴隶发救济粮，救济款和棉衣等时，田一再宣称：“这是李政委发給你们的”，“翻身奴隶不要忘了李政委”。更恶毒的是，这些坏蛋公然貶低我们伟大領袖毛主席的威望，竟无耻地宣揚：“我们看到了李政委，就等于見到了毛主席”。狗腿子田星成还号召全場职工写“对李政委的感想”，并給“李政委”出专刊，甚至編出了下面这样的反动歌謠：

春天送来百花香，朵朵山花向太阳；
家家戶戶传喜訊，李政委来到咱牧場。

政委看过試验田，又看騾馬和牛羊；
政委走进村子里，和咱牧工摆家常。
牧工爭先把話讲，件件喜事报告党；
政委笑笑点点头，給咱牧工以贊賞。
政委話儿传四方，全場职工喜洋洋；
劳动热情更高涨，条条战綫打胜仗。

请看，这就是李“皇帝”在西昌反对毛主席的铁证！

3.伙同吕正操搞反党篡軍活动

以反革命修正主义分子吕正操、郭維成为首的〈×工指〉党委，是在西南实現反革命复辟的黑指揮部的后台就是李泉井。

①李井泉怎样当上××总指揮部总指揮的

一九六四年夏，吕、郭、刘(建章)在西昌开黑会，研究成立〈×工指〉有关問題，并提名要李井泉挂帅，当总指揮。会后吕一面向其黑主子汇报，一面通知李。当时李在貴州，接电話后欣然接受，并說：“我来挂帅，可以，但只能挂一个口，我只能直接找吕正操联系”。同年，在薄一波主持的北戴河会議上，批准了吕正操的计划，并报邓小平批准。最后决定，李井泉任××总指揮部总指揮，吕正操任副总指揮兼〈×工指〉司令和政委，郭維成任副司令，刘建章任副政委。就是这个〈×工指〉，直到六六年八月，在中央尚未“挂号”，是个“黑口”，而一切大权就由李井泉、賀龙、邓小平控制。

②伙同吕正操搞反党篡軍活动

早在一九四五年，李井泉和吕正操就在晋綏結下了反党同盟，二十年后的今天，这两个傢伙又狼狽为奸，进行反党篡軍活动。

一九六四年，吕陪李到貴州视察时，李对职工讲：“当兵好！你们都当兵怎么样？要穿軍裝”。六五年八月，李到貴州时又散佈：“你们当兵好不好啊？”六五年十月，邓小平来川，伙同李井泉、吕正操、程子华在宜宾开了个黑会。邓要吕写个报告，要求铁道部与铁道兵合併（实际上是要铁道部合併給铁道兵）。报告由吕写好，李修改，邓同意了后送給中央，据說送到罗瑞卿手里了。之后，李、吕瞞着中央軍委成立了“××铁道工程部队”，直接由〈×工指〉領导，发給軍裝，按軍队編制，并准备发展到××万。

这个篡軍阴謀被党中央和軍委发現后，中央采取了措施打乱了他们的计划，李、吕見此阴謀破产，就采取以退为攻的策略，不但反对工改兵，而且极力主张〈×工指〉所管轄的工和兵“分家”，〈×工指〉只管民工，铁道兵部則管铁道兵，企图以此来威胁中央，破坏××建設。

吕正操有个反动謬論，否认毛泽东思想，强調技术第一，即“以高速度为核心，突出好省”，这就是臭名远揚的“正操思想”。李井泉特别支持“正操思想”，借以实現招降納叛的阴謀，他曾經宣称：“对历史上有問題、或犯过錯誤的干部，只要在修铁路上有貢献，可以立功贖罪，过去的事，一笔勾銷”。六六年八月，〈×工指〉党委抛出了一个“战斗动員令”，大讲特讲修××綫是“最大的突出政治”，刘建章公然說什么“你们什么錯誤都能犯，完不成××綫建設的錯誤不能犯”。这在当时全国已經开展起来了轰轰烈烈的文化大革命的时刻是有其罪恶阴謀的。

③李井泉保吕正操，<×工指> 窝藏李井泉

一九六六年七月，铁道部革命群众揭发了吕正操的反党罪行，刘建章从北京返川，向李井泉汇报了这个情况，李却說：“吕正操在铁道部的情况我不了解，但在西南这几年，沒有反党言行，这点我可以負責向中央反映”。刘建章当即給李富春写了一封信，企图为吕开脫。李看后高兴地說：“你这封信写得好，該說話就得說話。你这封信很重要，澄清了一个大問題”。八月，<×工指>革命群众刚刚起来造反，黑党委怕极了，便起草了一个压制革命的“动員令”，叫嚷“一切矛盾都要服从修铁路这个矛盾，这是最大的突出政治”。李看后连說：“对！应当这样办”，并亲自修改，用西南局的名义上报中央，还发給西南各省、市，竭力阻挠革命群众起来造吕正操及其同伙的反。

李如此卖力保吕及其同伙，<×工指>黑党委当然懂得“报恩”。六六年十一月后，李为了逃避群众斗争，到处躲藏，而大部时間是藏在<×工指>所管辖的各院、局、处里。六六年十二月一日，李从峨嵋打电話給郭維成，說他要到西昌，要求郭派人护送。郭带了軍用汽車牌子，赶去护送，随行人員全副軍裝，使李安全逃走。李住在<×工指>，黑党委竭力为李打掩护，对干部讲：“李政委是中央批准养病的，他关心××建設，这次抽空来看看”。李在<×工指>期間、还召开了一系列黑会，布置了对抗中央，負隅顽抗的罪恶策略，企图东山再起。

* * * *

西昌地区本来是我国社会主义建設的重要战略基地，可是，刘少奇、邓小平、賀龙、彭眞、彭德怀、李井泉、吕正操这伙反革命修正主义集团却力图把它变成实現其反革命复辟的根据地，他们背着毛主席和党中央，千方百计破坏西昌地区的建設事业，进行阴謀活动。刘少奇准备来西昌活动，邓小平三番两次前来“視察”，賀龙强調要发展战馬，彭眞沿途拍照，詳細調察地理状况，彭德怀窃据了××建設副总指揮，李井泉大肆招降納叛，結党私营，培植个人威信，吕正操篡夺了<×工指>司令員要職，准备搞自己的部队，这一切难道是偶然的嗎？在西昌地区大肆散佈“少奇同志教导”，“小平同志指示”，“李政委的讲話”，“正操思想”一类黑貨，以“这里的人都是中央領导人，誰还看毛主席語录”为借口，塗掉了所有的主席語录和革命口号，狼子野心，不是昭然若揭了嗎？但是，烏云終久遮不住太阳，轰轰烈烈的无产阶級文化大革命运动終于冲击到了反党黑帮所控制的巢穴，西昌地区的无产阶級革命派起来造反了，揭发了刘邓黑司令部在西昌干的阴謀活动，揪出了吕正操、郭維成、刘建章、楊新、李占林、苏林之流，砸烂了西昌黑地委和<×工指>黑党委，直搗李家王朝及其总后台，取得了文化大革命的伟大胜利，毛泽东思想的伟大紅旗在西昌地区上空又高高飘揚起来了！

重大八·一五战斗团424部队赴西昌調查組

一九六七年六月

五、李井泉与刘邓黑司令部

反革命修正主义分子李井泉，从来就不是毛主席司令部的人，而是刘邓黑司令部的干

将。李井泉在革命队伍里青云直上的过程，也就是他巴結刘邓黑司令部头目，并忠实地为其效劳的过程。李井泉能够在短短的两年內钻进中共中央委員会和政治局，窃据人大常委副委員长、中央政治局委員和西南局第一书記要职，完全是刘邓黑司令部企图把大西南变成他们实行反革命政变基地罪恶计划的产物。李井泉与刘邓司令部的联系，除了政治、思想、組織方面而外，还特别注意生活上的拉攏，极力搜刮西南的民脂民膏，为其主子效忠！

近几年来，刘、邓、彭、賀、罗等頻頻来西南活动，李与其主子日益紧密的联系，正是这个黑司令部加紧策划反革命政变的信号。但是，我们伟大領袖毛主席发动的无产阶級文化大革命，及时地粉碎了这一罪恶阴謀，揪出了这个黑司令部。現在，我们扼要地向大家揭露李井泉与刘邓黑司令部主要头目的关系，以供批判参考。

李井泉——刘少奇

李井泉是刘少奇反革命修正主义路綫最忠实的吹捧人和执行者。他拚命販卖刘少奇的投降路綫、叛徒哲学、资本主义黑貨，特别是刘氏形“左”实右的资产阶级反动路綫更是李的“拿手好戏”。

早在一九四五年，李就吹捧过：“刘少奇的思想，博古的文章，王明的咀”，并且，还在一次边区高干会上宣揚过刘少奇的“和平民主新阶段”的謬論，他說：“因为广大人民希望和平，許多人对美帝国主义和蔣介石有幻想，如果中国共产党提出要打，說出要将革命进行到底，那就是不对的。”

在晋綏分局，李井泉貫徹刘少奇的指示最得力，在李的报告中，总是左一个“少奇同志”，右一个“少奇同志”，奴顏卑膝，令人作呕！一九四七年九月，刘少奇在河北省主持召开全国土地会議，作了一个徹头徹尾的形“左”实右报告，李立即向下传达，并积极貫徹执行。刘說：“对群众有利，群众要抽，一定要抽。如果中农坚决反对，……，就要进行必要的斗爭。”李就在《告农民书》中規定：“中农当中，有长余的土地，不算封建部分，但是，为了帮助其他农民翻身，长余的土地，应当抽出来。”刘說：“照群众意見，彻底把地主弄完，群众要搞地主的商业，就搞掉”，李就在晋綏沒收地主的工商业，破坏了工商业。刘說：“一九四二年后，一定又限制在减租，就划不来，换不来什么好处”，“如果再不实行土改，則中共要犯历史的大錯誤，同陈独秀差不多”，李就为其搖旗吶喊，在一九四七年《晋綏日报》的一篇社論中叫嚣：“一九四三年以来所发动的减租斗爭，沒有认真执行刘少奇同志的指示”。

一九四七年四月，刘在《关于工作和土地》的报告中恶毒攻击我们党是“地主党”、“富农党”、“官僚主义化的党”，别有用心的說：“大胆提倡干部服从群众”，并煽动“要群众起来說話，共产党不好，干部不好，可以讲”，李根据这些指示，就在晋綏大搞“打击一大片，保护一小撮”，在干部中大搞“搬石头”运动，他在一九四七年《土改通訊》上批示：“对旧干部、党員必須尽量踢开”，“如果一个也不够条件，则一个不选也可以”，在《晋綏日报》还散布什么“三朝元老两朝紅，比比皆是”的謬論，攻击毛主席关于“基本上是好干部”的結論“恰好起了痲痹自己、庇护組織不純的作用”。

李井泉还卖力地鼓吹刘少奇的“叛徒哲学”，他在一次边区高干会上作报告时說：“根据华北某訓练班的經验，少奇同志向他们說：現在你们加入共产党……，此事不可对人言。就是过去当过特务，也既往不究。”李还說：“少奇同志又說：无論是城市和农村接受党員时都应向他们讲清楚，入党后可能庇护地主。”根据这些黑指示，李在晋綏大肆招降納叛，包庇重用坏人。

一九五二年，李井泉在川西的土改，仍然是貫徹刘少奇的那一套。一九五三年，李派省农办的李农参加了刘邓起草的“四大自由”（即土地买卖、雇工、交换、放債自由）活动，并在《四川日报》上《关于农业生产若干政策》一文发表出来，使农村资本主义势力迅速发展起来。一九六〇年，刘少奇亲临成都督战，他在成都量具刃具厂曾鼓吹“权力下放”，“小組核算”等资本主义經营方式。李指示該厂好好总結，并写成报告专送刘閱，并在全省推广。一九六四年，刘又提出在工业系統中推行“托拉斯”，李亦积极貫徹，在四川医药、盐业、酒烟等行业大力推广。一九六三年九月，刘抛出了社教《后十条》，一九六四年八月份刘到昆明販卖《桃园經验》黑貨，李赶去参加黑会，刘亲自向李面授机宜，給了两个文件給李看，一个是社教运动中打歼灭战的材料，一个是刘修改的《后十条》。李从昆明返蓉后亲自蹲点貫徹执行，并要大家“以后十条为主，前十条作参考”。一九六五年毛主席亲自主持制定了社教《二十三条》，但李还极力为刘少奇辯护，肯定《后十条》“成績是主要的”。李如此吹捧《后十条》，还有一个原因，即李亲自为刘制定后十条奠定了基础，創造了經验，并派其秘书黄×参与了《后十条》的制定工作。

一九六六年二月，在成都錦江礼堂，李曾对彭眞說：“《紅旗》杂志編的馬、恩、列、斯、毛主席关于《城乡結合》的論述，应把刘少奇的添上去。”可見李为树立刘少奇的权威多么卖力！

顺便插一句，一九六四年，当刘在昆明兜售《桃园經验》时，李为了討好其主子，就命令省輕工业厅专門特制“去痰叶子烟”給刘送去，深得这位中国的赫魯晓夫称贊，夸奖服务周到。从此，李給刘送烟就成为“制度”了。眞是，追随刘賊把党反，孝忠主子把烟献！

李井泉——邓小平

李井泉和邓小平的接触，主要是解放后在西南开始的，而且，通过十年的光景，李对邓的崇拜发展到言听计从的地步，忠实地追随着邓小平，共謀反党。

解放初，邓是西南局第一书記，李是川西党委书記。一九五二年，四川合省，李在邓的包庇下当上了四川省委第一书記并兼西南局书記。这段时間，李都在邓手下工作。后邓調京，李每次到京开会，总要先去邓家，并送去大量四川土特产以资孝敬。

一九五七年反右斗爭，有的民盟組織恶毒反党，本該取締，但邓却指示李：“让它保留几个”，李奉命照办。一九五九年冬，邓小平、楊尙昆、李井泉等沿成都——貴阳——遵义——重庆旅行，在遵义时，共同规划搞“少种、高产、多收”，于是，第二年全四川省大搞“丰产路、丰产片”，而使边远地区荒蕪了不少土地，造成减产。一九六〇年春，邓又来川为李定調子，邓曾在县委书記会上說：“四川的工作，中央认为滿意，是全国工作做得比較好的。”其实，那时四川工作的錯誤已經暴露了。

由于在困难时期四川工作存在严重錯誤，一九六二年中央七千人大会上由李井泉作检查，但态度极不老实，检查也不深刻，到会干部很不滿意，李下不了台。于是，邓两次到四川組会上为李开脱，邓說："該检討的都检討了，就是那么多問題。四川出的問題，中央也有責任"，要大家不要再追查了，还叫嚷"会議再不能这样的继續开下去了。"同年，一次中央工作会議上，在分配四川上交国家粮食任务时，邓又說："我从来不帮四川說話，过去不管怎样调，我都沒有意見，这回非替四川說話不可。"意即为李井泉打掩护。有一次，李和西南各省負責人集会邓家，邓对李說："你们对包产到戶的意見如何？据說包产到戶可以更快地恢复农业。"李接了这些黑指示后，回西南就大搞"包产到戶"。在这段期間，李井泉、邓小平一唱一和，大反毛泽东思想。比如：反对将农村人民公社的基本核算单位下放到生产队一級；反对主席一貫的教导"統一領导，分級管理"的原則；指責大跃进以来的群众运动；反对对右傾机会主义的批判，主张"一风吹"，煽动翻案风等。

一九六三年中央工作会議上，陈伯达同志起草了一个关于工业問題的草案，而邓、李私下攻击說："伯达同志对这个文件的态度有点固执"，由于他们拚命抵制，致使这一正确文件未得到通过。这是刘邓黑司令部合伙反党的又一罪证。

在貴州問題上，李井泉完全秉承了邓小平的意旨，不折不扣加以貫徹执行。一九六四年冬，李根据刘少奇指示曾派李××等人去貴州搞四清，忠实执行刘氏反动路綫。一九六五年李又根据邓小平的意見把賈启允派到貴州，把四清运动草草結束，对于巳經揭发出来的貴州最大的走资本主义道路的当权派周林，百般包庇。邓就曾为周林定調子，說"什么周林的錯誤是右傾机会主义性质，但要看周一九六二年后是否改正錯誤来定性和定处理原則"，这样，仅仅免了周林貴州省委第一书記职务，而保留了他西南局书記处书記的职务。一九六五年十一月，邓、李同去貴阳，邓在省委书記会上正式宣佈貴州問題"一风吹"，在貴州省委和西南局內留下了一批定时炸弹。

就在毛主席亲自发动无产阶級文化大革命的初期，邓小平伙同薄一波于一九六五年底到西南作了一次极为神秘的长途"視察"，时值李井泉正在重庆开会，李放下会議，专机赶回成都陪同"視察"。服务队伍中除了有高級厨师、医生、护士照顾外，还配备了以省公安厅副厅长周××和警卫处处长为首的警卫部队，并携有报話机，专車开路，拦截其他車辆。在"視察"期間，每晚打牌，密談到深夜。他们不是响应毛主席的文化大革命号召，而是以"研究三綫建設"和"建設队伍改为兵的問題"为名，行筹划反革命政变之实。当时邓小平提出了一系列带有阴謀性的作法，李都完全接受并加以执行。关于这点，请看李井泉的自白："我很主观，坚持小平的意見，仅此一点，說明我是无条件接受邓小平的指示，也足見我对邓小平崇拜之深。"

一九六五年九月份，中央組織部秉承刘、邓黑指示，起草了一个文件，內容是提拔干部和发展党員。当时中央正开工作会議，邓为了通过李控制整个西南，便給李出主意說："你们西南局不能光抓四川，要把人力分散开。"并說："廖志高还管不了四川呀！"其目的就是要把西南变成反党反社会主义的独立王国。在这以前，邓、李就巳經把廖志高提成四川省委第一书記，把賈启允派到貴州任省委第一书記，而把叛徒閻秀峰塞进了成都軍区党委。就在那次会議上，李还提議任白戈当省委书記，邓則反問李："任白戈还不可以当西南局书記呀！"李欣然同意就这样把托派分子任白戈拉进了西南局书記处。

由于邓重用提拔李，李又領会主子的情意，当然懂得"报恩"。一九六五年左右有人向李汇报，貴阳有几百万人的地方搞“和平土改”。李很不高兴的回答：“那些說法、提法涉及到老西南局。”并怒气冲冲地說：“揭問題不要涉及老西南局，老西南局是正确的。”明眼人一看就懂得其中的緣故，无非是怕涉及邓小平罢了。党的八届十一中全会宣告了刘邓资产阶級反动路綫的失敗，暴露出了邓小平的反党反毛泽东思想的醜恶嘴脸。可是，李仍向邓汇报西南局的問題。当邓心怀鬼胎地問李：“你们对派工作組有什么意見？”时，李表示支持。会上批判了刘邓的资产阶級反动路綫，但李井泉对刘、邓的錯誤一直未表态。西南組的同志要求安排一两天时間专門揭发邓的問題，却遭到李的无理阻拦。在一次书記会上李給邓打掩护說：“小平对我說，他耳聋吃了亏”。由此可見，李沒有忘記六二年七千人大会上邓給他的好处呢！

李井泉报邓小平的“恩”，还表現在他包庇邓的亲屬方面。邓母系地主，李将她安置在省委高干招待所內休养，困难期間給以特殊照顾。邓的一个妹妹、妹夫也是李将其从北京調来四川安排工作的。邓自立是邓小平的叔伯兄弟，原任泸州地委书記。五七年搞单干，定为右傾机会主义錯誤，但李井泉怕得罪了主子，一再为邓自立减輕处分，最后官复原职。原重庆市副市长邓垦系邓之弟，因伙同肖、李、廖进行反党活动，六三年市委对他进行了批判处理。六五年邓小平到重庆时，由其老婆卓琳出面为其弟說情，在李井泉的授意下将邓垦調到武汉任副市长。像这种违背組織原則的作法正是刘邓黑司令部結党营私、招降納叛的慣用手段。

李井泉还特別重視从物质生活方面报答其主子。邓几乎每年来川，从不下工厂、农村，总是由李陪同遊山玩水，大吃大喝，同时还要看剧場中已禁演的最下流最反动的旧戏，而卓琳則总是享受最低的出厂价，在重庆大量采购毛料和其他新产品。李每次到京开会，首先就是到邓家，并送去大批四川土特产，而每晚的麻将牌，总是雷打不散的。比如，六一年某次会議，时置困难年景，但李奉邓之命，从四川运去大量鰭魚、糟肉、糟旦等，每隔一日，即请客一次，来客就是邓、賀、罗、陶、楊等。六六年四月中央开会，李又給邓带了一罎子“紹兴酒”。六二年，李派人去西昌宰了一头牛，用飞机运到北京送給邓。此外，李每年派飞机給邓送他喜欢吃的四川麻麻蹲米、內江桔餅、西昌石榴等。眞是孝敬之至！

六六年七月，反革命修正主义分子任白戈被揭发出来后，打开了刘邓黑司令部在西南的缺口，李井泉惊惶不安，一方面派廖志高去重庆，召开常委扩大会，为任定調子，把任的問題說成是三十年代的問題，企图蒙蔽群众。另方面，急忙求救于在中央的主子，設法保任过关。本来，陈伯达和李富春同志是主张罢任的官，但陶鑄却电告李說：“邓小平意見，任白戈过去是周扬的追随者，这十几年在重庆市工作还不錯，要不要罢官还要看一看”。并嘱咐李說：“邓小平在中央书記处会議上說，对任白戈問題的处理不要急，先停职检查，看看情况发展再作决定。”陶叫李用西南局的名义，按照邓在中央书記处所提意見，写一电报給中央。于是，任的处理問題就按邓的意旨，分两步走了，而且到了西南局，李井泉传达說是批准任白戈请假检查。并长期未加以处理。这是邓、李合伙包庇坏人的又一铁证。

李井泉肉麻地吹捧邓小平，說他一有工作能力，二为人“正派”，“厚道”，到处宣传邓可做毛主席的接班人，其目的就是要树立邓的威信，为其主子实現篡党、篡政、篡軍的阴謀作輿論准备，眞是反对透頂！

李自己也不否认他“对邓小平有較高的‘迷信”’倒底‘迷信’”到什么程度，从一个小小的生活事例可想而知。四川人讀《朝鮮》为《召鮮》，李是江西人，邓是四川人，于是，邓就叫李也讀作《召鮮》，李受宠若惊，欣然照讀。眞是：伙同邓賊搞政变，崇拜上司改口音。

李井泉——彭　真

早在一九四一年，通过賀龙的介紹，李井泉在延安党校結識了黑帮头子彭眞。那时，李特别热衷于彭的讲話、报告和起草的文件，成了彭的忠实門徒，用李自己的話来說，就是：“对他是比較敬佩的。以后虽然不在一起工作，但是对彭眞还有‘迷信’”。必須指出，李井泉所謂的“迷信”，决不是“盲从”，而是在反党目标一致的基础上的忠实追隨。因为彭眞在抗日战爭时期执行王明投降路綫的錯誤，在东北工作时期犯的路綫錯誤等，李是知道的，而李最崇拜彭的敢“頂”的精神，就是困难时期在中央会議上李亲自看見他“頂”过周总理，这就证明李、彭是一丘之貉。

从那以后，李和彭直接接触机会虽然不多，但是，反党的目标却是一致的。因此，在我国三年自然灾害时期，国內外刮起了一股反革命阴风的时候，这一对反党的干将之間的联系也随之密切起来，彭来川的次数增多了，李接受彭的黑指示更积极了。这点，连李賊自己也无法掩盖。他在检查中写道：“大概是在大跃进以来，一个时期內，在一些問題上，接受了彭眞的影响”。甚么“一个时期內，在一些問題上”，全是騙人的鬼話，事实却无情的证明：李、彭完全是一条黑綫上的人物。

一九六五年，中央工作会議上討論毛主席亲自主持制定的《二十三条》时，李、彭曾合伙抵制，不仅不批判刘少奇的修正主义《后十条》，相反，拚命替刘涂脂抹粉，甚至吹捧說：“少奇同志是伟大的政治家。”在处理貴州問題时，为了包庇党內走资本主义道路当权派，彭、李之間密談和电話联系次数更多了。二月初，彭曾电告李，要亲自去貴州，并說：中央书記处关于貴州問題处理有一个意見，要李轉告貴州省委。对周林的处分，說“主要看十中全会后是否改正錯誤”，为了包庇周林，彭甚至說：“六二年前有些錯誤，中央也負有責任”。就这样，貴州省委中以周林为首的一小撮党內走资本主义道路的当权派就被邓、彭和李井泉包庇下来了。在一次研究干部經济核实定案問題时，李說：“关于退賠政策問題，我已向彭眞同志请示了，彭眞同志同意我的意見”。请看，李对彭的指示眞是唯命是从。

李井泉竭力吹捧彭眞，如吹捧彭在反修斗爭中如何坚定，北京市的工作如何好，特别是郊区的粮食生产如何增产，以及彭如何有能力等等。《二十三条》公布前，李仿彭在北京市郊区农村四清工作团干部会上讲話来搞，并把它印发到地委以上干部学习。

一九六五年冬，毛主席亲自发动了史无前例的无产阶級文化大革命，敲响了彭眞黑帮的丧钟。为了扑灭文化大革命的熊熊烈火，彭眞于一九六六年二月一手炮制出了反党反社会主义反毛泽东思想的《文化革命五人小組关于当前学术討論的汇报提綱》。就在这关鍵时刻，彭賊看中了西南，看中了李井泉，他想把西南变成他进行反革命复辟的基地，而李井泉正好是这一阴謀最可靠的执行者，反党黑貨首先就要在西南推銷。

一九六六年一月下旬，李正乘火車由綿阳到广元，突然接到彭眞秘书的电話，說彭要找李讲話。到达广元，当晚李就与彭直接通了話，彭通知李要来成都，李当即下令准备迎接。

二月下旬，李在自貢接省委办公厅电話說："彭眞和几个部长級干部明天飞抵成都"。次日，李急忙赶回成都与彭碰头，同往金牛坝。奇怪的是，李对人說，彭来西南是視察三綫建設的，可是，随彭来川的，除彭賊老婆张洁清和秘书、警卫、护士外，所謂部长級干部就是許立群、胡绳，而这两个人既不管工业，也不管农业，却是彭賊《二月提綱》的起草人。什么"視察三綫建設"，純粹是欺人之談，就是来西南兜售《二月提綱》黑貨的。

彭、李之間进行了多次密談。彭把他的黑貨《二月汇报提綱》交給了李，并要李馬上交給宣传、文教部門討論执行。李当即批轉了彭的命令，一方面指示宣传《二月汇报提綱》，一方面积极組織西南局、四川省委文化革命七人小組制定出《关于四川省开展学术批判的意見》，发至西南各省及西藏自治区执行。西南局在批語中写道："这个文件，根据中央的指示和四川的情况，提出了在四川开展学术批判的意見，現轉发給你们参考。请云南、貴州省委根据自己的实际情況，制定出开展学术批判的方案来"。甚么"中央的指示"，就是彭眞的黑指示，甚么"学术批判"，就是反对无产阶級文化大革命，企图掩盖这場政治斗爭的实质。批語中还特别强調："加强領导，在学术文化领域內积极地、有計划地、有重点地把这場斗爭开展起来，"其目的就是要給革命群众划框框，束縛革命左派手足，給无产阶級文化大革命設置重重障碍。至于《七人小組意見》，則完全是《二月汇报提綱》的翻版，它規定这場斗爭要限制在"学术批判"范围內，"要把批判的火力集中在这种人(即在学术界影响較大的人)身上"，大談"放"的方針，鼓吹"在眞理面前人人平等的原則"，"不仅要在政治上压倒对方，而且要在学术上超过对方"，等等謬論。这个《意見》，完全是彭賊来川和李賊合伙炮制出来鎮压西南地区文化大革命的罪恶綱領。但是，李井泉这个老狐狸精，为了掩盖他和彭眞的黑綫关系，在交待这一罪行时却說："我对《二月汇报提綱》既沒有識别这是反馬列主义、反毛泽东思想的修正主义的綱領，是玩弄打着紅旗反紅旗的阴謀，也沒有抵制。这是接受了修正主义的思想影响，……和我过去对彭眞有过好感，以为彭眞……在困难的时候敢'頂'，还有能力，因而对《二月汇报提綱》深信不疑，也是有联系的。"簡直是一派胡言乱語。李井泉不仅最忠实，最积极地貫彻执行了彭眞的黑指示，而且，当彭眞的阴謀被揭穿后，还竭力抵制毛主席指示，包庇彭眞。一九六六年五月十六日，中央根据毛主席指示，发出了《中共中央通知》，戳穿了《二月汇报提綱》炮制者的反革命阴謀。然而，李从中央回川后，拒不传达毛主席这一光辉指示，推說："文件都有了"，并把該《通知》的传达范围控制到连省委书記都只能耳聞，不能目睹的程度。这铁一般的罪证，李井泉是无法抵赖的。

彭眞这次来西南活动，与李井泉商討了一系列重大問題，作了許多黑指示。比如，关于罗瑞卿問題，彭对李說，中央委托总理、邓小平和他三人負責，而实际上由他一人負責，"准备集中搞几个問題，不准备多拖"，其目的就是想包庇罗过关；关于貴州問題，商定"按邓小平指示，暂时不扯，以后再說"，企图包庇周林等人，关于干部問題，彭特别关照其老部下程子华、吕正操等人；关于三綫建設問題，李陪彭到处"視察”，彭特别重視有战备价值的地区、設施和物资，在威甚油井曾对石油部副部长张××說：“你们搞成軍队編制好，随时可以調动。”“四川三綫好，地形好，打起仗来好供应，比西北好”，他甚至捏造謊言，妄自宣佈：“国防工业中央决定由李井泉負責。”上述这些問題，构成了彭眞黑帮在西南局进行反革命阴謀活动的一整套计划，是配合《二月兵变》的战略布置。

彭賊在西南經过一番精心策划后，于三月六日返回北京，仍与李保持密切的电話联系。一方面指示李加快其阴謀计划的进行，另方面又向李通风报信，出謀划策。四月份彭电告李：“目前工农业生产很忙，文化革命是否推迟一下，主席不同意，說为什么要推迟？”这就暴露了他们的阴謀已被毛主席識破了，感到惊慌不安。又告訴李：“毛主席天天看各省的报，統计省报的批判文章”，意即要李在报上搞假批判来欺騙毛主席，李在西南果然抛出一批“死老虎”来批判，以保护自己过关。四月份中央工作会議上揭发了彭眞的反党活动，李井泉怕暴露了他和彭的黑綫关系，连忙打电話給他老婆肖理，要她与彭的老婆张洁清“断絕关系”，这不是“此地无銀三百两”嗎？！

李、彭之間除了黑綫联系外，还有生活和感情联系，这就給他们之間的反党来往更为密切。比如，李之长子考入清华大学是通过彭开后門录取的，由于貪玩，有一期留級，后来也是通过彭設法改变原决定的，而李之长子与彭之女儿的恋爱关系更使两家的感情加深了一层。眞是：黑帮黑綫关系密，門当戶对亲加亲。

李井泉——贺　龙

李井泉与賀龙的关系最密，李追随賀已有四十年历史，他对賀的崇拜眞可謂五体投地，俯首貼耳，必恭必敬！

早在一九二七年，南昌起义失败后，賀龙违背毛主席关于农村包围城市的战略思想，擅自帅部南下时，李就加入了賀部。一九三六年，李終于当上了賀龙手下的师政委，开始为賀所賞識。一九三七年，李便被賀調到一二〇师，任三五八旅副旅长。由于賀乃土匪起家，軍閥习气特重，下級官兵无不憤恨，一二〇师曾有四位領导同志联名写信到党中央，控告賀龙，并要求撤換賀的領导职务，而李表示不支持，并向賀告密，从此，更得賀的宠爱，被提升为师政委。

一九三八——一九四〇年，李奉命在大青山一带开辟根据地，犯了严重錯誤，使根据地受到很大损失，然而，在賀龙的包庇下，李反而捏造了一篇題为《建設大青山的經验》的文章，发表在延安《解放日报》上，欺騙中央，为李大捞了一笔政治资本，李对賀的“栽培”眞是感恩不尽。因此，一九四二年賀任陝甘宁联防司令員时，乃由李当秘书，更加忠实地为賀效劳。賀对李也倍加信任，乃派李代表他参加“七大”起草工作。

李一貫吹捧賀，竭力培植賀的威信。一九四六年八月，李在追悼关向应同志大会上公然吹捧：“賀、关是我们一面旗帜的两个名字，正如我们党旗上的鐮刀、斧头一样”，并号召大家：“我们要在賀龙同志的領导下，完成关政委的遺志。”一九四七年十一月《晋綏日报》上一篇社論中也反复强調：“賀、关曾十分注意党內不純的問題”，“在軍队中，因有賀、关的直接領导和整理，在組織上，特别是在各級領导骨干上基本是純潔的”，“事实证明，賀、关是正确的”等等，而全篇社論竟无一处提到伟大領袖毛主席，可見，李的心目中只有賀龙，眞是反动透頂！

一九四九年，中央指示晋綏部队配合二野战軍行动，解放四川，而李却迟迟按兵于临汾，专等賀龙来讲話，賀来后胡吹了一通："四川大米多，肉多，白菜好吃，豆瓣好吃，卷烟特别香"，就行动了。有人問李为什么要这样干，李竟說："賀龙在部队威信高，讲了話便于巩固部队，免得发生逃跑。"李还按賀的意旨，离晋綏时来了个"三光"政策（把干部、錢、物资带光），在南下途中，李、賀形影不离，刁着烟卷大拍电影。

解放后，賀、李同在四川工作，关系更趋密切，李吹捧賀，賀包庇李，結成了反党同盟。一九四九年，入川的一批晋綏干部对李培植亲信，排除异己的作法十分不滿，曾联名上告中央，賀得知后，把这些干部集中起来，訓斥了一頓。一九五〇年，賀在川西对干部說："李井泉脾气不好，对党是好的。"一九六二年，四川工作存在严重問題，李受到中央批判，賀却私下鼓励說："小平很支持你。"困难时期，四川赴京告李的状的人很多，賀把告状的內容私下轉告李。一九六四年，中央工作会議前夕，賀又事先向李通风报信說："主席要批評你"。一九六六年九月，李之子李明清在北航写了一篇攻击毛主席的大字报《炮轰……》，賀得知后，忙电告李。文化大革命初期，派工作組一事就是賀的老婆薛明通知李的，她說："北京已經向学校派了工作組"，于是，李井泉也就向西南各地派出大批工作組鎮压群众运动。有一次，李的老婆在上海开会，会后本已准备去北京，当她打电話詢問賀的老婆："北京的气候怎样？"之后，突然改变了原訂计划，不去了。所以，李往往通过賀探听中央情况，这叫做"摸气候"。李井泉能爬上四川省委第一书記，西南局第一书記和人大常委会副委員长的职位，也是与賀的包庇分不开的。

由于李对賀格外殷勤，因此，賀到京工作后，几乎每年来川。如一九五九年，賀来川，途中到达乐至县，李特从成都調工人、物资去，为賀赶修房屋。为了給賀树碑立传，一九六〇年，李特派专人（省公安厅厅长杜世兴、省检察厅厅长谷志标）赴京参加賀組織編写的《一二〇师战史》，編好后李亲自审閱。李每次赴京开会，必先到賀家，平时也总是电話联系，西南地区赴京开会的人，李也要囑咐去賀家汇报，三綫建設的重点厂矿选择，铁路修建等都是賀說了算。一九六五年，一九六六年賀来川时，李还专門組織有关部門向賀汇报。

一九六五年底，毛主席亲自发动了无产阶級文化大革命，打乱了他们反革命复辟阴謀的布署。同年十二月在上海召开中央工作会議，揭发了罗瑞卿的反党罪行，眼看火烧眉目了，于是，在会議期間，李井泉、刘少奇、王光美曾聚集在賀龙住处密談。一九六六年三月，继邓、彭来西南活动之后，賀也不辞辛劳，从广州飞抵成都，打的是"休养"的旗号，干的是反党阴謀活动。在短短的一个月时間內，"休养"中的賀龙，跑遍了四川大小城鎮，并着重到西昌、渡口、会理等地进行活动。賀特别关注战备問題，一再指示黃新庭要作防空布署，并指示李要大力发展战馬，他說："西昌的馬是很有名的，打起仗来是不可少的。"这中間都包含了不可告人的目的。

八届十一中全会，宣布了刘邓反动路綫的破产，正是在这次会議期間，李、賀接触最頻繁，李井泉自己在交代中也无法否认，他說："这段时間，是我到他家去得最多的一次。"这次不是偶然的，正是他们企图負隅顽抗的表現。关于这点，从李的交待中可以覺察到他们合伙包庇刘、邓的罪恶勾当。李說："問題是他的儿子賀鵬飞和我的儿子李黎风在清华接受王光美和工作組的領导……而引起的。因为問題涉及王光美，間接涉及到刘少奇，又不好对儿子们讲……。在处理这个問題的过程中，我们当时都有一个錯誤观点，怕影响党內团結。”这一段話完全暴露了李賀等人的反动咀脸。什么“怕影响党的团結”，純系幌子。十一中全会上批判了刘邓的资产阶級反动路綫，揪出了賀、李之流的黑司令，这是毛主席革命路綫的伟大胜利，是我们党在毛泽东思想的基础上达到新的团結的可靠保证，而賀、李之流叫喊“团結”是假，进行反党分裂活动包庇刘少奇是实。就在十月中央工作会議上，揭发了賀龙的反党罪行，而这只摇首摆尾的哈叭狗李井泉，仍然与賀来往密切，当革命派要他交待賀的罪行时，竟然說:“不知內情”，顽固地包庇賀龙。

为了說明李、賀之間的亲密关系，不妨再举一两个例子。李之长子李黎风从一九五四年起，即长期住宿賀家；而李之次子李明清攻击毛主席的那张大字报《炮轰……》，据說就脱稿于賀家，并由賀的老婆薛明过目；去年九月份，李、賀之子李黎风与賀鹏飞及两个女儿到成都“避难”，乃由李将其安置在軍区高級招待所內，并由省委办公厅派专人送他们往各地遊山玩水，好不逍遙；一九六六年三月，賀龙从广州来成都活动时，給他的哈叭狗带来了不少广州名貴海产“糟粕魚”；更有甚者，一九五三年，李的老婆背里成天在家哭鬧，大罵李井泉不爱她，賀得知此事后，立即写信給李，从中調解，一場风波，方告平息。眞是：主子本是土匪头，奴才恰象哈叭狗。

李井泉——陶　铸

解放以来，陶鑄和李井泉关系日趋紧密，尤其在陶鑄爬上中央常务书記和政治局常委宝座以后，来往更为頻繁。在无产阶級文化大革命中，他们合伙反党的咀脸暴露无遗，是鎮压西南地区文化大革命的罪魁祸首。

一九六六年六月一日，我们的伟大領袖毛主席决定在广播电台和报紙上发表北京大学的全国第一张馬列主义大字报，点燃了无产阶級文化大革命的熊熊烈火。被刘少奇、邓小平包庇拉入中央政治局常委的大叛徒陶鑄，上窜下跳，使用反革命的两面派手段，充当了刘邓黑司令部鎮压群众运动的急先鋒，而李井泉則充当了陶鑄在西南的黑打手。

为了抵制毛主席的这一伟大战略措施，六月下旬，陶鑄迫不急待地与李井泉多次电話联系，他打着紅旗反紅旗，向全国布置了一个将在年底举行的“学习毛主席著作积极分子代表会議”，企图轉移斗爭大方向。李接此黑指示后，急急召开西南局书記处会議貫彻执行陶的黑指示，同时要西南局宣传部直接与“閻王殿”旧中宣部联系，这就定下了扼杀西南地区文化大革命的基調。

七月初，反革命修正主义分子任白戈被揪出来后，李慌了手脚，急电其主子。七月八日，陶电告李，传达了邓小平的黑指示，要李設法保任过关，于是，李派其心腹廖志高到重庆为任定調子。

七月下旬，毛主席亲自主持召开了党的八届十一中全会。陶、李在会議期間进行了一系列反党阴謀活动。陶提出在《十六条》中应突出“党組織領导的內容”，企图限制群众手脚；又說“地方报紙不要什么問題都提到毛泽东思想，否則，地方报紙将来会枯燥无味”。李均表示贊同。李还当面向陶请示了关于保任白戈过关的問題，陶同意西南局的做法。为了夺回旧中宣部的大权，陶、李合謀調李的心腹原江津地委第一书記崔大田到中宣部。他们还露骨地吹捧邓小平，說："邓小平是有能力的，但是沒有发揮出来"。李則吹捧陶，他曾交待："我当时表示支持他任常委，我并說过，我平时感觉你比較勇敢，也比較活泼，比我强。"一付奴才像！

八月中旬，无产阶級文化大革命烈火越烧越旺，山城重庆文化大革命也进入了一新阶段，"八·一五"的革命行动震撼了黑市委和李井泉，于是，这班傢伙不择手段，对革命派实行法西斯专政。为此，毛主席作了重要指示，批評了重庆。但是，陶鑄于八月二十二日电告李井泉，歪曲最高指示，誣蔑学生"冲击党政机关"，"妨碍工作"，"打架"等，为李打气。二十八日，李又向陶汇报重庆情况，报告已保任作"请假检查"，还推荐鲁大东代理市委第一記书，胡說："周总理对鲁大东印象好。"

李井泉和黑市委为了鎮压山城正在蓬勃开展的文化大革命，一手炮制了所謂"八·二八惨案"。九月二日，李电告陶："根据多方面反映证实，确有学生（包括江北学生和"八·一五"战斗团在內）打人的情况，打伤二十多个，并进了医院。"并說："'八·二八惨案'是眞的。"还催問鲁大东任第一书記問題。九月四日，陶回电李，答复两点："一、要指出'八·二八'事件打人是錯誤的；二、同意鲁大东代理第一記书。"紧接着，山城八·一五革命派对黑市委采取了革命行动，在师专召开了揭发批判黑市委鎮压革命群众运动的滔天罪行，并集体赴京告状。李对这一革命行动怕得要死，千方百计破坏，于九月五日急电陶求救，造謠說："市委书記前后被斗爭二十八小时。"并汚蔑重大八·一五战斗团，乞求陶在京封鎖山城八·一五革命派。陶当即答应，并恶毒地說："不会加溫"。就这样，李、陶合伙对山城八·一五革命派进行了血腥鎮压。

九月七日，陶电李，汚蔑学生革命行动說："学生一冲，生产就停頓下来了，这要影响生产"。并盜用中央名义說："此事中央很快就要指示但你们可以先告訴各省委，召开电話会議传达下去"以此抵制主席的《九·七》指示。

九月十一日，李、陶又同謀定下了鎮压云南文化大革命的調子。李說："云南省委恐怕不能算是黑帮"，陶欣然同意。十三日，李、陶又在电話中密謀对貴州文化大革命的鎮压計划。

十月中央工作会議上，李、陶又进行了一系列阴謀活动。李由于鎮压西南文化大革命而在会上作了检查，但企图蒙混过关，未逞，于是，陶多次为李出謀划策，李果然采納照办。

毛主席革命路綫日益取得胜利，西南的无产阶級革命派对李井泉及其同伙发动了新的进攻，于十一月份，在成都接连召开了批判西南局及省市委执行资产阶級反动路綫群众大会。这时，李又向陶呼救，汚蔑学生革命行动。于是，十一月十一日，陶电告李說："如被学生糾纏时間长了，支持不住，馬上給中央发个电报，中央再給他们发个电报，說服群众不要揪。"李得此指示，欣喜若狂，急电中央，果然，十一月十六日，陶盜用中央名义批准李休息，并說"馬上可以休息，随后中央再发个正式电报来，休息地点自己确定。"二十日，陶又盜用中央名义来电說："得病愈后再向革命师生对錯誤进行检查"，以保李过关。

由上可見，李、陶之間反党联盟是多么紧密，配合得多么巧妙，手段是多么阴险！

李、陶之間在生活上联系也很密切，请客吃飯，打牌寻乐已习以为常。一九五八年成都会議时，李专请陶赴《小竹林》聚餐，一九六〇年广州会議时，陶也回敬一席，要请李欣賞狗肉。眞是：叛徒警犬結死党，狗肉席上謀政变。

李井泉——罗瑞卿

早在抗日战爭时期，李、罗在抗大就結下了不解之緣。李一向崇敬罗，常在人前人后夸耀罗"能干"，宣揚罗"过去虽是南充中专蚕桑班毕业，現在也做負責工作了"，不胜羡慕！自从罗篡总参謀长和中央书記处书記职务后，李、罗关系更趋紧密，来往益更頻繁。

罗瑞卿一貫反对毛主席的文艺方針，反对突出无产阶級政治。他胡說什么"光搞政治性、战斗性很强的东西就会显得太单調、太枯燥。"因此，他十分仇視現代戏，特別热衷于鬼色古坏戏，而李井泉就充当了他最得力的助手。一九五七年，罗、李亲自把重庆、成都两地的川剧团联合起来，調到武汉为一个重要会議演了一个多月旧戏。一九六〇年，成都京剧团奉李之命在全国大演旧戏，在去武汉的船上，为罗演出《柜中緣》后，罗說："你们巡迴怎么不到北京来哪？来前給我打一个电話就行了。"一九六三年，罗又通过李把川剧团調到北京为駐軍演出大毒草《燕燕》一类坏戏。罗每次来川，李总是为罗安排演出旧戏，罗非常滿意。一次，演《三祭江》后，罗对演員××說："你演得好呀！准备多久到北京来演出？"他们就是这样合伙抵制毛主席关于"不看旧戏，不演旧戏"的指示。

一九六五年十二月，上海会議揭发了罗瑞卿的反党罪行，李还与罗勾搭，密談了一个多小时。一九六六年春，罗的老婆郝治平专程来蓉找李的老婆肖里密談。随后，邓小平、彭眞来川时，也与李密商包庇罗的策略。說什么："对罗瑞卿的错誤要实事求是"，"罗瑞卿的話很多是有根据可查的"。为罗鳴寃叫屈。甚至說："不能强迫罗瑞卿承认那些不确实的錯誤"，"不能随便加以认罪"等等，企图为罗翻案。

就在罗的罪行被揭发后的元旦前夕，肖里在重庆还托中央某部負責人給罗送了一箱广柑，眞是关怀备至！也不枉肖、郝在抗大同学一場。

此外，任白戈与罗瑞卿在苏联同过学，关系也很密切，因此，李包庇任不是沒有道理的。

眞是：罗被揪出李心疼，老婆忙把广柑送。

李井泉——彭德怀

抗日战爭前，彭德怀任第三軍团总指揮时，李井泉就在彭手下任第四师政治部主任。因此，淵源已久。

一九五九年庐山会議上，李、彭狼狽为奸，彭預先搞了一份攻击毛主席的材料，交給李看过，并对李說："我们是老同志，你看有什么意見？"毛主席批判了彭的右傾机会主义錯誤，罢了他的官后，李还亲热的叫喊"彭总"。李、彭同在一組，中央办公厅一再催交批判彭的小組会議簡报，李的密书問他时，李竟說："不要写了，我已汇报了。"这样大的事，你能写嗎？这东西难写，你写不了"，竭力包庇彭。

庐山会議后，李到处为彭德怀、张聞天鳴宽叫屈，說："彭德怀、张聞天只不过討論了一下，就成了反党集团。"李在重庆恶毒捏造說："毛主席說，庐山会議本来是糾正左的，彭德怀横杀了一枪，把原来计划打破了，变为反右傾。"为了掩盖彭的罪行，李还說："要是这次会議只传达到县一級就好了。"

彭被罢官后，由刘邓等把他安插在西南当李的第一助手。彭来前，李亲自查看为彭准备的住房，并且遵照彭眞的指示，按原工资級别照发，关怀极为周到。而彭到西南后也确实不忘其后台的恩典，伙同李井泉，在大西南干了一系列阴謀活动，为党內最大的一小撮走资本主义道路当权派的反革命复辟阴謀立下了汗馬功劳。

眞是：昔日反党丢乌紗，今朝投靠李麾下。

* * * *

此外，李井泉与反革命修正主义分子陆定一、楊尙昆、吕正操等来往也很密切，这些人在西南伙同李井泉都干过一系列阴謀勾当。总之，刘、邓黑司令部的要員特别重視和提拔李井泉，这不独因为他们看中了西南这块地方可以作为实現反革命复辟阴謀的良好基地，还由于李井泉一貫积极追随刘、邓、賀、彭等人反党反社会主义反毛泽东思想有功，而他那一套阿諛奉承，吹牛拍馬，请客送礼的手段更深受其主子的宠爱，所以，李井泉能够在短短几年之內平步青云、飞黄騰达也就是"預料之中"和"理想当然"的事了。

綜上所述，可以看出，李井泉与这班反党头子之間交往的方式有以下几种：（1）打牌。在邓小平家最多，其次是北京高干招待所。（2）请客。尤其在开会期間，李决不放过这大好时机，如一九六〇年，莫斯科会議后，李在北京四川飯店办了四十五席，黑帮头头均列席痛饮。（3）送礼。举凡四川名貴产品，只要主子喜欢，无不"慨慷"相送。（4）电話。李与其主子联系或向中央"摸气候"都是通过电話进行。（5）密談。策划反党阴謀活动。（6）拉私人关系。

毛主席亲自发动和領导的史无前例的无产阶級文化大革命，揭露了这个黑司令部的罪恶阴謀，揪出了它的大小头目，粉碎了他们的反革命复辟计划，使李井泉惊慌失措，坐卧不安，一"病"不起。罗瑞卿反党罪行被揭发后，李从上海返川就"病"了，說什么"在上海检查身体，证实需要休息治疗"。彭眞的反党罪行被揭发后，李"病情"加重，需要全休。随着运动的不断深入，李的"病情"日益加重，但"病因"为何？却是个迷。还是李的老婆一語道破了天机，她說："开这两次会都比較紧张，反这两个人对井泉也有刺激，因此开完会就病了"。而李自己也不打自招的說："我和邓、彭、賀、陶的关系問題，也先后在我思想上增加了負担。"原来"病根"在此，难怪高明的医生也无能为力啊！

經过一年来的轰轰烈烈的无产阶級文化大革命运动，党內最大的一小撮走资本主义道路的当权派被揪出来了，他们在中国复辟资本主义的美梦破产了，这是战无不胜的毛泽东思想的伟大胜利！是毛主席革命路綫的伟大胜利！但是，在欢呼无产阶級文化大革命伟大胜利的时候，我们要牢記毛主席的最新指示："现在的文化大革命，仅仅是第一次，以后还必然要进行多次。革命的誰胜誰負，要在一个很长的历史时期內才能解决。如果弄得不好，资本主义复辟将是随时可能的。全体党員，全国人民，不要以为有一二次、三四次文化大革命，就可以太平无事了。千万注意，决不可丧失警惕。"

(五)李井泉反革命罪恶史

前　言

我们伟大的領袖毛主席教导我们："混进党里、政府里、军队里和各种文化界的资产阶级代表人物，是一批反革命的修正主义分子，一旦时机成熟，他们就会要夺取政权，由无产阶级专政变为资产阶级专政。"李井泉就是一个地地道道的反革命修正主义分子，是一个赫魯晓夫式的个人野心家和阴謀家。他窃取了中共中央政治局委員、人大常委副委員长、中共中央西南局第一书記、成都部队第一政委、三綫建設总指揮等党和国家的重要职位。长期以来与中国最大的一小撮党內走资本主义道路的当权派，反党分子刘、邓、贺、彭、罗、陆、杨等互相勾結，結党营私，招降納叛，阴謀篡党、篡軍、篡政，实現反革命资本主义复辟。但是，史无前例的无产阶級文化大革命粉碎了这一小撮反革命修正主义分子的罪恶阴謀，把他们揪了出来。李井泉这个西南的土皇帝終于被革命人民打倒了，党中央和毛主席撤了他的职，罢了他的官，这是毛泽东思想的又一伟大胜利！今天，我们向大家揭开李井泉的反革命老底，让他在光焰无际的毛泽东思想的照耀下亮出丑恶的原形！

一九〇九年——一九一七年

李井泉生于江西省临川县唱凱圩仓下村一个富农家庭。其父李淸友系江西临川县师范学堂毕业生。全家共占田二十亩，耕牛一头，农具齐全，七間砖墙瓦屋一幢。除每年雇工剝削外，李淸友还在本地大恶霸地主周华逸办的唱凱小学（周自任校长）任团总（即教导主任），极力推行封建地主阶級和资产阶級教育，維护封建土豪劣紳及官僚的統治，并常与大恶霸地主周素淸、周华逸一起吃、喝、玩、乐，过着奢侈腐朽的寄生生活。李井泉从小就受着封建地主、资产阶級教育，养成了好逸恶劳的恶习。

一九一八年

李井泉进大恶霸地主周华逸办的唱凱小学讀初小。

一九一九年

李井泉与周想珠訂婚，周父周琴孙系大恶霸地主周素淸、周华逸的至亲，唱凱街上开中药舖兼私販鴉片的老闆。后周改嫁。

一九二二年

李井泉初小毕业，考入設在临川县杭州鎮的江西省立第三师范学校附屬小学讀高小。

一九二三年——一九二六年

李井泉考入設在临川县杭州鎮的江西省立第三师范学校，就学三年。后轉入临川中学讀高中。一九二六年十月，北伐国民革命軍十四軍攻占杭州鎮，十二月，李伪装积极混入了社会主义青年团，入团后未担任任何职务。

一九二七年

八月一日，南昌起义后，起义軍违反毛主席关于建立农村革命根据地的伟大战略思想，擅自率部南下，到达杭州，李乘机钻进第四軍二十五师政治部任宣传員，随軍南下。入冬，主力部队至广东潮州、汕头地区失败，賀龙逃至香港，李所屬部仍留大埔县三河垻，归朱德指揮。部队受到敌軍黄紹雄部进攻，敌軍攻下东門舖后，怕死鬼李井泉狼狽逃窜，脱离了部队。

一九二八年——一九二九年

重新混入革命队伍，当上了广东省丰順县大田区青年团区委书記。后任青年团东江特委秘书长。

一九三〇年

李井泉由广东混入紅四軍，后在第一軍团和紅一方面軍总司令部任秘书长。同年，李未經正式轉党手續，騙得了总政處发的党证。

一九三一年

李井泉由紅一方面軍总司令部調紅軍第三十五軍任政委，驕傲自大，态度粗暴，一派軍閥习气。在瑞金，他伙同混入党內的反革命分子李天富（后被枪毙）枪杀了长期在瑞金一带坚持对敌斗爭的赤卫第五团团长楊金山同志，李对党对人民欠下了一笔血債。七月，紅三十五軍軍长邓毅刚同志因攻打兴国县一个土围子英勇牺牲，此时，李井泉等人不是加强对士兵的政治思想工作以鼓舞士气，而是用“每人发三个大洋，要吃什么就給什么”为誘餌来挑选冲鋒队員。后三十五軍整編成独立第三师，李任师政委。九月，第三师与大軍閥彭德怀任軍团长的紅軍第三軍团会合。

一九三二年——一九三四年

一九三二年，独立第三师編入第三軍团，李在彭德怀手下任第三軍团四师政治部主任。一九三三年四月，李調瑞金任紅軍第一补充师政委，在此期間，他不是貫徹执行毛主席的“关心群众生活，注意工作方法”的指示，而是实行一条形“左”实右的错誤路綫。李到合酒乡后，不管生产，不作士兵政治思想工作，对应征入伍的新战士和一般群众，若不合胃口，就采取綑、禁、杀的办法，造成了第五次反围剿时新兵大量逃亡的严重事件，附近的青年人也逃到山里，剩下老年人和妇女。就在这时，李趁机与当地地主楊丽春的老婆相勾搭，关系极不正常。結果，李被撤去第一补充师政委职务。

一九三五年

李井泉重新回到紅一方面軍。一九三五年二月，部队长征到达川西冕宁，发动建立苏維埃人民委員会和人民武装——抗捐軍。由于敌人力量較强大，加之冕宁一带汉彝不和，国民党还操纵有大批彝族武装，因此毛主席到达安順場后，立即电告李井泉（当时李是冕宁县苏維埃人民委員会副主席，主席陈荣擅已离冕宁），指出：从力量对比及冕宁一带地形看，不宜建立游击队，抗捐軍应迅速尾随主力北上。

对毛主席这一英明指示，李置若罔聞。后来見势不妙，顾命先逃。抗捐軍由于毫无准备，待撤离已經晚了，結果，抗捐軍的县大队长蕭佩雄、龙自廷等被国民党邓秀廷部队杀死在大桥上。县副大队长邓德高、彭在章及峡口大队长朱德頂、回龙大队长刘学謙等均落入虎口，慘遭杀害。抗捐軍全部覆灭。六、七百战士牺牲在敌人屠刀之下。这是李井泉对党对人民欠下的一笔大血債！

后来，李井泉在懋功一带打游击，由于指揮錯誤，又被軍閥楊森击敗，損失慘重。继后，李又轉入叛徒张国燾控制的紅四方面軍第九軍任政治协理員及偵察队长，追随张国燾南下，分裂紅軍。

李井泉在长征途中先后犯过两次"左傾"錯誤，使革命蒙受巨大損失。

一九三六年

在毛主席和党中央的耐心教育下，紅四方面軍广大干部回到了毛主席的正确路綫上来了，李井泉也乘机轉入紅二方面軍，在賀龙手下当上了第四师政委，逐漸成了賀的得力助手。

一九三七年

賀龙更进一步看中了李井泉，于是将李調到他率領的一二〇师，任三五八旅副旅长，后升任政委。

一九三八年——一九四〇年

一九三八年，中央指示派李井泉带一个支队到大青山开辟根据地。李到大青山后，見环境恶劣，企图逃跑，但是由于毛主席的战略部署，李勉强上山。但是，李在大青山却推行一条王明的右傾投降路綫，实行"一切通过統一战綫，一切服从統一战綫"的錯誤方針，依靠地主、富农和閻錫山的爪牙，不去发动群众，依靠群众，給根据地建設带来巨大損失，导至一九四二年残酷扫蕩时大青山根据地失利。然而，在賀龙的包庇下，李反而写了一篇题为《建設大青山根据地經验》一文，发表于延安《解放日报》上，欺騙中央，为李大捞政治资本。

一九四一年

李井泉通过賀龙介紹在延安与黑帮头子彭真勾搭上。李在党校学习，接受彭的指示。李对彭敬佩得真是五体投地，用他自己的話来說："对他（指彭真）是比較敬佩的。以后虽然不在一起工作，……但是对彭眞还是迷信。”李井泉对毛主席的指示阳奉阴违，而对彭眞却那么“迷信”，这就一語道破了天机。

一九四二年

延安成立陕甘宁联防司令部，賀龙任司令員，李井泉当上了賀龙的秘书。党的七大会議，賀就派李代他参加七大起草工作。从此，李就成了賀反党的忠实助手和帮凶。

一九四三年

李井泉在抗大总校搞整党和审干工作中，又犯了严重錯誤。

一九四五年——一九四八年

日寇投降后，李井泉爬上了晋綏分局代理书記兼晋綏軍区政委职位，而軍区司令員是三反分子吕正操。在他们二人合伙领导下的晋綏地区，不是执行毛主席的革命路綫，而是执行刘少奇的那一套，給解放区造成极大损失。

一九四五年，李就肉麻地吹捧刘少奇，說什么：“刘少奇的思想，博古的文章，王明的嘴。”

一九四六年，李发表了一篇“和平民主新阶段”的讲話，鼓吹国共“合作”，販卖投降主义黑貨，在干部中造成极大的思想混乱。現在查明，这篇讲話正是党內最大的走资本主义道路当权派刘少奇黑貨的翻版。

一九四七年，以刘少奇为首的中央工作委員会，駐在彭眞的老巢晋察冀边区，李、彭、刘就結成了一伙。同年，刘在河北阜原县西坡村召开了全国土地工作会議，布置了一整套形“左”实右的阶級路綫。李首先就迎合其主子的需要，发表了“告农民书”，卖命的为刘鼓吹，紧接着就将其貫彻到实际工作中。

毛主席早在一九二七年《湖南农民运动考察报告》中就指出：“根据长沙的调查，乡村人口中，贫农占百分之七十，中农占百分之二十，地主和富农占百分之十。”后来，毛主席在一九四七年所作《目前形势和我们的任务》中又指出：“地主，富农在乡村人口中所占的比例，虽然各地有多有少，但按一般情况来说，大约是占百分之八左右。”但李却說：“据我在临县調查，地主、富农要占农村人口的百分之二十至三十，高的可达百分之四十”，这不是明目张胆反毛泽东思想嗎？根据他的指导思想，在晋綏划分阶級成分上扩大打击面，把中农划为富农、地主。此外，侵犯工商业，放任乱打乱杀，給农村坏分子以可乘之机，杀害了不少劳动人民；在土改后期，在干部中开展“三查三整”运动，打击中下层干部；在对待群众要求上提出“群众要怎么办就怎么办”的錯誤口号，以及摧残文化等。李井泉在晋綏的三年不折不扣地貫彻执行了刘少奇形“左”实右的反动路綫，使晋綏根据地損失很大，死人很多，民憤极大。当晋綏分局开会处理李井泉时，李怕得要死，连会都不敢参加，并叫賀龙也不要到会。

毛主席一九四八年四月一日《在晋綏干部会議上的讲話》，就是針对李井泉的錯誤路綫，糾正形“左”实右，及时扭轉了晋綏地区的局面，使其向正确道路上前进。

一九四九年

中央指示晋綏部队配合二野战軍行动，解放四川，但李却违抗中央指示，按兵于临汾，专等賀龙来讲話，等了很久，賀来吹了一通"四川大米多、肉多、白菜好吃，豆瓣好吃，卷烟特別香，……"就行动了。有人問李为什么要这样做，李說："賀龙在部队威信高，讲了話便于巩固部队，免得发生逃跑。"更可恶的是，李按賀的意旨，临走前对晋綏实行"三光"政策：干部調光、錢带光、物资带光（连騾子也要拉入四川），将晋西北五个地委取消，只留下一个地委班子，使后来工作受到很大影响。南下途中，李、賀形影不离，叼着烟拍了很多电影，根本不与战士同甘共苦。

李带来川的干部中，凡不合心意的就排斥打击（被打击的干部曾联名上告中央，不願在李手下工作），而对忠实执行他指示的，吹捧他的則倍加重用，高官厚祿，这些人是李的死党，是李的帮凶。例如原晋綏行政公署付主任，叛徒閻秀峰，后任西南局书記；原晋綏干部，叛徒郭实夫，后任成都市委书記、四川省监委副书記；原晋綏干部、叛徒[illegible]先余，后任重庆市委书記；原晋綏分局政策研究室主任刘文珍，后任西南局宣传部长；原晋綏行署教育处长杜心源，后任四川省委书記；原晋綏干部廖井丹，后任成都市委书記等都是李井泉的忠实爪牙。

十二月，李井泉当上了川西区党委书記，成了当时任西南局第一书記的邓小平手下的一名黑打手。

一九五〇年——一九五二年

西南是蔣匪帮长期盘踞的地方，是国民党最后复灭的巢穴，大小特务、土匪、封建余孽遍布各地，因此大力加强无产阶級专政，彻底肃清阶級敌人乃是解放初期相当重要的任务。但是李在川西領导清匪、反霸斗爭上，不是发动群众，而是迷信上层談判，放弃基层政权，給敌人可乘之机，以至造成全国的数一数二的土匪大叛乱，牺牲了很多优秀干部。

在开展减租退押上，李搞一套所謂"减、免、緩"的政策，明减暗不减，应退而不退。川西减租只减了25%，很不彻底。在鎮反上，放松了对首恶分子的鎮压，使反革命祸根未很好清除。

川西的土改，根本上是按刘少奇的一套搞的：（1）运动初期不組織貧农团，土改結束时才組織，这是违背毛主席关于"先组织贫农团，几个月后再组织农民协会"的指示的；（2）对富农过分迁就，富农多余的土地未彻底征收；（3）分减抵消，主要反映在对待工商业兼地主、地主兼工商业上。

在"三反""五反"中，犯了"左"傾错誤，糾正后又犯右傾错誤：（1）先搞形"左"实右，[illegible]一般机关的"老虎"（即大貪污犯）占20—30%，結果很多是假"老虎"。后来在处理"老虎"退赃上犯右傾错誤，退赃不彻底；（2）混淆两类不同性质的矛盾，打击一大片，保护一小撮。把一般鋪张浪費也搞成貪污盗窃，而在处分上，中下层干部重，高级干部处分輕。

一九五二年，西南局改組，在三反分子邓小平、賀龙的包庇下，李跃升为四川省委第一书記兼西南局第一书記。从此，李更加卖力地为刘邓黑司令部服务，成了四川的土皇帝。

一九五三年——一九五四年

一九五三年春，四川土改已基本完成，按毛主席指示，应立即組織起来，办互助組、合作社，引导农民走集体化的道路。但是，在这关鍵时刻，李井泉表現出一个十足的右傾机会主义者，他委派省委农办李×参加了刘邓起草的“四大自由”（即土地买卖自由，雇工自由，农产品交换自由，放債自由）活动，并在《四川日报》上发表的“关于农业生产若干政策”的文件中明确提出，使农村中资本主义势力大大发展起来。同时，就已經建立的互助組，李要求长期保留。

一九五四年，毛主席对农业合作化提出了一系列英明指示，并要求合作社要“全面规划，积极发展。”但是，李却对抗毛主席的指示，提出“巩固合作社”，实际上是停止发展合作社，企图阻止农村社会主义所有制的发展。同年，西南局撤銷，李专任四川省委第一书記兼成都軍区政委。

一九五六年——一九五七年

由于李井泉忠实执行刘邓指示，在一九五六年召开的八大会上，被其主子包庇钻入了中共中央，当上了中央委員。在反右斗爭中，李把那些給他个人貼大字报，反对他的人打成了右派，最突出的是原成都市委宣传部长叶石，后来党給叶石平了反，但李对叶一直怀恨在心。

一九五八年——一九五九年

反党头目刘、邓、賀，为了实行其反革命复辟的阴謀，把西南作为他们搞反革命政变的基地，因此，十分重用李賊。由于李反党有功，一九五八年，終于被这班反革命修正主义分子包庇拉入了中共中央政治局。李在从一九五六年至一九五八年短短的两年时間內，能青云直上，连升四級，正是党內最大的一小撮走资本主义道路的当权派招降納叛、結党营私、密謀篡党的铁证！

大跃进中，李又忠实地执行了刘邓形“左”实右的反动路綫，“五风”就是首先由李亲自掌握的四川郫县刮起的。李一直坚持“高指标，高征购”，大搞“万斤田”，还揚言是和邓小平商量过的。直至一九五九年四月毛主席的“党內通信”下来后，李还公开对抗，竟然在最高指示上狂加批語，注上“要从积极方面去理解这封信”，还胡說什么“我怕拿下来会起副作用”。下面还沒有传达完就馬上收回了。后来李对廖志高說：“毛主席說根本不要理省委书記那一套，这还行啊？实行了这个指示，要亡党亡国！”眞是反动透頂！

在工业上，一九五九年下半年，李提出日产万吨生铁的指标，硬压下面完成，結果未完成，但李却指示报社以大紅字在第一版刊登完成消息，欺騙毛主席、欺騙全国人民。

为了推行形"左"实右的黑貨，李在基层干部中大搞"反右傾"，推行"火綫整风"，搞掉70—80%的基层干部。

李在大跃进、人民公社方面犯了严重錯誤，曾受到党中央和毛主席的严厉批評。一九五九年庐山会議上李和反党分子彭德怀狼狽为奸，抵制中央对彭的批判。李說"彭德怀、张聞天只不过是討論了一下，就成了反党集团"，为彭鳴冤叫屈，企图为其翻案。

一九六〇年

一九六〇年，中央决定重建各中央局，李井泉又爬上了西南局第一书記的宝座，成了西南的土皇帝，开始了整个西南全面地有计划地为刘、邓、賀、彭、罗、陆、楊黑帮复辟资本主义服务的新阶段。

毛主席早在一九五九年三月第二次郑卅会議上就明确指出："现在问题是县跟公社，特别是公社这一级，要使他们懂得价值法则，等价交换是客观规律，等价交换的伟大意义"。而李井泉却反其道而行之，违背主席教导，继續推行形"左"实右的反动路綫，公然在四川省党代会上提出了"一条心，一股劲，一个样"这样一个反馬克思主义、反毛泽东思想的错誤口号，这个运动的开展更进一步助长了"浮誇风"、"共产风"。

一九六〇年广州会議上毛主席指示："农村人民公社的基本核算单位由大队下放到生产队，使核算单位和生产单位统一，解决生产队与生产队之间的平均主义问题。"但是，李却在南充云溪公社搞了个以大队为基本核算单位，大队对生产队实行定产工的"大包干"的典型，来对抗主席指示，使集体經济遭受很大的破坏。

在工业上，李也配合国内外阶級敌人的需要，大搞资本主义复辟活动。反对毛主席批示的"鞍钢宪法"。例如，在重庆六〇一厂进行了"三級核算，自負盈亏"的試验，并大力推广。

一九六一年

一九六一年中央提出了"調整、巩固、充实、提高"的八字方針，而李統治下的西南仍继續对抗中央指示，认为毛主席关于人民公社基本核算单位的指示不符合四川情况，多次提出要搞以大队为核算单位，并派工作組下去調查过去几年以大队为核算单位的优越性。同年，李擅自决定在四川开展"新三反"运动，又名"一反两打击"运动。直到中央开了七千人大会，才收兵停下来。李井泉还伙同薄一波，亲自拟定了《工业七十条》，步苏修后尘，搞资本主义。

一九六一年起，国际上开始掀起反华反共高潮，牛鬼蛇神紛紛出籠，社会上开始刮"三自一包"单干风，李井泉也迫不及待地跳了出来，开始鼓吹单干的"經验"。仅一九六一年三月至五月，四川省委批轉南充专区鼓吹单干"經验"的报告就达四个之多。《四川日报》也大造輿論，拚命轉发社論、通訊、短評、照片等，号召全省"积极推行火花、荣溪公社經验，认眞做好分配和三包一奖工作"，使之"成为調动广大群众积极性，搞好生产的一項重要动力"。更可恶的是在《四川日报》上竟然大登特登《社員刘衍松在自留地上栽紅苕》的照片，通訊《"三江"閙市》和插图《活跃的集市》等黑貨。

一九六二年

随着国内外阶級敌人的猖狂进攻和自然灾害所造成的暫时困难，刘、邓对形势作了悲观的估计，大叫“退要退够”，李也应声附和：“五九年指标要十年才能达到”，“集体經济中解体状态是全国性問題。”随后，对大跃进中发展起来的小土群，小洋群不分情况，一律进行“关、停、并、轉”方針，一股风的退潰下去。工业上大搞“定、包、奖”和计件工资制，开放自由市場的“四点指示”也出籠了。在文化領域內，大肆贩卖封、资、修黑貨。与此同时，李直接組織、指揮了为阶級敌人大翻案的反革命活动。

一九六三年

李井泉配合刘少奇的翻案风，大肆攻击三面紅旗說：“有些同志說，有些紅旗不紅，如人民公社吃不飽就是不太紅。”还咒罵人民公社是“杂种味道，混血儿。”

一九六三年五月，毛主席亲自主持召开杭州会議，制定了农村社教前十条，而六月分彭眞就跑到西南大讲如何防止出偏差等等，李就根据彭的談話精神，搞了一个“西南局关于农村四清运动的部署”文件，这个文件后来就成为刘、彭提出的反对毛主席前十条的重要基础。

一九六四年

一九六四年五月中央工作会議后，刘少奇搞了一个“后十条”来对抗毛主席的“前十条”，并在全国范围內兜售王光美的“桃园經验”。李井泉对这个形“左”实右的修正主义黑綱領，奉若神明，积极貫徹。同时李还大肆散布“农村基层大多数都是坏的”，“大多数都烂掉了”等謬論，企图轉移斗爭主要目标，把矛头指向广大基层干部和社員群众。六四年下半年，李井泉亲自主持制定的“关于重新开展城市社会主义教育的意見”（草稿）也完全是根据刘氏“后十条”拟定的。貴州問題就是李推行刘氏反动綱領的典型。

一九六五年

一九六五年一月，毛主席亲自主持制定了馬列主义的“二十三条”，这是同刘少奇形“左”实右的反动路綫斗爭的产物，是毛泽东思想的伟大胜利！然而，李井泉又以右的面目出現来对抗“二十三条”，大搞“合二而一”，鼓吹“阶級斗爭熄灭論”。同时极力为刘少奇的“后十条”辯护，肯定“成績是主要的”，有缺点錯誤，原因是“认識不够”，“經验不足”。眞是无耻之极。

一九六六年

由毛主席亲自发动和領导的无产阶級文化大革命吹响了向党內一小撮走资本主义道路的当权派发起总攻击的号角。六六年二月，黑帮头子彭眞抛出了反革命的“二月提綱”，同时，彭又匆匆跑到四川成都与李井泉密談，阴謀鎮压文化大革命以及搞反革命政变。在彭賊的授意和李賊的主持下，炮制出了《中共中央西南局、中共四川省委文化革命七人小組意見》，这个文件是徹头徹尾的反毛泽东思想的反革命綱領，是鎮压西南文化大革命的宣言书。

同年五月十六日，中央根据毛主席指示轉发了《中共中央五月十六日通知》，揭穿彭眞《二月汇报提綱》的阴謀，而李井泉仍然貫彻彭眞的反党綱領，进而在刘、邓指揮下，在西南局地区派出大量工作組，企图把这場史无前例的文化大革命鎮压下去。

八月中旬，毛主席批評了“重庆实行法西斯专政”，李又在这个批語上妄加批語，說什么批評重庆实行法西斯专政“太重了”，继續鎮压革命群众运动。紧接着李又扣压毛主席的“九·七”指示，拒不传达中央各次工作会議的精神。李井泉坐鎮重庆，亲自指揮对革命派的围剿，重庆的所謂“八·二八”慘案就是由李井泉一手炮制的对无产阶級革命派进行血腥鎮压的政治迫害案。正如毛主席所談的“搬起石头打自己的脚”，李井泉，这个反党老手的狐狸尾巴終于在这次文化大革命中暴露出来了，西南的无产阶級革命派揪出了这个反革命修正主义分子、西南的土皇帝、党內最大的走資本主义道路当权派的帮凶，这是战无不胜的毛泽东思想的伟大胜利！

毛主席教导我们：“帝国主义和国内反动派决不甘心于他们的失败，他们还要作最后的挣扎。”李井泉虽然被打倒了，但是他的同伙沒有被統統揪出，埋藏在西南的刘氏叛徒网还未完全挖出，这些人还在，心不死。因此，我们必須牢牢記住伟大領袖毛主席的教导：“宜将剩勇追穷寇，不可沽名学霸王”！

重大《八·一五》战斗团424部队

一九六七年六月十二日

附　件

附件一

李井泉在粵贛的活动情况

反革命修正主义分子李井泉，一九三四年以前曾在广东、江西一带活动，为了彻底弄清李井泉的反革命罪恶史，揭露他在交待中隐瞞的罪恶活动，我团特派出赴粵贛調查組进行調查，現将調查所获得的主要材料扼要摘抄如下。

一、家庭情况

李井泉于一九〇九年生于江西省临川县唱凱圩仓下村一个富农家庭。一九二七年李井泉离家时家中有田二十圩(每圩比亩略小)，房屋一幢共七間，砖墙瓦房，一头耕牛，全套农具，每年有雇工剝削。其父李清友在本地大恶霸地主周华逸办的唱凱小学任团总(即訓育主任)，周自任校长，李、周很要好，常在一起下棋、吃酒、打麻将賭博。一九三二年，李清友还应大资本家卢济孙的邀请到他开設的撫州药栈教书，光洋一块一天，約两三年时間。李井泉十岁时与周想珠訂婚，其父周琴孙是大恶霸地主周华逸、周素清的隔房亲戚，在唱凱圩街上开中药舖，搞走私买卖大烟，自己也抽。后周想珠改嫁。

二、活动情况

一九二三年八月，李井泉考入設在临川县撫州鎮的江西省立第三师范学校讀书三年。該校学生之間地区派别斗爭十分严重，成立各种封建的宗派組織，如同乡会等，李参加了“北乡同乡会”的活动。由于李在校成績不好，性情孤僻，秉之身材矮小，故同学赠以綽号叫“麻雀米”。

一九二六年十月二十日，北伐革命軍十四軍攻占江西省临川县撫州鎮，党派陈奇涵同志以国民革命軍总政治部特派員的名义，到撫州一带开展革命活动。江西省立第三师范学校与临川县七中合併成临川中学，李亦在該校改讀高中一年。十一月七日，北伐軍攻克南昌，不久，陈奇涵同志离撫州赴南昌，于是，当地党的工作主要由中共江西地委（后改为江西省委）贛东特派員钟赤心和中共临川县支部书記刘景寬負責。钟因同地主女儿乱搞关系調离撫州到軍队，后被枪毙。而刘随“八一”起义軍南下后回临川向敌人自首叛变，堕落为地主阶級分子。李井泉正是在这两人領导期間混入了社会主义青年团，入团后未担任任何职务。

一九二七年，李井泉回唱凱活动，革命群众紛紛要求斗爭恶霸地主周华逸和周素清，李父亲李清友暴跳如雷，在李井泉面前大罵："这是我的好朋友，你们还要打倒，簡直是猪。"不久，李井泉就悄悄溜回学校去了，充分暴露了李井泉是地主阶級的孝子賢孙。

"八一"南昌起义后，起义軍抵撫州，中共临川县委作出了"除少数同志坚持地下斗爭外，所有党团員和工农武装随軍南下"的錯誤决定。李井泉乘机钻入了第四軍二十五师政治部任宣传員，随軍南下。一九二七年十月，主力部队由叶挺、賀龙带領直下广东潮州、汕头地区遇国民党黃紹雄部，激战后失敗，賀龙逃跑到香港，李所在二十五师由朱德、周士第指揮，留广东省大埔县三河垻。后黃紹雄部又攻打三河垻，二十五师武装部队撤到三河垻以东的东門岭对敌作战，政治部副官处亦撤到东門岭的后方东門舖处。投机革命的李井泉，在大敌当前的严重时刻，不但不参加战斗，反而龟縮在后方，伙同政治部的官老爷在老百姓家中煮綠豆湯吃。敌軍攻下东門舖后，这个貪生怕死的李井泉又狼狽逃竄，脫离了部队。

一九三〇年，李混入了紅四軍，以后在第一軍团和紅一方面軍总司令部任秘书长，未經正式轉党手續就騙得了总政處发的党证。一九三一年，李調任第三十五軍任軍政委，軍长是邓毅刚同志。五月，三十五軍参加第二次反围剿后轉回瑞金。在瑞金期間，李伙同混入党內的反革命分子李天富（李是反革命的社会民主党人，混入我党任干部，曾杀害我战士几千人，后被我中央政府发現而枪斃）枪杀了长期在瑞金一带坚持对敌斗爭的赤卫第五团（后編入第三十五軍为第九团）团长楊金山同志。在黃楊圩召集的全团大会上，李井泉恶毒污蔑楊金山同志，他声嘶力竭的咆哮道："同志们，你们知不知道啊！你们的团长楊金山是社会民主党，是反革命……。"战士们都不吭声，李就呼口号："打倒反革命分子楊金山！"而大多数战士只呼："打倒反革命分子！"当即扣押了楊金山，队伍出发到兴国龙崗圩路上，把楊的双臂捆上，并挑一付重担，跟队伍走。后来終于在龙圩崗将楊杀害了。解放后当地政府为楊平了反，評为"烈士"，并根据他的名字命名了合龙公社《金山大队》。这是李井泉欠下的一笔血債！

一九三一年七月，三十五軍赴兴国县参加第三次反围剿，軍长邓毅刚同志中弹牺牲，此时，李井泉不是加强对士兵的政治思想教育工作，鼓舞斗志，而是用物质刺激的办法挑选冲鋒队員，下令"每人发三个大洋，要吃什么就給什么，"完全是軍閥习气，國民党作风。兴国之战后，三十五軍整編为独立第三师，李任师政委。九月，第三师在寻鄔、会昌地区与彭德怀的第三軍团会合。一九三二年，第三师編入第三軍团，李井泉就在彭的手下任第三軍团四师政治部主任。

一九三三年四月，李調瑞金任紅軍第一补充师政委。在补充师任职期間，他不是貫徹执行毛主席的革命路綫，关心群众，爱护战士，而是执行"左"倾机会路綫，軍閥式的习气大肆泛滥。李到合洒乡后，不管生产，不作士兵和群众的政治思想工作，对应征入伍的新战士和一般群众，稍有不合胃口，就一律采取捆、禁、杀的办法，造成第五次反围剿时新兵大量逃亡的严重事件，附近的年青人也紛紛逃往山里，合洒乡仅留下老年人和妇女。李还趁机与当地地主楊丽春(打土豪时被群众杀掉了)的老婆勾搭上了。結果，李被撤职調走。

三、解放后情况

1.包庇坏人，重用亲信，拉私人关系

反革命分子张維，原系李井泉江西临川第三师范同学，大革命失敗后，背叛革命，加入国民党，历任伪上尉历史教官，国民参政会干事，中校教官等职。重庆解放时，张冒充市二中教师隐藏下来，50年見报知李入川任川西区党委书記，张立即去信李处，并上成都拜訪，李亲自接見。这个反动傢伙就被李送入“西南革大”学习，毕业时，李并亲自接見，建議张搞商业，并开一介紹信：“张維同志願搞商业，介紹来你处，希酌情分配。”于是张钻进了川西百貨公司当秘书科长。一九五八年又調省土产站仍任秘书科长，工资每月一百多元。一九六〇年又轉到成都財干校教书。李对张眞是关怀备至，一九六二年张的住房坏了，李对老婆說：“我们出点錢，买点石灰、砖瓦給他修一修，”后派人为张修好。一九六五年以前，张經常上李家玩，亲如手足。

不法富农分子李貴修，系李的堂叔。李在延安时期就給李貴修通过两次信。51年土改后，李貴修伙同陈天生、梁兴貴跑到成部向李告状，訴說土改划成分情况，并要求在成都工作。李安排陈、梁二人在成都土产公司工作。并給李貴修一百元錢，几斤川貝母，麝香两个，犀角二两，兰布一疋，白紡綢一疋，被子一床在成都玩了一个多月。54年李井泉又写信給李貴修，要他陪李的堂弟临泉的母亲来四川玩，在成都住了半年多，殷勤相待。

一九六四年，李的叔叔李祝修患肝病，其子打电报到四川給李井泉，要錢并提出免費治疗。李即回电，托县委帮助解决。于是县里补助一百多元，并介紹到县医院治疗，后轉到南昌第三附属医院，开刀两次，花錢几百，一文未付。

一九六三年前后，江西省粮食厅一个干部周泽中随厅长到北京，在厅长房里見到李井泉，李从周的口音听出是同乡，一打听，周就是李小时私塾先生（系唱凱古崗村的大地主）的儿子，就请周到北京飯店李的私人房間攀談，問到当年一个反动生物教师楊乃淳的情况，并說：“当时对他有点过火”。李后来到南昌时又专打电話找周閑談、吃飯。

2.私自调拨国家物资

一九五八年，撫州地委机关报《贛东日报》复刊，設备不足。一九六〇年报社給李井泉一信，要求帮助解决設备。不久，四川省委办公厅复函，說李看了信，已指示《四川日报》帮助解决。接着《四川日报》又发去电报，要派人来川商談。結果，无偿调拨了一台对开平台机和几台車床和磨床給該报社和唱凱公社。

3.大肆挥霍国家财产，培植个人威信

一九五九年，李井泉参加庐山会議后，想回老家看看，显显威风，因路未修好，行車不便，于是，江西省委便派車把李的亲友由唱凱接到南昌洪都宾舘加以款待，以享

“天倫之乐”。李和亲友照了像，并送錢贈物，人人有份，有的送十元，二十元，有的贈胶鞋，好不闊气。

一九六〇年五月，李井泉参加上海中央工作会議时，又传出了李要回家的风声，这下可忙坏了下面的干部和群众。李的老家不在唱凱街上，离街有五里路，原来有条可通拖拉机的大道，但路窄而烂，通小轎車有失体面，于是，公社馬上动員了数千民工，不分天晴下雨，刮风打雷，赶修公路。

李皇帝刚开完会，就迫不及待地带上老婆、秘书、警卫員、公安厅、交际处干部乘机飞抵南昌。当天下午在撫州地委付书記、县委付书記等保駕下，分乘三辆轎車、二辆吉普，浩浩蕩蕩驅車回到故里——临川唱凱圩。

唱凱圩正街有个中药舖，它的对門原来还有一药舖，老闆就是李井泉小时相了亲的恶霸地主的至亲周琴孙。李站在老药舖門前停留多时，滿腹心緒，轉身見新药舖門前站着个老头，此人叫謝国軒，就是該药舖老闆，资本家。李忙上前攀談，方知此人乃李唱凱小学的先后同学，頓时感到格外亲热，于是到謝家坐下問长問短，兴奋之余，还送过去两支高級香烟給謝抽。

由于李皇帝来得神速，公路尚未赶修完毕，当天下午三点，又緊急动員附近大队的社員、街道居民、机关干部前来“义务劳动”。最后，好坏总算修成了，于是，公安机关开动一辆中吉普检查路面质量，刚离开街道不远处，車就陷进泥坑中了，忙叫人把車抬出来，这样的公路当然不能行走轎車了，李皇帝只好放弃了回家的念头，地委付书記大声喝斥公社干部：“李政委连回家的路都沒有一条，今后一定要把路修好”。

离李井泉家不远处原来有一条小河，河上有座桥，名叫“万年桥”，靠村的岸边有个亭子，河边有棵大树。李就問陪行的书記：“万年桥边上的亭子还在嗎？河边有棵大树，当年坐在大树底下玩，有次我跳水，被水冲下去了，还是拉着这棵大树爬起来的，这棵树还在不在？”书記忙回答：“亭已經坏了，大树也倒了。”李皇帝一听救他狗命的大树倒了，好不对劲，忙說：“我去栽一棵”。书記啫有所悟，馬上答道：“不用，不用，我們去栽上就行了”。后来，书記果然带上几名干部，拿上工具，在原来生长大树的地方补栽了一棵树。据說，此树不成材，当年就夭折。亭子呢？經县委书記巧立名目，由县水利局拨款，作“防洪亭”开支，重新培修，煥然一新。閒談中，李听說他老家的村子里沒有小学，心中很不舒服。不久，上級就拨款一万九千元在他家办了一所“完小”。

是夜，李皇帝大办酒席，宴请乡里亲朋好友。摆开八桌，十余样菜，个个飽食一通，喝得酩酊大醉。花費二百余元，“皇帝”一毛不拔，慷国家之慨，肥个人驅壳，眞是混蛋透頂！

四、党籍问题

反革命修正主义分子李井泉，在他所交待的“我的历史簡略介紹”中关于他入团入党的問題作了如下表白：

“一九二六年冬北伐軍到江西临川县时，我于当时参加青年团。……当时我校党团組織均有数十人。”

“一九三〇年，实际上是做总司令部直屬部队政治工作，时間不到一年。因为那时做党的工作，未經轉党手續，由前委实际上承认我的党籍。記不清是一九三一年前后，由总政虛发过党证……”。

看过李的交待，人们不禁要間：（1）李是何时何地入党的？为什么入团时間記得清清楚楚，而入党时間、地点不作交待？（2）一九三〇年未經正式轉党手續而取得的虛发党证能否說明李已取得正式党籍？

根据我们調查当时与李相訳的人，均不能证明他进行过宣誓入党。李同年同学郭××回忆：“李入团时間，大約一九二七年春节期間，因为春节工作較松，发展了一批团員，后来党团分家，李何时取得党证，我不知道”。又当年“八一”起义部队政治部秘书长林××談：“‘八一’南昌起义后，……那时他（李井泉）肯定不是党員。那时大概二十多岁以上才是党員，他才十多岁，南下时政治部沒有发展党員”。另外，一九二八年前后曾任龙小县团委书記的楊××提供：“一九二九年……，李井泉当时是团員，那时二十三岁以上是党員，二十三岁以下的是团員”。一九二九年下半年曾經和李井泉同住了四个月的交通員陈××也证实說：“李井泉的入党介紹人是誰，是否宣过誓，我不知道”。因此，根据李本人交待和有关人員证实，說明李在一九三〇年以前正式宣誓入党是不可能的。至于后来前委承认李是党員，并发給虛发党证，完全不能证明李已正式加入中国共产党，只不过办了一个临时性手續而已。李井泉就是一个混进我党的阶級异己分子，是早就埋藏在我党內的一顆定时炸弹，必須把它挖掉。

重大《八·一五》战斗团424部队赴粤贛调查组
一九六七年五月

附件二

李井泉在大青山的反革命罪行

一、大青山前后概况

一九三七年抗日战爭爆发刚刚三个月。傅作义失守太原，当时賀龙带一二〇师活动在太原附近。一二〇师几乎每天都要同敌人作战。与此同时一二〇师还帮傅作义收容散兵，还設法将人和枪送到傅作义旧部。当时付作义的一个旅长董其武败到晋西北，我方帮助他收容了散兵并还扩兵１—２千人之多。（賀龙、程子华經手此事）

一九三八年五——六月，三十五軍反攻綏远，一二〇师也派兵合作，战后情况恶化，三十五軍败退。当时敌人大吹其牛說：“誰到綏远就消灭誰”、“中国軍队不能再到綏远。”就在此不久，中央給一二〇师三五八旅一个电报（指示）內容大意是派李井泉带七一五团上大青山开辟根据地。一九三八年八月（或一九三八年九月）配合山西“动委会”（山西太原中华民族战爭战地动員委員会）第四支队即太原成成中学师生队深入大青山开辟敌后根据地。当时七一五团叫做李支队，政委就是李井泉，姚吉为参謀长，这支队伍从八月一直到十月，打了不少的仗，受到了一定的挫折，后被迫退到晋西北，克嵐山。就在这个时候李井泉动摇了，他給中央汇报說，开辟大青山很困难（大意）并建議派少数騎兵上大青山活动。由于开辟大青山根据地是毛主席的战略布署，中央堅持要上大青山开辟根据地，李井泉才免强上山。

大青山位于平綏铁路以北，北靠外蒙古，并隣近国际公路，东隣日本当时的战略点张家口，西与南是付作义和閻錫山所占领的地方。

李井泉率部到大青山后，和当时在大青山打游击的楊子林（青海省委书記叛徒）支队合併，开辟了一个活动范围，并划分成綏中、綏西、綏南三个区，还在察哈尔附近打游击。

当时，相当县一級的政权在日本人手中，其他政权大部分在国民党手中，在大青山国民党自卫軍（付作义的騎兵）一万余人，这支队伍和日本关系特奇，日本人不打他们，他们也不打日本人。“自卫軍”紀律甚差象土匪，当地人民称之曰“十大区”

李井泉带七一五团和“动委会”旧支队上大青山后，连續打了几仗，打开了局面，当时我方只掌握了一个“动委会”（都是当时的权力机构，但其他政权都沒有认眞巩固建立，由于李右傾投降，动委会还不完全是我们的）

一九三九年反顽斗爭后，“动委会”改为“八路軍动委会”，开始改为地方政府，眞正有计划建立政权还是一九四〇年才开始。

一九四〇年情况恶化，自卫軍准备投敌，被我軍消灭，当时中央曾指示：大青山是战备重地，无論如何都要坚持下来，而李井泉却在此时离开了大青山，之后由张大志、姚吉领导大青山根据地的工作。

一九四二年，日本人从张家口、北平集中大量兵力，扫蕩大青山。由于我方地方政权不巩固，群众基础差，大青山根据地失利，司令部被赶到晋西北，当时牺牲了許多同志，留在大青山的人也不多了（有人认为一九三八年——一九四二是大青山根据地工作的一个段落）。

二、李井泉在大青山的罪行

1.建立大青山根据地没有发动群众，依靠和相信群众

中央曾对大青山有一个要求：只要共产党在大青山上的紅旗不倒（即站住脚，等到反攻时再用）就行了。当时敌人經常扫蕩，大青山环境恶劣，物质缺乏，人口稀少，天气很冷（一年三季都要穿棉衣），本来在这样的环境下，就更需要放手发动群众，相信和依靠群众，而李却是依靠单純的軍事力量来打开局面。

李到大青山上，对群众工作只字不提，而只消极地給中央打了一个电报，內容大意为：大青山物资缺乏，人口稀少，队伍发展沒有前途，根本就不象个干革命的样子。

一九三九年，情况較好时，照理应該抓紧时間发动群众，可是李井泉在这个时期，却把大量的精力放在搞西药、布疋、大烟（活动費用）上，而在这些过程中也只是依靠那些“神通广大”的同志和敌伪关系，沒有发动群众。

当步兵轉为騎兵时，李又把大量精力放在这上面，同时向群众动員枪支馬匹。由于群众工作做得很差，老百姓很不了解八路軍，当时老百姓反映：“八路軍好是好，就是要枪支、馬匹”。

大青山老百姓之所以要拥护八路軍，主要因为两点：（1）打日本；（2）八路軍不烧、杀、姦淫，紀律好，队伍整齐，可見当时群众工作做得很差。

当时在大青山我方有个别群众关系較好，但总的說来群众是处于分散状态的，根本沒有組織群众，武装群众，就是当时地方政府，也是沒有群众基础的。政权乃是建立在馬背上的，地方党組織发展工作也做得很差，領导核心也不健全，更不用說“組織群众，武装群众”了。（当时地方党組織很不健全，发展的党員不純分子很多，后情况恶化时，投降变节的不少，組織垮了80％—90％）。

由于沒有发动群众，相信和依靠群众，大青山根据地表面上看来是坚持下来了，而实际上沒有眞正扎下根，情况稍微恶化，我軍活动就十分困难，軍队有时找不到宿营地，只好在馬路上休息，吃飯是干粮、炒面泡冷水，有时出現打了仗沒有飯吃的情況。由于李井泉在一九三八年——一九四〇年这段时間沒有打好群众基础，加上敌人的残酷扫蕩，造成一九四二年大青山根据地的失利。

一九四二年大青山坚持游击的人数很少，并相当艰苦，在这方面冀中（平原）根据地的斗爭胜利就是大青山的鮮明对比（冀中和大青山是认为全国最艰苦的两个根据地）

2.顽固推行王明的右倾投降路线

李井泉顽固的推行了“一切通过統一战綫，一切服从統一战綫”这一右傾投降方針。

关于政权問題：大青山的局面打开以后，閻錫山派了一些人到大青山当专員、县长（可能是因为統战）。后发現这些家伙和傅作义自卫軍有勾結，但李井泉对此也沒有采取措施，李井泉上大青山后也建立了一些区政权，这些政权依靠的是誰呢？李井泉依靠的是所謂的“开明士紳”，就武川一个区政府的組成就完全可以看出李井泉到底搞什么鬼？

动委会的主任：（武川动委会）是当地的大地主，范县斌；

組織部长：是大地主的儿子刘雨；

宣传部长：是富农的儿子刘世昌；

甚至连武装部长也是当地的大地主郭英，这个家伙魚肉乡民，家中还有几十个家兵，几十条枪保鏢。

这些家伙就是李井泉依靠的对象。情况恶化时，这些家伙动搖的动搖，投敌的投敌，沒有一个好东西，这个政府根本体現不出以共产党为領导力量。

不仅如此，李井泉还和地主、富农打得火热。李井泉当时所騎的一匹花眉馬，（当时的一种好馬），是一个大地主送給他的，姚吉騎的白龙馬，就是郭英送給他的。（李井泉的“花眉”以后送給了賀龙）。

李井泉就是在統一战綫的掩盖下干的这些勾当。这样一来，八路軍和群众就被一条天然的深沟所隔离。以后大青山的群众工作就十分难做了。

关于自卫軍問題：李井泉对自卫軍是采取的一条右傾投降主义路綫，平时不做自卫軍的分化瓦解工作，对自卫軍和我方的摩擦，李井泉也不敢正視，屈服于自卫軍。他在一次干部会議上說：“目前大青山自卫軍有一万多人，我们只有一千多人，为了創建根据地，发展根据地，爭取他们与我们团結到底，把抗战进行到底”。

一九四〇年自卫軍准备投敌(日本)，我軍发現，请示中央，中央批准后一举歼灭了自卫軍，我軍扩大成为三个团。战后傅作义告状于蔣介石，李井泉也写信批評說：沒有确切的证据就消灭了他们的队伍，破坏了統一战綫……等等。当通敌信件、证据在延安展出时，李才无話可答。

由于李井泉顽固的推行王明路綫，大反毛泽东思想，大青山干部、战士牺牲人数惊人。“动委会”第四支队一千余人，到一九四一年左右，只剩下100—200人了。

一九三九——一九四〇年上大青山的某部队两批人共八百余，現在只剩下几人了。

大青山根据地終于坚持下来了。然而李井泉却沒有一絲功，他有罪，他是历史的罪人。可以看出李井泉反毛泽东思想是由来已久的，是有历史根源的。

然而在賀龙的掩盖下，李井泉还写了一篇《建設大青山根据地的經验》，歪曲历史，欺騙党中央，欺騙毛主席，于是不但沒有受处分，反而在四二年被提升为“抗大”总校政委。

重大《八·一五》战斗团赴蓉调查组
一九六七年六月

附件三

李井泉在晋綏的反革命罪行

反革命修正主义分子李井泉在一九四五年——一九四九年任晋綏分局代理书記兼晋綏軍区政委，从那时起，他就成了刘少奇反革命修正主义路綫最积极的鼓吹者和推銷者。李井泉在晋綏肉麻地吹捧刘少奇、賀龙，极力反对毛主席；他用刘氏的的形“左”实右反动路綫来代替毛主席的革命路綫；他結党营私，招降納叛，是“打击一大片，保护一小撮”的老混蛋；他还纵容坏人乱打乱杀，使无数优秀干部和劳动人民牺牲在敌人的屠刀之下。李井泉，这个老反革命，对党对人民犯下了滔天罪行，这笔“旧債”一定要李賊偿还！

現将今年四月份我团赴山西調查收集到的李井泉反革命罪行方面的材料扼要公布于后，供同志批判！

一、追随刘少奇　反对毛主席

反革命修正主义分子李井泉是刘少奇黑司令部的得力干将，他对刘少奇的黑貨眞是亦步亦趋，拼命推行。无論是在李井泉的报告中，还是在晋綏分局的文件和《晋綏日报》（原名《抗战日报》）上，主要突出的是刘少奇，其次是賀龙。很少，甚至根本不提我們伟大領袖毛主席。比如，《晋綏日报》一九四七年十一月廿七日的社論《为純洁党的組織而斗爭》一文，长达八千字左右，竟无一处提到毛主席和毛主席的建党路綫，相反，有四处提到刘少奇、賀龙，社論还竭力鼓吹刘少奇的黑貨，污蔑党推行了“一套不民主的官僚主义制度和习慣”。（刘在一九四七年全国土改会上曾攻击党是“官僚主义化的党”），甚至叫嚣“一九四三年以来所发动的减租斗爭，沒有认眞执行刘少奇同志的指示”。社論对賀龙作了令人发呕的吹捧，一再强調“賀、关（即賀龙，关向应）曾十分注意党內不純的問題，”“在軍队中，因有賀、关的直接領导和整理，在組織上，特别是在各級領导骨干上基本是純洁的”，“事实证明，賀，关……是正确的”等等。

李还鹦鵡学舌似地大肆宣传刘的“和平民主新阶段”的謬論，他在一次边区高干会上传达“二中全会”报告时說：“因为广大人民希望和平，許多人对美帝国主义和蔣介石有幻想，如中国共产党提出要打，說出要将革命进行到底，那就是不对的。”

毛主席在一九四七年五月卅日的“蔣介石政府已处在全民的包围之中”一文里明确指出：“蔣介石的軍队，无論在那个战場，都打了败仗，它的前途必然是众叛亲离，全軍覆沒”，入冬，我人民解放軍已轉入全国大規模的进攻，中国人民的革命战爭，已达到了一个轉折点。但是，李井泉在一九四七年九月的一次讲話中却說：“自滿的戈尔洛夫，加上一个說假話的客里空，使我们打了大大的敗仗”，进而提出要搞“反客里空和戈尔洛夫运动”，要求“全党公开检查”（載《抗战日报》一九四七年九月四日），何等囂张！

一九四八年二月廿八日李在兴县二区农代会上說：“你们在标語上写‘充分滿足貧雇农要求’，在这个地区恐怕做不到，只能适当的滿足，最低限度的滿足”（載《土改通訊》第九期，一九四八年三月五日）。公开对抗毛主席关于“土地改革的主要的和直接的任务，就是滿足貧雇农群众的要求”这一英明指示。在同一报告中李又說：“头一条錯誤，划成份錯誤了，……这回成份划高，一方面是上面沒有标准，下面是不是为了翻身，多加几戶地主富农？”誰都知道，毛主席早在一九三三年就发表了《怎样分析农村阶級》一文，明确地提出了划分农村阶級的标准，李井泉这样說，用心是何等恶毒。

一九四六年八月，李在追悼关向应大会上說：“賀、关是我们一面旗帜的两个名字，正如我们党旗上的鐮刀、斧头一样，……，我们要在賀龙同志的領导下，完成关政委的遺志”。（載《抗战日报》一一七一号），看，李井泉心目中哪里还有毛主席？

二、土改中大搞“形左”实右

一九四七年九月十三日，刘少奇在河北省平山县西柏坡村主持召开了全国土地会議，他在这个会上作了一个徹头徹尾的形“左”实右报告，李井泉在晋綏土改中完全貫徹了这一套。

毛主席在一九四七年十二月廿五日所作《目前形势和我们的任务》的报告中指出：“我党主动地把抗日以前的沒收地主土地分配給农民的政策，改变为减租减息的政策，这是完全必要的”。但是，刘少奇在該报告中却污蔑毛主席的正确方針說：“四二年后，一定又限制在减租，就划不来，換不来什么好处”，并威吓說：“如果再不实行土改，则中共要犯历史的大錯誤，同陈独秀差不多。”为了替他的反动路綫辯护，他竟无恥地說：“现在能够阻止土改的，主要是党內，美帝、蔣、地主都不能阻碍”，还別有用心地說：“貫徹《五四》指示，中央也有动摇”。

李井泉在同年九月十八日蔡家岩农民大会上乘机煽动說：“过去天天說老百姓翻身，但是翻了身的只是少数人，因为过去实行减租减息……，只能做到耕者有其田”，而在同年十月《抗战日报》的社論中則更露骨提出：“至于一九四三年以来所发动的减租斗爭，沒有认眞执行少奇同志的指示。”竭力鼓吹刘的形“左”实右的路綫。

刘在同一报告中，当談到中农土地問題时說：“对群众有利，群众要抽，一定要抽。如果中农坚决反对……，就要进行必要的斗爭。”这是明目张胆对抗毛主席关于“必須坚决地团結中农，不要損害中农的利益，”以及“各地在平分土地时，仍虽注意中农的意見，如果中农不同意，則应向中农让步”的正确方針。他还在四七年四月廿二日“关于工作和土地”的报告中說：“照群众意見，徹底把地主弄完，群众要搞地主的商业，就搞掉”。甚至提出：“土地問題的普遍解决，必須而且主要是要依靠群众的自发运动，我们正需要这样的运动，应加以鼓励。”这些言論完全是反毛泽东思想的黑貨。

李井泉忠实地执行了这条形“左”实右路綫。

首先，在划分阶級成份上，把一大片劳动人民划到地主富农方面去了。李井泉在四八年三月五日兴县二区农代会上承认："头一条錯誤，划成份錯了。毛主席讲，根据他的調查，地主富农占百分之八上下。根据現在各地情形来看，确实也只有百分之八左右，我们有划到百分之二十，三十甚至百分之四十，这是一件大錯。"

四九年一月卅日晋綏党代会上通过的"关于土改工作与整党工作基本总結提綱"中也提到："估计全部老区平均原訂地富百分之二十上下，錯訂百分之十二上下。"

四八年一月十二日任弼时同志在西北野战軍前委扩大会上所作"土地改革中的几个問題"报告中一針見血地指出了錯划成份的关鍵，他說："总起来看，在蔡家崖和晋綏其他許多地方，过去是以剥削、历史、生活及政治态度等这样許多项目来作为定成份的标准的。除剥削一项以外，拿其他几项作为定阶級的标准都是錯誤的。"这里应特别指出其中历史一項就是搞"查三代"，甚至"查五代"，只要三代中有一代是地主，不論是否已破产，本人即定地主成份。任继續指出："这样，在一个蔡家崖行政村，就訂錯了五十多戶，約有三百左右的人口被我们算至敌人陣营里去了，这不是孤立了敌人，而是孤立了自己，把自己队伍里面的人送到敌人方面去，是多么严重的錯誤！"

其次，侵犯中农利益，扩大打击面。四七年九月廿十四日晋綏边区农会临委会在"告农民书"中曾經規定："中农当中，有的有长余的土地，不算封建部分，但是，为了帮助其他农民翻身，长余的土地，应当抽出来。"

据《抗战日报》四六年九月二日报导："在离石二区四十七个自然村被清算減租的一百一十三戶中，中农就有廿八戶，有的中农为了避免斗爭，就'献出'了自己耕种的土地。"另据該报九月六日报导，在神池县区，"几年来，錯誤斗爭的中农有二百五十四戶，貧农四十八戶，其中有一百五十八戶中貧农是在去冬今春新解放区清算伪人員貪污中被斗爭的。""同时，由于干部对阶級成份識别不清，致使在減租中，損害了富农經济的自耕部分。"

李井泉在四七年十二月的一个指示中也勉强承认："因为我们在这一期間观念上偏重于发动貧雇农，因此，对于团結中农也发生了偏差，在报紙上我们提出坚持走貧雇农路綫，不該走中农路綫，确是有引起拋弃中农而使貧雇农孤立的危险。"毛主席在四八年二月十一日"糾正土地改革宣传中的'左'傾錯誤"的指示中所批判的"不是宣传依靠貧农，巩固地联合中农，消灭封建制度的路綫，而是孤立地宣传貧雇农路綫。"正是針对晋綏的錯誤而言。

第三，破坏工商业，违背毛主席关于"将消灭地主富农的封建剥削和保护地主富农經营的工商业严格地加以区别"的正确方針。在"告农民书"中曾規定："所有地主阶級，在經济上把他们剥削去的土地、粮食、耕牛、农具，以及其他一切財产全部拿出来"；"富农多余的土地、粮食、耕牛、农具，以及其他一切財产也必須拿出来。"因此，在这个方針指导下，晋綏地区的工商业遭到很大破坏。关于这点，任弼时同志在四八年所作"土地改革中的几个問題"报告中曾着重指示："各地也发生有破坏工商业的現象。例如陕北神木地区的高家堡，当被我軍收复时，连小商販也沒收了。"

第四，放纵乱打乱杀，給坏分子以乘机报复的可能，牺牲了不少劳动人民。据《抗战日报》四六年九月二日关于离石二区的报导："另一方面，在作风上严重的存在着强迫命令，打人捆人的現象，不但村干部打人，区干部打人的也有六人之多。”“另一区干部在解决問題时，因对方态度很硬，順手也是两下。某村长要公粮不給，抓不住家里的主事人，就将他子女打了一頓。”由于采取过“左”的方針，对不同性质的矛盾和程度不同的問題一視同仁，不加区别，造成了边区社会秩序和群众情緒的紊乱和恐慌。同上报导：“龙花垣有十一个人当过伪軍，都是中貧农，其中确有曾經貪污、訛詐，欺压过群众的，但沒有区别是非輕重，分别处理，只是一律采取斗爭的办法。这样乱反乱斗的結果，引起群众的恐慌，許多貧农都不敢扩大生产。”“不管什么人，有錯誤就反，反就要反出錢来。”更严重的是，咀子上村干部下命令：“誰不斗爭就斗爭誰，誰不吃地主就吃誰。”以至形成“干部互相捆的現象：村主任捆財粮代表，农会干事捆主任，分队长捆妇女干事”等現象。

另外，在李井泉的“群众要怎么办就怎么办”的錯誤口号下，也助长了对干部的打杀現象。四九年一月晋綏党代会的“总結提綱”中提到：“在部分地区暂时損害党在群众中的威信等而外，最严重的就是錯死了干部、党員。根据各分区的統计，全边区共死党員干部三百五十七人。”这是李井泉对党和人民欠下的又一笔大血債！

三、“打击一大片，保护一小撮”

党內最大的走资本主义道路的当权派刘少奇，是炮制“打击一大片，保护一小撮”反动路綫的罪魁祸首，他极力挑动干部斗群众，群众斗干部，轉移斗爭大方向，以达到保护自己及其同伙的罪恶目的。

四七年四月二十二日，刘在“关于工作和土地”的报告中就别有用心的說：“大胆提倡干部服从群众，不要群众服从干部。”同时煽动“要群众起来說話，共产党不好，干部不好，可以讲。”进而恶毒地污蔑我党是“地主党”、“富农党”、“官僚主义化的党”，甚至阴险地說：“由农会篡党、篡政。……，上述计划是脑子里的，不要去讲，搞起来之后，就成为事实。”李井泉把这些黑指示不折不扣地貫彻了下去。

四七年九月二十五日，李井泉在蔡家崖农民大会上就鼓动說：“群众要撤干部的职就撤，群众要怎么办就怎么办。”“抗战日报”在十一月二十七日的社論中混淆視听地提出：“三朝元老两朝紅，比比皆是。”說什么“被假象与数字所誘惑炫耀的照例的結論：‘基本上是好干部’，‘百分之七十是农民干部’，恰好起了麻痹自己庇护組織不純的作用。”更露骨的是，四七年十二月十二日晋綏分局的“土改通訊”上刊登了李在孙志远給他的信上加的按語：“最近某些地区寄来的报告中，多从好的方面着眼，很少发現此类的問題，恐尙检查不深入。希望各地勿仅凭汇报，或为某些表現所惑，除深入检查外，对旧干部、党員必須尽量踢开，并严格禁止曲解分局在赵林同志来信中关于至多不得超过三分之一的規定，应着重下面一句：如果一个也不够条件，則一个不选也可以。”

于是，李在晋綏农村干部中大搞“搬石头”运动，采取“一足踢开”，“打倒一切”的做法，而在机关中則大搞“三查”，“唯成分論”，不加区别的处理和遣散了一大批干部。

据《抗战日报》四七年十一月二日报导：“蔡家会自然村发現了区財政助理員（阶級异己份子）李国秀，串通奸商……，使用假粮票一案”，于是，“将全区区公所工作人員排成一排，在广大群众面前一个个都低着头，由群众逐一加以审查”，最后，晋綏区行政公署竟作出决定：“解散区公所，并审查所有区公所人員，按罪恶輕重，分别予以处分。”

又据該报四八年十月六日报导：“苛县大义井行政村支部，是一九三八年建立的。去年土地改革开始时，支部正式党員三十七人，成份都是中貧农沒有地主富农。……內工作积极、立場坚定、作风也較好的十三人；自私自利，作风不正，强迫命令严重的六人，其余是工作中作用不大或不起作用的。”“去年土改开始，工作团一到就宣布停止支部活动，干部一律停职待查；党員高俊成，张和明等十一人被錯訂成份和斗爭了，特別是在斗爭高俊成同志（支书高俊成，新中农成份，劳动正派，是边区二届劳动英雄，为群众所拥护）和非党干部田二仁（副村长）以后，伤害了党員和群众的情緒”。

李还派其爪牙，原晋綏分局委員，公安局长譚政文到营平县搞土改，仅此一县即枪毙了二十多个支部书記。眞是反动透頂！

晋綏党代会于四九年一月三十日通过的“土改总結提綱”中对此也有反映，指出：“后来发展的更加严重，企图用組織手段来解决朔县、神池問題，錯誤地宣布了解散朔县县委，神池县委和右玉县委，过重地处罰了一部分干部，党員。有的地方甚至发展到宣布解散一切組織，宣布所有的干部停职待查。”

由此可以看出，李井泉是推行“打击一大片，保护一小撮”这个反动路綫的老手。

四、招降纳叛　结党营私

刘少奇是中国最大的叛徒集团的总后台，牛鬼蛇神的总司令，他在晋綏边区的干将就是李井泉。李在一次边区高干会上传达“二中全会”报告时曾說：“根据华北某训练班的經验，少奇同志向他们說：現在你们加入共产党，就是終身为人民服务了，此事不可对人言。就是过去当过特务，也既往不究。你们还有什么沒談出来的，可以把已写出来的材料拿去修改一下，經过这样讲解，他们拿去修改，差不多有百分之五十以上都隐瞒了問題百分之三十；还有的隐瞒了重要問題。以后說还不老实，再拿去修改，又談出好多。这是个重要問題，这样的經验是很好的。”甚么“經验”？地地道道的“叛徒經验”！“少奇同志又說：无論是城市和农村接受党員时都应向他们讲清楚，入党后可能庇护地主”。眞是鬼迷心窍，不打自招！

正是在刘少奇的直接指揮和策划下，李井泉在晋綏地区大肆收罗叛徒、敌特，提拔重用坏人。比如：伪“太原第一模范监獄”自首变节份子阎秀峰，曾任晋綏行政公署副主任，后窃据西南书記处书記要职；伪“山西軍人反省院”自首变节份子李文烱、王德茂和郭石夫、叛徒孙先余等都是李在晋綏包庇下来的干部，至于刘文珍、杜心源、廖井丹等更是李在晋綏的得力助手，还有山西匪首阎錫山的新軍旅长也受宠于李的麾下。这些人，入川各各窃取了西南局，四川省的党、政、财、文要职，是刘李死党的忠实干将，为其主子的反革命复辟活动阴謀立下过“汗馬功劳”，但在这次轰轰烈烈的文化大革命中都一个个被揪出来了。

毛主席于一九四八年四月一日所作的《在晋綏干部会議上的讲話》，主要地就是糾正晋綏分局在領导土改和整党工作的錯誤方向，批判李井泉所推行的刘少奇的形“左”实右反动路綫。但是一貫反毛泽东思想的李井泉，却在毛主席糾正了晋綏分局“左”的偏向以后，来了个大倒退，又滑到“右”的方面去了，給晋綏地区的工作造成了新的損失。由此可見，李井泉在历史上始終是站在反对毛主席，反对毛主席革命路綫的立場上的。…

重大《八·一五》424部队赴晋西调查組
一九六七年六月

附件四

土皇帝李井泉在工业战綫的滔天罪行

中国的赫鲁晓夫刘少奇的得力干将、反革命修正主义分子李井泉，是西南地区的“土皇帝”，长期以来反党反社会主义反毛泽东思想，篡党篡政篡军，搞独立王国，罪恶累累，罄竹难书。他是人民的死敌！是革命的死敌！是工人阶級的死敌！現将我们在重庆市收集的“土皇帝”李井泉在工业战綫上的滔天罪行的部份材料和李井泉亲自制定工业七十条的阴謀，整理出来，供同志们批判。

一、公开反对毛泽东思想，取消阶级斗争，反对突出无产阶级政治

一九六二年九月在党的八届十中全会上，毛主席发出伟大号召：“千万不要忘记阶级和阶级斗争。”可是，六二年底和六三年初，李井泉在地、市、州委书記会議和计划工业交通会議上却公开与毛主席唱反調，抹杀阶級斗争，胡說什么：“工矿企业的矛盾是維护全民所有制与削弱全民所有制的矛盾。”

毛主席指示：“政治工作是一切经济工作的生命线。”可是六〇年九月八日，李井泉在批发《中共魚田堡煤矿委員会关于建立小組“宪法”，加强小組工作的报告》时，却批写道：“抓小組，抓小組宪法，是抓到生产的关鍵所在，所有煤矿都要这样做，其他厂矿企业可以参考。”把規章制度作为“生产的关鍵”，用以反对突出政治，反对人的因素第一。

一九六三年五月，毛主席在他亲自主持制定《中共中央关于目前农村工作中若干問題的决定（草案）》即第一个十条时，作出了一个极其重要的指示：“阶级斗争、生产斗争和科学实验，是建设社会主义强大国家的三项伟大革命运动，是使共产党人免除官僚主义、避免修正主义和教条主义，永远立于不败之地的确实保证，是使无产阶级能夠和广大劳动群众联合起来，实行民主专政的可靠保证。”但是六五年李井泉在一次会議上却說：“厂社結合、“三不”“四要”，是保证我国不变顏色的根本保证。”“縮小三个差别的核心是农民的儿子当工人，这个問題解决了，差别就能縮小”。猖狂地、明目张胆地反对毛泽东思想。

二、大搞独立王国，破坏国家工业建设

重庆是全国八大城市之一，是一个重要的工业基地，国家对此非常重視，許多大型

厂矿都直接屬中央领导。但李井泉为了发展他的地方势力，建設他的独立王国，自五三年重庆划归四川省領导以来，就借“党的领导”（中央直屬厂矿仍由所在地上級党委領导）采用各种卑劣手段限制、削弱在重庆的中央工业的发展，千方百计地大力发展成都的工业，建立以成都为中心的四川独立王国，严重地破坏了国家的工业建設，对抗毛主席“备战、备荒、为人民”的指示，破坏国家的战略布署。

1.借口“重庆工业有基础、有办法”，“要建设新城市”等，将中央各部在重庆的建设项目私自转移到成都。

一机部曾打算把重庆軸承厂、惠工机床厂加以扩大，但李井泉等非要放在成都不可，因此成都又新建了軸承厂和机床厂。

重庆紡織厂，棉花都吃不飽，还有停工，停产的現象，李井泉却偏偏在成都修建一个川棉厂。

重庆电綫厂，本来就尚未充分利用起来，李井泉又在成都新建一个电綫厂。

冶金部原只计划在重庆兴建一个鋁厂，而李井泉非要在成都設个点，把重庆鋁厂規模縮小。

类似的情况还多。

2.扣压中央各部给重庆的设备和投资

中央为了照顾省市关系，在投资和設备的分配上都是統一拨給省。但李井泉一伙为了发展地方势力，常說“搶回去再說，这屬于我们省內的問題。”把中央拨給重庆的設备、投资不分給或少分給重庆，甚至中央指示分配給重庆的設备、投资也被李井泉一伙卡了。

一九六一年，溫江专区都有进口的座标鏜床，而重庆直屬中央各部的企业还沒有一台。

中央曾专門供給中梁山煤矿一整套机械設备，包括洗选設备。但是被李井泉一伙扣压了，分布到省內其他地方矿上，致使中梁山煤矿不得不簡易投产，造成矿山的重大事故。如五九年中梁山煤矿发生一次事故就死××人。主要原因就是因为材料外調基建项目沒有上去。当时陈刚說：“这是罪恶，要追查。”但以后无結果，要追查，就要追查到李井泉这个老混蛋的头上。

一九五八年，国家分配給重庆一笔外汇，要重庆提出所需的进口設备，但当材料一进口，就被省委半途拦截了。

一九五九年，一机部通过铁路托运給重庆軸承厂的机床，路过成都就被扣压了，分給成都軸承厂使用。

重庆港口碼头的建設很重要，中央一直很重視这个問題，下面也多次反映过意見。但李井泉等人很不重視，致使重庆港口的物资运輸积压現象是全国最严重的。

相反，李井泉对成都的交通却十分重視，总想着如何把成都建設成一个“小北京”，修筑铁路、公路都要从成都出发，四通八达。

川豫路本来早就該修了，而且应該从华鎣山出发，因为那里有煤田待开发，需要交通，同时从华蓥山出发，可以使水陆交通连接起来，对重庆的工业发展有很大的意义，对战备也有很大的意义。但李井泉提出要从成都出发，完全不考虑国家的工业建設，单从建設“小北京”出发。可見李井泉大搞独立王国的野心是如何之大。

3.非法调用中央安排的统配部管产品，特别是钢铁企业的设备物资，其次是机床。

×年仅重鋼一个厂被李井泉私自調用的鋼材就达两、三万吨，有手續調拨的还在外。

×年××厂生产了一套六五零軋机，分配給云南的，已經上船了，但李井泉却指使魯大东，强行搬下来交給省里了。

4.千万百计挖国家墙脚，大力发展地方势力。

一九六〇年，李井泉为了发展各专县的机械厂，下令各厂与专县訂立合同，并說："除了生产綫上的設备，要什么設备就給什么設备。要什么材料就給什么材料。"各专区，县委书記直接到各厂指名要东西，因此，分散了大批軍工設备和材料。李井泉还建議五机部各厂留出一定比例的加工力量，为地方服务。

由于在李井泉高指标，瞎指挥的指导下，四川大跃进时各地建立起来的“小洋群”生产的铁多数都不能保证质量，含硫量很高，根本不能炼鋼，而且出售价格也很高，而李井泉硬要重鋼把这些铁收购下来，結果收来无用。李井泉就通过这种办法把地方的損失轉嫁到国家身上去了，使重鋼損失达到好几亿。

不仅如此，李井泉还不顾国家计划，随便給中央直屬厂矿硬压任务，而且又不供应原材料，以致使各企业的国家计划受到冲击，原材料被拉用。例如，五八年秋，李井泉要二鋼在国家计划之外，生产×吨鋼材，交省里使用，二鋼刘培礼当时认为有困难，对此不满。魯大东为了忠实执行李井泉的黑指示，还勾結廖苏华，李原（当时二鋼党委书記），打击刘培礼，加上“右傾”的罪名，罢了刘的官。

三、高指标，瞎指挥，严重地破坏生产力

1.野心勃勃，追随“三个十分之一”

一九五八年，李井泉率領了大批干部（包括厅局长在內），坐鎮重庆潘家坪，发号施令，追求高指标，进行瞎指揮。李井泉野心勃勃地提出：四川人口、粮食都占全国十分之一，鋼也要占十分之一。

为了达到十分之一这个指标，实现其建立独立王国的野心，李井泉还决定派他的忠实的得力干将魯大东带大批人馬去重鋼坐鎮，馬力去二鋼坐鎮，只抓数量不抓质量。二鋼还搞过每炉一百吨的竞赛运动，結果大批报废。为了实現高指标，李井泉以大搞“小洋群”为名，不考虑矿山、煤炭、运輸条件，盲目地在全省普遍开花，大搞人海战役，耗費大量资金，重鋼就亏了一点四亿，二鋼亏的比它全厂总投资还要多。在李井泉的瞎指揮下，国家资財遭到巨大損失。

李井泉不懂装懂，把永川的"高炉或化铁炉"不成套的技术措施，当成"吃高硫铁"的宝貴經验，亲自批文件，下命令，普遍推广，滿以为这是"伟大的創造"了。主子放个屁，奴才也认为是香的，鲁大东等人接着李井泉的意旨，馬上調集了大批軍工、民用厂的工人云集一鋼、二鋼，改造化铁炉，用去大批鋼材、水泥，耗費近千万元，結果毫无所获。但为了欺骗中央，李井泉还默許鲁大东、孟东波等弄虛作假，把鋼水报废的、烧了大餅补錠的、漏出的通通算作正式产量上报。李井泉就是这样一貫地欺騙中央。

李井泉单純追求高指标，只顾压任务，不顾設备維修，加之工人加班加点，經常发生伤亡事故。×年中山堂轉炉車間鋼水包子爆炸，一次就死伤多人。虹桥院轉炉車間因扒渣造成死亡两人，致使生产力遭到严重的破坏。

2.树立修正主义"样板"，推行高压政策

李井泉为了实現他提出的高指标，五九年还提出一个违反客观規律的反动口号："一条心，一股劲，一个样。"他所謂的"一个样"，就是要与他树立的修正主义"样板""一个样"。以煤为例，他大力推广松藻地区一个小煤窑的經验，什么日产"两千吨"，采煤工效"二十多吨"，手工采煤超过了机械化采煤，这完全是假的。

魚田堡煤矿当时实际日产量只两千至三千吨，但由于該矿党委书記蛻化变质分子刑广信貫于弄虛作假，謊报成績，欺上瞞下，鼓吹什么"日产一万吨"。李井泉为了达到他追求的高指标，却把魚田堡煤矿树立为一个"样板"，在《重庆日报》、《上游》杂志上，乃至《人民日报》上专为它发表社論，大喊大叫。并且，李井泉还公开贊揚刑广信"是一个眞正的馬列主义者"。李井泉亲自批发文件，要各矿都要象魚田堡煤矿"一个样"。說什么"别人能办到的，你们也能办到"。办不到就"反右傾"。提倡"哪里生产上不去，就在哪里反右傾"。說什么"只要反了右傾，就可以办到"在李井泉这种高压政策下，普遍出現了乱采乱掘的現象，使生产遭受到极大的破坏。李井泉树立修正主义样板，实质上就是培植亲信，发展个人势力。

3.追随薄一波，挥舞"反右傾"大棒，打击一大片

在党的八届六中全会上毛主席指示"心要热，头要冷"，"冲天干劲与科学精神相结合"。五九年十月毛主席在党的八届七中全会上提出工作方法十六条，指示要"多谋善断"，"留有余地"，同时发出《党內通訊》反对不切实际的指标，瞎指揮。可是李井泉及其同伙根本不执行毛主席的指示，仍然追求薄一波的那一套，揮动他"反右傾"的大棒来实現他的高指标。

一九五九年十二月，在中央工业书記会上，薄一波提出"右傾要反透，干劲要鼓足"。李井泉和黑市委就按照薄一波的腔調提出："天天反右傾，月月爭上游，右傾要反透，干劲要鼓足，夺取新胜利，更上一层楼"的口号。六〇年一季度，李井泉在重庆召开全省工矿企业六級干部会議，大反右傾。在会議上，一大批省市和厂矿企业的領导干部被拉上台去排排站着，强行斗爭，会后各厂矿又根据黑市委具体布置仿照李井泉的作法，大反基层干部的"右傾"，搞什么"擦銹"，"搬石头"，打击面达到百分之八

十以上，弄得广大基层干部抬不起头。甚至把矛头指向工人，“哪里生产上不去，就在哪里反右傾”，普遍搞什么“火綫整风”、“天天反”、“班班反”、“事事反”。在鋼厂搞“炉前炉后反”，“班前班后反”。在煤矿系統就开“花脸会”，总之“反右傾”的方式繁多。六〇年九月魚田堡煤矿党委书記刑广信在他的“关于火綫整风情况报告”中提出，他们在全矿掀起了一个“火綫反右傾立即把煤焦生产突上去”的运动时，李井泉极为欣賞，在这段文字的旁边批写道：这是“把生产突上去的好办法”。刑广信在这个报告中还說，他们提出了“火綫反右傾，当天当班見效”的口号，李井泉贊揚地批写道：这是“立杆見影”。

在李井泉这种反动思想的指导下，当时黑市委魯大东等人的工作方法就是：高（指标）——压（任务）——反（右傾）——撤（換干部）。重鋼刘家垻轉炉在两年內就撤換了九个书記，三江鋼厂先后撤換了八个书記，长寿化工厂先后也撤換了五个书記。都是鼓掌上台，斗爭下台，把干部整得灰溜溜的誰也不敢去挂帅。有些单位甚至利用开电話会議，汇报生产情况，发現哪里生产上不去，就立即用电話宣布撤职。搞得人人自危，逼得許多单位謊报成績，弄虛作假的現象十分严重。

李井泉就是这样追随刘少奇，薄一波，搞形“左”实右，掄起他那“反右傾”的大棒，来强制推行他的高指标，实現其个人野心，破坏生产力和社会主义建設。

四、疯狂地推行修正主义黑货，大搞资本主义复辟活动

1.物质刺激，奖金挂帅

李井泉把“反右傾”的大棒举得越高，生产越是下降，一九六一年一开始煤炭生产就成了工业生产最突出的薄弱环节，于是这年二月李井泉就提出了一个解决的办法：实行“对工资加奖励与包产相結合”的制度，李井泉还解释說：“这是用农业办法解决工业問題。”并說“工人原来从农村来的，熟悉这一套。”

一九六一年四月二十八日，李井泉主持召开了一个关于如何把生产突上的会議，在这个会上孟东波說：“鋼铁生产好轉抓两条：（1）计时工资加奖励；（2）几个主要措施加上去。白市驛铁矿作了两天工作，把计时工资加奖励作了，生产增加了百分之四十七，掘进增加一倍。”李井泉接着說：“加一点工资，給一些奖励，奖励又是首先奖給集体，使工人关心集体利益，，不能說是經济主义，这是馬列主义。认为是經济主义是平均主义作怪，还想多揩农村一点油。”李井泉在会上还要大家去用平均主义来反駁那些认为是經济主义的“錯誤认識”，并且还讲：“计时工资加奖励，奖金还要一定的数量才能表現出他的作用。”

李井泉为了推行他这套修正主义黑貨，在这次会上他还說：“实行奖金后有些干部有几怕：一怕物质刺激、經济主义；二怕增加国家成本；三怕不好指揮；四怕劳动强度大，損害工人健康。实际是不了解按劳分配原則，算小賬。抓起产奖运动，就可以把生产突上去。”他还鼓吹：“这是一个重要政策的改进。”为了全面推行他提出的这个制

度，他首先在煤矿系統試行。这年五月李把魚田堡煤矿党委书記邢广信找到潘家坪来，研究密謀了一周，炮制出一个工业的“定”（額）“包”（任务）“奖”（励）办法来。并用四川省委名义以批轉魚田堡的經验的形式，要所有企业都实行，而且还登了报，在全省推行。在一段时期內，貫彻“定包、奖”，成了各厂矿的中心工作。各厂矿通过一段时間的試行，馬力（当时市委工业部副部长）还总結出一整套“包产”的办法来。他提出：“连續生产的，如鋼厂可以設备为单位包产，能够单独计算产品数量的，如煤矿、机械厂等，可以小組为包产单位，基建部門还可以工程为单位包产。”因此当时在基建部門普遍实行了“小包工”，在某些工厂里，例如建設、空压等机器厂，还发展为包产到机床甚至包产到个人，这就等于在一些企业內部开放了自由市場，破坏了劳动紀律，一些工人完成了任务之后去搞自己的“地下工厂”，致使资本主义到处泛滥。

与此同时，李井泉大搞“奖金挂帅”，实行“錢字当头”。

特别是一九六二年李井泉、薄一波制定的工业七十条下来后，四川工业出現了一个全面的倒退。这时李井泉不仅恢复了计件工资，还巧立各种“奖金”：“质量奖”“节約奖”等等，三、四十种。超额完成任务有“超产奖”，完不成任务有“安慰奖”，有的工人每个月的奖金就达八十多元，助长了經济主义，腐蝕了职工，广大工人对此极为不滿。

李井泉为了贩卖他的“物质刺激”，他还到处散佈了許多反动言論。一九六一年六月在四川省委三級干部会議上，李井泉誣蔑农民說：“对共产党員，干部可以說不能为人民币而工作，但对农民就不能說不能为工分而劳动，他就是为工分而劳动。”他还胡說：“农民評工記分生产就积极，采取发工资积极就不能发揮。”又說：“教育先进分子和积极分子与对待农民要有区别，目前农村只能宣传社会主义、按劳分配、等价交换的原則宣传共产主义、劳动不计报酬，就不能使农民积极劳动。”李井泉还說：“增加生产就可以多得奖励，从这一条促进他”。这就是李井泉大搞物质刺激的反动理論根据。

一九六一年五月，李井泉“关于工业試行計划时工资加奖励和包产相結合的办法”給毛主席写了一封信，公然恬不知耻地为他所执行的修正主义黑貨辯解，說什么“奖励是以计时工资为基础，以奖励集体为主，集体超計划得奖后按工人完成定额的情况分配奖金，因此，这是和政治挂帅相結合的物质鼓励，体現了国家利益、集体利益、个人利益相結合的原则。”这簡直是胡說，李井泉所推行的“计时工资加奖励”，完全是“奖金挂帅”，这是以个人利益为基础的，单純物质刺激，是道道地地的资本主义黑貨。

2.利润挂帅、大搞资本主义经济自由化

早在一九五六年，李井泉就贩卖过南斯拉夫修正主义的“工人自治”黑貨。这一年，他在重庆召集部分工厂領导干部討論如何調动积极性时，提出要把工厂的利潤提“成份”，层层下放，分至車間、小組，相应地把計划、协作等权力亦下放到車間和小組，小組为了完成計划可以自行对外协作。李井泉还說：“这样可以調动积极性，加速工业发展”；“可以激发職工关心小組生产”、“增强主人翁責任感”、“是符合社会主义按劳分配原則的”。而且还吹捧成“是企业管理的一种好形式”等等。李井泉还迫不及待地派他的同伙陈刚、刘洪阳、王琮琪等人积极試点，后因遭到基层反对才停止了試行。

可是一九五八年刘少奇参观了成都量具刃具厂后，又提出建立小組核算制，实行权力下放。于是李井泉又指示继續試验、推广。一九五九年省三級干部万人大会上，李井泉又公开提出在工业上要实行“三級管理，分級核算，利潤分成。”将权力下放到工厂、車間、小組，实行“三級分权”。他特别强調生产越高，分成越多，利潤就越高。完全是以利潤挂帅，实行权力下放，这是十足的资本主义倒退。后因遭到广大基层干部的坚决反对，才不得不停止。

李井泉“利潤挂帅”的思想是很典型的。一九五九年他在一次县委书記会上就赤裸裸地暴露过，他說，下次开会来汇报“哪个县办了多少厂，賺了多少錢？”鼓励各县要搞“賺錢买卖”。

一九六一年，国民經济調整的初期，我省一些企业厂矿因遭到李井泉“高指标，瞎指揮”的破坏，生产极不正常，亏損現象比較严重，有的发放工资都成問題了。在这种情况之下，李井泉不是靠突出政治，增加生产解决問題，而是按薄一波提出的“扭轉亏損、增加盈利”的指示，提出“賺錢吃飯”，大搞“生財之道”，主张各厂多生产賺錢的“小商品”。李井泉还指示楊超，在电話会議上介紹万县×厂轉业生产“小商品”的經验，提出各厂都可以搞一定比例的“自銷”。从此，許多厂国家計划完不成，产品质量过不了关都不管，而去大量生产賺錢的“小商品”，做鎖、鋁瓢、鋼精鍋、鞋釘等，仅重庆钟表厂一个厂，当时就生产了五十多种“小商品”。资本主义經营普遍泛濫。

这个时期，他还提倡“以物易物”，“自由协作”。如一九六一年，四川化肥厂需要的焦炭供应不上时，李井泉就提倡“焦、肥协作”，主张工厂用化肥到溫江、内江等地去交换土焦，致使大量化肥投入自由市場，为投机倒把分子大开方便之門。五反时，在内江史家区就破获了一个上万余元的盗窃集团，专門进行化肥的投机倒把活动，这就是李井泉提倡“焦、肥协作”带来的恶果。

同一时期，各煤矿职工吃不到蔬菜，李井泉就提出可以用煤炭换菜吃，而且还用省委名义批发了永川煤矿的“以中煤换菜”的經验，大力提倡“以物易物”，“自由协作”。結果分散了国家統一分配的燃料、材料和农产品，破坏了国家計划經济。

在李井泉的“利潤挂帅”的思想指导下，不仅公开提倡“以物易物”，“自由协作”，而且提倡“三自一包”，大搞自产自銷，自謀出路，自負盈亏，小包工，把社会主义經济完全拉到资本主义經济的道路上去了。

五、李井泉是炮制工业《七十条》的罪魁祸首

一九六〇年——一九六二年，国内外阶級敌人向党向社会主义发动猖狂进攻的时刻，李井泉伙同大叛徒薄一波，亲手炮制出了修正主义黑貨《国营工业企业管理工作条例》，这是一个在我国工业战綫上复辟资本主义的宣言书，是彻头彻尾的反革命罪恶綱領。让我们来看看《七十条》贩卖的到底是什么黑貨。

1.反对毛主席，否认毛泽东思想伟大红旗是我国工业战线的指导思想

《条例》从头到尾沒有一处提到要在工业战綫上高举毛泽东思想伟大紅旗，更沒有

規定毛泽东思想是工业战綫上的唯一指导思想，只字不提学习毛主席著作，可見其用心之恶毒！

2.扼杀大跃进以来工业战线上的伟大成就，搞大倒退，污蔑群众运动

在毛泽东思想伟大紅旗指引下，一九五八年以来，我国工业战綫上出現了一片欣欣向荣的景象，群众的智慧和創造大大加速了社会主义建設进程，新生事物不断湧現。可是，李井泉却拼命反对，大加扼杀，力图恢复旧秩序。《条例》規定：“新产品的試制和生产，一般地应当遵守如下程序：（1）研究、試验；（2）設计；（3）試制，中間生产；（4）小批生产，成批生产。不許破坏上述程序，采取边試验、边設计、边生产、边推广的錯誤作法。为了束縛群众手足，又規定：“反对不經試验、乱搞革新，反对不顾条件、盲目推行”，“不允許采取拼体力、拼設备、吃‘老本’的办法放‘卫星’，搞‘战役’”。更混賬的是，《条例》規定：“按照外国設计、生产新产品，一般先要仿制……，不容許随意修改原来的設计”。李井泉的奴才相眞是暴露无遺了。

3.抹杀阶级斗争，反对突出无产阶级政治

工业企业是无产阶級的重要陣地，根据林彪同志的指示，工厂也应当办成学习毛泽东思想的大学校，要搞阶級斗爭。可是，《条例》却規定：“国营工业企业的根本任务，是在党的社会主义建設总路綫的指导下，全面完成和超額完成国家计划，增加社会产品，扩大社会主义积累。”党在企业中的任务是什么呢？李在《党的工作》一章中把它規定为：“企业中的政治工作，是为了更好地完成企业的生产任务，不能空談政治”，并强調“要把政治思想教育工作和貫徹按劳分配原則結合起来，提高职工群众的生产积极性。”贩卖“业务即政治”的黑貨。李还把共青团、工会等組織变成为文化娱乐的俱乐部，《条例》規定：共青团的任务是“教育团員和青年尊敬老工人，向老工人学习，尊敬师傅，搞好师徒关系。共青团組織要协助行政和工会开展文化、娱乐、体育活动”。工会的任务是什么呢？就是“完成生产任务”，“遵守劳动紀律”，“生活福利”，“业余文化、技术学习”等等。

李井泉还把党員的职責局限于“加强同非党群众的团結”，“同非党技术人員亲密合作”方面，并且規定：“企业党委的主要領导干部，应当用主要精力和大部分时間进行調查研究工作，努力发現企业管理工作中的关鍵性問題，认眞研究解决办法”。根本不提学习毛泽东思想，这不是搞修正主义又是什么？

4.大搞物质刺激，培养高薪阶层

《条例》露骨地規定：“工人、技术人員、职員的工资等級的高低，劳动报酬的多少，应当按照本人技术的熟练程度和劳动的数量质量来决定，不应当按照其他标准”。李井泉还以奖金为誘餌，腐蝕工人和干部，規定：“不論实行计时工资制或者计件工资制的工人，都可以按照規定的条件获得单項奖”。“工人、技术人員和职員，凡有新的創造发明……，应当按照对国家貢献的大小，分别发給奖金”。“企业在全面完成計划以后，所有干部，包括党委书記、厂长在內，都可以得奖。奖金的多少，按照每个人的

工作成績来評定”。李井泉还給工资制度規定了一个原則，即“工人的工资形式，采取计时工资制或者计件工资制，决定于能不能更多地提高劳动生产率”。这完全是资本主义国家所搞的一套。为了鼓励“只专不紅”，个人发財，《条例》又規定：“对于有特殊技术的高級技工和技术人員，对于业务特别熟练的职員，可以发給特别津貼”。

为了培养高薪阶层，李井泉为技术人員勾划出了一幅“陞官图”，明确規定了：“技术人員的职别（总工程师、付总工程师、工程师、技术人員、見习技术員）的确定和提升，要根据他们担任的工作任务、工作质量和技术水平”。李井泉就是这样来搞“和平演变”的复辟活动。

5.追随苏修，顽固坚持“一长制”

大跃进中，群众冲破了种种陈规旧习，也清算了“一长制”罪恶，开始在企业中建立嶄新的管理制度。可是，李井泉仍然顽固地站在修正主义的立場上，企图继續搞“一长制。”《条例》十分强调：“每个企业，都应当建立以厂长为首的全厂統一的行政指揮系統”，授权“厂长对重大的生产技术問題有权作临时处置。”并規定：“企业党委应当积极支持以厂长为首的全厂統一的行政指揮系統行政职权，……不应当干涉、包攬行政領导人員、技术人員，財务会计人員在他们职責范围以内的日常工作。”

《条例》还把工人群众当成阿斗、仆从，否认工人群众对企业的监督作用，大搞“专家路綫”，它規定：“在厂长或生产付厂长的領导下，总工程师对企业的技术工作負全部責任。”“企业中有关技术工作的文件，必須由总工程师鉴署。”“要教育工人严格遵守設计图紙和工艺規程进行操作，不許违反。”

以上就是李井泉在工业路綫上犯下的滔天罪行，尤其是工业《七十条》，还需要同志们进一步进行批判，彻底揭穿李井泉勾結薄一波等人进行资本主义复辟活动的罪行。

重大《八·一五》战斗团424部队市内调查组

一九六七年六月

附件五

李井泉在民族工作上的滔天罪行

反革命修正主义分子李井泉，是中国的赫鲁晓夫篡党、篡政、篡軍的一員得力干将，他疯狂的抵制、反对、攻击毛泽东思想，是一个屡教不改和坚持不改的反革命修正主义分子。

他在民族工作上的一系列活动，就是违反党的民族政策、明目张胆的反对毛主席的阶级和阶级斗爭的学説、竭力抹杀和掩盖阶级矛盾和阶級斗爭、否认无产阶級专政。我们必须痛加揭露，彻底批判。

一、破坏党的民族政策

一九五八年李井泉到西昌，乘車經会理，沿途看到少数民族住在山上，他突然心血来潮："少数民族为什么住在山上？搬下山到汉族区种地那点不好？"美其名曰："向汉族学习生产技术，改变落后状态"，便指示"要少数民族迁下山来"。黑主子一声令下，爪牙奉为圣旨，积极执行，置少数民族的生命财产、风俗习惯、农牧生产技术不顾，强迫开展以"居民集中化"为中心的十化运动。全区三十万少数民族，强迫搬下来五万。很多奴隶携儿带女，捶胸跺足，痛心不止。更有甚者以死表示反抗，不願搬迁。基层干部稍有不滿，也以"反对政府"，"反党"而遭打击，甚至被捕入獄。

少数民族搬迁后，生活不习惯，生产技术不适应，聚住一起病疫流传，造成生产无人管，丢荒的不下十万亩，人畜死亡不少，損失很大。可是在六一年的整风运动中，李井泉指使其在西昌的爪牙李占林，来个金蝉脱殼之计，十分恶毒地把他们乱搞"居民集中化"的罪过嫁祸于一般基层干部身上，逮捕法办了好些基层干部，逼得許多干部到处逃跑，有的甚至杳无音信，而李井泉及其爪牙李占林等却落得一身清白，逍遙法外。

李井泉及其一伙疯狂反对毛主席的民族政策，破坏民族团結，大搞形"左"实右的政策，罪該万死。

二、抹杀和反对毛主席的阶级斗争学说

毛主席教导我们："**民族斗争，说到底，是一个阶级斗争问题**"。

反革命修正主义分子李井泉秉承其主子刘少奇的"和平改革"、"和平过渡"的黑綱領，用资产阶級改良主义办法，以改革为幌子，否定民族地区严重的阶级斗爭，否定无产阶級专政，保护剥削阶級、奴隶主的利益。

民族地区的头人，即奴隶主，解放前对奴隶和半奴隶实行了残酷的經济剝削和政治压迫，强迫奴隶和半奴隶繳納貢稅，从事无偿的劳役，他们是极端的反对革命。照理，这些奴隶主应該受到无产阶級专政的制裁。可是，李井泉奉行刘少奇的黑綱領，把这些奴隶主包庇下来，甚至在六〇年的普选中，还特别指示西昌地委、涼山州委，要在政府中安排增加一些奴隶主“任职”，特别是一些“有声望”的头人。在他的黑指示下，以前的那些血債累累的奴隶主搖身一变成了政府的“要員”——“副区长”、“区长”、“副县长”、“副专員”、“副州长”。这些傢伙只拿錢不干事，在改革中和改革后，还进行了一系列的反攻倒算活动，仅某地就分散隐瞒了几百枝枪、数万发子弹，向奴隶反攻倒算土地二万多亩，粮食八万多斤，錢两万多元，强迫奴隶无偿劳役二十五万天次。正如奴隶和半奴隶所罵的：“以前剝削压迫我们，现在同样剝削人民”。李井泉对剝削阶級关怀备至，否定无产阶級专政，不正說明了李井泉是誰家的人了嗎？

一九六五年四月，李井泉到西昌“視察”，涼山州委向李井泉汇报社教中民族地区两个阶級、两条道路的斗爭很尖銳时，老賊李井泉竟說：“你们涼山彝族落后，只会数豆豆、結绳子来記数”；“他们那里什么两条道路斗爭，他们文化低，賬也記不来，连个制度也沒有，你们社教主要是建立制度，訓练一批会计，帮他们把制度建立起来”。又胡說：“貪污盜窃、多吃多占也不多，清也清不出来。”涼山州委的人不同意李賊的“意見”，认为涼山两条道路斗爭还很尖銳，不斗爭不行。李井泉竟恼羞成怒的說：“不要那么斗爭，主要的还是把制度建立起来”；“重教育，重建設”。又胡乱說：“涼山經济落后，人又穷，出产又少，出不了什么资本主义的。”反革命修正主义分子李井泉就是这样明目张胆、明火执仗地抹杀和否定毛主席关于阶級和阶級斗爭的伟大学說，竭力抹杀和否定阶級矛盾和阶級斗爭的。

毛主席教导我们：“否定马克思主义的基本原则，否定马克思主义的普遍真理，这就是修正主义。”李井泉否定毛主席的关于阶級和阶級斗爭的伟大学說，否定无产阶級专政，是一个典型的反革命修正主义分子。

民族地区建立高級社时，在李井泉的黑指示下，不是依靠和发动奴隶和半奴隶，而是吸收很多富裕劳动者（相当于汉区的上中农），这些人进来以后，鬧倒退，搞资本主义复辟。照說两条道路的斗爭这样严重，应該依靠奴隶半奴隶进行坚决的斗爭，可是李井泉竟下令允許单干，叫他们退社（至今这些人还在社外单干，搞资本主义活动）而李却美其名曰：“可以緩和阶級矛盾”。这是否定阶級斗爭，鼓吹阶級调和，其結果是复辟了资本主义。

三、否定三面红旗，大砍人民公社

一九五八年，民族地区有条件的乡社，也掀起了公社化的高潮，可是老賊李井泉又迫不及待的下了黑指示，說什么：“民族地区不是搞公社化，主要是高級社和初級社的問題，就搞初級社也快了几千年。”又說：“涼山就是涼山、涼山永远不能变成热山，涼山不要跟着汉区跑。”以此来瘋狂阻挠、打击少数民族走社会主义道路的积极性。更可恶的是，六二年又攻击說：“你们不要把少数民族整得太紧张了，我就担心你们少数民族整反了，給省委增加麻煩。”这和国內外阶級敌人攻击我们的人民公社“糟得很”完全是一个腔調。在李井泉的黑指示下，六〇年西昌民族地区先后办起的二十七个公社，六一年就一刀砍去十九个，保存的八个公社也规定只挂个牌子，具体的內容仍按高級社办。而且合作社也普遍划小，甚至提出分散的地区三、五戶都可建个“合作社”，特别地区还可单干。例如三十戶以下的合作社，六一年为一百七十个，至六二年就上升为四百〇九个，六十一戶——七十戶的一百三十四个却下降为一百一十一个，七十一戶——八十戶則由八十四个下降为四十八个……。又如凉山彝族自治州在五八年分两批建立了六十六个人民公社，入社农戶数占总戶数百分之五十二强。六二年李井泉配合国內外阶級敌人大肆活动，公然說：“我国的人民公社是一轰而起的，违反了我们党的調查研究、經过試验逐步推广的光荣传統。現在不办已經办起来了，如果退回去，国际影响太大，只好以公社之名，行高級社之实。实际上是公社的名字，高級社的办法，初級社的規模”。还恶毒的攻击說：“你们凉山，是少数民族地区，又在一个卡卡里，不存在国际影响問題，干脆连公社的名字也不要了，死心踏地的办好高級社，不要再胡思乱想了。”这样，凉山彝族自治州的人民公社全部被砍掉，就连基本上全县公社化的越西和雷波两县也被李井泉砍掉 李井泉这个老混蛋就是如此猖狂的挖社会主义墙脚，大砍人民公社，否定三面紅旗，攻击三面紅旗。就是在三期社教中，有人給李井泉提出民族地区公社化的問題时，李賊还說：“戴个帽子就行了，上动下不动”。

“六月天兵征腐恶，万丈长缨要把鲲鹏缚”。

我们要舉起毛泽东思想的千鈞棒，彻底清算李井泉在民族工作上的滔天罪行！

重大《八·一五》战斗团424部队赴西昌地区调查组

一九六七年五月

打倒李井泉

贵州无产阶級革命造反总指揮部编

贵 州 人 民 出 版 社

毛主席語录

混进党里、政府里、軍队里和各种文化界的資产阶級代表人物，是一批反革命的修正主义分子，一旦时机成熟，他們就会要夺取政权，由无产阶級专政变为資产阶級专政。这些人物，有些已被我們識破了，有些則还没有被識破，有些正在受到我們信用，被培养为我們的接班人，例如赫魯曉夫那样的人物，他們現正睡在我們的身旁，各級党委必須充分注意这一点。

——中共中央一九六六年五月十六日《通知》

目　　录

毛泽东思想貴州省革命委員会
重　要　通　知

从六月四日起，《新贵州报》公开批判西南地区最大的走资本主义道路当权派李井泉和贵州省最大的走资本主义道路当权派賈启允。这是光焰无际的毛泽东思想的伟大胜利！

春雷声声，战鼓隆隆。无产阶級革命派行动起来，高举毛泽东思想的革命的批判旗帜，以笔作刀枪，把阶級仇恨凝在枪膛，向党內最大的一小撮走资本主义道路当权派，向反革命修正主义分子李井泉、賈启允猛烈开火！把他们彻底批深、批透、斗倒、斗臭！

当前，两个阶級、两条道路、两条路线的斗争十分尖銳、复杂，无产阶級革命派要紧紧掌握斗爭的大方向，把矛头始终指向党內一小撮走资本主义道路当权派，搞好本单位的斗批改，将无产阶級文化大革命进行到底。

毛泽东思想貴州省革命委員会

一九六七年六月三日

（原载一九六七年六月四日《新贵州报》）

打 倒 李 井 泉!

《新貴州报》六月五日社論

“百万雄师过大江。”在举国上下同声討伐中国的赫魯晓夫的斗爭高潮中，西南最大的党內走资本主义道路当权派李井泉被揪出来公开示众了！从前的“土皇帝”，如今变成了不齿于人类的狗屎堆；从前不可一世的“大人物”，如今变成了过街老鼠。毛泽东思想的灿烂阳光普照大地！这是多么振奋人心啊！

我们热烈欢呼，战无不胜的毛泽东思想的又一伟大胜利！

我们热烈欢呼，毛主席的革命路线的又一伟大胜利！

以李井泉为首的党內一小撮走资本主义道路的当权派，长期以来，把西南当做他们反党反社会主义反毛泽东思想的独立王国，針插不进，水泼不进。他们阴謀把西南变成党內最大的一小撮走资本主义道路当权派进行反革命复辟的大后方。李井泉是埋在我们伟大祖国的大西南的一顆定时炸弹，是西南地区党內一小撮走资本主义道路当权派的总头目，是中国的赫魯晓夫篡党、篡军、篡政的一名得力干将，是坚持不改和累教不改的反革命修正主义分子。斗倒、斗垮、斗臭李井泉，是彻底砸烂党內最大的一小撮走资本主义道路当权派资产阶級司令部的一个大战役。我们在向党內最大的一小撮走资本主义道路当权派进行猛攻的同时，大斗特斗李井泉，就把革命的大批判运动推向一个新高潮。

李井泉，对党对人民犯下的滔天罪行，眞是罄竹难书，令人发指。

这个西南的“土皇帝”，贼胆包天，竟敢公开地反对我们最最敬爱的伟大领袖毛主席，篡改和歪曲毛主席的指示，恶毒地攻击毛泽东思想。甚至狂妄地把自己淩駕于毛主席和以毛主席为首的党中央之上，其狼子野心，何其毒也。

这个西南的“土皇帝”，抹杀阶級和阶級斗爭，对抗毛主席关于社会主义社会阶級和阶級斗爭的指导方針。他反对突出无产阶級政治，而突出资产阶級政治。猖狂地攻击三面红旗，竭力推行一条反革命修正主义的路线。

这个西南的“土皇帝”，打着无产阶級专政的旗号，实行的是资产阶級专政。他使用了种种卑鄙恶毒的手段，残酷地压制和打击无产阶級革命派和革命群众，肆无忌憚地为牛鬼蛇神翻案，招降納叛，结党营私，企图搞资本主义反革命复辟。

这个西南的“土皇帝”，是鎮压西南地区文化大革命运动的罪魁祸首。他頑固地站在反动的资产阶級立場上，极力推行资产阶級反动路线，对抗以毛主席为代表的无产阶級革命路线。文化大革命以来，李井泉制造了一次又一次惊人的流血事件，策划了一次又一次的反革命大反扑，破坏伟大的无产阶級文化大革命。賈启允，就是这个西南的“土皇帝”派到贵州来，进行资本主义反革命复辟，鎮压革命群众的劊子手。

欠賬总是要还的。是亿万人民起来审判李井泉的时候了！是和李井泉算总賬的时候了！

毛主席敎导我们：**“敌人是不会自行消灭的。无論是中国的反动派，或是美国帝国主义在中国的侵略势力，都不会**

自行退出历史舞台。”

盘踞西南十多年的李井泉及其死党，是我们不共戴天的死敌，他们的反动本性是绝不会改变的。“**宜将剩勇追穷寇，不可沽名学霸王。**”我们必须奋起毛泽东思想的千鈞棒，组织起浩浩蕩蕩的无产阶級革命大军，展开波瀾壮闊的大批判大斗爭，发揚痛打落水狗的革命精神，穷追猛打，不给李井泉、賈启允之流一点喘息的余地。打，打，打，打它个片甲不留！一直打到他们和他们的总后台中国的赫鲁晓夫彻底灭亡！

让祖国大西南的天，永远是毛泽东思想的天；地，永远是毛泽东思想的地；人，永远是毛泽东思想武装起来的人；使我们无产阶級的鉄打江山，永不变色。

打倒党內最大的一小撮走资本主义道路的当权派！

打倒李井泉！

打倒賈启允！

无产阶級文化大革命胜利万岁！

再論打倒李井泉

《新貴州报》六月二十三日社論

刘结挺、张西挺同志批判李井泉的革命文章，是鋒利的解剖刀，是坚鋭的投枪。它揭露出了李井泉反革命的丑恶面目，击中了李井泉妄图顚覆无产阶級专政、复辟资本主义的要害。他们的革命文章，多么发人深醒！

我们的伟大领袖毛主席指出：“**混进党里、政府里、軍队里和各种文化界的資产阶級代表人物，是一批反革命的修正主义分子，一旦时机成熟，他們就会要夺取政权，由无产阶級专政变为資产阶級专政。**”

李井泉是中国最大的一小撮走资本主义道路当权派阴謀篡党、篡军、篡政，在中国实行资本主义复辟的反革命干将。李井泉在西南进行的一切反党反社会主义反毛泽东思想的罪恶活动，集中到一点，就是要使祖国的大西南改变顏色，变无产阶級专政为资产阶級专政，变社会主义为资本主义，为党内最大的一小撮走资本主义道路当权派建立一个反革命的战略基地。

李井泉是无产阶級专政的死敌，是人民的死敌，是革命的死敌。

刘结挺、张西挺同志揭露出的鉄的事实，多么令人惊心动魄！看，李井泉怎样苦心经营，在祖国的大西南隐蔽地设置了一个对抗以毛主席为首的党中央的独立王朝，他打着红旗反红旗，从根本上疯狂地反对毛泽东思想。在党內最大的一小撮走资本主义道路当权派的策划和庇护下，李井泉拼命地把黑手伸向西南各省和要害部门，控制了西南的党、政、财、文大权，复辟资本主义。他为了配合国內外阶級敌人的需要，竟丧心病狂地在宜宾、在四川、在西南其他地区大刮翻案风，让牛鬼蛇神跑出来，反攻倒算。李井泉对资产阶級充满了爱，对无产阶級充满了恨。“顺我者昌，逆我者亡”，多少革命群众革命干部横遭迫害，多少敢于坚持原则、坚持斗爭的革命同志备受打击，多少无产阶級革命派惨遭毒手！

毛主席教导我们：“**革命的根本問題是政权問題**”。有了政权，无产阶級，劳动人民，就有了一切。沒有政权，就丧失一切。象李井泉和他的总后台这样的赫鲁晓夫式的人物，如果不揪出来，无产阶級政权如果被他们完全篡夺，那就会千百万人头落地，社会主义江山就会改变颜色。我们无产阶級用鲜血和生命换来的政权，必须用战斗来保卫。

李井泉之所以有恃无恐地实行资产阶級专政，是因为有以中国的赫鲁晓夫为代表的资产阶級司令部作靠山。李井泉的罪恶活动决不是孤立的。它反映出毛主席革命路线和资产阶級反动路线斗爭的尖銳，反映出两个阶級、两条道路、两个司令部斗爭的尖銳。因此，我们要站在西南，放眼全国。要把彻底摧毁李井泉资产阶級独立王朝，看作是一个突破口。这和粉碎彭眞反革命修正主义集团一样，必将沉重地打击中国赫鲁晓夫的反革命修正主义陣线，使它更加迅速地土崩瓦解。打倒李井泉，就是为捍卫毛主席革命路线而战！打倒李井泉，就是为保卫以毛主席为代表的无产阶級司令部而战！

刘结挺、张西挺同志和李井泉进行长期斗爭的事实表明，李井泉实行资产阶級专政，就必然把他自己放在同全西南人民为敌的地位。用毛泽东思想武装起来的广大群众反对资本主义复辟、反对资产阶級专政的怒潮是不可阻挡的。大批忠于毛主席、敢于坚持原则、勇于捍卫毛主席革命路线的革命闖将，必然要站出来和李井泉及其黑后台进行殊死的斗爭。刘结挺、张西挺同志就是这样的坚持党的原则、捍卫毛主席革命路线的好同志。当然，“**在人类历史上，凡属将要灭亡的反动势力，总是要向革命势力进行最后掙扎的。**”革命势力在斗爭中也会遇到曲折困难，但是“**独有英雄驅虎豹，更无豪杰怕熊羆。**”胜利必定属于革命势力，胜利必定属于毛主席革命路线。

无产阶級革命派在伟大的毛泽东思想旗帜下联合起来，把对敌人强烈的阶級仇恨凝聚在枪口上，对准党內最大的一小撮走资本主义道路当权派开火！对准西南党內最大的走资本主义道路当权派李井泉开火！对准贵州省党內最大的走资本主义道路当权派賈启允开火！

“**要扫除一切害人虫，全无敌。**”

三論打倒李井泉

《新貴州报》七月十二日社論

在西南地区无产阶級文化大革命群众运动中，李井泉在中国的赫魯晓夫支持下，扮演了一个什么角色？他“**站在反动的資产阶級立場上，实行資产阶級专政，将无产阶級轰轰烈烈的文化大革命运动打下去，顚倒是非，混淆黑白，圍剿革命派，压制不同意見，实行白色恐怖，自以为得意，长資产阶級的威风，灭无产阶級的志气，又何其毒也！**”

李井泉拚死对抗和破坏无产阶級文化大革命，不是偶然的。这是因为，无产阶級文化大革命，是无产阶級专政条件下的大革命。党內一小撮走资本主义道路的当权派，是这場大革命的主要对象。把党內一小撮走资本主义道路的当权派揭露出来，彻底批判他们那套祸国殃民的修正主义货色，把他们斗臭、斗垮、斗倒，对他们进行夺权斗爭，这就是无产阶級文化大革命所要解决的主要问题。为了挽救“李家王朝”的覆灭，为了保住中国的赫魯晓夫复辟资本主义，李井泉便把賭注完全押在拚死对抗和破坏无产阶級文化大革命上面。但是，“**在人类历史上，凡屬将要灭亡的反动势力，总是要向革命势力进行最后挣扎的**”，李井泉也沒有例外。

为了把西南地区的无产阶級文化大革命扼杀在搖籃里，李井泉秉承中国的赫魯晓夫的旨意，首先炮制出所谓《西南局、四川省委文化革命七人小组关于四川省开展学术批判的意见》，强令西南各地执行。这个《意见》接来彭眞反革命修正主义集团的衣鉢，用“在眞理面前人人平等”、“不仅要在政治上压倒对方，而且要在学术上超过对方”、左派要“作自我检討”等等紧箍咒，束縛无产阶級革命派和广大革命群众的手脚，把对吳晗等资产阶級反动学閥以及“李家王朝”豢养的一群资产阶級精神貴族放出的反党反社会主义反毛泽东思想的大毒草的批判，引入“純学术”討論的邪路，妄图转移斗爭大方向，让他们这伙害人虫滑过关。李井泉的《意见》，实际上就是彭眞的《汇报提綱》的翻版。它打的是彭眞《汇报提綱》这面资产阶級向无产阶級猖狂进攻的黑旗；它执行的是彭眞《汇报提綱》这道以党內最大的走资本主义道路的当权派为代表的资产阶級司令部发出来的反革命号令；它坚持的是彭眞《汇报提綱》把斗爭矛头指向革命左派和革命群众的反革命方向。

毛主席在中共中央一九六六年五月十六日的《通知》这个伟大的历史文件中指出：**全党必須“高举无产阶級文化革命的大旗，彻底揭露那批反党反社会主义的所謂‘学术权威’的資产阶級反动立場，彻底批判学术界、教育界、新聞界、文艺界、出版界的資产阶級反动思想，夺取在这些文化領域中的領导权。而要做到这一点，必須同时批判混进党里、政府里、軍队里和文化领域的各界里的資产阶級代表人物，淸洗这些人，有些則要調动他們的职务。”**以毛主席的教导作为照妖鏡，李井泉抛出的这个《意见》包藏祸心就很清楚了。这就是要保护为他复辟资本主义进行輿論准备的精神支柱，就是要让资产阶級反动学术“权威”在文化领域的各界里继续专无产阶級的政，就是要让他李井泉和他手下的爪牙及其总后台中国的赫魯晓夫继续窃踞文化领域中的领导权。这一小撮反革命修正主义分子的罪恶用心，就是要在中国复辟资本主义。

毛主席主持制定的伟大历史文件《通知》，粉碎了彭眞的《汇报提綱》，也埋葬了李井泉的《意见》，宣告了李井泉破坏西南地区无产阶級文化大革命阴謀的彻底破产。李井泉之流从此陷进了西南亿万人民的重重包围之中。但是，李井泉沒有违背“**搗乱，失敗，再搗乱，再失敗，直至灭亡——这就是帝国主义和世界上一切反动派对待人民事业的邏輯**”。他随即施出一套反革命策略，向无产阶級文化大革命疯狂反扑。他玩弄“牺牲車马，保存将帅”的鬼把戏；他刮阴风，放暗箭，围剿革命派；他在四川、云南、贵州炮制为他和他的爪牙保駕的保守组织，挑动群众斗群众；他阴一套，阳一套，頑固坚持资产阶級反动路线；他大刮“二月黑风”，血腥鎭压革命派，许多人惨遭杀害，多少人被投进牢房。李井泉说：“我是不到黄河心不死。”可见这个西南“土皇帝”，对毛主席的革命路线、对无产阶級专政、对战无不胜的毛泽东思想，恨到了咬牙切齿的地步。

哪里有压迫，哪里就有反抗。用毛泽东思想武装起来的西南亿万人民，不怕压制，不怕牺牲，同李井泉之流进行了殊死搏斗。现在，“李家王朝”被打得七零八落，李井泉手下的干将賈启允之流，成了人人喊打的过街老鼠。毛主席教导说：“**‘搬起石头打自己的脚’，这是中国人形容某些蠢人的行为的一句俗話。各国反动派也就是这样的一批蠢人。他們对于革命人民所作的种种迫害，归根結底，只能促进人民的更广泛更剧烈的革命。**”李井泉拚死对抗和破坏无产阶級文化大革命，不但沒有阻止历史的前进，相反，恰恰加速了他们一小撮的灭亡。

反革命修正主义分子李井泉在文化大革命中的所作所为，给革命人民扮演了一位少见的反面教员。无产阶級革命派和广大革命群众，应该吸取经验教訓，在当前对党內一小撮走资本主义道路当权派深入开展大批判、大斗争中，識破阶級敌人玩弄的一切阴謀詭计，坚决排除被阶級敌人所利用的无政府主义、个人主义、小团体主义、山头主义、极端民主化等等所造成的干扰，紧紧掌握斗争大方向，把无产阶級文化大革命进行到底。

西南地区"土皇帝"李井泉反党反社会主义反毛泽东思想的八大罪状

《新貴州报》无产阶級革命派整理

我们伟大领袖毛主席指出："**混进党里、政府里、軍队里和各种文化界的資产阶級代表人物，是一批反革命的修正主义分子，一旦时机成熟，他們就会要夺取政权，由无产阶級专政变为資产阶級专政。**"西南地区党内最大的走资本主义道路当权派李井泉，就是一个罪大恶极的反革命修正主义分子，他是党内最大的走资本主义道路当权派的资产阶級司令部里的一员"大将"，是西南地区党内大大小小走资本主义道路当权派的总头目。

在史无前例的无产阶級文化大革命运动中，西南地区广大工农兵群众、红卫兵小将和革命干部，高举毛泽东思想伟大红旗，发扬"舍得一身剐，敢把皇帝拉下马"的大无畏革命精神，把西南地区的"土皇帝"、反革命修正主义分子李井泉揪出来了。这是光焰无际的毛泽东思想的伟大胜利！是毛主席革命路线的伟大胜利！

反革命修正主义分子李井泉，长期以来同党内最大的一小撮走资本主义道路的当权派，结成死党，明目张胆地反对我们心中最红最红的红太阳毛主席，反对光焰无际的毛泽东思想，在西南地区竭力推行一条反革命修正主义路线，大搞资本主义复辟活动，妄图把西南地区变成资本主义反革命复辟的根据地。在这次震撼世界的无产阶級文化大革命中，他又頑固地对抗毛主席的革命路线，拼命地推行资产阶級反动路线，大規模地鎮压革命群众，疯狂地破坏无产阶級文化大革命。他是西南地区残酷鎮压革命群众运动的罪魁祸首，直到最近，他还挑动群众斗群众，制造了駭人听闻的流血事件，策划了资本主义复辟的大反扑。无数事实说明：李井泉是个坚持不改和累敎不改的反党反社会主义反毛泽东思想的反革命修正主义分子。这个反革命修正主义分子罪恶滔天，恶貫满盈。现在是彻底清算他的滔天罪行的时候了！

一、李井泉明目张胆地反对我们伟大的领袖毛主席，反对工农兵活学活用毛主席著作，恶毒地攻击毛泽东思想

党的八届十一中全会强調指出：“**毛泽东同志是当代最伟大的馬克思列宁主义者。毛泽东同志天才地、创造性地、全面地继承、捍卫和发展了馬克思列宁主义，把馬克思列宁主义提高到一个嶄新的阶段。毛泽东思想是在帝国主义走向全面崩潰，社会主义走向全世界胜利的时代的馬克思列宁主义。毛泽东思想是全党全国一切工作的指导方針。**”

反革命修正主义分子李井泉，和一切阶級敌人一样，出于他反革命的阶級本性，拼命地反对我们伟大的领袖毛主席，恶毒地攻击光焰无际的毛泽东思想。李井泉厚顏无耻地到处公开张貼自己的巨幅照片，胆敢把自己置于我们伟大领袖毛主席之上。这个“土皇帝”李井泉，根本不把毛主席的指示放在眼里，对毛主席作出的许多重大战略决策，总是百般抗拒，公开反对。毛主席作出人民公社以生产队为基本核算单位的决定以后，李井泉竟狂妄地反对，胡说什么毛主席

这一英明的正确决定是“倒退”，还公然与毛主席唱对台戏，组织人马专门收集以生产队为基本核算单位的“缺点”，妄图否定毛主席的英明决策。李井泉甚至狂妄到这种地步，竟敢在我们伟大领袖毛主席所写的一篇光辉文献前面乱加批语，胡说什么“要从积极方面去理解”，否则“要起副作用”。毛主席提出搞好社会主义教育运动的六条标准，李井泉竟敢砍掉六条标准中最核心的部分：“**要看貧、下中农是眞正发动起来了，还是没有发动起来**”，并且加以篡改，抛出一个直接反毛泽东思想的“搞好社教运动的四条标准”。这个“土皇帝”李井泉，还公开反对毛主席的阶級斗爭学说，否定毛主席关于“**凡是反动的东西，你不打，他就不倒**”的英明論断，針鋒相对地提出，反动的东西你不打，他自己也会倒。李井泉明目张胆地反对我们伟大领袖毛主席，恶毒地攻击毛泽东思想，李井泉的狼子野心昭然若揭。

这个“土皇帝”李井泉，一听到毛泽东思想就反对，就咒駡，就歇斯底里大发作。他反对把毛泽东思想伟大红旗举得最高的林彪同志，公然抵制和抗拒林彪同志关于活学活用毛主席著作的指示。他对广大工农兵群众活学活用毛主席著作，怕得要死，恨得要命，百般地进行压制和打击。

谁反对我们的伟大领袖毛主席，谁反对光焰无际的毛泽东思想，谁就是我们的死敌，我们就要坚决打倒谁！

二、李井泉顽固地推行资产阶级反动路线，疯狂地镇压革命群众，破坏无产阶级文化大革命

毛主席在具有伟大历史意义的《炮打司令部》的大字报中说：“……**在五十多天里，从中央到地方的某些领导同志，却反其道而行之，站在反动的資产阶級立場上，实行資**

产阶級专政，将无产阶級轰轰烈烈的文化大革命运动打下去，顚倒是非，混淆黑白，围剿革命派，压制不同意見，实行白色恐怖，自以为得意，长資产阶級的威风，灭无产阶級的志气，又何其毒也！”

反革命修正主义分子李井泉，頑固地站在反动的资产阶級立場上，坚持推行资产阶級反动路线，与毛主席的无产阶級革命路线相对抗。

早在去年二月，反革命修正主义分子彭眞一手炮制的《汇报提綱》出笼以后，李井泉迫不及待地以西南局和四川省委的名义发出通知，要求西南各省坚决貫徹执行。他特别起劲地宣揚彭眞的“在眞理面前人人平等”这一反对毛泽东思想的反革命修正主义謬論。去年六月，毛主席决定发表北京大学的全国第一张马列主义的大字报，点燃了无产阶級文化大革命的熊熊烈火，西南地区的革命烈火也越烧越旺。这时，这个死心塌地紧跟中国赫魯晓夫的李井泉，又忠实地秉承其祖师爷的旨意，亲自给西南各省的省委书记布置赶快派出大批的工作组到学校、厂矿、机关等，妄图扑灭革命烈火。在李井泉的策划下，大批工作组出动了，他们把矛头对准群众，顚倒是非，混淆黑白，围剿革命派，实行资产阶級专政。

駭人听闻的贵州“六·八”事件，幕后的操纵者，就是这个“土皇帝”李井泉。当賈启允把成千上万的革命群众打成“反革命”时，李井泉还杀气腾腾地对賈启允说：“你们反击得太早了，迟反击几天，跳出来的就更多了。”与此同时，李井泉又丧心病狂地给賈启允下了一道道大規模鎮压革命群众的黑指示。在李井泉的黑指示下，白色恐怖一度笼罩了贵州全省。

毛主席亲自主持制定的十六条公布后，首都红卫兵革命小将，到祖国的大西南来了，红卫兵小将到处煽革命之风，点革命之火，搅乱了“土皇帝”李井泉这一批资产阶級老爷们的甜梦。于是，李井泉等一小撮党內走资本主义道路当权派就歇斯底里大发作，把毛主席派来捉拿牛鬼蛇神的天兵天将视如洪水猛兽，把伟大的红卫兵运动誣蔑为“匈牙利事件”，处心积虑地造謠言、放暗箭，扬言要在革命小将中间“抓一小撮”，妄图把轰轰烈烈的红卫兵运动打下去。中共中央批转的中央军委的紧急指示下达后，李井泉公然抗拒执行，不给在运动中被打成“反革命”的革命群众平反，而且变本加厉地对革命小将和革命群众实行血腥鎮压。在此期间，这个老奸巨猾的李井泉四处奔走，为他的忠实爪牙打包票、定調子，出謀划策，不断打气。李井泉亲自来到贵州欺骗群众说：“贵州省委是新改组的，賈启允来贵州不过一年多，问题不大”等等，为賈启允开脫罪責，并且给他的心腹賈启允密授錦囊妙计，搞什么“以红线对黑线”，炮制了“号碼兵”、“糾察队”等保字号组织，为賈启允保駕。更恶毒的是，李井泉还授意賈启允以搞四清和貫彻“五七”指示为名，把大批受迫害的革命同志送下乡去“劳改”；他要賈启允对“牛鬼蛇神”在內部记上一笔賬，不要忙于反击，以便“秋后算賬”等等。

李井泉这个老奸巨猾的阴謀家，搞所谓“红线”对付“黑线”的反革命战术，操纵“产业军”、“糾察队”等御林军，与革命工人、革命学生和革命群众相对立，围剿革命派，挑起武斗，甚至明目张胆地对抗中央军委指示，动用专政工具鎮压革命群众，在贵阳、重庆、成都等地制造了一系列全国罕见的“八·一五”“九·五”“五·六”等流血事件，与毛主席的革命路线、与革命人民顽抗到底。

“搬起石头打自己的脚”。李井泉疯狂鎭压革命群众，只能激起广大革命群众更强烈的反抗，更剧烈的革命，结果是加速李井泉自己的灭亡。

三、李井泉顽固地对抗以毛主席为首的党中央，实行资产阶级独裁专政，把西南地区变成水泼不进、针插不进的独立王国

我们的伟大领袖毛主席指出：**“混进党里、政府里、軍队里和各种文化界的資产阶級代表人物，是一批反革命的修正主义分子，……”对于这批反革命修正主义分子，必須徹底批判，必須清洗，必須把他們窃取的領导权夺回来。**

李井泉这个“土皇帝”，长期盘踞西南局第一书记的重要领导崗位，对上欺騙毛主席和以毛主席为首的党中央，对下封锁毛主席和党中央的声音，把西南变成水泼不进、針插不进的独立王国。长期以来，李井泉对毛主席的重要指示总是阳奉阴违，千方百计地进行抵制和封锁，甚至不择手段，篡改伟大领袖毛主席的指示。他从来不向毛主席請示报告，并玩弄反革命两面派手法，弄虛作假，向毛主席汇报假情况、假典型，頑固地对抗以毛主席为首的党中央。一九六二年秋，在四川省一次地委书记会议上討論外调粮食时，李井泉非常不满地说：“有人吃了四川的粮食，还要罵人。”正在这时，有人向他说：中央通知从四川再調一批粮食支援外地灾区。李井泉便大发雷霆，公然说：“我这里也算个‘小国务院’嘛，给他頂回去。”这些黑話充分暴露了这个“土皇帝”的反革命修正主义分子的丑恶嘴脸。从一九六一年以

来，李井泉多次布置说，四川的木材、粮、棉、油、肉，不准向中央报实数，故意刁难中央。李井泉这个“土皇帝”，大搞封建割据。有一次四川派出的学习团从华东等地参观回来后，向李井泉汇报华东等地的先进经验，李井泉竟然说：“不要长他人的志气，灭自己的威风。”反革命修正主义分子李井泉，与党內另一个最大的走资本主义道路的当权派串通一气，狼狈为奸，进行一系列地下的秘密活动，在毛主席和党中央的所在地——北京，开设“四川飯店”，专门搜集党中央的情报，密謀对抗毛主席和以毛主席为首的党中央。

李井泉这个“土皇帝”，长期以来实行封建家长式的独裁统治，他把个人凌駕于党组织之上，个人决定一切。在西南地区，他以“太上皇”自居，有谁触犯他，有谁摸他的老虎屁股，他就给谁扣上“反党”、“反革命”的帽子，进行打击陷害，必欲置之于死地而后快。

凡是对抗毛主席、对抗以毛主席为首的党中央，搞独立王国的野心家，都会被革命人民赶下历史舞台。“土皇帝”李井泉的下場也必然是这样。

四、李井泉竭力掩盖和抹煞阶级斗争，鼓吹业务挂帅，大搞物质刺激，极力反对突出无产阶级政治

党中央和林彪同志教导我们：**要念念不忘阶級斗爭，念念不忘无产阶級专政，念念不忘突出政治，念念不忘高举毛泽东思想伟大紅旗。**

西南地区的“土皇帝”李井泉，长期以来頑固地对抗毛主席关于社会主义社会还存在阶級、阶級矛盾和阶級斗爭的英明論断，极力反对突出无产阶級政治，千方百计突出资产

阶級政治。近几年来，他还大力鼓吹人民公社生产队要“天天清工分”，说什么“天天清理工分，就是天天讲阶級斗爭，就是抓了阶級斗爭这个綱。”他妄想用工分问题掩盖和抹煞农村中两个阶級、两条道路的斗爭，引导社员群众终日钻到工分、賬目、单据里边去，从而忘掉阶級斗爭，忘掉无产阶級政治挂帅。贵州党內最大的走资本主义道路当权派賈启允，秉承了李井泉的旨意，从一九六五年以来，也在贵州农村热衷于鼓吹天天清工分，以经济工作代替政治工作，刮起了物质刺激的歪风。李井泉还竭力主张业务挂帅、鈔票挂帅，他到处大放厥詞，说什么“抓根本的一条，就是要搞好生产”。以此否定阶級斗爭，否定无产阶級政治挂帅，否定用毛泽东思想统帅生产。其罪恶目的就是要突出资产阶級政治，贩卖反革命修正主义的黑货，复辟资本主义。

毛主席教导我们：“**政治工作是一切經济工作的生命綫。在社会經济制度发生根本变革的时期，尤其是这样。**”毛主席的这一教导是一面光辉的照妖鏡，把李井泉的反革命修正主义丑恶嘴脸进一步暴露在光天化日之下。

五、李井泉极端敌视社会主义制度，疯狂地反对三面红旗，大搞所有制大倒退

毛主席说：“**社会主义制度終究要代替資本主义制度，这是一个不以人們自己的意志为轉移的客观規律。**”

一九五九年廬山会议上，右傾机会主义分子彭德怀等疯狂攻击三面红旗，攻击我们伟大领袖毛主席。彭德怀等的阴謀被徹底粉碎以后，李井泉为这一小撮右傾机会主义分子的被“罢官”喊宛叫屈，胡说什么：“他们只不过是议論了一下，就成了反党集团。”李井泉还提出贫下中农訴苦要“旧

苦（旧社会的苦）新苦（新社会的‘苦’）一齐訴”的反革命謬論，极力丑化社会主义制度。一九六一年、一九六二年，正当中国的赫魯晓夫配合国內外阶級敌人，大肆攻击三面红旗，大刮翻案风、单干风的时候，李井泉在西南遙相呼应，他公开詆毁人民公社这个有无限生命力的新生事物，誣蔑人民公社还不如高級合作社优越性大。一九六二年六月，他又胡说什么“现在看来退一步还沒退够，要按高級社办事。”又说：“如果是年年增产，这样退下去沒有问题。”李井泉还炮制和推广了“田边地角一律下放、谁种谁收”的所谓“经验”，大搞所有制大倒退。这个“经验”流毒西南，造成了严重的恶果。在工业方面，李井泉也貫彻了他这种所有制大倒退的主张，未经中央批准，就擅自把某地关系国计民生的重要工业砍掉，给我国社会主义建设造成了巨大的损失。由于李井泉大力鼓吹所有制大倒退，致使西南许多地方一时单干成风，城乡资本主义泛滥。

为了巩固提高人民公社制度，我们伟大领袖毛主席亲自主持制定了《农村人民公社工作条例（修正草案）》，即“六十条”，而李井泉公开拒绝执行，使毛主席和党中央对农村的许多重大决策迟迟貫彻不下去，严重破坏了社会主义经济。

“**蚂蚁緣槐夸大国，蚍蜉撼树談何易。**”反革命修正主义分子李井泉妄图阻挡历史車輪前进，犹如螳臂挡車，只能招致他自己的灭亡。

六、李井泉利用文化阵地为复辟资本主义、颠覆无产阶级专政大作舆论准备

毛主席教导我们说：**凡是要推翻一个政权，总要先造成**

輿論，总要先做意識形态方面的工作。革命的阶級是这样，反革命的阶級也是这样。

反革命修正主义分子李井泉为了在西南地区实现资本主义复辟，长期以来在文化陣地上为资本主义、封建主义、修正主义的黑货大开綠灯，让毒草、牛鬼蛇神紛紛出笼，腐蝕和毒害广大群众。他把西南地区的报刊当作反党反社会主义反毛泽东思想、散布修正主义毒素的工具。西南地区的报刊，在他的支持下，长期不宣传毛泽东思想，不宣传突出无产阶級政治，相反，却充塞了《巴山夜話》、《历史小故事》、《滇云漫談》之类的反党反社会主义反毛泽东思想的大毒草。在西南地区的舞台上，帝王将相、才子佳人、牛鬼蛇神长期盘踞，大肆放毒，甚至在毛主席对文艺界提出严格批评、在京剧革命开始后，还大演特演为奴隶主、帝王将相歌功頌德的剧目，公开反对毛主席对文艺的重要指示。反革命修正主义分子汪小川恶毒地攻击三面红旗，丑化社会主义制度的剧本《山寨人家》，就是在李井泉的授意下炮制出来的。

七、李井泉忠实执行形"左"实右的机会主义路线，破坏城乡社会主义教育运动

毛主席亲自主持制定的"二十三条"指出："**这次运动的重点，是整党內那些走資本主义道路的当权派，进一步地巩固和发展城乡社会主义的陣地。**"

党内走资本主义道路当权派李井泉，在城乡社会主义教育运动中，把党内头号走资本主义道路当权派吹捧的"桃园经验"当作"圣旨"，在反革命修正主义分子彭眞的具体指

使下，忠实地、积极地推行其祖师爷提出的形“左”实右的机会主义路线，对抗毛主席和党中央关于城乡社会主义教育运动的路线、方針和政策。李井泉反对在四清运动中以两个阶級、两条道路斗爭为綱，提出什么“抓评工记分就是阶級斗爭”的口号，把“清经济”放在四清运动的首要地位。他反对相信群众、依靠群众、放手发动群众揭开阶級斗爭盖子，而是依靠工作组搞包办代替，搞“人海战术”，使运动搞得冷冷清清。他“怀疑一切，否定一切，打倒一切”，誣蔑大多数基层干部是“烂掉了的坏干部”；他最怕提四清运动的重点“是整党內那些走资本主义道路的当权派”，千方百计转移斗爭大方向，把鋒芒指向广大群众和基层干部，頑固地实行“打击一大片，保护一小撮”的资产阶級反动路线。一九六四年九月到一九六五年春天，贵州城乡重点开展的四清运动，就是在党內最大的一小撮走资本主义道路当权派和李井泉的具体指揮和策划下进行的。他们背着毛主席和党中央，派出庞大的工作队，采取“人海战术”的办法，搞什么“扎根串連”、“查三代”、“普划成分”，使绝大部分干部和群众遭到打击，而那些党內走资本主义道路的当权派和地、富、反、坏、右分子却受到了保护。当“二十三条”公布后，贵州的城乡社会主义教育运动深入发展的时候，一九六五年二月上旬，李井泉又亲临贵州，积极貫徹执行反革命修正主义分子彭眞炮制的经验，迫不及待地“刹車”，否定革命的群众运动，大搞阶級調和，大搞翻案活动，为地富反坏右撑腰，打击贫下中农和革命的积极分子，有组织、有计划地进行反攻倒算。

李井泉的所作所为，都是反对毛主席的无产阶級革命路线，都是妄图把社会主义教育运动引入歧途。

八、李井泉招降纳叛，结党营私，培植反革命势力

毛主席指出：**“要特别警惕象赫鲁晓夫那样的个人野心家和阴謀家，防止这样的坏人篡夺党和国家的各級领导。”**

李井泉为了配合他的后台——中国的赫鲁晓夫搞资本主义复辟，长期以来，采取种种卑鄙的手段，对上勾结党內最大的一小撮走资本主义道路的当权派，对下串通一伙反革命修正主义分子，招降纳叛，结党营私，窃取了西南地区许多重要的领导崗位，妄图实现资本主义复辟，颠覆无产阶級专政。他和中国的赫鲁晓夫一样，都是十足的阴謀家、野心家。

多年来，李井泉同彭眞反革命修正主义集团互相勾结，相依为命，狠狈为奸。党內另一个最大的走资本主义道路的当权派，也同李井泉打得火热。每当这个最大的走资本主义道路的当权派来到西南地区时，李井泉就日夜伴随，尽力效忠。对这个党內最大的走资本主义道路当权派的黑指示，李井泉奉为“圣旨”，马上在西南各省貫彻执行，使党內最大的走资本主义道路当权派炮制的一整套修正主义路线，在西南地区到处泛滥，流毒极广。

李井泉为了培植他的反革命修正主义势力，多年来一直推行他的祖师爷炮制的“打击一大片，保护一小撮”这一条在干部问题上的资产阶級反动路线，在历次重大政治运动中，李井泉不择手段地一面打击、陷害敢于起来揭发和反对他们的革命同志，一面又为那些反党分子、右派分子喊寃叫屈，大搞反攻倒算，替他们开脫罪責，保护他们过关。在四川，象任白戈、马識途、张黎群等这样一些反革命修正主义

分子，就被长期包庇在李井泉的卵翼之下，并得到重用。在贵州，象前省委内以周林为首的一小撮走资本主义道路的当权派，四清运动中被揪出来以后，李井泉也千方百计地保护他们过关，使他们有的钻进所谓“新省委”成为主要成员，而民愤极大的周林，仍然窃取了西南局书记处书记的要职。李井泉通过每次政治运动，都招纳了一批爪牙党羽，遍布西南各省。原贵州省委第一书记賈启允，就是李井泉一手培植起来的忠实爪牙。这些走资本主义道路的当权派，在李井泉的指揮棒下，干尽了坏事，对西南地区的亿万人民，犯下了不可饒恕的滔天罪行。

*　　*　　*

党內一小撮走资本主义道路的当权派，是无产阶級专政条件下革命的主要对象。无产阶級文化大革命，就是要革他们的命，就是要把他们揭露出来，夺他们的权，把他们彻底打倒。我们必須紧紧掌握这个斗爭的大方向。现在，反革命修正主义分子李井泉已经陷入了亿万革命人民的重重包围之中。这个罪大恶极的反动家伙，还在負隅頑抗。“**宜将剩勇追穷寇，不可沽名学霸王。**”我们一定要奋起毛泽东思想的千鈞棒，坚决把这个西南地区党內最大的走资本主义道路的当权派李井泉，彻底批深、批透、斗倒、斗臭！叫他永世不得翻身！

让光焰无际的、战无不胜的毛泽东思想伟大红旗在祖国的大西南高高飘扬！永远飘扬！

（原载一九六七年六月五日《新贵州报》）

覆灭前的挣扎

——李井泉破坏无产阶级文化大革命的滔天罪行

岳　雄　关

我们的伟大领袖毛主席指出：“**混进党里、政府里、軍队里和各种文化界的資产阶級代表人物，是一批反革命的修正主义分子，一旦时机成熟，他們就会要夺取政权，由无产阶級专政变为資产阶級专政。**”西南地区党內最大的走资本主义道路当权派李井泉，就是一个罪大恶极的反革命修正主义分子，是以党內最大的走资本主义道路当权派为代表的资产阶級司令部里的一员“大将”，是西南地区党內大大小小走资本主义道路当权派的总头目。李井泉长期以来打着“红旗”反红旗，妄图变无产阶級专政为资产阶級专政，把西南地区变成中国的赫魯晓夫在全国进行反革命复辟的“战略基地”。我们伟大的领袖毛主席亲自发动和领导的这場史无前例的无产阶級文化大革命，粉碎了李井泉及其总后台复辟资本主义的迷梦。李井泉为把西南地区轰轰烈烈的无产阶級文化大革命打下去，疯狂推行中国的赫魯晓夫炮制的资产阶級反动路线，策划了一次又一次的反革命大反扑，制造了一次又一次惊人的流血事件，对党对人民犯下了滔天罪行。我们无产阶級革命派必须高举毛泽东思想的革命的批判旗帜，彻底清算李井泉对抗毛主席的无产阶級革命路线，破坏无产阶級文化大革命的滔天罪行。

李井泉的《意见》是扼杀西南地区无产阶级文化大革命的黑纲领

一九六五年十一月十日，姚文元同志《评新编历史剧〈海瑞罢官〉》一文发表了。李井泉凭着他的反革命的政治嗅觉，预感到革命的滚滚洪流，必将把他从“土皇帝”的宝座上打翻在地。为了挽救自己覆灭的命运，李井泉拼死要把无产阶級文化大革命扼杀在摇籃里。竭力抵制姚文元同志的文章，便是李井泉扼杀文化大革命所下的第一次毒手。

李井泉对《评新编历史剧〈海瑞罢官〉》这篇充满战斗精神的文章怕得要死，恨得要命，通过他手下的一批“干将”，控制《四川日报》、《重庆日报》、《贵州日报》、《云南日报》等报刊，不予转載。直到受了中央的批评，在西南地区广大革命群众的强烈要求下，这几家报刊才被迫于一九六五年十二月中旬先后转載了这篇文章。而对于《海瑞罢官》这株反党反社会主义反毛泽东思想的大毒草，他们一直拖延到很晚的时候才开始组织一点批判。这一点就充分暴露了李井泉这个无产阶級文化大革命的凶恶敌人的狰獰面目。

李井泉竭力抵制姚文元同志的文章决不是偶然的。毛主席早就明确指出：《海瑞罢官》的“**要害問題是‘罢官’。嘉靖皇帝罢了海瑞的官，一九五九年我們罢了彭德怀的官。彭德怀也是‘海瑞’。**”而李井泉正是在利用封建官吏海瑞的故事来影射攻击共产党和社会主义，来为彭德怀等右倾机会主义分子翻案。一九六二年在重庆开三級干部会议时，李井泉竟叫重庆京剧团連夜赶排《海瑞上疏》给大会演出。李井泉扣压姚文元同志的文章，压制革命群众对大毒草《海瑞罢官》的批判，不仅是出于保护资产阶級反动学閥吳晗及其后台彭眞反革命修正主义集团的需要，同时也是出于他自己妄图逃脱罪責的需要。

毛主席说：**“不管反动派怎样企图阻止历史車輪的前进，革命或迟或早总会发生，并且将必然取得胜利。”**尽管李井泉竭力压制革命群众对于大毒草《海瑞罢官》的批判，但是，用毛泽东思想武装起来的西南亿万人民，随着姚文元同志的文章的发表，终于开展了对吳晗及其他反党反社会主义的资产阶級代表人物的批判。其势如燎原烈火，“李家王朝”陷于风雨飘摇之中。正在这时，彭眞反革命修正主义集团在党內最大的走资本主义道路当权派支持下，抛出了《汇报提綱》。这个《汇报提綱》，是以党內最大的走资本主义道路当权派为代表的资产阶級司令部发出来的反革命号令，它号召党內一小撮走资本主义道路当权派和一切牛鬼蛇神，破坏无产阶級文化大革命，保护他们窃取的政治、思想、文化的领导权和陣地，为顚覆无产阶級专政而拼死斗爭。李井泉如获至宝，当即糾集一批爪牙，根据这个反革命宣言书，精心炮制出《西南局、四川省委文化革命七人小组关于四川省开展学术批判的意见》，发到西南各地貫徹执行。这个《意见》，完全接过了《汇报提綱》的衣鉢。什么“在眞理面前人人平等”，什么“不仅要在政治上压倒对方，而且要在学术上压倒对方”，什么“左派要做自我检查”，等等，一应俱全。李井泉抛出的《意见》同彭眞抛出的《汇报提綱》一样，都是徹头徹尾的修正主义綱领，都是资本主义复辟的綱领。我们必须奋起毛泽东思想的千鈞棒，象埋葬彭眞的《汇报提綱》那样，徹底埋葬李井泉的《意见》。

在眞理面前，能够“人人平等”吗？不能！不能！眞理是有阶級性的。马克思列宁主义、毛泽东思想，是唯一的眞理，是无产阶級反对资产阶級的銳利武器，是全世界一切被压迫被剝削的人民反对压迫和剝削的銳利武器，是无产阶級对资产阶級实行专政的銳利武器。在这个无产阶級眞理面前，决不允许资产阶級及其代表人物同无产阶級有什么平等，决不允许地、富、反、坏、右分子同无产阶級有什么平等。如果让这一切害人虫有平等，无产阶級专政就要被推翻，人民的天下就要丧失，资本主义就要复辟。无产阶級同资产阶級的斗爭，马克思列宁主义、毛泽东思想的眞理同资产阶級以及一切剝削阶級的謬論的斗爭，不是东风压倒西风，就是西风压倒东风，根本談不上什么平等。李井泉追随于彭眞之后，高喊“在眞理面前人人平等”这个资产阶級的口号，目的是要保护资产阶級，反对无产阶級，反对无产阶級专政，反对马克思列宁主义、毛泽东思想，根本否認眞理的阶級性，替反革命修正主义分子张黎群、李伏伽、李亚群、马識途、沙汀、汪小川、李孟北等放出的《巴山漫話》、《历史小故事》、《滇云漫譚》、《师道》、《挑女婿》等等反党反社会主义反毛泽东思想的大毒草保鏢，让其继续在意識形态领域内专我们的政，为维护“李家王朝”的反革命修正主义统治服务。李井泉在这里要平等，是为资产阶級及其代表人物要平等，是为替“李家王朝”制造反革命輿論的一群精神贵族要平等。至于对无产阶級，他则恨之入骨，半点平等也不给的。李井泉竭力抵制姚文元同志的文章，这对无产阶級哪有什么平等？李井泉压制革命群众开展对大毒草《海瑞罢官》的批判，这对无产阶級又哪有什么平等？

李井泉所谓“不仅要在政治上压倒对方，而且要在学术上压倒对方”，其反动性更是十分清楚的。本来，无产阶級在学术上掌握的眞理，马克思列宁主义的眞理，毛泽东思想的眞理，早已大大超过了和压倒了资产阶級，而李井泉还要提出“要在学术上压倒对方”，这是什么用意呢？一是要把革命群众对《海瑞罢官》等大毒草的批判，引向“純学术”討論的邪路；一是要把广大的工农兵群众排斥于批判毒草的大门之外。用心何其毒也！李井泉的《意见》出笼后，西南的报刊上，果然所谓“学术批判”的文章紛至沓来，而不少工农兵群众一針见血地打中大毒草《海瑞罢官》等的政治要害的战斗文章，却活活被扼杀。“純学术”討論代替了政治較量。

其实，在存在阶級、阶級斗爭的社会里，决沒有什么超阶級的“純学术”。作为观念形态的学术，总是属于一定的阶級的政治路线的，不是为无产阶級政治服务，便是为资产阶級政治服务。难道吳晗利用《海瑞罢官》替反党反社会主义的右傾机会主义分子彭德怀翻案，恶毒地攻击我们伟大的領袖毛主席，这是“純学术”问题吗？难道党內一小撮走资本主义道路的当权派，勾结反动的资产阶級学术“权威”，利用报紙、广播、刊物、文艺作品、戏曲等等大量散布封建主义、资本主义、修正主义的反动文化，来腐蝕广大群众和干部的意識，征服人心，为复辟资本主义制造輿論，这也是“純学术”问题吗？难道李井泉授意反革命修正主义分子汪小川抛出話剧《山寨人家》恶毒攻击三面红旗、丑化社会主义制度，要剧团上演《海瑞上疏》影射攻击共产党和社会主义，这也是“純学术”问题吗？绝对不是！毛主席教导我们说：“**利用小說进行反党活动，是一大发明。凡是要推翻一个政权，总要先造成輿論，总要先做意識形态方面的工作。革命的阶級是这样，反革命的阶級也是这样。**”因此，我们同这些牛鬼蛇神的斗爭，根本不是什么学术之爭，而是无产阶級要巩固无产阶級专政而资产阶級要顚覆无产阶級专政的一場严重的阶級斗爭。李井泉竭力要把这場斗爭引入“純学术”討論的邪途，这恰好暴露了他反革命修正主义的嘴脸。

毛主席在开始发动这場史无前例的无产阶級文化大革命的时候，曾多次指出，**要保护左派，支持左派，建立和扩大左派队伍**。但是，李井泉的这个《意见》却规定“左派要做自我检査”。李井泉把无产阶級左派看成眼中釘，肉中刺，必欲置之死地而后快。李井泉到底要无产阶級左派检査什么呢？其目的是要无产阶級左派放弃毛泽东思想的革命的批判旗帜，停止对资产阶級思想文化堡垒进行猛烈冲击。李井泉及其手下的干将，想当初大开綠灯，让大量反党反社会主义反毛泽东思想的毒草，在西南地区的报刊和戏剧舞台上通行无阻。现在，无产阶級左派奋起毛泽东思想的千鈞棒，彻底埋葬这些牛鬼蛇神，李井泉就如此痛恨，强令“左派要做自我检査”，这说明了李井泉对无产阶級充满了恨，对资产阶級充满了爱。

李井泉精心炮制的《意见》，是彭眞反革命修正主义集团的《汇报提綱》在“李家王朝”的翻版。李井泉举起的是资产阶級向无产阶級猖狂进攻的黑旗；执行的是以党內最大的走资本主义道路当权派为代表的资产阶級司令部发出的反革命号令；坚持的是把矛头指向革命左派和革命群众的反革命斗爭方向。这个《意见》的出笼，彻底暴露了李井泉已同中国的赫魯晓夫及其所支持的彭眞反革命修正主义集团结成了“神圣同盟”。李井泉的《意见》，就是秉承中国的赫魯晓夫的旨意，对西南地区无产阶級文化大革命运动进行十字军討伐的反革命动员令。

李井泉玩弄一整套反革命策略，竭力破坏西南地区的无产阶级文化大革命

毛主席教导我们："**帝国主义者和国内反动派决不甘心于他們的失敗，他們还要作最后的掙扎。在全国平定以后，他們也还会以各种方式从事破坏和搗乱，他們将每日每时企图在中国复辟。**"李井泉为了巩固他在西南的资产阶級反动统治，在无产阶級文化大革命中，玩弄了一整套反革命策略，"**从事破坏和搗乱**"。

第一，派出工作組，扑灭革命烈火。无产阶級文化大革命运动一开始，李井泉就忠实地秉承党內最大的走资本主义道路当权派的旨意，急急忙忙命令各地派出大批工作组，去扑灭无产阶級文化大革命的烈火。去年中央工作会议后，李井泉公然违抗毛主席的指示，变本加厉地增派工作组。七月初，仅在四川，当时的四川省委就抽调了二千多名干部组成工作组打入学校。李井泉亲自坐鎮川大，直接指揮。七月底，毛主席、党中央决定撤銷工作组，李井泉阳奉阴违，积极和西南局×××密謀策划，一面搞假文革，一面设立换湯不换葯的联絡组，使工作组明撤暗不撤。李井泉不仅派工作组到学校，还派了工作组到不少机关、企业。绝大部分工作组，成了鎮压革命群众运动的急先鋒，把成千上万的革命群众打成"反革命"、"反党分子"、"牛鬼蛇神"，实行资产阶級专政。

第二，打"死老虎"，表演"周瑜打黄盖"的丑剧。无产阶級文化大革命的烈火越烧越旺，广大革命群众按照毛主席指引的方向，把斗爭矛头对准一小撮党內走资本主义道路当权派。西南各地革命群众紛紛起来造反，强烈要求批判斗

爭党內走資本主义道路当权派。这时，李井泉眼看革命群众运动的烈火要烧到自己的头上来了，便玩弄了一个舍車保帅的花招，把四川的张黎群、马識途，贵州的汪小川，云南的李孟北之流抛了出来，在报紙上大肆玩弄假批判、眞包庇的把戏。张黎群、汪小川之流早就是臭名远揚的“死老虎”。李井泉把他们抛出来是什么意思呢？拿张黎群来说吧：张黎群原在《中国青年报》任总编輯，因为犯錯误調到西南来。一九六二年十月，他毒性大发，一連写了十余篇反党反社会主义反毛泽东思想的文章。他的文章出笼后，立即受到批判，他被迫写了检查。但李井泉对他百般包庇，大加重用，带他一道搞四淸，調他到綿阳地委任要职。这次抛“死老虎”，李井泉开始的打算是想搞个“张秀梅”代替张黎群，但随着革命斗爭形势的发展，李井泉自知若不早舍車马，势必难保将帅，于是才把这只“死老虎”抛出来。

第三，划框框，定調子，給他的干将打包票。李井泉抛出一批“死老虎”，是对广大无产阶級革命派耍的一种欺騙手腕。但是用毛泽东思想武装起来的广大无产阶級革命派沒有受騙。“万炮齐轰西南局！烈火猛烧省市委！”的口号声响遍成都、重庆、贵阳、昆明等城市。李井泉为了稳住陣脚，便公开出面替他的得力干将们涂脂抹粉，开脱罪責。成都的×××、重庆的任白戈、贵州的賈启允，李井泉都給他们划了一个“革命的”框框，定了一个“正确的”調子，一个一个地打了“沒有问题”的包票。说什么任白戈的问题是三十年代的问题，六十年代是好的；说什么賈启允到贵州才一年多，贵州省委是四淸后的新省委，等等，不一而足。李井泉要保他们，无非还是为了保自己，保中国的赫魯晓夫。随着文化大革命的深入发展，李井泉划的“框框”被打破了，定的“調子”被沖垮了，打的“包票”被撕得粉碎了，他的得力干将们一个一个被揪了出来。

第四，把革命派投入监獄或強迫劳改，实行資产阶級专政。抛出张黎群之类的“死老虎”不頂用，保任白戈之类的“活老虎”也保不住。李井泉感到压力越来越大。这时候，他又利用组织手段，规定不许上街看大字报，不许地区之间、单位之间的人员任意接近或通信。违反他的禁令，就要遭到拘留、逮捕。在这期间，不少人被非法送进了看守所，不少人被关进了所在单位私设的监獄。不少单位把大批革命闖将和革命群众調下乡去强迫劳改。哪里有压迫，哪里就有反抗。李井泉对革命群众的残酷迫害，更增强了无产阶級革命派和革命群众的斗志。监獄內外，城乡上下，革命群众不屈不挠，坚持斗爭。被赶进“劳改农場”的大批革命群众，紛紛“杀”了出来，誓与李井泉等一小撮党內走资本主义道路当权派决一死战。

第五，玩弄“五不动”策略，抵制革命串連活动。一九六六年九月，李井泉偷偷地跑到贵阳。当时，首都南下串連的革命师生正与贵阳地区的革命群众结合在一起，汇成一股强大的革命洪流，冲击着旧贵州省委这个顽固的碉堡。正当賈启允日子难熬的时候，李井泉给他递了点子：“只要做到‘五不动’，即军队不动，工人不动，农民不动，居民不动，干部不动，就会使秀才造反，三年不成。”伟大领袖毛主席历来主张学生运动要和工农结合，李井泉却千方百计地要使学生运动与工农兵隔离开来。但是广大工农兵积极响应了毛主席、党中央的号召，坚决地支持了红卫兵小将们的革命行动，李井泉的“五不动”便宣告彻底破产。

第六，拉攏一派，打击一派，大搞“紅綫对黑綫”。这是李井泉对抗毛主席革命路线的又一滔天罪行。李井泉按照剝削阶級的反动血统論，在群众中大分什么“红五类、黑五类”，并炮制了庞大的“红五类”御林军，用以保护自己，对抗毛主席派来的革命小将。旧贵州省委內一小撮走资本主义道路的当权派賈启允、苗春亭、陈璞如按照李井泉的“錦囊妙计”，拉攏了一批所谓“红线”人物，在贵阳炮制了御林军，对付“首都南下串連队”和贵阳的革命派组织。“**蚂蚁綠槐夸大国，蚍蜉撼树談何易**”！在激烈的阶級斗爭中，保守组织土崩瓦解，无产阶級革命派越战越强，李井泉的反动统治摇摇欲墜。

第七，溜之大吉，东躲西藏，隐身不露。李井泉搞“红线对黑线”，哪里对付得了革命群众运动的洪流！黔驢技穷，他干脆溜之大吉，跑到昆明、贵阳、武汉、上海、北京、重庆等地躲藏起来。他企图以长期賴在外面的手法，压住西南地区阶級斗爭的盖子，逃避革命群众对他的斗爭。他手下的一些走资本主义道路的当权派，群起效尤，也东躲西藏。党中央知道后，叫李井泉迅速返回西南，他才灰溜溜地返回成都。

第八，搞“放、頂、拖”，打“迂回战”，企图消磨时間，蒙混过关。李井泉回到成都后，又玩弄了一个“放、頂、拖”，打“迂回战”的花招，以苟延残喘，伺机再起。所谓“放”，就是暫时不鎭压革命群众，以便他们大记黑名单，大收黑材料。所谓“頂”，就是抵制革命串連，拒不正面交鋒。所谓“拖”，就是跟革命群众“捉迷藏”，磨时间。当贵州的賈启允正陷于革命群众的重重包围之中的时候，得到李井泉的这个“秘方”，犹如捞到了一根稻草。但是，革命的洪流毕竟是不可阻挡的，“放、頂、拖”的办法很快就破产了。

第九，煽阴风，点鬼火，挑动群众互相混战，自己“坐山观虎斗”。“放、頂、拖”的策略无效，李井泉又煽动群众与群众之间、这个群众组织与那个群众组织之间、行业与行业之间、地区与地区之间互相混战，妄图消耗革命力量，从而保存自己。李井泉亲自出马，召见被他蒙蔽的群众，煽阴风，点鬼火，誣蔑革命的群众运动是“暴乱”，是“匈牙利事件”，是“上街鬧事”。李井泉的阴风一刮，覆盖学生的大字报、围斗学生、暗杀等事件不断出现，某些群众组织之间也出现了混战局面。这时，李井泉则坐山观虎斗。可是，李井泉的阴謀未能得逞，革命群众在毛主席革命路线的指引下，逐步形成了坚强的联合，把斗爭矛头指向李井泉。

第十，幕后操縱，挑起武斗。李井泉这个长着花崗岩脑袋的反革命修正主义分子，虽然节节敗退，但他并不甘心于自己的失敗。他紧紧抓住自己的亲信，操縱保守势力，大搞欺騙宣传，利用无政府主义思潮多次挑起武斗。在血染蓉城的日子里，无产阶級革命派飽受捆綁、毆打、监禁、审訊之苦，许多革命战士，为向资产阶級反动路线斗爭，流尽了最后一滴血。革命的人民是不好惹的。**“他們从地下爬起来，揩干淨身上的血迹，掩埋好同伴的尸首，他們又继續战斗了。”**

毛主席教导我们：**“搗乱，失敗，再搗乱，再失敗，直至灭亡——这就是帝国主义和世界上一切反动派对待人民事业的邏輯，他們决不会违背这个邏輯的。”**毛主席又教导我们：**“斗爭，失敗，再斗爭，再失敗，再斗爭，直至胜利——这就是人民的邏輯，他們也是决不会违背这个邏輯的。”**

李井泉在文化大革命中所玩弄的一整套反革命策略，在广大革命群众面前，都一一破产了。李井泉沒有违背他终究要失败的邏輯，革命人民也沒有违背他们终究要胜利的邏輯。李井泉可能还会有新的花招，但是历史注定他一定要徹底失敗。

李井泉站在反动的资产阶阶立场上，疯狂镇压革命群众运动，残酷打击革命派

我们伟大领袖毛主席亲自主持制定的《中国共产党中央委员会关于无产阶級文化大革命的决定》（即十六条）中指出：“**这次运动的重点，是整党內那些走資本主义道路的当权派。**”无产阶級专政条件下革命的主要对象是混入无产阶級专政机构內部的资产阶級代表人物，是党內一小撮走资本主义道路的当权派。集中力量打击党內一小撮走资本主义道路的当权派，就是这場无产阶級文化大革命的斗爭大方向。

去年六月，我们伟大领袖毛主席亲自点燃了无产阶級文化大革命的熊熊烈火。西南地区的革命群众，积极响应毛主席的伟大号召，高举毛泽东思想伟大红旗，怀着对阶級敌人的深仇大恨，拿起笔作刀枪，把矛头直指党內一小撮走资本主义道路的当权派。这时，反革命修正主义分子李井泉眼看革命烈火将要烧到自己头上，怕得要死，恨得要命。他为了维护自己在西南地区的反革命修正主义统治，同时上保党內最大的一小撮走资本主义道路当权派，极力转移斗爭目标，把矛头指向革命群众，疯狂地鎮压革命群众运动，破坏无产阶級文化大革命，先后在成都、重庆、贵阳等地制造了一系列大規模鎮压革命群众的严重事件。十六条指出：这些党內走资本主义道路当权派，“**极端害怕群众揭露他們，因而找各种借口压制群众运动。他們采用轉移目标、顚倒黑白的手**

段，企图把运动引向邪路。当他們感到非常孤立，眞混不下去的时候，还进一步耍阴謀，放暗箭，造謠言，极力混淆革命和反革命的界限，打击革命派。”这段話一針见血地戳穿了李井泉阴险狡猾的反动嘴脸。

贵州“六·八”等事件的幕后操縱者，就是李井泉。当以賈启允为首的旧贵州省委內一小撮走资本主义道路当权派把六月八日到《贵州日报》社貼大字报的革命学生，誣蔑为“反动学生”、“右派”，并把数以千计的人打成“反革命”、“牛鬼蛇神”时，李井泉亲自为其心腹賈启允出謀划策。他授意賈启允要以“隔离反省”代替逮捕入獄，以免因公安机关捕人太多而导致阴謀敗露。他还凶相毕露地告訴賈启允：“反击是必要的，只是时间早了点，迟反击几天，跳出来的就更多了。”在李井泉的黑指示下，賈启允等一小撮党內走资本主义道路当权派把成千上万的革命群众打成“反革命”、“牛鬼蛇神”，其用心之恶毒，手段之卑鄙，令人发指。

去年八月，李井泉从首都回成都不久，就有计划地挑动学生斗学生，挑动群众斗学生，残酷地鎭压革命群众运动。李井泉为了扑灭革命群众运动的烈火，在运动初期就把他的心腹××派到四川大学任工作组长。川大工作组所犯的错誤与李井泉有着直接的关系，但李井泉却推脫罪責，叫工作组长××作假检查，并伙同四川省党內走资本主义道路当权派召开省委会议，为××的假检討定調子，具体部署了假检討大会，确定由×××出面讲話。一切布置停当，李井泉就逃之夭夭，跑到重庆鎭压革命群众运动去了。在八月二十六日这天的会上，×××讲話中不但不检討錯误，反而誣蔑革命小将，攻击革命大串連，挑动群众斗爭群众。这是李井泉、×

××頑固地推行资产阶級反动路线，反对以毛主席为代表的无产阶級革命路线的又一次大暴露。革命师生义憤塡膺，为了捍卫毛主席的革命路线，造了这个大会的反，把这个所谓“检討大会”变为揭发批判李井泉、×××破坏无产阶級文化大革命罪行大会，第一次提出了“炮轰西南局！火烧省市委！”“李井泉是西南地区党內走资本主义道路当权派的头子！”等革命口号。当时坐鎭山城重庆的李井泉闻訊后，急忙用电話下达了“坚守崗位，沉着应付，不要打人，经受一場严重的政治考验，组织一批可靠的人上街去辯論”的反革命动员令。原四川省委內走资本主义道路的当权派×××等，秉承了李井泉的旨意，立即组织机关干部上街“辯論”，围攻革命学生，并大搞特务活动，派人监视、盯梢革命师生的行动，搜集、整理黑材料，无所不用其极。李井泉还别有用心地与中共中央关于无产阶級文化大革命的决定唱反調，说什么“在运动中学生一般不整，个别的可以整”，“反动学生要点名”，企图对革命学生狠下毒手。这个黑指示下达后，西南地区党內一小撮走资本主义道路的当权派如获救命稻草，反动气焰十分嚣张。就在八月底至九月初的几天里，在成都、重庆、南充、自貢、富顺、新津、彭山等地，掀起了围攻学生、鎭压学生运动的高潮，许多革命同学惨遭政治迫害，有的被打成“反革命”，遭到残酷斗爭，还有不少人被迫害致死。

山城重庆发生的大規模鎭压革命群众的“八·一五”、“八·二八”等事件的幕后操縱者，也是李井泉。去年八月十五日，重庆大学革命师生首先冲破了校与校之间的界限，开始革命大串連，打破了“万马齐喑”的局面，揭发原重庆市委內头号走资本主义道路当权派任白戈反党反社会主义反毛泽东思想的罪行的大字报，贴满了大街小巷。这些革命大字报，大长了无产阶級革命派的志气，大灭了党内一小撮走资本主义道路当权派的威风。李井泉听到这个消息后，慌慌张张地赶到重庆，坐鎮指揮，玩弄两面派手法，实行又打又拉的反革命策略，妄图分化瓦解无产阶級革命派。在李井泉的幕后操縱下，重庆市委內一小撮走资本主义道路当权派又炮制了"八·二八"事件。他们把种种莫须有的罪名强加在革命师生和革命群众头上，利用一切宣传机器，竭尽造謠誣蔑之能事，用最恶毒的语言来誹謗、中伤革命师生和革命群众，并挑动群众围斗革命师生。同时又对支持革命师生的革命群众进行打击，如开除党籍、团籍，关押、囚禁、殴打、降薪等等。在李井泉等一小撮反革命修正主义分子的血腥统治下，在一段时间之內眞是"黑云压城城欲摧"

在无产阶級文化大革命初期，西南地区党內以李井泉为首的一小撮走资本主义道路当权派，疯狂地鎮压革命群众运动，犯下了滔天的罪行。正如我们伟大领袖毛主席指出的：他们"**站在反动的資产阶級立場上，实行資产阶級专政，将无产阶級轰轰烈烈的文化大革命运动打下去，顚倒是非，混淆黑白，圍剿革命派，压制不同意見，实行白色恐怖，自以为得意，长資产阶級的威风，灭无产阶級的志气，又何其毒也！**"

革命的火焰是扑不灭的。英雄的革命小将和广大无产阶級革命派在我们伟大领袖毛主席的革命路线的指引下，于去年八月底、九月初提出"炮轰西南局！火烧省市委！"的革命的战斗口号，在这个口号的鼓舞下，许多革命群众投入了"炮轰派"（即革命派）的战斗行列。这时，李井泉为了掩护自己，竟明目张胆地歪曲林副统帅九月十五日的讲話精神，胡说什么“地方上炮打司令部的问题解决了，文化大革命运动高潮在国庆以后就差不多了，可能在年底或春节告一段落。”对“炮轰”、“火烧”的口号，他说：“过去表示欢迎还可以，因为那是从广义讲的，现在就不能那样讲了。”他还多次强调，除重庆市因为任白戈有问题可以炮轰外，西南局和省市委不能提炮轰。李井泉散布这些反动論調，无非是想把他领导的西南局和西南地区各省市委乔装成无产阶級司令部，把他和他的干将们乔装成无产阶級当权派，以阻止革命群众起来造他们那一小撮走资本主义道路当权派的反，造他们的总后台——党内头号走资本主义道路当权派的反。在贵州，当革命群众高呼“炮轰西南局！火烧省市委！”时，賈启允等一小撮资产阶級老爷们就歇斯底里大发作，把革命群众诬蔑为“炮打无产阶級司令部”的“反革命”、“牛鬼蛇神”，并组织人围攻革命群众。

李井泉这个“土皇帝”为了把他支持下的西南局和西南地区各省市委乔装成无产阶級司令部，他还无耻地吹嘘西南局、各省市委“不象前北京市委”，十七年来“搞的是社会主义，不是修正主义。”这簡直是胡说。十七年来，我们伟大领袖毛主席的革命路线一直是占统治地位的，广大革命群众和革命干部是忠于毛主席、忠于毛泽东思想、忠于毛主席的革命路线的。他们努力读毛主席的书，听毛主席的話，照毛主席的指示办事，在革命和建设中取得了伟大的成就。这完全是毛主席英明领导的结果，是光焰无际的毛泽东思想的伟大胜利，是毛主席的革命路线的伟大胜利。而李井泉窃踞西南领导权以来，騎在西南人民的头上作威作福，干尽了坏事，还胆敢把我们伟大领袖毛主席的功劳窃为己有，真不知人间有羞耻事。李井泉这样无耻地吹嘘自己，只不过是用来掩人耳目，作为自己鎮压革命群众运动的借口，作为自己的护身符。

随着无产阶級文化大革命的深入发展，李井泉这个反革命修正主义分子原形毕露了。但是，他并不死心，仍在继续負隅頑抗。他采取以守为攻的罪恶手段，疯狂地向革命派进行反扑。去年中央工作会议后，李井泉既不传达会议精神，更不交代自己的罪行。在十一月十三日大会上，李井泉被迫抛出一个假检討，不但不老实交代自己的罪行，而且还向革命派进行反攻倒算。十三日会议以后，他又与其同伙×××、×××等炮制了省市委对十三日大会的“三点看法”，这是挑动群众斗群众的大毒草。李井泉还叫以西南局名义写了一张支持省市委“三点看法”的大字报，火上加油，进一步挑起群众斗群众。十一月下旬，李井泉又向他的同伙×××发出三条黑指示：一，工人起来鬧革命了，我感到工人与学生不同，要做好工人的工作；二，要挤走北京“三司”，要给他们留点面子，使他们好下台，硬下去是不行的，不然他们不肯走；三，要做好红卫兵××××的工作，争取团结他们。这三点黑指示，就是李井泉、×××頑固坚持资产阶級反动路线、继续鎮压四川地区文化大革命运动的反动方針。李井泉所谓的要做好工人、红卫兵的工作，说穿了，就是继续玩弄反革命两面派手法，拉一派，打一派，妄图分化瓦解无产阶級革命派的队伍。李井泉所谓要挤走“三司”，就是要对首都南下革命串連队进行排斥、打击，就是反对革命大串連。在这一反动方針的指引下，使四川地区方兴未艾的无产阶級文化大革命受到了极大的摧残。

毛主席教导我们：**各国反动派“对于革命人民所作的种种迫害，归根結底，只能促进人民的更广泛更剧烈的革命。”**

騎在西南人民头上作威作福的“土皇帝”李井泉，对于革命人民所作的种种迫害，促进了人民更广泛更剧烈的革命。西南地区的无产阶級革命派和广大革命群众，高举毛泽东思想伟大红旗，发扬大无畏的革命精神，紧紧掌握斗爭大方向，经过艰苦的斗爭，终于把李井泉这个“土皇帝”揪了出来，打翻在地。这是无产阶級文化大革命的伟大胜利！是战无不胜的毛泽东思想的伟大胜利！

李井泉垂死挣扎，负隅顽抗，再一次残酷地镇压无产阶级革命派

西南地区的无产阶級革命派和广大革命群众，高举毛泽东思想伟大红旗，以排山倒海之势，雷霆万鈞之力，向党內最大的一小撮走资本主义道路当权派，向西南地区以李井泉为首的一小撮走资本主义道路当权派，发动了猛烈的攻击。经过半年多艰苦卓绝的斗爭，党內最大的一小撮走资本主义道路当权派被揭露出来了，李井泉的反革命眞面目也清楚地暴露在光天化日之下。西南地区在隆冬季节响彻云霄的第一声春雷，使李井泉魂飞魄散，“李家王朝”土崩瓦解。

然而，李井泉这一小撮反革命修正主义分子“**决不甘心于他們的失敗**”，他们要同无产阶級文化大革命对抗到底。今年三月份，李井泉一伙党內走资本主义道路当权派，操纵保守组织，把革命的群众组织打成“反革命组织”，把群众的革命行动诬为“反革命活动”，把无产阶級文化大革命运动变成了鎭反运动。一时之间，黑云压城，阴风四起。大批无产阶級革命派战士和革命群众被打成“反革命”，其中许多人被加上莫须有的罪名投入牢笼。李井泉这一伙反革命修正主义分子为了鎭压革命群众，极尽顚倒是非、混淆黑白、

制造謠言、栽赃陷害之能事。他们在把大批的革命派投入牢獄后，竟使用流氓、阿飞、反革命分子来“管理”革命派，使用保守派成员“审訊”革命派。他们全然不顾党紀国法，对被抓去的革命群众施行捆、打刑罰，游街示众，大搞逼、供、信，被他们抓去的革命同志連学习毛主席著作的权利也被剥夺了！…………这是李井泉这一小撮走资本主义道路当权派对毛主席革命路线的一次反扑。

发动广大群众，用群众运动的方法，进行无产阶級文化大革命，这是毛主席的伟大的创举。那些党内走资本主义道路的当权派，是这場大革命的主要对象。革命群众起来造他们的反，把他们拉下马，他们必然要进行疯狂的抵抗，他们必然要对革命群众进行残酷鎮压，实行资产阶級专政，“**将无产阶級轰轰烈烈的文化大革命运动打下去**”。这一招，在运动初期，他们就使出来了。今年二月以后，他们疯狂鎮压革命群众，是他们害怕群众，抗拒文化大革命的本来面目的又一次大暴露，是他们顽固地坚持资产阶級反动路线的又一次大暴露。他们再一次用自己的行动証明，他们是不折不扣的反革命修正主义分子。

«中国共产党中央委员会关于无产阶級文化大革命的决定»中指出：“**文化革命既然是革命，就不可避免地会有阻力。这种阻力，主要来自那些混进党內的走資本主义道路的当权派，同时也来自旧的社会习惯势力**。”这个决定还指出：“**由于阻力比較大，斗爭会有反复，甚至可能有多次的反复。**”事实正是这样，李井泉之流为了挽救他们将要彻底覆灭的命运，总是要向革命势力进行最后掙扎的。但是无論他们怎样顽强掙扎，疯狂反扑，无产阶級文化大革命毕竟是大势所趋，不可阻挡。经过反复，将使革命群众受到鍛炼和考验，将使革命群众在阶級斗爭中更好地活学活用毛主席著作，沿着毛主席开辟的航道，奋勇前进。而李井泉这一小撮反革命修正主义分子及其总后台，必将完全淹沒在革命群众的汪洋大海之中。

现在，反革命修正主义分子李井泉，已经陷入西南地区亿万人民的重重包围之中。但是，敌人是不会自行退出历史舞台的。我们无产阶級革命派定要**“宜将剩勇追穷寇，不可沽名学霸王”**，奋起毛泽东思想的千鈞棒，在对党内最大的一小撮走资本主义道路当权派发起猛烈总攻击的同时，坚决把李井泉这个西南地区党内最大的走资本主义道路当权派批深、批透，斗倒、斗臭，叫他永世不得翻身！

（原载一九六七年七月十二日《新贵州报》）

李井泉是西南人民的死敌

毛泽东思想贵州省革命委员会副主任委员　李　立

我们伟大领袖毛主席教导我们：“**混进党里、政府里、軍队里和各种文化界的資产阶級代表人物，是一批反革命的修正主义分子，一旦时机成熟，他們就会要夺取政权，由无产阶級专政变为資产阶級专政。**”西南地区党內最大的走资本主义道路当权派李井泉，就是一个混进党里、政府里、军队里的资产阶級代表人物，反革命修正主义分子，是党內最大的走资本主义道路当权派的一员“干将”，是騎在西南地区广大人民群众头上的“土皇帝”，是賈启允之流的后台老板。长期以来，他们上下勾结，串通一气，阴謀把西南变成资本主义复辟的大后方。在史无前例的无产阶級文化大革命运动中，李井泉死心塌地紧跟中国的赫魯晓夫，頑固地对抗以毛主席为代表的无产阶級革命路线，拚命地推行资产阶級反动路线，大規模地鎮压革命群众，实行资产阶級专政，制造了一件件駭人听闻的流血惨案。无数事实证明，李井泉是西南人民的死敌！我们要奋起毛泽东思想的千鈞棒，把他彻底斗倒、斗垮、斗臭！

（一）

一九六二年，毛主席在党的八届十中全会上特别强調了阶級、阶級矛盾和阶級斗爭的伟大理論，给全党和全国人民指明了前进的方向。但是，李井泉疯狂反对毛主席这个具有历史意义的伟大論断。一九六四年四清运动中，李井泉极力推行中国赫魯晓夫的形“左”实右的资产阶級反动路线，公然提出：“四清要以分配为中心，主要是清工分，在农村天天抓评工记分，就是天天讲阶級斗爭。”这样就把四清工作团的干部引上斜路，脱离严重的、尖銳的阶級斗爭，钻到清理工分賬目中去了。李井泉眞的不懂得阶級斗爭吗？不是。他这样做的目的，无非是妄想用工分问题，掩盖和抹煞农村中两个阶級、两条道路的斗爭，为资本主义复辟大开方便之门。这样做的结果，党內一小撮走资本主义道路的当权派被保护下来了，而许许多多的社员群众却遭整了。也就是这一年，资本主义在贵州农村、工厂、市場到处泛滥，农村私人占有土地大大超过了中央的规定。四川也是如此。可是，李井泉的忠实爪牙賈启允还说：“多一点可以，这不是单干。”李井泉之流要在西南地区复辟资本主义的狼子野心，不是昭然若揭了吗！

我们伟大领袖毛主席亲自主持制定的二十三条中指出：**“我国城市和农村都存在着严重的、尖銳的阶級斗爭。”“这次运动的重点，是整党內那些走資本主义道路的当权派。”**反革命修正主义分子李井泉，同一切阶級敌人一样，出于他反革命的阶級本性，与我们伟大领袖毛主席唱对台戏，拚命反对二十三条。他在传达二十三条的干部会上，不讲阶級斗爭、两条道路斗爭，不讲社会主义教育运动的重点是整党內走资本主义道路的当权派等基本精神，而是积极推行反革命修正主义集团头子彭眞在北京通县四清工作团大会上的讲話，否定阶級斗爭、两条道路斗爭的严重性，否定革命的群众运动，否定社会主义教育运动的必要性和它的伟大历史意义，大搞阶級調和，为资本主义复辟鳴锣开道。

一九六四年四淸时，贵州广大革命群众和革命干部揭发了前省委以周林为首的一小撮走资本主义道路当权派的罪行，动搖了李井泉在西南的统治。正如李井泉对××讲的："揭了周林的问题，就牵扯到西南局的问题。"李井泉怕揭了周林的问题自身难保，于是在党內最大的走资本主义道路当权派的支持下，拒不执行毛主席对贵州问题的指示，对周林进行包庇，采取一調了之。同时，为了稳住陣脚，又在四川选了个賈启允塞到贵州来。賈启允不愧是李井泉包庇周林，掩盖矛盾，维护自己统治最得力最理想的人物。一九六五年二月，賈启允一到贵州，就秉承主子的旨意，向党內最大的走资本主义道路当权派写了黑报告，李井泉接着向彭真打了电話，这样，彭、李、賈就瞞着党中央，擅自决定了当时贵州的工作方針。賈启允大反四淸，大反二十三条的罪恶活动，在一九六五年七月三干会上大暴露了。九月份，賈启允同周林密談了几个晚上，观点完全一致：賈启允就周林的问题向中央写了个表态信（后来沒有敢发），周林则以同样的口吻向中央写了个翻案信。这封信让革命干部抓到了，又批判了周林，賈启允甚为难堪。到了十一月份，李井泉跟随另一个党內最大的走资本主义道路当权派来到贵州，賈启允得到后台老板的旨意，气焰更加嚣张，公开压制持不同意见的人，并威胁说："谁再提四淸中的问题，就是反革命。"就这样，李井泉在西南的统治，总算暫时稳定下来了。

事实说明，反革命修正主义分子李井泉，长期以来，顽固地对抗我们心中最红最红的红太阳毛主席，实行资产阶級独裁统治，把西南地区变成一个水泼不进、針插不进的独立王国。

（二）

一九六六年六月一日，我们最伟大的领袖毛主席亲自决定，向全国播发北京大学的全国第一张马列主义的大字报，点燃了无产阶級文化大革命的熊熊烈火。无产阶級革命派，最积极、最坚决地响应伟大领袖毛主席的伟大号召，向党內一小撮走资本主义道路的当权派发起了猛烈的进攻，一場波瀾壯闊的无产阶級文化大革命的群众运动，在贵州、在西南轰轰烈烈地开展起来了。

毛主席教导我们，“**在人类历史上，凡属将要灭亡的反动势力，总是要向革命势力进行最后挣扎的**”。李井泉、賈启允之流就是将要灭亡的反动势力，他们为了维护自己的反动统治，无产阶級文化大革命一开始，就秉承其祖师爷的旨意，亲自策划，派出大批工作组到机关、学校、工厂鎮压革命群众。他们颠倒是非，混淆黑白，围剿革命派，实行资产阶級专政，妄图扑灭我们伟大领袖毛主席亲自点燃的无产阶級文化大革命的熊熊烈火。

“六·八”反击的幕后策划者，就是李井泉。去年六月八日，反革命修正主义分子賈启允决定反击后，一場大規模残酷鎮压革命群众的罪恶活动就开始了。在短短的几天里，把大批革命干部、工人、学生打成了“反革命”、“反党”分子。六月下旬，賈启允到西南局向李井泉汇报时，李井泉大为高兴，当場表揚了賈启允，他说：“四川行动慢，云南沒有动，贵州搞的好。可惜，你们反击得早了，晚几天敌人暴露的更多，再反击，收获会更大。”賈启允因此得意洋洋，回来后，又搞了个“乘胜追击，扩大战果”，使成千上万的革命同志遭到残酷迫害，白色恐怖一度笼罩了贵州全省。

十六条公布后，首都和外地的红卫兵小将来到了祖国的西南，他们到处煽革命之风，点革命之火，李井泉一伙怕得要死，恨得要命，到处造謠言，放暗箭，胡说什么要在革命小将中抓“一小撮”，妄图把轰轰烈烈的红卫兵运动打下去。去年八月三十日，李井泉用电話传来了鎮压红卫兵运动的几副秘方，賈启允在传达这个电話时说：“成都、重庆很紧张，×××被包围了几天几夜。南下学生在四川耍了个阴謀，故意藏了几个学生在省委大楼里面，反说省委扣了他们的人，搞了一两万人，包围了省委。”又说：“我们遇到这种情况怎么办？根据成都的经验，我们（1）要很快把机关红卫兵组织起来，保卫省委大楼；（2）手扣手组织人墙，你（指学生）冲我们不让，你动手打人，打伤我们也不还手；（3）他（指学生）来一万包围省委，我们就来两万，分割开来小包围；（4）反包围以什么名义出现呢？成都是干部上街宣传十六条，我们也讲宣传十六条，这样学生抓不住我们的辮子。”由此可见，駭人听闻的“八·卅一”、“九·五”大規模鎮压革命学生和革命干部的反革命事件，就是李井泉、賈启允一手炮制的。

去年九月，陈璞如到重庆，李井泉又面授机宜，提出了“放、頂、拖”的三字方針。在此期间，李井泉害怕革命干部和红卫兵小将通气，揭穿他们的罪行，把大批革命干部、学生、工人送去劳改，使他们精神、身体受到严重摧残。这就是李井泉美其名曰“到农村劳动”的实质。

就是这样，李井泉还嫌不够。去年九月八日，又亲临贵州督战，办了很多坏事。

头一件：把他在重庆一手炮制的所谓南下学生介紹经验的大会录音，带来贵阳到处播放。这个录音报告充满了剝削階級的反动血统論，提出“老子英雄儿好汉，老子反动儿混蛋”的反动口号，来欺骗、蒙蔽一些学生为省委保駕。

第二件：李井泉亲自召开贵阳大中学校红卫兵代表座談会，欺騙这些红卫兵说：“现在靠你们保卫无产阶級江山了，靠你们接班了。”大搞所谓“红线”对“黑线”的反革命战术，说什么“工农革干子弟是红线，要对付串連队的黑线”。同时，一再为賈启允之流打包票，说什么：“省市委是新改组的，沒有什么问题，等等”，煽动这些学生圍攻南下串連队。贵阳大街头一度貼满的“省市委革命的，大方向正确的”保省委一小撮走资本主义道路当权派的反动口号，就是李井泉、賈启允制造出来的，以此来抵制毛主席《炮打司令部》的大字报，保护他们自己混过关去。李井泉还亲自主持常委会为賈启允撑腰，并在会上说：“省委是新改组的，沒有什么问题”。有人找李井泉反映问题，李井泉压制别人说：“賈启允是个好同志，你们要支持他，帮助他。”

李井泉的魔爪伸得太长了，他作恶累累，罄竹难书。正如毛主席在具有伟大历史意义的《炮打司令部》的大字报中指出的那样，他“**站在反动的資产阶級立場上，实行資产阶級专政，将无产阶級轰轰烈烈的文化大革命运动打下去，顚倒是非，混淆黑白，圍剿革命派，压制不同意見，实行白色恐怖，自以为得意，长資产阶級的威风，灭无产阶級的志气，又何其毒也！**”

（三）

毛主席教导我们：“**敌人是不会自行消灭的。无論是中国的反动派，或是美国帝国主义在中国的侵略勢力，都不会自行退出历史舞台。**”

用毛泽东思想武装起来的无产阶級革命派，在文化大革命中把李井泉之流，打得落花流水，节节敗退。但是，他们并不甘心灭亡。他们仍在負隅頑抗，进行垂死挣扎。去年十月，毛主席亲自主持召开的中央工作会议上，李井泉还在欺騙毛主席，包庇賈启允，他竟敢胡说：“西南地区沒有把学生打成反革命的。”他还假借批判之名，实际上包庇党內另一个最大的走资本主义道路当权派。回成都后，他又继续支持“产业军”搞假夺权，残害无产阶級革命派，造成了駭人听闻的“五·六”流血事件。李井泉及其死党，罪恶累累，是我们不共戴天的死敌。他的本性是绝不会改变的。

“宜将剩勇追穷寇，不可沽名学霸王。”我们无产阶級革命派要奋起毛泽东思想的千鈞棒，发揚痛打落水狗的精神，穷追猛打李井泉，直打到他和他的总后台中国的赫鲁晓夫彻底灭亡。

（原载一九六七年六月二十五日《新贵州报》）

李井泉是大西南的赫魯晓夫

四川省革命委员会筹备小组副组长　刘結挺

最最伟大的领袖毛主席教导我们："要特别警惕象赫魯晓夫那样的个人野心家和阴謀家，防止这样的坏人篡夺党和国家的各級領导。""人民靠我們去組织。中国的反动分子，靠我們組织起人民去把他打倒。凡是反动的东西，你不打，他就不倒。这也和扫地一样，扫帚不到，灰尘照例不会自己跑掉。"

前　　言

李井泉，是中共中央政治局委员，人大常委会副委员长，原西南局第一书记。一九六五年前还兼任四川省委第一书记。

这是他的表面，他的实质是什么？他是赫魯晓夫式的阴謀家，野心家，是一个不折不扣的反革命修正主义分子，是大西南的"土皇帝"，是党内最大的一小撮走资本主义道路当权派黑司令部的实力派，是反对毛主席的现行反革命分子。

李井泉有极大的政治野心，阴謀把西南变成他们一小撮反革命修正主义分子的独立王国。

无产阶級文化大革命开展以来，李井泉狡猾的狐狸尾巴越露越长，反革命修正主义的面貌再也隐藏不住了。我发现李井泉的问题，是在一九六二年。那一年，国内阶級斗爭异常紧张，帝国主义、反革命修正主义和各国反动派勾结起来，进行疯狂的反华勾当；盘踞在台湾的蔣匪帮叫嚷要竄犯大陆，阶級敌人气焰嚣张，妄图乘机进行反革命复辟活动。在这个时刻，李井泉配合中国的赫魯晓夫和党內另一个最大的走资本主义道路当权派的反党活动更加猖狂了。

一、李井泉疯狂地攻击和反对毛主席

一九五九年四月，毛主席发出了一个极其重要的指示信，广大干部、社员群众无不欢欣鼓舞。就在这时，李井泉怀着不可告人的目的，发出了黑指示，这个黑指示说：“对毛主席的信要从积极方面理解，不要消极的理解。”致使毛主席的指示不能貫徹，造成了极端严重的后果。

一九六二年初，在扩大的中央工作会议上，李井泉又借机攻击、誣蔑毛主席的指示信。他胡说什么：一九五九年之所以在毛主席的指示信上加批语，是想多打点粮食，与修正主义斗爭爭口气，怕毛主席的指示信下去起消极作用。党內另一个最大的走资本主义道路的当权派参加了这次会议，但是他对李井泉明目张胆地誣蔑毛主席沒有表示任何态度。在扩大的中央工作会议期间，林副主席有一个极重要的讲話。林副主席在讲話中，对不按毛主席指示办事的同志作了批评。林副主席还从我党各个革命历史阶段論述了毛主席指示的正确性，号召全党学习毛主席著作，掌握毛泽东思想。林副主席的这篇讲話，对到会的同志是一个极为深刻的教育。可是李井泉在林副主席这个讲話后，专挑了一份大会簡报叫四川各小组传读。这份簡报刊登了有关向林副主席提的意见。而这个意见又属于一般性的工作意见。李井泉不让传读中央各部局对四川提的意见，借以教育四川到会同志，却专挑那么一份对四川干部毫无特殊意义的材料，而且选择在林副主席发表上述讲話以后。很明显，这是一个反党阴謀。尤其恶毒的是在扩大的中央工作会议以后，李井泉的亲信、反革命分子张黎群配合李井泉的活动，針对林副主席的讲話，写了一篇“不是八九不离十，而是离十太远”的极端反动的杂文，把进攻的矛头直接指向林副主席和毛主席。李井泉的狼子野心，不是昭然若揭吗？

二、李井泉明目张胆地与毛主席的指示唱对台戏，破坏人民公社

一九六一年，毛主席再次指示人民公社实行三級管理，以生产队为核算单位。在重庆参加省委扩大会议的同志，热烈拥护毛主席这一英明、正确的指示，并要求按毛主席指示去办。但李井泉却以各种借口抵制毛主席的指示，拒绝同志们的要求。他散布说：“四川的问题，是粮食问题，不是以生产队为核算单位的问题。”他指責、压制坚决要求按毛主席指示办事的同志说：“有些人为什么对以生产队为核算单位那么感兴趣？”他醉心于在四川继续推行自己搞的“三包一奖”的“经验”，明目张胆地与毛主席的指示唱对台戏，破坏人民公社。直到一九六三年，李井泉的追随者×××，还在大肆攻击、誣蔑毛主席的这一英明指示是“右傾”。李井泉之流就是这样顽固地对抗最高指示。

三、李井泉大刮单干风，鼓动“退回去”

一九六一年李井泉搞了一个大划田边地角谁种谁收的“指示”，把大量的集体土地变成了私有，大刮单干风。

一九六二年六月九日，李井泉对六个专区的六个重点公社干部介紹他“点”上的“经验”，鼓动“退回去”。他吹嘘说：“第一，公社和大队干部都要压下去，凡是过去老社的一律归生产队。第二，退回去，按高級社办事，现在看来退了一步，还沒有退够。第三，把生产队的副业班子搭起来，凡一九五八年建立起来的副业建设一律归生产队。第四，一九五八年以前是不是年年增产了？（众答：是年年增产了）如果是年年增产，这样退下去，沒有问题，搞它几年再说。”

李井泉在一九六二年宜宾地区县委书记会议上，又积极鼓吹“退回去”。×××等在他的鼓吹下，大肆进行“退回去”的复辟资本主义阴謀活动。

在×××的“点”上，自留地超过百分之二十以上。

在××直接指揮的宜宾市：

——一九六二年七月二日，××下令解散全民所有制的漁場，叫工人搞单干。

——一九六二年七月二十二日，他又下令并限期解散宜宾市国营运銷单位。他说什么：“划若干小组和調配站，由需要工人的单位挑选雇請工人。”这样沒有几个月，全市就出现了二十多个把头。

——一九六二年七月三十一日，他叫嚷：“仔猪市場干脆全放。”助长富裕农戶走资本主义道路，影响贫下中农养不起猪，给生产造成极为严重的后果。

——为了鼓动单干，他規定：国家机关下农村的工作组干部，每人在公社划一分菜地自由种植，規定家住农村的公社干部除本人在家划一分自留地以外，还可以在公社划一分菜地自由种植。

——他大肆提倡中医“随父学艺”，说什么：“只有随父学艺才能把老医生的本事学到手。”

——他公开叫嚷“要向资本家学习”，说什么：“人家做生意能赚钱，我们不行，赚不到钱，应向人家学本事。”

李井泉复辟资本主义的阴謀活动，不是很清楚了吗？

四、李井泉散布修正主义毒素、诬蔑和攻击党“犯了路线错误”

李井泉在一九六二年扩大的中央工作会议上，选了一部分大会簡报让四川省小组传读，其中有一篇大意是：今后工厂可不搞政治运动，只搞生产运动和学习运动。很明显，李井泉这是配合党内头号走资本主义道路当权派的报告，散布修正主义毒素，以反对毛主席，反对毛泽东思想。

李井泉及其追随者，一方面勾结阶級敌人大搞反攻倒算，一方面大肆散布修正主义毒素。他们说什么：“在医院、文化艺术、科学团体搞政治运动是錯误的。……以后不搞了，你们放心吧！只要搞好本行业务就行了。”

一九六二年三月初，李井泉在自貢别有用心地说：“有人说我们这几年犯了‘左’傾路线的錯误，对于这个问题在理論上应该如何回答？”李井泉这是有意識地借别人之口誣蔑党“犯了路线錯误”，以进行反党反毛主席的煽动。

五、李井泉公开为右倾机会主义分子彭德怀之流开脱罪责，恶毒地煽动反对毛主席

一九五九年十一月反右傾运动中，批判斗爭××时，××说：“彭德怀等只不过是议論了一下，就成了反党集团了。”××说，这句話是李井泉说的。李井泉在廬山会议上

“批判”彭德怀时一口一个“彭老总”。廬山会议后，李井泉又散布这么一个反动言論，可见他早就是一个反革命修正主义分子了。

一九六二年，李井泉刮起了“翻案风”，他拼命地替反党、反毛主席的××和地、富、反、坏、右翻案。在翻案中，他捏造了许多謊言，制造了种种借口，私设监獄把我和张西挺关押长达两年之久。李井泉在一九六三年八月，派省委常委、省监委书记到李井泉私设的监獄里，劝我同意替××翻案。他说：××那些问题，你们不要老坚持说什么反党、反毛主席。还恶毒地说：“对毛主席是怎么看，现在有许多新情况，你们不了解，反对毛主席不一定就是错误。”省监委副书记××也向王茂聚同志说：“××那些问题（指××反党、反毛主席的许多罪恶言行），我们認为不是错误，你如果認为是错误，你可以写信问毛主席。”李井泉让监委主要負責人进行这样的“劝说”，不仅是为李井泉的反党言論辯护开脫，而且是明目张胆地进行反党、反毛主席的宣传，是彻头彻尾的反革命活动。

六、李井泉勾结阶级敌人，串通党内最大的一小撮走资本主义道路的当权派，进行反革命的反攻倒算，打击革命派

党内头号走资本主义道路的当权派在一九六二年中央工作会议上，抛出了否定阶級和阶級斗爭，反对无产阶級专政，反对毛泽东思想的报告。会上他还别有用心地强調“甄别”问题，为替牛鬼蛇神翻案制造了许多荒謬的理論。他说：“对总路线、大跃进、人民公社有錯误看法和錯误言行的，只要沒有背景，就不算錯。”他还以总结工作为名，攻

击三面紅旗，反对毛泽东思想，叫嚷什么：我们现在是这样总结，总结不够的以后还可以总结，十年二十年后可以再認識，就是将来我们死了，还会有人替我们总结的。他这里不是明目张胆地攻击毛主席，为大“翻案”埋下伏笔吗？在他的煽动下，大刮起“翻案风”、“单干风”，一时烏云满天。

李井泉紧跟党内头号走资本主义道路的当权派所发起的翻案，公开勾结阶級敌人进行反革命复辟活动。一九六二年他专程赴宜宾，策划布置后，又亲自组织了两股翻案力量：

一股由省公安厅厅长带领，到劳改农場、茶場、四类分子集中劳动的菜場以及两个劳改煤矿，以登记詢问、个别談話、座談、調案审查等方式，发动劳改犯、现管分子、坏分子、反革命分子、貪污分子等反攻倒算。

另一股由×××统帅，在地专机关以座談会、个别談話动员、批示翻案、調查审查、提供反攻倒算材料、打印反攻倒算材料等方式，发动四类分子及犯有严重錯误的人反攻倒算。

李井泉等所执行的翻案方針是：只要本人有申訴，组织上認为有必要，或者有其他人提出，就可以进行甄别（甄别二字应用作“翻案”）。他们的口号是：“甄别”以后，应该得到组织上重用提拔。

有翻案方針口号的鼓舞，又通过他们內外发动，五类分子的反动气焰异常嚣张，有的右派分子说：蔣介石不反攻大陆，我就不写申訴，蔣介石反攻大陆了，我就要写申訴（看，李井泉与蔣介石配合得多么密切，右派分子与李井泉配合得多么密切！）。有的右派分子公然拍桌子公开大罵积极分子。翻案加倒算，大批革命同志遭受到种种的迫害和鎮压。

在党的八届十中全会上，毛主席批评了“翻案风”，强調了阶級斗爭。李井泉竟然反对毛主席的指示，继续上下勾结串通，坚持翻案。他在传达八屆十中全会决议时，贩卖资产阶級的反动私货，说什么对外斗爭是地富反，对內斗爭是刘结挺、张西挺。事实上，则是把对敌斗爭转移在革命派头上。一九六三年还把反革命的反攻倒算推行到江安县和宜宾县。

在宜宾的反革命复辟事件中，翻案涉及的案件达几百件，直接遭受各种打击、迫害的革命同志达百人，受牵連的人数则更多。

李井泉之所以有恃无恐地进行反革命倒算是因为有以党內最大的一小撮走资本主义道路当权派为代表的资产阶級反动路线作屏障，有党內最大的一小撮走资本主义道路当权派作依靠，有彭眞反革命修正主义集团的支持和配合。

党內另一个最大的走资本主义道路当权派以及反革命修正主义集团的头子彭眞等，一不准我到中央控告，二把我和张西挺等揭发李井泉的材料转给李井泉，三扣压宜宾革命同志给党中央和最敬爱的领袖毛主席的信。他们从一九六二年起这样干了几年。文化大革命开展以后的一九六六年九月，仍然把我和张西挺、王茂聚、李良等上报毛主席、林副主席和中央常委的材料扣在手里不予转报。一九六五年二月，党內另一个最大的走资本主义道路当权派站在反革命立場上，串通反革命修正主义集团头子彭眞等批准了李井泉的修正主义报告——即开除刘结挺、张西挺党籍的报告。党內另一个最大的走资本主义道路当权派在这里所批准的，不是刘、张二人的党籍问题，而是批准了李井泉勾结敌人所干的全部翻案加倒算。

党內另一个最大的走资本主义道路当权派和李井泉的亲

密关系是很多人很早就知道的。平时李井泉在中央开会期间，每天晚上不是在党內另一个最大的走资本主义道路当权派家里，就是在××家里。李井泉在中央开会回四川传达会议精神时，常常说党內另一个最大的走资本主义道路当权派如何说，如何讲。从李井泉的話里听出党內另一个最大的走资本主义道路当权派在会外对他还有特別指示。党內另一个最大的走资本主义道路当权派串通彭眞等批准李井泉的报告，除了他们本来就有这种亲密的勾搭以外，还有另一个原因，就是在××案件上直接牵連到党內另一个最大的走资本主义道路当权派和××。在一九五九年反右傾时，××说："跟着彭老总走不会錯。"这句話是党內另一个最大的走资本主义道路当权派和××说的。李井泉起劲地替××翻案就是为了替党內另一个最大的走资本主义道路当权派和××的反党言論翻案，从××的案件里抹掉这笔賬，以便得到长期掩盖，以达到进行隐蔽反党活动的目的。党內另一个最大的走资本主义道路当权派和彭眞等批准李井泉的报告的秘密就在这里。

七、李井泉执行一条反革命修正主义的组织路线

李井泉在南充搞"点"，那里的地富子女对李井泉寄予很大的希望。社教中，他们给李井泉写了一封信，要解决入党入团的问题。李井泉竟作为重大问题，加上批语印发全省。批示的大意是只要经过考验是可以入党的，说"重在表现"嘛！

李井泉在干部路线上也是如此，一九六五年大小会都传达討論貫彻"重在表现"的干部路线，根本不强調和不讲阶

級路线。

李井泉的“重在表现”只是一个幌子，实际上他是重在反党的表现。如：黑帮分子马識途，因为写了一些反党反社会主义的作品，被李井泉提拔为省委委员、西南局的宣传部副部长。

反革命黑帮分子张黎群，恶毒地攻击和百般地咒駡毛主席和林副主席，李井泉把他安排到綿阳地委任副书记。

有的阶級敌对分子和右派分子最恶毒地攻击和反对毛主席，李井泉不但替他们翻案，而且都提到重要崗位上去了。

家庭和美国有关系，反革命分子的女婿×××，因为勾结阶級敌人进行反攻倒算有功，而被提拔为省监委的兼职委员。

李井泉就是这样执行一条反革命修正主义的组织路线，把翻了案的牛鬼蛇神，地、富、反、坏、右都作为他的基本力量，把许多坚持毛泽东思想，忠于党，忠于毛主席的革命干部一个一个地打下去。据我了解，李井泉迫害这样的干部是不少的。

八、李井泉与反革命修正主义集团头子彭真勾搭，进行反党阴谋活动

一九六六年三月，彭眞到成都与李井泉、×××进行反革命的密談。李井泉为了抬高反革命修正主义集团头子彭眞的身份，拉着彭眞与四川贫下中农代表一起照像。此像经印刷后发到各县、市、地委。宜宾地委还把他挂在地委会议室里。

李井泉为了扩散彭眞的毒素，一九六六年四月，还布置大学反革命集团头子彭眞抛出的反革命《二月提綱》。

九、李井泉串通、勾结、网罗反革命修正主义力量，妄图把大西南作为党内最大的一小撮走资本主义道路当权派黑司令部的大后方

多年来，李井泉、×××等结成巩固联盟，发展宗派控制了西南局和省、市委，实行资产阶級专政。

×××是大叛徒×××安插在西南的釘子，深受李井泉赏識。一九六五年，李井泉便把四川省委第一书记的位子让给他。从此，×××把反革命修正主义分子李井泉置于领袖的地位。他经常讲："李政委如何如何，一再教导我们。"对这种肉痲的吹捧，李井泉自以为得意。李井泉自己也常以党和国家领导人自居，说什么我也算个小国务院嘛。因此，他在中学读书的儿子也常以李井泉的話作为中央首长的指示压制革命学生。

南充是李井泉的常到之地，那里居然把反革命修正主义分子李井泉的像与我们心中最红最红的红太阳毛主席的像并列挂在一起，李井泉的画像还高出毛主席画像一个头。李井泉泰然置之，其狼子野心，昭然若揭。

李井泉排斥异己，把既无能力又无干劲的亲信和旧人一个一个地都安排在重要崗位上，如协助反革命修正主义分子賈启允鎮压贵州文化大革命的×××是李井泉在晉綏的旧人，虽毫无能力，但也成了西南局书记处书记；协助李井泉鎮压重庆文化大革命的×××，是李井泉从晉綏带来的老部下，越級提拔当了西南局的宣传部部长；散布大量毒素的四川日报总编輯××也是李井泉的亲信；在贵州大刮翻案风，鎮压贵州无产阶級文化大革命的罪魁祸首賈启允，因为是李

井泉的老部下，就当了贵州省委第一书记，……

李井泉与黑帮祖师爷周揚也挂了线。如黑帮分子马識途，周揚称贊他，李井泉就马上重用他。任白戈是周揚的吹鼓手，李井泉提拔重用他在前，又包庇他在后。

李井泉为了勾结反革命集团头子彭眞、黑帮分子×××，对彭眞和×××双方表示尊重，还常给他们送礼品。

李井泉上下串通，对党中央进行封锁。一九六三年八月，中央监委的一个同志在成都找我和张西挺談話，李井泉害怕暴露了他反党反毛主席的罪行，竟派公安厅一处的干部公开监视。这个同志对案件表示有某些疑义，認为不应该关押，被李井泉和×××告到黑司令部那里。××为此无理地批评了这个同志。李井泉的追随者，在宜宾大张旗鼓地宣揚，对我和张西挺的案子，中央监委来的同志都受了批评，都作了检討，以此炫耀他们的反党势力的雄厚。

李井泉与黑帮联系之密切，勾结之紧，从下面这份材料里也可以看出。

宜宾地委招待所长写的材料说（摘录）：

1、一九六五年十月份党內另一个最大的走资本主义道路当权派、×××、李井泉等人悄悄地来到泸州（宜宾专区所管的泸州市）。当时有×××陪同。此时正是文化大革命前夕，这些人来干什么？

2、一九六六年上半年右傾机会主义分子彭德怀突然来宜宾，当时×××接待，住地专机关第一招待所，×××与之密談，这其中有什么鬼？

3、一九六六年大约六、七月份，正是文化大革命开始不久，李井泉等人突然到自貢，在自貢开了会。这些人来干什么？

4、一九六六年二月彭眞到了自貢。

5、一九六六年九月份省公安厅厅长突然来宜宾，住地专第二招待所。是专门来研究文化大革命的。是带有任务来的。他还去泸州了解情况。

6、一九六六年十月份，×××（副省长）突然来宜宾，×××等人接談。

7、一九六六年十一月份，××也突然来宜，突然而去。

8、一九六六年十月份至十二月份前一段时间里，李井泉的女儿常来宜宾，×××亲自与她密談。

这里提出了一个问题，宜宾是一个小地方，为什么文化大革命前夕和文化大革命初期有如此多的"大头头"先后"光临"此地？很多人百思不得其解。一九六六年九月党內另一个最大的走资本主义道路的当权派回答了这个问题。他说：看来宜宾这个问题（指一九六二年搞翻案倒算）是李井泉的导火线。对了！宜宾问题如被揭发出来，李井泉的问题就包不住了，李井泉的问题包不住，当然党內另一个最大的走资本主义道路的当权派的问题也就会暴露出来。李井泉这道防线如被摧毁，那么党內最大的一小撮走资本主义道路当权派的这个大西南的后方就存不住了。宜宾怪不得有这么多黑线上的人物往来，怪不得党內另一个最大的走资本主义道路当权派很关心李井泉派来捉我们（刘结挺、张西挺、王茂聚、李良等四人）的人的安全问题，害怕他们被北京的革命同志扣留下来，因而给他们通情报，叫他们走，说如不走，安全有问题，问题就会鬧大。

…………

*　　*　　*

文化大革命运动中揭发出来的大量事实证明，李井泉是一个彻头彻尾的反革命修正主义分子，是一个大黑帮分子，是鎮压西南文化大革命运动的罪魁祸首。我们一定要高举毛泽东思想伟大红旗，乘胜追击，穷追猛打，把李井泉批透、批臭，斗垮、斗倒！

我们伟大的领袖、伟大的统帅、伟大的导师、伟大的舵手毛主席万岁！万岁！！万万岁！！！

（原载一九六七年六月十七日《新贵州报》）

憤怒声討李井泉的滔天罪行

四川省革命委员会籌备小组组员　張西挺

首先，我要一千遍一万遍地高呼：我們最最敬爱的伟大領袖毛主席万岁！万岁！万万岁！敬祝他老人家万寿无疆！万寿无疆！

（一）

一九六二年，是国內外阶級斗爭异常尖銳的一年。帝国主义、现代修正主义和各国反动派合伙，猖狂地进行反华；盘踞在台湾的蔣匪帮叫嚷要竄犯大陆；国內的阶級敌人也蠢蠢欲动，妄图恢复他們已失去的"天堂"。党內最大的走资本主义道路的当权派，为了适应国內外阶級敌人的需要，于一九六二年初抛出了他的放弃阶級斗爭、反对毛泽东思想的报告，为"翻案风"、"单干风"制造了"理論"根据。"一九六二年的右傾"就是从这个报告开始而猖獗一时的。

在这样的阶級斗爭背景下，四川省宜宾地区发生了一个阶級敌人翻案、复辟、反攻倒算的反革命事件。在这个反革命事件中，翻案范围涉及地、富、反、坏、右及右傾机会主义等，翻案的案件达数百件，內容涉及到一九五五年的肃反，一九五七年的反右斗爭和一九五九年的反右傾机会主义斗爭及鎮反运动等。与此同时，大批革命左派则遭受到残酷的打击和迫害。从那时起，五年来宜宾笼罩着白色恐怖，实行着资产阶級专政。

在同党內最大的一小撮走资本主义道路当权派的资产阶級反动路线的斗爭中，李井泉把我和我的爱人刘结挺斗爭了四年多，处理四次，关押两年，最后开除了党籍。一九六二年十月我们两人一起被停职审查，次年三月一起被撤銷党內外一切职务，同时一起被关押起来，一九六五年三月一起被开除党籍，一起释放出獄。随后不到半个月的时间，我和刘结挺又分别受到降七級和降八級的处分。

在这长达四年多的斗爭中间，我们无数次地给党中央写材料，揭发李井泉等人的罪行。我们无数次地给中央写信，要求到北京去談李井泉的重大问题，我们还给中央打过电报。但是，党內另一个最大的走资本主义道路当权派和反革命修正主义分子彭眞，把我们写给中央的材料，原封不动地交给了李井泉。我们写给中央的信，他根本不理睬，给中央打的电报呢，他就回电说：刘结挺呀，不必来中央，有问题可向中央监委写材料。在这个回电以后，我和刘结挺就被秘密逮捕了。

事情的经过是这样的：

一九六三年四月份，我和刘结挺正在按这个回电，写揭发材料的时候，有一天，刘结挺突然接到省委要找他去談話的通知，说是两天就回来。刘结挺沒有带任何东西，当天就离开了宜宾。到成都一下火車，就被两个彪形大汉挾持着，送进了等候在車站的汽車，拉到了一个什么地方去关起来了。他们把这种非法关押，美其名曰“对党負責，防止意外”。防止什么意外呢？刘结挺讲：“对我来说沒有什么意外，如果有意外的話，那就是你们沒有想到目前我仍然坚持要到党中央去揭发你们的问题。”省监委的一位副书记就讲：“我们不是怕你这个意外。”刘结挺说：“你不怕我这个意外就好哇！那就請你给我自由，让我到北京去，或者你们押送我到北京去！”他们对刘结挺要到中央去的正当要求，狼狈地答不出話来，只好拿中央不许去来堵他的嘴。

在非法关押刘结挺的第五天，我也被騙到成都关起来了。和刘结挺一样，照例受到侮辱性的全身搜查。他们搜走了我们写给党中央、毛主席的信和许多材料底稿。

（二）

我和刘结挺被騙到成都关押以后，宜宾地区謠言随之四起。李井泉等也乘机造謠欺騙群众，说什么“刘结挺、张西挺住在省委招待所里，每天光吃好的，不干好事”。

我们究竟关押在什么地方呢？我们自己也不清楚。因为我们不是坐的普通监獄，而是大阴謀家、大野心家、反革命修正主义分子李井泉私设的一个秘密监獄。

我们进监獄以后，第一件要作的事情，就是如何让外面的革命同志晓得我们被关押了，以便通过他们在外面的斗爭把我们救出来，或者由他们直接写信给毛主席，把我们解救出来。这件事情沒有办到，因为我们向外面写信，要经过三道关口检查：要经过看押我们的组长检查，要经过省监委检查，最后还要经过李井泉检查。信中話说得明白了，他们不给发；用隐语，自己人又看不懂。例如我给孩子写过一封信，我说：我在离开宜宾的时候带了几尺布票，本想给你买件衣服，现在我不好买了，布票寄给你，由你自己买吧！这个意思就是告訴孩子，我已经沒有自由了！我想孩子一定会把信交给宜宾的战友，可是他们沒有看懂，因为他们从来沒有想到李井泉会把我们秘密关押。第二件事，就是想办法搞清楚我们被关押在什么地方？不弄清这一点，我们心里很不落实。用什么办法呢？一个是听看管人员談話，看能不能从談話中听出来。这沒有办到，因为他们之间从沒有談这个问题。很明显，看押我们的人是经过严格挑选或严格訓练过的。第二个办法就是写信，了解回信的地点。我对看押我们的人讲：“我们两个人一起被关，事先对孩子未作任何安排，想给孩子们写信，并希望得到孩子们的回信，不知回信该寄到哪里？”看押我们的组长回答说：“回信就寄到省委或省监委。”我说寄到省监委要转，很麻烦，是不是直接寄到这个地方？他说：“那不行，你嫌麻烦就不要寄！”第三个办法是给孩子寄钱，我心想从邮局的回条上可以知道关押的地方。但是，他们把钱拿到城里寄去了。邮局收条邮戳盖的是“成都”两个字。李井泉所设的这个秘密监狱，不但对我们两人保密，而且对群众也是保密的。

（三）

我们在那个地方被关押了整整两年。后来了解，这就是成都西南郊红牌楼鎮的那个派出所。但是那里的群众，不管是居民，或是机关干部、工人，沒有一个晓得红牌楼的原派出所里曾经关押过两个人，而且关押了长达两年之久。因为这里对外的名称是个“机关”，具体名称叫做“成都市委工作组”。可是看押我们的人都是省公安厅的人，沒有一个是成都市委的人。这和解放前重庆那个中美合作所有什么区别呢？

李井泉关押我们，为什么对内对外都这样保密？很明显，他这种秘密关押是想搞秘密杀害。为什么他又沒有搞呢？这里面有个很偶然的情况，打破了他秘密杀害的计划。

当时他们制造輿論准备杀害我们。例如说什么张西挺畏罪自杀了；刘结挺又如何如何。他们正在制造輿論的时候，中央监委有个常委到成都来了解四清运动的情况。因为刘结挺给中央打过电报，要求到中央談问题，因此这位常委顺便问起了这个事情。李井泉就叫西南局监察处、省监委和审查刘结挺、张西挺专案组，向这位常委汇报刘结挺、张西挺的所谓问题。这位常委到成都沒有这个任务，但他想听一听另一方面的意见，几次要和我们談，都被李井泉等拒绝了。最后他要求和我们见一面，李井泉才被迫同意。但是见面的时间却安排在他的飞机票已买好，准备起飞前的那段时间里面。这一天，十几个人把我们两人押送到这位常委的住处。这里不仅门口有几个秘密崗哨，而且还公开派了一个干部作记录。我们进去以后，他很奇怪地说："我找的是两个人，怎么来了三个人呢？"他还不晓得派了一个记录。当时我们向他提出来，要求单独談情况。这个"记录"就被攆走了。"记录"被攆走以后，我们首先向他談的就是李井泉对我们的秘密关押，揭露秘密关押的目的是想搞秘密杀害的阴謀。我们要求在沒有开除我们党籍以前，给我们讲話的自由，给我们接近同志的自由，允许我们有行动的自由。我们还提出如果需要关押的話，就請他把我们带到中央去，关在北京。他听后同意把我们放出来，他说他向西南局、省委談一談。他跟西南局和省委談后，西南局、省委不同意放人。他又要求放一个，问是否可以把刘结挺放出去呢？他们说：把刘结挺放出去他要杀人！他又问，是不是可以把张西挺放出去呢？女同志吗，回去照顾照顾孩子。他们说也不行，把张西挺放出去，她要翻案！这样談了以后，他们不但沒有放我们出来，相反在监獄里对我们的监视更严了，对我们的咒駡声更是不断。而这位常委同志也因此被李井泉等人告到了党內另一个最大的走资本主义道路当权派那里去，受到了批评。就是这件意外发生的事，打破了李井泉秘密杀人的计划。

关押我们是党內另一个最大的走资本主义道路当权派和反革命修正主义分子彭眞批准的，是李井泉亲自掌握情况来决定的。李井泉把我和刘结挺置于他的直接控制之下。关押我们的地方戒备森严，围墙很高，四面有警卫把守。很小的一个院子，有十几盏电灯照得夜间比白天还亮。十几个民警日夜监视着我们的每一个行动。例如咳嗽一声，去厕所或去厕所的路上的片刻停留，他们都有详细记录。李井泉原来想在我们这个地方安窃听器，据说研究了几次，最后说不安了。窃听器虽然沒有安，却派了一个公安厅偵察处的技术科长和我们住在一起，搞什么技术鉴定。

（四）

李井泉这个反革命修正主义分子在四川是顺我者昌，逆我者亡。他招降纳叛，结党营私，网罗牛鬼蛇神，包庇地富反坏右分子，打击革命派，把四川变成一个針插不进、水泼不进的独立王国。他不仅私设监獄，而且在监獄里施行一整套法西斯政策。我们在李井泉私设的监獄里面，过的是不折不扣的李井泉独立王国里的犯人生活。他们明明知道刘结挺害有严重的风湿脊椎性关节炎，却偏偏把他安排在一间非常潮湿的房子里。我住的房子有五个窗戶却釘死了四个，只剩下一个面向监视哨的小窗，屋里空气非常齷齪，夏天也不许打开另外的窗戶。

关押期间，我们两人不许接近。我病了或者刘结挺病了，也不准我们互相照顾，互相看望。李井泉还采取断绝水源的办法来折磨我们。不管是冬天、夏天，每天除了给小半盆洗脸水外，其他任何水也不给。所以，我们在狱中两年沒有洗过一次澡，沒有洗过一次被子；連女同志卫生用水都不给。平时，我们只能接点雨水洗洗衣服。看守我们的人中有一个贫农的儿子。当他值班的时候，我找他要点水，他还是给的。他假装自己用水，提了半桶水放在我的门口，我趁别人不注意就把半桶水拿到屋里去用了。就这样两次，被他们发觉了，借故把这个同志斗爭了两个月。他们还常常逼着我们吃已经烂了的臭肉来摧残我们的身体。我们不吃，他们罵：你们連肉都不吃，还要吃什么？有一天，刘结挺被逼着吃了一盘烂肉，结果病了十几天。即使关在监獄里边，他们还不放心，经常进行突然检查和搜身，哪怕是片紙只字也不放过。我们写给党中央、毛主席的材料，被他们扣下多少我们不知道，因为在监獄里我们的材料被他们沒收了几次。经过三道关口检查过的几岁孩子写的信也“不许毁坏”，他们要随时检查。他们还用资产阶級母爱和父子之情来折磨我们，妄图使我们念及儿女情长放弃阶級斗爭。

有一天吃过晚飯，我突然看见我两个最小的孩子（一个四岁多，一个五岁多）站在院子里。我很奇怪，就问“组长”：孩子怎么进来了？“组长”说：是上級叫来的，你叫他到屋里去嘛！我就把孩子牵到房子里来。孩子见了我以后不哭也不鬧，連声“媽媽”也不喊。我问他们：“孩子，你们怎么样来的？是哪一个送你们来的？”孩子们不说話。我说：“不認得媽媽啦？你们怎么不说話啊？”孩子张着两个大眼睛到处看，我说：“你们到处看什么呢？”孩子说：“我怕叔叔。”我说：“不要怕，媽媽在这儿。”大一点的孩子这时就哭起来了。不知道他们怎样折磨孩子，在孩子进监獄的当天晚上就发高烧。孩子只在监獄里住了两天两夜，第三天晚上九点多钟，孩子都已经睡了，突然接到通知：刘结挺、张西挺的孩子必须马上离开住地。我要求孩子病好了以后再走，他们说："不行！"我说："孩子病了，是不是明天再走？"他们说："不行！必须马上离开住地！"沒有办法，我就把孩子喊醒，给他们穿上衣服。大点的孩子听了不愿意走，最小的孩子叫爸爸媽媽跟他一块回家。这时候，面对这样小的孩子我说什么呢？我只好说："不要哭。你们不是要听毛主席的話吗？不是要做毛主席的好孩子吗？毛主席的好孩子在坏人面前是不哭的。你们看媽媽都不在坏人面前哭。"孩子讲："我害怕，怕叔叔。"我说："不要怕，沒关系，他们不会整你们，你们都是孩子，如果他们要整你们，毛主席知道不会答应的。"这时，孩子就不哭了。把孩子交给他们的时候已经是十一点多了。我在电影里面常常看到这样的鏡头：当共产党员在监獄里面坚貞不屈进行斗爭的时候，敌人会突然把你的亲人推到你面前，妄图来軟化你的斗志，分散你的斗爭精力。李井泉这个反革命修正主义分子已堕落到这种程度。

他们还常常用死来威胁我们，经常对我们说一些无法捉摸的話，预示我们马上就有被杀害的可能，妄图使用这些手法来攪乱我们的思想，使我们不能安靜地写揭发材料，分散我们向他们斗爭的精力。李井泉这个目的沒有达到。我们沒有被吓倒，反而更加集中精力夜以继日地赶写材料，把我们要向党说的話，要向毛主席说的話，在沒有被杀害以前全部写出来。李井泉为了騙取口供，什么可耻的手段都使用了。一九六四年五月，他们用药物使我中毒，我头昏眼花，渾身瘙痒，在很短的时间內，我的头发大部分脫落了，連续七天沒有吃任何东西，只靠点开水维持生命。正在这样的时刻，李井泉派省监委副书记带领十几个人乘机闖进牢房把我从床上拖下来，整整斗爭了我三天。他们斗爭我的理由是什么呢？就是在监獄里边我们还不断地给毛主席、党中央写信，揭露他们勾结牛鬼蛇神，地富反坏右分子的罪行。他们说：“你们不是给党中央、毛主席写信说我们替地富反坏右、牛鬼蛇神翻案吗？”我说：“是写过。”他们说：“你现在怎么認識。”我说：“我现在还是这样認識。”他们就说：“那么就請你談談，替哪些地富反坏右分子翻案了？”一九六二年李井泉就在四川大刮翻案风，仅在宜宾替地富反坏右分子翻案及牵涉的案件就有三百多件。他们好象不知道似的，还叫我讲哪些地方替地富反坏右分子翻案了？当时我举了两个案例之后说：“你们不仅替他们翻了案，而且升了他们的官，还对过去反右派斗爭中的骨干分子进行倒算。替右派分子翻案，就是右派行为！”他们张口结舌说不出話来。因为葯物中毒以后，我七天沒有吃任何东西，刘结挺就给他们写报告，要求把我送到医院里，他们就这样讲：“你不是要求住院吗？我们同意你住医院，不过我们得把你的事审查清楚，统一認識以后，才能住医院，不然的話就不行。”他们妄图用住院来換取口供，想在我临死之前，趁我神志不大清楚的时候，捞点稻草。可是，他们的阴謀又一次可耻地失敗了！

在这个秘密监獄里，李井泉还常常使用资产阶級的政客手法，对我们打、拉、逼，軟硬兼施。一九六三年九月份，李井泉派省监委书记找刘结挺談判。那个监委书记对刘结挺说：“老刘啊，你不要老是扭着那个问題不放好不好？翻了就翻了，你不要管他，承認自己有什么缺点、錯误就行了。”刘结挺讲：“不是我扭住这个问題不放，是你们非翻案不可嘛。”他又说：“你老刘是个聪明人嘛，你不要聪明一世，糊涂一时。过去的都不算，重新来好不好？只要你和省委合作，保证不给处分，这話‘李政委’早就说了嘛！”当李井泉这个阴謀沒有得逞的时候，他又派西南局监察组组长找我们談。那个监察组长说：“你们不要再扯这些案子了，越扯越复杂。你们说眞理在你们手里，这个问题就算眞理在你们手里也难办得很啊！你们的档案有几十箱子，以后哪个去看呢？”刘结挺讲：“你们编造的材料再多，问題再复杂，但是用一条阶級斗爭的红线来考察，再复杂的案件也能搞清楚的。”李井泉看軟的不行，又派省监委副书记对刘结挺进行威胁：“你一定得按照省委的决定检討，不然的話，你想捞根稻草也办不到。”話里意思很清楚，就是要杀害我们。

在革命同志之间挑拨离间，也是李井泉惯用的手法。他一方面叫王茂聚、郭林川和我们划清界限，揭露我们的所谓问题，一方面又找刘结挺談話：“老刘呵，我看你相当孤立呀！你以为宜宾还有人支持你，其实，我看除了张西挺而外再也沒有人支持你了。”又说什么：“那十几个案子，根据我们现在了解并不都是你搞的，有些是王茂聚、××搞的……。别人搞的你不要都担起来。我也当过第一书记嘛，很多事情我都不清楚嘛！特别是处理案子都有专案人员，第一书记哪能管那么多。”刘结挺说：“即使不是我搞的，甚至也不是宜宾的案子，只要是地富反坏右分子，只要你们替地富反坏右分子翻案，我就不能不管，我都要进行揭发。”

（五）

在监獄中，李井泉对我们什么手段都用上了。但是他既騙不了我们，也沒有压倒我们，相反，我们对他反党反毛主席的面目看得更清楚了，造他的反的决心就更加坚定了！

在监獄里，我们怀着对党中央和毛主席的无限热爱、无限信仰，我们忍受着精神上肉体上的种种折磨摧残，在条件十分困难的情况下，我们写了许多检举和揭发的材料，揭发李井泉从一九六二年起，顽固地推行党内最大的一小撮走资本主义道路当权派的资产阶級反动路线，批判李井泉所散布的反党反社会主义反毛泽东思想的言行，揭露和控訴他们勾结阶級敌人大規模地替阶級敌人翻案，残酷迫害革命干部的滔天罪行。这場翻案反翻案，倒算反倒算，复辟反复辟的斗爭，在李井泉私设的监獄里面进行了两年。对敌人的阴謀和罪恶必须进行充分的揭露才能够在政治上压倒他。李井泉私设监獄关押我们已經是他的一条大罪状。他在监獄里对我们进行折磨和摧残，这是他的又一条大罪状。对李井泉这些罪状必须进行揭露，必须把它一桩桩、一件件记載下来，以便在我们被杀害之后，革命同志和他清算。

用什么办法才能保存李井泉这些罪状呢？用日记的形式可以记載下来，但不容易保存，因为他们可以毁掉它。那么用什么办法呢？我们想，通过给他写信这样一个合法的形式才能记載下他的罪状。于是我们就不断地给他写信。例如，为了揭露他让我们吃烂肉，我就给李井泉写信说：刘结挺因为吃了烂肉已经病了几天了，請“李政委”批准不要给我们吃这样的烂肉，给我们吃青菜白飯。我住的房子五个窗戶不是给他们釘死了四个吗？我就给李井泉写信说：“李政委”，我住的房子五个窗子被他们釘死四个，只留下一个面向监视哨的窗子。女同志在里面活动不方便，这个窗子我不愿意打开。现在天气热了，請允许我多开一个窗戶。或者拿这个窗戶换另一个窗戶。是否有当？請“李政委”批示。我离开宜宾的时候带了两瓶药，一瓶是眼药，一瓶是治疗肾脏炎的药。但都被他们搜走了。为了要这两瓶药，我给李井泉写了好几封信。本来一封信就可以了，为什么要写几封呢？我有个想法，给他找点麻烦！我要眼药给他写封信，要治疗肾脏炎的药又给他写了一封信。要药要了半年都不给我，结果药都坏了，他们就告訴我药已经坏了，你不要再要了。以后，我又给李井泉写了一封信，说：就是坏药也請“李政委”批准发给我，因为我现在連坏药也沒有吃的。他们不准我们两个接近，说是一个案子的不能接近。我们就给李井泉写信说：就是因为我们两人是一个案子，究竟有沒有错误，錯在什么地方，我们必须在一起談談才行，不然的話，我们不好写检查。刘结挺离开宜宾时，只带了一把牙刷，一条毛巾；我离开宜宾时，連毛巾也沒有带一条。我沒有毛巾洗脸，就给李井泉写信，要求“李政委”批准我每天向刘结挺借洗脸毛巾。

总之，我们和李井泉保持“密切联系”，随时“請示报告”。一事一报，进行充分的揭露。写不写“綜合报告”呢？写！在一九六五年放我们出来以后，我们给他写了一个“綜合报告”。“报告”上讲：我们被放出来了，现在住在什么地方。过去在红牌楼，不管写信、吃飯等等，一切都有人具体管理。现在我们住在这个地方应该和谁联系，由谁管理，我们不清楚。这些事情請“李政委”给明确一下。另外，我们给孩子写了一封信，过去这种信都是交给“工作组长”，检查了以后送到上面代发。现在这封信该交给谁检查呢？是不是送给“李政委”检查了以后請“李政委”代发呢？刘结挺还写了一封信说，我们两年沒洗澡了，准备进城洗次澡，是否恰当，請“李政委”批示。我们还抓住他非法对我们逮捕、拘留这一点向他展开进攻。因为，他对我们关押沒有拘留证，又沒有逮捕证，这不能不是他的包袱。抓住这一点，我们又要求他准许我们到外面来活动。我们知道他不会答应，但这是斗爭，也是揭露。布票发下来以后，我们就给他写信说：我们感謝党和国家对我们的关怀，发给了我们多少布票。旣然发了布票，我们要求“李政委”批准我们出去买布。夏天来了，我们写信给李井泉要求出去做一件夏衣穿。“七一”来了，我们要求出去参加党的生日的庆祝，因为我们是共产党员。国庆节来了，我们要求参加国庆活动，因为我们是普通的公民。国务院规定春节放假三天，我们就写信给李井泉，要求他貫彻执行国务院的規定，放我们三天假……。

我们这样作的目的，后来被李井泉发觉了，就把处理这些问题的权力下放给省委一个书记，同时叫人来罵我们：“你们怎么经常给首长写信？你们写信还写什么‘李政委亲启’，‘亲’字下面还划个圈，好象很重要似的，其实就那么些小事。比如打开窗戶那个问题，你给我们讲一讲不就行了吗？这些事还给首长写信？”我说：“怕你们为难，给‘李政委’批了，你们照办不就行了吗？”他说：“你们写封信，我们拿去给收发，收发要登记，登记了交省委办公厅，办公厅又交秘书室，秘书室再转李政委的秘书，李政委看了要批，李政委这一批就成文件了。”我说：“用不着麻烦‘李政委’，他可以不批嘛！”他说：“即使李政委不批，只要写上‘李政委已阅’几个字，这就成了省委文件了，就要作档案保存。你们都是做领导工作的，你们不懂啊？”我当时心里想，就是懂得这一点才这样干的呢！

李井泉把权力下放，我们不承認，我们只承認你这个李井泉"领导"，只看得起你李井泉。所以，我们不下放，我们有什么事还是直接向李井泉打"报告"，向李井泉"請示"，就是要和你李井泉保持"密切联系"，就是要扭着你不放，揭露到底。

（六）

五年来的迫害并沒有把我们压垮，两年的秘密监獄生活我们也过来了。每当我们回忆这段斗爭的时候，我们就感到斗爭的紧张，也感到斗爭的幸福和愉快。

我们出来以后，特别是到北京去以后，有的同志问我们：从文化大革命运动经验来看，当一股逆流冲来的时候，頂十天八天还可以，頂一个月两个月问题也不大，时间再长一点我们就怀疑所坚持的是不是正确，对斗爭能否胜利就发生了怀疑。你们经历了那么长时间，整整五年，你们动搖过沒有？你们对斗爭的胜利发生过怀疑沒有？是什么力量支持你们坚持了长达五年的斗爭呢？两年的秘密监獄生活，你们是怎么过来的呢？

是的，当一股逆流冲来的时候，十天八天和一个月两个月是可以頂住的。坚持不懈地頂上几年，确实不容易。特别是李井泉的来头很大，他不仅控制着从宜宾市委到宜宾地委、四川省委、西南局这样一个四級组织，代表着"党"，而且他又是党中央政治局的委员。和这样一个"庞然大物"进行斗爭，頂住这样一股长达五年之久的资本主义复辟逆流，实在是不容易的。可是，我们知道，我们坚持的不是什么小是小非的问题，而是两个阶級、两条道路、两条路线斗爭的大是大非问题。因此，我们沒有动搖过，我们从来沒有按照他的决定写过一个字的检查。

是什么力量支持着我们进行长达五年之久的斗爭呢？是光焰无际的战无不胜的毛泽东思想，是毛主席他老人家的革命路线。在毛泽东思想的指引下，宜宾的广大革命干部和广大革命群众支持着我们，宜宾的历次政治运动的骨干分子和积极分子和我们心連心，我们的斗爭并不孤立。从一九六二年起，宜宾的革命同志就常给党中央和毛主席写信，揭露李井泉等人所搞的资本主义反革命复辟活动。从宜宾我们又想到全国，全国的革命同志也会支持我们斗爭的。

在五年的斗爭中，我们总是念念不忘毛主席关于阶級和阶級斗爭的教导，时时回忆着八届十中全会公报的內容。在这次会议上，毛主席特别强调**千万不要忘記阶級斗爭**，提出反对翻案风。毛主席的教导，不仅给了我们斗爭的勇气，而且给了我们斗爭的智慧。李井泉等可以搜走我们的"毛选"，但是，太阳的光輝他是挡不住的。每当灿烂的阳光照进阴暗潮湿的牢房的时候，我们就如同见到了毛主席。在寒冷的夜晚，我们仰望着北斗星，想念着北京城里的毛主席。想到毛主席，我们就渾身是劲；想到毛主席，就增强了斗爭的必胜信心。

对大阴謀家、大野心家、反革命修正主义分子李井泉，我们作了充分估计。一个估计是，他可能杀害我们。这个估计并沒有錯。他们的确写了杀害我们的报告。只因为毛主席在八届十中全会上对于这方面的问题有过指示，他们才不敢马上下毒手。从当时关押我们的情况来看，要么就是向他们的资产阶級反动路线投降，和他们一起搞资本主义反革命复辟，一起替地富反坏右分子翻案。这样，不但可以保命，而且可以保官，说不定还可以升官。要么，就是坚持毛主席的革命路线，坚持保卫历次政治运动的伟大成果，向他们的资本主义复辟活动进行坚决斗争。这样就有杀头的可能。在此情况下，我们选择了后者。我们下了这个决心后，刘结挺就给毛主席写了一封信，信写好以后，就把抽屜打开，反貼在板子上，以便在我们被害之后，一旦有同志发现，就会交给我们的亲人毛主席。第二个估计，他可能判我们徒刑。当时我们估计可能判二十年徒刑。我们计算了一下，二十年出来以后，毛主席他老人家还健在。有毛主席在，我们的斗爭就一定会得到胜利。

我在监獄里写的日记是反映了我当时的思想状况的。这些日记早就被他们抄走了。抄走以后，他们从日记上摘抄了一些片断，安上了一个题目叫做："反革命分子张西挺的罪恶记实"。红卫兵小将抄黑材料时抄到了这份材料，看了以后非常奇怪。他们说，这明明是一心向着党，向着毛主席的日记嘛，怎么叫"反革命罪恶记实"呢？然而，在李井泉这一小撮反革命修正主义分子看来，谁热爱党，热爱毛主席，就是"反革命"；谁反对党，反对毛主席，谁就是他的"好党员"、"好干部"。这就是李井泉对"反革命"和"好党员"的定义。下面是几段日记摘抄。

一九六四年七月一日

二十多年来，党把我培养成人。二十多年的时间里，我沒有受过党的任何处分。历次政治运动，党把我作为骨干分子和积极分子使用。母亲养育我十三年，而党把我养育成人，党比母亲亲，党对我的恩情，我无法计算。亲爱的党啊！我永远不忘您的教导：记住阶級和阶級斗爭，挺身和修正主义作斗爭。

一九六四年七月七日

我们的党是用毛泽东思想武装起来的党，她不能允许牛鬼蛇神翻案，绝不能允许资本主义复辟。即使宜宾专区这么一个小地方，发现以后也会立即粉碎这种复辟资本主义的罪恶活动的。反党反毛泽东思想的人在今天的中国永远不会得逞，革命同志有一天会揪出他们来的。

一九六四年七月三十日

国内的反革命修正主义分子在一九六二年配合国际上的修正主义的需要大搞翻案，终究要遭到可耻的下場。

一九六四年九月二十二日

（当我看到《人民日报》公布苏联《眞理报》揑造謠言攻击我们党的材料以后，写了一段日记。）

《眞理报》为什么使用希特勒和戈培尔使用的伎俩呢？……出于一个原则，就是造謠重复三次，别人就会相信。怪不得这两年几十个“演唱家”到处演唱。（这里讲的“演唱家”是指李井泉专门组织搞我们的所谓专案组，他们编造材料，到处作报告，制造舆論。）他们是深深懂得这种伎俩的效果的。不过我相信謊言终究是要暴露的。在毛泽东时代，一切反党反社会主义的牛鬼蛇神必将被揭露。

我们就是怀着这种信念，怀着对党中央，对毛主席的热爱进行斗爭的。虽然我们与世隔绝，见不到自己的同志，但是我们的斗爭旣不孤立也不盲目。我们从报紙上看到毛主席领导的国际反修斗爭取得了一个又一个的胜利，我们读到我国第一顆原子弹爆炸成功和赫鲁晓夫下台等消息时，我们激动得夜里睡不着觉。当时我们想，大大小小赫鲁晓夫式的人物终究会被人民赶下台来，扔到垃圾堆里去的。人民日报编輯部、红旗杂志编輯部所写的评苏共中央的公开信的九篇文章，指导着国际反修斗爭，也指导着我们和李井泉等一小撮走资本主义道路当权派的斗爭。在监狱里面的生活很紧张，我们每天的工作都在十二个小时以上。几百万字的揭发控訴材料，大部分就是在这个秘密监狱里写出来的。因此，两年的监狱生活，我们从来不感到寂寞，我们所感到的是斗爭的幸福和愉快。当时我们想，李井泉既然把我们"調"到这个地方来了，这就是我们的战斗崗位，我们就要在这里和他斗爭，就要在这里"**下定决心，不怕牺牲，排除万难，去爭取胜利。**"

身体健康是坚持斗爭的一个重要条件，要有能坚持斗爭的身体，就必须加强体质的鍛炼。一九六四年八月份，我们发现由于活动范围小，活动少，我们的腿部肌肉开始萎縮，走路不大方便，如果不采取措施鍛炼身体，就无法坚持斗爭。我们知道我们的身体不是自己的，从入党那天起就是属于党的，我们有責任把它鍛炼好！和李井泉斗爭是长期的，尤其需要一个能够坚持斗爭的身体。从那个时候起，我们每天做二十分钟的腿部活动，做四十分钟的腿部体操，把鍛炼身体，增强体质列入到和李井泉斗爭的议程。

（七）

一九六四年六月份，李井泉写出了他的修正主义的报告，就是关于开除刘结挺、张西挺党籍的报告。在李井泉亲自主持改写的这个修正主义报告中，他不仅顚倒是非，混淆黑白，给我和刘结挺横加罪名，而且大肆攻击历次政治运动，大肆攻击三面红旗，把进攻的矛头直接指向无产阶級专政，直接指向我们最最敬爱的伟大领袖毛主席。李井泉这个反革命修正主义报告，竟然被党內另一个最大的走资本主义道路当权派以及反革命修正主义集团头子彭眞、×××批准了。这就是批准了李井泉对无产阶級专政的攻击，批准了李井泉对三面红旗的攻击，批准了李井泉对我们伟大领袖毛主席的攻击，批准了李井泉所搞的资本主义反革命复辟的全部活动！

这个报告是一九六五年二月二十三日批准的。一九六五年三月八日，省监委向我们宣布。宣布以后就把我和刘结挺送到省委罗家碾招待所去了。在罗家碾招待所里面虽然有人监视、盯梢，但活动总算有点自由了。这个时候李井泉就大造輿論，说什么刘结挺的案子通了天了，一辈子也翻不了。甚至还捏造说：毛主席都说刘结挺、张西挺的案子是全国的典型。和我们一起斗爭的个别同志听了这些消息后，产生了悲观失望情緒。还有一些好心的同志劝我们：不要再斗爭了，胳膊总是扭不过大腿，刘结挺你这个小小的地委书记能斗过有权有势的李井泉吗？李井泉上面有上面的人，下面有下面的人，你不要再找麻烦了。还有的同志讲，你过去是个地委书记，属于中央管理的，现在你是一个普通的小干部，进一步给你一个什么处分，要杀要关那就用不着报中央，他就处理了。还有的同志提醒我们：既然中央都批示下来了，那就不是李井泉的问题了，你再告那就是告中央了。叫我们考虑考虑后果。甚至还有人劝我们，受点委屈算了，想不通嘛，看看《修养》，就会想通的。几十年很快就过去了，你争个什么嘛？有碗飯吃就行。你看你们的孩子四、五年沒有跟你们在一块，你们要对孩子負責，不要丢下孩子什么都不管了。等等。我们把这些同志所提出的问题，作为斗爭中的困难和不利条件加以考虑，但是我们决不能放弃斗爭，决不能不相信党，决不能不相信以毛主席为首的党中央！中央是批了，但我们对这种批有怀疑。当时想可能是一个什么书记批的，这个书记可能和彭德怀有关系。因为在我们的案子里突出反映了××的问题，而××是拥护彭德怀的。我们想，决不会是以毛主席为首的党中央批的，更不会是毛主席批的！几年来，我们坚持的不是小是小非问题，而是两个阶級、两条道路、两条路线斗爭的大是大非问题，是为了保卫党中央，保卫毛主席，保卫毛泽东思想这样一个大是大非的问题。我们相信我们的斗爭一定会得到以毛主席为首的党中央的支持，因此我们回答这些同志："要告！一定要告！一直告到毛主席那里去！"

为了使毛主席了解四川问题，为了揭开四川阶級斗爭的盖子，必须想办法离开四川。而李井泉紧紧地控制了我们，不让我们离开四川。于是一場控制反控制的斗爭就开始了。这个斗爭是一九六二年斗爭的继续，也是一九六二年斗爭发展的一个新阶段。刚放出来不久，李井泉就分配我们工作，把我们分到万县专区一个县里。我们算了一下，从那个地方到北京要十天的时间，一动身，李井泉马上就晓得了，马上就可以抓回去。这样就会给你加罪名，说你什么畏罪潜逃，甚至说你潜逃外国，判你的刑。所以我们就是不去。劝说不去，打也不去，就是不听从你的摆布，不服从你的分配，不让你这个反革命修正主义分子牵着鼻子走。我们提出要求回北方工作。他们不准。我们就给中央组织部长写了一封信，信上说：我们被开除了党籍，但是我们沒有犯任何错误。我们是因为热爱党和毛主席，坚持毛主席的革命路线而被开除党籍的。我们要求把我们調到北方工作。这封信结果被转到李井泉那里去了。省委组织部就找我们談話，说中央组织部长看过信了，要我们服从四川省委安排，在哪里犯錯误就在那里改正嘛！我们不听从。这时，刘结挺接到他侄子一封信，说他哥哥病得很厉害，叫他回去看一看。刘结挺就去請假，請假也不准。怎么办呢？最后我们提出回乡搞农业生产去，回到农村作一个普通的社员去。我们分别写了报告，又合写了一个报告。李井泉就派省委书记处书记×××找刘结挺談話，他说：你的报告我看到了，你要劳动，你不革命啦？刘结挺听了发笑，说："我在报紙上看到许多老红军，不都是响应党的号召回到农业第一线参加劳动吗？我们响应党的号召到农业第一线，这怎么叫不革命呢？你们想叫我们不革命是办不到的。二十三条上讲得很淸楚，不能当干部的可以当社员。"×××讲："二十三条不适合你刘结挺。"刘结挺就开了他一个玩笑，说："×书记，我看到中央只有二十三条，是不是还有二十四条说，以上二十三条不适合刘结挺？"这位书记说不出話来。

在这一年多的斗爭中间，我们沒有向他们让步，沒有接受他们的工作分配，而他们也沒有向我们妥协，也沒有让我们离开四川。在这一年多中间，我们又通过各种途径给中央寄发了不少材料。

（八）

下面我談一談从一九六六年六月到一九六六年十月，我们在北京和党內最大的一小撮走资本主义道路当权派的资产阶級反动路线斗爭的情况，以及毛主席、党中央对宜宾问题的关怀。

一九六六年六月，聶元梓等同志的大字报公布后，我们激动得热泪盈框。我们下定决心，冲破这个黑框框到北京去。我们商量后决定刘结挺先去，我留下来掩护。刘结挺走，就怕在半路上被抓回来，怎么办呢？我们就给毛主席和林副主席写了封信，刘结挺自己带着。信的大意是：我到北京揭露李井泉的问题，不料在半路上被抓回去了。张西挺还在成都，宜宾还有很多革命同志，他们晓得李井泉的问题，請党中央和毛主席把这些同志调到北京。刘结挺带着这封信，冒着生命危险，在一个夜晚，翻墙、越河离开了成都，在六月底第一次到了北京。刘结挺离开成都以后，忙坏了李井泉，他一方面派人对我进行了几次审訊。问我："刘结挺到哪里去啦？"我说："到中央去了。"问："到中央干什么？"我说："談文化大革命的问题呀！""到中央哪里去呀？"我说："到中央嘛！"他说："中央单位多咧！到中央监委，还是中央组织部？到中央书记处，还是到中央文革？"我说："那他沒有说，他说他找毛主席去了！"他一方面用省委和公安厅的名义，打电报给党中央和公安部，要把刘结挺抓回去。省公安厅还用传眞把刘结挺的像片传到公安部，要公安部寻找刘结挺。刘结挺在北京住了一个月，住在一个亲戚家里，写了两万多字的材料，交给中央机关来訪接待室。这个接待室里有个组长，他看了材料后说："这几年来，我们经常接到宜宾来的很多信，和你談的差不多。我们准备把这些材料和你写的材料汇总一下报告给中央领导同志。你是不是到中央监委談一談。"经过他的介紹，刘结挺到中央监委談后，他们劝刘结挺回四川参加文化大革命。中央机关来訪接待室那个组长也要刘结挺回四川，说材料已经转报给中央了，回去听后处理就行了。刘结挺要求找中央领导同志談一談，都遭到拒绝。正在这个时候，刘结挺听说江青同志经常到北大去，就到北大去找江青同志。但是沒有找到。就在这个时候，北京公安部门查出了刘结挺的住址，勒令他在七月底以前立即离开北京。刘结挺在八月一日回到了成都。

（九）

刘结挺回成都后，我们一方面给李井泉等人写信，要求参加文化大革命，特别要求回宜宾参加文化大革命。一方面我们写小字报给他，揭露他的问题，并且要求他转给毛主席。当然我们晓得他不会转，不转就是他扣押给毛主席的信，这又是一条罪状。大概因为我们要求到宜宾麻痹了他，或者因为北京红卫兵小将南下串連，对他们有威胁，他们对我们的监视不是那么很严了。招待所的工作人员经常到城里去对付学生。这时，我们便决定一起走。八月二十五日一个大雨的夜晚，我们翻墙跑出来了。二十七日到了北京。在北京和宜宾的革命战友王茂聚、李良同志会合了。因为我们到北京揭发李井泉等人的问题，加上王茂聚、李良他们来北京以前写了揭发李井泉等的大字报，我和刘结挺写了揭发李井泉的小字报，李井泉等便把我们打成了“反革命”，打成了“刘张王郭反革命集团”。李井泉还故弄玄虛，把我和刘结挺的照片用传眞传到北京和国防边境上，捉拿“越境逃犯”。我们四人住在一起，和那个中央机关来訪接待室的组长取得了联系。他对我们很热情，叫我们打破顾虑，把李井泉的问题全部揭发出来，并对我们说：据我们了解，李井泉的问题不少，如果这次文化大革命中不把李井泉的问题揭发出来，以后就不好办了。我们四个人很受鼓舞，就連夜赶写材料，边写边送，边送边写。到九月中旬，我们就写出了五万多字的材料。那中央机关来訪接待室的组长了解到我们所写的材料基本告一段落后，态度马上变了。他说党内另一个最大的走资本主义道路当权派已看了我们写的材料，叫我们要相信四川省委是革命的，李井泉是革命的。他还要我们把掌握的李井泉的原始材料都交给他，以便中央办公厅转交四川省委保存，说这些材料个人保存不安全等等。这个人的面貌完全暴露了。我们要求把我们所写的材料交给周总理、陈伯达、康生、江青等同志看，并請求这些同志接见我们一次。这个人怎么回答呢？他说：“接见不可能，他们忙得很。材料嘛，既已交给我了，给谁看，由我来安排。”他并下令限期要我们离开北京。

（十）

在我们和中央机关来訪接待室的那个组长联系的这段时间里，李井泉布置他的忠实打手宜宾地委书记×××在宜宾、成都大造“刘张王郭反革命集团”的輿論，把他们捏造了五年多的謠言一古脑儿倒了出来。他还下令动员各級组织给中央书记处打加急电报，要求把我们送回四川。他们给中央书记处打电报的同时，还给中央监委、中央组织部、中央公安部以及中央文革打了电报。几天的电报費就用去将近一万元的样子。

一九六六年九月八日，我们还在和中央机关来訪接待室那个组长联系时，李井泉就派了二十八人的代表团到北京去捉我们。这二十八个人中有一个是极右分子和一个劳改犯。这一天中午，同志们都休息了，我想出去买点东西，刚到门口就发现被包围了。我赶快退回来，叫刘结挺他们快点起来，想办法把材料转移出去。我和李良同志就往外冲，门上有十几个人把守着，冲不出去。我们就找招待所的工作人员帮助我们。招待所的工作人员给他们说，他们不但不理，反而把招待所工作人员监视起来了。幸好有一个湖南的同志和我们住在一起，也是来上訪的，我们就把材料交给了他，又给毛主席写了一封信，請求他一定要找到以毛主席为首的党中央后，把信和材料交给毛主席。这个同志是革命的同志，革命同志心連心，他接受了我们的委托，还建议我们向北京的革命同志呼吁，要他们来支援，他主动表示要替我们去貼呼吁书。我们就赶快写了一个十二万分紧急呼吁书，呼吁书说，反革命修正主义分子李井泉在西南搞独立王国，搞资本主义复辟，正当我们向党中央揭露他的问题的时候，他派了二十多个人来捉拿我们，这是破坏十六条，破坏无产阶級文化大革命的现行反革命行为，我们呼吁革命派声援我们，制止这一现行反革命活动。这个紧急呼吁在北京兵马司联合文革接待站貼出不久，就有几十个红卫兵小将和上訪的革命同志赶到我们的住地，把那二十八个人赶跑了。但是这二十八个人并沒有离开北京，他们在商业部招待所住了下来。第二天即九月九日，他们把带来的打印好的小字报和他们連夜写的大字报貼满了兵马司联合文革接待站。大字报、小字报中说什么“刘张王郭一貫反党”。反什么党呢？那上面沒有一条反党中央反毛主席的事实，说的全是反李井泉的事。他们甚至把刘结挺不和李井泉握手，都作为“反党”的一条罪状写上去了。说什么刘结挺傲慢，“李政委”伸手去和刘结挺握手，刘结挺把帽子一拿就走了，等等。我们也要貼大字报，中央机关来訪接待室那个组长对我们横加阻拦，说什么“你们都是作过领导工作的，应该懂得解决你们的问题要靠组织，而不是靠群众，不应把这个问题提到群众面前”。我们不答应。他就威胁我们说：“现在每天有几十万学生到北京，象李井泉这样的大字报一貼出去，不到两个钟头就传遍全城，就会引起大辯論，如果引起大辯論，一切后果由你们負！”但是我们沒有被吓倒。在革命同志的帮助下，在九月十日我们貼出了十二张大字报，揭露了李井泉勾结阶級敌人进行反革命复辟的罪行。大字报貼出后很受革命同志的欢迎，尤其是四川学生，很快就把大字报抄回四川张貼。而李井泉派来的人写的大字报则受到革命群众的指責。革命群众质问他们：“反对李井泉怎么叫做反党？李井泉就代表党吗？”革命小将质问他们：十六条公布后，来北京抓人，对吗？他们非常狼狽。同时，住在商业部招待所的上訪的革命群众酝釀斗爭他们，计划斗爭后把“代表团”团长和那个右派、劳改犯扣下来，其余的撵出北京。斗爭会安排在九月十二日。不料在九月十一日夜晚，有人叫他们“代表团”全体成员第二天到中南海去。第二天一早他们到了中南海，中央办公厅有两个人接见了他们，对他们的安全表示非常关怀，劝他们离开北京。并透露说：“你们的安全已经有问题，再过两天就不行了。这个事情某某某（党內另一个最大的走资本主义道路当权派）已经晓得了，希望你们赶快走。再不赶快走，问题就要在北京鬧大了！”这样就在当天把他们掩护走了。由于这样掩护了一下，宜宾的文化大革命至少推迟了一个月。如果把他们扣下来，那对宜宾革命造反派的鼓舞就大了，他们很快就会行动起来。

这以后我们就中断了和中央机关来訪接待室的那个组长的联系。我们觉得原住处也不能呆了，因为有危险。到哪里去呢？当时北航《红旗》、北地《东方红》及清华《井岡山》等革命造反组织还处于困难时期，新北大的形势还比较好，我们就决定到新北大找聶元梓同志，沒有找到，只找到联絡站。联絡站的同志说不好安排住宿，因为我们不是学生。叫我们到北京市委开个介紹信，才好安排住处。但是到北京市委，他们不给办。后来，经过一位上訪同志介紹，到联合接待站去登记，联合接待站安排我们住在商业部招待所里，还分配一个接待员和我们接談。这个接待员第一次跟我们接談就向我们发脾气，给我们扣帽子。说我们是来搞翻案的。我们明明是来揭发李井泉的，怎么说我们是来搞翻案的呢？双方談不下去了，他便要材料，说看了以后再确定时间談。我们给了他一份材料，請他转送给江青同志。于是，他走了。后来了解，这个人原来和李井泉派到北京去做情报工作的一个联絡员有密切联系。

我们住在商业部招待所里，正以各种途径寻找以毛主席为首的党中央的时候，商业部进駐了一个工作组。工作组里有一个人经常来找我们“聊天”，说什么你们怎么还不回去？该回去了吧！在北京住着不是个法子，等等。有一次他干脆对我们进行威胁：“你们住在这里群众有反映，你们都有工作崗位，住在这里不工作，不搞文化大革命还行啊！”又对王茂聚同志说：“你是个地委副书记吧！还是个当权派，你应回四川受群众监督，接受考验嘛！”又对我们说：“刘结挺、张西挺，你们都是开除党籍的，是不是？开除了党籍应该找中央监委嘛！找我们干什么？”我们说：“我们是开除了党籍，但是我们从来不談个人党籍的问题，我们现在要解决的是李井泉的问题。”我们把李井泉的问题大体给他談了一下，他听后说：“不会吧！李井泉怎么会这个样子？我了解他嘛！”原来这个人过去是李井泉的老部下。通过这些事情，我们晓得李井泉的黑手已经从四川伸到北京来了。他派他的警卫员在北京建立了反革命组织“红旗军”，而且还通过党內另一个最大的走资本主义道路当权派来控制我们。我们住在商业部招待所里，经常受到检查，也无法找到以毛主席为首的党中央。

后来，成都地质学院有五百多人到北京告状，告他们学院的党委书记。我们便和他们联系，告訴他们，只有先打倒西南最大的走资本主义道路当权派李井泉，学院党委书记的问题才好解决。他们材料不多，我们就供给材料。不久，听说周总理要接见他们，我们便請他们带几份材料给周总理。不料到接见那天，周总理沒去，材料交到××的手里去了。在这几个月里，我们写给毛主席的材料，写给周总理和中央文革的材料，不管通过什么途径，最后都落到党內另一个最大的走资本主义道路当权派的手里去了。沒有一件送到以毛主席为首的党中央手里。

（十一）

十月三日，三司开了个大会，周总理、陈伯达、康生、江青等同志都出席了大会，并且讲了話。这时，我们才知道北京有个第三司令部。在这个大会上，北航《红旗》談了两条路线斗爭的问题，我们学习了这个发言，認为这个发言是高举毛泽东思想伟大红旗的。于是，我们認定了北航《红旗》是一个革命的左派组织，并想法和他们联系。我们找到北航《红旗》红一連的同志，他们对我们非常热情，对我们談的问题很重视，也很支持我们的行动。这样，在十月十一日，我们便把材料交给他们。十月十七日，王力同志就接见了我们。我们终于找到了毛主席司令部的人，我们欣喜若狂。十月二十日，王力和关鋒同志一起接见我们。十月三十日，周总理又接见了我们。十二月三十日，王力同志告訴我们有关四川的情况，并叫我们回四川和工人、学生一起鬧革命。于是在今年一月份，刘结挺、王茂聚和李良便回四川了；我留在北京整理和印刷李井泉的材料。

（十二）

今年二月份，四川出现了自上而下的资本主义反革命复辟逆流，我们又重新被打成了“反革命”。刘结挺被打成“反革命头头”。说刘结挺不仅控制了宜宾，而且控制了大西南。凡和刘结挺、王茂聚联系过的造反组织和个人都受到追查和斗爭。他们还抄我们的家，把所有的东西，包括小孩换洗的衣服、被子、鞋袜都抄走了。

在这次反革命复辟逆流中，造反派组织几乎全部被打成“反革命组织”“反动组织”。造反派的头头，无論大小全部被抓，造反派的战士一个一个被斗爭受迫害。这是一方面。另一方面，被斗爭过的党內一小撮走资本主义道路当权派一个一个都跑出来了，他们大叫解放了，有的在背后出謀划策，鎮压造反派，有的赤膊上陣，指揮抓人。他们还控制外地来串連的学生，特别是北京的学生，以及首都来的记者，封锁消息。有的到北京去，在車上就被抓回送进监獄。这次资本主义反革命复辟逆流的特点是党內一小撮走资本主义道路的当权派勾结保守派组织，动用专政工具，对革命组织和广大革命群众进行大鎮压、大逮捕。

这时，刘结挺、王茂聚等在成都不能呆了，便在二月底离开成都，到了北京。他们刚离开成都，便有人去抓他们，晚走一点就不能脱身。我一直住在北京，但他们又把我打成

“反革命”，并派了三个人带着手銬到北京抓我，但未得逞。

（十三）

刘结挺等来北京后，就把成都资本主义反革命复辟逆流的情况向中央文革作了报告。中央負責同志接见了我们，肯定了宜宾革命同志从一九六二年以来和李井泉等人进行的斗爭是两个阶級、两条路线的斗爭，是全国两条路线斗爭在宜宾的一个典型反映。决定召开会议，以解决宜宾问题，揭开四川阶級斗爭的盖子。并给我们平了反。这一切给了我们极大的支持和鼓舞。这是毛主席的革命路线的胜利！是战无不胜的伟大的毛泽东思想的胜利！

宜宾问题斗爭的胜利充分地证明了，党內最大的一小撮走资本主义道路当权派的资产阶級反动路线虽然可以使一些同志受到迫害，斗爭中虽有某些困难和曲折，但是毛泽东思想，毛主席的革命路线最终一定取得彻底的胜利！宜宾问题的斗爭虽然胜利了，但是今后的任务还是非常艰巨的！毛主席教导我们：“**敌人是不会自行消灭的。无論是中国的反动派，或是美国帝国主义在中国的侵略势力，都不会自行退出历史舞台。**”毛主席这个教导千眞万确，宜宾当前的情况正是如此。造反派的同志在毛主席和中央关怀下，从监里放出来了，但是回到本单位又被党內走资本主义道路当权派抓去斗爭，被限制自由；单位上不发给工资，使这些同志的家庭生活发生极大的困难。他们还威胁革命造反派“不要高兴得太早了，以后有你们哭的时候”。中央对宜宾问题的平反，他们揚言不承認，等等。这一切都说明，敌人是不甘心灭亡的，还在作垂死的挣扎。党內最大的一小撮走资本主义道路的当权派是不轻易放弃他们这个西南大后方的。而宜宾这个地方，李井泉是这样说的："西南是全国文化大革命的关鍵，而宜宾则是关鍵的关鍵。"关鍵他们是要抓的，关鍵的关鍵他们更要抓。他们决不会轻易放弃这些地方的。所以，我们今后的斗爭任务仍很艰巨。我们一定要遵循毛主席的教导：**"宜将剩勇追穷寇，不可沽名学霸王。"**我们一定要高举毛泽东思想伟大红旗，继续发扬革命造反精神，和无产阶級革命派紧紧团结在一起，继续斗爭，彻底粉碎党內最大的走资本主义道路当权派提出的资产阶級反动路线！把我们伟大领袖毛主席的革命路线的大旗插遍全四川，插遍大西南！我们一定高举革命的批判大旗，把中国的赫魯晓夫及其黑《修养》批深批透，斗倒斗臭，把西南党內最大的走资本主义道路当权派李井泉斗垮，斗倒，斗臭，把无产阶級文化大革命进行到底！

（原载一九六七年六月二十三日《新贵州报》）

強化无产阶級专政　砸烂李家王朝

四川大学东方紅八·二六战斗团

毛主席教导我们：**“世界上一切革命斗爭都是为着夺取政权，巩固政权。而反革命的拚死同革命势力斗爭，也完全是为着維持他們的政权。”**

十七年来，我们党和全国人民在伟大领袖毛主席的领导下所进行的种种斗爭，归根结底，都是为着巩固无产阶級专政，在无产阶級专政下进行社会主义革命和社会主义建设，逐步向共产主义过渡，使我们党和国家永不变色。西南地区党內最大的走资本主义道路当权派李井泉，从他反革命的阶級本性出发，也念念不忘政权。十七年来，这个“土皇帝”在党內头号走资本主义道路当权派的指使和支持下，无时无刻不在兴妖风，掀恶浪，向以毛主席为代表的无产阶級司令部发起了一次又一次的猖狂进攻，这些斗爭，集中到一点，就是妄图夺取我们的政权，顚覆无产阶級专政，复辟资本主义。

李井泉这个“土皇帝”，上有党內最大的一小撮走资本主义道路当权派作后台，下有牛鬼蛇神作爪牙，上下串通，结成了死党。在全国胜利之前，他们反对无产阶級夺取政权。全国胜利之后，他们又反对无产阶級专政，反对社会主义革命。他们采用各种阴险、毒辣的手段，妄图实现资本主义复辟，变无产阶級专政为资产阶級专政。在西南，在四川，反革命修正主义分子李井泉这种反革命复辟的罪恶活动眞是触目惊心，令人发指。事实证明，李井泉就是一个睡在我们身旁的赫鲁晓夫式的人物。

毛主席教导我们，在生产资料所有制的社会主义改造取得基本胜利之后，“**阶級斗爭并没有結束。无产阶級和資产阶級之間的阶級斗爭，各派政治力量之間的阶級斗爭，无产阶級和資产阶級之間在意識形态方面的阶級斗爭，还是长时期的，曲折的，有时甚至是很激烈的。**”“**社会主义和資本主义之間誰胜誰負的問題还没有眞正解决。**”在党的八届十中全会上，毛主席还向全国人民发出了“**千万不要忘記阶級斗爭**”的伟大号召。十七年来无数的事实，这次史无前例的无产阶級文化大革命的伟大实践，证明了毛主席的这些科学論断是何等英明啊！这些英明論断，是巩固无产阶級专政的指路明灯，是保证社会主义向共产主义过渡的指路明灯。

可是，反革命修正主义分子李井泉，长期以来却公然同毛主席的这一伟大思想大唱反調。他紧紧追随党內最大的走资本主义道路当权派，大肆推銷“阶級斗爭熄灭論”的修正主义黑货，抹煞阶級斗爭。早在一九四五年，抗日战爭刚刚结束，国內阶級矛盾空前尖銳的时候，反革命修正主义分子李井泉就大肆販卖党內最大的走资本主义道路当权派的投降主义黑货，高唱现在“国內已进入和平民主的新阶段”，妄图叫人民放下武器，解除武装，放弃夺取全国政权的革命斗爭，把几十年艰苦革命斗爭的胜利果实拱手让给蔣介石卖国集团。在全国革命胜利以后，他又大叫大嚷：“如果把阶級矛盾当成主要矛盾，就会犯斯大林的错误。”以后，随着我国社会主义革命的不断深入，他又竭力宣揚说，我们党对资本家的改造和对其资产所有权、人事安排权等的夺取，是什么“用付定息，发工资，安排工作”等“換取”来的，胡说什么阶級斗爭就是“天天搞工分，月月清賬目”，等等。把一場惊心动魄、你死我活的阶級斗爭，抹煞得一干二淨。

反革命修正主义分子李井泉之流眞是不懂得阶級斗爭吗？当然不是！毛主席教导我们：**“各种剝削阶級的代表人物，当着他們处在不利情况的时候，为了保护他們現在的生存，以利将来的发展，他們往往采取以攻为守的策略。”“他們有长期的阶級斗爭經驗，他們会做各种形式的斗爭——合法的斗爭和非法的斗爭。”**李井泉及其一伙懂得，在今天我们社会主义国家里，在强大的无产阶級专政下面，如果采用明火执仗的方式来夺取政权，那是不行的。他们之所以疯狂攻击和閹割马列主义、毛泽东思想关于阶級斗爭的伟大学说，抹煞阶級斗爭，恰恰是为了在“不要阶級斗爭”的幌子之下，恰恰是为了在“反动的东西你不打，他自己也会倒”的反动烟幕之下，大肆地进行资产阶級对无产阶級的阶級的斗爭，变无产阶級专政为资产阶級专政，实现资本主义复辟。事实上，李井泉一伙十七年来正是这样干的。

难道事实不正是这样的吗？

李井泉这个“土皇帝”阴謀篡党、篡政、篡军，复辟资本主义的罪恶活动，一直是在党內最大的一小撮走资本主义道路当权派的支持和庇护下进行的。他们之间来往頻繁，书信不断，互相包庇，串通一气，干着资本主义反革命复辟的罪恶勾当。一九六五年，当有人写信给毛主席揭发党內最大的走资本主义道路当权派搞资本主义复辟阴謀时，李井泉见了怕得要死，竭力封锁，立即将信扣下，并亲笔批上：为了维护党的团结，不要给毛主席转告。李井泉在这里泄露了“天机”：他所指的“党”，就是党內最大的一小撮走资本主义道路的当权派的黑司令部；他的所谓“团结”，就是他们之间狼狈为奸的见不得人的罪恶活动。一九六二年，毛主席严厉地批评李井泉后，党内另一个最大的走资本主义道路的当权派立即站出来为他辯解，打包票。另一方面，下面许多革命干部和群众揭发控告李井泉的材料，又通过党内另一个走资本主义道路当权派的手落到了李井泉手中。

在党内最大的一小撮走资本主义道路当权派的指揮下，十七年来，李井泉在西南地区大肆招降纳叛，结党营私，把罪恶的黑手伸向四面八方。

首先，李井泉把几个心腹、同伙、反革命修正主义分子提拔为西南局书记；又把一批反革命修正主义分子分别安插在四川、贵州、云南省委內，通过他们控制了川、黔、滇三省的党、政大权。同时又让他的心腹、党內最大的走资本主义道路当权派的忠实追随者×××、×××掌握了军权。然后，往下伸展，把他的大小爪牙安插在市、专、县的重要位置上。这样，从上到下筑起了一个庞大的李家王朝。在这个王朝下面，李井泉大搞个人独裁，实行资产阶級专政，“顺我者昌，逆我者亡”，凡是坚持毛主席的革命路线，反对李井泉的修正主义路线，抵制他的反革命复辟活动的革命干部和革命群众，就要遭到残酷的鎮压，被投进监狱，甚至被迫害致死；在这个王朝下面，有私设的秘密监獄，也有一直伸向我们最最敬爱的伟大领袖毛主席身边、伸向北京的特务系统；在这个王朝下面，毒草丛生，牛鬼蛇神到处兴风作浪。例如，一九六二年，李井泉及其同伙就一手策划和指揮搞了一个大規模的“翻案风”。许多翻了案的牛鬼蛇神，立即得到了李井泉的重用，窃据了许多部门的领导权。有的当了地委书记，有的当了市委书记。

与此相反，坚持毛主席的革命路线，和李井泉及其同伙坚决斗爭的前宜宾地委书记刘结挺同志和张西挺等许多革命同志，却被反革命修正主义分子李井泉伙同党內另一个最大的走资本主义道路当权派，打成了“反党反社会主义分子”，被开除党籍，撤銷党内外一切职务。此后，还被投进李井泉等在成都附近私设的秘密监獄，长达两年之久。无产阶級文化大革命中，李井泉及其死党又再次伙同党內另一个最大的走资本主义道路当权派把刘结挺、张西挺同志两次打成“反革命”。在所谓刘、张“案件”中，受牵連而被打击迫害的干部竟达数百名。类似的案件，在西南、四川还有多起。

无数事实证明，在西南，在四川，许多地方、许多单位、许多部门的党、政、财、文大权，已经被李井泉及其死党所篡夺，无产阶級专政正急剧地向资产阶級专政的方向转化。但是，西南和四川地区广大无产阶級革命派，以张国华、李再含和刘结挺等同志为代表的坚持毛主席革命路线的好干部，并沒有屈服，他们一直高举毛泽东思想伟大红旗，不畏强暴，发扬了“舍得一身剐，敢把李井泉拉下马”的大无畏的革命造反精神，同以李井泉为首的西南地区一小撮走资本主义道路当权派和他们的总后台、党內最大的走资本主义道路的当权派进行了艰苦卓绝的斗爭，而支持他们进行这一斗爭的，正是我们最最敬爱的伟大领袖毛主席！

毛主席教导我们：**凡是要推翻一个政权，总要先造成輿論，总要先做意識形态方面的工作。革命的阶級是这样，反革命的阶級也是这样。**

反革命修正主义分子李井泉当然也不例外。为着实现其篡党篡政复辟资本主义的目的，李井泉通过其大小爪牙，控制了文化部门，控制西南地区的报紙、电台、刊物等等輿論陣地。这些部门和他们所控制的报紙、电台、刊物，却成了李家王朝复辟资本主义的喉舌。在他们控制的报刊上，光焰无际的毛泽东思想被砍掉了，党的正确领导被砍掉了，换成了李家王朝控制的“西南局、省市委的正确领导”；在他们的报刊上，我们最最敬爱的伟大领袖毛主席和光焰无际的毛泽东思想遭到了最恶毒的攻击和謾駡。更有甚者，在他们的报刊上，李井泉一伙竟公然号召地、富、反、坏、右、牛鬼蛇神起来“造反”，为这些牛鬼蛇神大唱贊歌，胡说什么他们是“全身鍍金的菩薩”。在这些报刊上，李井泉在农业上的“三自一包”、“責任田”，工业上的“三定一項”、“定包奖”等向资本主义倒退的修正主义黑货被捧上了天，被称之为“是走向共产主义的道路”。

西南地区的电影、戏剧舞台，更成了李井泉复辟资本主义的演习場。在这些舞台上，帝王将相，才子佳人，受到非凡的贊揚，而工农兵的英雄形象却遭到了无情的丑化，被斥为“无知”、“愚昧”的化身。他们利用古人和死人之口，在舞台上大肆攻击我们的伟大领袖毛主席，攻击光焰无际的毛泽东思想，咒駡党的领导，咒駡社会主义，贊揚封建主义、资本主义，并且大肆为阶級敌人喊冤叫屈，为他们翻案，如此等等，眞是不一而足。这一切，不是为了别的，正是李井泉妄图用资产阶級思想意識来腐蝕群众，征服人心，疯狂地与无产阶級爭夺思想陣地，为资本主义复辟鳴鑼开道。但是，**“蚍蜉撼树談何易”**，李井泉之流的那一套腐朽沒落的臭货怎能挡得住光焰无际的毛泽东思想的广泛传播！正是在同李井泉之流的斗爭中，毛泽东思想越来越为广大的工农兵群众所热爱所掌握，成为威力无穷的精神原子弹！

“虎踞龙盘今胜昔，天翻地覆慨而慷。”正当李井泉之流做着复辟资本主义美梦的时候，由毛主席亲自发动和领导的无产阶級文化大革命，在全国开展起来了！它象一股汹涌澎湃的洪流，势不可挡。轰！李家王朝垮台了！

“宜将剩勇追穷寇，不可沽名学霸王。”

我们要牢记毛主席的教导：**“敌人是不会自行消灭的。”**我们一定要更高地举起毛泽东思想的伟大红旗，奋起千鈞棒，把李家王朝砸个稀巴烂，彻底斗倒、斗臭李井泉！彻底斗倒、斗臭党內最大的走资本主义道路当权派！让他们永世不得翻身。

光輝灿烂的毛泽东思想伟大红旗必将在祖国的大西南高高飄揚！永远飄揚！

（原载一九六七年六月二十五日《新貴州报》）

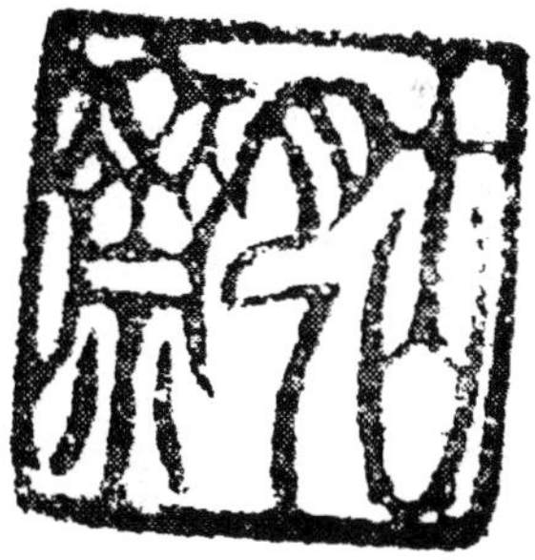

李井泉鬼魂東行記

红卫兵重庆井备区重大红卫兵团
重庆大学八、一五战斗团 编

最高指示

混进党里、政府里、軍队里和各种文化界的資产阶級代表人物，是一批反革命的修正主义分子，一旦时机成熟，他們就会要夺取政权，由无产阶級专政变为資产阶級专政。

以李井泉为首的一小撮党內走资本主义道路的当权派，长期以来把四川当作反党反社会主义、反毛泽东思想的独立王国。在无产阶级文化大革命中，李井泉等人坚持执行刘、邓资产阶级反动路线，中共中央决定，撤銷李井泉的中共中央西南局第一书记的职务。中共中央、中央军委决定撤銷李井泉的成都军区第一政委的职务。

——中共中央关于处理四川问题的决定

重庆市各革命组织应当把斗爭的矛头，指向党內最大的走资本主义道路的当权派，指向四川最大的走资本主义道路当权派李井泉及其一小撮同伙，指向重庆市党內走资本主义道路的当权派任白戈及其一小撮同伙。在军队內，在群众中，对刘、邓、李、任等人的罪恶，进行充分的揭露和彻底的批判。中央同意公开宣布撤銷任白戈的中共中央西南局书记处书记和重庆市委第一书记职务、重庆军分区政治委员的职务。

——中共中央关于重庆问题的意见

李井泉鬼魂东行記

楔　　子

一声春雷迷雾开
　万杆红旗滚滚来
文化革命起高潮
　神州战歌震天外

这四句诗，说的是公元一九六六年八月，中共中央八届十一中全会公报和中共中央关于文化大革命的决定即十六条，如早春的惊雷，嘩啦一声，驱散了中国赫鲁晓夫刘修制定的资产阶级反动路线笼罩在人們头上的层层烏云，重重迷雾。伟大领袖毛主席一声令下，撤走工作组，群众自己闹革命，从此，神州一片欢腾，处处战歌，文化大革命出现了一个崭新的高潮。

却说天府之国的四川蓉城，此时，有一鬼魂，知气数将尽，此遭数劫难逃，但他怎甘心死亡，于是偷偷乘上直升飞机一架，往东方冉冉而去。此鬼魂不是别人，乃西南土皇帝李贼井泉是也。

李井泉何许人？乃中国的赫鲁晓夫刘修篡党、篡政、篡军的一员得力干将，西南地区头号走资本主义道路的当权派，人称土皇帝。这个老混蛋，十几年来，招降纳叛，结党營私，聚众为伙，霸山为王，明火执仗地反对毛主席和以毛主席为首的党中央，疯狂反对毛泽东思想，反对无产阶级专政，把大西南搞成针插不进，水泼不入的独立王国，成了刘氏一伙实行资本主义复辟的大本营。正是：

李贼罪恶滔天，罄南山之竹，书罪未穷；井犬恶贯满盈，绝东海之波，流恶难尽！

闲话少叙，却说李贼带上刘修黑指示，悠悠然直奔东方重庆而来。此时，红日刚出的山城，倾刻黄尘腾空，飞沙走石，茫茫重庆，又是黑云压城城欲摧！正是：

茫茫妖雾刚散尽，滚滚黑云又重来，欲知详情如何，观者细细读来，自有分晓。

第一回

揭竿而起，八一五小将举义旗，
密会而謀，黑市委老爷发禁令。

话说重庆红岩村西头，嘉陵江岸畔，有一高等学府，此乃众人皆知的重庆大学。自文化大革命开展以来，此校革命师生便高举毛泽东思想伟大红旗，向黑市委宣战。早在那六六年六月十八日，此校无线电系等上千名战士首举义旗，与那黑市委工作组斗将起来。这一群小将，为了捍卫毛泽东思想，为了保卫毛主席，早已把生死置之度外，冒着被打成“反革命”的危险，呼出了“赶走工作组！”“戳穿市委工作组的大阴谋！”“成立革命学生委员会，自己鬧革命！”等等气壮山河的口号。同年七月初旬，全校革命师生不顾工作组、黑市委的重重压力，兴师动众，毅然造反，掀起了炮轰工作组、炮轰任白戈和黑市委的高潮，一場恶战，早已杀开，眞是：

重大园里风雷动，轰黑市委，小将奋起造反。

市委楼中蚁蝼乱，派工作组，黑帮暗施毒計。

李任一伙对重大的革命小将恨得要死，怕得要命，于是先后派出三批爪爪牙牙三百余人的工作队，到該校大搞白色恐怖，围剿革命派，鎭压革命师生不提。

且说八月八日，红日凌空，朝霞万道，广播里传来毛主席的声音，小将听了，好不高兴。心中积压了多日的和工作组、黑市委、西南局的深仇大恨，早已如一堆干柴，这时，被毛主席的神火勃然点着了。数日之內，把个重大烧得一片通红。

八月十五日，重大、师专、师专附中、重庆六中等校革命小将，响应最高統帅毛主席的伟大号召："你們要关心国家大事，要把无产阶級文化大革命进行到底！"数千人浩浩蕩蕩，列队前往重庆师专进行声援，在八月焦阳的暴晒之下，与黑市委、师专的保守势力进行了整整一天的顽强斗爭。这个事件，打响了炮轰市委的第一炮，打破了山城万马齐瘖的局面，在重庆开创了革命大串联的先例，把校內斗、批、改发展到社会上去了。八·一五事件，在山城卷起了一場伟大的历史风暴。时人有"西江月"一首贊曰：

一扫山城迷雾　　最高统帅引路
迎来狂风驟雨　　四卷雄文高举
隆隆春雷平地起　　革命造反作闯将
小将首举义旗　　当今天下谁敌？

按下这就不表，却说八·一五事件发生数天后某日，李井泉正在××高干招待所吃油大，只见滿桌玉盘佳饈、山珍海味、什么红油三絲、火爆鸭掌、海参烧斑鸠、土豆燒牛肉，眞是无奇不有。李贼正吃得性起，突听得电話鈴声"得、得、得"响个不停，李贼拿起話筒，只听得里面有人哀嚎一声。"不好了！"李贼竖起那只招风小耳一听，呵，原来是鲁大东掛来的长途，李道："老鲁么？什么？重大学生闹事？大字报贴到市委门口来了？呵，呵！"李贼听完汇报，沉吟半响，然后对鲁道：如此如此，这般这般。鲁大东心领神会，连连称是。

是日晚，鲁便急忙电告八区三县各区委、县委、厂矿要员于××小礼堂召开密会，传达李贼黑指示，鲁道："八·一五闹事，是坏事，也是好事，井泉同志说了：'乱世出豪杰'，八·一五来好吆！多来些更好，一来就斗吆！我們共产党几十年就是斗"。众老保听完李贼"指示"，好不喜欢，于是纷纷议论，商量对策，会至深夜，订出禁令四条，各要员便领令而去。

果然，次日起，全城展开了一場大反扑，向市委"报喜"的小丑，停工到市委门前来寻事的"革命群众"，盯梢、偷拍黑照片的便衣警察等各色人物均频频活动在向阳街头，对贴大字报的学生进行围攻，綁架，毒打……市委门前，山城街头，又是一片白色恐怖。刚刚点燃的革命烈火，面临着熄灭的危险，这正是：

一纸禁令压山城　　百里嘉陵起妖雾

欲知这四条禁令是什么貨色，且听下回分解。

第　二　回

扑灭革命火　李井泉鬼魂东行
識破两面派　八·一五小将造反

俗话说：若要人不知，除非己不为。黑市委的四条禁令虽然搞得秘密十分，但是哪能瞞得过造反派的金睛火眼，没过两天，这禁令就被揭发出来了。四条禁令是那四条？

一曰：不准到市委门前大街看大字报，有违犯者，党员开除党籍，团员开除团籍；

二曰：不准参加辯论会，不准听学生宣传；

三曰：不准贴反对学生的大字报；

四曰：职工要对子女严加管教，不准子女到市委看大字报，否则家长受处分。

市委的老爷們，原以为这禁令一下，则山城天下平矣！那知事情未成功却反倒露了馅，好不悲乎哀哉！正是：

出师未捷身先故，偷鸡不到蚀把米！

却说八月二十三日这一天，鲁大东正为此事急得一筹莫展之时，秘书忽然匆匆促促跑将进来，禀道："大东同志，李……政委来了！"鲁大东听此消息，如久旱逢甘雨，好不高兴，马上吩咐工作人员设宴备酒，然后各自正襟簇袖，坐上小车，嘟嘟然直奔机場接井犬去了。

李井泉到了山城，吃罢接风酒宴，然后对鲁笑道："怎么样？准备得差不多了么？"鲁大东哪敢怠慢，问禀道："重大、师专的同学都来齐了，在等政委呢！"李道："好，开演罢，今天看我的。"说罢往礼堂姗姗而来。

李井泉外号人称老狐狸，这话一点不假，你看他，当着八·一五战士的面，口若悬河，唾沫横飞，谈得何等娓娓动听："你們是八·一五派，你們到师专去声援串联，好吆，是革命行动吆！就象十月革命一声炮响，给中国送来了马列主义……。"

诸位读者观至此处，以为李井犬眞是对革命群众运动高度贊扬，百般支持了吧？不然！不信你看：在第二天，李井泉又召集痲子数十人在市委小礼堂，大开其黑会。井犬先让痲儿們呀呀呜呜地撒了一番娇之后，笑道："你們的心情我都知道，其实么，我说这话是经过考虑，下了决心的，逼得我表态。如果不承认他們是革命行动，我們输了理，是不是呢？大家还可以讨论，本来吆，辩论来，辩论去，沒有个结果，你們不承认他們是革命的，一辈子也把他們压不下去，是不是啊？"众痲子心神领会，连连称："李政委高，高！"井犬说得性起，后来干脆留下铁杆痲子十余人，公开摊牌道："市委无非全部倒台，部分倒台，个别倒台，有什么了不起？只要市委不鎮压群众，你八·一五又怎么样吆？让他們乱冲，他們的阶级本性非暴露出来不可。"李井泉说到这里，神气一振，大叫："同志們"，众痲哪道敢怠慢，齐声回禀："喳！"李道："有人骂你是'保皇军'，你們问他，谁是保皇军？"众痲禀："喳！"李又道："好吆，回去你們是不是搞个红卫兵呀，北京都搞红卫兵吆，不要称赤卫军了，还是红卫兵好，唔，这是我的意见，你們回去讨论讨论……。"众痲子连连称："喳！"然后散去，一路喜形于色，对李井犬的反革命两面派手法无不拍手叫绝。正是：

李贼首施两面法　痲保喜得锦囊计

井犬见第一步棋已走妥当，于是接着又走第二步：召集全市十二所大专院校师生代表召开了炮轰市委的大会，名曰炮轰，实为泡轰。何以见得？不说炮轰市委这件大事怎能是几个代表冷冷清清地包办掉了的，不说这个会仅仅开了三天就草草收場，单听听井犬的总结便可见识见识所谓"炮轰"之真谛了。

李道："任白戈同志三十年代的错误，性质是定了的，六十年代没有结论。……不否定他十多年来的工作，但也有不少错误，主要是文化战线，作风上的问题。”

“大东同志是个好同志吆。”

“廖苏华同志是中共中央监委委员，是个老同志，年纪比我大，还是我的老大姐呢！”

“斤林同志是个老红军。”

“辛易之有不少资产阶级东西……。”

眞是好话说尽，包票打完，一言以蔽之，市委是好市委，那些黑帮老爷們都沒有啥问题万万轰不得。“你們越积极，他們越是倒霉，他們已经几天几夜沒有睡觉了，还是不要把他們搞垮……。”眞是井犬一席话，老爷儿家欢！那知用毛泽东思想武装起来的八·一五战士并沒有被李贼的烟幕所迷惑，反倒从这一席黑话之中，听出了李贼的奥妙。

却说李贼散会以后，正在欣欣然自我慰藉之时，突然秘书猝然擅进办公室，大叫一声：“不好了！”井犬贼目一瞪，从安乐椅上勃然跳起，问道：“什么事？”秘书道：“炮轰市委大会的录音刚刚放完，重大的学生又鬧起来了，说是……说是假炮轰，眞……眞保皇，眞……眞他妈不要脸……他們……不，那几个不知天高地厚的小子，公然还写大标语，要……要火烧李……火烧李政委！”李愕然一惊说道：“什么？要火烧我啦？嗯！好吆。”李自知屁股有屎怕见得人，所以一听见要火烧他当然就惊慌万状了，他在地毯上踱着方步，沉吟半晌，随即抓起电话，叫道：“五三洞二勾嘛，喂，老鲁呀，我是井泉哪，請你马上到招待所来一趟，好，好，喂，什么？重大学生在江北鬧事，……好好好，你来，来了我們再具体研究研究。”李贼放下电话，走到窗前，此时，正是华灯初放，山城沉浸在一片朦胧的夜色里，井犬顺手在日历本上撕下当天的一页，端详了约摸四十余钞钟，冷笑道：“哈哈哈，一九六六年八月二十八日，哈哈哈，就从这里开始吧，呵呵呵，哈哈哈……。”

这冷笑声，就如从童话故事中的妖婆的披衫中刮起的一股阴风，夹着浓浓的血腥味，一阵阵地向山城吹去，向四川，整个西南乃至全国吹去，甚至到海外电台，也响起这冷笑的余音。八·二八，这个日子，用血和泪记载进了山城文化大革命的史册上。后人有诗为记：

一案奇冤惊天下，斑斑血泪八·二八；

小将革命不怕死，敢把李贼拉下马！

读者欲知八·二八始末头尾来龙去脈，請读下回，方有分晓

第　三　回

鑼鼓声声，八二八奇冤出籠；
密令道道，大反扑紅灯驟亮。

話说李井犬给鲁大东掛完电話，正在窗前輾转，鲁大东已乘轿车抵达李府，将江北城发生的情况汇报一番，李听完汇报，对鲁附耳低语过：“如此如此而行，大功告成矣！”鲁大喜，各自按旨行事去了，不在話下。

且说这两贼正在密谋之际，江北城中战火炽烈，鏖战正急。反来八月二十八这天早上，重大八·一五三十二名战士前往江北宣传毛泽东思想，宣传十六条，贴出了“集中火力，炮轰市委”的大字报，此时，在下横街集训的小保保教师如挖

却了心头肉一般，立即用大标语将大字报严密复盖。这一保皇行动激怒了当地造反派，于是火速告诉三十二名战士，小将們气愤已极，毅然前往，要求辯论，保宝先生們自知理屈，那敢辯论，在工作组唆制下，一不做，二不休，干脆闭门塞道，将三十二名小将团团围住，肆意谩骂，无理寻衅达十余小时，这正是：宣传十六条，炮轰黑市委，众小将气贯长虹；复盖大字报，围攻红卫兵，乖保皇赤膊上阵。

这桩事早被江北区委物色，自然不免调集虾兵蟹将前来助战，整个江北顿时滿城风雨。广大工农兵见保宝們这般无理，无不义愤填膺，一举冲开封鎖，救出革命小将，并江北城举行声势浩大的游行，以示抗议。江北区委见此情景，魂飞魂散，心惊不已，慌忙组织"啦啦队"在两次被罢官的原区长郑汇东的带领之下，一路狂吠，一路哀："保卫省委"！"保卫市委"！保卫区委"！保卫街道办事处"！直往八·一五派游行队伍冲来，两支队伍相逢，真是宽家路狭，免不了一場冲突，但见刹那间保宝們手中的毛主席象架，语录牌盘头盖耳向小将們打将下来，但见：碧血四溅，叫声接灭，飞砂走石天昏地暗，一边是、保宝猛掄大棍，挑起武斗，大打出手，恰如恶魔悬屠刀；一边，是小将奋力自为，坚持文斗临危不惧，誓以热血谱壮歌。

话分两头，却说鲁氏从井犬领将锦囊妙计，不敢怠慢当即召集市委各要员，布置反扑计划，你看他一对鼠眼转个不停，两片猪唇，颤动不已，鲁道："井犬同志讲了吆，重大八·一五不讲阶级路线，到处乱闯，制造乱子，大家看一看，是不是这样呀？这几天江北发生的事是坏事我們伤了一些人，也是好事，'福兮祸所依，祸兮福所伏'嘛，教育了群众吆。”说到这里，鲁假惺惺地环顾左右问道：“大家看怎么办呀？是不是让他們再暴露？”众要员会意，齐道：“暴露得够充分了吆！”“不能再让老八胡鬧了！“老八真他妈混蛋透顶……”鲁哈哈大笑道：“罢，罢，罢，就是这样办吧！李政委也正是这个意思”。鲁说着一边翻开日记本，板着面孔，大吼一声：“政委手喻！”各要员均知井犬善“刮胡子”，积数年之经验，深知当唯李贼之命是从，否则不仅烏纱难保，而且人命危浅，因此一听“政委手喻”都嘩然一声站将起来低头九十度，以示景仰。鲁念道：“八月十五日是右派学生鬧事，重大八·一五是反革命组织，趁毛羽未丰，当挫杀之，若不斩草除根，将危及我党，后患无穷，机不可失，时不再来，趁八·二八之机，当全力弹压，不得有误。”众要员领命而去，各奔东西，“串联”去了。

为了扼杀新生的八·一五，市委要员們拿出了全付的看家本领。鲁大东亲临第一线督阵，黑市委秘书长王若起草给中央办公厅的报告，李贼，鲁氏亲自删改突出江北“惨案”，并上报李大章、廖志高、周颐。九月一日，江北区委发出机密文件，“重大八·一五在江北城干了些什么”。虽然如此，井犬仍觉不太稳妥亲自拍马舞刀杀上来。列位观众，你道李井犬怎个杀法？

原来李井犬与两面三刀的全国最大的保皇狗陶铸乃是难兄难弟、一丘之貉，虽不象与贺老总有裙带关系，但是政治上的反动仍使二贼相依为命，井犬当即掛上长途电话：“喂！你是陶老弟吗？”陶铸一听是李老兄，答道，“是啊！老兄有什么事需要圆滑圆滑呀”，井泉道“重庆有个八·一五吆！敢闯，但组织不纯，作风脱离群众吆，到处乱串，乱闯，专找地富反坏分子，到处打人，戴高帽子，群众意见很大，甚至小崽儿哭，一听八·一五来了都赶忙收口吆！”陶铸明知有诈，但仍道：“八·一五打了人是反革命事件，按人民内部矛盾处理，但要指出打人不对！”这正是桃李相连，心照不宣，眉来眼去，狼狈为奸，必竟陶贼还有什么妙着？后面自有分晓。

且说江北区委书记郑天明在黑市委召集的黑会上领得圣旨，便连夜唆使几个戈培尔的中国玄孙连夜制造题为“工农兵立即行动起来了解八·二八惨案眞象——第一次告全市同胞书”的造谣传单。笔者不是史家，如读者有兴趣于“八·二八惨案”，可以参阅重大所编“八·二八专辑”方知黑市委是何等地无能和无耻。

却说这十八中红卫兵总部的“第一次告全市同胞书”一经出笼，全城的宣传机器马上来了一个齐步走。全市各保宝见十八中“红总”为黑市委立了这一大功，分外眼红，哪甘落后，于是奋起直追，尽献绝技，刹时间：“重大八·一五是反革命组织”，“重大八·一五是蔣介石反攻大陆的前哨部队！”的大标语滿城张贴，比比皆是，比“第一次告全市同胞书”更为离奇绝妙的造谣传单爭相上市，不惜血本，减价出售。

李井犬见舆论造好，又找到鲁大东面授机密“在组织上孤立重大八·一五！”鲁氏会意，当即吩咐王若通知各工厂、农村、街道迅迅组织红卫兵。不一日只见工人红卫兵，农民赤卫队，老太婆红卫兵，老头子赤卫队滿街遍野，袖章呢？二毛錢一个，买一送一，包使包用。

井犬见舆论造好组织落实，三窟已经营就，天罗地网设好，不愁鎮压不下老八，密令道："火速鎮压"。只见红灯一闪，整个山城妖雾迷漫，硝烟滚滚，白色恐怖代替了四大民主，围攻斗爭代替了辯论，平时热鬧的解放碑，八·一五战士被戴上了高帽子，滿身浆糊，贴着"牛鬼蛇神"，"反革命分子"，"八·一五暴徒"被围斗三天三夜，被打得遍体鱗伤，死去活来，甚至支持八·一五的工人、农民也和八·一五同等待遇，挨打、挨斗，被抛进临时的监獄，慘状万端。限于篇幅！恕笔者不在此细表。

却从九月三日这一天晚上，月黑风高，突然四辆华沙牌小车驶向沙坪坝，直奔师专而来，原来，李贼见硬的一手已布置就绪，于是已来软的一手，叫刘文珍、鲁大东、廖苏华、辛易之四人前往师专作"假检查"，文武并用，软硬兼施，看你老八如何招架得了？

刘、鲁、廖、辛四人刚到师专：突然探子飞马而至，扑倒在地，大声哀嚎："大人，不好了！"原来九·三这天，重大八·一五等革命造反派为了爭取四大民主，为了反对市委迫害。在城内举行了声势浩大的示威游行，队伍刚返回沙坪坝，一听黑市委要作"假检讨"，心中直如怒火高烧，马上高呼"集中火力，炮轰市委"！"火烧李井泉"！浩浩蕩蕩，直奔师专而来！刘、鲁、廖、辛四人见势不妙，愁容相对，面面相嘘，不知如何是好？！这正是：莫道巴蜀从此暗，于无声处听雷鸣。毕尽九·三晚上又将是一場如何的激战，且听下回分解。

第　四　回

耍花招井犬佯装癞皮狗
反迫害小将北上求救星

话说刘、鲁、廖、辛四人幸到师专，在校门口恭候多时的师专保宝們争相拥上前去，齐声卖乖道："請大人摸顶受戒，普降福音！"刘、鲁四人领首伶笑，频频挥手，装腔作势道："同学們，我們是来向你們学习的，呃，向你們……呃，进去一起谈吧。"

这四人被保宝前呼后拥走进师专礼堂后，师专红卫兵（师专八·一五前身）和该校革命群众便陆续入場，待人到齐了，鲁大东马上摇扇挥手登台表演，鲁道："同学們，同志們，我是市委的普通工作人员吆，我們市委吆在八·一五这个问题上犯了错误，今天向同学們检讨，呃，检讨……嘿嘿嘿，呃，是不是呀……同学們！"师专红卫兵见这四人行动鬼祟，出言狡诘，知来者不善，便笃地跳上台去，喝道："鲁大东，你們今天旣然是来检查八·一五问題上犯的错误，那末試问：为什么不請八·一五事件的主要参予者重大八·一五？为什么你們早不来，迟不来，偏偏要在今天来？今天是什么时候？全城一片白色恐怖，我們的战士到处被抓，被斗，被打，我們得不到民主的权利！这些事情，你們不过问，不解决，来作什么八·一五的检討，这只能是假检討！假检討！我們不要这样的检討！！！"话音刚落，全場大噪，师专红卫兵鱼贯而上，纷纷控诉市委对八·一五的迫害，保宝們见了这般情景，也笃笃地跳上台去，齐声哀嚎："强烈抗议，师专红卫兵！破坏大会！强烈抗议……”两派政治势力在会場上展开了一場激战，这正是：保市委，保宝出洋相，斗黑帮，小将称雄豪。正在这时：突然细作癞探子飞报刘、鲁、廖、辛：“首长大人，不…不好了，重大八·一五队伍向师专冲来，现已到沙坪坝影院，請诸位大人火速定夺”。四人顿时神色惊慌，焦急不已，正在冥思苦想，无计可施之际。但见师专一麻将上前献计道：“首长大人今天是老革命遇到了新问题，奴才有一小計可以安然脱身。”四人一听可以迴避，喜出望外，不待说完便齐声道“快快褱来”。麻将道：“敝校甚小，无处可以藏身，唯食堂伙房地势偏僻，无人注意，可以暂避风雨。”听毕，刘文珍和鲁大东，辛易之低眉附耳一番，便与“廖大姐”带上随从贴心自找苦吃而去。

刘廖刚才溜走，只听得喊声如雷，鲁、辛定眼看时，但见一彪人马队伍整齐，旗帜森严，杀气騰騰，呼着“集中火力、炮轰市委”“火燒李井犬！”等口号，直奔师专广場而来，此乃重大八·一五是也！

说时迟，那时快，重大八·一五早有几名战士冲上主席台，向鲁大东、辛易之，黑市委提出四项要求：一、立即下令释放所有被抓的八··一五战士和所有革命造反派战士。二、必须保証四大民主，今后不得再发生保宝抓人事件，三、必须对八月十五日重大革命行动表态，对八·二八表态，四、辛易之必须到重大认真检讨，直到同学滿意为止。

再说刘文珍到了廚房早有电話候用，当即拨到六六九三四向井犬汇报道：“井泉同志，不好了，重大八··一五出其不意，攻其不备，现已闯入师专会場，大东、易之正在受到围攻，根本无法进行检查，他们还提出四项无理要求，政委看如何是好？”井犬听罢，冷笑一声道：“哈哈哈，还是那句话吆，‘乱世出豪杰’，你們要与重大八·一五打疲劳战，顶住就是胜利，任何条件都不能答应，后路要留好，重大八·一五总不敢打人”。打法吆？还是照原来设想的进行，大东、易之在第一线顶住，你和苏华同志在第二线，我在第三线，通过专线电话联系。其他事情吆？我自有安排吆”。这道圣喻刘廖当即通过专线电话告知鲁辛二人。

奴才安敢违抗主子的命令？鲁辛二人领旨之后。細想：“这又正好是受考验的时候，或许是天要降大任与我們吧！硬着头皮顶下去政委不会相亏的。本来我們又都与八·二八有瓜葛，不顶，八·一五打下去，烏纱也难保住”今天干脆对四项要求听而不闻，视而不见，佯装不睬，看你老八咋办？

八·一五小将见黑市委老爷如此无理，早已义愤愤膺气炸肺腑，数千人同仇敌愾，毅然宣布绝食，并表示在四项正当要求未得到实现之前决不复食。斗爭从三日晚上进行到四日凌晨，又从四日凌晨进行到四日深夜，在这整整一天一夜的时间里，小将們与难忍的饥餓、与九月的焦阳、与李井泉调来搗乱会場的说宝們进行了艰苦卓绝的斗爭，演出了一場威武雄壮的活剧，时人有七绝一首赞曰：

莫道山城千瘴暗，小将造反战犹酣
负害围攻何足惧？誓教巴蜀换新天

却说四日晚上，夜幕垂空，玄云密布，遥望太空，月隐星疏，环顾渝州，夜色茫茫，到处一片白色恐怖！在李任死党的严密封锁之下，茫茫山城，已经找不到八·一五小将的一席安身之地！“抬头望見北斗星，心中想念毛主席！”数千名八·一五战士在艰难困苦的条件下，想起了心中最红最红的红太阳毛主席！走！上北京求真理！上北京求救星！数千名小将忍着极度的饥饿和疲劳出发了。但见：一路人流，一路壮曲，好似红军长征过草地，谱得雄歌壮青史，恰如英雄横刀上战場，敢将赤胆照长空，小将們互相鼓励，互相帮助，互相搀扶，悲壮地向北京进行，一路上广大的工农群众见小将惨遭迫害，壮烈北上的情景，无不悲痛欲泣，痛彻心脾，无不对李、任死党恨之入骨，纷纷箪食壶浆前来相慰不在此细表。

再说，鲁、廖等市委一般旧官见八·一五北上早已弄得手脚无措，如热锅之蚂蚁不知如何是好，他见井犬无若其事仍旧快乐，列位观众你道井犬如何不愁。

原来井犬如三窟狡兔早已亲自掛长途电话与鉄杆保皇陶铸道。有电话记录为証，陶铸那边记道："贤弟呀！重庆又出事了吗，重大八·一五几千人又在师专鬧事，还出提四项非法要求，要大东易之答应，把大东，易之斗了二十八小时吆，这般小子簡直不听話，乱造反。还要要挟大东和他一起上京告我的状吆！贤弟呀，八·一五到了北京你替他解释解释，多多包含包含"。陶鉄杆老保安慰道："兄之所托，小弟安敢怠慢，八·一五此次来京告状管敎他败兴而归，小弟决不会对八·一五加温，有小弟在，长兄西南土皇帝之宝座稳如泰山，无人可以动摇。"井犬自然大喜不已。

观众皆知李井犬素来生性狡诈诡谲，口蜜腹剑，现在虽然已和刘、邓串成黑线，结为死党又有陶铸庇护，但仍感实力不足，近来赤卫军和八·一五屡次战役又只有招架之功，那有还手之力，不敢乐而忘忧。正在思索对策，忽然警卫员进来交上一封家信上面写"呈李井犬大人亲启"，落款是"清华大学李黎风缄”拆开看见上面全是谭立夫的经文和北京西纠活动情况，井犬顿时豁然开朗，喜上眉梢。大叫一声“有了”，这正是：踏破鉄鞋无觅处，得来全不费功夫。

话说井犬从安乐椅上跳将起来，唤过鲁大东、廖书华、辛易之各自吩咐一番，但见三辆华沙牌轿车匆忙忙飞驰而去。

欲知三人此去有何贵干，有何丰功，且听下回分解。

第五回

思想兵蛋生　保宝身价十倍

中軍帐密会　井犬反骨毕露

书接前回，话说刘、鲁、廖、辛乘四辆华沙牌轿车去后。乃是到各校去串联一番，凭着三寸不烂之舌，干尽苏、张游说之能事传达李井泉的意旨，给各校保皇卒拉线引导。使他們在誓死保卫西南局、省市委、区委、校党委、厂党委乃至于街道办事处、居民委员会的大方向一致的前题下团结起来，共同对敌。

却说九月七日这天早上，晨光微曦，只见得大客车、小轿车、吉普载着赤卫军高级将领从四方八面向市委驶来，作为“敬爱的市委”的客人，众麻将自然容光焕发，满面春风。

市委工作人员将这群小保宝們带进一幢西式客厅。哈！妙哉，沙发椅子的面前是一杯深绿的洞庭碧螺春。桌上的麻饼、麻花、米花糖、金川雪梨、麻皮苹果堆得如小山一样，琳琅满目，应有尽有。众老保如癡如醉，想入非非，恰似睡在黄粱亭上。众麻将正在“哈！哈！哈！嘿！嘿！嘿！呵！呵！

啊！”俯去仰来，不亦乐乎，只听得门外一声干号：“李政委驾到！”众麻将刷的一声，肃然起立，鞠躬以候，以表虔诚。

且说井犬度着方步走在前面，刘、鲁、廖、辛点头哈腰紧紧尾随，井犬一见众保皇早已恭候，如此乖顺，好不快意。众麻将一齐高叫：“我們都是红五类，誓死保卫李政委！”，但见井犬频频点头，招手示坐，道：“諸位小将辛苦了吆我还得向你們学习学习，你們是我們未来的接班人嘛，还是后生可畏吆，嘿！嘿！嘿！今天找大家来是商量一下如何组织起来对付八·一五吆，諸位还是先畅所欲言，各抒己见。”众老保如鼠雀噪相继反映了八·一五派活动情况后，纷纷献策，不必多述。唯有师专李××发言第一精采，感情特别冲动，语言激烈，破口大骂八·一五是“暴徒”、“反革命”，更是卖力，井犬是最能物色的，李××一付骂街劲颇有几分泼辣，连连三次问道“你上台讲话怕不怕”。列位莫道李××立場坚决原来李××受蒙蔽太深，把死保李任死党认为是捍卫毛泽东思想，井犬自然赏识，亲自递上麻饼一块嘉奖道：“她就是敢上台，你們要象她那样。”重大赤卫军代表怎能甘心就此失宠，表功道：“八·一五送了我們一付对联，我們也还了他們一付。”井泉深知，請将不如激将，为了煽动重大赤卫军全力牵制八·一五，意外有音地答道：“你們那不是进攻的，还是防御的，我不满意你們那个赤卫军就是这些地方。”井泉又怕伤了奴才的锐气，一转话题：“八·一五的成员怎样，”对曰：“他們黑七类子女多！”“你們赤卫军呢？”“也有黑七类子女！”井泉当即两手合掌念起立夫经文；“你們也有黑七类子女，所以别人抓你們的辮子，我建议你們别搞那个赤卫军，还是搞个红卫兵好，要组织一支阶级队伍吆，以红五类为核心，今晚上就要发展一批，名字是否可以定为"毛泽东思想红卫兵。"黑帮主子放个屁，保皇小丑跑断气，只听得客厅上连续发出"嗞！嗞！嗞！"的爆发声。

井犬继续道："现在只有你們才敢说话，我們都不敢说话了。一说话就说我們是内奸，说我們是黑帮头头，以后成立了毛泽东思想红卫兵就好了，从今天起一切权利归红五类。"井泉早知保皇必须有甜头，重赏之下出猛士，自然拿出封官许愿的法宝，随着又道："你們大胆地干嘛，他們不敢碰你們红五类的，就用你們这支红五类队伍去冲！冲出一条红线来，他們那边的红五类如果愿意革命的，就站过来，剩下的就是几个黑五类，或其他的了，八・一五就冲散了，十天就可改变重庆政局。"为了给众老保打气，井犬又道：现在八・一五有点象匈牙利事件让他們去冲、去整，演习演习匈牙利事件，好教育我們，前些日子我说八・一五是革命的这是策略嘛！要敢于斗争，善于斗争，真正的共产党人，真正的马列主义者是骂不倒的要坚决顶住，这次辛易之在师专顶了二十几个钟头，是我有意叫他們去受考验的，看他們是否顶得住？他們在前面顶，我在幕后出点子，用电话指挥他們，顶住就是胜利，现在不是胜利了吗？"众老保齐叫："政委高见，深谋远虑，我等望尘莫及。"井犬继续道："书记被斗二十八小时，收获不小嘛，既锻炼了领导，又暴露了问题，鲁书记给你們树立了榜样，你們要好好地向他学习呃。"此时众厮将热血沸腾，振臂高号："向鲁书记学习！向鲁书记致敬！""紧跟鲁书记彻底闹革命！""鲁书记好榜样，阿赤老纠齐跟上!”呼毕，齐向井犬表决心道：“政委手喻，小的們不敢有违，今山城混乱，八·一五聚众鬧事，弄得鸡飞狗跳，民不聊生，十恶不赦，罪不容诛，政委你老一向领导我們，‘朔风知劲草，岁寒识松柏，乱世出豪杰，国难显英雄，我等虽然不才，愿举义旗，精诚团结，戮力在你的领导下同心保卫省市委，保卫西南局，誓死保卫你，愿聆听你的指示，一举击破老八，克服渝州，以报政委知遇之恩”。这一席发自肺里的心声振振有词，如金石铿铿，多么激昂，多么慷慨，多么赤诚，直乐得井犬不停的仰头狂笑。会议圆滿地结束了，市委门前大小的车辆相继消失在夜幕中，井泉心中高兴，不能夜寐，独步庭园用三花鬧的调子唱道：

唯有我的运气好，帝王家里有人保。

麻饼换得猛士来，依儿呀得儿喲喲，成败胜负在明朝。

一曲唱罢，井犬给重庆日报掛了一个电话，李道：“喂，老袁吗？嗯，我是井泉哪，嗯，明天的事知道了吆，你們办报的，是不是发点社论什么的造造舆论呀？好，好好，社论的标題就叫‘思想兵万岁’吆，直截了当，说明问題吆，嗯，是呀，是呀，你們配合这件事情再写一点通讯啦，再找几个老工人、劳动范模写写感想吆，好了，好了。”却说重庆日报袁明阮接得井犬圣喻，真是受宠若惊，连夜派人写社论，写通讯，为思想兵的诞生大哭大叫一番，不在话下。

九月七日上午，重庆城内平地一声哀号，思想兵离奇怪诞了，黑市委喜事临门，自然忙坏了产婆兼大东，“廖大姐”，李井泉早就准备好贺礼三种，一请联动分子给思想兵做“老子英雄儿好汉，老子反动儿混蛋”的入禅受戒报告。二請成都军区黄新庭、郭林祥下达命令要重庆驻军在思想兵邀請时派出辅导员。三是将《香港夜报》、日本资产阶级报纸评论摘抄下来遗馈给思想兵。并加上朱笔批语曰："我借这些批评的正确部分来祝贺你們的会议，也希望你們用这些评论来鞭策自己，努力完成毛主席的期望你們的光荣任务。"列位观众，这李贼素来是会打着红旗反红旗的，借大腹便便的资产阶级老爷們对中国红卫兵的"批评"来祝贺思想兵，并要思想兵用这"批评"鞭策自己，去完成毛主席所期望红卫兵小将的光荣任务，列位观众，你看这是不是对红卫恶毒毒的攻击，对毛泽东思想肆意的辱骂。对思想兵深刻的毒害。然而思想兵竟以政委圣旨，义不容辞，理当受之，和麻饼一起塞进了腰包。有土皇帝李井泉撑腰作后台，自然在这怪诞之日渝报、渝台、喇叭锁喇声竭力叫个不停，好端端的山城，被鬧得烏烟瘴气！

这正是，一夜妖风过山城，离奇怪诞思想兵。效尽保皇汗马劳，为报李任封侯恩。

李贼如何操纵思想兵，如何使他成长，如何壮大，思想兵如何报答龙恩，下回自有分晓。

第 六 回

思想兵营建麻总部
李井犬智激孙先余

上回说到思想兵离奇怪诞市委门前贺客如庭，水泄不通。黑市委喜得一子，自然不免精心安排，加之井犬本来就十分宠爱思想兵，养兵千日，用兵一时嘛，既然要让思想兵为自己去"冲出一条红线来"一切应该从事安排。虽然井犬爱阿思如心肝，但为了长久的打算井犬是不会轻易动感情的，他明白要能更好地对付老八还是口密腹剑，两面三刀，幕后操纵，背地指挥思想兵的好，所以思想兵蛋生之日并不亲自出马，赤膊上阵。但又觉礼物相赠太薄，过意不去，又打电话给莫泽礼下了三道命令"1.思想兵蛋生会必须隆而重之，六千工农停产入場贺喜，大东同志必须致词。2.拚命发展思想兵，要以数量对质量。3.八·一五开会什么东西都不给，一点不给，半点不给，拖垮它。

井犬之令大小娄罗谁敢不从，廖大姐更是忙得焦头烂额，急唤过思想大小教师李友、严林、崔连胜、莫泽礼商量新生儿馆窝择在何处最佳，諸小丑禀大人，齐道："小的們以为设在峨岭最宜，这里可以眼观山城烽火，目视两江惊涛，山势险峻，林木郁深，且交通方便，到市委甚近，只要车费四分，更何况是轿车迎迎，来去公路两条，庶姘车可以直进，虽不及峨嵋青城.天下优秀，地址清僻可以读佛念经，但是"修养"、"修养"、"三省吾身"，練成一付低眉顺眼，奴颜媚骨的硬本领也倒是一个好所在"廖大姐听了这番分析，顿时心花怒放，喃喃地道："好的，这所在的确是好的。"日后有江西月一首为证：

巍巍峨岭公园，林木遮日蔽天。小道恬静闻鸣蝉，极目两江风帆。

赫鲁少奇"修养"，庶儿仔细专研。日暮黄昏苍山远，阿赤亭台坐禅。

馆窝既定，衣食不可不从丰安排，廖大姐唤过莫泽礼道你与粮食公司打电话叫他准备千斤机动粮听后调拨，又唤过崔连胜道你亲自到财税局领一万元的活动经费供奉支付，再唤过严林、李友道你二人到市委火速给总部准备吉普摩托、油印机，从××（保密）厂调来打字员各自领命而去且按下不表。

再说井泉这老贼比水精猴子还要狡猾，比九尾狐狸还要奸诈。心想："思想兵如今虽然已经扶植起来还不知工厂农村如何，"当即唤过刘文珍道："你快将全市各大厂矿书记叫来我自有吩咐。"刘文珍不敢怠慢，火速办理去了，约摸半小时后只见得各式各样的轿车吉普都都然鱼贯而来，不多一会潘家坪招待所宽阔的停车場上的小车儿已经密密麻麻，十分拥挤，五十多位书记先后步入会议厅，正猜不透今天会议宗旨，只见刘文珍、鲁大东已尾随着李井泉进来了。众书记一见老头子驾到莫不惊讶，心想必有贵干，前一段时间才组织过工人红卫兵，如今工人不搞红卫兵，不知道又要改头换面来个什么玩意儿；一面猜测，一面以崇敬的口气齐呼。"政委御驾亲征辛苦了，祝政委龙体健康。"土皇帝心里自然暗喜，但也假惺惺的慰劳道："众书记一路受尽风尘，饱尝艰辛，辛苦了吆，今天請诸位来谈谈各厂文化大革命的情况。"话音刚落，只听得一片叫苦声道："工人不好管罗，现在好多都跟着八·一五闹事，造反了，贴大字报，写宣言，发声明，还扬言要揪厂内走资本主义道路的当权派，组织又多、又杂，闹得天翻地复，离心速度很大，不好办哪，請政委指示！"井犬早有安排，佯作沉思一番道："这个……这个，谁反对厂党委、市委、省委、西南局就是反党吆。真正的工人、学生是热爱党的，热爱毛主席，爱得很深的吆，听党的话，听毛主席的话的吆，解放前他們受苦，解放后我們给他們带来了幸福。要启发他們的阶级感情，不能让八·一五所搞的匈牙利事件把他們的幸福夺去吆？要把他們组织起来保卫胜利果实吆。”列位观众你看这老贼是何等地会利用工人对党和毛主席的热爱，蒙蔽他們，以保护自己，是何等地会打着‘红旗’反红旗，他打出的王牌正是“老子就是党”。井泉又道：“全省、全西南的工人都要组织起来，重庆应该带个头吆，你們这些书记要亲自出马把工人组织起来，这支力量很大吆，工农兵是主力军嘛，让主力军去冲杀那些反革命不是很好吗？他們还可以和思想兵相互支援，革命的工农兵是红卫兵的坚强后盾嘛。”这一席话讲得那些党内走资本主义的李任死党的走狗好不心花怒放，只听得会议厅内一阵欢笑并齐呼：“高！高！高！政委真是智囊，我等效法不尽，须向你好好地学习一辈子。”井泉又道：“我看这些工人组织都定一个统一的名字都叫工人纠察队好了，这个名字好吆，二七大罢工时的名字吆，这样就可以把工人组织掌握在我們手里，让他們去和八·一五周旋，加上我們手里有的是权。”说到这里井犬将青筋老綻的手紧紧捏起往下一挥道：“这下就可以将八·一五致于死命。”只见得爪牙齐声叫道：“妙哉！妙哉！政委深谋远虑，行军用兵之道，我等望尘莫及，当尽力而为之。”众人话毕，井犬又道：“假如八·一五敢与工人纠察队交鋒，这便是把矛头指向工人阶级，你們就可说八·一五造无产阶级的反，造贫下中农的反吆，这是一箭三鵰的好买买吆。”众书记齐声叫道：“高！高！政委老当益壮，有范增之才，‘年七十好奇計’，我等相去十万八千里。”井犬道：“那里，那里，诸位正是周（瑜）、谢（玄）年华正好建勋立业觅封侯，如愿随朕征战到底自然升官晉爵。”井犬这一席封官許愿的话，正中爪牙下怀，好不高兴，齐呼道："李政委，好领导，我們愿意听你调。"井犬大喜道："燕汉民你火速将工交政治部、国防政治部、机械政治部召集开会，由各厂书记出面将工人纠察队组织起来，袖章由重庆市总工会印发。"燕大吼一声："得令"又命道："程子华川北、川西工人纠察队具体由你抓"。程高叫一声："得令"。井犬然后叹道："重庆有如荆州重鎮，事关紧要，但目下白戈已下野，除大东、易之外，难找一个可以独挡一面的大将，重任难托咧！"这正是請将不如激将，只见列位之中伸起一个蛤蟆头老鼠眼的汉子道："末将虽然不才，但随政委征战多年，虽无千古奇功，但也披肝沥胆，耿耿忠心，如政委念臣汗马功劳，尝臣脸面，托以重任，臣当赴湯蹈火，刀山火海，万难不辞。"听声音土皇帝李井犬知来者乃孙先余是也，大喜，当即吩咐道："好！好！好！鲜鱼啊！你的任务艰巨吆！重庆产业工人之多全国名列前矛，如工纠、思想兵组织得好，发展得快，李家王朝无人可以摇撼，尔封侯之功日时可建矣。"鲜鱼干嚎一声："得……得令欧！"井犬见諸将如此戮力同心，卖力苦干，好生快乐，虽然明天就是动身到贵州，且要躭擱数日，但一切安排已妥，心情分外舒畅，用鸭嗓子唱了一段《天涯歌女》，哼罢，去用山珍海味去了。

再说孙鲜鱼领命之后，在"为了保卫工厂"的幌子下，挨家挨戶登记，袖章送貨上门，弄得受蒙蔽工人不知为什么就当上了老纠。但令孙鲜鱼苦恼的是难管的学生，无羁无绊，沒龙头的马一时要全部拉入思想兵也不容易，更何况造反学生本身就无法哄骗，无所畏惧，只得拜会大东、易之，岳林凑出一条毒计名曰："送子参军"。列位观众，这子如何送，孪如何参，且听下回分解。

第　七　回

送子参軍
　孙先余　跳梁演丑剧
穷极无賴
　李井犬　月下宴宾客

上回说到孙鲜鱼大搞"送子参军"你道这子如何送法？孙当下唤过李友，莫泽祇低头附耳如此这般吩附一番，只见莫、李二人便分道揚彪而去。只見得莫某乘着一座烏龟车儿向长安厂沒命地奔去，当下找来江北区委书记和长安厂厂党委这伙李井犬的马前卒八·二八惨案的直接策划者将政委手喻，鲁、辛、孙、岳的指示一一宣读，读完群丑三呼万岁，叩拜而受之，各自分头行事，不出一顿饭功夫便骗得三十六位老工人，老贫下中农来，只见得莫某一付油嘴唾沫横飞，两片滑唇，白泡直翻，三寸燒舌、犹如毒簧，搬出井犬理论，祭起立夫经文，胡诌一番，随后拿出一张长安厂起草，重庆日报编辑沈××（现砸派女将）修改，孙鲜鱼定稿的"送子参军倡议书"皮笑肉不笑地说道："烦劳诸位老伯，晚辈这里有印色，市委已把'倡议书'准备好了，你們只要盖个手印就算对红卫兵支持，对党热爱，对市委的信任。哈来！来！来！"说罢便端起印盒下坐，轮转一周。自然当晚不免吹吹打打，举行仪式，第二天的重庆日报不免大下横幅，朱红字，招摇撞骗过閙市。这且按下不表。

井犬这老贼在重庆是下了大赌注的，那里肯放手离去，到云贵去后曾然身在滇黔，仍然心怀渝洲，不几天又回到潘家坪来，第二日风和日丽，高大的王按，开不败的夹竹桃，长绿的扁柏，夹道的万年青把本来就座浴在郊外的高级招待所点缀得格外宁静，临如世外桃源，井犬心情十分舒畅，正懒洋洋地坐不象坐，睡不象睡地胡乱靠在搬在屋院里的一个沙发上，井犬是戏不离口的，他的脸上看上去好象是唱着“西皮”，嘴里却哼的是“二流”调的《化子骂馆》，井犬的西皮二流正唱得起劲，大东，易之拜会来了。二人一见老头子今天如此高兴，知道万事顺畅，待井犬赐坐之后，二人齐道：“最最热烈欢迎政委凯旋归来”！井犬道：“此次去云贵一帆风顺，还办了几件大事吆？现在炮打司令部很厉害，动不动就要揪，老贾（启允，贵州第一书记）这次能干吆，我叫他顶住不要轻易表态，只有犯了方向性、路线性错误的司令部才能炮轰，贵州省委的问题和任白戈不同嘛，他們按我的十六字令办事：‘坚守顶住，顶拖结合，以顶为主，后发制人。’结果顶住了嘛。”鲁、辛立即捧場道：“政委眞是功过三星，业超五帝，三星护佑，帝运亨通。”井犬又道：“昆明八二三也有一小撮反动学生鬧事吆，这次我吸取了对付八·一五的经验搞了六点指示，方才稳住了阵脚吆。”井犬正在洋洋得意忽见一市文革小卒闯入道：“禀政委四川饭店传来可靠消息近来北京来一‘西南挺进纵队’，已探得其中不少保宝，队长郭振峯，政委王延生保历悠，廟得可爱。与令郎有吻颈之交，請令定夺。”井犬本来高兴，一听这消息更是欢喜若狂，心想这眞是天助我也，忙道：“引南泉之水为汝等洗尘，置茅台美酒为保宝接风。”十多日来未见过思想兵不知壮大得如何又吩咐道：“今天应该让思想兵作东道主吆，重医的姑娘（现在的疆派）应该来招待所吆，梁立夫，李立夫等也找来，大家引见引见，亲热亲热、学习学习嘛”。只听得嗻的一声小卒一溜烟不见了。

观众必然要问，四川饭店怎的知这等消息？原来井犬老贼是明暗手腕都来的，早已动用了专政机关，建立特务机构，把文化革命办公室作为推行资产阶级反动路线的工具，还信任不过，又找了贴心豆办成了个“五人核心办公室”，地址设在重庆宾馆，门挂上着外地单位驻渝办事处的招牌，下属一个情报网。为了把西南变成井犬的独立王国，在北京又在四川饭店设立偷听机构刺探各种情报，上串通刘、邓，下有走狗跑腿岂有不灵通之理，凡来重庆的组织远在千里就已把你的观点派别了解得一清二楚。西南挺进纵队的行为自然也洞悉无余了若指掌。

再说那小卒去后将井犬圣喻传达，“市文办”不敢怠慢当即派出各种轿车十余辆将西南挺进纵队高级将领接上车在市内兜风一圈然后径自往潘家坪而来，车至潘家坪井犬带着穿戴节日盛装的男女麻将步下玉阶亲自相迎，接至大厅。

各就各位之后，井犬道：“欢迎！欢迎！我代表西南局欢迎你們西南挺进纵队吆！”这伙洋麻子早已受宠若惊，心情激动，那血直往脑门中来，两耳滚烫，说话也颤抖而结巴了，王政委站起来说道“我們是来向战斗在大西南的红卫兵学习的。”接着只见李立夫领呼口号“向挺进纵队学习！向挺进纵队致敬！”王某领呼口号“向思想兵学习！”“向思想兵致敬！”呼毕，井犬道：“都是兄弟组织何必这样嘛”这正是：“海內存知己，天涯若比邻”，土洋麻子儿，本是一家人。会议开始井犬吩咐道：“小李子”，“喳”！“你给挺进纵队的介绍介绍八·二八。”“……”于是李立夫的脸上就布满了阴云，背颂着那一段早已熟悉的台词“八·一五”嘛在下横街小学用石灰撒眼睛，用放进痰盂的糊满口痰鼻涕的包子硬塞进教师咀里，有的乘机侮辱妇女，大耍流氓动作，无耻的扯女教师的裤子，摸女教师的下身，故意撕碎女教师的衣裙、还在一个女教师文意志胸脯上乱杀绝灭人性地说“给你正驼背，……”说道这里只见四座皆痛不欲生齐呼：“坚决揪出八·一五一小撮反革命暴徒！”“为受害的女教师报仇！”呼毕井犬道：“重大八·一五的串联是革命的，我支持，但是八·二八这类似匈牙利事件的行动我是不支持的吆。”只见得挺进纵队长郭振綮早已按捺不住，从座位弹起来一面谩骂一面沉思道：“八·一五，反革命，在大西南制造白色恐怖死有余罪，我們坚决支持思想兵的一切革命行动，李政委观点鲜明，立場坚定，我們就是要保，保定了”。井犬见目的已达到便一转話题道：“思想兵要尽快发展吆，国庆节前要发展到十万人，我們好检阅浩浩蕩蕩的红卫兵队伍”！说罢又转过脸对着李立夫道：“现在你們有多少人。”李答“六万。”井犬道：“不行吆，据我了解八·一五成分好的也有80%，非把八·一五的红五类争取过来吆。”众痳将道：“八·一五的大多数都很鉄杆咯，不好争取咯。”井犬为了保自己是什么卑劣行径都干得出来的，加之那老脸无羞便直截了当的说到：“你們学生之间有办法嘛！大家是同学，平时相处在一起，难道沒有一两个好朋友吗？你們有讲恋爱的吗，可以互相勾扯勾扯嘛！”老头子到滿不在乎的，直弄得重医来的接待员滿腮飞红，王政委、郭队长不好意思。下面有勇者答道：“学生不准讲恋爱。”井犬马上道："总可以通过互相关系作工作嘛。"勇者称"喽"。

井犬今天特别高兴，决定以晚宴待贵客宠儿，于是对与会诸位说道："众小将，吃了晚饭再走嘛。"王、郭忙道："谢主龙恩！"井犬又道："今天的会虽然沒有我爱吃的"不锈钢板烫鸭脚皮"、仔鲢鱼，牛生殖器、鸡肾，但人参燕窝、山珍海味、玉盘佳肴也值得万錢，比麻辣味美千倍。"此时厨师对井犬说，宴会要再待半个钟头，井犬愀然長叹：都是八·一五打破了美好的日子啊！要不然今天你們这个来自重医的高个儿姑娘正好和纵队長們跳他娘的一場交际舞吆，现在只好勾扯勾扯算了！"王、郭二位感激万分，那血从脚底的涌泉穴，一直冲到头顶的泥丸宫，当即拜在井犬脚下，概然而曰："多蒙政委如此见爱，臣等眞是寸草之心，难报三春之暉，来无引荐之物，去时当竭蝼蚁之力、效犬马之劳。"犬大喜而去。

此时正是：花香竹影水动天，皎皎明月栅梢间，王、王两两去无影，不知宴会几时完？

欲知纵队長們告别山城时有何好戏，且听下回分解。

第八回

陶老保北京謀陷八·一五
李井泉山城挫杀紅卫兵

书接前回，话说井犬款待土洋麻将的筵宴轮杯把盏，通宵达旦，直到拂晓，酒足肉饱的西南挺进队的队長政委們方才由重医接待员扶上轿车。王、郭二队長虽然烂醉如泥，但仍然是酒醉心明白，说道："政委，您比我們的亲爹娘还亲，您老热情[illegible]思想与串联，今生难忘，我等定效犬马之劳，给点厉害给八·一五看一看"。车一溜烟径向重医而去。

落日的余晖悄悄地消失了，酒醒了的王、郎队长各打了几个酒嗝便爬在在桌上忙碌起来，呕心沥血为重庆黑市委嫖词劫句，涂脂抹粉，熬了难熬的一夜，写了一份全国尽知的《告别山城》献给井犬，井犬一见顿时心花怒放、眉飞色舞、欢喜若狂连连说道："好！好！千古佳作当家喻户晓，举国皆知。"忙唤道："孙鲜鱼！""喳"！"你与我赶快印他五十万份和那"八·二八"，铁证如山等一样寄到长城内外，贴遍大江南北，看他八·一五垮不垮。"

列位观众，八·一五自诞生以来，确确是经过千般风吹浪打都不曾颠复的航船。这正是因为"毛主席是舵手，八·一五跟着走"，"毛主席说了算，八·一五照着办"，的缘故。记得单单是这轰动全国的谣诼，诅咒、诽谤，中伤，八·一五就经历了三次。"八·二八"一次，这是第二次。还有那北地猪八戒（朱成昭）倒打一釘鈀，狂吠"八·一五右了"、"修了"，要在全国把八·一五打成"叛卖集团"为叛徒罗广斌翻案，和鉄杆痲儿勾勾扯扯那是第三次。八·一五为毛主席的革命路线不屈不挠的战斗，八·一五没有被党内的走资派和"左"右的痲儿們所撩倒，八·一五的生命力可谓强矣！

闲话少述、言归正传，西南挺进纵队的痲儿們告别山城了。井犬为使保宝一路平安，免受风尘，又亲自打电话给贵州省委书记贾启允，叫贾派专人接待，这正是保皇派的好处。有四川"双黄"词"保皇调"为证：

保皇好、保皇妙，一人一顶乌纱帽，麻饼麻花吃不完，来来去去坐小轿。

保皇好，保皇妙，"政委"事事都关照，何愁串联多风尘，书记迎我'软队'到。

再说八·一五到了北京，铁杆保皇陶铸，早与李仁兄勾址就，正如他给井犬的电话所说："我不给八·一五多大支持，只是由北京市委接待一下，最多由中央接待站派一个一般工作人员接待"。诸位要知道，这陶老保两面三刀耍油滑比井犬还高明，这正是"弟将兄作马"。这家伙早把八·一五上交的材料私自压将起来。中央首长自然见不到，并和井犬商量好对付八·一五的策略，布置好抓"组织不纯的问题，特别是揭八·一五头头的底细。"列位观众你道什么是"组织不纯"，这仍是北京联动所制定，徐光明、李立夫所传扬的"不准'麻五类'造反，不准'黑狗崽子'动弹"的"阶级路线"，立夫经文。这时间井犬、陶贼早于九月六日派出丁长河带领纠、思、赤一行人马星夜乘小轿车直奔蓉城，次日换乘直达班机，抢先到京。一面向中央"汇报"，一面与四川饭店，李明清、李黎风等串成一气安排就天罗地网只待八·一五来投，井犬呼这班人马为"防疫队"，又于九月七日指示大专院校"纠、思、赤"组成赴京"宣传队"，带上数以百万计的造谣传单，紧跟在八·一五的后面，沿途诬蔑、诽谤，井泉将这股人马呼为"消毒队"。山城八·一五派正是在刘、邓、陶、李、任安排好的围、追、堵、截下用战无不胜的毛泽东思想浴血奋斗过来的，哇哇直叫"叛徒集团"的诸（猪）公未必经历过吧！

烏云挡不住太阳、陶李的黑手終究挡不住北京湛兰的晴空。中央文革知道我們住在北展館时，伯达同志便亲自接见了我們，给我們带来了亲切的慰问，无限的鼓午，当我們听到九月十五日毛主席要检閱我們的时候，日夜想念他老人家的八·一五战士。一万次地欢呼着“毛主席万岁”，难忘的九月十五日，当毛主席迎着东方的红日走上天安门城楼的时候，想到他老人家对我們革命造反派无微不致的关怀，而党內一小撮走资本主义道路的当权派对我們万般的迫害。谁还能够禁得住夺眶的眼泪。这正是：“革命方知北京近，造反更覚主席亲”。我們千声万声地呼着“毛主席万岁！”站在五星红旗下，立在革命英雄纪念碑旁，面对着天安门，眼望着毛主席，我們再一次庄严的宣誓：“头可断，血可流、毛泽东思想决不丢；可挨打，可挨斗，誓死不低革命头。”八·一五战士誓死保卫毛主席的革命路线。誓死保卫毛主席。

九月廿二日，八·一五杀回四川，杀回白色恐怖的山城。山城惊醒了，多少双勤劳的手欢迎着我們，多少双热泪盈眶的眼睛在八·一五的身上寄托着未来和希望。然而李任死党则吓得发抖。无限恐慌，并犬下狠心要在国庆前把八·一五扼杀掉，立即电话燕汉民道：“时间不多了吆！分化瓦解家属的工作要火速地办，各单位要利用职权压干部、工人，使他們父压子，兄压弟，姐压妹，娘压女方可成功吆。”燕不敢怠慢领命而去。

一面又唤过孙宾道：“你与朕派出百把便衣人员，收集八·一五的情报。”孙宾者，乃市公安局副局长，砸派祖师爷，任白戈的伙计是也。孙当即答道：“陛下放心，不才一一如令。”

又令渝台、渝报为纠思赤表贞节，立牌坊。

再偷偷唤过成都军区《战旗报》记者道："尔等火速赴渝，以记者合法身份，收集重大八·一五动态，为孤提供可靠情报，大造象模象样的舆论。"

果然，权是很起作用的，加之井犬生性奸狡又经过这般周密布置，不到十·一思想兵已搞出几百种造谣传单。眞是"政委"指到那里他們就杀到那里。

《战旗》报的记者也颇为争气，为了给十·一献礼九月廿七日更写了一篇举世闻名的杰作《八·一五战斗团在分化》，上凑井犬，井犬看到精彩处情不自禁地大声朗读："八·一五战斗团组织上是个大杂烩，黑五类占了统治地位，他們行动可疑，有人打着串联旗号在本市到处做坏事，如江北八·二八等，确实是八·一五战斗团中的一小撮混蛋勾结外单位中的凶手暴徒，反革命干出来的。"读到这里井犬摇头晃脑，分外高兴"他們到处煽阴风、点鬼火，唯恐天下不乱"此时井犬更加得意忘形，连连赞道："正合孤意！正合孤意吆！"

舆论既已造成，保皇四军也烏合了不少的嘍罗，国庆到了，井犬早打电话给鲁大东，如此如此，这般这般分嘱一番。鲁贼欣然领命而去。

要知李井犬黑市委如何设下重重障碍，八·一五如何排除万难让毛主席他老人家检阅威武雄壮的大军，且听下回分解。

第 九 回

“八·一五”十·一奋神威
李井泉再施蝎子計

话说九月卅日晚，鲁大东依井犬之计设下麻儿老纠阵。当八·一五威武雄壮的队伍抵达上清寺时，工纠早已烏合蝇集，蛮横霸道，侍候多时了。黑市委那边的便衣队荷枪实弹，剑拔弩张无端寻衅。我八·一五派从来就坚持文斗，虽然忍无可忍，但仍念工纠深受十二重蒙蔽，便向他們进行宣传，展开文斗攻势。天上低垂的烏云漸至凝成蒙蒙的秋雨，金风呼号着使人感到凜冽。但鋼铸一般的八·一五战士动也不动守卫在主席象前，扛着“想当年八路军、小米加步枪打败狗日本；看如今八·一五、毛边加油印，击溃保皇军”的巨幅标语，挺立在这昏暗的阴雨的天底。衣衫湿透了沒有人拧，满面的雨珠沒有人揮去，两目怒火如犀利的劍直刺向黑市委、直刺向李任死党。

九点过鲁大东唱完了他的陈词烂调，只见十万保宝拿着麻饼，呼着：“誓死保卫省市委”、“誓死保卫西南局”走过来了，只乐得鲁某称快不已。担任后卫的工纠听到：“思想兵游行完毕，鲁书记已回官邸”时方才鳥兽散去。破坏八·一五游行的工纠便组成小分队向队伍穿插，但他們只不过是几只碰壁的苍蝇，哀嚎着四处逃散。

看！雄纠纠，气昂昂的八·一五过来了，揮着红彤彤的主席语录，高呼着：“打倒李井泉，解放大西南”脚踏着山城的大地，在黑沉沉的天底，在蒙蒙的秋雨中一步一步地前進！前進！这不可屈服的鉄军，象怒吼的雷霆！

魯大东顿时慌了手脚，立刻打长途电話给井犬，道：“政委呀！大势不好了，八·一五已冲决了陛下和臣等精心布置的罗网，游行了！并混蛋透顶地呼着打倒你老，奴才不知所措，請圣上火速定夺”。井犬一听，气得两眼翻白，虾米胡直翹，把話筒往桌上一摔，大罵一声：“娘希匹”又歇斯底里地大叫：“来人哪”。只听“喳”的一声，廖志高早就恭候在側。“明晚在省会议厅，你将工、农、兵代表，各大专院校紅卫兵代表一起叫来，討论一下对八·一五的看法，防微杜渐，打个预防針”。廖某将身子弯曲了一百廿度答道：“遵令，臣当竭忠尽智，为李家王朝鞠躬尽瘁，死而后矣”。井犬慨然长叹，抚廖某右肩曰：“志高呀，你乃吾之孔明也！”廖某见第一下已拍在井犬屁股上，便又道：“政委呀，伟人多怪病哟！你那冠状动脈硬化症还未痊癒不可动怒，这区区八·一五，臣来对付。”井犬大喜道：“你与白戈乃朕之左右二臂，如今中央文革迫得我走头无路，只好忍痛割爱，白戈下野，你今任重而道远，此次成功朕将拜卿为右丞相封安帮定国侯。哈！哈！”

夜幕笼罩錦江，廖某领着众保儿进了省委祀堂。当井犬踱着方步走进来时众老保齐呼：“祝政委寿比南山，福如东海”。井犬嘿嘿笑着，开宗明义道：“今天找诸位来就是討论討论对八·一五的看法”。只见川大一老保道：“听说这两天八·一五战斗团到处串联，制造舆论，扬言要在成都大干一場，血洗九中，进行阶级报复”。但见井犬咧犬齿猩猩似地笑过一阵后道：“不要怕出乱子，他們来发动一次也好，而且还要给他們提供鬧的条件，鬧得越凶越好。他們要佳地质院也可以，在那里放烂药，越烂越好。有些学校鬧得很凶，暴露得很充分，阶级界限清楚得很，现在八·一五就和五七年右派差不多，跳得很凶嘛。我很为一些学校担心，一开始就是左派压倒一切，一边倒，这不好吆"。话声刚落，众老保早已喜上眉梢，在井泉的大屁股上一连拍了好几下道："政委斗爭经验丰富，言言珠璣，句句眞理，我等学之不尽"。井犬顿时大悦，又勉励道："有的人有些受不住了，其实现在不光是你們受压迫，我們也受压迫，廖书记不是在锦江挨斗了十三小时吗？你們年纪轻轻，就是挨斗两天也不怕，越斗越团结，'乱世出豪杰，国难显忠臣'吆，八·一五来好嘛，多来些更好，一来就斗嘛！我們共产党几十年就是斗。重庆比我們这里鬧得凶。鬧得越凶越乱，越曲折越好，你們才经得起风吹雨打吆！炮打司令部最积极的都有人在后面操纵要揪"。诸位要知道井犬是出席过八届十一中全会的，他分明知道我們伟大领袖《炮打司令部》的大字报，为何又敢狂犬吠日地说："炮打司令部最积极的都有人在后面操纵"呢？只因老贼以为四川是李家的独立王国，上有刘、邓、陶是靠山，下有廖、任、鲁等辅佐，又有保宝军百万，正好与毛主席的无产阶级司令部分庭对抗，对毛主席所点燃的革命烈火，恨不得马上扑灭，于是煽动众保儿去揪《炮打司令部》的幕后操纵者。

接着一个麻儿道："稟陛下，八·一五违反十六条，不按党的政策办事，我們反对，他們就骂我們是保皇兵，这眞是血口喷人，凭空污人清白呀！"只见井泉道："你們都是党团员吗？眞正的党团员不怕骂，骂不倒，假党员一骂就倒"。接着井犬打着红旗反红旗地道：毛主席教导我們：中国共产党就是在內外反动派的咒骂声中发展壮大的，我們就是不怕，就是要斗。赤卫军，思想兵要在八·一五的咒骂声中成长！左派就是这样吆。别人造你們的謠，应该择重予以抨击，不然他們蒙蔽了群众你們也受诬陷。这正中了他們的双雕箭。四川斗爭很复杂，但我从心底里祝愿你們胜利。”

只见众老保齐呼：“政委句句是要害，麻儿坚决当左派”，呼毕，井犬道：“今天的会开的很好，大家对八·一五有了统一的深刻的认识。现在大家都能领会到八·一五事件为什么是匈牙利事件，重大八·一五为什么坏得很，有必要再开。”正说到此处，忽见一便衣探马闪将进来道：“稟陛下，魯书记刚才打电话来说，八·一五又在重庆鬧得天翻地复，大斗左丞相任白戈，請陛下火速定夺。”井泉一听顿时怒发冲冠，暴跳如雷，指着南方，拍案大骂：“乳毛未干的八·一五，眞是欺人太甚！孤与八·一五不共戴天，有孤就沒有八·一五，有八·一五就沒有孤，欠帐能不算吗？新仇旧恨要一笔一笔地算清。”这正是：井犬一听斗白戈，心底涌来无名火，发誓斩除八·一五，不雪此恨不瞑目。只见众老保立刻五体投地誓曰：“我等当纠集勤王军，前来保驾，克服老八，恢复李室”。井犬一阵阴笑道：“孤有一计可大破八·一五，管叫他日后永不得翻身，而使卿等扶搖直上，飞黄腾达，李立夫的西南局书处书记，江麻姑的妇联主席，我打保票。”众麻儿笑眼已成豌豆角似的忙道。“愿陛下开金口赐玉言，小的們洗耳恭候”。列位读者欲知此计如何毒辣，且听下回分解。

第十回

痲老保大搞黑材料
陶李贼密謀秋后帐

话说井犬一见众老保的耳朵竖得如驴一般地长，欲听密計便道："你們首先要善于用脑壳，要善于思索呃。现在你們不是在和八·一五决战吗？孙子曰：'凡用兵之法，全国为上，破国次之；全军为上，破军次之……'现在应该用右派分子的帽子和将来的利害，去挟八·一五的人，去攻八·一五战士的心，'人不为己，天诛地灭。'这是古圣贤的话呃，我不信八·一五就不怕当反革命！所以你們的攻心术也应该全心为上，破心次之，要暗暗地记下他娘的一笔变天帐，等到八·一五输了，打他一个翻天印，那一小撮就等着你們去揪。"众保宝立刘鼠跃雀噪道："妙計！妙計！政委之計，空前绝后，我等初出茅庐，阶级斗争经验很差，承蒙政委赐教，幸哉甚哉。"井犬一时高兴，便掏出一封信道："全心为上者，就是使他心悦诚服地投降。你們听我念一信：敬爱的李政委：我的检查是昨天送到省监委的。听说要最后地处理我們了，我肯求政委把我留在党内改造……十几年来在省委和李政委的教导下我沒有犯过错误，这次的犯了大错误，辜负了政委的教导和希望，我一定好好改造。衷心祝李政委身体健康。"念毕，"哈哈"地阴笑了好大一阵，自以为得意。

其实井犬之所以拣了便宜，只不过因为他碰上了一个软骨头。这位只知道"省委和李政委的教导"，连毛泽东思想都只字不提的人又怎么顶得住"敬爱的李政委"的压力呢？对井犬屈膝，丧失了革命者的气息，最后还"衷心地祝愿李政委身体健康"那就只剩下一堆奴颜媚骨了。苦苦地哀求井犬把他留在党內，一个眞正的革命者一个毛主席的好干部是不会这样低下的。记得我們伟大的领袖曾经是被"左"、右倾的机会主义者們开除过几次的，然而主席和他們的斗争从不曾妥协过，直到胜利，传为佳谈。所以，笔者以为给井犬写此信者不怎么伟大，不値得八·一五战士学习！我八·一五战士不愧为毛主席忠实的红小兵，他們从不曾被"反革命"，"暴徒"的帽子所压到，从不曾被黑材料吓坏，也不在纷飞的战火中退缩，他們对李井泉及其同伙的斗争中从来没有絲毫的妥协和投降，直到胜利，他們是革命的硬骨头。

闲话休提，言归正传。众老保领计之后立即各奔东西收罗黑材料，整天惨淡经营，通宵达旦，夜不能寐，绞尽脑汁，费尽心机，假如你稍微留心更可以看出梁立夫們红着双眼，眞是名符其实的"阿赤"了。

黑材料正好准备停当，一个大快麻将的消息又传来，李立夫在北京打回一封绝密电曰："八·一五在北京没有气候土壤，岌岌殆哉。思想兵武运亨通，又有李政委扶植栽培，在北京很有市場。赤卫将士应牢记政委养我等千日，用之一时，应为之爭气，切勿懈怠，待吾归来，一举而攻之，一击而溃之。"只见此时麻老保个个踊跃，李井犬欢喜若狂，仿佛听见胜利的声音一样，井犬手持令旗只待一招，黑材料的法宝就会抛得出来，把八·一五打入十八层地獄，永世不得翻身。

高兴得没法安静下来的李井犬便叫人放《天涯歌女》，一饱耳福。秋天的太阳暖烘烘地照着他，井犬不觉熟睡起来。六一年到六四年那些花天酒地，纸醉金迷，发散着资产阶级熏天臭气的舞場生涯便一幕一幕地浮现在井犬的脑际：帝王将相，才子佳人，閻王小鬼，牛头马面，一切牛鬼蛇神在狂唱狂跳。富丽堂皇的洋房，金碧辉煌的舞厅，蜡抹的地板，尾随在屁股后的廖、任等下仃，歌舞剧团高个儿漂亮的女演员，军乐齐奏“咚嚓嚓”，人影在晃动，大厅在旋转。舞后的溫水游泳、麻将喲、天牌地牌喲、大王正二喲，一齐涌到面前；人参燕窝、斑鸠麻雀、希奇古怪，应有尽有……井犬正在欢乐，忽然间杀来一队人马高呼着“打倒李井泉，解放大西南！”井犬大呼：“赤卫军安在？”却不见人，顿时惊醒大叫：“抓！抓！抓八·一五！”衣襟上顿时留下一条尺把长的唾涎。憤怒地大叫：“可恨的八·一五竟敢打乱孤的美梦，孤就要总攻了！”

井犬刚刚定神，刘文珍就进来道：“政委，接电话，北京来的。”井犬接过话筒道：“陶贤弟吗？有什么要紧事？。陶铸道：“李仁兄，不几天中央军委要发一个紧急指示，要给运动中被工作组，党委打成“反革命”的平反，关于‘八·二八’那事你怎么办。”井犬一听犹如晴天霹雳，好大半天才说：“我已经要对八·一五发起总攻了，怎么又要平反？”陶铸道：“这是毛主席批示的。”井犬此时竟然狗胆包天地道：“我不是有意要对抗主席指示，我能执行的就执行，不能执行的就不执行。”陶铸道：“小弟的意思是退避三舍，秋后算帐，不知仁兄意下如何？”井犬的牙齿咬得格格作响。这个一向反对毛主席，反对毛泽东思想的蠢驴，再也抑制不住他的“激情”，如疯狗发狂地道：“我无论如何也不给八·一五平反！无论如何也不给八·一五平反！”陶喊忙道："君子报仇，十年不迟嘛！秋后算帐为时不晚，今冬就可以和八·一五摊牌，我又能在中央给你窥测动向，管保万无一失。"井犬慪慓未来，好不容易才按捺住火气，并赞扬道："贤弟呀！我平时就感到你比较勇敢，比较活泼，比我强，这次又体现了。"陶道："仁兄太过谦了！"

时间飞快，转瞬又是几天，井犬正在考虑今后如何金蝉脱壳，燕汉民就进来道："报告政委，小梁前来汇报。"井犬走出来，梁立夫忙给井犬請安。梁道："鲁书记叫我来问一下八·一五的材料如何处理，平反如何进行。"井犬恶狠狠地说："黑材料不能交，交了秋后就没法一笔一笔算清，八·一五要平反，你們就要八·一五给你們平保，平庥，保皇派就是反革命呢，平保就是平反！"立夫如梦初醒忙道："对！对！八·一五把我們打成了保皇派，非叫他平保不可！"然后又诡谲地道："政委呵！近来我們探得八·一五要揪你老，我看趁早准备一下。"说毕，立夫告辞起身走下玉阶。井犬忽然想起一件事赶将出来大呼："小梁請回，孤还有一句话，孤还有一句话。"欲知此话内容，井犬又要什么花招，且听下回分解。

第十一回

假平反井犬重演白骨戏
一二·四工糾垂死犹挣扎

話说梁立夫一听井犬呼唤，急奔上阶，伏拜在地道："政委还有什么吩咐。"井犬道："你回去对大东说，'八·二八'千万不能平反，逼得实在紧，可以鸡毛蒜皮地说一通"。

文夫应声："得令"。

再说自中央军委平反的文件下达以来，山城的八·一五无产阶级革命派无不欢欣鼓舞，个个斗志昂扬。党内一小撮走资派说我們是右派，毛主席说我們是左派；党内一小撮走资派说我們是"反革命"、"暴徒"，毛主席说我們是革命者。毛主席最关心造反派，造反派最热爱毛主席。沸騰的山城到处都可以听到："爹亲娘亲不如毛主席亲"的歌声。

此间的鲁大东、廖大姐們正象热锅上的螞蚁赶忙向井犬汇报："政委呀！形势急转直下呃！我們沒法稳定，八·一五现在势不可挡，我們的检查始終通不过，他們硬说这是假检討，真反扑，他們还要找你去平反呃。"井犬道："你先还是一边拖，一边赖，我现在还有三条妙計，等那重大八·一五来上钩。这是我的顶头上司小平兄，在今年四月一起打桥牌时传授给我的，他还说这是少奇和夫人的'桃园经验'的精髓，比我南充蹲点的火花公社经验，还灵验"。鲁大东一听有如此佳着，连忙说："既然政委有安排，臣当俯首听命"。

果然十一月十三日井犬在向成渝造反派平反大会上念念有詞，顿时祭起一个法宝，列位听众，你看这法宝是什么？井犬"检討"道："同志們，同学們，红卫兵战友們：今天我代表西南局向大家作检討，西南局和绝大多数的省、市(地)委都犯了资产阶级反动路线的错误，大多数是认识问题，本来我是一个比较老的党员，只因缺乏民主作风，对重庆市委犯的错误纠正不力，是有责任的。"八·二八"由于我堅持了调查，助长了群众围攻八·一五，由于红卫兵分成几派，我想通过斗争，阶级站队，统一左派，也犯了错误，……。"这支老狐狸一面评蔑八·一五怕调查，一面又给"痳子兵"、"思想兵"打气，一面祭起了"打击一大片，保护一小撮"的法宝。他滿以为会成功。但是，八·一五战士是毛泽东思想武装起来的他們是金睛火眼，顿时奋起毛泽东思想的千钧棒，造了他的反。

李井犬这个白骨精见一计不成，化为一道清风，一溜烟而去。立即假造一张病历，佯称"冠状动脈硬化严重，需要休息"欺骗中央。李井犬也正如一切反动分子一样，是绝不甘心自己失去大权的。毛主席说："捣乱，失敗，再捣乱，再失敗，直至灭亡。"就是他們的逻辑。

一天，隐匿在峨嵋机械厂的井犬正吃过羊肾、牛尾，品着金川雪梨以助消化。忽然燕汉民闪将进来道："不好了，这几天有部分思想兵、工纠动摇了，鬧着要退出去。八一五又大力宣传受蒙无罪，反戈一击有理，陛下你看如何是好。"井犬便和燕汉民耳语了一阵。只见燕汉民乘"伏尔加"飞投重庆而去。燕汉民到了重庆拜会了鲁、廖又直奔江北区委，当晚召集郑天明等到会，传达政委指示道："李政委说：八·二八要严肃对待，搞不好，区委要改组，市委要改组。今后平反会上必须统一口径，就说'参加八、二八事件的，有社会上的坏人，有牛鬼蛇神，打人的是坏人，而不是八·一五战斗团'。八·二八最后如何处理，等到秋后再说，政委临我走时特别吩咐，对八·一五什么都可以平反，就是八·二八不能平，政委勉励你們要坚持真理，修正错误"。这一打，一吓，一拉，早把江北区委的口钳住了。

然后折转车头，直达鲁氏官邸，鲁大东迎至内室，叹道："汉民呀，现在的形势一天不如一天，政委有何高见呀！"燕很振奋道："政委有一妙计曰，"黄盖打周瑜加经济主义”。鲁氏沉思了半响方才意会，两手狠拍大脚，哈！哈！哈！直笑得俯去仰来，竖起拇指赞道：“此计妙哉，此计妙哉！”

十二月四日，清晨晦暗的浓雾还没有散尽，天上又布满了层层的阴云。保皇四军要召开一个“炮轰”李政委的大会，头天下午七点钟三千手持砖刀，木棒、铁棒的工纠火头军就进入了会場，他們知道这出“黄盖打周瑜”的双簧戏，八·一五一定要来造反。又一面假惺惺地邀請八·一五参加大会。大田湾的门口，思想兵早就准备好了许多石子，只待八·一五进来。

上午九点，八·一五刚一进会場，要求发言，要求录音。早就准备好挑起武斗的大会执行主席楚工纠，见八·一五人少，又沒有家什，便一声号令，只见得砖刀、木棒、水管，语录牌一齐向八·一五战士劈头盖脑的打来，会場入口，石如飞蝗，一个个被打伤的战友被架出来，他們高举着红彤彤的毛主席语录，喊着“要文斗，不要武斗”，但绝灭人性的保皇军也还不放过。工纠围着，思想兵从头上、腰部、背后偷袭，拳打脚踢，就这样把八·一五个个打出会場。这正是：“批判大会”当战場，木棒、铁棒是刀枪。腥风血雨一二·四，打手工纠又领赏。

鲁大东一见工纠大胜，赶忙向井犬告捷道：“李政委，工纠今天大获全胜，如何犒劳。八·一五要上京告状，你看如何对付”。井犬一听工纠大胜，急命道：“对这次打八·一五有功者一一有赏，每人都提级，沒有级的要定级，工纠也发奖金，可以上京嘛，每人给几百元，告状完后、到全国去游一遭，思想兵也有功劳，趁这次串联先发给五十元，粮食要补助。”鲁大东道：“这样一来，我們的李家王朝还要不要呢”？井犬长叹道：“大东呀：近来中央几次点了我的名，我看实在危险，这次‘黄盖打周瑜’的计又破了，但是要记住八·一五是我們的死对头，我看依靠四军已经不行了，还是另寻新的角色吧！”去年七月，你不是给徐托派摩过顶吗、我也对他有很大的恩惠，近来，他作了一篇‘重大八·一五是中国最大的修正主义根源’我很尝识，我看他反八·一五很卖力呃！你跟我多年，要记住极右和极“左”是我們最得力的两支军队。”鲁大东以悲哀而沉痛的心情说道：“政委呀，我永远跟你到底！今后我一定注意着物色新的保皇者。”

打完电话，李井泉正叫人在钢絲床上安海绵垫，准备长期躺在峨嵋机械厂，突然刘文珍来报：“红卫兵要来厂串联”，井犬慌忙叫迅速转移，要知井犬逃向何处，且听下回分解：

第十二回

李井犬渝州城托孤　　极“左”派珊瑚坝受禅

话说李井犬一听红卫兵要来厂串联，这个一向害怕群众的家伙，立即到食堂索取了富强粉，特二米，白糖，菠罗果酱，连同才从合川运来的江团鱼，泥鳅等手忙脚乱地装入轿车，都都然一溜烟而去。

下午已是金烏西墜的时分。井犬沒命地奔波了一天，实在疲乏，回厂又怕碰上红卫兵，眞是十足的丧家犬。肚子咕咕叫，看看米、面又都不能入口，才想起厨师还沒有来。随行组长一见如此光景，忙叫人给井犬敲开菠罗果酱，井犬摇了揺手说："还是派辆车回去看看，把朱师付接来，我在路上等你們。"随行组长不敢怠慢，驱车入厂，叫过朱师父把那没有吃完的鸽蛋、海参、干贝、珍珠、青蛙、牛生殖器、祖传丸散、秘制膏丹、长生妙药、蜀锦杭缎、陶瓷夜壶、宣城地毯，从吃到住，从住到睡的各种东西一并纳入车內，直到长江牌吉普车的帆篷达到强度极限为止。

车就要走了，又叫来食堂和招待所负责人吩咐道："保持现在装饰，要守秘密，不准任何人知道，今后我們可能又要来。"管理员一见全都走了帐目还没有着落忙道："請你們打个欠条，留个地址，将来好结算。"随行组长一听便跳起三丈高，勃然大怒道："你知道谁在你們厂里住吗？天下仅有的书记，西南最大的老头子，真名李井犬，绰号土皇帝，估吃霸赊是常事，偏你讨錢找没趣，以后就说政委吃了自能实报实销的。"只见车子的后窍放出一阵烟雾，不久就消失在尘埃中，气炸肺腑的管理员一结帐，竟在这十五天內用去了一千五百元的膳费，买景德鎮瓷具用去四百二，暖气设备一百五，地毯一千块，会议室物资二千零七十元。还不算飞机运雅鱼，广东荔枝等用费，比石崇还富豪，比刘文采还阔绰，编者有西江月为证：

海参、珍珠、鸽蛋，贡缎、暖气、玉盘。半月膳费一千五，"政委"犹嫌怆寒。早已腐化堕落，一付反党咀脸。终日紧跟刘、邓转，皇帝又任警犬。

再说井犬深知川、滇、黔是无处藏身的，即使有偏僻的所在，又怕红卫兵串联认出来心里惴惴然，权衡利弊地想了许久，才想到曹荻秋当过重庆市长，而且友情深厚，上海又多高楼大厦可以躲避，于是便带上警卫、厨师、护士一行人径投上海而去。

落水狗逃到了上海，当然不会只蹲在角落里喘息，咬人的本性是不会有一絲、一毫的改变的，当下电话问陶铸道："贤弟呀！你的秋后算帐，妙是妙，但孤现在正是泥菩萨过河自身难保吆？"陶贼嘿嘿地略带得意地奸笑过一阵后道："小弟的怀疑一切，打倒一切已经生了效，我为助老兄一臂之力已派得力门徒朱成、张金到重庆，他們对我的理论有了很大的发展呃，唱起了'大动荡，大分化，大改组，的"左"派调制造派系，大搞分裂，这几天都在发声明，写宣言，听朱成说将来还要在全国发他娘的一百万分'重大八·一五是叛徒集团'的东西，准备和老兄的'八·二八'比美，老兄那时可以隔岸观火，坐地得桃。"井犬称谢不已。

西北风渐渐地紧了，初冬还有力气哀鸣的虫豸，已抵挡不住酷烈的严寒死去了，党内一小撮走资派的日子越来越难过。

造反者的春天来得格外的早，《红旗》三期社论的发表，举国上下六亿振奋。毛主席命令我們大联合、三结合、大夺权，一月革命的风暴正以排山倒海之势雷霆万钧之力磅礴于神州赤县，这正是"千钧霹雳开新宇，万里东风扫残云。"看啊！东北平原升起了红色的曙光，云贵高原传来了滚滚的春雷，山城久经考验的八·一五，最听毛主席的话，最按毛主席的指示办事；夺权！夺权！夺权！向李任死党夺权，一刻也不容缓。

躲在上海的李井犬吓得魂不附体，終日直打哆索。一天正吃过"牛黃安神丸"忽一便衣来报："稟政委，大势不好了，八·一五在重庆鬧得天翻地复和重庆駐军，革命干部一起夺了市委的权成立了革联会。不过还好，朱成，张金，川驴等搞了一个‘廉罗站’，口号是：‘不要枪口下的大联合’，不主张夺你老的权，下狠心要把你老丧失的权拿回来，忠实得很呃！口口声声是‘不砸烂革联会死不瞑目’。”井犬一听顿时悲极生乐吩咐道，“你火速回渝，叫那大大小小的立夫，统统参加‘廉罗站’，听候罗广斌的调度。”只听得空厅里响了一声“喳”，人却早已消失了。井犬此时才感到陶铸的好处，竖起姆指赞道：“陶贤弟呀！你真有手段，真有手段。”

历史的车轮是任何螳臂也挡不住的，魔高一尺，道高一丈，无论“陶贤弟”、“李仁兄”怎样的会两面三刀，鸡鸣狗盗，凡是反对毛泽东思想的都要被打倒，无论保宝派，杂砸派如何善于从不同的角度来保，都保不住他們及其主子复灭的命运。

李井犬终于被重大八·一五揪回来了(揪的过程請见师专“八·一五烽火”有两回，见附件，此处不加赘述)。二月十九日重庆驻军，山城八·一五六十万人在珊瑚坝召开“打倒西南的赫鲁晓夫李井犬”大会，只见得解放军个个威武，八·一五无不振奋，遍地造反旌旗舞东风，四方革命战友潮涌来。李井犬早就吓摊了。车过大田湾广場，井犬分明听得一个卖狗皮膏药的在广播中叫：“願意斗倒、斗垮重大八·一五的請进来，欢迎革命干部火线亮砸相……”井犬顫抖的心顿时得到了安慰，心想：“我虽然遭斗，我的仇敌也有人缺席审判。”

到了会場，井犬低着头突然有几支苍蝇声嘶力竭地叫着那声音是呼的“砸！砸！砸！嘿！”对这声音井犬是具有条件反射的了，心想这是刧杀場的吧！便佯装着咳嗽，抬眼望时远处飘来一面杏黄旗书着一个斗大的"碰"字，李立夫、梁立夫、楚工纠等死硬的老痲子和徐××都一字儿站在碰字的破旗下。嗡嗡嗡地扑向解放军的战车，扑了一次又折回去再来一次总是冲不进。直碰得头破血流奄奄一息地坐在地上向井犬这边看。

李立夫、徐××死灰般的眼睛和井犬的鼠目汇交了。这光景比白帝托孤还有趣，井犬象是在说："保宝儿啊！我不能指挥你們了，但愿你們在陶二世的指挥下努力奋斗，并从心底里祝愿徐××成为未来的市长。"再说这李立夫、徐××一见摩顶受戒的恩人好不激动，汪汪的泪眼恰似四条小河，流不尽的深情，感激不完的大恩都淌出来了，好象是在说："政委呀！我們救不了你了，你昔日的恩惠我們忘不了，我們发誓，在陶书记二世，你老二世的指挥下多咬死几个八·一五，三天之內夺黑井司的权，把山城的赵永夫统统地绞死以雪深仇大恨，略报摩顶之恩。"这井犬、立夫、徐××正在眉来眼去忽然一声晴天霹雳炸开："斗爭西南赫鲁晓夫李井犬大会开始"。只听见六十万人齐呼"打倒李井犬解放大西南"！。早已吓破井犬狗胆，几个碰壁的苍蝇便连滚带爬地滚出了珊瑚坝。

这个四不象的章回连载就剎尾了。革命的同志們，毛主席教导我們："你們要关心国家大事，要把无产阶級文化大革命进行到底！""要特别警惕赫鲁晓夫那样的个人野心家和阴謀家，防止这样的坏人篡夺党和国家的各級領导。"无产阶级文化大革命是毛主席发动起来的，是全世界有史以来任何革命都不可比拟的最伟大的革命，她要打倒党內一小撮走资派，树立毛泽东思想的绝对权威，使红色江山千秋万代永不变色。然而有这样的人既向李井犬卑躬屈膝，又想排个节目立块牌坊歌颂自己的洁贞。为了树立自己的权威奠定自己的群众基础，岂止是拉一派打一派而已，简直是扶植一派，屠戮一派，到处强行宣扬极“左”派观点。调集许多的人马，供给无数的枪枝。把无产阶级文化大革命变成“剿匪”运动，今天打涪陵，明天战泸州，后来又想直下重庆。和王力吹吹拍拍，相互张扬。当那些矛头一向指向五十四军，指向新兴的红色政权重庆市革筹组的杂众、五一六兵团的重庆别动队狗命将呜呼时，他又匆匆忙忙地跑来给他灌人参汤，抛救生圈。高叫着“分裂就分裂嘛”专搞派系斗争不革命的大联合。这样的人正反对着毛泽东思想步李井犬之后尘，倘若他們还不改弦更张，回到毛主席的革命路线上来，硬要充当井犬二世，那么他們的命运就不比陶铸二世更好。君不见王、关诸人不正和陶铸的命运一样么。凡是反毛泽东思想的家伙都沒有好下場。

最后衷心地祝愿革命的战友們高擎着造反有理的大旗，永跟着我們伟大的红司令毛主席奋勇前进。在斗私、批修中立新功！

（全文完）

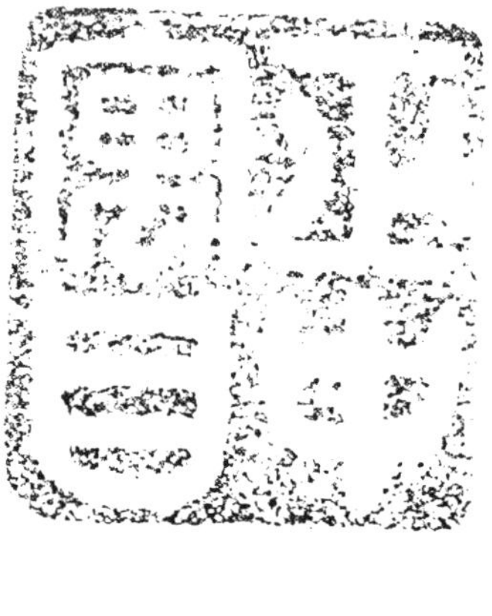

[附]

智擒李井泉

一

元月十七日下午，一架银色的飞机从大西南的上空疾驰而过，直向东去。机翼闪着光辉，如流星划过长空。

机仓左侧靠窗坐着三个青年，他們是重庆大学八·一五战斗团的张冲、李闯、王造反三战士。紧靠他們坐的是西南局机关的两位造反派的同志。傍边坐着西南局书记处书记陈子华及其秘书。他們不是同机的旅客，而是去执行同一特殊任务的不同角色。他們各以自己的心情瞪视那窗下翻滚的白云、江河网罗的华东平原、红旗似海的革命图景，各自引起不同的思索。喜、怒、哀、乐各得于心，各表于面。而他們都在思索着的是即将去执行的特殊任务。

一遍欢声播入机仓，飞机已经着陆在上海机場上了。王造反摸了摸衣袋里那份中央电报，鎮静了一下道“照计划执行”，李闯等即带着陈子华下机而去。

二

陈子华拨完最后一个号码，听筒里便传来了对方的声音，他这时突地口塞，他望望王造反，王造反鎮静地道“照我的话回答”。

陈子华转过头去，对着话筒语塞地道：“我找华东建委沈付主任……呵，你就是！……我，我……国家建委付主任！”王造反见陈子华声音擅抖，一手夺过话筒，只听得听筒里送来阵哈腰声，王造反沉静地道：“我现住锦江宾馆，你立即前来汇报工作！”对方乖乖地回答了个“是”字。

王造反放下话筒给其余二人使了个眼色便都入席而坐，呷着茶，专等那即将到来的沈付主任。

王造反再次教训陈子华道“这次要你为我們特殊任务的完成而作一些工作，是给你个赎罪的机会。”

陈子华只是“喏喏”点头。

正见晚上六点半，耳里传来轻轻的敲门声。王造反暗示了一下身边的陈子华，陈子华喊了声：“請进！”

进来的正是那位主任，他还未看清对方便忙哈腰与陈子华握手！王造反又踩了一下陈子华的脚，陈子华便道“老沈，华东局韩子毅同志还在职吧？”

沈沮丧地道：“韩子毅同志还在造反派监督下作一些工作。”

张冲立即转身，进入电话间去了。

留下王造反这位“上级”与这位沈下级于是谈论起华东及上海的文化革命的情况。从他們的谈论得知那位上海市第一书记兼市长的曹荻秋已被监督劳动了，陈子华越听越沮丧，同类的下場真使他不寒而慄，他几乎处于瘫痪了。

正在这时传来了敲门声。王造反明知来的便是那韩子毅，而陈子华又完全整作不起精神来，原设计执行不下去了。李闯没看透这情形，却冲口嚷了声“請进”。正在这门即将打开、客人立将进来之际，王造反情急生智，另一套计划涌上了心头。

进来的客人恰好是那韩子毅，未等陈子华、沈付主任启口相迎、也未等韩子毅站定，王造反便励声责问道：“李井泉在哪里？窝藏西南人民的罪犯该当何罪？”韩子毅被这劈头一问吓飞了魂胆，只知连连求饶，并供出李井泉带着六人持枪保镖住于上海市委最高级的招待所。

只留了西南局机关造反派的两同志在这儿陪同陈子华及秘书和那位沈付主任及韩子毅，三位八·一五战士走了出来，转入了另一房间。

李闯把身上的棉大衣一脱道“走，生擒李井泉！”

张冲拦住了李闯道“还得计议计议！”

李闯有些火了，“你怕去，我一个人去！”

王造反思索着道：“这不是怕不怕！问题是他有六个保镖，弄得不好他还会逃跑了，到口的肉都会掉了的！”

李闯不服地：“那你说怎么办？”

“依靠群众！請上海的革命造反派支援我們！”

三人向上海市公安局奔去。

已是深夜四点了，王造反三人来到了市公安局，那出来迎接的一口四川腔，正好是四川老乡，他們一听说要他們支持捉李井泉便道“龟儿子李井泉在西南犯下了滔天罪行，现在却潜逃在上海来了！走，抓去！”

公安局又派了几位同志，与王造反等三人同乘一车，默念着“下定决心，不怕牺牲，排除万难，去争取胜利。”直取李井泉去了。

三

当东海的波涛捧出了一辆红日的时候，王造反等人来到了上海市委最高级的招待所。

接着唤醒了李井泉的秘书、警卫、医生，他們从梦中醒来，又听说王造反等人是捉拿李井泉的便一齐上来挡住了王造反等人的去路，且道："李政委是中央批准来治病的，你們不能抓！"这时王造反将中央关于捉李井泉归案的电報展示了出来，并道"那全是李井泉骗你們的鬼話，不信請看这份电報。"警卫、医生、秘书都吃惊地伸过头来争着看那电报了。

说时迟、那时快，李闯、张冲和那几位四川籍的公安战士转身便围住了李井泉的住宅。

这时李井泉他睡得多么的甜、做着多么美丽的梦啊！虽然保任白戈未成而露了马脚，虽然鎮压八·一五革命造反派而激起了革命造反派更大的反抗，虽然组织起来鎮压革命运动的"老纠"、"麻子军"、"思想兵""产业军都已崩垮，虽然全西南的造反派都起来造他的反了，然而他总算捷足先登了！这儿乃是最高级的高干招待所誰敢闯来！留得亲山在，哪怕天柴烧，只要井泉在世，何惧大西南不是他李天王的疆域，他真是狂妄得在梦中狂吼道："秋后算帐，何必当前'落难'……"

"砰！"李井泉梦囈未完，门便开了，李闯、张冲便冲进了房间，李井泉从梦中惊醒过来，弹簧似地跳了起来，赤条条地如一条刮毛的肥猪巨烈地打着哆嗦，全身揺抖，刚睜开的睡眼慌地转动着，然而总是避开李闯那两道钢刀般的眼光。几分钟的时间一过，他定了定神便凶恶地叫了声"来人！"

张冲看着李井泉那凶恶而胆怯的样子笑了笑道："我們不是来了吗！"

李井泉喝望的三角眼盯着那门外，等着那救命的警卫员的到来，然而时间一秒一秒地过去了却总不见有警卫员来！

时间一秒一秒地过去了，他刚才那分高声呼喊的劲头也一分一分地消失，以致于全身发软，又不知怎的，那不该生的眼睛又看清了李闯和张冲胸前那红通通的闪着“重大八·一五战斗团”八个字的胸章，他双眼模糊。他知道不会有警卫员来解救了……

李闯喝道“穿好衣服跟我們走！”

任何骗子从不肯轻意放过任何一次欺骗的机会。李井泉竟无赖地道“呵！原来二位是光荣的、敢于革命的、敢于造反的八·一五战士哟！途程万里，疲劳辛苦，这种革命精神确实可贵！先坐下，吃茶，冲杯龙井呷呷口！”他边说边谄媚地笑着，一边穿着衣裤，一边走过来提起溫水瓶冲茶，他竭尽了全力才做出了一种和心情很不调和的殷勤来！李闯和张冲只是看在眼里、恨在心里，没有理睬他更不接茶杯，他只好把那杯茶放在桌上而继续他的戏剧性的表演，他右手扣着衣扣，左手捶着前额，“內疚”地道：“由于对运动很不理解，很不认真，存在不少缺点，甚至是错误，本来很想向西南人民、向毛主席、向光荣的八·一五战士检讨的！哎！只是天不相助，偏在这时，过去干革命带下的病又发了，整天头晕的不行！党和毛主席眞是关心我，在这文化大革命中还给假期治病……”

那医生、护士、秘书、警卫员都被造反派说服教育，揭穿了李井泉对他們的蒙骗而回到毛主席的路线上来了，保卫毛主席而不保卫李井泉了！正在这时，那护士气冲冲地跑进来就指着李井泉的鼻子骂道“你还骗人，你什病么，你药不吃，针不打，整天啥神智不清说癫话来骂革命造反派！”李井泉心更慌了，但是他也更加无赖地道“既然中央叫我来治病，就等我把检查表拿到了再回西南，将来好向中央汇报嘛！”

眞是天不助人，时刚凑巧，这时那警卫员又怒不可遏地抢在王造反的前面冲了进来，他将王造反带来的那分中央电报刷地一下展示在李井泉的眼前！且道：“无耻的骗子，你看这是什么？我要保卫毛主席！再不保卫你了！”话后便将手枪顶住了他的后脑门。

李井泉那三角眼这时更是慌张地转动着，全然没有光辉，脸上没有一点神色，他疾然木立，纸人一般。王造反命令道：“走！跟我走！”他说完便转身启步。李井泉在李闯、张冲等押送下步踪而跟。墙上那时钟的指针才正指七点半。

四

元月十八日，东方的红日刚刚升起，一架银色的飞机从华东的上空疾驰而过，划过长空，向大西南上空射去。机仓里坐着的除李井泉、陈子华之外便是押送李井泉的人。

江山如此多骄，江南如此美好！到处是革命造反红旗的海洋，毛泽东思想的颂歌是如此嘹亮！

原载第五期《８１５烽火》